Handbuch der Personalberatung

Konzepte, Prozesse und Visionen

Herausgegeben von

Michael Heidelberger

und

Lothar Kornherr

2., vollständig überarbeitete Auflage

Verlag Franz Vahlen München

Die beiden Herausgeber **Michael Heidelberger** und **Lothar Kornherr** waren selbst im Personalmanagement tätig und sind seit vielen Jahren selbstständige Personalberater. Sie sind Mitglieder im Bundesverband der Unternehmensberater und dort Leiter des Fachbereichs für Personalberatung.

ISBN 978 3 8006 4678 4

© 2014 Verlag Franz Vahlen GmbH
Wilhelmstr. 9, 80801 München
Satz: Fotosatz Buck
Zweikirchener Str. 7, 84036 Kumhausen
Druck und Bindung: Beltz Bad Langensalza GmbH
Neustädter Str. 1–4, 99947 Bad Langensalza
Umschlaggestaltung: Ralph Zimmermann, Bureau Parapluie

Gedruckt auf säurefreiem, alterungsbeständigem Papier
(hergestellt aus chlorfrei gebleichtem Zellstoff)

Heidelberger/Kornherr (Hrsg.)
Handbuch der Personalberatung

Geleitwort

Der Beruf des Personalberaters unterliegt in Deutschland keiner gesetzlich fixierten Berufsordnung und keinem Berufsbezeichnungsschutz. So ist nach der *BDU*-Studie „Personalberatung in Deutschland 2012/2013" die Zahl der Beratungsgesellschaften auf etwa 2.000 mit 5.700 Beratern und einem Umsatz von ca. 1,55 Mrd. € angewachsen. Außerdem gibt es noch Tausende Arbeits- bzw. Personalvermittler, gelegentliche Personalberater, wie z.B. Unternehmensberater, Wirtschaftsprüfer und Rechtsanwälte, sowie Werbeagenturen, die meist nur als „Briefkasten" fungieren. In den *Fachverband Personalberatung des Bundesverbands Deutscher Unternehmensberater BDU e.V.* wurden knapp über 60 Personalberatungsunternehmen unterschiedlicher Größe nach einem mehrstufigen Beurteilungsverfahren aufgenommen, die eine hohe Qualifikation nachweisen konnten.

Bereits 1999 erschien die erste Auflage des Handbuchs, als Herausgeber konnte einer der aktivsten und innovativsten Personalvorstände Deutschlands, Herr *Thomas Sattelberger* gewonnen werden. 2009 wurde die zweite Auflage von den Personalberater-Kollegen *Michael Heidelberger* und *Lothar Kornherr* herausgegeben. Neben erfahrenen Personalberatern *BDU* konnten weitere Personalexperten gewonnen und somit die Sicht auf die Branche der Personalberater verbreitert und geschärft werden. Die dynamische Entwicklung im Bereich der Suche und Auswahl von Fach- und Führungskräften – vor allem durch die internationalen Einflüsse und die Möglichkeiten des Internets bzw. der Social Networks – hat das hier vorliegende Werk erforderlich gemacht.

Auch vor dem Hintergrund der demografischen Entwicklung in vielen Ländern und dem damit prognostizierten Fachkräftemangel ist die Dienstleistung der Personalberatung für Unternehmen und Institutionen aller Größenordnungen zu einem unverzichtbaren Faktor geworden. „Wenn die Politik nicht energisch gegensteuert, wird die Bevölkerung im erwerbstätigen Alter in den kommenden vier Jahrzehnten im Durchschnitt um mindestens 300.000 Menschen schrumpfen", stellt *Hilmar Schneider*, Direktor Arbeitsmarktpolitik am *Forschungsinstitut zur Zukunft der Arbeit*, Bonn, fest und empfiehlt eine aktiv gesteuerte Zuwanderung von Fachkräften. Inzwischen wurde die Zuwanderung ausländischer Fachkräfte aus Drittstaaten außerhalb der EU erleichtert. Sie macht es möglich, mit einem Jahreseinkommen von mehr als 48.000 € eine dauerhafte Niederlassungserlaubnis zu erhalten.

Die professionelle Personalbesetzung ist eine zeitintensive und wichtige Aufgabe, die von Unternehmern und Personalmanagern nicht nebenbei erfüllt werden kann. Die Formulierung der Stellen- und Anforderungsprofile, die Identifikation und Ansprache von Kandidaten, die Bewertung der Bewerber, Telefonate und persönliche Interviews sowie das Einholen von Referenzen erfordern einen hohen Zeitaufwand. So bearbeitet nach der *BDU*-Studie ein Berater im Durchschnitt nur neun bis vierzehn Suchaufträge pro Jahr. Damit stellt sich die entscheidende Frage nach der Auswahl und Beauftragung des richtigen Personalberaters.

Die *BDU*-Mitglieder betrachten ihre Mitgliedschaft als Gütesiegel für transparente Dienstleistungen und ein Höchstmaß an Kompetenz und Verantwortung. So wurden im März 2010 vom *Institut der Unternehmensberater IdU im BDU* die „Grundsätze ordnungsgemäßer und qualifizierter Personalberatung (GoPB)" verabschiedet. Sie schildern neben allgemeinen Grundsätzen der Zusammenarbeit mit Klienten auch ausführlich ein idealtypisches, qualifiziertes Personalberatungsprojekt. Personalberater *BDU* beachten außerdem bei der Direktansprache potenzieller Kandidaten die Vorgaben der Rechtsprechung, beispielsweise bei der telefonischen Kontaktaufnahme am Arbeitsplatz, und wurden zum Allgemeinen Gleichbehandlungsgesetz (AGG) geschult.

Eine weiterer Qualitätsbaustein des Fachverbands ist die Zertifizierung zum *Personalberater CERC/BDU* (Certified Executive Recruitment Consultant). So hat die *European Confederation of Search & Selection Associations (ECSSA)* dem *BDU* das alleinige Recht für Deutschland übertragen, nach bestimmten Kriterien den internationalen Titel zu verleihen. Hohe persönliche Voraussetzungen sind an die Verleihung des Titels geknüpft: eine mindestens fünfjährige hauptamtliche Berufstätigkeit als Personalberater, ein akademischer Abschluss sowie regelmäßige Fortbildung. So referieren in den Fachgruppensitzungen immer wieder renommierte Wissenschaftler und Praktiker über aktuelle Themen der Personalsuche und -beurteilung. Auch der Erfahrungsaustausch unter den Kollegen spielt eine wichtige Rolle im Rahmen der Weiterbildung. Die in Deutschland registrierten Personalberater CERC/BDU werden in einem öffentlich zugänglichen Register auf der *BDU*-Homepage geführt.

Die Einschaltung eines Personalberaters ist zwar mit Honoraren von bis zu einem Drittel des Zieleinkommens einer Fach- und Führungskraft verbunden, führt aber in der Regel zu einer erfolgreichen Besetzung mit einem qualifizierten Kandidaten. So können die Kosten einer Fehlbesetzung von bis zu mehreren Hunderttausend Euro vermieden werden.

Dank gilt allen beteiligten Autoren und vor allem den beiden Herausgebern, die mit ihrem „Know-how" einen umfassenden Einblick in eine systematische Personalberatung ermöglicht haben.

Joerg E. Staufenbiel
Mitglied im Fachverband Personalberatung seit 1982

Vorwort der Herausgeber

Die Erstauflage des Handbuchs der Personalberatung im Jahr 2009 erforderte von uns als Personalberater und Praktiker, die bis dahin noch nicht als Herausgeber tätig gewesen waren, einen nicht unerheblichen zeitlichen Aufwand, was die Abstimmung und Koordination mit unseren Co-Autoren und dem Verlag betraf. Hinzu kamen die Herstellung eines einheitlichen Qualitätsniveaus über alle Artikel und nicht zuletzt die Anfertigung der eigenen Beiträge.

Eine weitere Herausgeberschaft war danach sicherlich nicht unsere persönliche Zielsetzung.

Aber der Erfolg der Erstauflage und die nette Anfrage des Verlages, ob wir für eine Neuauflage als Herausgeber wieder zur Verfügung stehen würden, machten die Anstrengungen unseres ersten Handbuchs vergessen. Zudem unterlagen wir der Illusion, es würde bei der Neuauflage alles einfacher, unkomplizierter und schneller von der Hand gehen.

Dem war nicht so, aber wir glauben, dass es sich gelohnt hat!

Weitere Autoren mit neuen und aktuellen Themen konnten gewonnen werden. Bestehende Beiträge wurden vertieft und aktualisiert, neue Entwicklungen in der Personalberatung aufgegriffen und kompetent abgehandelt. Dies kommt Umfang und Qualität der Neuauflage zugute.

Unser Dank gilt allen Autoren, die aktiv mit ihren Beiträgen zum Entstehen beigetragen und immer wieder aufs Neue unsere Anregungen eingearbeitet haben.

Der Verlag mit dem Lektorat Wirtschaft, in Person von Frau Dr. *Barbara Schlösser,* hatte nicht nur Verständnis für diverse Verzögerungen, sondern hat uns mit Rat und Tat unterstützt. Dank ihrer professionellen Begleitung ist es uns gelungen, dieses Projekt erfolgreich zum Abschluss zu bringen.

Unsere externe Lektorin, Frau *Eva Herrmann* von www.projekt-text.com, hat unermüdlich und mit Akribie alle Texte überarbeitet und mit ihrem sicheren Gespür für die richtige Wortwahl dafür gesorgt, dass für den Leser alles aus einem Guss erscheint. Mit den Fotos von Herrn *Michael Bieser* (www.fotografie-abstrakt.de) wirkt das neue Handbuch lebendiger und anschaulicher.

Der Dank gilt auch unseren Mitarbeitern, die oft unter Zeitdruck und neben der Tagesarbeit Änderungen einarbeiten mussten, und unseren Familien, die viele Stunden auf uns Rücksicht genommen haben, damit wir diese Arbeit gut erledigen konnten. Zu guter Letzt bedanken wir uns beim *Bundesverband Deutscher Unternehmensberater BDU e. V.* und den Mitgliedern des Fachverbands Personalberatung für ihre Unterstützung auch in finanzieller Hinsicht, um eine hohe Qualität des Handbuchs der Personalberatung sicherzustellen.

Michael Heidelberger und *Lothar Kornherr*

Inhaltsübersicht

Geleitwort	V
Vorwort der Herausgeber	VII
Inhaltsverzeichnis	XI

1. Personalberatung – eine Branche stellt sich vor 1
    1.1 Die Geschichte der Personalberatung in Deutschland – von den 50er-Jahren bis zum Beginn des neuen Jahrtausends 1
    1.2 Abgrenzung Personalberatung – Personalvermittlung/Arbeitsvermittlung 13
    1.3 Positionierung und Bedeutung der Personalberatung in Deutschland 14
    1.4 Warum werden Personalberater beauftragt – welchen Mehrwert bieten sie ihren Klienten? 24
    1.5 Spezialisierung versus Personalberatung aus einer Hand: Wie finde ich den Personalberater meines Vertrauens? 32

2. Kriterien professioneller Personalberatung 41
    2.1 Grundsätze ordnungsgemäßer und qualifizierter Personalberatung 41
    2.2 Der CERC – eine Zertifizierung mit internationalem Zuschnitt 43
    2.3 Messbarer Rekrutierungserfolg – KPI in Personalberatung und Unternehmen 44
    2.4 Qualitätsmanagement in der Personalberatung 57
    2.5 Kriterienkatalog für die Auswahl eines professionellen Personalberaters 65

3. Rahmenbedingungen in der Personalberatung 69
    3.1 Demografischer Wandel – Personalberatung im Wandel 69
    3.2 Personalberater – Dinosaurier im „Web-2.0"-Zeitalter? 77
    3.3 Ausgewählte Rechtsfragen der Personalberatung 89
    3.4 Das gerechte Honorar 101

4. Arbeitsweise des Personalberaters in der Personalrekrutierung 109
    4.1 Akquisition – ein Erfahrungsbericht aus zehn Jahren Praxis ... 109
    4.2 Das Erstgespräch mit dem Klienten 116
    4.3 Die Auswahl der geeigneten Suchmethode 123
    4.4 Research – Erfolgsfaktor im Executive Search 132
    4.5 Die Analyse der Bewerbungsunterlagen 145
    4.6 Der Körper Ihres Kandidaten spricht 155
    4.7 Einsatz psychologischer Testverfahren 165
    4.8 Kandidatengespräche in ihren verschiedenen Phasen 179
    4.9 Consultancy Goes Global – Besonderheiten internationaler Suchaufträge in Osteuropa und Russland 199

Inhaltsübersicht

- 4.10 Recruiting in China ... 211
- 4.11 Internationale Personalarbeit ... 222
- 4.12 Auswirkungen der Globalisierung – Arbeit im internationalen Netzwerk ... 231
- 5. Weitere Beratungsleistungen in der Personalberatung ... 241
  - 5.1 Die Suche nach Nachfolgern in Familienunternehmen ... 241
  - 5.2 Warum viele Fremdgeschäftsführer in Familienunternehmen scheitern – und wie sich das vermeiden lässt ... 254
  - 5.3 Management-Appraisal – ein Instrument zur differenzierten Beurteilung von First Line Executives ... 259
  - 5.4 Einzelcoaching – Grundlagen und Erfolgsfaktoren in der Praxis ... 266
  - 5.5 Retention Management – eine kritische Betrachtung ... 282
  - 5.6 Personalentwicklung ... 294
- 6. Zukünftige Tendenzen in der Personalberatung ... 303
  - 6.1 Ein Human-Resources-basierter Blick auf Unternehmensstrategien und seine Bedeutung für die Personalberatung ... 303
  - 6.2 Quo vadis Personalberatung? ... 313
  - 6.3 Der Einfluss von Social Media auf die Dienstleistung Personalberatung ... 322
  - 6.4 Personalberater – Partner for Human Capital Development ... 329
  - 6.5 Personalberatung aus Sicht des Kandidaten ... 339
  - 6.6 Personalberater-Initiative für mehr Frauen in Fach- und Führungspositionen ... 346
- 7. Nationale und internationale Branchenvertretungen ... 349
  - 7.1 Der Bundesverband Deutscher Unternehmensberater BDU e.V. – die Branchenvertretung für Unternehmens- und Personalberater in Deutschland ... 349
  - 7.2 Der BDU-Fachverband Personalberatung – der größte Expertenkreis innerhalb des Verbands ... 350
  - 7.3 Die ECSSA ... 353

Personenregister ... 359
Literaturverzeichnis ... 365
Stichwortverzeichnis ... 371

Inhaltsverzeichnis

Geleitwort	V
Vorwort der Herausgeber	VII
Inhaltsübersicht	IX
1. Personalberatung – eine Branche stellt sich vor	1
1.1 Die Geschichte der Personalberatung in Deutschland – von den 50er-Jahren bis zum Beginn des neuen Jahrtausends	1
1.1.1 Die 50er-Jahre – die Geburtsstunde der Personalberatung in Deutschland	1
1.1.2 Die 60er- und 70er-Jahre – die Personalberatung durchlebt eine bewegte Kindheit	2
1.1.3 Die 80er-Jahre – eine Branche entwickelt ihr Profil	4
1.1.4 Die 90er-Jahre – die Personalberatung wird erwachsen	4
1.1.5 Das frühe 21. Jahrhundert – Personalberatung im Wechselbad der Gefühle	6
1.1.5.1 Das Jahr 2000 – die Branche boomt	6
1.1.5.2 Die Jahre 2001 bis 2004 – der Markt bricht ein	7
1.1.5.3 Die Jahre 2004 bis 2008 – Aufbruch zu neuen Höhen	9
1.1.5.4 Das Krisenjahr 2009	11
1.1.5.5 Die aktuelle Situation – die Jahre 2011/2012	12
1.2 Abgrenzung Personalberatung – Personalvermittlung/Arbeitsvermittlung	13
1.2.1 Personalberatung	13
1.2.2 Gewerbliche (private) Personalvermittlung/Arbeitsvermittlung	14
1.3 Positionierung und Bedeutung der Personalberatung in Deutschland	14
1.3.1 Personalberatung versus Arbeitsvermittlung	14
1.3.2 Leistungsangebote und Verhaltenskodex für Personalberater	16
1.3.3 Struktur und Suchmethoden der Personalberatung	18
1.3.4 Einstieg in die Personalberatung und Karrierewege	20
1.3.5 Spezialisierungen	22
1.3.6 Neue Herausforderungen und Trends	23
1.4 Warum werden Personalberater beauftragt – welchen Mehrwert bieten sie ihren Klienten?	24
1.4.1 Personalberatung – eine Kurzbeschreibung	24
1.4.2 Anlässe für die Personalsuche	25
1.4.3 Die Jagd nach den besten Mitarbeitern – „Make or Buy"?	25
1.4.4 Mehrwert: Wie die Klienten profitieren	26

1.4.5	Unter der Lupe: ausgewählte Beispiele aus dem Beratungsprozess	28
1.4.6	Unterschiede zu anderen Personaldienstleistungen	31
1.5	Spezialisierung versus Personalberatung aus einer Hand: Wie finde ich den Personalberater meines Vertrauens?	32
1.5.1	Die Vielfalt der angebotenen Produkte	33
1.5.1.1	Personalsuche	33
1.5.1.2	Personalentwicklung	34
1.5.1.3	Coaching	34
1.5.1.4	Outplacement	34
1.5.1.5	Vergütungsberatung	35
1.5.2	Die Spezialisierung auf Methoden, Branchen und Positionen	35
1.5.2.1	Suchmethode	35
1.5.2.2	Branchen- und Positionsfokus	35
1.5.3	Die strukturellen und persönlichen Aspekte	36
1.5.3.1	Passende Größe	36
1.5.3.2	Passendes Renommee	37
1.5.3.3	Passende Persönlichkeiten	37
1.5.4	Der Weg zum passenden Personalberater	38
1.5.4.1	Konkretisierung der Erwartungen	38
1.5.4.2	Wege zum Ziel	39
1.5.5	Auf den Punkt	40
2.	**Kriterien professioneller Personalberatung**	41
2.1	Grundsätze ordnungsgemäßer und qualifizierter Personalberatung	41
2.1.1	Ziele	41
2.1.2	Inhalte	42
2.1.3	Fazit	42
2.2	Der CERC – eine Zertifizierung mit internationalem Zuschnitt	43
2.3	Messbarer Rekrutierungserfolg – KPI in Personalberatung und Unternehmen	44
2.3.1	Thematische Einordnung	44
2.3.2	Welche Faktoren bestimmen den „Rekrutierungserfolg"?	45
2.3.2.1	Quantitativer Rekrutierungserfolg	45
2.3.2.2	Qualitativer Rekrutierungserfolg	46
2.3.2.2.1	Qualität im Rekrutierungsergebnis	46
2.3.2.2.2	Qualität im Rekrutierungsprozess	48
2.3.2.2.3	Qualität in der Kundenzufriedenheit	51
2.3.3	Key Performance Indicators in der Personalberatung	52
2.3.3.1	Ergebnisqualität in der Personalberatung	53
2.3.3.2	Prozessqualität in der Personalberatung	54
2.3.3.2.1	KPI Termintreue	54
2.3.3.2.2	Prozesssicherheit in der Personalberatung	54
2.3.3.2.3	KPI Kundenzufriedenheit in der Personalberatung	55
2.3.4	Schlussbemerkungen	56
2.4	Qualitätsmanagement in der Personalberatung	57

2.4.1	Qualitätsmanagement und Personalberatung............	57
2.4.2	Spezifika der Personalberaterbranche	58
2.4.3	Verankerung des Qualitätsmanagements in der Personalberatung..	59
2.4.3.1	Beratungsqualität entlang der Wertschöpfungskette ...	59
2.4.3.2	TQM-Ansatz und EFQM-Modell als Richtschnur für Beratungsqualität	61
2.4.3.3	Qualitätsmanagement und daraus resultierender Prozessablauf.................................	62
2.4.3.4	Ausblick..	65
2.5	Kriterienkatalog für die Auswahl eines professionellen Personalberaters..	65
3. Rahmenbedingungen in der Personalberatung..................		69
3.1	Demografischer Wandel – Personalberatung im Wandel.......	69
3.1.1	Demografischer Wandel beschleunigt sich ab 2020	69
3.1.2	Status quo	69
3.1.3	Demografische Entwicklung verstärkt den Fachkräftemangel..	71
3.1.4	Bildungspolitik als wichtigste Aufgabe des Staats	72
3.1.5	Auswirkungen auf die Personalberatung	74
3.1.5.1	Bestandskunden pflegen	75
3.1.5.2	Konzeptionelle Beratung......................	76
3.1.5.3	Internationalisierung	77
3.1.6	Schlusswort.......................................	77
3.2	Personalberater – Dinosaurier im „Web-2.0"-Zeitalter?	77
3.2.1	Kontextfaktoren – Globalisierung, Virtualisierung, Sozialisation	78
3.2.2	„Web 2.0": Definition und Erscheinungsformen	80
3.2.3	Auswirkungen des „Web 2.0" auf die Personalberatung....	81
3.2.3.1	„Web 2.0" und die Projektabwicklung...............	82
3.2.3.2	„Web 2.0" und die Aufbauorganisation der Personalberatung.......................................	86
3.2.3.3	Auswirkungen auf das Personalberatungsgeschäft.....	87
3.2.4	Die Kreidezeit der Personalberatung ist tatsächlich zu Ende	88
3.3	Ausgewählte Rechtsfragen der Personalberatung.............	89
3.3.1	Personalberatung – Freier Beruf oder Gewerbe?	89
3.3.1.1	Gewerbesteuer................................	89
3.3.1.1.1	Die grundsätzlichen Voraussetzungen	89
3.3.1.1.2	Personalbeschaffung und Freiberuflichkeit	90
3.3.1.1.3	Konsequenzen der finanzgerichtlichen Rechtsprechung.................................	92
3.3.1.2	Personalberatung und verdeckte Gewinnausschüttung .	93
3.3.2	Rechtsprobleme bei der vertraglichen Abwicklung des Beratungsauftrags.................................	94
3.3.2.1	Beginn der Vergütungspflicht von Personalberatungsleistungen.....................................	94

Inhaltsverzeichnis

- 3.3.2.2 Mindestqualifikation vorgestellter Kandidaten 95
- 3.3.3 Personalberatung und das Allgemeine Gleichbehandlungsgesetz 96
  - 3.3.3.1 Der Anwendungsbereich 96
  - 3.3.3.2 Die Merkmale 96
  - 3.3.3.3 Die Benachteiligung 98
  - 3.3.3.4 Gerechtfertigte Ungleichbehandlung 98
  - 3.3.3.5 Fragen zur Beweislast............................ 99
  - 3.3.3.6 Rechtsfolgen 100
- 3.4 Das gerechte Honorar 101
  - 3.4.1 Was ist schon gerecht? 101
    - 3.4.1.1 Vorbemerkungen................................ 101
    - 3.4.1.2 Aus Fehlern kann man lernen 102
  - 3.4.2 Honorargestaltung.. 104
    - 3.4.2.1 Die Bezugsgröße des Honorars................. 105
    - 3.4.2.2 Honorarhöhe 106
    - 3.4.2.3 Zahlungszeitpunkte des Honorars 106
  - 3.4.3 Empfehlung.. 106
- 4. Arbeitsweise des Personalberaters in der Personalrekrutierung..... 109
  - 4.1 Akquisition – ein Erfahrungsbericht aus zehn Jahren Praxis ... 109
    - 4.1.1 Einleitung 109
    - 4.1.2 Das Ziel 110
    - 4.1.3 Der Weg zum Ziel (Akquisitionsprozess) 111
      - 4.1.3.1 Gewinnung von Akquisitionsterminen 111
      - 4.1.3.2 Vorbereitung und Durchführung der Präsentation 112
      - 4.1.3.3 Abschluss.. 113
    - 4.1.4 Weitere Kontakte zum Klienten 113
    - 4.1.5 Was soll ein Berater an Akquisitionsfähigkeiten mitbringen? 114
    - 4.1.6 Zusammenfassung 115
  - 4.2 Das Erstgespräch mit dem Klienten 116
    - 4.2.1 Bedeutung des Erstgesprächs 116
    - 4.2.2 Gesprächsvorbereitung des Personalberaters 117
    - 4.2.3 Informationsbereitschaft und zeitliche Investition bei Projektbeginn 117
    - 4.2.4 Die zu besetzende Position 119
    - 4.2.5 Voraussichtlicher Ablauf des Such- und Entscheidungsprozesses 119
    - 4.2.6 Typische Probleme, die bei einem Erstgespräch auftreten können 120
    - 4.2.7 Spielregeln für die Zusammenarbeit...................... 121
    - 4.2.8 Die wichtigsten Tipps für das Erstgespräch 122
  - 4.3 Die Auswahl der geeigneten Suchmethode 123
    - 4.3.1 Suchmethoden... 123
      - 4.3.1.1 Anzeigengestützte Suche in Online- und Print-Medien 123
      - 4.3.1.2 Direktansprache 126
      - 4.3.1.3 Datenbank- und Internetsuche 129

Inhaltsverzeichnis

4.3.2 Eingesetzte Suchmethoden im Jahr 2012	130
4.3.3 Fazit	131
4.4 Research – Erfolgsfaktor im Executive Search	132
4.4.1 Grundsätzliche Bemerkung	133
4.4.1.1 Definition Research und dessen Aufgaben	133
4.4.1.2 Anforderungen an die Person des Researchers	135
4.4.2 Interner versus externer Research	137
4.4.2.1 Gründe für externen Research	137
4.4.2.2 Vorteile des internen Researchs	139
4.4.3 Markt des externen Research – Researchfirmen	140
4.4.4 Zusammenarbeit mit externem Research	141
4.4.4.1 Einbindung in den Prozess-Workflow	141
4.4.4.2 Vertragliche Grundlagen	142
4.4.4.3 Steuerung des externen Researchs	144
4.4.5 Vom (Re-)Searcher zum Sourcer?	144
4.4.6 Fazit	145
4.5 Die Analyse der Bewerbungsunterlagen	145
4.5.1 Prüfung der Bewerbungsunterlagen	147
4.5.1.1 Die äußere Form und die Vollständigkeit der Unterlagen	147
4.5.1.2 Der Lebenslauf	148
4.5.1.3 Das Anschreiben	150
4.5.1.4 Die Zeugnisse	151
4.5.2 Schlussbemerkung	153
4.5.3 Checkliste	153
4.6 Der Körper Ihres Kandidaten spricht	155
4.6.1 Der Gedanke lenkt den Körper	155
4.6.2 Der Status zeigt die Einstellung zum Gespräch	156
4.6.3 Die Begrüßung ist der erste Auftritt	158
4.6.4 Eine differenzierte Wahrnehmung benötigt einen differenzierten Ausdruck	161
4.6.5 Kleine Bewegungen mit großer Wirkung	163
4.6.5.1 Der Kopf zeigt die Perspektive	163
4.6.5.2 Hände zeigen die Qualität von Aktionen	164
4.6.5.3 Das Sitzen zeigt die innere Spannung	164
4.6.6 Fazit	164
4.7 Einsatz psychologischer Testverfahren	165
4.7.1 Psychologische Testverfahren	165
4.7.1.1 Definition	166
4.7.1.2 Arten/Gliederung	166
4.7.1.3 Gütekriterien	167
4.7.2 Verfahren zur intellektuellen Leistungsfähigkeit	168
4.7.3 Verfahren zur Persönlichkeitsstruktur	170
4.7.4 Integration psychologischer Testverfahren in die Tätigkeit des Personalberaters	177
4.7.5 Perspektiven	178
4.8 Kandidatengespräche in ihren verschiedenen Phasen	179

4.8.1 Einführung anhand eines Beispiels 180
4.8.2 Gesprächsvorbereitungen 182
    4.8.2.1 Zielsetzung 182
    4.8.2.2 Erster Kontakt............................... 182
    4.8.2.3 Erstgespräch 183
    4.8.2.4 Vorbereitung der Zweitgespräche 183
    4.8.2.5 Präsentation beim Klienten 184
        4.8.2.5.1 Organisatorische Vorbereitung 184
        4.8.2.5.2 Zeitrahmen............................ 184
        4.8.2.5.3 Teilnehmerzahl und -rollen 185
        4.8.2.5.4 Inhaltliche Vorbereitung....................... 185
4.8.3 Gesprächsleitfaden 186
    4.8.3.1 Individueller Teil.............................. 186
        4.8.3.1.1 Persönlicher Eindruck 186
        4.8.3.1.2 Spezifische Fragen......................... 186
    4.8.3.2 Fragen zum Anforderungsprofil.................... 186
        4.8.3.2.1 Ausbildung und Berufserfahrung 186
        4.8.3.2.2 Spezifische Kenntnisse 187
    4.8.3.3 Standardfragen 188
        4.8.3.3.1 Wechselgrund........................... 188
        4.8.3.3.2 Kündigungsfrist.......................... 188
        4.8.3.3.3 Einkommen 189
        4.8.3.3.4 Persönlicher Hintergrund/Umzug 190
4.8.4 Gesprächsführung 191
    4.8.4.1 Aufbau 191
    4.8.4.2 Einführung 191
    4.8.4.3 Eignungsspezifischer Teil 192
    4.8.4.4 Abschluss 193
    4.8.4.5 Fragetechniken 193
4.8.5 Auswertung...................................... 195
    4.8.5.1 Auswertung des Erstgesprächs zusammen mit den Klienten 195
    4.8.5.2 Anzahl der Gespräche 196
    4.8.5.3 Sonstige Informationsquellen 196
    4.8.5.4 Fehlerquellen................................ 197
    4.8.5.5 Sicht der Kandidaten 197
4.8.6 Abschließende Beurteilung............................ 198
4.9 Consultancy Goes Global – Besonderheiten internationaler Suchaufträge in Osteuropa und Russland 199
4.9.1 Unterstützung durch internationale Personalberatung 199
4.9.2 Sprach- und Kommunikationsbarrieren – Вы говорите по-русски?.. 201
4.9.3 Regionale Unterschiede 201
4.9.4 Besonderheiten in der Projektabwicklung................. 202
    4.9.4.1 Das Erstgespräch: Internationale Suchaufträge haben einen stärker ausgeprägten Beratungscharakter 202
    4.9.4.2 Suchstrategien und Research 204

4.9.4.3	Kandidatenevaluation – 26, Hochschulabschluss, fünf Jahre Berufserfahrung	205
4.9.4.4	Kandidatenpräsentation	208
4.9.4.5	Vertragsabschluss	208
4.9.4.6	Klientenbetreuung	208
4.9.5	Andere Länder, andere Sitten: Anforderungen an den Berater	210
4.9.6	Schlusswort	211
4.10	Recruiting in China	211
4.10.1	Vorbemerkung	212
4.10.1.1	Mobilität	212
4.10.1.2	Qualifizierte Mitarbeiter	212
4.10.1.3	Umgang mit Problemen	213
4.10.1.4	Beziehung, Beziehung, Beziehung	213
4.10.1.5	Sprache	214
4.10.2	Recruiting-Kanäle	214
4.10.2.1	Internet	214
4.10.2.2	Anzeigen (Print)	215
4.10.2.3	Soziale Foren	215
4.10.2.4	Jobmessen	215
4.10.2.5	Hochschulevents/-kontakte	215
4.10.2.6	Praktika/Ausbildungsprogramme	215
4.10.2.7	Zeitarbeit	216
4.10.2.8	Dienstleister	216
4.10.2.9	Persönliche Kontakte	216
4.10.2.10	Personalberater	217
4.10.3	Personalberater	217
4.10.3.1	Spezielle/spezialisierte Jobprofile	217
4.10.3.2	Gehaltsforderung	218
4.10.3.3	Titel	218
4.10.3.4	Mobilität	218
4.10.3.5	Englisch als Fremdsprache	218
4.10.3.6	Kontaktpersonen in den Unternehmen	219
4.10.3.6.1	Personalmanagement	219
4.10.3.6.2	Recruiting	219
4.10.3.6.3	Führungskräfte	220
4.10.3.7	Vorstellungsgespräch	220
4.10.3.8	Honorarstruktur	220
4.10.3.9	„Vitamin B"	220
4.10.4	Ausblick	221
4.10.4.1	Qualifizierte Mitarbeiter	221
4.10.4.2	Mitarbeiterbindung – Retention	221
4.10.4.3	Risiko – Abkühlung der Wirtschaft, Schuldenkrise	221
4.11	Internationale Personalarbeit	222
4.11.1	Einleitung	222
4.11.2	Die Praxis	224
4.11.2.1	Der Blickwinkel des deutschen Mittelstands	224

4.11.2.1.1 Suche für internationale Unternehmensstandorte ... 224
4.11.2.1.2 Suche für Deutschland mit globalem Ansatz 226
4.11.2.1.3 Suche für einen deutschen Standort 227
4.11.2.1.4 Suche nach Spezialisten für den internationalen Standort eines deutschen Unternehmens 228
4.11.2.2 Die globale Sicht 229
4.11.3 Resümee 230
4.12 Auswirkungen der Globalisierung – Arbeit im internationalen Netzwerk 231
4.12.1 Der internationale Kontext – die Problemlage 231
4.12.1.1 Die Herausforderungen – neue Märkte, neue Mitarbeiter 231
4.12.1.2 Andere Länder, andere Sitten, andere Lösungen 232
4.12.1.3 Russland, Brasilien, Indien – ungeahnte Praxisanforderungen für ausländische Unternehmen 233
4.12.2 Der internationale Kontext – Netzwerke als Lösungsmuster 234
4.12.2.1 Ein Netzwerk bildet sich – der Gründungsimpuls 234
4.12.2.2 Das Netzwerk wächst – Knotenpunkte rund um den Globus 235
4.12.2.3 Netzwerk mit Struktur – Ankerpunkte für das Tagesgeschäft 236
4.12.2.4 Netzwerk mit Kultur – externe und interne Qualitätsstandards 236
4.12.3 Der internationale Kontext – Verfahren und Prozesse 237
4.12.3.1 Die „Chemie" muss stimmen 237
4.12.3.2 Verfahren der grenzüberschreitenden Personalsuche ... 238
4.12.4 Die internationale Checkliste: Was muss ich bei der Personalsuche im Ausland beachten? 238
4.12.5 Fazit 239
5. Weitere Beratungsleistungen in der Personalberatung 241
5.1 Die Suche nach Nachfolgern in Familienunternehmen 241
5.1.1 Die Übergabesituation 242
5.1.1.1 Die Finanzierung der Nachfolge 242
5.1.1.2 Die Übergabe an die nächste Generation 243
5.1.1.3 Die Übergabe an Mitarbeiter des Unternehmens (Management Buy Out) 243
5.1.1.4 Die Übergabe an Außenstehende (Management Buy In) 244
5.1.2 Die Form der Übergabe 244
5.1.2.1 Klärung der grundsätzlichen Verhältnisse 244
5.1.2.2 Voraussetzungen für die erfolgreiche Übergabe 245
5.1.3 Der passende Nachfolger 246
5.1.3.1 Fortführung des Bestehenden oder Ausrichtung auf die Zukunft 246
5.1.3.2 Das Auswahlprozedere 246
5.1.4 Human Resources Diligence – die umfassende Sorgfalt bei der Auswahl und dem Umgang mit den Mitarbeitern 247

- 5.1.4.1 Unterschiedliche Persönlichkeiten – unterschiedliche Vorstellungen 247
- 5.1.4.2 Ausscheiden mit Stil und Stärken des Nachfolgers 248
- 5.1.4.3 Passen die Kulturen zusammen? 248
- 5.1.4.4 Gemeinsame Einschätzung der Mitarbeiter 249
- 5.1.5 Der Einstieg des Nachfolgers 249
  - 5.1.5.1 Chancen und Fehler 250
  - 5.1.5.2 Führungscoaching 250
- 5.1.6 Der Beirat – Chance zur Kontinuität oder Ursache des Scheiterns eines Nachfolgers 251
  - 5.1.6.1 Die Einsetzung eines Beirats 251
  - 5.1.6.2 Der professionelle Beirat 252
- 5.1.7 Bei Zehntausenden Familienunternehmen in Deutschland steht der Generationswechsel an 252
- 5.1.8 Moderation des Wechsels 253
- 5.2 Warum viele Fremdgeschäftsführer in Familienunternehmen scheitern – und wie sich das vermeiden lässt 254
  - 5.2.1 Was Familienunternehmen prägt 254
  - 5.2.2 Was Fremdgeschäftsführer mitbringen müssen 256
  - 5.2.3 Wie findet man den Richtigen? 257
  - 5.2.4 Checkliste 258
- 5.3 Management-Appraisal – ein Instrument zur differenzierten Beurteilung von First Line Executives 259
  - 5.3.1 Was ist ein Management-Appraisal? 260
  - 5.3.2 Welche Ziele sind üblicherweise mit Management-Appraisals verbunden? 261
  - 5.3.3 Ergebnisse von Management-Appraisals 261
  - 5.3.4 Erfolgsfaktoren von Management-Appraisals 262
    - 5.3.4.1 Festlegung des Beurteilungsfokus 263
    - 5.3.4.2 Fokus auf vorhandene Kompetenzen oder entwickelbare Potenziale? 263
    - 5.3.4.3 Relevanz der Fachlichkeit 264
    - 5.3.4.4 Methodischer Zugang 264
    - 5.3.4.5 Die Durchführung 265
    - 5.3.4.6 Die Auswertung 266
- 5.4 Einzelcoaching – Grundlagen und Erfolgsfaktoren in der Praxis 266
  - 5.4.1 Die Philosophie hinter dem Begriff „Coaching" 267
    - 5.4.1.1 Begriff und Zielsetzung des Coachings 267
    - 5.4.1.2 Nutzen des Coachings für Führungskräfte 268
    - 5.4.1.3 Coaching und die Rolle der Führungskraft 270
    - 5.4.1.4 Coaching und Psychotherapie 271
  - 5.4.2 Die Phasen des Coachings anhand eines Fallbeispiels ... 272
    - 5.4.2.1 Kontaktaufnahme und Auftragsklärung 272
    - 5.4.2.2 Erstgespräch 273
    - 5.4.2.3 Psychologischer Vertrag 274
    - 5.4.2.4 Analyse der individuellen Ausgangslage 275
    - 5.4.2.5 Zieldefinition 275

Inhaltsverzeichnis

      5.4.2.6   Interventionen 276
      5.4.2.7   Inhalte des Change-Management-Coachings 277
      5.4.2.8   Evaluation und Abschlussgespräch 279
  5.4.3   Herausforderungen des Führungskräftecoachings 280
      5.4.3.1   Coachinganlässe 280
      5.4.3.2   Coaching im mittleren und Top-Management: eine Frage der Werte 280
  5.4.4   Ausblick und Zukunft des Coachings 282
5.5   Retention Management – eine kritische Betrachtung 282
  5.5.1   Warum gute Mitarbeiter gehen 283
      5.5.1.1   Der Mitarbeiter sieht keine Entwicklungschancen 283
      5.5.1.2   Von Vorgesetzten gegebene Versprechen werden nicht eingehalten 284
      5.5.1.3   Die Zukunft des Unternehmens und damit die eigene Zukunft scheinen gefährdet 285
      5.5.1.4   Ein anderes Unternehmen/Eine andere Abteilung bietet eine schnellere Aufstiegsmöglichkeit 286
  5.5.2   Gute Informationspolitik bindet Mitarbeiter 287
  5.5.3   Relevanz des Gehalts 287
  5.5.4   Arbeitgeber im Vergleich 288
  5.5.5   Mitarbeiter und der Wettbewerb 288
  5.5.6   Unternehmer und ihre Wertschätzung der Mitarbeiter 289
  5.5.7   Unternehmen und ihre Mitarbeiterbindungsmöglichkeiten . 290
  5.5.8   Zusammenfassung 293
5.6   Personalentwicklung 294
  5.6.1   Generalisierung versus Diversifizierung 294
  5.6.2   Fallstudien 296
      5.6.2.1   Die Durchführung von Personalentwicklungsprojekten 296
      5.6.2.2   Generationenwechsel in der Geschäftsführung 297
      5.6.2.3   Einsatz von Potenzialanalysen zur Teambildung 298
      5.6.2.4   Entwicklung der „dritten Reihe" 299
  5.6.3   Personalentwicklung als sinnvolles „Add-on" 300

6. Zukünftige Tendenzen in der Personalberatung 303
6.1   Ein Human-Resources-basierter Blick auf Unternehmens-
     strategien und seine Bedeutung für die Personalberatung 303
  6.1.1   Ansätze zur Entwicklung einer Unternehmensstrategie 303
  6.1.2   Ressourcenbasierter Ansatz zur Entwicklung einer Unter-
          nehmensstrategie 304
  6.1.3   Zur Rolle der Human Resources als maßgeblicher Bestand-
          teil eines Wettbewerbsvorteils am Beispiel der Getränke-
          wirtschaft 306
  6.1.4   Aspekte erfolgreicher Arbeitgeber im Wettbewerb 309
  6.1.5   Konsequenzen für die Personalberatung 311
      6.1.5.1   Die Suche und Ansprache neuer Leistungsträger 311
      6.1.5.2   Die Unterstützung der Kunden bei der Analyse ihrer unverwechselbaren Arbeitgeberpositionierung 311

6.1.5.3	Die Positionierung als Branchenexperte	312
6.1.6	Zusammenfassung	313
6.2	Quo vadis Personalberatung?	313
6.2.1	Einführung	313
6.2.2	Die Arbeitswelt von morgen	314
6.2.2.1	Zukünftige Herausforderungen aus unternehmensbezogener Sicht	314
6.2.2.2	Zukünftige Herausforderungen aus kandidatenbezogener Sicht	316
6.2.3	Die Personalberatung von morgen – Thesen und Gestaltungsimplikationen	317
6.2.3.1	Zielgruppenorientierte Personalberatung	317
6.2.3.2	Individualisierte Personalberatung	319
6.2.3.3	Multimodale Personalberatung	320
6.3	Der Einfluss von Social Media auf die Dienstleistung Personalberatung	322
6.3.1	Einführung	322
6.3.2	Die Auswirkungen des Social Web auf das Marktumfeld der Personalberatung	322
6.3.3	Die Veränderung der Direktsuche	323
6.3.3.1	Der digitale Fußabdruck und der Wandel vom Telefon- zum Online-Ident	323
6.3.3.2	Research und Direktansprache – der Wandel des Researcher-Berufsbilds	325
6.3.3.3	Change-Management – den eigenen Research erfolgreich modernisieren	326
6.3.4	Branding und Personalmarketing – Im Social Web die Aufmerksamkeit von Kandidaten und Kunden erlangen	327
6.3.4.1	Vorteile von Social-Media-Marketing für Personalberatungen	327
6.3.4.2	Vorgehensweise und Herausforderungen beim Aufbau von Social-Media-Marketing	328
6.4	Personalberater – Partner for Human Capital Development	329
6.4.1	Strategischer Kontext und aktueller Markt	329
6.4.2	Eingangsthesen	331
6.4.2.1	Steigende Nachfrage nach ganzheitlicher, fundierter und verantwortlicher Personalberatung (These 1 und 2)	331
6.4.2.2	Innovationschancen und neue Formen der Zusammenarbeit (These 3)	333
6.4.2.3	Differenzierung des Personalberatermarkts (These 4)	334
6.4.2.4	Global companies require global partners (These 5)	335
6.4.2.5	Partner for Human Capital Development (These 6)	337
6.4.2.6	Aufgabenänderung der Personalabteilung (These 7)	339
6.4.3	Schlussbemerkungen	339
6.5	Personalberatung aus Sicht des Kandidaten	339
6.5.1	Unternehmen im Wettbewerb um die besten Talente	340
6.5.2	Fachkräfte als Engpass	341

Inhaltsverzeichnis

6.5.3 Anforderungen des Kandidaten an den Klienten 341
6.5.4 Flexibilität auch auf Klientenseite erforderlich 342
6.5.5 Bewertung der Vakanzen aus der Sicht der Kandidaten 343
6.5.6 Vier Karrieretypen 344
6.5.7 Was der Kandidat für die Zusammenarbeit mit dem Personalberater wissen und beachten sollte 345
6.6 Personalberater-Initiative für mehr Frauen in Fach- und Führungspositionen 346
    6.6.1 Frauen in der Führungsebene deutscher Unternehmen 346
    6.6.2 Gründe für den geringen Frauenanteil im Management 347
    6.6.3 Schalthebel: Mit Personalberatern für eine bessere Frauenquote 348

7. Nationale und internationale Branchenvertretungen 349
7.1 Der Bundesverband Deutscher Unternehmensberater BDU e.V. – die Branchenvertretung für Unternehmens- und Personalberater in Deutschland 349
    7.1.1 Ziele und Aktivitäten des BDU 349
    7.1.2 Die Struktur des Verbands 350
7.2 Der BDU-Fachverband Personalberatung – der größte Expertenkreis innerhalb des Verbands 350
7.3 Die ECSSA 353
    7.3.1 Ziele 353
    7.3.2 Mitglieder 354
    7.3.3 Organisationsstruktur und Organe 355
    7.3.4 Finanzen 356
    7.3.5 Aktivitäten der ECSSA und bisherige Ergebnisse 357

Personenregister 359
Literaturverzeichnis 365
Stichwortverzeichnis 371

1. Personalberatung – eine Branche stellt sich vor

1.1 Die Geschichte der Personalberatung in Deutschland – von den 50er-Jahren bis zum Beginn des neuen Jahrtausends

von Jörg Murmann

Die Personalberatung, d. h. die Suche und Auswahl von Fach- und Führungskräften, stellt einen noch relativ jungen Tätigkeitsbereich innerhalb der unternehmensbezogenen Beratungsdienstleistungen dar. Es gab in den USA, dem Mutterland der Personalberatung, bereits in den 30er-Jahren erste Versuche, diese Dienstleistung zu etablieren (*Dahlems*, 1994). Die wohl älteste Executive-Search-Firma ist das 1926 gegründete Beratungsunternehmen *Thondike Deland Executive Placement Bureau*. Nach dem Ersten Weltkrieg gab es in Nordamerika einen großen Mangel an qualifizierten Persönlichkeiten für Spitzenpositionen in der Politik. Deland hatte die Idee, infrage kommende Personen nicht auf eine Stellenanzeige reagieren zu lassen, sondern nach vorheriger Recherche aktiv anzusprechen. Die professionelle und organisierte Personalberatung gewann aber erst nach dem Zweiten Weltkrieg im Zuge der rasant fortschreitenden Industrialisierung an Bedeutung.

1.1.1 Die 50er-Jahre – die Geburtsstunde der Personalberatung in Deutschland

Es dauerte bis Mitte der 50er-Jahre bis sich auch in Deutschland in Ansätzen die Sichtweise durchsetzte, dass der Einsatz des richtigen Mitarbeiters am richtigen Ort für Unternehmen einen **wesentlichen Wettbewerbsvorteil** darstellt. Von einer strategischen mittel- oder langfristigen Personalplanung, die sich in den USA bereits in Ansätzen etabliert hatte, konnte hier jedoch noch nicht die Rede sein. Zusätzlich zu dem grundsätzlichen personalpolitischen Umdenken kam der Umstand, dass vor allem in der Altersgruppe zwischen 35 und 45 Jahren ein starker Mangel an gut ausgebildeten Fach- und Führungskräften herrschte. Entweder waren diese Arbeitnehmer im Zweiten Weltkrieg ums Leben gekommen oder es fehlte ihnen an praktischer Berufserfahrung. So führte die fehlende Erfahrung in der Rekrutierung von Führungskräften dazu, dass Unternehmen begannen, auf die Dienste von Personalberatern zurückzugreifen.

Schon früh erkannte *Gerhard Kienbaum*, der 1945 die heutige *Kienbaum Consultants International* gründete und einer der deutschen Branchenpioniere ist, dass eine qualifizierte Managementberatung ihre Klienten auch bei der Suche und Auswahl von Führungskräften unterstützen sollte. Bereits Anfang der

1. Personalberatung – eine Branche stellt sich vor

50er-Jahre wurde das Unternehmen im Rahmen seiner Beratungsprojekte in zunehmendem Umfang von seinen Klienten angesprochen, ob es aufgrund seiner besonderen Marktkenntnisse nicht auch über Kontakte zu geeigneten Kandidaten verfüge.

In Frankfurt entstand zu dieser Zeit (1952) die erste europäische Niederlassung der *George Fry & Associates*. Dieses Unternehmen war bereits 1942 vom ehemaligen Partner von *Booz, Fry, Allen & Hamilton, George A. Fry*, in Chicago gegründet worden. Einer der Gründungspartner von Fry in Deutschland war Dr. *Maximilian Schubart*, der viele Jahre als eine der schillerndsten, jedoch nicht unumstrittenen Persönlichkeiten der Branche angesehen wurde.

Behindert wurde der Aufschwung der Personalberatung in Deutschland – im Gegensatz zu anderen Ländern – von jeher durch die **rechtlichen Rahmenbedingungen**. Das aus dem Reichsförderungsgesetz abgeleitete und 1952 in Kraft getretene Arbeitsförderungsgesetz (AFG) sah ein grundsätzliches staatliches Arbeitsvermittlungsmonopol der Bundesanstalt für Arbeit (BA) vor. Dieses wurde im Führungskräftebereich von einer Unterabteilung der hierfür zuständigen Zentralstelle für Arbeitsvermittlung (ZAV) wahrgenommen. Die Vermittlung von Fach- und Führungskräften durch die ZAV erbrachte jedoch zu dieser Zeit nie den erhofften Erfolg, sodass deren ursprünglicher Alleinvermittlungsanspruch über Jahrzehnte heftig diskutiert wurde.

Das rechtliche Umfeld führte in den 50er- und 60er-Jahren dazu, dass Personalberater in Deutschland – anders als in vielen anderen Ländern, in denen entweder kein derartiges Vermittlungsmonopol existierte oder die Dienstleistung als eigenständige Beratungstätigkeit angesehen wurde – immer in einem möglichen Konflikt mit dem Monopol der BA standen. An dieser für die Branche unbefriedigenden Situation sollte sich bis 1970 jedoch nicht viel ändern.

1.1.2 Die 60er- und 70er-Jahre – die Personalberatung durchlebt eine bewegte Kindheit

Die frühen 60er-Jahre standen weiterhin im Zeichen der anzeigengestützten Suche. Die Zahl von rund 300 Suchaufträgen pro Jahr zeigt jedoch, dass sich erst langsam ein **Markt für Personalberatungsdienstleistungen** entwickelte. Mit der **Human-Resource-Beratung** trat ein weiterer Bereich neben das originäre Betätigungsfeld des Personalberaters, der Suche und Auswahl von Fach- und Führungskräften.

Erst Mitte der 60er-Jahre fasste die aus Nordamerika stammende Methode der Direktsuche von Führungskräften in Deutschland Fuß. Das amerikanische Unternehmen *Spencer Stuart* zählte 1964 in Deutschland zu den ersten bedeutenden Beratungsgesellschaften, die vornehmlich über die Direktansprache potenzieller Kandidaten (Executive Search) arbeitete.

Die Vorgehensweise bei der Direktsuche beschränkte sich zu dieser Zeit noch auf das „Jagen von Köpfen", d. h. bereits bekannten Führungskräften und Managern ein lukratives Wechselangebot zu unterbreiten und sie zu einem Unternehmenswechsel zu bewegen. Heutzutage selbstverständliche

1.1 Die Geschichte der Personalberatung in Deutschland

Projektbestandteile, wie z.B. die Beratung des Klienten bei der Erstellung des Anforderungsprofils, qualifiziertes Research oder die methodengestützte Kandidatenbeurteilung, gewannen erst später an Bedeutung. Im Gegensatz zur Anzeigensuche wurde die Direktansprache ausschließlich für Positionen im Top-Management eingesetzt.

Die Vermutung liegt nahe, dass die damalige Vorgehensweise des „Headhunters" zu dem auch heute noch teilweise in der Öffentlichkeit anzutreffenden schillernden und geheimnisvollen Image der Branche geführt hat. Dieses Bild ist möglicherweise auch darauf zurückzuführen, dass die Direktsuche von Kandidaten bis zum Jahre 1990 gesetzlich verboten war und „Headhunter" ihre Tätigkeit nur mit Duldung der Bundesanstalt für Arbeit ausübten.

Bis 1970 mussten Personalberater damit rechnen, dass ihre Tätigkeit als unerlaubte Arbeitsvermittlung angesehen wurde und somit eine Angriffsfläche für rechtliche Verfolgungen bot. Die aus dem Jahre 1957 stammenden „Grundsätze zur Abgrenzung von Personalberatung und Arbeitsvermittlung bei der Besetzung von Stellen für Führungskräfte der Wirtschaft" wurden erst im Jahr 1970 – auch bedingt durch die starke Zunahme der im Markt tätigen Personalberatungsunternehmen – neu formuliert. Hierzu trugen neben der *ZAV* und dem *BDU* auch das *Bundesministerium für Arbeit und Sozialordnung* und die *Bundesvereinigung der Deutschen Arbeitgeberverbände* maßgeblich bei. Die **neuen Grundsätze** definierten den Personalberater fortan als jemanden, der aufgrund eines umfassenden Unternehmensberatungsauftrags tätig wurde und bei dessen Abwicklung in vielen Fällen auch die Mitwirkung bei der **Besetzung von Führungspositionen** der Wirtschaft anfiel. Hierbei sollte der Personalberater geeignete Kandidaten über Stellenanzeigen in einschlägigen Medien ansprechen.

Diese Abgrenzungsgrundsätze bildeten innerhalb des vorgegebenen rechtlichen Rahmens des AFG eine Art „Modus Vivendi". Personalberatern war es demnach erlaubt, ihrer Tätigkeit zumindest im Zuge des oben beschriebenen Berufsbilds nachzugehen.

Ein Personalberater durfte also bei der Führungskräftesuche immer dann tätig werden, wenn

- ein Beratungsauftrag eines Unternehmens vorlag und
- sich die Suche auf eine Führungs- oder gleichgestellte betriebswichtige Spezialposition bezog.

Eine unerlaubte Vermittlung hingegen wurde vermutet bei

- der Nicht-Führungskräftesuche,
- einem Tätigwerden ohne Beratungsauftrag,
- dem Führen von Kandidatenkarteien sowie
- der Annahme von Vergütungen von Kandidaten.

An den grundsätzlich eher unbefriedigenden Regelungen des AFG konnten jedoch auch die „Abgrenzungsgrundsätze" wenig ändern. Personalberater bewegten sich immer noch im „halblegalen" Umfeld. Bis zum 1.8.1994 sollte sich an dieser Situation nur wenig ändern.

1. Personalberatung – eine Branche stellt sich vor

1.1.3 Die 80er-Jahre – eine Branche entwickelt ihr Profil

Die 80er-Jahre waren durch jährliche **zweistellige Umsatz- und Anbieterzuwächse**, vor allem im Bereich der Direktsuche, gekennzeichnet.

Innerhalb dieses Zeitraums stieg die Anzahl der in Deutschland aktiven Personalberater nach Schätzung des *BDU e.V.* von 1.000 auf mehr als 2.500. Der Branchenumsatz nahm von rund 200 Mio. DM auf rund 530 Mio. DM zu. Ein Grund für diese explosionsartige Entwicklung der Branche lag sicherlich darin, dass es Unternehmen in den späten 70er-Jahren versäumt hatten, notwendige Personalreserven aufzubauen.

Ein weiteres Indiz für die stetig wachsende Bedeutung der Personalberatung war die Anzahl der unter der Mithilfe von Personalberatern besetzten Positionen. Wurden Mitte der 70er-Jahre lediglich 20 % aller Führungskräfte über Personalberater gesucht, waren es Mitte der 80er-Jahre bereits 50 %, im Top-Managementbereich sogar noch deutlich mehr (*Rohde*, 1992).

Doch der Erfolg hatte nicht nur positive Auswirkungen auf das Branchenimage. Bislang war das Verhältnis zum Klienten durch eine oftmals über Jahre andauernde, intensive Zusammenarbeit geprägt. Personalberater bewegten sich somit nicht nur in einem engen Vertrauensverhältnis zum Klienten, sondern besaßen auch genaue Kenntnisse der jeweiligen **Unternehmenskultur und Organisationsstruktur**.

Durch den vermeintlichen (finanziellen) Erfolg angezogen, drängten jedoch verstärkt Anbieter auf den Markt, deren Existenz häufig nur wenige Jahre andauerte. Danach waren sie wieder vom Markt verschwunden und hinterließen eine Flut von Prozessen und verbrannte Erde. Diese zahlenmäßig zunehmende Gruppe, die nur auf das reine Makeln von Adressen und Lebensläufen spezialisiert war, ohne jedoch die fachliche Qualifikation zur Umfeldanalyse und zur Beurteilung der Kandidaten zu besitzen, war nicht an einer engen und andauernden Klientenbeziehung, sondern nur an dem eigenen wirtschaftlichen Erfolg interessiert.

1.1.4 Die 90er-Jahre – die Personalberatung wird erwachsen

Im Zusammenhang mit dem starken zahlenmäßigen Ansteigen der im Markt tätigen Personalberatungsunternehmen war auch das Berufsbild des Personalberaters einem erheblichen Wandel unterworfen. Bedingt durch die zunehmende Nachfrage – sowie dem amerikanischen Vorbild entsprechend –, hatte sich die Personalberatung zu einer selbstständigen, von der Unternehmensberatung losgelösten Dienstleistung entwickelt. Dabei rückte die Direktsuche von Kandidaten immer mehr in den Vordergrund.

Diese veränderten Rahmenbedingungen machten eine Änderung der im Jahre 1970 aufgestellten „Grundsätze zur Abgrenzung von Personalberatung und Arbeitsvermittlung bei der Besetzung von Stellen für Führungskräfte der Wirtschaft" notwendig. Im Juli 1990 passte die BA die Abgrenzungsgrundsätze in Zusammenarbeit mit dem *Bundesverband Deutscher Unternehmens-*

1.1 Die Geschichte der Personalberatung in Deutschland

berater BDU e.V. und dem Arbeitskreis der Personalberater in Deutschland (später *Vereinigung Deutscher Executive-Search-Berater VDESB*) der aktuellen Praxis an.

Die Personalberatung war von nun an nicht mehr an einen umfassenden Unternehmensberatungsauftrag gebunden. Wichtigstes Indiz für die Tätigkeit als Personalberater war fortan die **Form der Honorargestaltung**. Diese hatte sich ausschließlich am Zeitaufwand des Personalberaters zu orientieren. Auch der Begriff „Führungskräfte der Wirtschaft" fand eine Erweiterung. Führungskräfte waren demnach auch diejenigen Arbeitnehmer, die als unmittelbare Nachfolger für eine Führungsposition vorgesehen waren. Dieses wurde regelmäßig bei Arbeitnehmern vermutet, die ein Gehalt von mehr als 120.000 DM bezogen und in einer für den Bestand und die Entwicklung eines Unternehmens oder von Unternehmensteilen bedeutenden Position tätig waren. Somit waren erstmals auch Führungsnachwuchskräfte einbezogen. Die wesentlichste Änderung betraf jedoch die zu dieser Zeit bereits international übliche Direktsuche, die von nun an unter bestimmten Voraussetzungen offiziell zulässig war.

Ein Ende des **deutschen Arbeitsvermittlungsmonopols** war in Sicht, als der Europäische Gerichtshof in seinem Urteil vom 23.4.1991 entschied, dass das Vermittlungsmonopol der Bundesanstalt gegen EG-Wettbewerbsrecht verstoße, soweit es die Betätigung deutscher Personalberater für Klienten oder Kandidaten aus anderen EG-Mitgliedsstaaten oder die Tätigkeit ausländischer Personalberater in Deutschland betraf. Das Urteil stellte de facto jedoch lediglich eine Legitimierung ausländischer Personalberater auf dem deutschen Markt dar und war somit für deutsche Personalberater eher von untergeordneter Bedeutung.

Diese EU-Entscheidung führte dazu, dass der Bundesgerichtshof die Frage, ob die geltende deutsche Rechtssituation möglicherweise gegen den Grundsatz der Gleichberechtigung (Art. 3 GG) verstoße, an das Bundesverfassungsgericht weitergab. Eine notwendige Anpassung des deutschen Rechts an internationale Rahmenbedingungen wurde notwendig.

Das schlechte konjunkturelle Umfeld im Allgemeinen und in einigen Wirtschaftsbereichen im Speziellen ging vor allem an denjenigen Personalberatern, die sich auf diese Segmente spezialisiert hatten, nicht spurlos vorüber. Um weiter wirtschaftlich bestehen zu können, mussten Berater, die sich auf das mittlere Management spezialisiert hatten und für Klienten aus der EDV-Industrie, dem Maschinenbau, der Chemie oder anderen krisengeschüttelten Wirtschaftszweigen arbeiteten, fortan zusätzlich in anderen Branchen neue Klienten akquirieren. Dies führte dazu, dass sich diejenigen Berater, denen dies aufgrund des starken Wettbewerbs oder bereits bestehender Klientenbeziehungen anderer Personalberater in diesen neuen Zielbranchen nicht gelang, in den Bereich der zu diesem Zeitpunkt noch verbotenen privaten Arbeitsvermittlung wechselten. Der Markt nahm somit eine Entwicklung vorweg, die der Gesetzgeber schließlich 1994 durch die Änderung des AFG legalisierte.

1. Personalberatung – eine Branche stellt sich vor

Nach § 4 AFG, in der Fassung von 1952, war es bislang ausschließlich der Bundesanstalt für Arbeit vorbehalten, Berufsberatung, Vermittlung in berufliche Ausbildungsstellen und Arbeitsvermittlung durchzuführen. Dieser rechtliche Rahmen wurde am 1.8.1994 nach langjährigen Verhandlungen zwischen dem *BDU* und anderen Interessenvertretungen nicht nur an europäische Vorgaben, sondern auch an nicht mehr aufzuhaltende Entwicklungen im nationalen Markt angepasst.

Durch eine Ergänzung des § 13 Abs. 3 AFG wurde klargestellt, dass „die im alleinigen Interesse und Auftrag eines Arbeitgebers erfolgende Unterstützung bei der Selbstsuche nach Arbeitskräften" von nun an keine Arbeitsvermittlung mehr darstellte. Personalberater, die sich mit ihrer Tätigkeit an die gesetzlichen Vorgaben hielten – hier ist als wichtigstes Abgrenzungskriterium das zu vereinbarende Fest- oder Zeithonorar des Beraters anzusehen –, benötigten auch zukünftig keine Zulassung als Arbeitsvermittler und unterlagen (im Gegensatz zu privaten Arbeitsvermittlern) nicht der Aufsicht durch die BA.

Durch eine erneute Änderung des AFG – am 1.1.1998 trat das neue Arbeitsförderungsreformgesetz AFRG in Kraft – ergaben sich einige, vor allem für Personalberater relevante rechtliche Änderungen. Die Tätigkeit des Personalberaters wurde ab sofort nicht mehr begrifflich von der Arbeitsvermittlung getrennt. Personalberater waren nach § 291 SGB III jedoch unter den folgenden Voraussetzungen nicht erlaubnispflichtig und unterstanden somit nicht der Aufsicht der Bundesanstalt.

Eine erlaubnisfreie Arbeitsvermittlung lag immer dann vor, wenn
- der Berater im alleinigen Interesse und Auftrag eines suchenden Unternehmens tätig wurde,
- sich die Tätigkeit hierbei auf die Unterstützung der Selbstsuche des Arbeitgebers beschränkte und
- das vereinbarte und tatsächlich gezahlte Honorar (zumindest weit überwiegend) erfolgsunabhängig war.

Doch auch diese Rechtslage sollte nur bis zum Jahr 2002 Bestand haben.

1.1.5 Das frühe 21. Jahrhundert – Personalberatung im Wechselbad der Gefühle

1.1.5.1 Das Jahr 2000 – die Branche boomt

Das insgesamt positive wirtschaftliche Umfeld und der rasante Aufstieg vieler Unternehmen der New Economy bildeten zu Beginn des 21. Jahrhunderts ausgezeichnete Voraussetzungen für ein **überdurchschnittliches (zweistelliges) Branchenwachstum** (plus 20,5 %) auf ein neues Allzeithoch in der noch relativ jungen Geschichte der Personalberatung (vgl. *BDU*-Studie „Personalberatung in Deutschland 2000"). Der Markt war seit 1990 von seinerzeit 270 Mio. € auf mittlerweile 1,27 Mrd. € angewachsen und hatte sich somit innerhalb der letzten zehn Jahre nahezu verfünffacht.

1.1 Die Geschichte der Personalberatung in Deutschland

Begleitet wurde das rasante Wachstum zu Beginn des neuen Jahrtausends von einem sich zunehmend verändernden Kandidatenverhalten. Dies war vor allem in den **Boombranchen der TIMES-Industrien** zu beobachten. Die aufgrund des großen Personalbedarfs gerade in diesen Branchen oftmals von mehreren Personalberatern gleichzeitig angesprochenen Spezialisten gaben sich in den Gesprächen mit dem Personalberater selbstbewusster und traten häufig mit überzogenen Gehaltsvorstellungen auf. Negativ machte sich auch die zunehmende Unzuverlässigkeit und abnehmende Loyalität dieser Kandidaten gegenüber Personalberatern und den suchenden Unternehmen bemerkbar.

Vor dem Hintergrund der positiven wirtschaftlichen Entwicklung in der Personalberatung war zudem eine steigende Anzahl von Marktteilnehmern zu beobachten, die über unterdurchschnittlich niedrige Honorarsätze, verbunden mit einer hohen Erfolgskomponente, versuchten in den Markt einzudringen.

Eine weitere Gruppe von Wettbewerbern positionierte sich über das Internet: die Online-Stellenbörsen. Zu dieser Zeit war jedoch noch nicht abzusehen, ob sich die Kandidatengewinnung über das Internet zu einer eigenständigen Suchmethode für alle Führungskräfteebenen entwickeln würde oder ob das Instrument weiterhin nur für bestimmte Positionen als Ergänzung zu den klassischen Verfahren eingesetzt werden konnte. Die offensichtlichen Vorteile der internetgestützten Personalgewinnung, die Schnelligkeit und die breite Streuung von Angebot und Nachfrage, waren gleichzeitig auch ihre Nachteile. Unternehmen und Personalberater wurden mit einer Flut von Bewerbungen konfrontiert, die – auch aufgrund der zu dieser Zeit noch nicht optimalen Prozesse im IT-gestützten Kandidatenmanagement – einer schnellen Besetzung der Position durch die zu verarbeitende Datenmenge im Wege standen. Auch waren die in den CV-Datenbanken der Online-Jobbörsen enthaltenen Kandidatenprofile noch zu ungenau oder unvollständig, sodass die Suche nach geeigneten Kandidaten hier oft sehr aufwendig und ineffizient war. Zudem war der Anteil hoch qualifizierter Kandidaten und Führungskräfte der ersten Ebenen eher gering.

1.1.5.2 Die Jahre 2001 bis 2004 – der Markt bricht ein

Begleitet wurde der wirtschaftliche Aderlass der Personalberatung in den Jahren 2001 bis 2004 von einigen für die Branche unerfreulichen rechtlichen Entwicklungen.

Nachdem das Oberlandesgericht Stuttgart Ende 1999 Personalberatern im sogenannten „*Bechtle*-Fall" in einer gerichtlichen Einzelfallentscheidung faktisch untersagt hatte, potenzielle Kandidaten per Telefon direkt an deren Arbeitsplatz anzusprechen, kam es im Jahr 2001 durch das Landgericht Mannheim, das Oberlandesgericht Karlsruhe und das Landgericht Düsseldorf zu gegenteiligen Entscheidungen.

Der kurze Anruf eines Personalberaters am Arbeitsplatz war nach Ansicht dieser Gerichte weiterhin wettbewerbsrechtlich zulässig. Die telefonische Direktansprache am Arbeitsplatz war jedoch immer dann als unzulässig anzusehen, wenn sie mit dem Ziel der systematischen Schwächung eines

1. Personalberatung – eine Branche stellt sich vor

Wettbewerbers des Klienten verbunden war und die Dauer des Telefonats ein für den Arbeitgeber des angerufenen Kandidaten zu duldendes Höchstmaß überschritt. Dieses Ergebnis wurde durch ein vom *Bundesverband Deutscher Unternehmensberater BDU e.V.* bei dem renommierten Rechtswissenschaftler Prof. *Köhler (Universität München)* eingeholtes Rechtsgutachten, das den Gerichten bei der Urteilsfindung vorgelegen hatte, bestätigt.

Erst die im Jahr 2004 vom Bundesgerichtshof in Karlsruhe getroffene Entscheidung brachte den Personalberatern Rechtssicherheit (IZR 221.01). Der oberste deutsche Gerichtshof erklärte die von Personalberatern im Rahmen der Direktansprache geübte Praxis, infrage kommende Kandidaten zur Vereinbarung eines zweiten Gesprächs im privaten Bereich an deren Arbeitsplatz anzurufen, für grundsätzlich rechtmäßig.

Wirtschaftlich sah sich die Personalberatung in den Jahren 2001, 2002 und 2003 großen Herausforderungen gegenüber. Der New-Economy-Boom war mittlerweile einer tiefen **Verunsicherung in der deutschen Wirtschaft** gewichen. In einem durchweg schlechten Investitionsklima wurde die Mehrzahl unternehmerischer Entscheidungen auf das Ziel Kosteneinsparungen ausgerichtet. Daher beschränkten sich die Aufträge an Personalberater meist auf **Personalersatzmaßnahmen**. Neue Arbeitsplätze wurden nur noch selten geschaffen.

Diese Entwicklung auf Klientenseite hinterließ ihre Spuren in der Personalberatungsbranche. Die folgenden Zahlen aus der *BDU*-Studien „Personalberatung in Deutschland 2000, 2001, 2002, 2003" zeigen die Dynamik der rückläufigen Marktentwicklung in diesen Jahren:

- Einbruch des Personalberatungsmarkts um 40 % von 1,3 Mrd. € im Jahr 2000 auf rund 760 Mio. € Ende 2003,
- Rückgang der Suchaufträge von 89.000 (2000) auf 41.000 im Jahr 2003,
- Rückgang der Beraterzahl von 6.500 (2000) auf 4.000 (Ende 2003).

Zudem verschwanden einige ambitionierte Personalberatungen ganz vom Markt. Im Jahr 2002 zollten die *Pape Personalberatung GmbH*, die *Interselect GmbH* sowie die *a_priori international AG* dem Umsatzeinbruch in der Personalberatung Tribut. 2004 meldete die *Highland Partners* (ehemals *TMP*) Insolvenz an. Zudem stellte die auf Strategieberatung spezialisierte Unternehmensberatung Roland Berger im gleichen Jahr aus „unternehmensstrategischen Gründen" den Betrieb seines Bereichs Personalberatung ein.

Ein weiteres Thema – **die rechtliche Abgrenzung zwischen der Personalvermittlung und der Personalberatung** (geregelt im SGB III) – gewann durch die fast vollständige Liberalisierung des Vermittlungsmonopols der Bundesagentur für Arbeit im April 2002 wieder an Bedeutung. Die gesamte private Arbeitsvermittlung war von nun an nicht mehr erlaubnispflichtig. Dennoch trafen auch weiterhin bestimmte Regelungen des SGB III auf Personalvermittler zu, wie z. B. zur Auslandsvermittlung, zur Form des Vermittlungsvertrags, zur Unwirksamkeit bestimmter Vereinbarungen sowie zur generellen datenschutzgemäßen Behandlung von Daten (§§ 292, 296 bis 298 SGB III).

Durch die Änderungen im SGB III und die Streichung einiger Paragrafen (vor allem § 291 und § 293 SGB III) war die ausdrückliche gesetzliche Privilegie-

1.1 Die Geschichte der Personalberatung in Deutschland

rung der Personalberatung gegenüber der gewerblichen Personalvermittlung entfallen. Dennoch blieb die faktische und rechtliche Abgrenzung zwischen beiden Berufsformen in der von der Bundesagentur für Arbeit und anderen Behörden geübten täglichen Praxis auch weiterhin bestehen und ist auch heute noch für Personalvermittler, gerade bei der Frage der praktischen Durchführbarkeit einer Direktsuche und der Möglichkeit, im Exklusivauftrag tätig zu werden, relevant.

Weiterhin ist die Art der Honorargestaltung das wesentliche Abgrenzungskriterium zwischen Personalvermittlern und Personalberatern. In der Praxis wird der Personalvermittler auf reiner oder überwiegender Erfolgsbasis (engl. Contingency Search) tätig. Der Personalberater hingegen wird auf Mandatsbasis engagiert und erhält den überwiegenden Teil oder das gesamte Honorar unabhängig von der erfolgreichen Besetzung der Position (engl. Retained Search). Das Unternehmen bezahlt den Personalberater also nicht für die erfolgreiche Besetzung einer Position, sondern für seine Beratungsleistung. Der Personalvermittler hingegen wird für seinen (Makler-) Erfolg bezahlt.

1.1.5.3 Die Jahre 2004 bis 2008 – Aufbruch zu neuen Höhen

Das Geschäftsjahr 2004 verlief für den Großteil der Personalberatungen nach dem Zerplatzen der New-Economy-Blase und den durchweg schwierigen Jahren 2001 bis 2004 wieder deutlich positiver. Insgesamt stieg der Markt um rund 16 % auf ein Gesamtumsatzvolumen von 880 Mio. € an (*BDU*-Studie „Personalberatung 2004").

Nachdem die Klientenunternehmen in den Jahren 2001, 2002 und 2003 nur zögerlich neue Mitarbeiter eingestellt oder einen Einstellungsstopp verhängt hatten, mussten sich die Personalberater in diesen Jahren nach „verkaufbaren" Beratungsalternativen umschauen. Beratungsleistungen wie Management-Audit oder allgemeine HR-Beratung wurden verstärkt in das Portfolio des Personalberaters aufgenommen. Mit der anziehenden Konjunktur kehrte die Branche wieder zu ihrem Kerngeschäft, der Suche und Auswahl von Fach- und Führungskräften, zurück. Lag der Anteil des „klassischen Suchgeschäfts" im Jahr 2003 nur noch bei 79 %, stieg er bis Ende 2005 auf 91 % an (*BDU*-Studie „Personalberatung in Deutschland 2004").

Im Jahr 2005 konnten Personalberater im zweiten aufeinanderfolgenden Jahr wieder Umsatzzuwächse (plus 9,6 %) verzeichnen. Die Branche war somit auf dem besten Weg zu alter Stärke. Insgesamt wurden Personalberater in diesem Jahr in rund 50.000 Fällen beauftragt, ihre Klienten bei der Suche und Auswahl von Fach- und Führungskräften zu unterstützen. Ein Vergleich mit dem Jahr 2000 – hier lag der Wert noch bei knapp 90.000 Suchaufträgen – zeigt, dass sich der Markt noch nicht wieder völlig erholt hatte. Auch lag die Zahl der am Markt tätigen Personalberater mit 4.000 ebenfalls deutlich unter dem Wert des Boomjahres 2000 (6.500).

Der Aufschwung in der Personalberatung gewann bis zum dritten Quartal 2008 über die gesamte Branche an Fahrt. Über 80 % der am Markt tätigen Unternehmen konnten im Jahr 2007 teilweise ein erhebliches Umsatzplus verzeichnen. Der Umsatz in der Personalberatungsbranche stieg im Jahr 2007 um 19 % und erreichte mit nunmehr 1,37 Mrd. € einen neuen Höchststand. Bislang markierte das Jahr 2000 (rund 1,3 Mrd. €) den Spitzenwert. Die Zahl der Suchaufträge stieg 2007 von ca. 58.000 im Jahr 2006 auf knapp 67.000.

Mittlerweile hat auch der Mittelstand (Unternehmen mit 10 Mio. bis 500 Mio. € Jahresumsatz) erkannt, dass die Anstrengungen im Personal-Recruiting angesichts eines **enger werdenden Kandidatenmarkts** erhöht werden müssen. Vor diesem Hintergrund ist es nur wenig erstaunlich, dass immer mehr mittelständische Unternehmen ihren Bedarf an qualifizierten Fach- und Führungskräften mithilfe von Personalberatern abdecken. Der Anteil am Branchenumsatz, der auf dieses Klientensegment entfiel, betrug 2007 knapp 51 % (2006: 47,3 %). Beim Vergleich der absoluten Zahlen wird die Entwicklung noch deutlicher: Während Mittelständler 2006 rund 544 Mio. € in die Zusammenarbeit mit Personalberatern investierten, waren es ein Jahr später bereits 698 Mio. €.

Wie auch in der klassischen Unternehmensberatung hat sich im Laufe der Entwicklung der Personalberatung in Deutschland eine Reihe regionaler Zentren mit einer hohen Dichte von Unternehmenssitzen gebildet. Die Nähe zu Klienten spielt dabei eine große Rolle. Da auch die Interviews mit den Kandidaten häufig an Orten stattfinden müssen, die von beiden Seiten schnell und ökonomisch erreicht werden können, sind viele Personalberater in Städten und Regionen mit optimaler Verkehrsanbindung angesiedelt.

Das im August 2006 in Kraft getretene Allgemeine Gleichbehandlungsgesetz (AGG) sorgte bei Personalberatern anfangs für eine gewisse Unruhe, konnte man doch zu diesem Zeitpunkt nur schwer einschätzen, welche Auswirkungen das Gesetz auf die zukünftige Personalberatungspraxis haben wird. Nach Beobachtungen des *Bundesverbands Deutscher Unternehmensberater BDU e.V.* hat das Gesetz in den ersten Jahren nach seinem Inkrafttreten jedoch nicht zu einer Klagewelle im Bereich der Suche und der Auswahl von Fach- und Führungskräften geführt.

Das AGG geht im Kern auf den Entwurf des sogenannten „Antidiskriminierungsgesetzes" (ADG) zurück, der bereits in der 15. Legislaturperiode erarbeitet und beraten, aber nie Gesetz wurde. Nach den vorgezogenen Bundestagsneuwahlen brachte die Fraktion Bündnis 90/Die Grünen im Dezember 2005 den ADG-Entwurf erneut in den Bundestag ein. Er wurde im Bundestag beraten, fand aber keine parlamentarische Mehrheit. Anfang Mai 2006 einigten sich CDU, CSU und SPD dann auf einen neuen Gesetzesentwurf. Dieser erhielt die Bezeichnung „Allgemeines Gleichbehandlungsgesetz", war aber inhaltlich in großen Teilen mit dem Entwurf des Antidiskriminierungsgesetzes von 2005 identisch.

Ziel des Gesetzes ist es, jegliche Benachteiligungen aus Gründen der Rasse oder ethnischen Herkunft, des Geschlechts, der Religion, einer Behinderung, des Alters oder der sexuellen Identität zu verhindern oder zu beseitigen.

Jede rechtswidrige Benachteiligung führt nach § 15 Abs. 1 AGG zu Ansprüchen des Kandidaten auf Schadensersatz.

1.1 Die Geschichte der Personalberatung in Deutschland

1.1.5.4 Das Krisenjahr 2009

Hatte das Jahr 2008 den deutschen Personalberatern aufgrund eines dynamischen wirtschaftlichen Umfelds noch ein Umsatzhoch von 1,49 Mrd. € beschert, sank der Gesamtmarktumsatz im darauffolgenden Jahr im Vergleich zum Vorjahr um 26,2 % auf 1,1 Mrd. €. Die bereits im letzten Quartal 2008 erkennbaren und in der Geschäftsentwicklung der Personalberater bereits spürbaren Auswirkungen der **globalen Finanz- und Wirtschaftskrise** führten besonders zu Beginn und bis in den Sommer des Jahres 2009 zu einem kräftigen Nachfragerückgang seitens der Klienten. Hiervon war vor allem das Kerngeschäft der Personalberater, die Suche und Auswahl von Fach- und Führungskräften betroffen.

Da zahlreiche Unternehmen der Industrie und der Wirtschaft von der großen Wucht der rasant einknickenden Konjunktur überrascht wurden, kam das Personalkarussell in vielen Branchen in den ersten Monaten 2009 fast völlig zum Erliegen. Personalentscheidungen wurden entweder auf unbestimmte Zeit vertagt oder gleich komplett gestrichen. Im Vordergrund standen für viele Klientenunternehmen besonders die Liquiditätssicherung sowie Programme, mit denen schnell Kosten gesenkt werden konnten.

Der Umsatzrückgang in der Personalberatungsbranche fiel aber letztlich nicht so kräftig aus, wie zwischenzeitlich befürchtet worden war. Ab September 2009 legte die Klientennachfrage nach Unterstützung bei der Personalsuche in Deutschland wieder zu und verhinderte somit eine noch deutlichere Abwärtsentwicklung bei der Jahresendabrechnung.

Im Ausland – beispielsweise in Frankreich, Luxemburg und Spanien – hatten die Personalberater hingegen nach Aussage der dortigen Branchenverbände mit einem Branchenminus von bis zu 50 % zu kämpfen.

Das schwierige Marktumfeld 2009 führte auch dazu, dass vermehrt Marktteilnehmer aus dem Wettbewerb ausschieden. Die Zahl der Personalberatungsfirmen sank um 6 % auf 1.830 (2008: rund 1.970). Deutlich höher lag der prozentuale Anteil in der Umsatzklasse unter 100.000 € mit rund 14 %. Ein wichtiger Grund hierfür ist, dass vor allem ältere Personalberater aufgrund des schwierigen Marktumfelds entschieden, ihr Dienstleistungsgeschäft frühzeitiger als geplant aufzugeben.

In einigen Punkten unterschied sich das für viele Personalberater schwierige Jahr 2009 von der Krise Anfang des neuen Jahrtausends. 2009 fiel der Umsatzrückgang mit einem Minus von knapp über 26 % zwar deutlich höher aus (2001: −19,4 %; 2002: −18,5 % und 2003: −9,5 %), jedoch hatten die meisten etablierten Personalberatungen aus der Krise einige Jahre zuvor gelernt und sowohl im Hinblick auf die Fixkosten als auch auf die Entlohnungsmodelle ihrer Berater Vorkehrungen für „harte Zeiten" getroffen. So war es nicht verwunderlich, dass, obwohl alle größeren Personalberatungen Federn lassen mussten, anders als 2002 bis 2004 keine der bekannten Gesellschaften vom Markt verschwand.

1.1.5.5 Die aktuelle Situation – die Jahre 2011/2012

Nach dem für viele Personalberater schwierigen Geschäftsjahr 2009 hat die Branche schnell wieder auf ihren dynamischen Wachstumspfad zurückgefunden. So erreichte sie trotz globaler wirtschaftlicher Unsicherheit im Jahr 2011 bereits den Stand vor der letzten Krise und im Jahr 2012 mit einem Gesamtmarktumsatz von 1,55 Mrd. € ein Allzeithoch. Das Jahr 2011 war für die Personalberatungen durch ein Umsatzplus von 14,8 % geprägt. Die sich in 2012 eintrübende Konjunktur ermöglichte dann nur noch ein Wachstum von 3,6 % zum Vorjahr. Die Zahl der Positionen, die durch die Unterstützung von Personalberatern 2012 besetzt werden konnten, belief sich auf rund 51.000. Dies entspricht einem Plus von 5 % gegenüber dem Vorjahr. Für das aktuelle Geschäftsjahr 2013 prognostiziert der *BDU* ein vergleichbares Marktwachstum wie im Vorjahr. Insgesamt gehen acht von zehn Marktteilnehmern von einem Umsatzzuwachs aus. Mehr als 30 % erwarten ein Plus von mindestens 10 %.

	Gesamtmarkt	Veränderung zum Vorjahr	über € 5 Mio. Jahresumsatz	€ 1 Mio. bis € 5 Mio. Jahresumsatz	€ 500.000 bis € 1Mio. Jahresumsatz	€ 250.000 bis € 500.000 Jahresumsatz	unter € 250.000 Jahresumsatz
Umsatz	1,55 Mrd. €	3,6 %	610 Mio. €	333 Mio. €	261 Mio. €	192 Mio. €	149 Mio. €
Marktanteil in %			39,5 %	21,6 %	16,9 %	12,4 %	9,6 %
Segmentwachstum			2,2 %	7,5 %	6,0 %	1,0 %	0,5 %
Durchschnittliches Umsatzwachstum		2,0 %	3,5 %	7,0 %	6,5 %	2,0 %	0,0 %
Anzahl Beratungsunternehmen	2.000		45	150	250	525	1.030
Anzahl Mitarbeiter	11.025		1.850	2.025	2.550	2.350	2.250
Anzahl Berater	5.700	4 %	900	950	1.200	1.250	1.400
Anzahl festangestellter Researcher	2.425	2 %	425	475	600	575	350
Anzahl Backofficekräfte	2.900	5 %	525	600	750	525	500
Anzahl besetzter Positionen	51.000	5 %	13.350	10.600	10.700	8.675	7.675

Abbildung 1.1-1: Die wichtigsten Kennzahlen 2012 im Überblick

Dieser Optimismus ist jedoch häufig mit der Frage verknüpft, wie sich das eigentliche Kerngeschäft des Personalberaters, die Suche und Auswahl von Führungskräften, in den kommenden Jahren entwickeln wird. Welche Rolle werden **Social-Media-Plattformen** wie *Facebook* oder *google+* spielen, die für die Personalrekrutierung bereits stark an Bedeutung gewonnen haben? Welche Auswirkungen werden die nicht mehr aufzuhaltenden demografischen Entwicklungen in Deutschland auch auf die Arbeit des Personalberaters haben? Ist die hiermit verbundene Personalknappheit eher Fluch oder Segen für die Branche? Wie könnte sich die Einführung einer Frauenquote im Management auswirken? Sicher wird der Suchprozess zukünftig deutlich komplexer. Auch kann man aus heutiger Sicht davon ausgehen, dass der Personalberater mehr denn je die Rolle des kompetenten Sparringspartners seines Klienten einnehmen und sich seine Dienstleistung nicht mehr rein auf die Besetzung einer bestimmten Vakanz beschränken wird.

Die gute Branchenkonjunktur der letzten Jahre in der Personalberatung hat jedoch auch dazu geführt, dass sich eine ständig wachsende Zahl von Marktteilnehmern mit teilweise deutlichen Unterschieden in den Prozessabläufen und der angebotenen Beratungsqualität am Markt begegnen. Die Folge ist, dass die Personalberatungsbranche für den Klienten intransparenter geworden ist. Vor diesem Hintergrund wird das Thema „Beratungsqualität" nach Ansicht vieler Experten sowohl auf Klienten- als auch auf Personalberaterseite noch einmal an Bedeutung gewinnen.

1.2 Abgrenzung Personalberatung – Personalvermittlung/Arbeitsvermittlung

von Michael Heidelberger und Kai Haake

Die Begriffe **Personalberatung** und **Personalvermittlung** bzw. **Arbeitsvermittlung** werden in der Öffentlichkeit, aber auch in Unternehmen, bei Stellensuchenden oder an einem Wechsel interessierten Beschäftigten oftmals verwechselt oder gar als Synonym verwendet. Zur Klarstellung der einzelnen Dienstleistungen soll nachstehende Begriffserläuterung dienen.

1.2.1 Personalberatung

Eine Personalberatung berät **Unternehmen (Klienten)** bei der **Suche und Auswahl von Fach- und Führungskräften** und wird nur in deren Auftrag aktiv. Die Beratung in Sachen Personal ist keine makelnde oder vermittelnde Tätigkeit, sondern eine beratungsintensive Dienstleistung mit dem Ziel, langfristige und nachhaltige Ergebnisse für alle Beteiligten (Klienten und Kandidaten) zu erzielen. In ausführlichen und persönlichen Gesprächen im Unternehmen erkennt der professionelle Personalberater die organisatorischen und personellen Konstellationen und auch die verborgen Herausforderungen. Der sorgfältige Beratungsprozess umfasst dabei insbesondere die Vorbereitung und Durchführung des Suchprozesses, die Begleitung des Findungsverfahrens durch den Klienten, die Gestaltung und Durchführung von Beurteilungsmaßnahmen, die Personalentwicklung, Vergütungsberatung, das Personalmarketing, die Begleitung in der Organisation und der Organisationsentwicklung sowie strategische und konzeptionelle Fragestellungen in der Personalarbeit.

Eine qualitativ hochwertige Personalberatung bezieht neben der Sicht des Klienten stets auch die Kandidatenseite in die Betrachtung mit ein. Es wird die konkrete individuelle berufliche Lebenssituation des Kandidaten berücksichtigt und geprüft, ob die Vakanz für den Kandidaten tatsächlich eine persönlich nachhaltige und sinnvolle Weiterentwicklung darstellen kann. Qualifizierte und interessierte Kandidaten werden den Klienten nur mit ihrem Einverständnis und nach einem detaillierten persönlichen Gespräch vorgestellt – so sehen es auch die Grundsätze ordnungsgemäßer und qualifizierter Personalberatung des *BDU* vor.

Die Art der **Honorargestaltung** ist das **wesentliche Abgrenzungskriterium** zwischen Personalvermittlern und Personalberatern. In der Praxis wird der Personalvermittler auf reiner oder überwiegender Erfolgsbasis (engl. Contingency Search) tätig. Der Personalberater hingegen wird auf Mandats-/ Klientenbasis engagiert und erhält den überwiegenden Teil oder das gesamte Honorar unabhängig von der erfolgreichen Besetzung der Position (engl. Retained Search). Das Unternehmen bezahlt den Personalberater also nicht für die erfolgreiche Besetzung einer Position, sondern für seine **Beratungsleistung**. Der Personalvermittler hingegen wird für seinen (Makler-) Erfolg bezahlt.

1.2.2 Gewerbliche (private) Personalvermittlung/Arbeitsvermittlung

Die gewerbliche (private) Personalvermittlung stellt in rechtlicher Hinsicht eine **Maklertätigkeit** dar und ist somit vertragsrechtlich als Maklervertrag einzuordnen.

Die private Personalvermittlung ist eher für einfache und mittlere Tätigkeiten zuständig. Infolgedessen ist diese Tätigkeit in der Regel deutlich weniger beratungsintensiv, oftmals steht der reine Abgleich von Datenbanken und Stellenpools im Vordergrund. Zudem kann neben einem Unternehmen auch der Stellensuchende Auftraggeber sein. Deren alleiniges Ziel ist die Vermittlung eines Vertragsabschlusses (Arbeitsvertrag), so dass das Maklerrecht des Bürgerlichen Gesetzbuches (§ 652 ff. BGB) anzuwenden ist.

Historisch fußt die private Personalvermittlung in jüngerer Zeit auf dem Wegfall des Vermittlungsmonopols der Bundesanstalt für Arbeit im August 1994. Seinerzeit wurde die Arbeitsvermittlung auf privater Basis (wieder) ermöglicht (bis zu Beginn des vergangenen Jahrhunderts war die Vermittlung ebenfalls nicht reglementiert). Bis März 2002 musste die Erlaubnis hierzu formell beim zuständigen Landesarbeitsamt beantragt werden. Seitdem ist private Arbeitsvermittlung ein freies Gewerbe.

1.3 Positionierung und Bedeutung der Personalberatung in Deutschland

von Joerg E. Staufenbiel

1.3.1 Personalberatung versus Arbeitsvermittlung

Der Beruf des Personalberaters bzw. Executive Search Consultant stammt aus den USA und hat sich seit den 50er-Jahren auch in Deutschland etabliert. Im allgemeinen Sprachgebrauch werden Personalberater auch als **„Headhunter"** bezeichnet. Damals wie auch heute herrschte ein Mangel an qualifizierten Managern und Ingenieuren.

1.3 Positionierung und Bedeutung der Personalberatung

Vor dem Hintergrund der demografischen Entwicklung in Deutschland und dem damit **prognostizierten Fachkräftemangel** ist die Dienstleistung der Personalberatung für Unternehmen und Institutionen aller Größenordnungen zu einem unverzichtbaren Faktor geworden. Wenn die Politik nicht energisch gegensteuert, wird die „Bevölkerung im erwerbstätigen Alter in den kommenden vier Jahrzehnten im Durchschnitt um mindestens 300.000 Menschen schrumpfen", stellt *Hilmar Schneider*, früherer Direktor Arbeitsmarktpolitik am Forschungsinstitut zur Zukunft der Arbeit, Bonn, fest und empfiehlt eine aktiv gesteuerte Zuwanderung von Fachkräften. Diese ist inzwischen für Menschen aus Drittstaaten außerhalb der EU erleichtert worden. Dabei ist es mit einem Jahreseinkommen von 44.800 € möglich, eine dauerhafte Niederlassungserlaubnis zu erhalten.

Die Tätigkeitsfelder des Personalberaters gehen inzwischen über die reine Beratung bei der Suche von Fach- und Führungskräften hinaus. Vor allem die **Unterstützung bei der Einführung und Weiterentwicklung von Personalsystemen** hat sich nach Beobachtungen von *Eduard Gaugler* als Dienstleistung der Personalberatung etabliert. Dazu gehören unter anderem die Erfolgs- und Kapitalbeteiligung der Mitarbeiter, Potenzialanalysen, Mitarbeiterbefragungen sowie Personalinformationssysteme. Auch die Beratung von Führungskräften bei einer beruflichen Neuorientierung ist inzwischen ein wichtiges Feld für Karriere- und Personalberater geworden (Outplacement bzw. Newplacement). Im Folgenden soll jedoch das Berufsbild des Personalberaters beschrieben werden, der sich auf die Personalbeschaffung spezialisiert hat.

Für die Beschreibung des Berufsbilds ist die Abgrenzung zur Arbeitsvermittlung nach wie vor von aktueller Bedeutung. Diese war von dem bis in die 90er-Jahre geltenden „Arbeitsvermittlungsmonopol" der damaligen *Bundesanstalt für Arbeit (BA)* bestimmt. Grundlage der Berufsausübung waren die mit dem *Bundesverband Deutscher Unternehmensberater BDU e.V.* vereinbarten „Grundsätze zur Abgrenzung von Personalberatung und Arbeitsvermittlung bei der Besetzung von Stellen für Führungskräfte der Wirtschaft". Diese gelten grundlegend bis heute. Dadurch wurde Unternehmensberatern primär die betriebswirtschaftliche Beratung in Fragen der Personalbeschaffung bzw. externen Rekrutierung erlaubt. So arbeiteten deutsche Personalberater zunächst auf der Basis von Tagessätzen, ehe sich die **internationalen Honorarsysteme** durchsetzten, die bis zu einem Drittel des Zieleinkommens betragen können. Meist werden drei bis vier Projektraten in Rechnung gestellt, wobei die letzte Rate bei Vertragsunterzeichnung bzw. Arbeitsbeginn fällig wird. Statt sich an dem Zieleinkommen zu orientieren, sind auch Festhonorare entsprechend der Managementebene möglich, die ebenfalls in mehreren Projektraten fakturiert werden können.

Vor allem der *Bundesverband Deutscher Unternehmensberater BDU e.V.* trug erheblich dazu bei, den rechtlichen Rahmen der Personalberatung in Deutschland zu präzisieren. Gegenüber dem Gesetzgeber und der Öffentlichkeit machte der Fachverband Personalberatung im *BDU* die grundsätzlichen Unterschiede zur (bis in die 90er-Jahre nicht gestatteten) Arbeitsvermittlung immer wieder deutlich. Seit der ersten Liberalisierung der Arbeitsvermittlung

1. Personalberatung – eine Branche stellt sich vor

in Deutschland Mitte der 90er-Jahre sind verstärkt Arbeits- oder Personalvermittler auf dem Markt, die sich – der Titel „Personalberatung" ist gesetzlich nicht geschützt – auch als Personalberater bezeichnen. Diese Dienstleistung auf Erfolgsbasis wird überwiegend von Zeitarbeitsfirmen und „Einzelkämpfern" angeboten. Zeitweise musste dafür eine kostenpflichtige Lizenz beim Landesarbeitsamt erworben werden. Diese Tatsache und die weitere Liberalisierung der Rechtsgrundlagen für die private Arbeitsvermittlung im Jahr 2002 änderten jedoch nichts an der grundsätzlichen Abgrenzung der Personalberater von den privaten Arbeitsvermittlern.

Wichtigstes Kriterium, das Personalberatungen von privaten Arbeitsvermittlungen unterscheidet, ist, dass der Arbeitsvermittler (wie der Name schon sagt) im **Rekrutierungsprozess zwischen Arbeitgeber und Bewerber** anzusiedeln ist. In der Regel erfolgt die Honorierung unter Anwendung des Maklerrechts auf Erfolgsbasis. Der Personalberater handelt dagegen im Rahmen eines Dienstvertrags im ausschließlichen Auftrag und Interesse des Klienten und ist nicht für Kandidaten tätig. So sind im März 2011 vom Institut der Unternehmensberater IdU im *BDU* die **„Grundsätze ordnungsgemäßer und qualifizierter Personalberatung (GoPB)"** verabschiedet worden. Neben allgemeinen Grundsätzen der Zusammenarbeit mit Klienten wird die Darstellung eines idealtypischen, qualifizierten Personalberatungs-Projekts ausführlich geschildert.

Vom Personalberater gesuchte Kandidaten sind meist hochkarätige Spezialisten aller Fakultäten und erfahrene Führungskräfte bis hin zur Vorstandsebene. Private Arbeits- oder Personalvermittler konzentrieren sich eher auf Arbeitnehmer unterer und mittlerer Gehaltsgruppen einschließlich Hochschulabsolventen. Sie haben es also tendenziell mit „schwächeren Vertragspartnern" zu tun. Dies ist auch der Grund dafür, dass die Schutzvorschriften des SGB III auf die Arbeitsvermittlung, nicht aber auf die Personalberatung angewandt werden (*Haake* 2005).

Ein „Qualitätssiegel" für Personalberater ist die Zertifizierung zum Personalberater CERC/BDU (Certified Executive Recruitment Consultant), auf die in einem eigenen Artikel eingegangen wird.

Die Wirtschaftspraxis zeigt jedoch, dass immer mehr „Grauzonen" zwischen Personalberatung und Arbeitsvermittlung existieren und diese Tatsache auch gerne von Unternehmen mit und ohne Kenntnis der Rechtsgrundlagen genutzt wird. Vor allem in Boomzeiten der „New Economy" blühte das „Vermittlungsgeschäft" ohne qualifizierte Beratung und Bewerberservice. Auch in jüngster Zeit drängen nicht nur ausländische Unternehmen mit „abgespeckten" Leistungen und Honoraren auf den deutschen Markt.

1.3.2 Leistungsangebote und Verhaltenskodex für Personalberater

Die im *BDU* vertretenen Unternehmens- und Personalberater haben frühzeitig Berufsgrundsätze entwickelt. Diese wurden 2011 mit den bereits erwähnten Grundsätzen (GoPB) wesentlich erweitert. So orientieren sich seriöse

1.3 Positionierung und Bedeutung der Personalberatung

und kompetente Personalberater an folgenden Leistungen und Verhaltensrichtlinien:

- Personalberater werden nur im Rahmen eines ihnen nachweislich übertragenen Alleinauftrags tätig. Damit werden Doppelansprachen von Kandidaten vermieden.
- Vor der Auftragsvergabe findet ein Erstgespräch statt, an dem möglichst auch der Vorgesetzte des gesuchten Positionsinhabers teilnehmen sollte.
- Personalberater stimmen in enger Zusammenarbeit mit dem Klienten das Stellen- und Anforderungsprofil der zu besetzenden Position ab. Dabei wird auch das Persönlichkeitsprofil des „idealen" Kandidaten diskutiert (Soft Skills).
- Personalberater beherrschen kombinierte Such- und Auswahlmethoden und schlagen eine entsprechende Strategie vor.
- Personalberater vereinbaren vor Projektbeginn die Höhe der Honorare und Nebenkosten (z. B. Reisekosten) sowie die Zahlungsweise.
- Personalberater arbeiten nicht auf der Basis überwiegend erfolgsabhängiger Honorare.
- Personalberater informieren sich über die firmenspezifische Unternehmenskultur einschließlich des Führungsstils und berücksichtigen diese vor allem bei den Interviews.
- Personalberater verfügen über fundierte Erfahrungen in der qualifizierten Kandidatenbeurteilung und der Referenzprüfung.
- Personalberater unterrichten ihre Auftraggeber und Kandidaten zeitnah über den jeweiligen Projektstand.
- Personalberater und Klienten verpflichten sich in gleicher Weise zur vertraulichen Behandlung der Bewerberinformationen.
- Personalberater verhalten sich objektiv gegenüber Kandidaten und Klienten.
- Personalberater stellen dem Klienten Lebenslaufanalysen mit umfangreichen schriftlichen Beurteilungen über die Eignung der Kandidaten zur Verfügung.
- Personalberater empfehlen nur Kandidaten, die ihnen persönlich bekannt und an der Position tatsächlich interessiert sind.
- Personalberater nehmen – soweit nichts anderes gewünscht – an der Präsentation des Kandidaten persönlich teil und können dabei eine moderierende Funktion übernehmen.
- Personalberater führen eine Nachsuche, z. B. bei Ausscheiden des Kandidaten in der Probezeit, meist ohne zusätzliche Honorare durch.
- Personalberater und Auftraggeber können einen Klientenschutz vereinbaren, d. h., eingestellte Kandidaten werden für einen bestimmten Zeitraum nicht mehr angesprochen.
- Personalberater nehmen von Kandidaten keine Honorare oder Entgelte entgegen.
- Personalberater halten sich an Recht und Gesetz zur Vermeidung sittenwidriger Abwerbung sowie an das Allgemeine Gleichbehandlungsgesetz (AGG).

1. Personalberatung – eine Branche stellt sich vor

- Personalberater beachten die Vorschriften der Datenschutzgesetze des Bundes und der Länder und behandeln Betriebs- und Geschäftsgeheimnisse des Auftraggebers streng vertraulich.
- Personalberater führen für den Klienten eine vertrauliche Bewerberverwaltung bis zum Projektabschluss durch.
- Personalberater verpflichten sich zur Diskretion im Hinblick auf Artikel und Interviews in den Medien, soweit die jeweils Betroffenen nicht ihre Zustimmung erteilt haben.

Mit diesem zeit- und beratungsintensiven Leistungsangebot entlasten Personalberater Unternehmer und Personalleiter und reduzieren damit die Opportunitätskosten erheblich. Eine umfangreiche empirische Untersuchung über die Zusammenarbeit mit Klienten wurde vom *Institut für Organisation und Personal (IOP) der Universität Bern* unter der Leitung von Norbert Thom durchgeführt. Nach *Kraft* (2002, 291–295) werden dabei zentrale Empfehlungen gegeben, z. B. die zielgerechte Projektsteuerung (Controlling) sowie die Mitwirkung bei der Integration der neuen Führungskraft.

All dies bedeutet leider nicht, dass es – wie in allen anderen Branchen auch – keine „grauen und schwarzen Schafe" gibt. Gerade in Zeiten starken Wirtschaftswachstums werden auch „Berater" vom Markt angezogen, die sich mit der Aussicht auf schnelles Geld den Qualitätsstandards entziehen. In dem Zusammenhang ist die Insiderstory „Die Headhunter Connection" lesenswert (*Beckers*, 2003). Leider orientieren sich zahlreiche Auftraggeber – auch bekannte Unternehmen – weniger an den Qualitätsstandards als am „billigsten Angebot". So wirken neuerdings Einkaufsabteilungen an der Auftragsvergabe mit. Um die hohe Beratungsqualität im Interesse einer nachhaltig erfolgreichen Personalberatung sicherzustellen, setzt sich der Fachverband Personalberatung im *BDU* offensiv für die Einhaltung der Grundsätze (GoPB) ein.

1.3.3 Struktur und Suchmethoden der Personalberatung

Die Auftragslage der Personalberatung ist stark von der allgemeinen Wirtschaftslage sowie den Unternehmensentwicklungen abhängig. Einen scheinbaren Höhepunkt erlebte sie mit dem „Hype" um die New Economy und dem damit verbundenen **„War for Talents"** in den Jahren 1999/2000 vor allem im IT-Bereich. Dem folgte jedoch ein Einbruch des Gesamtumsatzes der Branche in Deutschland auf weit unter 1 Mrd. € in den Jahren bis 2003. Nach einem rasanten Anstieg auf 1,490 Mrd. € im Jahr 2008 hat sich der Umsatz inzwischen bei 1,3 Mrd. € stabilisiert.

So ist nach der *BDU*-Studie „Personalberatung in Deutschland 2010/2011" die Zahl der Beratungsgesellschaften auf ca. 1.900 mit 5.250 Beratern und einem Umsatz von etwa 1,4 Mrd. € angewachsen. Außerdem gibt es noch Tausende Arbeits- bzw. Personalvermittler, gelegentliche Personalberater, z. B. Unternehmensberater, Wirtschaftsprüfer, Rechtsanwälte sowie Werbeagenturen, die meist nur als „Briefkasten" fungieren. In den Fachverband

Personalberatung des *BDU* sind knapp über 60 Personalberatungsunternehmen nach einem mehrstufigen Beurteilungsverfahren aufgenommen worden. Ein weiterer Fachverband Personalmanagement beschäftigt sich mit Themen wie Personalentwicklung, Training, Change-Management und Coaching. Außerdem gibt es einen Fachverband Outplacement-Beratung.

Personalberater sind in allen Rechtsformen einschließlich börsennotierten Unternehmen organisiert. Es überwiegen allerdings Einzelunternehmen und GmbHs mit jeweils über 40 %. Typisch sind partnerschaftliche Strukturen mit und ohne Kapitalbeteiligung.

Empirische Untersuchungen zu den Funktionen und Arbeitsweisen von Personalberatungen liegen bislang nur in geringer Zahl vor. Gaugler führte zu diesem Thema 1977, 1986 und (zusammen mit Dincher) 2001 drei Erhebungen durch. Kraft stellte die Berater-Klienten-Beziehung in den Mittelpunkt seiner Dissertation (*Thom/Kraft*, 2000). An der *ESCP-EAP Europäische Wirtschaftshochschule Berlin* (*Okech*, 2007) erschien Ende 2007 eine empirische Analyse über **Markteintritts- und Marktbearbeitungsformen** kleiner und mittlerer Personalberatungen im Ausland.

Grundsätzlich lassen sich nach diesen Studien Personalberatungen unterscheiden in:

- Spezialisierte Personalberatungen unterschiedlicher Größe
- Internationale Executive Search Consultants
- Unternehmensberatungen mit Geschäftsbereich Personalberatung
- Gelegentliche Personalberater, vor allem Freiberufler
- Sonstige Personaldienstleister

Die „reinen" Personalberatungen machten 2001 – nach der Untersuchung von Dincher und Gaugler – 83 % aus, während 17 % die Personalberatung als Nebentätigkeit wahrnehmen. Es ist jedoch zu beobachten, dass der Geschäftsbereich Personalberatung bei Consultingunternehmen abnimmt bzw. aus strategischen Gründen eingestellt wurde. Dagegen ist die Zahl der „Freiberufler" und „Personaldienstleister" gestiegen, wobei die genaue Anzahl nicht zu ermitteln ist.

Die anzeigengestützte Personalberatung war in Deutschland lange Zeit die Regel. Heute besteht ein eindeutiger Trend in Richtung Direktsuche (Executive Search). Diese legale Suchmethode, oft auch als **„Headhunting"** bezeichnet, wurde bereits frühzeitig von **„Executive Search Consultants"** aus dem Ausland, vor allem aus den USA und der Schweiz, praktiziert. Bei der Untersuchung von *Gaugler* aus den Jahren 1977/78 gaben 62 % der befragten Personalberatungen an, ihren Auftraggebern ausschließlich die anzeigengestützte Personalsuche anzubieten.

Die Untersuchung von *Dincher* und *Gaugler* aus dem Jahr 2001 ergab, dass die Direktansprache in Deutschland inzwischen von 90 % der Personalberatungen ausschließlich oder in Kombination mit anderen Suchmethoden praktiziert wird. Kombinierte Verfahren mit Stellenangeboten in Medien sind vor allem bei schwer zu besetzenden Positionen mit breit definierten Suchfeldern empfehlenswert (*Staufenbiel*, 2005, Rz. 58).

1.3.4 Einstieg in die Personalberatung und Karrierewege

Der Einstieg in eine größere Personalberatung ist unmittelbar nach dem Hochschulabschluss möglich. Dies gilt im Prinzip für Absolventen aller Studiengänge. Es überwiegen aber Wirtschaftswissenschaftler, Juristen, Psychologen und Geisteswissenschaftler. Längere Praktika sowie ein Auslandsstudium und fließendes Englisch sind von Vorteil. Gute Kenntnisse im Bereich Personalmanagement sowie **Social Media Recruiting**, beispielsweise durch die Organisation studentischer Job-Fairs, sind wichtige Einstellungskriterien. Typischerweise startet der Absolvent mit Masterabschluss entweder als Mitarbeiter im Bereich Search oder als Projektassistent. Auch der Einstieg nach einigen Jahren Berufserfahrung, z. B. im Bereich Personalmanagement oder Vertrieb, ist möglich.

Der weitere Weg entspricht den Karrierestufen im Consulting: vom Junior- über den Senior-Personalberater bis hin zum Partner und Geschäftsführer. Die Strukturen von Partnerschaften sind allerdings sehr unterschiedlich und reichen von einer geringen Beteiligungsquote bei großen Gesellschaften bis zu einer gleichberechtigten Partnerschaft. Charakteristisch für mittlere Beratungsgesellschaften oder Neugründungen sind jedoch Quereinsteiger mit Führungserfahrung bzw. speziellen Branchenkenntnissen. Zahlreiche erfolgreiche Personalberatungen sind als Spin-off entstanden. Besonders gut erfüllen auch ehemalige Personalleiter die Anforderungen, wenn sie über Akquisitionstalent verfügen.

Im Search-Bereich identifiziert der Mitarbeiter in Abstimmung mit dem Projektleiter potenzielle Kandidaten in Bewerberdatenbanken von Jobbörsen sowie in sozialen Netzwerken. Dabei ist *Xing* mit 11 Millionen Mitgliedern unter den Karrierenetzwerken in Deutschland führend. Auch die Veröffentlichung von Stellenanzeigen und Unternehmensprofilen ist gegen Gebühr möglich. Besonders interessant für die Kontaktaufnahme sind Kandidaten, die im Suchfeld „neue Herausforderungen" signalisieren. *LinkedIn* kann mit 170 Millionen Mitgliedern ein gigantisches Netzwerk vorweisen und eignet sich deshalb für die Suche nach internationalen Kandidaten. **Facebook** wird in Deutschland mehr dazu genutzt, namentlich bekannte Kandidaten näher zu beurteilen.

Für die Besetzung von Fach- und Führungspositionen ab einem Jahresgehalt von 60.000 € ist inzwischen **Experteer** eine wichtige Quelle geworden. Die Mitglieder haben einen diskreten Zugang zu über 10.000 Personalberatern und Headhuntern. Bei *Placement24* lassen sich bereits Kandidaten mit einem Einkommen ab 40.000 € pro Jahr finden. Der Search-Mitarbeiter fahndet außerdem in **Foren, Newsgroups und Blogs** im Internet nach interessanten Kandidaten.

Selbstverständlich werden auch weiterhin Kandidaten auf der Homepage von Zielunternehmen identifiziert. Bei der telefonischen Ansprache eines Mitarbeiters am Arbeitsplatz sind nach neuer Rechtsprechung bestimmte Regeln zu beachten. Der BGH hat mehrfach entschieden, dass ein Anruf, bei dem

1.3 Positionierung und Bedeutung der Personalberatung

ein Mitarbeiter erstmalig nach seinem Interesse an einer neuen Stelle befragt und diese kurz beschrieben wird, grundsätzlich nicht wettbewerbswidrig ist (BGH v. 9.2.2006). Die weiteren Kontakte müssen außerhalb des Unternehmens erfolgen.

Die Anforderungen an qualifizierte Personalberater sind hoch und entsprechen dem Qualifikationsniveau oberer Führungskräfte. Zusätzlich zu den Fachkompetenzen sind **soziale Fähigkeiten** wichtige Schlüsselqualifikationen. Dazu zählen Empathie, diplomatisches Geschick, gutes Zuhören und Analysieren sowie gelegentlich auch Frustrationstoleranz. Im Auswahlprozess werden Kenntnisse in Interviewtechniken und psychologischen Testverfahren erwartet. Auch Erfahrungen in Assessment-Centern einschließlich der Schulung der beurteilenden Führungskräfte sind von Vorteil. Bei Einstellungsverhandlungen ist außerdem gutes fachliches Wissen im Arbeits- und Vertragsrecht erforderlich.

Bei der Definition der Zielfirmen zur Ansprache geeigneter Kandidaten sind aktuelle **Markt- und Firmenkenntnisse** unabdingbar. Dabei sind die ständige Beobachtung der Wirtschaftspresse sowie der Besuch von Messen sehr wichtig. Auch gute Kenntnisse der neuen Bachelor- und Masterstudiengänge sowie Kontakte zu Career Services und Alumni-Vereinigungen sind von Vorteil.

Das Gehaltsniveau von Personalberatern ist abhängig von der Projektzahl und dem realisierten Honorarvolumen. Erfahrene Personalberater können mit Search-Unterstützung 20 bis 30 Fachpositionen pro Jahr besetzen. Auf oberer Managementebene sind es eher 10 bis 15 Projekte. Die Vergütungen von Personalberatern bestehen meist aus einem Grundhonorar und einer hohen Leistungskomponente. Wer überwiegend obere Führungspositionen besetzt, kann eine vergleichbare Vergütungshöhe erreichen, bei erfolgreichen Executive Search Consultants also ein Jahresgehalt von über 1 Mio. €.

Vor dem Hintergrund aktueller Korruptionsskandale klären Personalberater verstärkt die Frage nach der Einstellung der Kandidaten zu Corporate Governance, denn eine gute und verantwortungsvolle Unternehmensführung, das Einhalten von Gesetzen und Regelwerken (Compliance) und das Entwickeln und Befolgen eigener Unternehmensleitlinien ist wichtiger denn je. Auch das Thema Nachhaltigkeit wird sowohl in der Produktion als auch im Marketing immer bedeutender. In den Interviews werden außerdem verstärkt Gegenstände wie die Globalisierung, Innovationen und die Personalentwicklung angesprochen.

Eine regelmäßige Weiterbildung wird von qualifizierten Personalberatern erwartet, wozu auch der Erfahrungsaustausch im *BDU* beiträgt. In den Fachverbandssitzungen werden z. B. Vorträge über psychologische Testverfahren oder leistungsorientierte Vergütungssysteme, arbeitsrechtliche Themen sowie das Web 2.0 gehalten. Auf dem jährlich im Frühjahr stattfindenden „**Deutschen Personalberatertag**" stehen ebenfalls aktuelle Management- und Personalberatungsthemen auf dem Programm. Auch für Personalberater gilt die Regel „Lifelong Learning", wobei die Interviews mit Kandidaten ebenfalls zur Erweiterung des fachlichen Horizonts beitragen. Auch Vortragsveranstaltungen auf Kongressen sowie die Presse- und Öffentlichkeitsarbeit sind für Personalberater von hoher Bedeutung.

Wie bereits erwähnt, ist die höchste Qualifizierung die Zertifizierung zum Personalberater CERC/BDU (Certified Executive Recruitment Consultant). So hat die *„European Confederation of Search & Selection Associations"* (*ECSSA*) dem *BDU* das alleinige Recht übertragen, in Deutschland nach bestimmten Zertifizierungskriterien den internationalen Titel zu verleihen.

1.3.5 Spezialisierungen

Viele erfolgreiche Personalberater verstehen sich weiterhin als Allroundberater, wobei sie ihre **Methodenkompetenz** in der Personalauswahl in den Vordergrund stellen. Generell ist aber ein Trend zur Spezialisierung in folgenden Bereichen zu beobachten:

- Branchen, z. B. Automotive, Engineering, Consulting, Banken, Handel, Medien, vor allem auf dem Gebiet der Informationstechnik und Telekommunikation
- Funktionen, z. B. Finanz- und Rechnungswesen (Finance), Marketing und Vertrieb, Technik, Personalwesen (Human Resource), Logistik
- Regionen, z. B. Frankreich, Osteuropa, USA oder China

Auch eine Spezialisierung auf mittelständische Unternehmen, die meist über keine professionelle Personalabteilung verfügen, ist verstärkt zu beobachten. Hier spielt die Beratung bei der Nachfolgeplanung und dem Generationswechsel eine Rolle. Eine neue Dienstleistung ist außerdem die als „Talentscout" zur Gewinnung von Hochschulabsolventen und Young Executives. Dabei ist das Angebot von **Traineeprogrammen** ein wichtiges Instrument des Personalmarketings (Employer Branding). Dazu können Personalberater Unternehmen bei der Auswahl von inzwischen über 300 Recruiting-Events an Hochschulen unterstützen.

Größere Beratungsgesellschaften besitzen entsprechende Kompetenzzentren mit Regionalbüros im Inland oder Niederlassungen im Ausland. Einige Personalberater haben sich zu einem internationalen Netzwerk unabhängiger nationaler Personalberatungen zusammengeschlossen (*Okech*, 2002). Bei „Cross-Border-Aufträgen" besteht die Tendenz, mit festen Kooperationspartnern in ausgewählten Zielländern zusammenzuarbeiten.

Eine Spezialisierung und das damit verbundene Markt-Know-how des Beraters kann einen deutlichen Informationsvorsprung bei der Rekrutierung neuer Führungskräfte darstellen (*Föhr* 2004, 1399). Gute Branchenkenntnisse sind außerdem bei der Kundenakquisition von Vorteil, da man die „Sprache des Unternehmens" kennt. Bei der Kandidatenansprache kann eine Spezialisierung allerdings zu Interessenkonflikten führen. Da ein seriöser Personalberater nicht für mehrere Wettbewerbsunternehmen gleichzeitig tätig werden kann, wird sein Aktionsradius eingeschränkt. Insofern ist für selbstständige Personalberater ein gesunder Branchenmix zu empfehlen (*Staufenbiel* 1999, 104).

1.3.6 Neue Herausforderungen und Trends

Im Search-Bereich wurde bereits auf die Bedeutung des Internets bei der Personalsuche hingewiesen. Nach einer Befragung von 1.000 Unternehmen aus Deutschland 2011 durch das *„Centre of Human Resources Information Systems"* (*CHRIS*) der Universitäten Bamberg und Frankfurt am Main in Zusammenarbeit mit der Jobbörse **Monster** werden inzwischen 71,8 % aller Einstellungen durch das Internet generiert. Innerhalb der elektronischen Bewerbungen haben Formularbewerbungen einen wesentlich höheren Anteil als E-Mail-Bewerbungen. Personalberater können das Internet nicht nur zur Unternehmenspräsentation, sondern auch zur Veröffentlichung aktueller Stellenangebote auf der eigenen Homepage sowie anderen Kanälen nutzen.

Die sozialen Netzwerke sind auch für Personalberater mittlerweile wichtige Bausteine bei der Suche und Beurteilung von Kandidaten geworden. Auf die Überprüfung der Angaben im Lebenslauf einschließlich der Seriosität der Präsentation wurde bereits hingewiesen. Social Media Recruiting ist ebenfalls ein neues Feld für Personalberater. So bietet *YouTube* Firmen die Möglichkeit der Präsentation mit gleichzeitigen Hinweisen auf offene Stellen an.

Nach Einschätzung von Experten wird auch *Twitter* in Zukunft eine größere Rolle beim Recruiting spielen. Diese Kommunikationsplattform können nicht nur Privatpersonen, sondern auch Unternehmen zur Verbreitung kurzer Textnachrichten (Tweets) nutzen. *Twitter* dient vor allem dem schnellen Empfang und Austausch von Informationen, Gedanken, Erfahrungen und allen anderen Formen der Kommunikation. Verfasser von Nachrichten werden dabei als „Twitterer", die Leser der abonnierten Nachrichten als „Follower" bezeichnet. Das Unternehmen kann durch seine „Follower" Kontakt zu potenziellen Mitarbeitern halten, auch wenn aktuell keine Position zu besetzen ist. Zunehmend nutzen Großunternehmen wie Daimler oder die Deutsche Bahn die vielfältigen Möglichkeiten, ein sehr breites Publikum über Aktuelles im Konzern zu informieren. Dabei dienen Karriere-Tweets von Firmen und Jobbörsen als neuartige Quellen der Personalbeschaffung.

Um gezielt nach Jobangeboten zu suchen, stellen speziell auf *Twitter* abgestimmte Jobsuchmaschinen wie *Jobtweet.de* oder *search.twitter.com* ihre Dienste bereit. Angemeldete Unternehmen können so ihre Stellenangebote den Mitgliedern von *Twitter* systematisch verfügbar machen. Außerdem erhalten Jobsuchende Suchkriterien an die Hand zur besseren Auffindbarkeit offener Stellen. Mit diesen neuen Entwicklungen im Social Web werden sich Personalberater in Zukunft intensiv beschäftigen müssen.

Auch die systematische Auswertung wissenschaftlicher Artikel sowie des elektronischen Lexikons Wikipedia wird für Personalberater zur Identifikation von Spezialisten immer wichtiger. Da es nach einer Untersuchung von *Crosswater Systems* eine kaum überschaubare Anzahl von über 1.500 Online-Jobbörsen gibt, ergeben sich auch hier für Personalberater weitere Chancen der **bewussten Kandidatenansprache**.

1. Personalberatung – eine Branche stellt sich vor

Aufgrund der demografischen Entwicklung hat sich der Arbeitsmarkt schon jetzt zu einem Bewerbermarkt entwickelt. Die Einführung der „EU Blue Card" für hoch Qualifizierte und die erleichterte Anerkennung ausländischer Ausbildungsabschlüsse führen für Personalberater zu einer Erweiterung des Bewerberpotenzials.

Nach einer *BDU*-Umfrage aus dem Jahr 2011 zu den Klientenerwartungen an die Personalberater wird die persönliche Ebene zwischen Klient und Berater zukünftig bei der Vergabe von Mandaten die entscheidende Rolle spielen (über 90 % Zustimmung). Weiterhin verschaffen sich Personalberatungen mit hohen ethischen Berufs- und Projektstandards Marktvorteile – und es werden zunehmend neue Honorarmodelle erwartet.

Die Dienstleistung des Personalberaters ist von hohem **betriebs- und volkswirtschaftlichem Nutzen**, weshalb Firmen durch die Zusammenarbeit mit erfahrenen Personalberatern ihren Unternehmenswert steigern können. Dabei besteht die Tendenz, auf der Basis von „Rahmenverträgen" zusammenzuarbeiten. So ist eine relativ schnelle Besetzung unter gleichzeitiger Vermeidung von Fehleinstellungen mit erheblichen Folgekosten möglich. Aus diesem Grund leisten sich immer mehr erfolgreiche Unternehmen erstklassige Personalberater.

1.4 Warum werden Personalberater beauftragt – welchen Mehrwert bieten sie ihren Klienten?

von Dr. Joachim Staude

Die Nachfrage nach qualifizierten Fach- und Führungskräften in Industrie, Wirtschaft und Verwaltungen steigt weiter an. Ein enger Markt an knapper werdenden Kandidaten wird zukünftig in vielen Branchen und Funktionsbereichen – nicht zuletzt aufgrund der demografischen Entwicklung – eher die Regel sein. Der **Wettbewerb um die besten Talente** und die **optimale Besetzung von Unternehmenspositionen** entwickelt sich damit immer stärker zu einem entscheidenden Erfolgsfaktor für ein Unternehmen. Nicht selten hängt die Zukunfts- und Wettbewerbsfähigkeit von den „richtigen" oder „falschen" Personalentscheidungen ab. Bei der Suche nach den qualifiziertesten Kandidaten nehmen daher viele Unternehmen die Unterstützung von Personalberatern in Anspruch. Die Nachfrage nach dieser Dienstleistung ist – insgesamt gesehen – im Laufe des letzten Jahrzehnts kontinuierlich gestiegen, obwohl in den Jahren 2001/2002 und 2008/2009 zeitweilige Rückgänge in der Nachfrage zu verzeichnen waren.

1.4.1 Personalberatung – eine Kurzbeschreibung

Die Personalberatung ist ein Teilgebiet des **Consultings** und somit eine Beratungstätigkeit, die das Personal oder das „Human Capital" eines Unternehmens betrifft. Diese Vorstellung entspricht einem Verständnis von Personalberatung „im weiteren Sinne". Der Zweck der Personalberatung besteht darin, beim Klienten

- Strukturen und Abläufe zu verbessern,
- konkrete Problemlösungen zu verwirklichen,
- einen möglichst messbaren Nutzen zu stiften und
- die unternehmerische Zukunft zu sichern.

Das Kerngeschäft der Personalberater ist die Suche und Auswahl von Fach- und Führungskräften. Auf diese Personalberatung „im engeren Sinn" beziehen sich die folgenden Ausführungen.

1.4.2 Anlässe für die Personalsuche

In Unternehmen und Organisationen gibt es unterschiedliche Situationen, die eine Stellenbesetzung erfordern. Klassischerweise verlässt eine wichtige Fach- oder Führungskraft das Unternehmen oder fällt für längere Zeit aus (Krankheit, Unfall, Militärdienst, Mutterschutz und anderes). Daneben kommt es immer wieder vor, dass Stellen im Lichte sich ändernder Anforderungen nicht mehr adäquat ausgefüllt sind. So entstehen durch technischen Fortschritt oder durch eine Übernahme/Fusion oftmals neue Anforderungen an die Stelleninhaber. Sind die vorhandenen Potenziale der Mitarbeiter nicht ausreichend und auch durch **Trainingsmaßnahmen** kurzfristig nicht veränderbar, muss das Unternehmen die entsprechenden **Positionen in letzter Konsequenz neu besetzen.**

1.4.3 Die Jagd nach den besten Mitarbeitern – „Make or Buy"?

Für den Einkauf einer Personalberatungsleistung gilt das, was grundsätzlich auch bei jeder anderen Dienstleistung gefragt werden muss: Ist es sinnvoll, die Leistung selbst zu erbringen oder ist es besser, sie einzukaufen („Make or Buy"). Die Gründe, warum Unternehmen oder Verwaltungen etwas nicht selbst machen können oder wollen, sind zugleich die größte Triebfeder, warum sie bei der Suche nach neuen Mitarbeitern mit Personalberatern zusammenarbeiten. Dazu die wichtigsten Gründe im Überblick:

- Die notwendige Kompetenz ist im eigenen Unternehmen nicht vorhanden: Es gibt keine passenden Experten für das jeweilige Fachgebiet (z. B. keine Sprachkenntnisse, keine Methodenkompetenz). Dies kann im Ergebnis dazu führen, dass das Problem trotz erheblicher eigener Anstrengungen nicht gelöst werden kann.
- Die Kompetenz ist unternehmensintern vorhanden, aber keine Kapazitäten, um bestimmte Projekte durchzuführen, z. B. wegen Abwesenheit oder Krankheit der entsprechenden Funktionsträger oder weil es schlichtweg andere Prioritäten gibt.
- Der Klient verfügt selbst über keinen ausreichenden Marktüberblick. Besonders in großen, unüberschaubaren Kandidatenmärkten beobachtet er nur kleine Teilbereiche regelmäßig, aber der Gesamtmarkt hat eine große

Bedeutung. Auch der Blick auf völlig andere Branchen kann bei der Personalsuche hilfreich sein und fällt Personalberatern aufgrund ihrer Expertise leichter.
- Die Qualität der Dienstleistung durch Externe kann höher sein, als wenn sie durch Mitarbeiter des Unternehmens erbracht wird. Die Personalsuche ist für Personalabteilungen nur eine Tätigkeit unter vielen. Die besonderen Anforderungen der Direktansprache können sie infolgedessen meist nicht erfüllen.
- Oft geht es darum, eine externe Meinung einzuholen; auch bei guter Qualifikation sind unternehmensinterne Kräfte häufig befangen, wenn es darum geht, Empfehlungen auszusprechen. So könnte der interne Berater seine eigene Position gefährden, wenn er eine ernsthafte, aber für das Management unbequeme Empfehlung gibt. Wichtige Personalbesetzungen sollten daher durch einen Personalprofi mit neutralem Blick abgesichert werden. In diesem Zusammenhang wird deutlich, weshalb ein Berater auch professionelles Standing und ein unbefangenes und unabhängiges Urteilsvermögen mitbringen muss. Er sollte dem Klienten auf gleicher Augenhöhe gegenübertreten und sich nicht dazu missbrauchen lassen, bereits „vorgedachte" Konzepte durch „gefälliges Verhalten" zu sanktionieren.
- Ein Unternehmen will beispielsweise den (noch vorhandenen) Inhaber einer Führungsposition ersetzen. In einem solchen Fall bietet die Personalberatung die Gewähr, dass diese Situation vertraulich gehandhabt wird. Unternehmensintern wäre dies kaum möglich. Auch mit einem Blick auf die Außenwirkung kann eine unauffällige Personalsuche angeraten sein, beispielsweise wenn das suchende Unternehmen durch die Besetzung wichtiger strategischer Positionen den Wettbewerbern keine Signale geben und lieber im Hintergrund agieren möchte (z. B. bei Einstellungen in Forschung und Entwicklung oder im Vertrieb).
- Nicht selten müssen Positionen schnell besetzt werden. Sei es, weil Mitarbeiter langfristig oder ganz ausfallen oder weil neue Unternehmenseinheiten zügig aufgebaut werden müssen, um einen Vorsprung im Wettbewerb zu erzielen. Die hier gebotene Schnelligkeit ist aber häufig mit den Ressourcen der eigenen Personalabteilung nicht zu bewerkstelligen.

1.4.4 Mehrwert: Wie die Klienten profitieren

Diese Zusammenstellung verdeutlicht, wie professionell arbeitende Personalberater ihre Klienten unterstützen können:
- Der Personalberater stellt extern die Kapazitäten zur Verfügung, die intern nicht vorhanden sind.
- Der Personalberater hat aufgrund seiner Spezialisierung die erforderliche Kompetenz.
- Der Personalberater nutzt seine Methodenkompetenz und geht professionell und direkt auf die Suche nach dem geeigneten Kandidaten.
- Talentierte Führungskräfte und Spezialisten sind rar und müssen systematisch gesucht werden. Die am besten geeigneten Kandidaten sind oft nicht

1.4 Warum werden Personalberater beauftragt

auf Stellensuche oder melden sich nicht auf Anzeigen; sie müssen vielmehr durch Personalberater aktiv angesprochen und umworben werden.
- Professionelle Personalberater bringen mehr Glaubwürdigkeit mit, die Attraktivität einer Position sachlich und ohne Voreingenommenheit darzustellen und die Vor- und Nachteile eines möglichen Stellenwechsels zusammen mit dem Kandidaten abzuwägen. Die einstellenden Unternehmen können diese Funktion nicht objektiv erfüllen.
- Der konzentrierte Einsatz des Personalberaters führt zu schnelleren Resultaten.
- Die professionelle Ansprache eines Kandidaten durch den Personalberater liefert auch in hoffnungslos erscheinenden Fällen positive Ergebnisse (z. B. können Unternehmen nicht ohne Weiteres eine systematische Direktansprache durchführen).
- Der Personalberater gewährt den Unternehmen und den potenziellen Kandidaten Diskretion nach innen und außen.
- Der Personalberater unterstützt Unternehmen bei der qualifizierten Beurteilung von Kandidaten durch methodisch fundierte Auswahlverfahren, die auch Vergleiche mit anderen Unternehmen ermöglichen.
- Der Personalberater hat eine breite und umfassende Kontaktbasis.
- Der Personalberater verfügt über ein internationales Netzwerk.

Betrachtet man in diesem Zusammenhang die **Kernaufgabe von Personalberatern**, den richtigen Mitarbeiter an die für ihn richtige Arbeitsstelle zu bringen, dann lassen sich im Sinne der qualifizierten Ausführung eines Suchauftrags vier größere Teilbereiche unterscheiden. Sie werden anschließend noch genauer untersucht:

1. Zu Beginn des Beratungsprojekts analysiert der Personalberater die Unternehmensstruktur seines Klienten und die Besonderheiten der zu besetzenden Position. So entsteht ein fundiertes Bild, worin die persönlichen sowie fachlichen Anforderungen an die potenziellen Kandidaten bestehen. Je besser die Beschreibung ausfällt, umso genauer kann das Suchraster definiert werden.
2. Anschließend erarbeitet der Personalberater aufgrund der Positionsanalyse und seiner Marktkenntnisse eine Erfolg versprechende Suchstrategie, die er dem Klienten empfiehlt. Dabei haben sich drei Suchmethoden etabliert: die anzeigengestützte Suche, die Direktansprache von Kandidaten und die online-gestützte Suche im Internet. Die beiden Letzteren können die Platzierung von Anzeigen („Job-Postings") in Datenbanken beinhalten und/oder das systematische Durchsuchen von Datenbanken nach passenden Kandidaten („Web-Mining"). Eine zusätzliche Bedeutung gewannen in den letzten Jahren die sozialen Netzwerke, die zunehmend auch für Zwecke der Personalsuche genutzt werden. Häufig führt eine sinnvolle Kombination der passenden Ansprachemethoden zum Ziel, den „richtigen Kandidaten" zu finden.
3. Nach einer Vorauswahl folgen persönliche Interviews mit den Kandidaten aus dem engeren Kandidatenkreis. Je nach Notwendigkeit oder auf Wunsch des Klienten setzt der Personalberater standardisierte psycho-

logische Auswahl- und Testverfahren ein. Die Ergebnisse der Interviews und der zusätzlichen Beurteilungsverfahren – wie z. B. Assessment-Center – werden in einer abschließenden schriftlichen Beurteilung der Kandidaten zusammengefasst.
4. Referenzen zu wichtigen beruflichen Stationen der Kandidaten runden das Bild ab. In der Regel werden dem Klienten nun drei bis vier aus der Sicht des Beraters besonders geeignete Kandidaten präsentiert. Je nach Projektabsprache unterstützt das Beratungsunternehmen die Klienten beim internen Auswahlprozess bis hin zur Entscheidung und bei der Gestaltung des Vergütungsrahmens.

1.4.5 Unter der Lupe: ausgewählte Beispiele aus dem Beratungsprozess

Welche Leistungen eine Personalberatung erbringt und welchen Mehrwert ein Klient dadurch bei der Personalsuche und -auswahl konkret hat, wird deutlich, wenn man den Ablauf dieser Suche nochmals genauer betrachtet.

Bei den ersten Kontakten mit dem Klienten geht es vor allem darum, Informationen über dessen personelle Probleme zu erhalten und einen Einblick in seine Planung zu gewinnen. Der unabhängige, neutrale Blick des Personalberaters und seine Einschätzung werden bei vielen Fragen benötigt: Hat das Klientenunternehmen beispielsweise vor, den Geschäftsbetrieb zu erweitern, eine neue Niederlassung aufzubauen, neue Produkte auf den Markt zu bringen oder ein anderes Unternehmen zu übernehmen? Haben wichtige Entscheidungsträger das Unternehmen verlassen? Geht die Personalplanung von weiterem Wachstum aus? Alle diese Fragen haben Konsequenzen für personelle Veränderungen in den Unternehmen. Aufgrund seiner Erfahrungen und seiner Kenntnisse kann der Personalberater dem Klienten wertvolle Hinweise geben, die bis zur **Optimierung bzw. Anpassung der Arbeitsplatzbeschreibung** oder sogar einer Änderung des Suchprofils führen können.

Der Personalberater leistet auch wertvolle Hilfe, wenn die **passende Suchstrategie** (Vorgehensweise, Methoden) festgelegt werden muss, um die relevanten Zielpersonen für die zu besetzende Position zu erreichen. Handelt es sich um weite Märkte ohne besondere Branchenfokussierung, so spricht dies für eine breite **Streuung der Ansprache**. In Betracht kommt dann eine anzeigengestützte oder eine internetgestützte Suche. Dies gilt häufig für Stellen mit Querschnittscharakter in den Bereichen Personal, Finanzen oder IT. Handelt es sich um enge und spezifische Märkte, so spricht dies tendenziell für die **Direktansprache**. Beispiele hierfür sind Positionen, die spezielle Markt- oder Branchenkenntnisse erfordern. Oft müssen mehrere Suchstrategien kombiniert werden, um eine erfolgreiche Besetzung der vakanten Position zu gewährleisten. Die Erfahrung aus vielen Projekten bietet dabei zahlreiche Entscheidungshilfen.

Im Falle der **Anzeigensuche** wird der Berater **entsprechende Medien** vorschlagen und diese mit dem Klienten abstimmen. Die Auswahl der geeigneten

Medien erfordert große Erfahrung darin, welche Personen auf sie ansprechen und ob diese mit der gesuchten Zielgruppe übereinstimmen. Nur dann ist eine gute Resonanz zu erwarten. Nicht unerheblich ist die Frage, wann eine Anzeige platziert werden soll. Es gibt Zeitpunkte oder Zeiträume, zu denen die Resonanz auf eine Anzeige erfahrungsgemäß „niedrig" oder auch relativ „hoch" sein kann. Ein weiterer wichtiger Gesichtspunkt ist die Qualität des Anzeigentexts. Die persönliche Beratungspraxis zeigt, dass ein inhaltlich informativer und ausgewogener Anzeigentext die Bereitschaft geeigneter Kandidaten steigert, darauf mit einer Bewerbung zu reagieren.

Die Direktansprache erfordert vom Berater ein gutes Verständnis für Arbeitsmärkte und Berufsbilder. Die zentrale Frage für den Personalberater lautet: In welchen Segmenten, d. h. in welcher Branche, in welcher Region, in welchen Berufsgruppen, befinden sich Personen, die ein **bestimmtes Anforderungsprofil** erfüllen, und wie kann man an sie herantreten? Diese Frage zu beantworten, fällt bei etablierten Berufsgruppen relativ leicht. Wie aber sieht es aus, wenn für ein völlig neues Produkt oder eine neue Dienstleistung ein Marketingmanager oder ein Entwicklungsleiter gesucht wird? Nach dieser Maßgabe gibt es noch keine Wettbewerbsfirmen am Markt, bei denen Stelleninhaber mit genau dem gesuchten Profil vorhanden sind. In derartigen Fällen kommt die **Erfahrung des Personalberaters** ins Spiel. Gibt es möglicherweise im Ausland bereits entsprechende Stelleninhaber? Wenn ja, wo sind sie? Wie können sie ausfindig gemacht werden? Sind sie eventuell bereit, in ein anderes Land umzuziehen? Wenn ja, unter welchen Bedingungen? Oder gibt es vielleicht artverwandte Branchen im Inland, von denen ähnliche Produkte vertrieben oder zumindest ähnliche Abnehmergruppen bedient werden?

Vieles, das zuvor über Stellenanzeigen gesagt wurde, gilt auch für die **Suche per Internet**. Hier geht es vor allem um die „richtige" Auswahl des Internetportals, das die beste Abdeckung im Lichte der zu besetzenden Position vermuten lässt sowie die Abwägung von Kosten und Nutzen. Der Personalberater verwendet diese Suchmöglichkeit unter anderem, um Kandidaten für laufende Projekte zu identifizieren, an die er auch durch Direktansprache nicht herangekommen wäre.

Der Berater wird aus den vorliegenden Kandidaten eine Vorauswahl treffen und mit geeignet erscheinenden Personen telefonisch Kontakt aufnehmen. Bei beiderseitigem Interesse und einer Übereinstimmung mit dem vorhandenen Positionsprofil vereinbart er ein persönliches Gespräch. In diesem Interview klärt der Personalberater aus seiner Sicht ab, ob die zu besetzende Aufgabe und der Kandidat zusammenpassen. Der Kandidat muss sich entscheiden, ob er für ein persönliches Gespräch mit einem Vertreter des Klienten bereit ist. Ist dies der Fall, erstellt der Berater einen **vertraulichen Bericht**, der es dem Klienten ermöglicht, sich ein fundiertes Bild über den Kandidaten zu machen, ohne ihn bislang persönlich kennengelernt zu haben. Ist dieser Bericht oberflächlich erstellt, wird auch ein objektiv guter Kandidat nicht die Wertschätzung des Klienten erfahren, die ihm gebührt. Insofern ist der zeitliche Aufwand in einen informativen und ausgewogenen Kandidatenbericht eine gute Investition des Personalberaters.

Die Kandidaten der engsten Wahl, meist drei oder vier, präsentiert der Personalberater dem Klienten persönlich. Diese **Gesprächsrunde** plant der Personalberater sorgfältig. Meistens wünscht der Klient, dass die einzelnen Gespräche an einem Tag stattfinden. Es empfiehlt sich, eine derartige Präsentation bei der Personalberatungsfirma oder in einem Hotel durchzuführen und nicht beim Klienten. Möglicherweise kennen manche Kandidaten dort Mitarbeiter und wünschen deshalb Diskretion. Die Rolle des Interviewers übernimmt in der Regel der Klient, der **Personalberater ist Moderator des Gesprächs**.

Meistens findet der Klient Gefallen an einem (oder zwei) Kandidaten und will mit diesem zu einem weiteren Gespräch, nunmehr im Unternehmen selbst, zusammenkommen. Bevor dieser Schritt verwirklicht wird, bietet es sich an, Referenzen über diese(n) Kandidaten einzuholen. Dabei geht es darum, Personen zu kontaktieren, die den Kandidaten aus dem beruflichen Umfeld möglichst gut kennen und bereit sind, über ihn Auskunft zu geben. Dies können ehemalige Vorgesetzte, Kollegen oder auch enge Geschäftspartner sein. Der aktuelle Vorgesetzte scheidet meistens als Referenzperson aus, da dies offenlegen würde, dass sich sein Mitarbeiter mit Veränderungsgedanken trägt. Das Ergebnis dieser Aussagen ist die **Referenzauskunft**. Die Referenzen holt der Personalberater ein. Er bittet den Kandidaten, ihm geeignete Referenzpersonen zu nennen, die er kontaktieren kann. Üblicherweise handelt es sich um drei qualifizierte Referenzen. Der Kandidat informiert die Referenzpersonen, dass sie einen Anruf von einem Personalberater erhalten. Bei der Überprüfung der Referenzen handelt es sich um Interviews mit spezieller Zielsetzung. Es geht darum, qualifizierte Aussagen über das Leistungsvermögen und das Arbeitsverhalten des Kandidaten in der Vergangenheit zu bekommen, um die weitere Auswahlentscheidung zu untermauern.

Am Ende aller Gespräche steht die Entscheidung, ob der Kandidat ein Vertragsangebot erhalten soll oder nicht. Welche Vergütung und welche Nebenleistungen (z.B. Altersversorgung, Firmenwagen, Unfallversicherung) der Kandidat derzeit erhält, wurde bereits im Kandidatenbericht festgehalten und ist dem Klienten bekannt. Nunmehr geht es darum, das Vertragsangebot des Klienten so zu gestalten, dass die Motivation des Kandidaten, die Stelle zu wechseln, unterstützt wird. Unterschiedliche Vorstellungen und Interessen muss der Personalberater durch „Vermittlung" ausgleichen. Bei ausländischen Klienten, die mit den Gegebenheiten des deutschen Markts nicht vertraut sind, muss der Personalberater oft eine Rolle übernehmen, die über die des Moderators hinausgeht. Er muss den Vertragsparteien „die Hand führen", damit sie sich treffen. Im Vordergrund sollte jedoch das Ziel stehen, einen fairen Interessenausgleich herbeizuführen.

Nach einer gewissen Einarbeitungsphase des neu eingestellten Mitarbeiters nimmt der Personalberater wieder Kontakt mit dem Klienten und dem Kandidaten auf. Es gilt, eine Zwischenbilanz zu ziehen. Hat der Kandidat die Erwartungen aus der Sicht des Klienten erfüllt? Gibt es möglicherweise Defizite im Leistungsverhalten, die zutage getreten sind? Wie kommt der Kandidat mit den Kollegen aus? Bei seinem Kontakt mit dem Kandidaten erfährt der Personalberater, wie die ersten Wochen in der neuen Tätigkeit aus Kandidatensicht gelaufen sind. Wie fühlt sich der ehemalige Kandidat und jetzige Mitarbeiter des Klienten in seiner neuen Aufgabe? Wie kommt er mit Vorgesetzten und Kollegen zurecht? Was waren Erfolgserlebnisse oder Enttäuschungen? Wurden die Versprechungen eingehalten? Äußern sich Klient oder Kandidat zu einzelnen Aspekten kritisch, hat der Berater Gelegenheit, Brücken zu bauen und beiden Seiten Tipps für die weitere Zusammenarbeit zu geben. Er macht so deutlich, dass er auch nach der Platzierung eines Kandidaten Interesse an dessen Beitrag zum Unternehmen des Klienten hat.

Leider kommt es aus unterschiedlichen Gründen vor, dass ein Kandidat bereits während der Probezeit das Unternehmen des Klienten wieder verlässt oder verlassen muss. In derartigen Fällen greifen oft **Garantieregelungen**, die manche Personalberatungsfirmen anbieten. Einige geben eine uneingeschränkte Garantie, d. h., sie bieten die honorarfreie Wiederholung der Personalsuche, unabhängig davon, aus welchen Gründen der Kandidat das Unternehmen verlässt. Andere Personalberatungsfirmen knüpfen die Erfüllung der Garantie daran, dass der Kandidat das Unternehmen während der Probezeit aus Gründen verlässt, die in der Person des Kandidaten begründet sind (eingeschränkte Garantie). Die Garantie umfasst üblicherweise die einmalige honorarfreie Wiederholung der Suche, während der Klient die anfallenden Auslagen trägt.

1.4.6 Unterschiede zu anderen Personaldienstleistungen

Die Personalberatung und speziell das Kerngeschäft der Suche und Auswahl von Fach- und Führungskräften unterscheidet sich maßgeblich von anderen Dienstleistungen, die ebenfalls auf Personallösungen fokussiert sind.

Ist z.B. das Gesamthonorar für eine Stellenbesetzung erfolgsabhängig, liegt keine Beratungs-, sondern eine Vermittlungsleistung vor. In diesem Fall ist der Personalvermittler juristisch gesehen auch kein Berater, sondern ein Makler. Die bisher beschriebenen Leistungen des Personalberaters bietet er in der Regel nicht an.

Manche Unternehmen, die eine Stelle besetzen wollen, sind auf den ersten Blick von einer Erfolgsregelung angetan, denn wenn kein Kandidat platziert wird, gibt es auch keine Bezahlung. Der vermeintliche Vorteil schlägt allerdings rasch in einen Nachteil um: Hat der Personalvermittler (bewusst wird hier nicht der Terminus Personalberater verwandt) seinem Klienten alle aus seiner Datei oder Kartei verfügbaren Kandidaten vorgestellt und keiner hat gepasst, müsste er eigentlich auf eigene Kosten und eigenes Risiko weiter im Markt nach geeigneten Kandidaten suchen. Genau dies wird er oft nicht tun, vor allem dann nicht, wenn der Klient zeitgleich weitere Vermittler beauftragt hat, ein und dieselbe Position zu besetzen. Dies bedeutet für den Klienten keinen Extraaufwand. Unter diesen Umständen wird sich der als Erster eingeschaltete Vermittler jedoch sehr genau überlegen, ob er das Risiko eingeht, auf eigene Kosten weiter im Markt nach passenden Kandidaten zu recherchieren. Macht nämlich einer der anderen, gleichzeitig beauftragten Vermittler das Rennen, geht er leer aus und seine gesamte Mühe war umsonst.

Die Vermittler werden auf jeden Fall versuchen, ihren Aufwand zu minimieren. Dies kann im Endergebnis dazu führen, dass keiner von ihnen die vakante Position besetzt und damit das Problem für den Klienten ungelöst bleibt. Selbst wenn dieser einen **Exklusivvertrag** mit einem einzigen Vermittler abschließt, bleibt das Problem latent bestehen. Gerade bei schwierigen Besetzungen läuft er Gefahr, dass der Vermittler den Auftrag nicht zu Ende führt, da er für ihn zu aufwendig wird. Damit bleibt der Besetzungserfolg aus.

Auch die Zeitarbeit ist eine personalbezogene Dienstleistung, jedoch keine Beratungsleistung. Hier verleiht die Zeitarbeitsagentur eigenes Personal zeitlich begrenzt an Unternehmen und Organisationen. Die rechtliche Grundlage für die Zeitarbeit ist das Arbeitnehmerüberlassungsgesetz (AÜG). Zeitarbeitsunternehmen bieten häufig auch ergänzend dazu eine private Arbeitsvermittlung an.

Interimsmanagement ist eine spezialisierte Dienstleistung, bei der – oft durch Einschaltung eines Interim Management Provider – ein Externer auf der Grundlage einer Honorarvereinbarung vorübergehend, d. h. zeitlich befristet auf drei bis sechs Monate, Managementaufgaben in einem Unternehmen übernimmt. Typische Gelegenheiten für Interimsmanagementeinsätze sind Übernahmen, Fusionen, der vorübergehende Ausfall wichtiger Funktionsträger, Post-Merger-Integration-Situationen oder die Restrukturierung eines Unternehmens.

1.5 Spezialisierung versus Personalberatung aus einer Hand: Wie finde ich den Personalberater meines Vertrauens?

von Ulrich Schröder

Wer heute einen Personalberater sucht, steht vor einem unübersichtlichen und vielschichtigen Markt: Da gibt es die großen Beratungsunternehmen, die irgendwie alles können. Daneben bieten kleine und ganz kleine Dienstleister unterschiedliche Spezialisierungen an, was Branche, Kompetenz und mitunter auch Methode betrifft. So sucht ein Berater ausschließlich per Anzeige, während der nächste auf Direktansprache schwört und wieder ein anderer auf die gekonnte Mischung aus beidem. Und der potenzielle Klient? Der steht beeindruckt davor, fühlt sich wahrscheinlich ein bisschen wie zwischen Kaufhaus und Fachgeschäft – und weiß nicht, wie er vor lauter Vielfalt genau den einen, exakt zu ihm passenden Personalberater für den aktuellen Anlass finden soll.

Die Ansicht, dass ein Berater jemand ist, der einem die Uhr wegnimmt, um anschließend für viel Geld mit der aktuellen Zeit herauszurücken, gehört inzwischen längst der Vergangenheit an. Vielmehr werden Personalberater inzwischen quer durch alle Branchen und Unternehmensgrößen gezielt eingesetzt, um das eigene Unternehmen organisatorisch zu entlasten oder durch zusätzliche Beratungskompetenz von außen zu unterstützen. So ist Personalberatung längst zu einem allgemein anerkannten, ja unentbehrlichen Wettbewerbsfaktor geworden. Wer zusätzlich zu seinen unternehmerischen Aufgaben nicht noch Anzeigen formulieren, Berge von Bewerbungen durchkämmen und anschließend auch noch langwierige Auswahlverfahren durchführen muss, kann sich besser auf das konzentrieren, wofür er morgens aufsteht – sein im Zweifel lukrativeres Tagesgeschäft! Wer die Dienste eines Personalberaters in Anspruch nimmt, verringert das Risiko von Fehlentscheidungen, die sich negativ auf den Erfolg und letztlich auf den Bestand des Unternehmens auswirken könnten.

Dass Personalberater zunehmend in **geschäftsstrategische Entscheidungen** eingebunden werden, belegen verschiedene Studien. Die deutsche Wirtschaft wächst und damit auch die Vielfalt der Anforderungen, die eine Personalberatung heute leisten muss: Während ein kleineres, inhabergeführtes Unternehmen z. B. einen Controller sucht, braucht ein internationales, börsennotiertes Unternehmen vielleicht die erfahrene Führungskraft für den Aufbau einer neuen Produktionsstätte im Ausland. Allen gemeinsam mag sein, dass ihnen der Zugang zu geeigneten und interessierten Kandidaten fehlt. Dass für derart verschiedene Anforderungen auch aufseiten der HR-Beratung unterschiedliche Profile nötig sind, liegt auf der Hand.

Personalberatung ist darum so vielfältig wie die Menschen, die sie in Anspruch nehmen und die sie anbieten. Das gilt nicht nur im Hinblick auf die einzelnen Kompetenzprofile der Beratungsanbieter, von denen später noch die Rede sein wird, sondern auch für die Produkte und die Methodenkompetenz.

1.5.1 Die Vielfalt der angebotenen Produkte

1.5.1.1 Personalsuche

Personalberatung wird meistens spontan mit der Rekrutierung neuer Mitarbeiter verbunden, der Suche nach geeigneten Fach- und Führungskräften. Das kann entweder durch eine Anzeige geschehen oder durch die gezielte Ansprache geeigneter Kandidaten. Dabei ist ein freies Suchfeld, aus dem heraus die neuen Mitarbeiter gewonnen werden können, besonders wichtig; außerdem ist ein weitverzweigtes Netzwerk des Beraters von großem Vorteil.

Die Anzeige – in Printmedien oder in elektronischen Medien gleichermaßen – ist heute nach wie vor ein bedeutendes Mittel für die Kandidatensuche, da es besonders schnell zum Ziel führt: Die Anzeige erreicht die Kandidaten, die grundsätzlich schon interessiert und bereit sind, sich beruflich zu verändern. Hier ist die Direktansprache im Nachteil, da sich die Angesprochenen erst über ihr Wechselinteresse Gedanken und mit der angebotenen Perspektive vertraut machen müssen, sodass entsprechend mehr Zeit vergeht. Ein weiterer Vorteil der anzeigengestützten Suche liegt in der Möglichkeit, den Berater als Herausgeber auftreten zu lassen. So läuft die Suche diskreter ab und es können auch geeignete Personen für weniger bekannte Unternehmen an unattraktiveren Standorten interessiert werden. Sicherlich keine Alternative zur

Direktansprache gibt es, wenn das gesuchte Profil besonders einzigartig ist und vielleicht nur eine Handvoll potenzieller Kandidaten existiert. Dann gilt es, die geeigneten Kandidaten präzise zu orten und direkt zu interessieren.

Dieser Beitrag konzentriert sich auf diesen Teil der Personalberatung. Der Vollständigkeit halber streifen wir die übrigen Dienstleistungsbereiche kurz, vor dem Hintergrund, dass diese Art der Beratung selbst bei Komplettanbietern der Branche meist organisatorisch abgetrennt ist und von spezialisierten Beratern durchgeführt wird.

1.5.1.2 Personalentwicklung

Personalentwicklung ist ein weites Feld und füllt ganze Bibliotheken mit Fachliteratur: Dazu gehören beispielsweise Management-Audits oder Assessment-Center – verschiedene Verfahren also zur individuellen Evaluation von Management- und Entwicklungspotenzialen. Sie sind Mischformen unterschiedlicher Analyse- und Beratungsmethoden, die oftmals für den konkreten Einzelfall konzipiert oder zusammengestellt werden. Elemente der Eignungsdiagnostik kommen hier ebenso zum Einsatz wie Inhalte der Organisationsentwicklung, der Cultural Due Dilligence und der klassischen Unternehmensberatung.

1.5.1.3 Coaching

Dieses Einsatzgebiet hat gerade in den vergangenen Jahren kräftig an Nachfrage zugelegt und beinhaltet Konzepte, die individuelle Beratung im beruflichen Umfeld professionell anbieten. Ein Grund für diesen „Boom" ist sicherlich die starke Verschlankung vieler Unternehmensstrukturen: Mitarbeiter müssen sich oft kurzfristig und höchst flexibel auf neue Gegebenheiten einstellen, z.B. auf wachsende Verantwortung oder Entscheidungskompetenz. Mit einer tief gehenden und stark individualisierten Betreuung unterstützen externe Berater die Betroffenen darin, besser und erfolgreicher mit neuen Situationen und Anforderungen fertig zu werden.

1.5.1.4 Outplacement

Durch eine steigende Zahl von Firmenübernahmen oder Rationalisierungen im globalen Wettbewerb müssen Unternehmen sich immer wieder auch von hoch qualifizierten Mitarbeitern trennen. Spezialisierte Outplacement-Berater unterstützen die betroffenen Mitarbeiter professionell in ihrer beruflichen Neuorientierung – je nach Absprache bis zum Abschluss eines neuen Arbeitsvertrags oder bei einer Existenzgründung.

Der die Personalsuche anbietende Personalberater distanziert sich von der Outplacement-Beratung, um sich nicht Interessenkonflikten auszusetzen. Er verpflichtet sich seinem Klienten gegenüber zu einer unabhängigen, beratenden Begleitung. Aus diesem Grund kann er nicht zugleich Kandidateninteressen bindend verfolgen.

1.5 Spezialisierung versus Personalberatung

1.5.1.5 Vergütungsberatung

Eine weitere wichtige Frage, die meist von größeren Unternehmen an Personalberater herangetragen wird, ist die der angemessenen Vergütung für bestimmte Stellenprofile. Dabei kann es beispielsweise darum gehen, vorhandene Vergütungsstrukturen zu überarbeiten, Incentivesysteme zu bedenken oder neue, leistungsorientierte Gehaltssysteme zu finden, die sowohl quantitative als auch qualitative Ziele berücksichtigen. Im Zentrum des Interesses steht dabei, die Mitarbeiter zu motivieren und an das Unternehmen zu binden. Gleichzeitig bietet ein **konsistentes Gehaltsmanagement** dem Unternehmen die Flexibilität, auf unterschiedliche wirtschaftliche Gegebenheiten zu reagieren, während die Mitarbeiter die Perspektive einer leistungsbezogenen Anerkennung ihres Erfolgs klar vor Augen haben.

1.5.2 Die Spezialisierung auf Methoden, Branchen und Positionen

1.5.2.1 Suchmethode

Über die Auswahl der Produkte hinaus interessieren sich manche Klienten dafür, welcher Methoden sich der Personalberater ihrer Wahl bedient: Bietet er lediglich die Direktansprache an oder sucht er auch per Anzeige? Unterhält er eine eigene Search-Abteilung für alle Branchen oder arbeitet er gezielt mit verschiedenen externen Searchern für unterschiedliche Zielgruppen zusammen? Die Diskussion der einzelnen Herangehensweisen ist jedoch für den Klienten kaum von Belang, da die Auswahl der Methodik jeweils von den Anforderungen des Projektziels abhängt.

Inzwischen setzen nahezu alle Personalberatungsunternehmen grundsätzlich alle Suchmethoden ein, wobei der Trend zur Direktansprache ungebrochen ist. Der erfahrene Personalberater erarbeitet einen Vorschlag zum Methodenmix unter Berücksichtigung zeitlicher und finanzieller Ressourcen und entscheidet gemeinsam mit dem Klienten über deren Einsatz.

1.5.2.2 Branchen- und Positionsfokus

Die Expertise des Personalberaters in der Branche des Klienten ist oftmals ein ganz wesentliches Auswahlkriterium. Größere Personalberatungsunternehmen tragen dem Rechnung, indem sie sogenannte „**Practice Groups**" oder „**Competence Center**" für einzelne Branchen bilden. Diesen „Practice Groups" sind die Berater entsprechend ihrer persönlichen Erfahrung zugeordnet; sie sind ausschließlich in ihren Segmenten tätig. Manche Einzelberater konzentrieren sich auf sehr spezielle Nischen, in denen sie meist zuvor selbst beruflich tätig waren. Dazu gehört oft auch die Spezialisierung auf einzelne Funktionsgruppen wie Ärzte, Ingenieure, Marketing- oder Finanzpositionen.

Über die Relevanz dieser bewussten oder auch unbewussten Konzentration wird seit Jahren gestritten, wobei die jeweils gewählte Organisationsform des

Personalberatungsunternehmens häufig seine Positionierung in dieser Frage bestimmt.

Sicher spricht der ehemalige Ingenieur, Mediziner oder Banker dieselbe Sprache wie sein Gegenüber gleicher Herkunft und kann darum auch Zwischentöne heraushören und spezifische Erwartungen womöglich leichter erfassen als der Branchen- oder Funktionsfremde. Vom Einzelfall abhängen wird es jedoch, ob diese Expertise für die Lösung der Projektaufgabe so einzigartig ist, dass der Klient seine Entscheidung ausschließlich hierauf gründen sollte.

Der Klient sollte sich fragen, ob der Personalberater wirklich „der" Spezialist sein muss. Auf die Spitze getrieben würde dies bedeuten, dass der Personalberater in der Lage sein müsste, die vakante Position letztlich auch selbst auszufüllen. Vielmehr wird es jedoch auf die Methodenerfahrung, die **Beurteilungskompetenz** und nicht zuletzt auf die Fähigkeit des Personalberaters ankommen, sich schnell Zugang zu geeigneten Kandidaten zu verschaffen. Insofern ist er Multispezialist und versteht es, sich auch in benachbarte Aufgabenfelder einzuarbeiten und die mit der Position verbundenen Anforderungen systematisch zu erfassen.

1.5.3 Die strukturellen und persönlichen Aspekte

1.5.3.1 Passende Größe

Die Größe des Beratungsunternehmens ist zunächst eine Frage der Beratungskapazität und damit abhängig von der quantitativen Komplexität der Personalsuche. Für die Besetzung einer einzelnen Vakanz erscheint sie völlig irrelevant.

Wenn jedoch beispielsweise ein großer französischer Automobilkonzern auf einen Schlag für seine deutschen Autohäuser 100 Verkäufer sucht, bedeutet das schon allein vom Volumen her eine Herausforderung, die ein Einzelberater im Normalfall nicht bewältigen kann. Für ein großes Beratungsunternehmen ist dies allerdings kein Auftrag, der für hektische Unruhe sorgt, da die Aufgaben kurzfristig auf viele Schultern verteilt werden können. Andererseits gibt es auch die Situation, dass sich mehrere kleinere Personalberatungen miteinander vernetzen, um bei höheren Auftragsvolumina mehr Kapazität anbieten zu können. Wenn also der Einzelberater in der Lage ist, sich von Kollegen entsprechend unterstützen zu lassen, könnte er durchaus eine ernsthafte Alternative zu den großen Beratungshäusern sein.

Daneben gewinnen grenzüberschreitende Suchen immer mehr an Bedeutung und erfordern eine **internationale Präsenz des Personalberaters**. So unterhalten zahlreiche Beratungsgesellschaften inzwischen – parallel zu ihren inländischen Standorten – Niederlassungen im Ausland. Auf diese Weise können sie ihren Klienten nicht nur Know-how zu den jeweiligen Rahmenbedingungen und landestypischen Gepflogenheiten bieten, sondern auch den Kontakt zu einschlägigen Netzwerken bestimmter Länder oder Regionen der Welt, zu denen ein rein nationaler Personalberater keinen Zugang hat. Gleichwohl gilt auch hier, dass Größe an sich **kaum ein relevantes Auswahlkriterium** darstellt, wenn die kleinere Personalberatungsgesellschaft Mitglied eines internationalen Netzwerks ist.

In beiden Fällen steigt der erforderliche Koordinierungsaufwand. Es muss gewährleistet sein, dass das Aufgabenverständnis mit all seinen Facetten – auch den kaum zu Papier zu bringenden kulturellen und personenbezogenen Eindrücken – den beteiligten Beratern bewusst gemacht wird. Die Erfahrung zeigt, dass dies offenbar nicht ganz einfach zu bewerkstelligen ist. Personalberatung ist eben eine stark personenbezogene, vom intensiven und unmittelbaren Dialog zwischen Klient und Berater lebende Dienstleistung.

1.5.3.2 Passendes Renommee

Bei allen Betrachtungen zu Schlagkraft und Kapazität sowie Kompetenz eines Beratungsunternehmens ist der **„Markeneffekt"** nicht zu unterschätzen: Manche Klienten suchen für bestimmte Aufträge eben auch den Berater mit „dem" Namen. So wird sich der genannte Automobilkonzern wahrscheinlich nicht an eine kleine „One-Man-Show" wenden, z. B. in der hessischen Provinz, sondern an ein international aufgestelltes Beratungsunternehmen, das im Markt überregional bekannt ist. Gerade in großen Organisationen dürfte die Beauftragung eines allseits bekannten Marktführers auch intern einen nicht unwichtigen Nebeneffekt haben: Der Entscheider ist mit seinem Votum auf der sicheren Seite, denn wenn sogar „diese" Adresse das Problem nicht lösen kann – wer dann?

Mitunter abschreckend kann ein großer Name hingegen auf – nicht nur kleinere – Klienten wirken, die entweder schlechte Erfahrungen gemacht haben oder sich vielleicht zum ersten Mal einem Personalberater nähern. Sie haben den Kopf voller (Vor-)Urteile, z. B. dass Personalberater grundsätzlich zu teuer und arrogant sind und nur mit unverständlichem Englisch um sich werfen. Oder dass in größeren Häusern überlastete Senior-Berater ihre Aufträge von unerfahrenen Junior-Beratern abwickeln lassen. Es ist hier ein wenig wie mit der Wahl zwischen einem Markenprodukt oder einem Einkauf beim Discounter – jeder weiß, dass Letzterer ebenfalls Qualitätsprodukte anbietet, nur eben in einer anderen Verpackung und zu einem anderen Preis. Wer einen Blick auf den Ursprung vieler kleinerer Beratungsunternehmen wirft, wird dort nicht selten auf Personalberater treffen, die viele Jahre bei einem „Markenanbieter" tätig waren und jetzt – unter eigenem Namen – möglicherweise sogar besser arbeiten als vorher.

1.5.3.3 Passende Persönlichkeiten

Für eine gedeihliche Zusammenarbeit ist die persönliche Stimmigkeit zwischen den Projektpartnern unabdingbar: Wenn beide Seiten von vornherein einfach nicht zusammenpassen, kann am Ende schwerlich ein erfolgreich abgeschlossenes Projekt stehen. Gründe hierfür gibt es viele und manchmal erscheinen sie ziemlich banal – vielleicht war „nur" das Auto, mit dem der Personalberater bei seinem Klienten, beispielsweise einem kleinen Mittelständler in Niederbayern, vorgefahren ist, etwas zu groß bemessen. Wenn dann noch ein Auftreten gefolgt ist, das zwar für die Londoner City angebracht gewesen wäre, aber nicht für Niederbayern, dann kann sich jeder ausmalen, wie der niederbayerische Unternehmer reagiert hat …

Zusammenfassend lässt sich feststellen, dass es auch hier wie „mit dem Pott und dem Deckel" ist. Das gilt fachlich genauso wie persönlich, und auch was die Größe der Personalberatung betrifft: Der eine Klient ist in einem großen Beratungshaus bestens aufgehoben, der andere wiederum sucht gezielt die kleinere Einheit, in der der Chef noch selbst „kocht". Die Klientenerwartungen werden dabei vielleicht gleichermaßen gut oder – was nicht vorkommen sollte – schlecht erfüllt. Ein großes Haus kann sich in einem Projekt genauso professionell oder auch unprofessionell verhalten wie ein kleines Personalberatungsunternehmen. Gleiches gilt für die Schnelligkeit und die Termintreue oder die Erreichbarkeit des persönlichen Ansprechpartners. Entscheidend ist also vielmehr, dass jeder Klient genau den für ihn passenden Personalberater seines Vertrauens findet.

1.5.4 Der Weg zum passenden Personalberater

1.5.4.1 Konkretisierung der Erwartungen

Wer noch nie Kontakt zu Dienstleistern in der Personalberatungsbranche hatte, dessen Weg zum passenden Berater für ein konkretes Projekt beginnt lange vor dem ersten Termin – denn wie bei allen Geschäften sollte der Einkäufer genau wissen, was er braucht, bevor er sich entscheidet. Verschiedene grundlegende Fragen sollten darum am Anfang dieses Prozesses stehen, wie z. B.:

- Handelt es sich überhaupt um ein klassisches Personalberatungsthema? Oder ist vielleicht ein Unternehmensberater gefragt, um zunächst grundsätzliche strukturelle Fragen zu klären?
- Ist der Beratungsbedarf genau definierbar – handelt es sich also z. B. um eine konkrete Stellenbesetzung, die Begleitung eines internen Auswahlverfahrens oder die Weiterentwicklung eines Vergütungssystems?
- Welche Expertise muss der Personalberater haben? Muss er über Branchenkenntnisse verfügen? Oder sind sie im Einzelfall vielleicht sogar eher hinderlich, weil die Gefahr droht, dass doch nur wieder dieselben Kandidatenprofile präsentiert werden?
- Ist ein spezieller Lösungsanbieter für ein konkretes Thema gewünscht? Oder lieber jemand mit einem breiteren Dienstleistungsangebot, der in Zukunft auch andere Bereiche abdecken könnte?
- Muss er eine große Organisation im Rücken haben oder soll es besser der erfahrene Einzelberater sein, der frei von Restriktionen agieren und damit ein breiteres Suchfeld für die Direktansprache nutzen kann?

Darüber hinaus ist auch der „Nasenfaktor" entscheidend: Wer nicht gleich beim ersten Kontakt mit seinem neuen Personalberater das Gefühl hat, dass der Funke übergesprungen ist, sollte auf seinen Bauch hören und sich lieber noch einmal umschauen – schließlich ist Personalberatung eine hochsensible

1.5 Spezialisierung versus Personalberatung

Angelegenheit, in der die „Chemie" zwischen den Projektpartnern unbedingt stimmen muss!

Wer in der Vergangenheit schon mit einem Personalberater zusammengearbeitet hat, wird bei neuen Projekten wahrscheinlich deutlich einfacher zum Ziel kommen als derjenige, für den diese Branche Neuland ist: Er kann seinen Berater zum aktuellen Problem befragen, dessen Netzwerk nutzen, Buschfunk hören und sich im Idealfall darauf verlassen, dass dieser sich gezielt für ihn umhört, um seinen Klienten auch in dieser Frage gut zu bedienen. Der gute Personalberater versteht sich nicht als Rekrutierer und Beschaffer, sondern als Problemlöser für seinen Klienten.

1.5.4.2 Wege zum Ziel

Wer also die Personalberatungsbranche als Neuland betritt und die grundlegenden Fragen für sich alle geklärt hat, steht vor der nächsten Aufgabe – den für sich richtigen Personalberater zu finden! Dafür gibt es verschiedene Wege, wobei die gezielte Empfehlung eines Kollegen oder Branchenkenners – vielleicht auch eine Warnung vor einer bestimmten Adresse! – sicherlich die glücklichste Variante ist. Damit verbunden sind meist persönliche Einschätzungen und detaillierte Erfahrungen aus bereits abgewickelten Projekten.

Was ebenfalls zum Ziel führt, sind Empfehlungen von Metaberatern, also Beratungsdienstleistern, die auch den Personalberatermarkt systematisch beobachten und in sehr spezifischen Projektanfragen Hilfestellung anbieten.

Anzeigen in Stellenmärkten

Die Lektüre einschlägiger Stellenangebote in Zeitungen und elektronischen Medien kann bereits zielführend sein. Wer sein Interessengebiet betreffende Adressen regelmäßig beobachtet, erhält eine erste Orientierung, an wen er sich wenden kann. Und eine Arbeitsprobe gleich dazu: Wie wird der Klient in der Anzeige dargestellt? Sind die Position und die Anforderungen transparent und ansprechend beschrieben? Vermeidet der Personalberater aussagelose Phrasen und Füllwörter? Bietet er den telefonischen Erstkontakt an und ist offen für Bewerbungen auf schriftlichem und elektronischem Wege? Selbstverständlich sollte die Stellenanzeige auch frei von stilistischen und orthografischen Mängeln sein.

Internetrecherche und Berufsverbände

Wie zu fast allen anderen Themen darf heutzutage natürlich der Hinweis auf die Recherche im Internet nicht fehlen. Anhand weniger Schlagworte erreicht man die Homepages zahlreicher Personalberater, wobei die Aussagekraft dieser Publikationen sehr unterschiedlich sein kann. Wer darum zur Orientierung Wert auf ein Qualitätssiegel legt, dem sei der BDU empfohlen: Von den rund 2.000 Personalberatungsgesellschaften in Deutschland haben sich rund 70 Unternehmen mit ihrer Mitgliedschaft im Fachverband Personalberatung des BDU zur Einhaltung besonders anspruchsvoller Berufsgrundsätze verpflichtet – für den Klienten ein guter Hinweis, einen seriösen Beratungsanbieter vor sich zu haben. Darüber hinaus bieten die Beraterdatenbank und die Möglichkeit gezielter Projektanfragen wertvolle Services.

Umgang mit den Möglichkeiten

Wie intensiv sich ein potenzieller Klient mit dem großen Angebot an Personalberatungsdienstleistern beschäftigen will, liegt selbstverständlich bei ihm. Vergleichbar mit der Wahl zwischen Kaufhaus und Fachgeschäft muss jeder für sich entscheiden, wie gründlich er sich vorab über das aktuelle Angebot informieren will und kann. Wer noch keinen Kontakt zu dieser Branche hatte, wendet sich wahrscheinlich eher an die großen Namen, während andere, vielleicht mit einem sehr speziellen Thema, die kleinen Nischenanbieter suchen. Da die Vielfalt der Dienstleister seit einigen Jahren stark zunimmt – was der Übersichtlichkeit am Markt nicht unbedingt zuträglich ist –, ist zu vermuten, dass die Komplettanbieter angesichts dieses stark fragmentierten Beratermarkts zunehmend an Bedeutung gewinnen werden. Das personalberaterische Fachgeschäft ist darum gut beraten, sich mit einem möglichst klaren und präzisen Profil zu präsentieren.

1.5.5 Auf den Punkt

Nach diesem Überblick über die verschiedenen Facetten der Personalberatung lässt sich die Überschrift dieses Beitrags nicht mit einem klaren Pro oder Contra beantworten.

- Ein auf einzelne Branchen und Positionen spezialisierter Personalberater kann für den Klienten vorteilhaft oder sogar zwingend sein, aber auch Einschränkungen bedeuten.
- Größe und Renommee des Personalberatungsunternehmens eignen sich nicht ausreichend als Differenzierungsmerkmale.
- Entscheidend für die Auswahl des Personalberaters sind die im konkreten Einzelfall spezifischen Erwartungen des Klienten, um aus der Vielfalt des Angebots die zur Aufgabe passende – also erfolgreiche – Lösung zu finden.

2. Kriterien professioneller Personalberatung

2.1 Grundsätze ordnungsgemäßer und qualifizierter Personalberatung

von Michael Heidelberger

Anfang 2013 gibt es in Deutschland rund 2.000 Personalberatungsgesellschaften mit etwa 5.700 Beratern. Diese haben im Jahr 2012 in der deutschen Wirtschaft, der Industrie und der Verwaltung ca. 51.000 Positionen besetzt und einen Umsatz von 1,55 Mrd. € erzielt (*BDU*, 2012/2013, 2–4). Hinter diesen Zahlen verbergen sich viele Marktteilnehmer, vom Einzelberater bis zu großen, international tätigen Personalberatungsgesellschaften, unterschiedlicher Prägung und Ausrichtung. Die nachhaltig erfolgreiche Besetzung von Schlüsselpositionen im Führungs- und Fachkräftebereich setzt eine qualitativ hochwertige Beratungsleistung voraus, die vom einzelnen Personalberater ein hohes Maß an Professionalität und Verantwortungsbewusstsein erfordert. Markttransparenz über die Qualität und Seriosität der einzelnen Marktteilnehmer liegt jedoch nicht vor.

Der *Bundesverband Deutscher Unternehmensberater (BDU)* hat aus diesem Grund die Grundsätze ordnungsgemäßer und qualifizierter Personalberatung (GoPB) erarbeitet und im Jahr 2011 veröffentlicht. Als der Branchenvertreter der Personalberater in Deutschland gibt er damit allen Unternehmen aus Wirtschaft, Industrie und Handel, die in Deutschland Führungskräfte und Spezialisten über Personalberatungsunternehmen suchen, eine Orientierung für die Beurteilung dieser Dienstleistung. Gleichzeitig sollen die GoPB als Richtlinie und Empfehlung für die Personalberaterbranche selbst dienen, um das Qualitätsstreben in der Branche zu verstärken.

2.1.1 Ziele

- **Auftraggebende Unternehmen**

Für Unternehmen, die Positionen über eine Personalberatung besetzen wollen, stellen die GoPB eine fundierte Orientierungs- und Entscheidungshilfe bei der Auswahl des passenden Beratungsunternehmens dar. Anhand eines idealtypisch skizzierten Personalberatungsprojekts lässt sich die Qualität der Dienstleistung im jeweiligen Beratungsprojekt jederzeit überprüfen.

- **Kandidaten**

Kandidaten, die ihren weiteren beruflichen Werdegang in die Hände eines Personalberaters legen oder von diesem angesprochen werden, können schnell erkennen, ob es sich um einen qualifizierten Dienstleister handelt, der rechtliche Vorgaben einhält und über die notwendigen Qualifikationen und Erfahrungen verfügt.

- **Personalberatungen**

Die GoPB beschreiben, wie ein qualifiziertes Personalberatungsprojekt nach Einschätzung professioneller und erfahrener Personalberater ablaufen soll. Sie geben damit interessierten Personalberaterkollegen eine Orientierung für das Setzen und Einführen von Qualitätsstandards und können zur Optimierung der internen Prozesse im Beratungsunternehmen beitragen. Generell sind sie als Empfehlung zu betrachten.

Für die Personalberater im *BDU* sind sie allerdings verbindliche Richtlinie, für die Aufnahme in den Fachverband Personalberatung innerhalb des *BDU* sogar Voraussetzung. Bei Verstoß gegen diese Richtlinien können – was im Einzelfall zu prüfen ist – verbandsrechtliche Konsequenzen folgen.

2.1.2 Inhalte

Im Vordergrund der GoPB steht die umfassende Beschreibung eines idealtypischen, qualifizierten Personalberatungsprojekts: vom Auftragsgespräch, über die vertragliche Vereinbarung bis zum Ende der beratenden Mitwirkung. Auf rechtliche Rahmenbedingungen wie z. B. das Allgemeine Gleichbehandlungsgesetz (AGG), das Gesetz gegen unlauteren Wettbewerb (UWG) und Regelungen zur Direktansprache von Kandidaten am Arbeitsplatz wird hingewiesen.

Im Einzelnen werden folgende Punkte aufgeführt:
- Allgemeine Grundsätze der Zusammenarbeit
- Darstellung eines idealtypischen, qualifizierten Personalberatungsprojekts
  - Erstgespräch Auftraggeber, Leistungsangebot, Rahmenbedingungen
  - Vertragsgestaltung
  - Vorbereitung und Durchführung des Such- und Auswahlprozesses
  - Bewertung Kandidatenunterlagen
  - Persönliches Kandidateninterview und vertrauliche Kandidatenberichte
  - Vorstellung der Kandidaten beim Auftraggeber
  - Einholung von Referenzen
- Nachvertragliche Regelungen
- Informationspflichten des Personalberaters
- Rechtlicher Rahmen

2.1.3 Fazit

Die GoPB gelten nicht nur als verbindliche Richtlinie für alle Personalberatungen im *BDU*, sondern strahlen inzwischen auf den gesamten Berufsstand aus. Personalberater, die sich diesem Standard anschließen, heben sich klar und deutlich von der Dienstleistung „Personalvermittlung" oder der Vorgehensweise, lediglich mit Lebensläufen zu handeln, ab.

Die GoPB können im Internet kostenlos unter www.bdu.de/gopb.html heruntergeladen werden und stehen damit allen Interessierten zur Verfügung.

2.2 Der CERC – eine Zertifizierung mit internationalem Zuschnitt

von Jörg Murmann

Mit der Mitgliedschaft im *BDU* und im Fachverband Personalberatung konnten deutsche Personalberater bereits Qualitätssignale an Unternehmen und Institutionen aussenden. Ein weiterer „Qualitätsbaustein" ist Ende 2009 hinzugekommen.

Im diesem Jahr hat die *European Confederation of Search & Selection Associations ECSSA* dem *BDU* als der relevanten nationalen Branchenvertretung für Personalberater in Deutschland das Recht übertragen, die **Zertifizierung zum Certified Executive Recruitment Consultant CERC** national durchzuführen.

Mit dem erfolgreichen Abschluss des Zertifizierungsverfahrens dokumentieren Personalberater seitdem gegenüber Klienten, Kandidaten und Mitbewerbern ihr Bekenntnis zu Qualität. Der Titel „Personalberater CERC/BDU" wird nur an Personen verliehen, deren Tätigkeitsschwerpunkt in der Suche und Auswahl von Fach- und Führungskräften (= Personalberatung) liegt. Der Titel darf grundsätzlich nur im Rahmen der Berufstätigkeit für ein *BDU*-Mitgliedsunternehmen geführt werden.

Ende 2013 haben europaweit bereits mehr als 200 Personalberater das Zertifizierungsverfahren in Frankreich, Italien, Luxemburg und Spanien erfolgreich abgeschlossen. In Deutschland können sich aktuell rund 50 Personen „Personalberater CERC/BDU" nennen.

Persönliche Voraussetzungen für die Zertifizierung zum Personalberater CERC/BDU sind:
- fünfjährige (hauptberufliche) Berufstätigkeit als Personalberater
- aktuelle hauptberufliche Tätigkeit als Personalberater (mindestens 150 Beratungstage à acht Stunden pro Jahr)
- Verpflichtung zur Einhaltung der *BDU*-Qualitätsstandards für Personalberater
- akademischer Abschluss
- regelmäßige Fortbildung

Das Zertifizierungsverfahren sieht folgende Schritte vor:
- zwei positive Referenzen von *BDU*-Mitgliedern nach erfolgtem Fachinterview
- drei Klientenreferenzen
- drei (anonyme) Kandidatenberichte
- Nachweis über regelmäßige Fortbildung

2. Kriterien professioneller Personalberatung

Alle Personalberater, die in Deutschland als Personalberater CERC/BDU registriert sind, werden in einem öffentlich zugänglichen Register auf der *BDU*-Homepage (www.bdu.de/cerc.html) geführt.

Weiterführende Informationen und Kontakt:
Bundesverband Deutscher Unternehmensberater BDU e.V.
Jörg Murmann (Mitglied der *BDU*-Geschäftsleitung)
Zitelmannstr. 22
53113 Bonn
Tel.: +49 228 9161-11
Fax: +49 228 9161-61
E-Mail: mu@bdu.de

2.3 Messbarer Rekrutierungserfolg – KPI in Personalberatung und Unternehmen

von Karlheinz Hirn

2.3.1 Thematische Einordnung

In Zeiten, in denen Schlagworte wie **„Key Performance Indicators"** (KPI), **„Management by Metrics"** und **„Balanced Scorecards"** in die primären Unternehmensfunktionen Einzug gehalten haben, ist auch der Human-Resources-(HR-)Bereich längst mit der Herausforderung konfrontiert, seinen eigenen Beitrag zum Unternehmenserfolg in entsprechender Art und Weise aufzubereiten – aus Sicht manches Bereichsleiters Finanzen und Controlling gerne auch im Sinne einer Erfolgsrechnung. Andere Funktionsbereiche „können" es ja auch, wie beispielsweise der Vertrieb mit seinen Umsatzwerten oder die Produktion mit ihren Losgrößen, hier lässt es sich gut zählen. „Zählbares" in Bezug auf alle Tätigkeiten und Aufgabenbereiche festzustellen, ist, in diesem Gedankengang nachvollziehbar, auch die Anforderung an HR – immer bezogen auf einen Betrachtungszeitraum wie z.B. das Geschäftsjahr oder das Quartal bei börsennotierten Unternehmen.

Die HR-Teilaufgabe **„Rekrutierung"** ist im Gegensatz zu anderen HR-Aufgaben, wie etwa der Personalentwicklung, ein vermeintlich recht dankbares Betrachtungsobjekt. Hier lassen sich die Dinge doch klar beim Namen nennen: „Wir haben im Geschäftsjahr 2011 ein Einstellungsvolumen von 1.435 Mitarbeitern bewältigt, unser durchschnittlicher Time-to-Fill-Indikator beträgt neun Wochen, unser Cost-per-Hire-Wert liegt bei 10.680 €" – abgezählt, berechnet und nachkontrolliert.

Die Frage nach der Messung und dem Nachweis des Erfolgs ihrer Tätigkeit ist dementsprechend auch für die Personalberatung relevant, die – abhängig von ihrer geschäftlichen Positionierung – zum Teil als integraler Bestandteil des unternehmensinternen Rekrutierungsprozesses gesehen wird. Dies umso mehr, als sie mit ihrer Tätigkeit die unternehmensinternen Erfolgsindikatoren im Rekrutierungsprozess sowohl auf der Kosten- wie auch auf der Leistungsseite beeinflusst und damit Eingang in die Erfolgsrechnung des Unternehmens findet.

Nachfolgend soll näher beleuchtet werden, ob und inwieweit die **bestehenden Indikatoren** für den Erfolg der Rekrutierungstätigkeit zur Erfolgsmessung in der Personalberatung geeignet sind, wie eine sinnvolle Erfolgsmessung unter dem Aspekt der Nachhaltigkeit und Qualität aussehen könnte und wie eine sinnvolle Kongruenz zu den unternehmensinternen Indikatoren hergestellt werden kann. Ziel des Autors ist es, nicht nur bestehende Ansätze aufzugreifen, sondern auch neue Ideen zur Erfolgsmessung der Rekrutierung in die Diskussion einzuführen.

2.3.2 Welche Faktoren bestimmen den „Rekrutierungserfolg"?

Zur näheren Bestimmung der Leistungsfähigkeit und des Erfolgs von Rekrutierungsaktivitäten wird in diesem Beitrag grundsätzlich zwischen **zwei Bewertungsebenen** unterschieden, zwischen dem **quantitativen Rekrutierungserfolg** und dem **qualitativen Rekrutierungserfolg**.

2.3.2.1 Quantitativer Rekrutierungserfolg

Der „quantitative Rekrutierungserfolg" ist in einem Betrachtungszeitraum einfach zu erheben, gut skalierbar und mittels statistischer Indikatoren entsprechend einzuordnen. Diese Kriterien betreffen alle einfach zu messenden (im engeren Sinne zu zählenden) Ereignisse der Rekrutierung, wie etwa

- die Anzahl der in einem Betrachtungszeitraum erfolgreich besetzten bzw. nicht besetzten Positionen,
- einfache prozessbezogene Größen wie z. B. die Anzahl der Bewerbungen im Betrachtungszeitraum, die prozentuale Verteilung von A-, B- und C-Bewerberqualitäten oder die Anzahl der geführten Auswahlinterviews,
- den durchschnittlichen Gesamtzeitbedarf für die Besetzung einer Stelle oder
- die getätigten direkten Ausgaben für die Personalwerbung insgesamt und im Durchschnitt je Position.

Diese Indikatoren geben gerade dort gewisse Anhaltspunkte für die **Leistungsfähigkeit** und den **Erfolg der Rekrutierung**, wo sie aufgrund eine repräsentativen Grundmenge an Rekrutierungsereignissen sinnvoll statistisch vermengt und im Rahmen eines Personal- bzw. Recruiting-Controllingkonzepts erfasst und verarbeitet werden. Gebräuchliche und oft unternehmensspezifisch definierte Mengenindikatoren sind z. B. unterschiedliche Statistiken zum Bewerbungseingang oder auch Mischindikatoren wie „Time to Fill" oder „Cost per Hire".

2. Kriterien professioneller Personalberatung

> Beispiel für Bewerberstatistiken:
> Im Geschäftsjahr X wurden 350 Planstellen zur Besetzung freigegeben, von denen 295 besetzt werden konnten (Besetzungsquote: 84,3 %).
> Beispiel für die Definition eines einfachen Time-to Fill-Indikators:
> Der durchschnittliche Zeitraum von der Freigabe einer Stelle bis zur Unterzeichnung eines Arbeitsvertrags betrug im Geschäftsjahr X durchschnittlich 72 Tage.
> Beispiel für die Definition eines einfachen Cost-per-Hire-Indikators:
> Für aktive Maßnahmen der Stellenausschreibung wurden im Geschäftsjahr X je besetzter Position im Durchschnitt 6.800 € aufgewendet.

Allerdings führen derartige, oft recht eindimensionale Erhebungen in den Rekrutierungsaktivitäten aufgrund der fehlenden qualitativen Analysen zu oberflächlichen, ggf. sogar irreführenden Aussagen. Aus diesem Grund wird in fortgeschrittenen Organisationen auch die Qualität des Rekrutierungserfolgs gemessen.

2.3.2.2 Qualitativer Rekrutierungserfolg

Die Bewertung des Faktors „qualitativer Rekrutierungserfolg" ist deutlich schwieriger. Dieser hängt zum Teil von dem individuellen Verständnis von „Qualität" ab, wie auch von der Tatsache, dass diese im Wesentlichen nur durch interpretierbare, indirekte Bewertungskriterien gemessen werden kann und ihre Aussagekraft oft erst erhält, indem man die ermittelten Werte zu Vergleichsgrößen in Bezug setzt (Stichwort: Benchmarks). Qualität ist auch in der Rekrutierung eine relative Größe.

Die Frage ist, welche Bewertungskriterien **Aussagekraft** für die **Rekrutierungsqualität** besitzen. Auch hier lassen sich verschiedene Betrachtungsebenen differenzieren: Qualität im Rekrutierungsergebnis, Qualität im Rekrutierungsprozess und Qualität in der Kundenzufriedenheit.

2.3.2.2.1 Qualität im Rekrutierungsergebnis

Die Qualität im Rekrutierungsergebnis bezieht sich im Wesentlichen darauf, ob der „richtige" Mitarbeiter eingestellt worden ist. Für diese Bewertung werden Sie im Folgenden auch mehrere neue Begriffe und Indikatoren kennenlernen, die entlang einer Zeitachse analysiert und interpretiert werden können.

KPI Beschleunigung

Der von dem Autor als „Beschleunigungswert" definierte KPI gibt Auskunft, wie schnell der neue Mitarbeiter nach dem Einstieg in seine Funktion die volle Produktivität erreicht. Anhand einiger Hilfsgrößen lassen sich belastbare Aussagen treffen. Solche Hilfsgrößen sind z. B.:

- der erforderliche Einarbeitungszeitraum bis zur selbstständigen Funktionserfüllung,
- die Entwicklung der Fehlerquote in den ersten sechs Monaten und
- die Integration in das unternehmensinterne Interaktionsnetzwerk (im engeren Sinne Team). Hier kann jener Zeitraum betrachtet werden, den der neue Mitarbeiter benötigt, um die wichtigsten unternehmensinternen Ansprech- und Interaktionspartner seiner Funktion persönlich kennenzulernen.

So nennt beispielsweise der **Einarbeitungsplan** jedes neuen Mitarbeiters eines innovativen, international tätigen Beratungsunternehmens die zehn wichtigsten internen Bezugspersonen der Funktion und erfasst als eine Zielgröße für die qualitative Bewertung des „KPI Beschleunigung" jenen Zeitraum, der erforderlich war, um die Kick-off-Meetings mit jeder dieser Bezugspersonen durchzuführen.

KPI Leistung

Hier steht die Frage im Mittelpunkt, wie sich die **Zielerreichungsgrade** des neuen Mitarbeiters im **Zeitablauf** z. B. der ersten drei Jahre entwickeln und wie sie sich jeweils zu durchschnittlichen Vergleichswerten im Unternehmen verhalten. Voraussetzung für die Aussagekraft dieses Faktors ist natürlich das Vorhandensein eines möglichst objektiven und funktionstüchtigen Leistungsbeurteilungssystems, kombiniert mit einer realistischen und erprobten Zielvorgabepolitik.

In der Unternehmenspraxis findet man sowohl gut messbare **direkte Zielvorgaben**, wie etwa in der **Vertriebsfunktion** (z. B. Umsatz- oder Profitgrößen) oder in der **Produktion** (z. B. Output- und/oder Ausschussquoten), häufig aber auch **indirekte oder interpretierbare verhaltensbezogene Zielvorgaben** (z. B. Teilnahme an Trainingsmaßnahmen zur Weiterentwicklung der Qualifikation, Teilnahme an Teamevents zur Verbesserung der Interaktion).

KPI Fluktuation

Ein weiteres wichtiges Bewertungskriterium in Bezug auf das qualitative Rekrutierungsergebnis ist die Konstanz einer Rekrutierungsentscheidung. Diese lässt sich daraus ableiten, ob der neue Mitarbeiter lange genug in seiner Funktion tätig ist, um die erwarteten **positiven Beiträge zur Wertschöpfung des Unternehmens** zu leisten. Aussagekraft entsteht hier, indem Fluktuationsereignisse von neuen Mitarbeitern nicht nur erfasst, sondern auch anhand einer zeitlichen Spanne vom Start bis hin zum Ausscheiden aus dem Unternehmen dokumentiert und analysiert werden (auch hier z. B. innerhalb der ersten drei Jahre).

Dieser KPI Fluktuation wird heute bereits von vielen Unternehmen erhoben – allerdings oft in quantitativer Hinsicht als Fluktuationsquote. Eine qualitative Dimension lässt sich durch Austrittsinterviews gewinnen, in denen die Hintergründe der Fluktuation ermittelt, aggregiert und ggf. auf Rekrutierungsfehler zurückgeführt werden.

KPI Karriereentwicklung

Der KPI Karriereentwicklung ist mittelfristig angelegt und umfasst einen Zeitraum von drei bis fünf Jahren nach Einstieg des neuen Mitarbeiters in das Unternehmen. Das folgende Praxisbeispiel aus einem internationalen Softwareunternehmen soll die zeitliche Dimension verdeutlichen:

Im Jahr 2004 wurde die Position des Account Manager im kleinsten von vier Produktbereichen dieses Softwareherstellers mit einem Bewerber besetzt, der vom direkten Wettbewerb kam. Nach zwei Jahren erfolgreicher Vertriebstätigkeit mit einer jährlichen Übererfüllung der Vertriebsziele wurde dieser

2. Kriterien professioneller Personalberatung

Mitarbeiter zum Teamleiter Vertrieb Central Europe dieses Produktbereichs ernannt. Diese Position übte er weitere zweieinhalb Jahre erfolgreich aus. Im Anschluss ergab sich für ihn die Chance, die Position des Teamleiters Vertrieb Central Europe des größten Produktbereichs des Unternehmens zu übernehmen, die mit einer Verdreifachung der Führungsverantwortung einherging.

Zweifellos verdeutlicht diese Rekrutierungsmaßnahme in der Retrospektive einen sehr hohen Grad an Rekrutierungsqualität: Der neue Mitarbeiter erfüllte nicht nur schnell seine damalige Funktion, sondern besaß auch das persönliche Entwicklungspotenzial für eine nachhaltige Karriereentwicklung zugunsten des Unternehmens.

Ein Key Performance Indikator „Karriereentwicklung" könnte definiert werden als Quotient aus „Beschäftigungszeit in Jahren" und „Anzahl der Beförderungen (erreichen der nächsten Funktionsebene bzw. Gehaltsstufe) in diesem Zeitraum" und in den jeweiligen Bezugsgruppen (Abteilungen, Unternehmensbereichen, Funktionsebenen) aggregiert werden: je geringer der Ergebniswert gemessen in Beschäftigungsjahren, desto steiler der Karrierepfad und desto höher der KPI-Wert „Karriereentwicklung".

In dem geschilderten Praxisbeispiel läge der KPI-Wert dieses Mitarbeiters bei 2,25 (Jahre pro Entwicklungsstufe). In der Berechnung haben sich dabei zwei persönliche Entwicklungsstufen (gemessen an der Eingruppierung in die nächsthöhere Gehaltsstufe) innerhalb von viereinhalb Jahren ereignet. Dieser Wert trifft damit eine Aussage zur Rekrutierungsqualität, die sich darin zeigt, dass offensichtlich das Entwicklungspotenzial dieser Person als entscheidungsrelevant erkannt wurde.

Die Aussagekraft solcher längerfristigen Indikatoren wird natürlich durch eine Reihe von Faktoren relativiert, die durch teilweise nicht steuerbare Außeneinflüsse entstehen. Hier wären die konjunkturelle Gesamtentwicklung zu nennen, spezielle Sonderentwicklungen einer Branche, außerordentliche Zyklen in der wirtschaftlichen Entwicklung eines Unternehmens, aber auch Einflüsse aus dem privaten Umfeld des neuen Mitarbeiters. Ebenso wirken auch vom Unternehmen selbst gesteuerte Einflussfaktoren auf die Ausprägung derartiger KPI-Werte, wie etwa die Einführung spezieller Personalentwicklungsprogramme, Führungsnachwuchsprogramme und Weiterbildungsprogramme.

Über die akkumulierte statistische Gesamtbetrachtung im Unternehmen lassen sich durch die angesprochenen KPI-Werte nun aussagekräftige Bewertungen in Bezug auf die Ergebnisqualität der Rekrutierung durchführen, sowohl für den einzelnen Rekrutierungsfall als auch – im Rahmen von Benchmarks – für die gesamten Rekrutierungsaktivitäten des Unternehmens.

2.3.2.2.2 Qualität im Rekrutierungsprozess

Gegenstand der Untersuchung und Leistungsbewertung ist jene Prozesskette, die die Wertschöpfung des gesamten Rekrutierungsprozesses von der Bewerberattraktion (Personalwerbung, Stellenauslobung), über die mehrstufigen

2.3 Messbarer Rekrutierungserfolg

Selektionsverfahren und die finale Entscheidung bis hin zum vertraglichen Abschluss umfasst.

KPI Bewerberattraktion

Anders als bei der rein quantitativen Betrachtung des Rekrutierungsergebnisses kann die absolute Anzahl der eingehenden Bewerbungen (pro Stelle oder auch akkumuliert) nicht der ausschließliche Indikator für die Ausprägung des qualitativen KPI Bewerberattraktion sein. Auch die Qualität der eingegangenen Bewerbungen, die z. B. innerhalb der Vorselektion durch eine qualifizierte **ABC-Analyse** bestimmt werden könnte, muss in die Bewertung einfließen. So könnte als KPI Bewerberattraktion der Quotient aus der Gesamtzahl der für eine Stelle eingegangenen Bewerbungen und der Anzahl der vorselektierten A-Bewerbungen angesetzt werden. Ein Praxisbeispiel dazu liefert ein mittelständischer deutscher Softwarehersteller:

Auf das Stellenangebot als Softwareentwickler gingen insgesamt 30 Bewerbungen ein, von denen in der Vorselektion sechs A-Bewerbungen herausgefiltert wurden, die laut den Bewerbungsunterlagen alle Muss-Kriterien erfüllten. Der KPI-Wert „Bewerberattraktion" liegt in diesem Beispiel bei 5, d. h. im Durchschnitt ist jede fünfte auf diese Stelle eingegangene Bewerbung eine A-Bewerbung. Als Prozentwert ausgedrückt liegt der KPI Bewerberattraktion – man könnte auch sagen die Trefferquote – für diese zu besetzende Position bei 20 %.

Dieser KPI-Wert kann nun im Rahmen von **Benchmarks** abteilungsübergreifend oder unternehmensübergreifend über den Zeitablauf hinweg dokumentiert und in einer Abweichungsanalyse interpretiert werden. Würde sich in dem Praxisbeispiel der KPI-Wert „Bewerberattraktion" z. B. auf 7 erhöhen, also verschlechtern (14 % Trefferquote), wäre dies ggf. ein Anzeichen dafür, dass die bisher für die Stellenausschreibungen genutzten Medien (und damit die finanzielle Investition) an Effizienz und Zielgenauigkeit verlieren. Daraus ergäbe sich ein Auftrag an Human Resources zur Prüfung der Investitionen und eventuell zum Handeln.

KPI Selektionsprozessqualität

Der KPI Selektionsqualität trifft Aussagen zu den Vorgängen, die in der Selektionsphase (im Gegensatz zur Vorselektion) stattfinden, also z. B. vom Interview bis hin zur finalen Entscheidung. Aussagekraft hat dieser KPI-Wert in Bezug auf die Effizienz des Selektionsprozesses. Gegenstand der Analyse sind beispielsweise die Gesamtanzahl der Bewerberinterviews pro besetzter Stelle, die durchschnittlich erforderliche Anzahl von Interviews, die mit einem Bewerber bis zur finalen Entscheidung durchgeführt werden, die relative Häufigkeit der Absagen nach den Interviews durch die Bewerber und durch die Führungskraft in Bezug auf die Anzahl aller durchgeführten Bewerberinterviews oder auch der für die Bewerberinterviews angefallene Zeitaufwand aller unternehmensinternen Prozessbeteiligten (HR, Hiring Manager etc.). Letzterer wiederum kann finanziell bewertet werden, um dann als indirekt anfallende Kosten für den Rekrutierungsprozess in einen qualitativ angereicherten KPI Cost per Hire einzufließen.

2. Kriterien professioneller Personalberatung

KPI Abschlussquote

Um einen Rekrutierungsprozess erfolgreich abzuschließen, ist die Fähigkeit des Unternehmens (bzw. der einzelnen Hiring Manager) gefordert, geeignete Bewerber nach Abschluss der Selektionsphase zur Annahme eines Vertragsangebots zu bewegen. Dazu dient der KPI Abschlussquote, der die Relation zwischen den erteilten Vertragsangeboten und den von den Bewerbern angenommenen beschreibt. Wenn beispielsweise ein KPI-Wert „Abschlussquote" ergibt, dass 20 % der unterbreiteten Arbeitsvertragsangebote von Bewerbern ausgeschlagen werden, ist die Grundlage für eine intensive Problemanalyse gegeben.

KPI Prozesseffizienz

Gegenstand der Betrachtung ist bei dem KPI Prozesseffizienz nicht das einzelne Rekrutierungsprojekt bzw. die Richtigkeit der getroffenen Personalentscheidung, sondern die gesamte unternehmensinterne Prozess- bzw. Wertschöpfungskette vom Eingang der Bewerbungen bis hin zum Abschluss der Rekrutierungsprojekte. Die thematische Abdeckung umfasst somit das Bewerbermanagement, den Selektionsprozess und die Vertragsanbahnungs- und -abschlussphase.

Der bereits bei der Analyse des quantitativen Rekrutierungsergebnisses angesprochene KPI Time to Fill ist auch hier – allerdings komplexer strukturiert – ein Indikator mit hoher Aussagekraft. Ein unternehmensspezifisch konzipierter KPI Time to Fill sollte jedoch hinsichtlich einer erhöhten Aussagequalität nicht nur den Gesamtzeitbedarf von der Stellenfreigabe bis zur Stellenbesetzung erfassen und unternehmensweit statistisch kumulieren, sondern auch den Zeitbedarf und die Vorgänge in den thematischen Teilkomplexen Bewerbermanagement, Selektion und Vertragsabschluss analysieren, um die Qualität der einzelnen Prozessschritte zu beurteilen und entsprechendes Optimierungspotenzial ausfindig zu machen.

Ähnlich verhält es sich mit dem KPI Cost per Hire. Zusätzlich zu den bereits angesprochenen direkten Kosten für Personalwerbung sollten auch indirekt anfallende Kosten für den Rekrutierungsprozess Berücksichtigung finden. Dazu zählen etwa der in den Kosten bewertete Zeitaufwand für die einzelnen Prozessschritte, die sowohl bei Human Resources als auch bei den Hiring Managers anfallen, IT-Systemkosten für das spezifische Bewerbermanagementsystem, Fluktuationskosten (z. B. innerhalb der Probezeit des neuen Mitarbeiters) und Kosten einer Fehlbesetzung (z. B. ermittelt durch Kalkulation anhand des Abweichungsgrads der jeweiligen Zielunterererfüllung einer Funktion in den ersten drei Beschäftigungsjahren des neuen Mitarbeiters). In jedem Fall wird ein qualitativer KPI Cost per Hire sehr spezifisch auf die Situation eines Unternehmens zugeschnitten sein müssen, um die wirtschaftliche Qualität des Rekrutierungsprozesses im Zeitablauf möglichst objektiv widerzuspiegeln.

Ein Beispiel aus der Unternehmenspraxis eines Medienunternehmens zeigt den KPI Cost per Hire im Rahmen der Besetzung der Position Produktmanager m/w:

Kostenfaktoren	Angefallene Kosten in €
Stellenausschreibung Printmedium	6.200
Aufwand Bewerberadministration und -managementsystem: 32 Bewerber mit jeweils 43 €	1.376
Zeitaufwand für sechs Interviews mit jeweils 1,5 Stunden: HR-Sachbearbeiter zu 55 €/Stunde	495
Zeitaufwand für sechs Interviews mit jeweils 1,5 Stunden: Führungskraft zu 70 €/Stunde	630
Reisekosten der Bewerber	870
Cost per Hire/Summe der angefallenen Kosten	9.571

KPI Prozesssicherheit

Die Prozesssicherheit bezieht sich zum einen auf die **Stabilität des Rekrutierungsprozesses** hinsichtlich der Nachhaltigkeit der z.B. in Service-Level-Agreements verbindlich vorgegebenen zeitlichen und qualitativen Prozessstandards, aber auch auf die **technische Verfügbarkeit eines prozessunterstützenden Workflow-Systems**. Für beide Bereiche lassen sich Abweichungsanalysen anstellen, auf deren Basis entsprechende KPI ermittelt werden.

Zum anderen zielt die Prozesssicherheit auf Rechtssicherheit ab, d.h. auf die für den Rekrutierungsprozess einzuhaltenden rechtlichen Normen. Im Rahmen der aktuell stark steigenden Compliance-Anforderungen an Unternehmen ist es sinnvoll, diesen Aspekt in die Qualitätsanalyse des Rekrutierungsprozesses einfließen zu lassen und ggf. auch einen KPI Rechtssicherheit einzuführen. In diesem Zusammenhang sind die Regelungen des Datenschutzgesetzes (DSG) und des Allgemeinen Gleichbehandlungsgesetzes (AGG) zu beachten. Mögliche Erhebungskriterien sind der Prozentsatz jener Bewerberabsagen, bei denen keine objektiven (und rechtlich verwertbaren) Absagegründe innerhalb des Rekrutierungsprozesses dokumentiert sind (in Bezug auf die Gesamtmenge der erteilten Absagen), oder die Quote jener Bewerbungsfälle, die aufgrund unklarer Bewerberkommunikation oder Prozessdokumentation zu juristischen Nachspielen führen.

2.3.2.2.3 Qualität in der Kundenzufriedenheit

Zunächst ist die Frage zu beantworten, wer denn die „Kunden" des Rekrutierungsprozesses sind. Aus Sicht von HR, dem Prozesseigner, sind das sicherlich die zu betreuenden Führungskräfte bzw. Hiring Manager im Unternehmen. Auch die Bewerberinnen und Bewerber im Arbeitsmarkt können (oder müssen) als „Kunden" eingestuft werden, wenn das Unternehmen eine entsprechende **Personalmarketing-Philosophie** vertritt. Eine weiter gefasste Interpretation des Qualitätsbegriffs in der Rekrutierung führt dazu, dass auch die neuen Mitarbeiterinnen bzw. Mitarbeiter innerhalb eines bestimmten Zeitraums (z.B. mindestens innerhalb der Probezeit) als Kunden definiert werden.

2. Kriterien professioneller Personalberatung

Das Maß der Zufriedenheit eines Beteiligten hängt natürlich entscheidend von der individuellen Erwartung an den Prozessverlauf und an das Ergebnis ab. Die Erhebung von individuellen Zufriedenheitswerten führt deshalb ausschließlich zu subjektiven Wertungen, die über eine statistische Vermengung jedoch auch gültige Trendaussagen über die Leistungsfähigkeit des Gesamtprozesses ermöglichen.

Die Erhebung erfolgt durch Befragung der Beteiligten, z. B. auf Basis einer fünfstufigen Wertungsskala von sehr zufrieden bis zu sehr unzufrieden; auch die Möglichkeit für qualitative Aussagen zur Begründung der Wertung können aufgenommen werden. Aus den Ergebnissen der Erhebung kann statistisch nun der KPI Kundenzufriedenheit Hiring Manager oder auch der KPI Kundenzufriedenheit Bewerber ermittelt werden.

So führt ein bekannter deutscher Technologiekonzern jährlich eine weltweite Befragung aller Führungskräfte durch, wie sie die Leistung der HR-Funktion in den verschiedenen Schwerpunktaufgaben bewerten. Gegenstand dieser Bewertung nach dem Schulnotensystem ist u. a. auch der Rekrutierungsprozess.

In der logischen Fortführung wird klar, dass zwischen dem Rekrutierungsprozess – also der Art und Weise sowie der Qualität, in der dieser vonstattengeht – und den Funktionen Personalmarketing und Employer Branding eine **Wechselwirkung** besteht. Man könnte auch sagen, der Rekrutierungsprozess des Unternehmens ist der erste Teil der Beweisführung, dass die Botschaften des Employer Branding und des Personalmarketings tatsächlich im Unternehmen gelebt werden und nicht nur platte Werbesprüche sind.

Hier entsteht im Unternehmen ggf. ein Zielkonflikt, wie der interne Rekrutierungsprozess ausgestaltet werden soll: im Sinne des Employer Branding mit einer möglichst ausgeprägten menschlich-motivierenden, kommunikativen und individuellen Behandlung aller Bewerber oder im Sinne der Prozesseffizienz, die eine möglichst hohe Automation, z. B. über ein Bewerbermanagementsystem mit Selbsterfassung und Matching-Funktion, sinnvoll erscheinen lassen könnte. Mittlerweile gibt es in der innovativen Unternehmenspraxis aber bereits Konzepte, die beide Ziele gleichermaßen verwirklichen und diese Leistungskombination über entsprechende KPI auch nachweisen können wie etwa Recruiting Chain Management®.

2.3.3 Key Performance Indicators in der Personalberatung

Oberflächlich gesehen spräche nichts dagegen, die beschriebenen Ansätze der Leistungsmessung mittels Key Performance Indicators nicht nur für rekrutierende Unternehmen sondern auch für Personalberatungen zu verwenden, die im Rahmen von beauftragten Rekrutierungsprojekten ja Teil dieses Rekrutierungsprozesses sind. Allerdings wird bei näherer Betrachtung der jeweiligen Ausgangssituation klar, dass die Verwendung dieser Key Performance Indicators für Personalberatungen nur in eingeschränktem Maße möglich ist und dass **spezifische Messkriterien** erforderlich sind, um ein objektives Leistungsbild zu erhalten.

2.3 Messbarer Rekrutierungserfolg

Aus Sicht eines Unternehmens ist es sinnvoll und möglich, die Leistungsfähigkeit der internen Funktion Human Resources in ihrer Teilaufgabe „Rekrutierung" über einen bestimmten Zeitraum (z. B. Geschäftsjahr) und über alle zu besetzenden Stellen hinweg zu messen – qualitativ differenziert, quantitativ aggregiert und ggf. in Kostenfaktoren ausgedrückt. Gegenstand der Analyse und Bewertung ist entsprechend eine repräsentative Grundmenge an ähnlich gelagerten Vorgängen, die eine statistische Durchschnittsbetrachtung rechtfertigen und die über Benchmarks mit anderen Unternehmen auch in ein Verhältnis gebracht werden können.

Im Gegensatz dazu wird eine Personalberatung in der Regel erst dann von ihrem Kundenunternehmen mit einem Rekrutierungsprojekt betraut, wenn dessen Standardrekrutierungsprozesse für die spezielle Problemstellung als nicht zielführend oder Erfolg versprechend erachtet werden, wenn in Einzelfällen sehr spezifisches Branchen- oder Fach-Know-how erforderlich ist oder z. B. auch, wenn eine sensible Stellenbesetzung einen **besonders hohen Diskretionsgrad** verlangt.

Aufgrund dieser Fokussierung der Personalberatung auf ein einzelnes Rekrutierungsprojekt mit herausfordernden Besonderheiten sind all jene Key Performance Indicators für die Leistungsbewertung nicht relevant, deren statistische Aussagekraft auf internen Mengenbetrachtungen bei den Kundenunternehmen basiert.

So ist es z. B. für die Leistungsbewertung einer Personalberatung in Bezug auf ein spezielles Rekrutierungsprojekt im Grunde vollkommen uninteressant, wie viele Bewerber den Bewerbungsprozess in diesem speziellen Projekt durchlaufen haben, ob der Zeitbedarf für dieses Projekt den KPI Time to-Fill des Kundenunternehmens über- oder unterschreitet oder wie sich das Personalberaterhonorar zum KPI Cost per Hire des Kundenunternehmens verhält. Diese Kennzahlen spiegeln in der Regel nicht den Mehrwert wieder, den sich ein Kundenunternehmen durch die Beauftragung einer Personalberatung erwartet.

Dagegen besitzen ausgewählte qualitative und projektbezogene Kriterien eine herausragende Bedeutung für die Leistungsbewertung einer Personalberatung durch das Kundenunternehmen.

2.3.3.1 Ergebnisqualität in der Personalberatung

Gerade für Personalberatungen muss es untrennbarer Bestandteil des eigenen Selbstverständnisses sein, ein durch ein Kundenunternehmen in Auftrag gegebenes Rekrutierungsprojekt mit genau der „richtigen Mitarbeiterin" bzw. genau dem „richtigen Mitarbeiter" zu besetzen. Insofern sind alle unter „Qualität im Rekrutierungsergebnis" beschriebenen Key Performance Indicators im Rahmen einer langfristigen und nachhaltigen Geschäftsbeziehung besonders aussagekräftig. Sie können in diesem Fall tatsächlich personen- bzw. projektbezogen vom Kundenunternehmen erfasst und der beauftragten Personalberatung als Leistungsindikator zugeschrieben werden: KPI Beschleunigung, KPI Leistung, KPI Fluktuation und KPI Karriereentwicklung.

2. Kriterien professioneller Personalberatung

2.3.3.2 Prozessqualität in der Personalberatung

Anders verhält es sich mit den Kriterien zur Messung der Qualität im Rekrutierungsprozess; hier sind die auf Bewerbermengen bzw. auf eine Vielzahl von Rekrutierungsprojekten basierenden Indikatoren wie der KPI Bewerberattraktion, der KPI Selektionsprozessqualität, der KPI Abschlussquote und auch der KPI Prozesseffizienz für die Beurteilung der prozessbezogenen Leistungsfähigkeit einer Personalberatung nicht aussagekräftig. Allerdings gibt es durchaus Key Performance Indicators, mit denen ein Kundenunternehmen die Prozessqualität bei der beauftragten Personalberatung messen kann.

Wichtige Anhaltspunkte für die **Qualitätssicherung im Projektablauf** (im engeren Sinn dem Rekrutierungsprozess) eines Personalberatungsprojekts bieten die „Grundsätze ordnungsgemäßer und qualifizierter Personalberatung" (GoPB) des *Bundesverbands Deutscher Unternehmensberater BDU e.V.* Die Einhaltung dieser Grundsätze durch ein Personalberatungsunternehmen bietet dem Kundenunternehmen bereits im Voraus die Gewähr, dass die innerhalb eines Personalberatungsprojekts durchzuführenden Such- und Auswahlprozesse hohen Ansprüchen an eine professionelle Dienstleistung genügen. Die GoPB dienen damit als potenzieller Entscheidungsfaktor für eine professionelle Dienstleisterauswahl und ergänzen so die prozessbezogenen Key Performance Indicators, die im Folgenden angesprochen werden.

2.3.3.2.1 KPI Termintreue

Eine Prämisse für die Übernahme eines Personalberatungsmandats aus der Sicht des professionellen Personalberaters ist, dass er aufgrund seiner Expertise und Erfahrung in ähnlich gelagerten Projekten den Schwierigkeitsgrad und den Zeitbedarf für ein herausforderndes Rekrutierungsprojekt beim Kundenunternehmen gut einschätzen kann; dies ist eine zentrale Grundlage für den Projekterfolg. Entsprechend wird er sich dem Kundenunternehmen gegenüber zu einem spezifischen Projektzeitplan verpflichten, der auch den jeweiligen zeitlichen Aufwand für die einzelnen Projektmeilensteine abbildet (z. B. Researchphase, Selektionsphase, Präsentationsphase, Abschlussphase). Der KPI Termintreue bildet die zeitlichen Abweichungen im Projektablauf durch eine Plan-Ist-Analyse ab und kann als Abweichungsprozentwert entsprechend dokumentiert werden. Man könnte den KPI Termintreue damit auch als projektbezogenen Time-to-Fill-Indikator bezeichnen.

Ein wichtiger Faktor ist dabei ein fest vereinbartes, strukturiertes Reporting der Personalberatung über die Fortschritte des Rekrutierungsprojekts im Rahmen der Projektmeilensteine.

2.3.3.2.2 Prozesssicherheit in der Personalberatung

Die Einhaltung der gesetzlichen Grundlagen im Rahmen eines Rekrutierungsprojekts ist ein Thema, das weniger in die Leistungsmessung als vielmehr in das Feld „Compliance" passt. Aus diesem Grund ist es sinnvoll, die Gegebenheiten der Prozesssicherheit bei einer Personalberatung nicht im Nachhinein als Leistungsindikator festzuhalten, sondern diese vielmehr im Voraus – im Sinne einer Zugangsvoraussetzung für Personalberatungsaufträge – anhand einer entsprechenden Checkliste mit Muss-Kriterien zu prüfen. Entsprechende schriftliche Vereinbarungen zur Einhaltung des Datenschutzgesetzes (DSG – zur Funktionsübertragung, Datensicherheit, Datenlöschung usw.), des Gesetzes gegen unlauteren Wettbewerb (UWG – Ansprache am Arbeitsplatz usw.) und des Allgemeinen Gleichbehandlungsgesetzes (AGG – vgl. diskriminierende Suchkriterien) sind für beide Seiten Grundlage einer notwendigen Prozesssicherheit.

2.3.3.2.3 KPI Kundenzufriedenheit in der Personalberatung

Das Ausmaß bzw. die Qualität der Kundenzufriedenheit ist für die Personalberatung hinsichtlich mehrerer Aspekte entscheidend: Es ist die positive Rückkoppelung und damit Verstärkung des eigenen professionellen Anspruchs der handelnden Personen, es ist Indikator für die Leistungsfähigkeit der internen Projektabläufe und es ist nicht zuletzt die Basis der aktuellen wirtschaftlichen Existenz und der künftigen wirtschaftlichen Entwicklung des Personalberatungsunternehmens.

Die „Kunden" der Personalberatung sind alle am Rekrutierungsprozess direkt beteiligten Personen bzw. Funktionsträger. Bezogen auf ein konkretes Rekrutierungsprojekt sind das: die einstellende Führungskraft, der zuständige HR-Mitarbeiter und natürlich alle Kandidatinnen und Kandidaten (potenziellen Bewerber), die im relevanten Arbeitsmarktsegment im Rahmen des Projektablaufs persönlich kontaktiert und in den Rekrutierungsprozess einbezogen werden. Bei diesen „Kundengruppen" gibt es jeweils unterschiedliche Nuancen der Erwartungshaltung in Bezug auf die Ausprägung der Dienstleistungsqualität der Personalberatung, die bei der Erhebung von spezifischen Key Performance Indicators berücksichtigt werden können. Der jeweilige KPI kann z. B. durch Befragung der entsprechenden Personen und die Einstufung auf einer Bewertungsskala von „sehr zufrieden" bis „sehr unzufrieden" festgelegt werden.

Der KPI Bewerberzufriedenheit und seine Erhebung beschränkt sich dabei auf jene Bewerberinnen und Bewerber, die das Kundenunternehmen im Rahmen von Interviews vor Ort persönlich kennenlernt. Die Befragung einer größeren Kandidatenzielgruppe durch das Kundenunternehmen innerhalb eines Personalberatungsprojekts ist aus Vertraulichkeitsgründen natürlich nicht möglich.

Diese sicher projektbezogenen und zum Teil subjektiven Key Performance Indicators zur Kundenzufriedenheit ermöglichen aber aus Sicht des Kundenunternehmens auch die Durchführung eines Qualitätsvergleichs der beauftragten Personalberatungen, wenn diese Indikatoren über mehrere Projekte und dauerhaft ermittelt und dokumentiert werden. Dem Management der Personalberatung erlauben diese Indikatoren das Erkennen von personellen oder organisatorischen Schwachstellen bzw. Optimierungspotenzialen.

2.3.4 Schlussbemerkungen

Bei aller Liebe zur Leistungskontrolle sei es dem Autor gestattet ein Plädoyer an all jene zu richten, die über Key Performance Indicators im Rekrutierungsprozess nachdenken und darüber zu befinden haben. Aussagekräftige Key Performance Indicators mit Langzeitwirkung bedürfen einer sehr pragmatischen Sichtweise nach dem Motto „so wenig Erhebungsaufwand wie möglich". Wie grundsätzlich bei allen betriebswirtschaftlichen Kontrollsystemen im Unternehmen besteht die Gefahr, durch einen übertriebenen Perfektionismus über das Ziel hinauszuschießen und im bürokratischen Selbstzweck zu landen. Weniger ist auch bei der Erhebung von Key Performance Indicators oft mehr.

Bedauerlicherweise zeigt die Realität in vielen Unternehmen aber ein „deutliches Zuwenig" in Bezug auf die nachhaltige Erhebung von Key Performance Indicators für den Rekrutierungserfolg. Widerstände speisen sich nicht nur aus dem Erhebungsaufwand, sondern oft genug aus einer eher kurzfristigen und reaktiven Denk- und Handlungsweise der eigentlich Verantwortlichen. Gerade den Gestaltern der HR-Funktion im Unternehmen müsste jedoch daran gelegen sein, operativem Druck mit strategischen Problemlösungsansätzen zu begegnen. Die Leistungsmessung und Ergebnisanalyse ist dafür unabdingbare Voraussetzung.

Eine zweite Bemerkung bezieht sich auf die **Dienstleistung Personalberatung**. Wenn ein erster Schritt darin besteht, die Dienstleistungsqualität einer Personalberatung mit projektbezogenen Key Performance Indicators zu messen, wäre es folgerichtig, auch die Honorarstruktur an den jeweiligen Leistungswert anzupassen. Obwohl heute die traditionellen Honorarstrukturen (z. B. Dreidrittel-Modell bzw. Honorarmodell gemäß *BDU*-Richtlinien) im seriösen Personalberatungssegment nach wie vor überwiegen, gibt es erste Ansätze, auch den Faktor **„Nachhaltigkeit"** in der Dienstleistung und im Honorar der Personalberatung zu berücksichtigen, etwa über Wiederbesetzungsgarantien oder variable Honoraranteile, die auf der Zielerreichung des neuen Mitarbeiters nach Abschluss des Personalberatungsprojekts basieren. Bei einer konsequenten Ausrichtung der Kundenunternehmen auf Nachhaltigkeit und Qualität seiner Dienstleister werden derartige Honorarmodelle künftig eine deutlich größere Rolle spielen.

Gerade uns *BDU*-Personalberatern muss daran gelegen sein, unseren Kunden ein realistisches Bild ihrer Leistungsfähigkeit im Rekrutierungsprozess darzustellen und Optimierungspotenziale aufzuzeigen. Aus diesem Blickwinkel eröffnen Key Performance Indicators und die Durchführung von Benchmarks über Unternehmensgrenzen hinweg eine zusätzliche Positionierungschance beim Kundenunternehmen, die über die reine Projektarbeit deutlich hinausgeht. Diese Chance kann in einer zunehmend chaotischen Wettbewerbssituation zur Differenzierung genutzt werden.

2.4 Qualitätsmanagement in der Personalberatung

von Ursula Maisel

Qualitätsmanagement im Kontext der Personalberatung scheint im ersten Moment befremdlich zu klingen, da die Ursprünge dieses ältesten Managementsystems auf produzierende Unternehmen zurückzuführen sind. Dennoch ist der Brückenschlag zur Personalberatung nicht nur möglich, sondern zwingend erforderlich, um als Personalberater einen echten Mehrwert für Klienten und Kandidaten zu bieten. Die zentralen Erfolgsfaktoren für Personalberatungen als Dienstleistungsunternehmen sind **Qualität durch Klientenorientierung, Prozessgeschwindigkeit** und **Innovationskraft**. Dabei findet systematisches Qualitätsmanagement seinen Ausdruck in verbindlichen Rahmenbedingungen und Abläufen, expliziten und impliziten Qualitätsstandards sowie in ethischen Werten und Berufsgrundsätzen über alle Phasen des Beratungsprozesses hinweg.

2.4.1 Qualitätsmanagement und Personalberatung

Entsprechend der Definition nach DIN EN ISO 9000:2000 versteht man unter Qualitätsmanagement „aufeinander abgestimmte Tätigkeiten zum Lenken und Leiten einer Organisation, die darauf abzielen, die Qualität der produzierten Produkte oder der angebotenen Dienstleistung zu verbessern" (o.V., 2006). Somit stellt die Realisierung der geplanten Qualität eines Produkts oder einer Dienstleistung den Grundgedanken des Qualitätsmanagements dar (*Kaminske/Brauer*, 1995, 189 ff.). Bezogen auf die Personalberaterbranche impliziert Qualität, dass die Beratungsleistung gleichermaßen an den Klienten- und den Kandidatenbedürfnissen gemessen wird. Als Prozess betrachtet ist Qualität die optimale Deckung von **Anforderungsprofil** (der Position) und **Eignungsprofil** (des Kandidaten) im Kontext von Termintreue und Einhaltung der Qualitätsvereinbarungen mit den Klienten.

Die Verankerung der Qualität in die Strukturen und Prozesse der Personalberatung ist Voraussetzung, um einen optimalen Klientennutzen zu schaffen. Gleichzeitig muss sich ein umfassendes Qualitätsbewusstsein in dem Handeln der Beraterinnen und Berater im Sinne der Philosophie „Qualität als Respekt vor dem Klienten und Kandidaten" ausdrücken. Genau dies entspricht der Ideologie der am höchsten entwickelten Form des Qualitätsmanagements, des **Total Quality Management (TQM)**.

Abbildung 2.4-1 veranschaulicht die Ansatzpunkte des Qualitätsmanagements. Die richtige und vollständige Aufnahme (und Dokumentation) der Informationen für das Stellenprofil als „Input" sowie dem Anforderungsprofil entsprechende Kandidaten als „Output" sind gleichermaßen die Stoßrichtungen. Der Berater selbst hat seine Arbeitsleistung an den Maßstäben der geforderten Qualität des Beratungsunternehmens zu messen und diese im Sinne des TQM zu verinnerlichen. Bei all diesen Ansatzpunkten können die

2. Kriterien professioneller Personalberatung

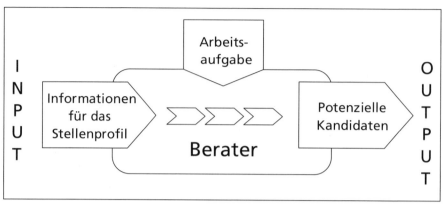

Abbildung 2.4-1: Elemente und Beziehungen eines Arbeitssystems

Instrumente der Qualitätsplanung, der Qualitätssicherung, der Qualitätskontrolle und der Qualitätsverbesserung angewendet werden.

2.4.2 Spezifika der Personalberaterbranche

Das Kerngeschäft der Personalberatung ist die Suche und Auswahl von Fach- und Führungskräften auf der Basis eines vom Klientenunternehmen erteilten Beratungsauftrags. Es handelt sich nicht um eine vermittelnde oder makelnde Tätigkeit, sondern um eine **beratungsintensive Dienstleistung**, mit dem Ziel der langfristigen Klientenzufriedenheit (o.V., *BDU*, 2007). In diesem Zusammenhang ist das Erbringen einer klientenorientierten Dienstleistung im Sinne des Beratungsprozesses als „vertrauensvolle, zielgerichtete, nach Rat suchende Interaktion" (*Mutzek*, 1997) zu verstehen. Personalberater handeln demnach als „Brückenbauer" (*Fudickar*, 2003, 51) zwischen Klienten und Kandidaten.

Personalberater benötigen Kompetenz und Feingefühl dafür, die Unternehmens- und Führungskultur sowie die herrschenden Strukturen ihrer Klienten zu erfassen und in diesem Kontext den „richtigen" Kandidaten zu finden (*Fudickar*, 2003, 53). Somit ist die **Branchenexpertise des Personalberaters ein zentrales Qualitätskriterium**, weshalb sich Personalberater oftmals auf Branchen und/oder Funktionsgruppen spezialisieren.

Der Beruf des Personalberaters unterliegt in Deutschland keiner gesetzlich fixierten Berufsordnung und auch keinem Berufsbezeichnungsgesetz (o.V., *BDU*, 2007). Die Möglichkeit des freien Marktzugangs von Teilnehmern ohne Qualifikation und Erfahrung ist deshalb auch die Hauptursache dafür, dass „Headhunting" immer noch von einem Hauch von Mystik und Scharlatanerie umgeben ist. Die Zertifizierung durch Berufsverbände wie den *Bundesverband Deutscher Unternehmensberater BDU e.V.* ist eine Möglichkeit, Qualitätsstandards trotz der fehlenden gesetzlichen Definition des Berufsrechts zu sichern.

2.4.3 Verankerung des Qualitätsmanagements in der Personalberatung

2.4.3.1 Beratungsqualität entlang der Wertschöpfungskette

In der Personalberatung bedeutet Qualität ein Höchstmaß an Zufriedenheit aus Klienten- und Kandidatensicht (*Fließ*, 2006, 136). Durch die Besetzung einer Position mit einem dem Anforderungsprofil entsprechenden Kandidaten werden die Erwartungen bzgl. einer kompetenten und zuverlässigen Beratungsleistung der Personalberatung (*Bruhn*, 2003, 30 ff.) erfüllt. Übertroffen werden diese erst, wenn beratungsintensive Dienstleistungen zu einem langfristig zufriedenstellenden Ergebnis führen (o.V., *BDU*, 2007), was mit hoher Qualität gleichzusetzen ist (*Fitzsimmons/Fitzsimmons*, 1998, 270; *Bruhn*, 2003, 8 f.). Qualität ist dabei nicht als „Werbeslogan" (*Sauermann*, 2003, 221) nach außen zu verstehen, sondern als gelebtes Selbstverständnis der Personalberatung.

Kennzeichen einer Dienstleistung ist die fehlende Trennung von Herstellung, Lagerung und Transport in Analogie zur Produktherstellung. Nachbesserung in der Personalberatung ist nur bedingt möglich über sogenannte „Garantieregelungen", weswegen Crosby's Null-Fehler-Philosophie als Forderung zu erfüllen ist (*Crosby*, 1986, 111 ff.).

Die Qualitätsplanung geschieht durch ein gemeinsam erarbeitetes Auftragsverständnis, also dem in Abbildung 2.4-1 bezeichneten „Input". Gemeinsam mit dem Klienten werden die zu besetzende Position, das Unternehmen, das Umfeld sowie das Profil des gewünschten Kandidaten analysiert und in einem Stellenexposé mit den relevanten Anforderungskriterien umfassend aufbereitet. Für dieses Vorgehen benötigt der Berater ein weitreichendes Verständnis für unterschiedliche Unternehmenskulturen sowie – je nach Projekt – branchen- und funktionsspezifisches Fachwissen. Die Qualität der weiteren Prozessschritte wird durch diese klare Definition des Beratungsauftrags und damit des Stellenprofils entscheidend bestimmt.

Parallel zur Anfertigung des Stellenexposés wird in Abstimmung mit dem Klienten die **Suchstrategie** abgeleitet, die in der Regel einen intelligenten Mix aus Direktansprache, Online-Search und anzeigengestützter Suche beinhaltet.

Die Qualitätssicherung schlägt sich in der Identifikation und der Ansprache der Kandidaten nieder. Vor allem die Direktansprache von potenziellen Kandidaten erfordert professionelle Prozessabläufe, Lebenserfahrung und ausgeprägte kommunikative Fähigkeiten, um ein schnelles Ende der „frisch geknüpften Verbindung" zu vermeiden. Immer häufiger werden im Research webbasierte Plattformen genutzt, auf denen Personen ihre Profile sichtbar machen. Auch hier gilt ein Höchstmaß an Feingefühl und Respekt gegenüber den angesprochenen Kandidaten.

Konnte das Vertrauen eines potenziellen Kandidaten gewonnen und das Interesse an weiterführenden Gesprächen geweckt werden, ermöglichen **Telefoninterviews** im Folgeschritt den ersten Abgleich hinsichtlich der geforderten Fach-, Führungs-, Methoden- und Sozialkompetenz. Kandidaten, die das

Anforderungsprofil nicht ausreichend abdecken, können mit entsprechender Begründung höflich für dieses Mandat ausgeschlossenen werden, was aber nicht das Ende eines Kontakts für die Zukunft bedeutet. Je mehr der Personalberater über „seinen" Kandidaten erfahren kann, desto selektiver und schneller kann er ihn bei einem Folgemandat erneut kontaktieren. Durch diese „Vorauswahl" werden Kosten und Zeitressourcen geschont und ein effizientes Arbeiten ermöglicht.

Bezüglich der Bewertungs- und Auswahlverfahren existiert die **Norm DIN 33430**, auf die Personalberater zurückgreifen können (*Wottawa*, 3 f.). Diese Norm beschreibt **Qualitätskriterien und Qualitätsstandards für die Eignungsbeurteilung** sowie **Qualifikationsanforderungen** an die beteiligten Personen. Ziel der Normierung ist es, die Entscheidungsprozesse nach standardisierten Schemata zu gestalten, die objektiv, nachvollziehbar und wiederholbar sind. Allerdings sollten die Auswahlmethoden zu den Werten des jeweiligen Unternehmens passen. Insgesamt findet dieser Grundprozess standardisiert statt, doch die genaue Ausgestaltung ist fallspezifisch.

Für die Qualitätssicherung ist ein weiteres wichtiges Modul die Aufbereitung der Interviewergebnisse – vor allem als Abgrenzung zu den sogenannten „Lebenslauf-Maklern". Alle Informationen über den Kandidaten – von der schriftlichen Bewerbung, den Aufgabenbeschreibungen aus den Zeugnissen, der Einschätzung der einzelnen Kompetenzfelder aus dem persönlichen Interview bis zu den Rahmendaten zu Position und Vertrag – werden in einem „vertraulichen Report" zusammengefasst und dem Klienten als wesentliche Entscheidungshilfe zur Verfügung gestellt. Schließlich belegen noch die Präsentation des Kandidaten – mit professioneller Moderation durch den Personalberater –, die Einholung von Referenzen sowie die Unterstützung bei Vertragsverhandlungen die Qualität der Beratungsleistung.

Die Qualitätskontrolle bezieht sich auf die **Ex-Post-Messung der Klienten- und Kandidatenzufriedenheit** sowie auf die Zufriedenheit der in den Prozess involvierten Personen.

Die Erwartungshaltungen an den Personalberatungsprozess und damit die Messung der Klientenzufriedenheit lassen sich nach den einzelnen Kontaktpunkten („Momente der Wahrheit", in denen der Klient oder Kandidat mit dem Berater oder Unternehmen in Kontakt steht) bestimmen (*Schenk/Koop*, 2001, 54). Jedes Kontakterlebnis wird zum Qualitätserlebnis, das die Einstellung des Klienten und des Kandidaten bzgl. der Qualität des Personalberaters und dessen Leistung prägt (*Schenk/Koop*, 2001, 54).

Aus Klientensicht sind die entscheidenden Kontaktpunkte der Erstkontakt mit dem Unternehmen und dem Personalberater, die schriftliche Beratungsvereinbarung, die Zielfirmenliste und/oder Anzeigengestaltung, das Gutachten in Form des „vertraulichen Reports" sowie die Präsentation der Kandidaten (*Schenk/Koop*, 2001, 55). Aus Kandidatensicht fokussieren sich die (qualitäts-)entscheidenden Kontaktpunkte auf die telefonische Erstansprache, das persönliche Auswahlgespräch, den Stil der schriftlichen Korrespondenz sowie die Betreuung und Beratung während des gesamten Prozesses.

2.4 Qualitätsmanagement in der Personalberatung

Die Beratungsqualität hängt jedoch nicht allein von den Qualitätserwartungen an die einzelnen Kontaktpunkte ab. Sie wird zusätzlich von Faktoren wie der allgemeinen **Kompetenz und Persönlichkeit des Beraters** sowie des äußeren Erscheinungsbilds und Marktauftritts des Personalberatungsunternehmens geprägt (*Schenk/Koop*, 2001, 59).

Die Messung der Klienten- und Kandidatenzufriedenheit kann durch regelmäßige Klientenbarometer sowie Befragungen der Kandidaten erfolgen, die – basierend auf den Erwartungshaltungen der Kandidaten und Klienten – Aufschluss über Stärken und Chancen sowie Defizite und Risiken geben.

Die Ergebnisse der Befragungen münden in eine Verbesserung der Qualität. So werden Klientenanregungen und die aufgedeckten Schwächen dazu genutzt, um von Qualitätsgruppen gesteuerte Qualitätsverbesserungen einzuleiten (*Kienbaum*, 1995, 114).

2.4.3.2 TQM-Ansatz und EFQM-Modell als Richtschnur für Beratungsqualität

Total Quality Management (TQM) ist eine Managementmethode, die sowohl die Qualität als auch alle Interessenpartner des Unternehmens in den Vordergrund stellt. Dies bedeutet, dass der Übergang vom Qualitätsmanagement zum TQM als Übergang von der Produktqualität zur Unternehmensqualität bezeichnet werden kann (*Gembrys/Herrmann*, 2007, 71).

Aufbauend auf dem Konzept von TQM hat die *European Foundation for Quality Management (EFQM)* ein Modell für „Excellence" entwickelt (vgl. Abbildung 2.4-2).

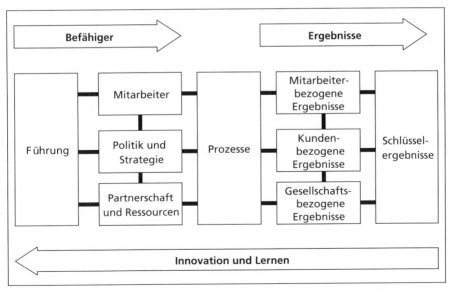

Abbildung 2.4-2: Das EFQM-Modell zum Einführen von „Excellence" (Quelle: o. V. (EFQM „Excellence einführen" 2003), S. 5)

2. Kriterien professioneller Personalberatung

Das **EFQM-Modell für „Excellence"** hat eine modulare Rahmenstruktur, die aus neun Kriterien besteht und auf folgender Prämisse basiert: „Exzellente Ergebnisse im Hinblick auf Leistung, Kunden, Mitarbeiter und Gesellschaft werden durch eine Führung erzielt, die Politik und Strategie mithilfe der Mitarbeiter, Partnerschaften und Ressourcen sowie der Prozesse umsetzt" (o.V., 2003, 5).

Das EFQM-Modell unterscheidet nach Befähigern (Leistungstreibern) und Ergebnissen. Die Befähigerkriterien beschreiben, wie die Organisation ihre Hauptaktivitäten abwickelt. Bei den Ergebniskriterien geht es darum, welche Ergebnisse erzielt wurden (o.V., 2003, 5).

Die Bewertung der Kriterien erfolgt nach der RADAR-Logik. Die Elemente von RADAR sind **R**esults (Ergebnisse), **A**pproach (Vorgehen), **D**eployment (Umsetzung), **A**ssessment (Bewertung) und **R**eview (Überprüfung). Im Gegensatz zu Qualitätsmanagementmodellen der DIN EN ISO 9000:2000-Reihe basiert das EFQM-Modell nicht auf einer Zertifizierung, sondern auf dem **Selbstbewertungsprozess**. Die zugrunde liegende Überzeugung ist, dass sich Organisationen durch den Selbstbewertungsprozess intensiv mit ihren Stärken und Verbesserungspotenzialen auseinandersetzen (o.V., 2003, 5) und damit ihren Lernprozess anstoßen.

Das EFQM-Modell hat sich in den vergangenen Jahren zu einem relativ anerkannten Instrument der Unternehmensbewertung und Unternehmensausrichtung bzgl. eines umfassenden Qualitätsmanagements im Sinne der Philosophie von TQM entwickelt. Für Personalberatungen bietet es, pragmatisch angewandt, den Nutzen, eine Standortbestimmung auf ganzheitlicher und systematischer Basis durchzuführen sowie ein einheitliches Verständnis für „Excellence" bei allen Beratern und Mitarbeitern der Personalberatung zu schaffen (*Domdey*, 2007, 21).

Das Modell liefert im Gegensatz zum DIN EN ISO-Qualitätsmanagement keine konkreten Anweisungen und Vorgaben. Ziel ist die Entwicklung unternehmensindividueller Ansätze und Wege zur Umsetzung selbst definierter und vereinbarter Unternehmensziele. Durch dieses Modell wird also ein Bewertungsrahmen mit dem Charakter einer Richtschnur vorgegeben, innerhalb dessen die Unternehmen freie Hand haben (*Meidinger*, 2002, 15).

2.4.3.3 Qualitätsmanagement und daraus resultierender Prozessablauf

Durch eine Zertifizierung, beispielsweise nach der **ISO-NORM 9001** oder **NORM DIN 33430**, werden Prozessabläufe bewertet. In zertifizierten Unternehmen basieren Prozesse und Arbeitsabläufe auf einem Managementsystem, das gewisse Anforderungen erfüllt und somit den geltenden Normen entspricht. Prozessabläufe werden dadurch transparent und Klienten erhalten einen Einblick in die Arbeitsweise des Personalberatungsunternehmens. Im Allgemeinen fordern Normen für Prozesse bestimmte Aktivitäten bzw. Resultate mit dem Ziel, die Wirksamkeit der Prozesse sicherzustellen (o.V., *TÜV*, 2011).

2.4 Qualitätsmanagement in der Personalberatung

Neben einer möglichen Zertifizierung ist vor allem die Einhaltung bestimmter Berufs- und Qualitätsstandards von Bedeutung (vgl. **Grundsätze ordnungsgemäßer und qualifizierter Personalberatung – GoPB**). Somit ist eine genaue Definition des Prozessablaufs notwendig, um in der Personalberatung eine möglichst hohe Qualität zu gewährleisten. Dabei werden sowohl der Zweck des Prozesses als auch Anfangs- und Endereignis bestimmt und die Anforderungen an den Prozess definiert.

Bezogen auf die Personalberatung beinhaltet der Zweck des Prozesses die Unterstützung des Klienten bei dessen Suche und Auswahl von Fach- und Führungskräften. Dazu ist ein Höchstmaß an Kompetenz und Verantwortung erforderlich. Die Voraussetzungen für einen **systematischen und ganzheitlichen Beratungsprozess** werden bereits beim „Anfangsereignis", der Geschäftsanbahnung, geschaffen. Im Erstgespräch mit dem Klienten stehen das Verständnis für die Gesamtsituation und die Geschäftsziele des Klientenunternehmens sowie eine genaue Kenntnis über die mit der vakanten Position verbundenen Anforderungen im Fokus. Am Ende des Prozesses steht die erfolgreiche Besetzung der Position im Sinne der „Passgenauigkeit".

Unter Berücksichtigung von Berufs- und Qualitätsstandards lässt sich der gesamte Prozessablauf in verschiedene Ebenen unterteilen, zum einen in die **Hauptprozessebene** (Personalberatung) und zum anderen in mehrere **Teilprozessebenen** (vgl. Abbildung 2.4-3).

1. **Briefing**: Durch einen strukturierten Check werden in einem persönlichen Gespräch alle relevanten Informationen über das Unternehmen, die Position, das spezifische Umfeld und das Profil des gewünschten Kandidaten erhoben. Darauf aufbauend wird ein sogenanntes „Stellenexposé" angefertigt, das Detailinformationen über das Unternehmen (Marktpositionierung, Zugehörigkeit, Unternehmens- und Wertekultur), die Position (organisatorische Einbettung, Ziel der Stelle, Hauptaufgaben, Attraktivitätsfaktoren) und das Profil des potenziellen Kandidaten (beruflicher und

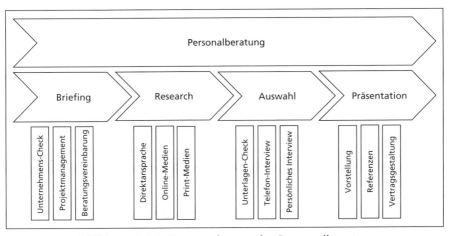

Abbildung 2.4-3: Prozessebenen der Personalberatung

persönlicher Erfahrungshintergrund) enthält. Inhalt des Briefings ist darüber hinaus das Projektmanagement (Ansprechpartner auf Klienten- und Beraterseite, Kommunikation, Statusberichte usw.) sowie die Klärung der Rahmenbedingungen des Beratungsauftrags.

2. **Research/Mediengestützte Suche**: Bei der Durchführung des Such- und Auswahlprozesses wird situativ die Direktansprache mit der Suche in Online- und Printmedien variiert bzw. kombiniert. Im Fall der Direktansprache beachtet der Personalberater minutiös die Rechtsprechung hinsichtlich wettbewerbsrechtlicher Zulässigkeit. Was die Suche in Online- und Printmedien betrifft, gestaltet der Berater eine zielgruppengerechte Personalsuchanzeige mit Nutzung eines professionellen Anzeigenlayouts und unter Berücksichtigung des Allgemeinen Gleichbehandlungsgesetzes (AGG).

3. **Auswahl**: Der Personalberater überprüft die Unterlagen der potenziellen Kandidaten auf Vollständigkeit, Plausibilität und Identität der Zeitangaben des Lebenslaufs mit den beigefügten Ausbildungs-, Fortbildungs- und Arbeitgeberzeugnissen. In Telefoninterviews wird die Übereinstimmung zwischen Anforderungs- und Eignungsprofil des Kandidaten geklärt. Die geeigneten Kandidaten werden bei Interesse an der vakanten Position zu einem persönlichen Interview eingeladen. Unter Anwendung strukturierter Interviews wird ein Profilabgleich der entscheidenden Umfeld-, Positions- und Persönlichkeitskriterien vorgenommen. Für die A-Kandidaten werden sogenannte „vertrauliche Reports" ausgearbeitet, die alle für eine Entscheidung relevanten Informationen enthalten. Konkret enthält der Report Angaben über die Fach-, Führungs-, Methoden- und Sozialkompetenz, die Konditionen sowie die Wechselmotivation. Darüber hinaus wird in standardisierter Form der Lebenslauf des Kandidaten (inkl. Lücken) aufbereitet.

4. **Präsentation**: Die aufgrund des „vertraulichen Reports" empfohlenen Kandidaten werden dem Klienten persönlich vorgestellt. Dabei übernimmt der Personalberater die Rolle des Moderators und steht bei der Entscheidungsfindung beratend zur Seite. Je nach Position führt der Personalberater unter Einhaltung der gängigen Spielregeln (Einverständnis des Kandidaten, Benennung von Referenzgebern) Referenzanfragen durch und ist bei der Vertragsgestaltung und Integration behilflich.

Durch ein pragmatisches Qualitätsmanagement werden diese einzelnen Prozesse kontinuierlich optimiert, indem potenzielle Schwachstellen systematisch analysiert und beseitigt werden. Bei der Personalauswahl muss einerseits der Fokus auf einem möglichst normkonformen Verfahren zwecks Objektivität, Nachvollziehbarkeit und Wiederholbarkeit liegen, andererseits muss auch im Sinne einer individuellen Beratung auf die Bedürfnisse der Klienten eingegangen werden (*Hage/Syre*, 2006).

2.4.3.4 Ausblick

Die alleinige Anpassung und Optimierung der Prozesse ist jedoch nicht ausreichend, um auf neue Erwartungen und Herausforderungen adäquat reagieren zu können. **Innovatives Denken** und die **Suche nach neuen Möglichkeiten** sind elementare Bestandteile der Personalberatung. Durch die stetig wachsende Beliebtheit und Verbreitung von **Social Media** (digitale Plattformen zur Kommunikation und Interaktion) haben sich bereits in den letzten Jahren neue Optionen für den Researchprozess ergeben. Demzufolge sind neben den klassischen Rekrutierungskanälen neue Wege hinzugekommen, deren Potenzial längst noch nicht ausgeschöpft ist, darüber hinaus ist mit weiteren neuen Technologien zu rechnen. Vor allem das **E-Recruiting** (Einsatz elektronischer Medien) wird immer vielfältiger und bietet zahlreiche weitere Optionen, die parallel genutzt werden können, um potenzielle Kandidaten zu kontaktieren. Dabei wird besonders das **Mobile Recruiting** neben dem **Social Recruiting** (basierend auf einem sozialen Netzwerk) an Bedeutung zunehmen. Hier steht die Kommunikation unter Verwendung mobiler Endgeräte (z. B. Smartphone, Tablet-PCs, Portable Media Player usw.) im Vordergrund.

Für die Zukunft kann konstatiert werden, dass der Einfluss neuartiger Technologien kontinuierlich steigen wird und sich in diesem Bereich weitere Trends abzeichnen. Die Vermittlung von Inhalten wird zunehmend über mobile Endgeräte stattfinden, geprägt von einer Zielgruppe, die gerne auch als **iGeneration** bezeichnet wird. Deren Angehörige sind mit dem Internet aufgewachsen, besitzen eine hohe Affinität zu digitalen Medien und bevorzugen schnelle Wege zur Informationsgewinnung und Transaktionsabwicklung (z. B. Online-Bestellung). Aufgrund dieser neuen Kultur wird sich die Arbeit in der Personalberatung stetig weiterentwickeln, um gegenüber neuen Herausforderungen bestehen zu können.

2.5 Kriterienkatalog für die Auswahl eines professionellen Personalberaters

von Michael Heidelberger

Der Markt der Personalberater in Deutschland ist nach wie vor intransparent. Nur ein Teil der Personalberatungen hat sich im *Bundesverband Deutscher Unternehmensberater BDU e.V.* organisiert und unterwirft sich im Rahmen der **„Grundsätze ordnungsgemäßer und qualifizierter Personalberatung (GoPB)"** eindeutig festgelegten und überprüfbaren Qualitätskriterien. Von daher ist es für Unternehmen, die bisher keine oder nur geringe Erfahrungen mit Personalberatungen gemacht haben, schwierig, den richtigen und geeigneten Partner bei der Rekrutierung von Fach- und Führungskräften zu finden.

Nachstehende Kriterien, erläutert mit einem **detaillierten Fragenkatalog**, dienen bei der Auswahl eines Personalberaters als Orientierung und Leitfaden. Unternehmen und deren Entscheidungsträger auf Geschäftsführungs-

2. Kriterien professioneller Personalberatung

ebene oder im Personalbereich wird empfohlen, sich für den Auswahlprozess des richtigen Personalberaters Zeit zu nehmen und die eigenen Anforderungen klar zu definieren. Daraus sollte eine eigene Checkliste erstellt werden, um eine qualifizierte Entscheidung herbeiführen zu können:

1. Vertrauen zum Berater

- Hat sich der Berater gut auf das Akquisitionsgespräch vorbereitet und nimmt er sich die notwendige Zeit, um das Unternehmen und die Anforderungen der zu besetzenden Position im Detail kennen zu lernen? Bildet er dieses in seinem Angebot und der Spezifikation der zu besetzenden Position richtig ab?
- Stellt der Berater seine persönlichen und fachlichen Kompetenzen überzeugend dar – passen diese zum Unternehmen und dem konkreten Besetzungsprojekt?
- Ist das notwendige Grundvertrauen in die Person des Beraters vorhanden und sagt das Bauchgefühl – ja, das wird funktionieren?
- Kann der Berater das Unternehmen glaubwürdig und positiv nach außen präsentieren und verkaufen? Weiß er, was das Unternehmen vom Wettbewerb unterscheidet? Hat er hinterfragt, warum ein Kandidat zu diesem Unternehmen wechseln sollte und was dessen Attraktivität ausmacht?
- Hat sich der Berater das Unternehmen, den Arbeitsplatz sowie Mitarbeiter und Führungskräfte vor Ort angeschaut und den „Stallgeruch" aufgenommen?
- Kann sich der Berater in die spezifischen Anforderungen (fachlich, persönlich) und die Unternehmenskultur, -prozesse und -organisation hineinversetzen?
- Haben der Berater und das Beratungsunternehmen, das er vertritt, einen gute Ruf am Markt?

> ❖ Die Entscheidung, die Besetzung von Schlüsselpositionen des Unternehmens an einen externen Berater zu geben, ist zu aller erst Vertrauenssache.

2. Qualität der Beratung

- Welche Referenzkunden kann der Berater benennen?
- Welche Referenzprojekte wurden erfolgreich besetzt?
- Über welche Beratungs- und Projekterfahrungen verfügen der Berater und das Beratungsunternehmen?
- Welchen beruflichen Hintergrund und welche Berufserfahrung bringt der Berater mit?
- Wie sieht die Infrastruktur (professionelle Datenbank, Teamstruktur, eigener Research, Erreichbarkeit, Vertretungsregelung, Prozesse und deren Transparenz) des Beratungsunternehmens aus?
- Nach welchen Qualitätsstandards (vergleiche GoPB) wird gearbeitet?
- Gibt es eine schriftliche Vereinbarung, in der Regel über einen Exklusivauftrag?

2.5 Kriterienkatalog für die Auswahl eines prof. Personalberaters

- Wird ein planbares Festhonorar vereinbart?
- Gibt es ein laufendes Reporting im Suchprozess?
- Wie wird die Diskretion bzgl. der Daten von Klient und Kandidaten sichergestellt?
- Führt der Berater persönlich das Interview mit dem Kandidaten, gibt es darüber einen vertraulichen Bericht und ist der Berater bei der Präsentation der Kandidaten anwesend?
- Bietet der Berater die Einholung von Referenzen an?
- Findet eine Betreuung des Unternehmens und des Kandidaten auch nach Abschluss des Projektes statt?
- Wie wird Nachhaltigkeit im Suchprozess und im Sinne einer langfristigen Klientenbeziehung erreicht?

> ❖ Qualität hat ihren Preis und benötigt Zeit, für den Berater, aber auch das beauftragende Unternehmen.

3. Branchenwissen

- Besitzt der Berater für die Zusammenarbeit relevante Branchenkenntnisse?
- Kennt er die aktuellen Entwicklungen in der Branche, besitzt er Marktkenntnisse und kennt er die Wettbewerbssituation?
- Kann er konkrete Kontakte in der Branche benennen und für welche Unternehmen in der Branche ist er oder war er in der Vergangenheit tätig?
- Welche Positionen in der Branche und im Branchenumfeld hat er nachweisbar besetzt?
- Kennt der Berater die wichtigen Branchenmessen und hat er diese schon besucht?

> ❖ Ohne eine Branche und deren Besonderheiten zu kennen, wird die „richtige" Besetzung einer Position nur schwer möglich sein.

4. Methodenkompetenz

- Über welche Methodenkompetenz verfügt der Berater bei der Suche und Auswahl von Führungs- und Fachkräften?
- Liegt seine Expertise im Bereich Executive Search/Direktansprache, in der anzeigengestützten Suche in Print- und Online-Medien oder im Social Media Recruiting?
- Welche Vorgehensweise empfiehlt der Berater für das konkrete Besetzungsprojekt und kann er begründen warum?

> ❖ Nur wenn der Berater sein Handwerkszeug beherrscht, wird er seinen Klienten erfolgreich bei der Suche und Auswahl von Führungs- und Fachkräften unterstützen können.

2. Kriterien professioneller Personalberatung

5. Größe der Beratung

- Ist der Berater ein Einzelkämpfer oder gehört er einer größeren Organisation an?
- Besitzt der Berater/die Beratung ein professionelles Back Office (Sekretariat, Assistenz, Research)?
- Was geschieht im Krankheitsfall des Beraters, gibt es eine Vertretungsregelung?
- Verfügt die Beratung bei Bedarf über ein internationales Netzwerk, eigene Standorte oder Kooperationspartner im Ausland?

> ❖ Grundsätzlich gilt, dass die Größe der Beratung allein kein Entscheidungsgrund sein sollte und nichts über die Beratungsqualität aussagt. Allerdings sollte die Art des Beratungsauftrags (Anzahl der zu besetzenden Positionen, Zeitrahmen, Komplexität und notwendige Infrastruktur) mit der Größe und Struktur des Beratungsunternehmens korrespondieren.

6. Internetauftritt/ Homepage des Beratungsunternehmens

- Besitzt die Personalberatung einen professionellen Internetauftritt?
- Stimmen die dort vorgefundenen Inhalte mit den Aussagen des Beraters (Leistungsangebot, Stellenangebot, Standorte und Struktur der Beratung) überein?
- Findet das auswählende Unternehmen sich in den dort gemachten Aussagen und Inhalten wieder?

> ❖ Der Internetauftritt ist die Visitenkarte einer Beratung und oft der Erstkontakt für einen potenziellen Klienten – er sollte überzeugen.

7. Datenschutz

- Hat die Beratung einen Datenschutzbeauftragten?
- Wie wird der Schutz vertraulicher Daten von Klienten und Kandidaten sichergestellt?
- Gibt es eine IT-Richtlinie/ Policy des Beratungsunternehmens?
- Werden die Mitarbeiter der Beratung auf einen umfassenden Datenschutz verpflichtet?

> ❖ Der Umgang mit sensiblen persönlichen Daten erfordert eine höchstmögliche Sorgsamkeit – diese sollte eine professionelle Beratung sicherstellen.

3. Rahmenbedingungen in der Personalberatung

3.1 Demografischer Wandel – Personalberatung im Wandel
von Bernhard Rabl

3.1.1 Demografischer Wandel beschleunigt sich ab 2020

Dass sich in Deutschland genauso wie in allen anderen Industriegesellschaften ein demografischer Wandel oder gar eine demografische Revolution vollzieht, dürfte inzwischen jeder mitbekommen haben. Dass sich die Entwicklung jedoch ab 2020 – und damit schon relativ bald – durch den **beginnenden Renteneintritt der Babyboomer** (geburtenstarke Jahrgänge in Deutschland zwischen 1955 und 1965) dramatisch beschleunigen wird, hat allerdings weder beim Gesetzgeber noch in den Betrieben zu einem Umdenken oder gar Kurswechsel geführt. Dieser Artikel zeigt den Status quo auf und erklärt, wie sich der Arbeitsmarkt verändern wird, was der Staat tun kann und inwiefern die Personalberatung davon betroffen ist.

3.1.2 Status quo

Unsere Gesellschaft altert seit Jahren kontinuierlich aufgrund niedriger Geburtenraten und gleichzeitig steigender Lebenserwartung. Das Erwerbskräftepotenzial ist bereits auf den lange prognostizierten Schrumpfkurs eingeschwenkt. Die volle „Wucht" des demografischen Wandels haben wir am Arbeitsmarkt bisher allerdings noch nicht zu spüren bekommen. Dies liegt vor allem daran, dass in den vergangenen Jahren die gestiegene Arbeitskräftenachfrage durch eine deutliche Reduktion der Erwerbslosigkeit, eine Aktivierung der älteren Arbeitnehmer und die Steigerung der Erwerbsquote insgesamt aufgefangen werden konnte. Dazu wurde Deutschland wieder als Zuwanderungsland attraktiv und schließlich leisteten die Betriebe selbst durch Rationalisierung und Modernisierung einen wichtigen Beitrag.

Die immer noch vorhandenen Reserven, zu denen auch die Frauen-Erwerbsquote gehört, werden jedoch bald aufgebraucht sein, wenn der demografische Wandel in wenigen Jahren Fahrt aufnimmt. In diese Phase werden wir etwa ab 2020 eintreten – dann, wenn die ersten Babyboomer aus dem Erwerbsleben ausscheiden werden, wie man gut an der derzeitigen Altersstruktur (siehe Abbildung 3-1.1) erkennen kann.

Der *BDU*-Studie „**Demografie Exzellenz**" zufolge wird sich die Gesamtzahl der erwerbsfähigen Einwohner Deutschlands bis 2060 um rund 14 Millionen

3. Rahmenbedingungen in der Personalberatung

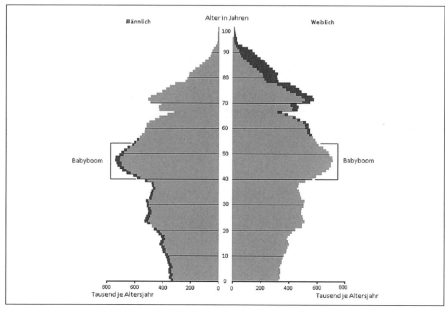

Abbildung 3.1-1: Altersaufbau der Bevölkerung Deutschlands am 31.12.2011 (*Statistisches Bundesamt*, 2011, 19)

auf 35 Millionen reduzieren (*Monjau*, 2012, 4). Nicht nur in absoluten Zahlen, sondern auch in Relation zur Gesamtbevölkerung **nimmt das Erwerbspotenzial ab**. Im Gegenzug steigt der Anteil der über 65-Jährigen von aktuell 30 % auf 49 % im Jahre 2030 und sogar 63 % im Jahre 2060 an (*Stauber-Klein*, 2013).

Zum Erfolg am Arbeitsmarkt haben nicht zuletzt die **Strukturreformen der Agenda 2010** beigetragen. Positive Impulse gab es zudem durch bildungspolitische Neuerungen, die auf eine Verkürzung der Ausbildungszeiten zielen, sowie durch eine Lockerung der Zuwanderungsvoraussetzungen. Nun scheint die Reformbereitschaft allerdings zum Erliegen gekommen zu sein, gerade was die immer noch umlagefinanzierten Sozialversicherungssysteme betrifft, die letztlich auch Einfluss auf das Erwerbspotenzial haben. Besonders deutlich zeigt sich dieser Zusammenhang beim Renteneintrittsalter. Hier wurde ein wichtiger erster Schritt bereits durch die Anhebung des Renteneintrittsalters auf 67 unternommen. Bei Betrachtung der bereits genannten Zahlen wird jedoch klar, dass auch diese Marke nicht allzu lange Bestand haben kann. Was den Arbeitsmarkt betrifft, so errechnete das *Institut der deutschen Wirtschaft (IW)*, dass sich das **Arbeitskräftepotenzial** durch eine weitere Anhebung um ein Jahr um annähernd 300.000 Personen erhöhen würde (*Anger*, 2013, 73). Doch was die Demografie betrifft, schließt sich das Zeitfenster bald, in dem die damit einhergehenden Einschnitte noch verhältnismäßig gering ausfallen würden. Zudem schmelzen bei weiterer Untätigkeit die zuletzt angehäuften Reserven in den sozialen Sicherungssystemen wieder ab – Mittel, die gut eingesetzt werden könnten, um die sozialen Härten von Reformen zumindest etwas abzufedern.

3.1.3 Demografische Entwicklung verstärkt den Fachkräftemangel

Für die deutsche Volkswirtschaft erweist es sich heute als Segen, dass sie im Gegensatz etwa zu Großbritannien oder Frankreich immer noch über eine starke industrielle Basis verfügt, die in der Vergangenheit nicht zugunsten des Finanzsektors erodiert ist. So ist es – neben den bekannten Großkonzernen – vor allem der innovative Mittelstand, der z. B. in Nischenbereichen des Maschinenbaus so viele Weltmarktführer hervorbringt wie in keiner anderen Volkswirtschaft. Er bildet damit das Rückgrat des Arbeitsmarkts. Dass auch ein größerer Teil des Dienstleistungssektors von der Industrie abhängig ist, zeigt der hohe Anteil von Akademikern aus den Bereichen Mathematik, Informatik, Naturwissenschaften und Technik (**MINT**).

	MINT-Akademiker		Sonstige Akademiker		MINT-Akademiker in Prozent aller Akademiker
	Erwerbstätige	Prozent von Gesamt	Erwerbstätige	Prozent von Gesamt	
Industriesektor	912.900	39,5	439.400	8,7	67,5
Dienstleistungssektor	1.386.900	60,0	4.599.300	90,6	23,2
Primärsektor	12.500	0,5	38.100	0,7	24,6
Gesamt	2.312.200	100,0	5.076.800	100,0	31,3

Abbildung 3.1-2: Erwerbstätige Akademiker nach Wirtschaftssektoren 2010 (*Anger*, 2013, 16)

Durch den starken Industriebezug ist Deutschland allerdings auf eine stete Zuführung qualifizierter Mitarbeiter, insbesondere mit MINT-Bezug, angewiesen. Bei diesen stieg die Anzahl der Beschäftigungsverhältnisse zwischen 2005 und 2010 um annähernd 800.000 an, und damit überproportional stark im Vergleich zu den restlichen Berufsgruppen. Das Arbeitskräfteangebot kann mit dieser Entwicklung nicht Schritt halten, sodass heute ein enormer **Fachkräftemangel auf allen Qualifizierungsebenen** herrscht. Aktuell (Stand: März 2013) gibt es in allen MINT-Berufskategorien zusammengenommen 122.800 nicht besetzbare Vakanzen, d. h. einen Überhang offener Positionen im Vergleich zu den derzeit Arbeitslosen mit entsprechender Qualifikation (*Anger*, 2013, 4–7).

Für die Zukunft ist in dieser Hinsicht keine Entspannung in Sicht, im Gegenteil: Allein der Ersatzbedarf an MINT-Fachkräften kann durch die Zuführung von Studien- und Ausbildungsabsolventen nicht gedeckt werden. Darüber hinaus ergibt sich aus den Wachstums- und Innovationsprognosen ein **zusätzlicher Expansionsbedarf**. Abbildung 3.1-3 zeigt die Diskrepanz zwischen prognostiziertem Ersatzbedarf und den Absolventenzahlen. Das *IW* geht davon aus, dass bei gleichbleibenden Rahmenbedingungen allein bis 2020 ca. 1,5 Millionen MINT-Fachkräfte fehlen könnten.

3. Rahmenbedingungen in der Personalberatung

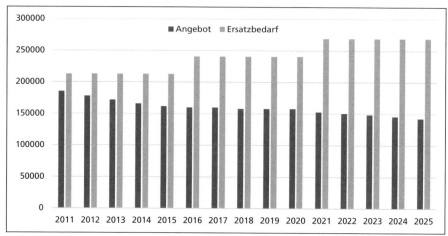

Abbildung 3.1-3: Zukünftiges Angebot und Ersatzbedarf an MINT-Fachkräften (*Anger*, 2013, 67)

3.1.4 Bildungspolitik als wichtigste Aufgabe des Staats

Aufgabe des Staats ist es also, die Rahmenbedingungen zu ändern. Dabei ist es am sinnvollsten, das Arbeitskräfteangebot durch eine stringente Bildungspolitik zu beeinflussen. Dies zeigt bereits eine oberflächliche Betrachtung der Arbeitslosenstatistik im Vergleich zum Fachkräftemangel. Während Geringqualifizierte überdurchschnittlich stark von Arbeitslosigkeit betroffen sind, sind es bei den nicht besetzbaren Positionen überproportional häufig solche, die ein **hohes Bildungsniveau** erfordern. Die einfache Schlussfolgerung ist also, dass sich Bildungsinvestitionen für den Staat auszahlen, da er sich durch ein besseres Matching von Arbeitkräftenachfrage und -angebot Kosten für die sozialen Sicherungssysteme spart. Gleichzeitig erhöht sich dadurch die Wirtschaftsleistung und Steuermehreinnahmen werden generiert. Leider treten die gewünschten Effekte von Bildungsreformen immer erst zeitversetzt ein. Gerade deshalb müssen die Weichen jetzt gestellt werden. Vor allem die folgenden beiden Ziele sollten verstärkt in den Fokus gerückt werden:

Erhöhung der MINT-Qualifikationen

Die derzeitige MINT-Bildungsquote von ca. 20 % pro Jahrgang reicht für den Arbeitskräftebedarf des Standorts Deutschland mit seinem hohen Industrieanteil bei Weitem nicht aus. Die klaffende Lücke wird sich, wenn nichts getan wird, durch den demografischen Wandel weiter vergrößern. Zwar gibt die Entwicklung bei den MINT-Akademikern Anlass zur Hoffnung. So hat sich durch die positiven Arbeitsmarktsignale die Zahl der Studienanfänger von 112.000 im Jahr 2000 auf ca. 190.000 im Jahr 2012 erhöht (*Anger*, 2013, 59). Dies relativiert sich jedoch, wenn man zum einen bedenkt, dass Einmaleffekte wie die Abschaffung der Wehrpflicht und zum Teil doppelte Abiturjahrgänge in diese Zahl eingeflossen sind, zum anderen ist der „Output" deutlich gerin-

3.1 Demografischer Wandel – Personalberatung im Wandel

ger, da die Abbruchquote sehr hoch ist. In einigen Studiengängen beträgt sie mehr als 50 %. Zudem verlassen zu viele ausländische MINT-Absolventen, die derzeit ca. 10 % ausmachen, das Land nach dem Studium wieder (*Anger*, 2013, 7).

Aus der Analyse ergibt sich bereits, was zu tun ist: Der positive Trend bei den MINT-Studienanfängern muss verstärkt werden. Neben anderen Maßnahmen sollten die Schullehrpläne, die Studienplatzvergabe sowie die finanzielle Ausstattung der Hochschulen und damit verbundene **Kapazitätsengpässe überprüft werden**. Während des Studiums muss der elitäre Selektionsgedanke einer Förderkultur weichen, um die Abbrecherquote zu reduzieren. Zuletzt sollte ein besonderes Augenmerk darauf gelegt werden, ausländische Studienabsolventen im Land zu halten. Diese verfügen nicht nur über eine hohe Qualifikation, sondern auch über Sprachkenntnisse und ein gewachsenes privates Umfeld. So entstehen praktisch keine Integrationskosten. Zuletzt wurde mit der **Anpassung des Zuwanderungsrechts** (Blaue Karte) ein Schritt in die richtige Richtung getan. Weitere Schritte, hin zu einer echten und gelebten Willkommenskultur, müssen folgen.

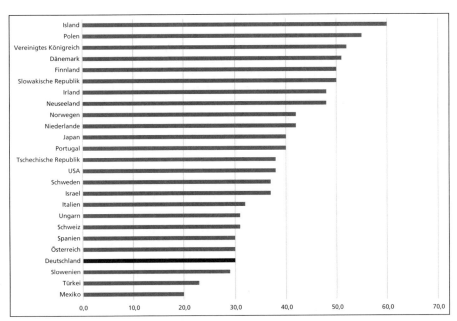

Abbildung 3.1-4: Studienabsolventenquote im internationalen Vergleich 2010. Die Werte ergeben sich durch das „Quotensummenverfahren", die Addition der Teilquoten der Erstabsolventen des jeweiligen Jahrgangs in 2010 dividiert durch die Jahrgangsgesamtzahl (*Anger*, 2013, 84).

Verkürzung der Ausbildungszeiten

Eine Verkürzung der Ausbildungszeiten kommt dem Arbeitsmarkt direkt zugute, da ihm ein größeres Arbeitskräftepotenzial zugeführt wird. Außerdem werden bei einem früheren Eintritt in den Arbeitsmarkt die nächsten Karriere- und Einkommensstufen früher erreicht, wodurch sich für den Staat höhere Sozialversicherungs- und Steuereinnahmen ergeben. Zudem dürfte sich vor allem bei Akademikerpaaren eine Verkürzung der Ausbildungszeiten auf die Familienplanung auswirken. Auch wenn die Umsetzung des Bologna-Prozesses mit der Einführung von Bachelor- und Masterstudiengängen sowie die G8-Umstellung in einigen Bundesländern teilweise optimierungsbedürftig erscheinen, wurden dadurch immerhin Schritte in die richtige Richtung unternommen, was die Beschleunigung der Ausbildungszeiten betrifft. So kam in einer Erhebung des Statistischen Bundesamts heraus, dass im Jahr 2010 60 % der Bachelor- und 48 % der Masterstudenten ihren Abschluss innerhalb der Regelstudienzeit erworben haben, während die Werte bei den traditionellen Fachhochschul- und Universitätsdiplomen bei 30 % bzw. 20 % lagen (*Statistisches Bundesamt*, 2012). Dennoch gibt es Verbesserungspotenzial, zumal die Studienabsolventen hierzulande im Durchschnitt immer noch älter sind als diejenigen unserer europäischen Nachbarn.

3.1.5 Auswirkungen auf die Personalberatung

Neben der beschriebenen Situation bei den Fachkräften besteht parallel auch ein Mangel an Bewerbern für Führungspositionen. Dies führt zwangsläufig dazu, dass Unternehmen ihre gehobenen Planstellen noch weniger durch eigene Anstrengungen besetzen können, vor allem wenn sie sich weiterhin auf die altbekannten passiven Rekrutierungsmaßnahmen beschränken. Aus der *BDU-Studie* „Demografie Exzellenz – Herausforderungen im Personalmanagement 2012" geht hervor, dass bei den meisten Unternehmen zwar ein Problembewusstsein hinsichtlich der Herausforderungen durch den demografischen Wandel vorhanden ist, dies jedoch noch in den wenigsten Fällen zu konkreten Strategien geführt hat, um etwa gezielt um ältere Arbeitnehmer zu werben. Doch selbst, wenn einzelne Unternehmen ihr Personalmarketing verbessern, **Demografiemanagement** betreiben und sich somit auf dem Bewerbermarkt besser positionieren, letztlich fischen alle Unternehmen im selben Teich. Unternehmen, die sich nicht damit abfinden wollen, dass Stellen unbesetzt bleiben oder dass sie diese nicht mit eigenen Anstrengungen in der gewünschten Qualität besetzen können, werden zwangsläufig externe Hilfe und damit auch die Hilfe von Personalberatern in Anspruch nehmen. Es ist also davon auszugehen, dass es insgesamt mehr Personalberatungsaufträge geben wird.

Wer aber denkt, dass jeder einfach so weitermachen kann wie bisher und am Ende automatisch ein größeres Stück vom größeren Kuchen bekommt, der täuscht sich. Zwangsläufig werden Personalberatungen aufgrund der **Diskrepanz zwischen Arbeitskräftenachfrage und -angebot** nicht mehr alle Aufträge in der gewünschten Geschwindigkeit und Qualität erfüllen können. Zudem sollte nicht vergessen werden, dass auch die Personalberatungen selbst durch den demografischen Wandel und dem damit einhergehenden Fachkräftemangel betroffen sind. Qualifizierte und motivierte Mitarbeiter sind jedoch die Basis für weiteres Wachstum. Nur durch sie ist es möglich, die Bewegung im Markt zu nutzen und letztlich durch innovative Maßnahmen gestärkt aus der Entwicklung hervorzugehen. Welche Strategien kann man also anwenden und worauf sollte man besonders achten?

3.1.5.1 Bestandskunden pflegen

Die Zielerfüllung bei den Aufträgen wird anspruchsvoller und der Konkurrenzkampf immer größer. Gleichzeitig sind die Geschäftszyklen gerade in innovativen Marktumgebungen schnelllebiger, als dies früher der Fall war. Dadurch werden zwangsläufig auch Kundenbindungen loser. Um also bestehende Kundenbeziehungen dauerhaft aufrechterhalten zu können, sind vor allem zwei Aspekte von entscheidender Bedeutung:

1. **Eine klare Positionierung gegenüber Personalvermittlungen:** Es liegt auf der Hand, dass Personalvermittlungen im Gegensatz zu Personalberatungen aggressiver akquirieren müssen. Bleibt ein Personalberatungsauftrag längere Zeit unerfüllt, kann dies aufseiten des Klienten zu Frustration führen. In einer solchen Situation können somit die Argumente von Personalvermittlern, die zumeist rein erfolgsbezogen agieren, beim Klienten auf offene Ohren stoßen. Da der Aufwand für derartige Personalvermittlungen in der Regel geringer ist, können sie meist günstigere Konditionen anbieten. Für Personalberatungen ist es deshalb wichtig, den Klienten auf die Qualitätsunterschiede und auf die Problematik von Mehrfachansprachen durch gleichzeitig beauftragte Personalvermittler in einem enger werdenden Bewerbermarkt hinzuweisen. Gleichzeitig sollte ein über Jahre aufgebautes Vertrauensverhältnis genutzt werden, um dem Klienten „reinen Wein einzuschenken", wenn die Voraussetzungen für eine schnelle Auftragserfüllung ungünstig sind oder wenn in Einzelfällen die Beauftragung einer Personalvermittlung tatsächlich zielführender ist.

2. **Die Entwicklung von persönlichen zu strukturellen Kundenbeziehungen:** Dass Kundenverhältnisse nicht nur von einzelnen Personen abhängig sein sollten, da diese früher oder später das Unternehmen verlassen können, ist eine Binsenweisheit. Jetzt wie auch in Zukunft sollte es das Ziel des Personalberaters sein, zum einen mit mehreren Personen, idealerweise aus dem HR- und dem Fachbereich, ein Vertrauensverhältnis aufzubauen. Zum anderen sollte der Personalberater bestrebt sein, strukturelle Fakten zu schaffen. Im Zentrum steht weiterhin der Rahmenvertrag. Die Bereitschaft, einen solchen abzuschließen bzw. einen bestehenden zu verlängern, wird allerdings vonseiten der Klienten eher abnehmen. Da die meisten Personalberatungen Rahmenverträge schließen und sich diese zudem oft ähneln, wäre es ratsam, sich deutlich von Wettbewerbern abzuheben und neue Anreize zu schaffen, die auf die veränderten Bedingungen eingehen. Ob diese Anreize bei der Honorargestaltung, durch besondere Dienstleistungsbestandteile oder durch Sondervereinbarungen gesetzt werden, bleibt der Kreativität des Personalberaters überlassen. Auf jeden Fall sollte sich aus einem so geschaffenen situations- und klientenbezogenen Alleinstellungsmerkmal das Interesse des Klienten an einer nachhaltigen und exklusiven Partnerschaft ergeben.

3. Rahmenbedingungen in der Personalberatung

3.1.5.2 Konzeptionelle Beratung

Je nach Situation und soweit die Möglichkeit gegeben ist, könnte es ein kluger Schachzug des Personalberaters sein, die demografischen Veränderungen aktiv aufzugreifen und den Klienten konzeptionell zu beraten, wenn es etwa um den Aufbau eines stringenten Demografiemanagements geht. Dies kann z. B. auch **altersgerechtes Personalmarketing** beinhalten. Das erhöht zum einen die Erfolgsaussichten in einzelnen Projekten, da das Unternehmen als Arbeitgeber positiver wahrgenommen wird. Zum anderen steigert es die Offenheit des Klienten für ältere Kandidaten. Der langfristige Erfolgscharakter einer derartigen Beratung stärkt zudem die Verankerung im Unternehmen und macht den Personalberater unabhängiger vom Erfolg einzelner Besetzungsaufträge.

Analog lässt sich dies auf die Einbindung von Frauen übertragen. Die Frauenerwerbsquote in Deutschland ist in den vergangenen Jahren stark gestiegen und beträgt heute 71 %.

Berücksichtigt werden sollte dabei allerdings, dass Frauen überdurchschnittlich häufig Teilzeitbeschäftigungen nachgehen und damit schlechtere Karrierechancen haben. Hier ist es vor allem Aufgabe des Staats, die institutionellen Voraussetzungen zu verändern, um eine bessere Vereinbarkeit von Familie und Beruf zu erwirken. Doch auch die Betriebe sind gefordert. Der Personalberater erfährt die Bedürfnisse von Kandidatinnen oft aus erster Hand und sollte dies nutzen, um dem Klienten wichtige Impulse zu geben, damit sich dieser besser positionieren kann.

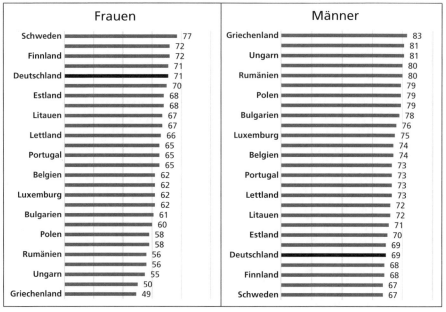

Abbildung 3-1.5: Erwerbstätigenquote der 20- bis 64-Jährigen 2011 (*Statistisches Bundesamt*, 2012, 9)

3.1.5.3 Internationalisierung

Bei hoch spezialisierten Positionen wird immer häufiger der nationale Suchkontext nicht mehr ausreichen. Gleichzeitig kann der sich ausweitende Fachkräftemangel zum Teil nur durch Zuwanderung gedeckt werden. Aufgabe des Personalberaters ist es, die Bereitschaft des Klienten, **qualifizierten Kandidaten aus dem Ausland** einzubeziehen, zu erhöhen und auf institutionelle Anpassungen, die die Integrationsfähigkeit des Unternehmens stärken, hinzuwirken.

Gleichzeitig müssen sich die Personalberatungen auch selbst internationalisieren. Dies lässt sich z. B. durch Mitarbeiter realisieren, die selbst aus potenziellen Zielländern stammen oder zumindest die entsprechende Sprache beherrschen. Möglich sind auch Kooperationen mit ausländischen Beratungen und ab einer bestimmten Unternehmensgröße natürlich auch der Aufbau ausländischer Niederlassungen.

3.1.6 Schlusswort

Am Grundproblem des Arbeitsmarkts, dem demografischen Wandel bzw. dem durch ihn verstärkten Fachkräftemangel, kann die Personalberatung kaum etwas ändern, da auch sie nur mit dem vorhandenen Potenzial arbeiten kann. Lediglich die Zuführung qualifizierter ausländischer Arbeitskräfte ist ein Aspekt, zu dem die Personalberatung etwas beitragen kann und der das Arbeitskräfteangebot insgesamt erhöht. Dies allein reicht aber bei Weitem nicht aus, um die Lücke zu schließen.

Noch mehr als im Moment wird es für die Unternehmen in Zukunft von entscheidender Bedeutung sein, sich auf dem enger werdenden Bewerbermarkt als Arbeitgebermarke zu positionieren und die noch vorhandenen Arbeitnehmerpotenziale aufzugreifen. Der Personalberater sollte es im eigenen Interesse als Chance begreifen, seinen Klienten bei den notwendigen Anpassungen zu unterstützen. Eine Verbesserung des Arbeitgeberimages steigert nicht nur die Erfolgsaussicht einzelner Besetzungsaufträge, sondern auch die Rekrutierungsperformance insgesamt. Damit generiert der Personalberater den möglicherweise entscheidenden Wettbewerbsvorteil im Vergleich zur Konkurrenz.

3.2 Personalberater – Dinosaurier im „Web-2.0"-Zeitalter?

von Karlheinz Hirn

Warum war das Geschäftsmodell der Dinosaurier nicht auf Dauer erfolgreich? Sie hatten sich doch im Mesozoikum bis hin zum Ende der Kreidezeit durch nachhaltige Evolution zu den Beherrschern ihres Wirtschaftssystems entwickelt – durch schiere Größe, was ihr Ausmaß, ihr Gewicht und ihr Image betraf, durch perfekte Anpassung an ihren Lebensraum zu Erde, zu Wasser und

3. Rahmenbedingungen in der Personalberatung

in der Luft der oberen Etagen, durch Spezialisierung in der Nahrungskette und nicht zuletzt durch konsequente Internationalisierung – besser, und um im Bild zu bleiben, durch Verbreitung in den damals bewohnbaren Gebieten der Kontinente. Eine Erfolgsgeschichte, die relativ plötzlich, aber konsequent in einem Massensterben endete.

Wie konnte das passieren? Nun, zusammengefasst betrachtet, haben sich am Ende der Kreidezeit einige Kontextfaktoren in relativ kurzer Zeit so stark verändert, dass komplette Artenfamilien der Dinosaurier wirtschaftlich nicht mehr überleben konnten – ihr Businessmodell passte quasi nicht mehr in die veränderte Umwelt.

Die Frage, ob für die professionelle Personalberatung sozusagen das Ende ihrer Kreidezeit nahe ist, ist nicht nur akademisch – einige zentrale Kontextfaktoren entwickeln sich schnell und vermutlich nachhaltig, und auch ein erstes „Massensterben" konnten wir bereits am Ende des sog. „IT-Hypes" in den Jahren 2001/2002 besichtigen.

3.2.1 Kontextfaktoren – Globalisierung, Virtualisierung, Sozialisation

Über die Globalisierung wird seit etwa 20 Jahren als Prozess einer beschleunigten internationalen Verflechtung ausführlich berichtet; selbstverständlich hat diese Verflechtung auch eine starke Auswirkung auf die Arbeit der Personalberatung. Sie wird durch den – sich speziell und aktuell in Europa entwickelnden – Nachwuchsmangel (vgl. Geburtenraten, Absolventenzahlen, Ingenieursmangel u.Ä.) noch verstärkt. Durch die Globalisierung ergeben sich nun zwei Alternativen: **„Export" von entsprechenden Arbeitsplätzen** oder **„Import" von entsprechenden Qualifikationen**. Beides beeinflusst den Aktionsradius der Personalberatung.

Die Tendenz zur **Virtualisierung** verändert seit etwas mehr als 10 Jahren die Rahmenbedingungen für Rekrutierungsaktivitäten und basiert auf der Entwicklung und weltweiten Verfügbarkeit von Informationstechnologie für Kandidaten, Klienten und Personalberatung. Hauptverantwortlich für die Virtualisierung ist aber das Internet, das heute etwa ein Viertel der Menschheit potenziell miteinander vernetzt und das im Rekrutierungsprozess Raum (Wohnsitz des Kandidaten, Dienstsitz aller Unternehmensbeteiligten) und Zeit (globale Zeitzonen) überwindet.

Die Auswirkungen der Virtualisierung sind längst bemerkbar: Neue internetbasierte Formen der Personalwerbung paaren sich mit einer Beschleunigung interner, unternehmerischer Abläufe (vgl. internetbasierte Workflow-Systeme) und vereinen sich zum Teil bereits zu einer durchgängigen Wertschöpfungskette – soweit die bestehende Option. Wie immer gibt es aber auch eine Kehrseite der Medaille: Die beschriebenen Effizienzgewinne durch die Virtualisierung erfordern die Bereitstellung von virtualisierbaren Bewerbungen; virtualisierbar bedeutet in einer bestimmten Art genormte und elektronisch verarbeitbare Bewerbungsformate. Wenn dann vom Unternehmen auch noch sog. „automatisierte Matching-Systeme" eingesetzt werden, fehlt in dieser „virtuellen" Vorauswahl bedauerlicherweise vollständig die **Qualitätssicherung durch menschliche Kompetenz.** Eine weitere Folge davon sind ein deutlich sinkender Informations- und Wahrheitsgehalt der Bewerbungsangaben und damit verbundene Fehlentscheidungen bereits am Anfang des Auswahlprozesses. Es ist davon auszugehen, dass ein hoher Prozentsatz aller Bewerbungen entscheidungsrelevant geschönt oder sogar inhaltlich gefälscht ist. Früher hatten Personalprofis einen Riecher für derartige Dinge – dies kann man von Systemen natürlich nicht verlangen.

Auf den beiden bereits beschriebenen Kontextfaktoren – Globalisierung und Virtualisierung – gründen nun Veränderungen im Verhalten der Marktteilnehmer, die sich seit etwa 5 Jahren zunehmend bemerkbar machen und die hier unter dem Kontextfaktor **Sozialisation** angesprochen werden sollen. Frei nach Wikipedia soll der Begriff „Sozialisation" verstanden werden als die allgemeine Anpassung an gesellschaftliche Denk-, Gefühls- und Handlungsmuster, die im Zusammenleben der Bezugsgruppe – in diesem Falle Unternehmen, deren Mitarbeiter und Kandidaten – allgemein akzeptiert werden.

Für den Kandidaten erzeugt das Internet heute zunächst eine um viele Dimensionen höhere Markttransparenz, verbunden mit der Möglichkeit, sich per E-Mail oder durch Selbsterfassung auf einem Karriereportal zu bewerben; das geht einfach, schnell und kostet nichts. Diese an sich ideal anmutende Leichtigkeit des Kandidatseins führt in der Praxis allerdings zu einem stilistischen Verfall, der bei vielen Bewerbungen mittlerweile zu beobachten ist. Manche Kandidaten streuen „spamartig" ihren Lebenslauf, ignorieren oft genug die definierten Erwartungen und hoffen auf einen Glückstreffer. Ebenso sieht es mit dem Wahrheitsgehalt vieler sog. „Bewerbungen" aus. Auch früher war Papier oft geduldig – allerdings müssen die Inhalte der elektronischen Bewerbungsformate heute wohl noch kritischer bewertet und deutlich intensiver verifiziert werden.

Auch bei vielen Unternehmen hat sich in der Einstellung zu den Bewerbungen etwas verändert; durch eine Reihe neuer Internetmedien bei der Rekrutierung können sie ein weltweites und breit gestreutes Kandidateninteresse für die offenen Stellen erregen; dies führt – bewusst provokant gesagt – zu deutlich **erhöhtem Traffic auf dem Kandidatenportal.** Der Internetmarketingbegriff „Traffic" ist hier durchaus als reines Mengenvolumen zu verstehen. Da es einer schlank organisierten HR-Abteilung oft kaum mehr möglich ist, aus deutlich erhöhten Kandidatenmengen eine qualifizierte Vorauswahl durch erfahrene Menschen zu treffen (was ja auch durch die vielen unzureichenden Internetbewerbungen als Zeitverschwendung gewertet werden könnte), liegt die teilautomatisierte Kandidatenvorauswahl und -kommunikation, zumindest bei Konzernunternehmen, durchaus im Trend. Bewerbungsstil, Rechtschreibsicherheit oder Inhalte, die indirekt auf Kandidatenqualitäten hindeuten, sind damit aber nicht mehr unbedingt Gegenstand der Vorauswahl. Hier haben sich in manchen Unternehmen bereits andere Normen im Bewertungsmaßstab und im Umgang mit Bewerbungen etabliert, die auf einen Verlust an individueller Beziehungsqualität schließen lassen.

3. Rahmenbedingungen in der Personalberatung

Allerdings bildet sich parallel dazu auch eine Gegenbewegung bei Unternehmen, die durch individuelle Kandidatenbetreuung und Kandidatenvorauswahl mit menschlicher Kompetenz ihr Arbeitgeberimage positiv prägen; innovative Dienstleistungen und spezielle prozessunterstützende Systeme sorgen in diesem Feld zusätzlich für deutliche Effizienzgewinne bei der Rekrutierung (vgl. RCM – Recruiting Chain Management und andere).

Aber es ist nicht so, dass Konzernunternehmen nun generell einen persönlichen Anfangskontakt mit potenziellen Kandidaten ablehnen würden. Wer hätte noch vor 5 Jahren gedacht, dass es HR-Kräften seriöser Weltunternehmen im Jahr 2008 gefallen würde, fiktive Bewerbungsgespräche mit sog. „Avataren" in deren virtuellem Internetleben zu führen? Nun denn, neben solchen Irrungen sind im „Web 2.0" aber auch sehr sinnvolle und zielführende Aktiviäten bei Rekrutierungen möglich.

3.2.2 „Web 2.0": Definition und Erscheinungsformen

Für diesen Beitrag ist es sinnvoll, unter dem „Web 2.0" die Gesamtheit aller technologiegestützten Optionen zur Kommunikation, Interaktion und Kollaboration im Internet zu verstehen. Weitere zum Teil synonym verwendete Begriffe sind **„Semantisches Netzwerk"**, **„Soziale Software"** oder einfach „Mitmach-Internet". Ein wichtiges Kennzeichen aller „Web-2.0"-Medien ist die aktive inhaltliche Gestaltung und Kontrolle durch viele Nutzer, die sich in diesem Medium zu einem bestimmten Thema oder Zweck zusammenfinden. Dieses führt dazu, dass sich „Web-2.0"-Medien oft sehr schnell und umfangreich, aber häufig auch ungesteuert und mit redundanten Inhalten entwickeln. Aus professionellen, rechtlichen oder funktionalen Gründen werden zahlreiche „Web-2.0"-Medien deshalb durch Moderatoren gesteuert bzw. kontrolliert.

Grundsätzlich lassen sich die medialen Inhalte nach den Kriterien Schrift, Wort und Bild unterscheiden. Man kann sie allerdings auch in ein einzelnes mediales Format integrieren – entsprechend vielseitig sind die Erscheinungsformen des „Web 2.0".

Die **Rubrik „Schrift"** umfasst Textbeiträge und freie schriftliche Kommentare von Nutzern, die z. B. im Rahmen einer sog. „Chat"-Funktion in Online-Foren abgegeben werden können; unter diese Rubrik fällt auch das sog. „Weblog" – verkürzt auch „Blog" genannt (abgeleitet von dem Begriff „Logbuch"). Hier stellt ein Nutzer einen Textbeitrag zu einem Thema seiner Wahl zur öffentlichen Diskussion und zur schriftlichen Kommentierung durch alle interessierten Leser. Derartige Formate sind oft unmoderiert und beleuchten die unterschiedlichsten Facetten eines Themas, versanden aber nicht selten in Themaverfehlungen oder auch in persönlichen Auseinandersetzungen einzelner Nutzer.

Eine weitere Form ist das sog. „Wiki", dessen Inhalt von einer berechtigten Nutzergruppe durch individuelle Beiträge erstellt und inhaltlich kontrolliert und erweitert werden kann, mit der Zielsetzung, eine gemeinsame Wissensbasis zu schaffen. Als moderiertes Medium ist ein „Wiki durchaus geeignet für die professionelle Anwendung im Unternehmen, wie etwa bei der Aus- und Weiterbildung der Mitarbeiter oder auch bei der Erarbeitung von Diskussionspapieren, Präsentationen oder anderen Schriftstücken einer funktionalen Mitarbeitergruppe.

Zur **Rubrik „Wort"** zählen individuelle Beiträge, die – wie eine Radiosendung – akustisch über das Internet veröffentlicht werden. Eine „Web-2.0"-Form ist das sog. „Podcast" (zu deutsch: Hördatei), eine Anwendung die gerade auch in Verbindung mit der mobilen (Internet-)Telefonie zunehmend eingesetzt wird. Professionelle Anwendungen von Podcasts finden sich heute in der Politik oder auch bei Unternehmenslenkern, die ihre Kernbotschaften auf diesem Weg an ihre Zielgruppe (Wähler, Mitarbeiter, Kunden, etc.) bringen wollen.

Die **Rubrik „Bild"** beinhaltet die Veröffentlichung privater Fotos oder fast alle bereits genannten Rubriken zu bewegten Bildern bzw. Videoformaten zusammen – bis hin zu individuellen TV-Magazinen im Internet. Dieses Medium wird bereits heute gezielt zur Verkaufsförderung eingesetzt; seine Anwendung ist auch in der Personalwerbung denkbar, um spezielle Zielgruppen zu erreichen.

Alle aufgezeigten Medienformate können von einem Nutzer in seinen Beitrag integriert (dem sog. „Mash-up") und über das Internet weltweit veröffentlicht werden. Er kann dafür den eigenen Internetauftritt nutzen und/oder seine individuellen Beiträge in bestehende Medien mit hohem Verbreitungsgrad einfügen. Diese Medien messen ihren Erfolg bzw. ihre Bedeutung – und damit ihren Werbewert – nach der Anzahl der weltweiten, dort registrierten Nutzer bzw. nach der Anzahl der Klicks auf diese Interseite in einem bestimmten Zeitraum. So bilden sich im Internet permanent unterschiedlichste soziale und thematische Interessengruppen, aber auch kommerzielle Plattformen und Communitys, heraus. Aufgrund dieser permanenten Veränderung der „Web-2.0"-Medienwelt soll in diesem Beitrag auf die Nennung von aktuellen Beispielen verzichtet werden.

Eine gewisse Sonderstellung nehmen Portale mit einer integrierten Internetsuchtechnologie ein. Diese Suchmaschinen erleichtern es dem Nutzer, sich in diesem komplexen, medialen Universum zurechtzufinden, indem sie eine stichwortbezogene Filterung des Internets nach entsprechenden Inhalten ermöglichen. Da diese Portale allerdings selbst zunehmend kommerzielle Inhalte anbieten, besteht die Wahrscheinlichkeit einer marketingorientierten Instrumentalisierung – der Nutzer findet ggf. nicht, was er finden will, sondern was er zuerst finden soll.

3.2.3 Auswirkungen des „Web 2.0" auf die Personalberatung

Folgende Aspekte sollen in diesem Rahmen näher beleuchtet werden: Erstens die Auswirkungen auf die operative Projektabwicklung in der Personalberatung, zweitens der Einfluss des „Web 2.0" auf deren Aufbauorganisation und drittens die Auswirkungen auf die Geschäftsmodelle, mit denen professionelle

3. Rahmenbedingungen in der Personalberatung

Personalberatungen und ihre Klienten heute (und morgen?) agieren – also der Einfluss auf die wirtschaftliche Lebensgrundlage der Personalberatungsbranche.

3.2.3.1 „Web 2.0" und die Projektabwicklung

Auf folgende thematische Schwerpunkte eines idealtypischen Personalberatungsprojektes soll hier näher eingegangen werden: die Gewinnung von Kandidatenpotenzial, die Kandidatenvorauswahl und die Projektorganisation.

„Web 2.0" und die Gewinnung von Kandidaten

Die Aussage „Gewinnung von Kandidaten" ist für die Analyse der ersten Phase eines Personalberatungsprojektes etwas zu allgemein. Sie unterteilt sich in folgende, chronologisch sich teilweise überlappende, Projektschritte: die Erstellung der Projektspezifikation, die Entscheidung über die Vorgehensweise bei der Suche (**„Sourcingmix"**) mit Aktionsplan, die Aufstellung des Zielsegmentes, die Durchführung der Identifikation und die Durchführung der Kontaktanbahnung.

Ausgangspunkt des Projektprozesses – und damit Basis eines Projekterfolges – ist die Erstellung der Projektspezifikation in enger Kooperation mit dem Klienten. In diesem initialen Vorgang lernt der Personalberater die Problemstellung des Rekrutierungsprojektes kennen, die Art, die Aufgabe und das Umfeld der zu besetzenden Position, die erforderliche fachliche und persönliche Qualifikation eines geeigneten Kandidaten und die **zentralen Motivationsargumente** (USP – Unique Selling Proposition), die er benötigt, um Kandidaten für diese Position zu interessieren und sie zu überzeugen.

Durch die Vernetzung mit einschlägigen Bezugsgruppen im „Web 2.0" fällt es dem Personalberater heute deutlich leichter als früher, sich – im Zusammenhang mit der Erarbeitung der Spezifikation – in kürzester Zeit recht umfassend über fachlich geprägte Themenstellungen, die für die Besetzung der Position wichtig sind, zu informieren. Über „Wikis", Fachforen im Internet oder auch die Stichwortsuche in Suchmaschinen lernt der Personalberater bereits im Vorfeld der eigentlichen Kandidatensuche nicht nur fachliche Inhalte und das thematische Umfeld, sondern idealerweise gleich auch Mitglieder der „Szene" kennen. Das „Web 2.0" ermöglicht ihm sozusagen den fliegenden Start in das Suchprojekt.

Das „Web 2.0" erleichtert ihm auch eine kritische Überprüfung der USP. Selbstverständlich benennt und unterstreicht der Klient in der Projektspezifikation nur die positiven Botschaften des eigenen Personalmarketings – Fairness, Mitarbeiterorientierung, Entwicklungsperspektive etc. So weit so gut: Das „Web 2.0" hält aber so manche Überraschung z. B. in Form von Blogs bereit, in denen ehemalige Mitarbeiter oder vielleicht auch abgelehnte Kandidaten subjektiv und wertend über ihre Erlebnisse mit dem Klientenunternehmen berichten. Für den Projekterfolg ist es unabdingbar, das Vorhandensein eventueller Negativbotschaften im virtuellen Arbeitsmarkt zu kennen und ggf. durch gezieltes Agieren und Kommunizieren für das Suchprojekt

3.2 Personalberater – Dinosaurier im „Web-2.0"-Zeitalter?

unschädlich zu machen. Dieser Aspekt des Personalmarketings sollte zwar bereits heute Aufgabe einer professionellen Personalberatung sein, wird aber im Zuge der Transparenz des Internets noch an Bedeutung gewinnen. Im günstigsten Fall lassen sich im „Web 2.0" vorhandene positive Kandidaten- oder Mitarbeiterbotschaften über den eigenen Klienten natürlich hervorragend nutzen, um dadurch die Motivationsargumentation zu unterstützen – nur kennen muss man diese Botschaften.

Zu diesem Thema gehört auch der Begiff der sog. **„digitalen Reputation"** und die These, dass Internetnutzer der individuellen Aussage eines anderen Nutzers – quasi als Augenzeugenbericht – mehr Glauben schenken als den offiziellen Werbeaussagen einer Organisation oder eines Unternehmens. Das eröffnet dem Personalmarketing einen neuen Frontabschnitt im Kampf gegen bestehende Meinungen und vermeintliche Realitäten und um die Notwendigkeit, Überzeugungsarbeit zu leisten. Dieses Feld wird bisher noch kaum von Unternehmen bearbeitet – die sehr sporadisch vorhandene Einsicht, dass Handeln gefragt ist, steckt häufig auch noch in ungeklärten Zuständigkeiten zwischen dem Personalbereich und dem Bereich Öffentlichkeitsarbeit bzw. Public Relations fest.

Nachdem der Personalberater zusammen mit dem Klienten die Spezifikation als Basis des Rekrutierungsprojektes erstellt hat, definiert und entscheidet er, mithilfe welcher Methoden und Instrumente die Suche durchgeführt werden soll, und stellt einen entsprechenden Aktionsplan auf. Häufig wird die typische Vorgehensweise der Personalberatung, die Direktsuche, ergänzt um weitere aktive und passive Instrumente, wie z. B. die gezielte Veröffentlichung einer Stellenausschreibung in Druck- oder Online-Medien. Die Auswirkungen des „Web 2.0" auf das „Sourcingmix" sind nicht nur in einer starken Ausweitung zielgruppenspezifischer Internetmedien zu sehen, bei denen Stellenangebote plaziert werden können, sondern auch in der Entstehung neuer Arten von Instrumenten, wie z. B. Kandidatenempfehlungsportalen, die nach dem Schneeballsystem funktionieren, und vor allem direkten und indirekten Kontaktrekrutierungen in Fachforen, Nutzergruppen, Alumni-Netzwerken oder sonstigen Internetcommunitys.

Um Direktsuchemaßnahmen beginnen zu können, ist zunächst ein möglichst vollständiges Zielsegment zu erarbeiten; es umfasst alle Organisationen, Unternehmen, aber auch Foren, Kongresse und Plattformen, in oder auf denen potenziell interessante Kandidaten mit einer gewissen Wahrscheinlichkeit zu finden sind. Das „Web 2.0" erleichtert hier das stichwortbezogene Auffinden derartiger Ziele oder Zielpersonen und verknüpft diesen Projektschritt oft mit dem darauf folgenden, der Identifikation.

Die Identifikation umfasst die konkrete Ermittlung aller für die Besetzung der Position potenziell relevanten Personen im Zielsegment. Dieser Projektschritt, der in der Researchtätigkeit ursprünglich von dem folgenden Projektschritt, der Kontaktanbahnung, klar getrennt war und getrennt werden musste, verschmilzt durch die Nutzung von „Web-2.0"-Instrumenten zunehmend damit.

3. Rahmenbedingungen in der Personalberatung

Der im „Web 2.0" gelebte, immanente Netzwerkgedanke, der ja auf einer freien, aktiven und weitgehend ungesteuerten Teilnahme einer sehr heterogenen Nutzergruppe baut, führt aber häufig zu einer „verwilderten" Kontaktrekrutierung ohne großen Qualitätsanspruch. Der Vorteil auf der einen Seite, durch Einbindung von externen Multiplikatoren bzw. Internetagenten in deren Bezugsgruppe im gleichen Zeitraum ein vielfach höheres Kontaktvolumen verarbeiten zu können, wird auf der anderen Seite durch gravierende Nachteile erkauft und ist damit kritisch zu bewerten. Im Grunde sieht sich der Personalberater dann einem ähnlichen Dilemma ausgesetzt wie eine Personalabteilung: Die vermeintliche Erhöhung der Arbeitsmarkttransparenz und des Kontaktvolumens durch Einbindung von externen „Web-2.0"-Agenten führt potenziell jedoch zum Kontrollverlust, zu einem Verlust der Beziehungsqualität zwischen den möglichen Kandidaten und dem Berater und insgesamt zu einer Qualitätsverschlechterung im Projektablauf.

„Web-2.0"-Instrumente können besonders dort produktiv und projektfördernd eingesetzt werden, wo der Personalberater bzw. ein Mitglied seines internen Projektteams die Kontrolle über die direkte Kommunikation mit den Kandidaten behält bzw. diese Beziehung aktiv aufbauen und steuern kann. Dies ist bei allen Arten von Stellenausschreibungen in „Web-2.0"-Medien oder bei der Nutzung von „Web-2.0"-Instrumenten zur Identifikation von möglichen Kandidaten der Fall. Die Kontaktanbahnung sollte auf jeden Fall durch persönliche Kommunikation des Personalberaters und seines Projektteams erfolgen, damit durch den Aufbau einer tragfähigen Beziehung eine zielführende Motivationsarbeit möglich wird.

„Web 2.0" und die Kandidatenvorauswahl

Zunächst ist es hilfreich, sich die Situation der Personalberatung nochmals vor Augen zu führen. Personalberater werden in der Regel mit den Rekrutierungsprojekten beauftragt, die eine spezielle Vorgehensweise mit höherer Suchintensität oder eine besondere Art des Vorgehens erfordern. Dies ist beispielsweise bei **Arbeitsmarktsegmenten mit Engpassqualifikationen**, bei **Schnittstellenpositionen** mit einer Kombination aus speziellem Technologie-, Branchen- und Management-Know-how oder bei **höchsten Anforderungen an die Diskretion** der Fall. Tatsächlich können Personalberater nur selten aus dem Vollen schöpfen, meistens ist es die Suche nach der Nadel im Heuhaufen – und diese Nadel steckt zudem oft noch fest im Untergrund.

Dies hat zur Folge, dass ein Personalberater den Motivationsaspekt und den Auswahlaspekt im Projektablauf von Anfang an als gleichrangig ansieht. Selbstverständlich ist es für den Projekterfolg wichtig, dass der Berater die für die Position „richtigen" Kandidaten auswählen, d.h. die Qualifikationen und die berufliche Situation richtig beurteilen kann, aber das ist nur die Pflicht. Die Kür, die letztendlich zum Projekterfolg führt, besteht darin, das Arbeitsplatzangebot des Klienten von Anfang an motivierend, realistisch und auf dessen individuelle Wünsche zugeschnitten an die potenziellen Kandidaten zu kommunizieren und die von beiden Seiten gesetzten Prämissen und Perspektiven in Einklang zu bringen – Voraussetzung dafür ist ein persönliches

Vertrauensverhältnis zwischen dem Personalberater und dem potenziellen Kandidaten.

Dieses Verständnis von Beratertätigkeit hat Einfluss auf die Art und Weise, wie eine Personalberatung die Kandidatenvorauswahl durchführt – sowohl in Bezug auf herkömmliche Verfahren als auch hinsichtlich der neuen Möglichkeiten im „Web 2.0".

Gerade formelle Auswahlmethoden, wie fachliche Tests, Persönlichkeitstests oder sogar Assessment-Center, wären aus rein organisatorischer Sicht prädestiniert für die Durchführung im Online-Verfahren; allerdings sind sie für die Personalberatung meistens ungeeignet – obwohl sie in den Unternehmen häufig die erste Stufe der Kandidatenvorauswahl bilden. Die Personalberatung hat es nicht mit Kandidaten zu tun, die als Bittsteller zu „jeder Schandtat" bereit wären, sondern mit Ansprechpartnern am Arbeitsmarkt, die sich ihres Marktwertes in der Regel sehr bewusst sind und die eine professionelle und individuelle Informations- und Motivationsarbeit erwarten, um erst dann zu interessierten Gesprächspartnern zu werden.

Die Möglichkeiten des „Web 2.0" sind aber durchaus auch bei Personalberatungsprojekten für die Kandidatenvorauswahl nutzbar, allerdings eher auf informelle Art und Weise. Die veröffentlichten Äußerungen und Botschaften von Gesprächspartnern in „Web-2.0"-Medien liefern dem Berater ggf. ausgezeichnete Hinweise, durch die er Einstellungen und Attitüden des möglichen Kandidaten einschätzen und später im persönlichen Interview eingehender diskutieren kann. Aufgrund der mittlerweile eingetretenen Sozialisation von gesellschaftlichen Gruppen im „Web 2.0" werden heute – zum Teil mit erstaunlicher Offenheit – auch sehr persönliche Dinge öffentlich einsehbar im Internet dargestellt. Diese Inhalte erlauben **Rückschlüsse auf mögliche Stärken, Eignungen oder auch Risikofaktoren**. Das „Web 2.0" dient damit potenziell auch zur Verifikation von Kandidatenangaben und so zur Risikominimierung.

In der Unternehmenspraxis finden sich in Bezug auf das Auswahlinterview mittlerweile organisatorische Vorgehensweisen, die ebenfalls auf „Web-2.0"-Ideen fußen. So werden Kandidateninterviews über Internet- bzw. Intranet-TV in einer Art Videokonferenzschaltung an größere, heterogene Entscheidergruppen (d.h. an die einzelnen PC-Arbeitsplätze) live übertragen und kommentiert. Ein bekanntes Internethandelsunternehmen lässt strukturiert geführte Kandidateninterviews in Wort und Bild aufzeichnen und verbreitet diese elektronischen Aufzeichnungen dann an die an der Entscheidung beteiligten Mitarbeiter. Diese geben ebenfalls auf elektronischem Wege ihre Kommentare und Einschätzungen dazu ab. Manche Kandidaten werden bereits von sich aus aktiv, indem sie Videoselbstpräsentationen ins Internet stellen, die Bewerbungsgesprächen nachempfunden sind; über die Aussagekraft lässt sich in einem solchen Fall natürlich trefflich streiten.

„Web 2.0" und die Projektorganisation

Nach erfolgter Kandidatenvorauswahl müssen die Ergebnisse der Suchaktivitäten einer Personalberatung, d.h. z.B. jene idealtypischen drei A-Kandidaten, in den Rekrutierungsvorgang des Klienten eingefügt und die Entscheider in den Prozess eingebunden werden. Das „Web 2.0" bzw. das Internet spielt hier eine Rolle beim sog. **„Processing"** und bei der Projektkommunikation, indem bei der Rekrutierung teilweise internetgestützte Workflow-Systeme zum Einsatz kommen (wie z. B. die Systeme RCM – Recruiting Chain Management, SAP-eRecruiting und andere); diese Systeme sind das Rückgrat der Informations- und Arbeitsprozesse, gerade in Großunternehmen mit global verteilten Strukturen. Sie bieten eine hohe Effizienz und ermöglichen eine optimale Kooperation aller am Prozess Beteiligten – von der ersten Kandidatensichtung, über alle Rekrutierungsvorgänge hinweg, bis zum Vertragsabschluss. Allerdings ist diese „Web-2.0"-Community naturgemäß auf die genannten Funktionsträger beschränkt. Es kann für eine Personalberatung – gerade bei Volumenprojekten, bei denen es z. B. um den Aufbau kompletter Bereiche „an Haupt und Gliedern" geht – ein erfolgsrelevanter Vorteil sein, sich mit entsprechenden Klientensystemen zu vernetzen und damit direkte Steuerungs- und Kontrollmöglichkeiten – auch der klientinternen Vorgänge – bei der Rekrutierung zu erhalten.

3.2.3.2 „Web 2.0" und die Aufbauorganisation der Personalberatung

Interessant ist die Frage, wie sich die Aufbauorganisation einer Personalberatung verändern muss, um den Herausforderungen des „Web 2.0" gewachsen zu sein bzw. seine Chancen und Vorzüge nutzen zu können. Im Rahmen dieses Beitrages sollen drei Bereiche herausgegriffen werden.

Es ist davon auszugehen, dass die Funktion des sog. „Web-2.0"-Researchers, der vielleicht auch als Webanalyst bezeichnet werden könnte, entstehen und schnell an Bedeutung gewinnen wird – vermutlich entwickelt sich hier gerade eine neue Einstiegsmöglichkeit für Nachwuchskräfte in der Personalberatungsbranche. Dafür benötigte Qualifikationen sind sicherlich ausgeprägte analytische Fähigkeiten, Findigkeit und Kreativität, die Fähigkeit schnell zu lernen und Inhalte zu verknüpfen und natürlich ein absolut sicherer Umgang mit dem Internet, dem PC und dem virtuellen Universum. Wenn ergänzend noch Kontaktfreude und Argumentationsfähigkeit dazukommen, wäre eine solche Person eine wertvolle Ergänzung für das Projektteam in der Personalberatung.

Das allgemeine Aufgabenspektrum einer Personalberatung wird sich vor allem im Bereich der Medien- und Zielgruppenanalyse erweitern. Klienten werden Know-how darüber erwarten, in welchen „Web-2.0"-Medien sich bestimmte Zielgruppen mit entsprechenden Qualifikationen bewegen und dort adressierbar sind und welche Medien aktiv durch Stellenausschreibungen oder passiv durch Direktsuchemethoden genutzt werden können. Dies ist ein Teilaspekt neuer Personalmarketingformen, die im „Web 2.0" entstehen und die Internetmedien, Mobiltelefonie und Unterhaltungsmedien integrieren und für die Rekrutierung nutzbar machen werden. Hier könnten sich neue Spezialistenfunktionen in der Personalberatung herausbilden.

3.2 Personalberater – Dinosaurier im „Web-2.0"-Zeitalter?

Der Einsatz von „Web-2.0"-fähigen Workflow-Systemen in der Projektarbeit wird neue Organisationsformen der Personalberatungen im internationalen Kontext ermöglichen. Dort, wo heute internationale Projektfähigkeit durch weltweit präsente, aber lokal agierende Niederlassungsorganisationen oder durch unzureichend vernetzte Partnerschaften suggeriert wird, könnte zukünftig eine **„Web-2.0"-Community-Organisation** stehen, die die an einem Projekt Beteiligten – mit ihren unterschiedlichen Spezialisierungen (Sprache, Know-how, Funktion, Marktkenntnis etc.) – über ein entsprechendes „Web-2.0"-Rekrutierungssystem in ein internationales Projektteam integriert, das gemeinsam die Leistung erbringt. Würden dann noch die Entscheidungsträger des Klienten in diese Projektorganisation eingebunden, würde die Durchgängigkeit der gesamten Wertschöpfungskette sichergestellt und die Schlagkraft des virtuellen Projektteams deutlich erhöht.

3.2.3.3 Auswirkungen auf das Personalberatungsgeschäft

Die wohl spannendste Frage ist die nach den **Auswirkungen des „Web 2.0" auf das heutige Geschäftsmodell der Personalberatungsbranche**, das an das Personalberatungsverständnis der Berufsgrundsätze des *Bundesverbandes Deutscher Unternehmensberater BDU e.V.* angelehnt ist. Nach diesem Verständnis bleiben die maklerähnlichen Geschäftsmodelle der „Personalvermittler", die sich ja häufig auch als Personalberater bezeichnen, hier natürlich unberücksichtigt, obwohl gerade dieses Geschäftsmodell durch die Möglichkeiten des „Web 2.0" potenziell zur Disposition steht und unter sinkenden Vermittlungsprämien leiden wird.

Nach unserer Einschätzung werden die gegenwärtigen Geschäftsgrundlagen der Personalberatungen durch das „Web 2.0" nicht grundsätzlich angegriffen, weder hinsichtlich des Projektvolumens noch in Bezug auf das Honorarniveau. Die Personalberatung wird für die Unternehmen ihren Stellenwert als absolut eigenständige Sourcingmethode bei speziellen anspruchsvollen Rekrutierungsprojekten behalten; Voraussetzung dafür ist allerdings die weitere Kultivierung der bereits vorhanden Stärken: Marktfokussierung, Projektfokussierung, Professionalität der Handelnden, individuelle Beziehungsarbeit mit dem Kandidaten und nicht zuletzt permanente Weiterentwicklung und Modernisierung der genutzten Instrumente.

Wir sehen durch die Auswirkungen des „Web 2.0" auch ergänzende und vielleicht sogar neue, eigenständige Geschäftsfelder entstehen, in denen sich Personalberatungen profilieren und ihren Klienten einen echten Mehrwert bieten können.

Da im Zuge des Virtualisierungtrends die Beziehungsarbeit zwischen Unternehmen und Kandidaten zunehmend auf der Strecke bleibt, ist dieses Feld offen für neue Dienstleistungsansätze. Bereits heute finden erste Pilotprojekte gemeinsam mit innovativen Unternehmen statt, die eine nachhaltige, individuelle Beziehungspflege innerhalb eines genau definierten Arbeitsmarktsegmentes durch den Personalberater mit der strategischen Personalplanung und der operativen Rekrutierungstätigkeit des Unternehmens verknüpfen. Dieses

3. Rahmenbedingungen in der Personalberatung

Geschäftsmodell ermöglicht eine starke Vernetzung mit dem Klientenunternehmen und löst die Nachteile einer rein operativen, projektbezogenen Denk- und Handlungsweise zum beiderseitigen Nutzen auf.

Ein weiteres Profilierungsfeld für Personalberatungen wird die **Gestaltung und Steuerung optimaler und durchgängiger Rekrutierungsprozesse** sein, die auch die des Klientenunternehmens einschließen. Das Konzept eines „Collaborative Recruitings", das alle Entscheider im Unternehmen mit allen Mitgliedern des virtuellen Projektteams in der Personalberatung, allen relevanten Rekrutierungsmedien und allen Kandidaten und Interessierten über ein „Web-2.0"-fähiges, rollenbasiertes Workflow-System verbindet, wird bisher nur in einigen wenigen Unternehmen und dort nur in Teilen der Wertschöpfungskette bei der Rekrutierung verwirklicht. Dadurch sind weitere Fortschritte bei der organisatorischen Effizienz möglich.

Ein ehemals bedeutendes Geschäftsfeld der Personalberatung aus den 90er-Jahren könnte durch das „Web 2.0" – allerdings stark verändert – eine Renaissance erleben: das mediengestützte Agenturgeschäft. Das Portfolio dieses Geschäftsmodells wird neben der Veröffentlichung von Stellenausschreibungen im „Web-2.0"-Format, also interaktiv in Schrift, Wort und Bild, vor allem die permanente Medienanalyse und -kontrolle beinhalten, also einen starken Bezug zum Personalmarketing und zur Public Relations haben. Die exponenzielle Nutzung und Entstehung von „Web-2.0"-Medien bei Rekrutierungsangelegenheiten wird einen Kommunikationsdruck im Klientenunternehmen erzeugen, der die eigenständige **Outsourcing-Dienstleistung eines „Shared Service Centers"** möglich und sinnvoll macht.

Die Auswirkungen der Kandidatensozialisation im Sinne eines Werteverfalls führt zu einem weiteren Dienstleistungsgedanken, der im weiten Sinne auch zum Personalberatungsgeschäft gehört. Die Tatsache, dass die Bewerbungsinhalte nicht mehr verlässlich sind und auch die deutschen Arbeitszeugnisse ihre Bedeutung verlieren, macht eine neue Vorgehensweise bei der Qualitätskontrolle, der Risikoabsicherung und der Verifikation von Kandidatenaussagen erforderlich. Neben bereits bestehenden Möglichkeiten, wie dem Einholen von Referenzen oder dem Einsehen von Registern, bietet das „Web 2.0" eine Reihe neuer Möglichkeiten, die Aussagen von Kandidaten zu verifizieren und zu werten. Hier könnte eine Art Zertifizierungsdienstleistung durch eine Clearingstelle entstehen, die Unternehmen und deren HR-Verantwortlichen eine Prüfungslast abnimmt und im Falle eines im Nachhinein erkannten Bewerbungsbetruges von schuldhaftem Verhalten bzw. grober Fahrlässigkeit freistellt.

3.2.4 Die Kreidezeit der Personalberatung ist tatsächlich zu Ende

Die wichtigsten der zahllosen Stärken des erfolgreichen Personalberaters sollten seine mentale Flexibilität und seine Fähigkeit zum Transferdenken sein: Er wird sie brauchen, weil sich seine Welt bereits verändert hat und in hohem Tempo weiter verändert. Der optimistische Dinosaurier sieht diese Veränderung als Quelle der Inspiration und des Aufbruchs – und überlebt nicht als Brontosaurier, sondern als der frühe Vogel, der bekanntermaßen den Wurm fängt und der als Gattung und Erbe der Dinosaurier heute nach wie vor die ganze Welt bevölkert.

3.3 Ausgewählte Rechtsfragen der Personalberatung
von Kai Haake

3.3.1 Personalberatung – Freier Beruf oder Gewerbe?

Der Berufsstand der Personalberater sieht sich seit mehreren Jahren Diskussionen ausgesetzt, ob er zu den freien Berufen oder zu den Gewerbetreibenden gehört. Diese Abgrenzung ist für eine ganze Reihe steuerlicher und nicht steuerlicher Punkte bedeutsam – vor allem bei der Frage der Gewerbesteuerpflicht und bei der sogenannten „verdeckten Gewinnausschüttung".

3.3.1.1 Gewerbesteuer

Für viele Unternehmen in der Personalberatung stellt sich die Frage der Gewerbesteuer zunächst – vermeintlich – nicht, da sie kraft Rechtsform (z. B. GmbH, AG) gesetzlich der Gewerbesteuer unterliegen. Indes sind doch eine nicht zu unterschätzende Zahl von Personalberatern steuerlich auch Angehörige der freien Berufe.

3.3.1.1.1 Die grundsätzlichen Voraussetzungen

Gewerbebetriebe unterliegen der Gewerbesteuerpflicht. Nach § 15 Abs. 2 EStG ist ein Gewerbebetrieb „eine selbstständige nachhaltige Betätigung, die mit der Absicht, Gewinn zu erzielen, unternommen wird und sich als Beteiligung am allgemeinen wirtschaftlichen Verkehr darstellt", sofern die Betätigung weder „als Ausübung eines freien Berufs noch als eine andere selbstständige Arbeit anzusehen ist". Nach § 18 Abs. 1 Nr. 1 Satz 2 EStG gehören zu den freiberuflichen Tätigkeiten unter anderem die selbstständige Berufstätigkeit der **beratenden Betriebswirte und ähnlicher Berufe**. Den Beruf des beratenden Betriebswirts übt nach der Rechtsprechung der Finanzgerichte derjenige aus, der nach einem entsprechenden Studium oder einem vergleichbaren Selbststudium verbunden mit praktischer Erfahrung, mit den hauptsächlichen Bereichen der Betriebswirtschaft (Unternehmensführung, Leistungserstellung – Fertigung von Gütern/Bereitstellung von Dienstleistungen, Materialwirtschaft, Finanzierung, Vertrieb, Verwaltungs- und Rechnungswesen sowie Personalwesen) und nicht nur mit einzelnen Spezialgebieten vertraut ist und diese fachliche Breite seines Wissens auch bei seinen praktischen Tätigkeiten einsetzen kann und tatsächlich einsetzt. Diesem Berufsbild eines beratenden Betriebswirts entsprechend liegt ein ebenfalls unter § 18 EStG fallender „ähnlicher Beruf" dann vor, wenn er auf einer vergleichbaren breiten fachlichen Vorbildung beruht und sich die Beratungstätigkeit auf einen vergleichbaren betrieblichen Bereich erstreckt (FG Münster, 15.12.2006). Verfügt ein Steuerpflichtiger nicht über einen Abschluss einer Hochschule (Diplom oder Master), Fachhochschule (Diplom graduierter Betriebswirt) oder Fachschule (staatlich geprüfter Betriebswirt), muss er eine **vergleichbare Tiefe und Breite seiner autodidaktischen Vorbildung** nachweisen. Soweit es um den Umfang der Kenntnisse geht, ist es ausreichend, dass diese mindestens mit Fachschulniveau nachgewiesen werden. Wenn die Kenntnisse auf einem der genannten Gebiete der Betriebswirtschaft nicht denen entsprechen sollten, wie sie in der Prüfung zum „staatlich geprüften Betriebswirt" verlangt werden, muss dies nicht unbedingt schädlich sein, da eine solche Prüfung auch mit nicht ausreichenden Kenntnissen in (nur) einem Fach bestanden werden kann (FG Baden-Württemberg, 5.5.1999). Den Nachweis seiner Kenntnisse kann ein Autodidakt durch Belege über eine erfolgreiche Teilnahme an Fortbildungsveranstaltungen, anhand praktischer Arbeiten oder durch eine Art Wissensprüfung führen (FG Münster, 15.12.2006). Letztere kann vor allem durch ein **Sachverständigengutachten** vorgenommen werden, wobei der Gutachter den Steuerpflichtigen gewissermaßen examiniert. Eine derartige Wissensprüfung kann allerdings nur dann als ergänzendes Beweismittel in Betracht kommen, wenn sich aus den vorgetragenen Tatsachen zum Erwerb und zum Einsatz der Kenntnisse bereits erkennen lässt, dass der Steuerpflichtige über hinreichende Kenntnisse verfügen könnte.

3.3.1.1.2 Personalbeschaffung und Freiberuflichkeit

Die Beratung in Fragen der Personalrekrutierung fällt grundsätzlich in den Bereich des **Personalwesens im Sinne der Betriebswirtschaftslehre**. Vor allem ein Betriebswirt, der sich als beratender Personalrekrutierer mit der Suche nach Führungskräften und deren Auswahl beschäftigt, kann daher unter bestimmten Voraussetzungen als Freiberufler gelten. Der Bundesfinanzhof (BFH) hat sich im Jahre 2002 erstmalig mit der Frage beschäftigt, ob ein als Personalberater tätiger Diplom-Kaufmann eine gewerbliche oder eine freiberufliche Tätigkeit ausübt (BFH, 19.9.2002). Der Berater arbeitete nach der sogenannten „Drittelregelung" (erstes Drittel bei Auftragsvergabe, zweites Drittel bei Vorstellung geeigneter Kandidaten, drittes Drittel bei Abschluss eines Arbeitsvertrags zwischen Kandidat und Klient) und orientierte seine Vergütung nach Maßgabe des Zielgehalts der zu besetzenden Stelle. Weitere Leistungen wie eine Organisationsanalyse der Stelle oder eine Beratung in Vergütungsfragen waren offenbar weder vereinbart noch geleistet worden. Die BFH-Richter entschieden, dass der Kläger in diesem Fall kein beratender Betriebswirt im Sinne von § 18 Abs. 1 Nr. 1 Satz 2 EStG war. Das höchste deutsche Finanzgericht hat dabei entscheidend darauf abgestellt, dass „die Beratungsleistung den Auftragsverhältnissen nicht das Gepräge gegeben" habe. Der Bundesfinanzhof ordnete den Suchauftrag in erster Linie als Vermittlungstätigkeit ein, die gerade nicht typisch für einen beratenden Betriebswirt sei (unter Bezugnahme auf BFH, 26.11.1998). Dem stehe zwar nicht entgegen, dass das Personalwesen als ein Teilgebiet der Betriebswirtschaftslehre zunehmend an Bedeutung gewinne und die Auswahl geeigneter Kandidaten für Führungsaufgaben eine der wichtigsten Aufgaben einer Personalabteilung oder auch Unternehmensführung sei, wobei das Einschalten externer Personalberater vielfach als unverzichtbar angesehen werde. Ein auf dem Gebiet des Personalwesens tätiger Betriebswirt könne jedoch seinen Klienten auch dadurch beraten, dass er ihn bei seinen unternehmerischen Entscheidungen in Fragen der Personalwirtschaft unterstütze und diese vorbereite. Allerdings betonte der Bundesfinanzhof, dass „der Erfolg der Vermittlung jedenfalls grundsätzlich nicht mehr zu einem Personalberatungsauftrag" gehöre. Daher deute ein vereinbartes **Fest- oder Zeithonorar** auf eine (freiberufliche) **Personalberatung** hin, während ein **Erfolgshonorar** ein Indiz für einen reinen Personalbeschaffungsauftrag, also eine **Arbeitsvermittlung**, sei. Liege die geschuldete Hauptleistung des Personalberaters im Wesentlichen darin, seinem jeweiligen Klienten für die zu besetzende Position geeignete Kandidaten zu benennen, und keinesfalls darin, den Klienten überwiegend in organisationswirtschaftlichen Fragen zu beraten, spreche dies eindeutig für eine gewerbesteuerpflichtige Leistung. Auch die hier in dem Sachverhalt vereinbarte sogenannte „Drittelregelung" wurde vom BFH als „weitgehend erfolgsabhängige Vergütung" gewertet, sodass ein darauf gerichteter Vertrag seiner Natur nach als **Maklervertrag** (652 BGB) zu werten, „also rein gewerblicher Natur", sei. Die hiermit zugleich erbrachte Beratungsleistung sei „nicht wesentlicher Teil einer einheitlichen gewerblichen Betätigung", schon gar nicht gebe sie ihr das Gepräge. Dass es sich bei der Vermittlungstätigkeit – und nicht etwa bei der Beratungsleistung – um die geschuldete Hauptleistung handele, ergebe sich daraus, dass der Berater sein Honorar als eine am Zielgehalt des Kandidaten orientierte Provision erhalten habe. Erschwerend komme hinzu, dass der Berater „so lange tätig zu bleiben hatte, bis die entsprechende Stelle besetzt war und der Kandidat die Probezeit erfolgreich absolviert hatte". Insoweit unterschied sich die zu beurteilende Leistung deutlich von der als freiberuflich eingestuften erbrachten Beratung bei der Auswahl mehrerer, seitens des Unternehmens selbst präsentierter Kandidaten.

Eine ähnliche Problematik – also die Abgrenzung zwischen einer eher beratungsorientierten Tätigkeit und einer Tätigkeit, deren Gepräge in der Vermittlung liegt – existierte bis zu ihrer gesetzlichen Entschärfung lange Zeit für die Personalberater im Bereich des **Umsatzsteuerrechts**. Hier war früher umstritten, ob grenzüberschreitende Beratungsleistungen der deutschen Umsatzsteuer unterliegen (falls Maklervertrag/Gewerblichkeit) oder nicht (bei freiberuflicher Beratung). Nach zwei Entscheidungen des Bundesfinanzhofs (18.6.2009) können Personalberatungsleistungen als **Beratung im Sinne des Umsatzsteuerrechts** anerkannt werden, wenn sie den Abgrenzungskriterien der Bundesagentur für Arbeit zwischen Personalvermittlung und Personalberatung entsprechen. Die vertraglich vereinbarten Leistungen müssen also z. B. eine „Ist-Aufnahme und Analyse der zu besetzenden Position", die „Erarbeitung und Diskussion des fachlichen und persönlichen Anforderungsprofils", die „Auswahl, Vorbeurteilung und Überprüfung der Bewerber aufgrund der fachlichen und persönlichen Qualifikation, auch unter Einsatz psychometrischer Verfahren" sowie die „Beratung bei der Festlegung von Einstellungs-, Arbeits- und Vergütungsbedingungen" beinhalten.

Allerdings führt auch das Vorliegen dieser Tätigkeiten nicht zwingend zu einer Einstufung als freier Beruf, denn die Grundsätze des Umsatzsteuerrechts – so in einer Entscheidung des Finanzgerichts Münster (17.1.2011) – könnten nicht auf ertragsteuerliche Sachverhalte übertragen werden. Das Gericht stützte sich dabei stark auf die Art der Fälligkeitsstellung: Die in dem Fall angewendete Drittelregelung (Auftragsbeginn, Präsentation, Abschluss Arbeitsvertrag) sei in den ersten beiden Dritteln erfolgsbezogen und damit bestehe ein gewichtiges Indiz für die Gewerblichkeit. Zudem habe der Kläger in dem zugrunde liegenden Vertrag eine kostenlose Nachsuche zugesichert, falls der Kandidat innerhalb der Probezeit das Unternehmen verlasse. Dieses sei keine Haftungsklausel, sondern eine Garantie, die ebenfalls gegen die Freiberuflichkeit spreche. Der Bundesfinanzhof ließ die gegen das Urteil eingelegte Revision nicht zu (8.3.2012) – im Wesentlichen mangels grundsätzlicher Bedeutung der Rechtssache – bestätigte aber ausdrücklich die Auffassung des Finanzgerichts, dass die Grundsätze der „Beratung" aus dem Umsatzsteuerrecht **nicht auf das Einkommensteuerrecht übertragen** werden könnten.

3.3.1.1.3 Konsequenzen der finanzgerichtlichen Rechtsprechung

Die Finanzbehörden orientieren sich bei ihren Betriebsprüfungen sehr eng an den Vorgaben des Bundesfinanzhofs. Um den Status des Freiberuflers zu erhalten, ist es daher ratsam, den vertraglich vereinbarten und tatsächlich erbrachten Leistungen im Wesentlichen das Gepräge der Beratung und weniger der reinen Beschaffung zu geben. Der Hinweis des Bundesfinanzhofs, dass die Bewertung der vom Klienten vorgestellten Kandidaten als freiberufliche Personalberatungsleistung zu werten sei, zeigt allerdings erfreulicherweise, dass die Auswahl und die Beurteilung von Kandidaten grundsätzlich sehr wohl zum Bereich **Personalwesen in der Betriebswirtschaftslehre** zu zählen ist. Problematisch ist eher ein Sachverhalt, in dem die rein externe Personalbeschaffung Schwergewicht des Auftrags und diese noch dazu in eine Honorarform gekleidet ist, die dem Maklerrecht entstammt bzw. sich diesem sehr stark annähert. Es ist zudem davon abzuraten, das Honorar am Zieleinkommen des Kandidaten zu orientieren. Besser wäre eine Honorarbemessung, die sich am **zeitlichen Aufwand des Beraters** ausrichtet. Die in der Branche übliche Drittelregelung wird zwar von den Zivilgerichten als überwiegender Dienstvertrag ausgelegt, da nur das Schlussdrittel erfolgsorientiert ist; diese Auslegung wird aber vom Bundesfinanzhof nicht geteilt: Er sieht bereits im Vorstellen der Kandidaten eine erfolgsorientierte Tätigkeit. Hierüber lässt sich zwar sehr gut streiten, da es in fast allen Fällen möglich sein wird, Kandidaten vorzustellen, die im Großen und Ganzen dem Anforderungsprofil entsprechen. Bis zu einer Änderung der Bewertung durch den Bundesfinanzhof muss diese Rechtsauffassung allerdings akzeptiert werden, mit der Folge, dass dem Berater zu empfehlen ist, verstärkt auf eine zeitabschnittsorientierte Aufsplitterung seiner Tätigkeit zu setzen. Denkbar wäre daher, dass ein Drittel bei Vergabe des Auftrags honoriert wird, ein zweites Drittel nach einem Monat bzw. sechs oder acht Wochen und das Schlussdrittel nach einer entsprechenden weiteren Verlängerung der Zeit. Auf garantieähnliche Zusagen, bei Kandidatenwechseln innerhalb der Probezeit ohne Honorar neu zu suchen, sollte verzichtet werden ebenso wie auf Ankündigungen, so lange zu suchen, bis ein Kandidat gefunden wird. Denkbar sind meines Erachtens allerdings Haftungsregeln, etwa in dem Fall, in dem ein Kandidat aus Gründen die der Berater zu vertreten hat, neu sucht.

Wird die Drittelregelung dennoch vereinbart, bleibt als juristisches Argument zu bedenken, dass auch in anderen klassischen freien Berufen erfolgsorientierte Honorarmodelle Einzug halten. In der Wirtschaftsprüferordnung ist das **Erfolgshonorar bei betriebswirtschaftlichen Beratungen** nunmehr ausdrücklich, unter Hinweis auf – angebliche – parallele Entwicklungen im Unternehmensberatungsgeschäft, **zugelassen** worden. Das Bundesverfassungsgericht hatte zudem das berufsrechtliche Verbot für Rechtsanwälte, Erfolgshonorare in Spezialgebieten anzubieten, verworfen und dem Gesetzgeber aufgegeben, die partielle Zulässigkeit von Erfolgshonoraren in der Anwaltschaft neu zu regeln. Sofern es also Katalogberufen wie dem Wirtschaftsprüfer und dem Rechtsanwalt berufsrechtlich erlaubt ist, ihre Tätigkeit nicht mehr rein nach dem Dienstvertragsrecht abzurechnen, sollte dieses auch Auswirkungen auf die steuerliche Behandlung haben: Entweder werden derartige erfolgsorientierte Verträge klassischer Katalogberufe auch der Gewerbesteuer unterworfen oder es werden Erfolgsmomente in anderen freien Berufen nicht mehr als zwingendes Indiz für eine Gewerblichkeit herangezogen.

3.3.1.2 Personalberatung und verdeckte Gewinnausschüttung

Die Frage, ob eine Leistung eher dem Bereich der freien Berufe oder des Gewerbes zuzuordnen ist, ist allerdings auch für den **steuerlichen Bereich** der sogenannten „verdeckten Gewinnausschüttung" relevant. Denn ist ein Geschäftsführer gleichzeitig auch Gesellschafter einer GmbH (Gesellschafter-Geschäftsführer), vereinigt er in seiner Stellung sowohl die Interessen eines Geschäftsführers als auch die Interessen der Gesellschaft: Er ist daran interessiert sowohl ein möglichst hohes Gehalt für seine Leistung zu erhalten als auch die steuerliche Belastung der Gesellschaft, an der er selbst beteiligt ist, zu reduzieren. Bei einem **Gesellschafter-Geschäftsführer** besteht also die Gefahr, dass er vor allem durch die Auszahlung eines erhöhten Geschäftsführergehalts die Steuerbelastung der Kapitalgesellschaft senkt und davon persönlich profitiert. Die Finanzbehörden überprüfen daher, ob die Vergütung von Gesellschafter-Geschäftsführern angemessen ist: Das ist sie regelmäßig dann, wenn der Gesellschafter-Geschäftsführer eine Vergütung erhält, die auch einem ordentlichen und gewissenhaften Geschäftsleiter gewährt würde, der kein Gesellschafter ist (Fremdgeschäftsführervergleich). Neben einer ganzen Reihe allgemeiner Beurteilungskriterien der Angemessenheit (Verhältnis von festen zu variablen Gehaltsbestandteilen, Pensionszusagen, Sachbezügen, Abfindungen usw.), orientieren sich die Behörden auch an der Art und dem Umfang der Tätigkeit. Die Finanzverwaltung Baden-Württemberg wertete hierzu einmal Gehaltsuntersuchungen aus und differenzierte diese nach Umsatz und – vor allem – Branche. Die Vergütungsspannen lagen bei den „Freiberuflern" dabei stets über denjenigen der „sonstigen Dienstleistungen". So bewegte sich die Gehaltsspanne für den GmbH-Geschäftsführer einer Freiberufler-GmbH in der Umsatzklasse von 5 bis 25 Mio. € zwischen 230.000 und 280.000 €, während sie bei den sonstigen Dienstleistungen – und hierunter würde die Personalberatung als Gewerbe fallen – zwischen 180.000 und 220.000 € lag. Sicher dürfen derartige Angaben, die zudem bereits längere Zeit zurückliegen (allerdings mit Hinweisen für spätere Berechnungen), nicht verabsolutiert werden. Letztlich kommt es auf jeden Einzelfall an. Sie belegen jedoch anschaulich, dass die Angemessenheit von Leistungen, die einem freiberuflichen Tätigkeitsspektrum zuzuordnen sind, höher vergütet werden dürfen als gewerbliche.

3.3.2 Rechtsprobleme bei der vertraglichen Abwicklung des Beratungsauftrags

Die Honorierung der weitaus überwiegenden Anzahl der Aufträge im Berufsstand der Personalberater erfolgt nach Maßgabe der sogenannten „Drittelregelung". Danach wird das erste Drittel des vereinbarten Honorars bereits mit Beginn des Beratungsauftrags fällig, das zweite Drittel bei Vorstellen geeigneter Kandidaten und das Schlussdrittel bei Beendigung des Beratungsauftrags, also entweder bei Beendigung der Mitwirkung des Beraters oder mit Abschluss eines Arbeitsvertrags eines der vorgestellten Kandidaten bzw. mit erfolgreicher Beendigung der Probezeit. Häufig sind jedoch auch Konstellationen anzutreffen, in denen die erste Rate mit Vertragsbeginn, die zweite und dritte Rate jedoch nach zeitlichem Fortschritt vergütet werden. Da allerdings für die meisten Aufträge die Drittelregelung gilt, soll auch hierauf das Augenmerk gelegt werden. Wie im ersten Abschnitt beschrieben, beurteilen die Finanzgerichte die Drittelregelung überwiegend als erfolgsabhängig und nicht als Dienstvertrag, da sie das Vorstellen geeigneter Kandidaten als Erfolgsmoment interpretieren. Diese Ansicht wird von den Zivilgerichten nicht geteilt. Nach herrschender Rechtsprechung der Zivilgerichte liegt bei der Drittelregelung ein Dienstvertrag vor, der allenfalls Elemente aus dem Makler- bzw. Werkvertragsrecht beinhaltet. In der Praxis der Zivilgerichte sind bislang vor allem zwei Konstellationen streitanfällig gewesen.

3.3.2.1 Beginn der Vergütungspflicht von Personalberatungsleistungen

Zunächst stellt sich die Frage, ab wann Leistungen eines Personalberaters zu vergüten sind – auch für den Fall, dass noch kein schriftlicher Vertrag abgeschlossen wurde. Mit einem derartigen Sachverhalt beschäftigte sich das Landgericht Hagen (14.11.2005). In diesem Fall kam es zunächst zu Vorgesprächen zwischen dem Klienten und dem Personalberater: Bei einem Ortstermin in der Produktionsstätte wurden zunächst das Unternehmen vorgestellt sowie drei zu besetzende Positionen mitgeteilt. Daraufhin erarbeitete der Personalberater ein detaillierteres, schriftliches Anforderungsprofil und übersandte es dem Klienten. Nach einiger Zeit des Schweigens hakte der Personalberater nach, woraufhin der Klient von einem Auftrag bzw. von einer Vergütung für bereits geleistete Tätigkeiten nichts wissen wollte. Mangels ausdrücklicher schriftlicher Vereinbarungen berief sich der Personalberater jedoch auf einen konkludenten Vertragsschluss und forderte eine Vergütung für bereits geleistete Dienste ein. Zu Unrecht, so das Landgericht Hagen, denn die Aktivitäten des Personalberaters hätten noch im Bereich der kostenlosen Akquisitionsbemühungen gelegen. Es sei keinesfalls so, dass nach allgemeiner Verkehrssitte das Erarbeiten eines Profils stets als Vertragsbeginn bzw. als kostenpflichtige Leistung ausgelegt werden könne. Vielmehr teile der Personalberater in diesen Fällen das „unbefriedigende Ergebnis" vieler anderer Dienstleister, zunächst auf eigenes Risiko Investitionen erbringen zu müssen, die erst bei Auftragserteilung ausgeglichen würden. Um Derartiges zu vermeiden, empfiehlt es sich daher, Vorleistungen nur nach Beginn einer vertraglich vereinbarten Zusammenarbeit zu liefern oder auf die **Kostenpflicht der Vorarbeit ausdrücklich hinzuweisen.**

3.3.2.2 Mindestqualifikation vorgestellter Kandidaten

Als weiterer Streitpunkt gilt die Frage, unter welchen Voraussetzungen die zweite Rate – also für das Vorstellen von Kandidaten – fällig wird. Hier wenden Klienten gelegentlich ein, sie seien nicht zufrieden mit den qualitativen Voraussetzungen der Kandidaten. Das Landgericht Stuttgart (1.7.2002) und das Landgericht Regensburg (22.7.2002) befassten sich mit derartigen Sachverhalten und kamen zu folgendem Ergebnis:

Der Personalberater ist im Allgemeinen **nicht verpflichtet**, einen Kandidaten vorzustellen, der **absolut passgenau für die zu besetzende Stelle** ist. Nach Auffassung des Landgerichts Regensburg spreche es gegen das erkennbare Interesse des Personalberaters, dafür einstehen zu wollen, derartige Kandidaten auf dem Markt zu finden (LG Regensburg, 22.7.2002, 7). So ist z. B. denkbar, dass etwaige Defizite einer gesuchten Eigenschaft durch die absolute bzw. überdurchschnittliche Erfüllung einer anderen Eigenschaft ausgeglichen werden können (LG Regensburg, 22.7.2002, 10). Auch nach Ansicht des Landgerichts Stuttgart muss ein Kandidat die grundsätzlich gewünschten Qualifikationen „weitgehend" mitbringen, „sodass er ohne erheblichen Einlernungs- und Einarbeitungsaufwand das Stellenprofil" ausfüllen kann (1.7.2002, 7). Dieses gilt allerdings nicht, wenn der Klient in den geäußerten Erwartungen erkennbar auf das Vorliegen bestimmter Voraussetzungen Wert gelegt hat bzw. dies so vereinbart worden ist. Insofern ist es auch schwierig zu entscheiden, wie viele Kandidaten der Personalberater vorstellen muss. Dies hängt zunächst von der **Verfügbarkeit Wechselwilliger auf dem Arbeitsmarkt** ab, daneben von Branche und Funktion. Es kann Konstellationen geben, in denen bereits das Vorstellen von zwei bis drei Kandidaten ausreicht, wenn diese – wie erläutert – ein „weitgehendes" Maß an Qualifikation mitbringen.

3. Rahmenbedingungen in der Personalberatung

3.3.3 Personalberatung und das Allgemeine Gleichbehandlungsgesetz

Die Personalberater in Deutschland haben bereits vor Inkrafttreten des Allgemeinen Gleichbehandlungsgesetzes (AGG) im Sommer 2006 benachteiligungsfrei gesucht. Ausnahmen mag es nur – auf Wunsch der Klienten – im Bereich der Altersbeschränkungen gegeben haben, hier allerdings vorwiegend „zulasten" jüngerer Kandidaten. Die Such- und Auswahlprozesse der Berater im Bereich Fach- und Führungskräfte werden daher auch in Zukunft in Einklang mit den Vorgaben des AGG stehen; die nunmehr weit über ein halbes Jahrzehnt bestehenden Erfahrungen mit dem Gesetz belegen dies anschaulich. Weil allerdings unbeabsichtigte Formulierungen Anlass zu Beanstandungen sein können und Klienten vom Berater auf zwar gewünschte, aber unter Umständen benachteiligende Kriterien hingewiesen werden sollten, ist der Bereich „AGG" auch für Personalberater weiterhin nicht uninteressant.

Da das Gesetz eine Vielzahl unbestimmter Rechtsbegriffe verwendet und gerichtliche Entscheidungen bislang nur auf der unteren gerichtlichen Ebene gefällt wurden, klären sich grundlegende Fragen der Auslegung oft erst durch Urteile des Europäischen Gerichtshofs und des Bundesarbeitsgerichts letztverbindlich.

3.3.3.1 Der Anwendungsbereich

Das AGG schützt vor allem die Kandidaten, die sich für ein Beschäftigungsverhältnis konkret interessieren. Eine „Bewerbung" liegt dabei nicht nur bei einem schriftlichen und förmlichen Anschreiben vor, sondern schon dann, wenn ein Kandidat eindeutig zu erkennen gibt, dass er Interesse an einer – wenn auch noch nicht detailliert beschriebenen – Position hat. Der Begriff **„Position"** ist dabei weit auszulegen und umfasst neben dem klassisch abhängigen Beschäftigen vor allem auch **Organfunktionen** (wie z. B. AG-Vorstände, GmbH-Geschäftsführer) und **arbeitnehmerähnliche Beschäftigte**. Bedingung für einen Kandidatenstatus ist allerdings, dass man sich subjektiv ernsthaft bewirbt und dabei auch grundsätzlich für die zu besetzende Stelle geeignet ist. Spaß- und Abmahnkandidaten haben keine Ansprüche nach dem AGG („AGG-Hopper").

3.3.3.2 Die Merkmale

Bis zum Inkrafttreten des AGG waren im Zivilrecht bei einer Stellenbesetzung vor allem die geschlechtsspezifische Diskriminierung untersagt, in Spezialgesetzen und im Einzelfall durch das Gebot von Treu und Glauben auch andere Merkmale. Mit dem AGG ist dieser Schutz nun zusammengefasst und erweitert worden. Das AGG verbietet grundsätzlich Diskriminierungen wegen folgender Merkmale:

Beim Merkmal der „Rasse" ist ausdrücklich klarzustellen, dass trotz der Verwendung des Begriffs „Rasse" keinesfalls gesagt ist, dass es „Rassen" tatsächlich gibt oder entsprechende Theorien bestätigt werden. Die Begrifflichkeit

3.3 Ausgewählte Rechtsfragen der Personalberatung

wendet sich vielmehr gegen derartige rassistische Vorstellungen. Eine grobe Definition wäre die „**Zurechnung eines Menschen zu einer bestimmten Gruppe** aufgrund bestimmter lebenslänglicher und vererblicher äußerlicher Erscheinungsmerkmale, wie z. B. Hautfarbe, Physiognomie oder Körperbau".

„**Ethnische Herkunft**" ist die Zugehörigkeit eines Menschen zu einer durch sprachliche und/oder kulturelle Merkmale verbundenen Gemeinschaft, wobei die kennzeichnenden Merkmale jeweils nicht vererblich sind. Als Beispiel können Angehörige der Kurden gelten; umstritten war, ob z. B. die Schwaben oder die Bayern eine Ethnie sein können, was die Gerichte jedoch verneint haben. Nicht vom Begriff „Ethnie" erfasst ist die Staatsangehörigkeit; allerdings ist das „Vorschieben" einer Staatsangehörigkeit vielfach als Umgehung des Kriteriums Ethnie zu verstehen und damit verboten, sofern kein sachlicher Grund vorliegt.

Neben den „**Geschlechtern**", dem männlichen und dem weiblichen Geschlecht, wird auch die „sexuelle Identität" geschützt, also auch die Transsexualität oder die Zwei- oder Zwischengeschlechtlichkeit. Insgesamt werden die sexuelle Veranlagung und die Selbstbestimmung umfassend einbezogen. Wie bisher schon sollte nicht nach Schwangerschaften gefragt werden.

Unter „**Religion**" wird der Glaube an eine transzendentale, übermenschliche Wirklichkeit verstanden. Bei Sekten, die sich in erheblichem Maße wirtschaftlich betätigen oder lediglich Anleitungen zu einem besseren irdischen Leben geben, kann der transzendente Bezug zu verneinen sein. Das Bundesarbeitsgericht hat die Religionseigenschaft von *Scientology* verneint. Das Bundesverwaltungsgericht hat einer Anhängerin von *Scientology* allerdings die Berufung auf die Glaubens- und Weltanschauungsfreiheit gewährt. Daher kann hierzu vorerst keine abschließende Festlegung getroffen werden, wenn auch die Bundesregierung noch Anfang 2007 die Religionseigenschaft verneint hat (vgl. auch Landtag Brandenburg Drucksache 5/1272, Antwort der Landesregierung auf eine Kleine Anfrage zum Thema „Sog. Sekten und Psychogruppen" im Land Brandenburg vom 22.4.2010).

Die „**Weltanschauung**" bezeichnet den Glauben an eine Ordnung der erlebbaren Wirklichkeit. Erfasst werden allerdings nur Fundamentalkonzepte der Ordnung menschlichen Zusammenlebens; tagespolitische Meinungen gehören nicht ohne Weiteres dazu, auch keine extremistischen Auffassungen.

Eine „**Behinderung**" ist jeder von alterstypischen Begebenheiten abweichende Zustand der körperlichen Funktion, geistigen Fähigkeit oder seelischen Gesundheit, der mit hoher Wahrscheinlichkeit länger als sechs Monate andauert und die Teilhabe am gesellschaftlichen Leben beeinträchtigt. Darunter können im Einzelfall auch Krankheiten (z. B. chronische Rückenschmerzen, Neurodermitis) fallen.

Unter „**Alter**" wird jedes Alter subsumiert. Beschränkungen wie „Wir suchen eine Persönlichkeit zwischen 30 und 40", „Idealalter Mitte 30" oder „Nachwuchskraft" sind damit zu vermeiden. Positionsbeschreibungen wie „Junior-Consultant" oder „Senior-Manager" dürften jedoch weiterhin zulässig sein, sofern sie nicht mit der Absicht der Umgehung einer unmittelbaren Altersbeschränkung eingesetzt werden.

3.3.3.3 Die Benachteiligung

Eine Benachteiligung wegen dieser Merkmale kommt in zweierlei Varianten vor, als unmittelbare oder als mittelbare. **Unmittelbare Benachteiligungen** sind gegeben, wenn eine Person wegen der genannten Gründe in einer vergleichbaren Situation eine weniger günstige Behandlung erfährt, erfahren hat oder erfahren würde als eine andere Person. Gemeint sind Fälle einer direkten Zurücksetzung, wobei diese auf anderen, parallel vorliegenden Motiven beruhen kann („Motivbündel"). Es genügt insofern eine Mitursächlichkeit. Auch das irrige Unterstellen eines Merkmals ist diskriminierend – sogar wenn es in Wahrheit gar nicht vorliegt. Der Europäische Gerichtshof (10.7.2008) hat dabei klargestellt, dass schon dann eine Benachteiligung vorliegen kann, wenn sich ein Arbeitgeber ohne konkrete Ausschreibung diskriminierend äußert und bei einem späteren Bewerbungsverfahren ein Merkmalträger aus sachlichen Gründen abgelehnt wird. Ebenfalls grundsätzlich verbotene, **mittelbare Benachteiligungen** bestehen, wenn dem Anschein nach neutrale Vorschriften, Kriterien oder Verfahren Personen wegen der genannten Gründe gegenüber anderen Personen in besonderer Weise benachteiligen können. Die Benachteiligung scheidet aus, wenn die betreffenden Vorschriften, Kriterien oder Verfahren durch ein rechtmäßiges Ziel sachlich gerechtfertigt und die Mittel zur Erreichung des Ziels angemessen und erforderlich sind.

3.3.3.4 Gerechtfertigte Ungleichbehandlung

Das AGG geht davon aus, dass nicht alle Ungleichbehandlungen unzulässig sind. Es ist durchaus erlaubt, rechtmäßig zu benachteiligen. Allerdings sind die Hürden für eine Rechtfertigung ziemlich hoch. § 5 AGG lässt positive Maßnahmen zur Bevorzugung einzelner Personengruppen zu, wenn durch geeignete und angemessene Maßnahmen bestehende Nachteile wegen der genannten Gründe verhindert oder ausgeglichen werden. Dabei ist zu beachten, dass pauschale und absolute Bevorzugungen nicht zulässig sind. So dürften z. B. im Bereich der Frauenförderung sogenannte weiche Quotenregelungen (d. h. mit Einzelfallprüfung), bei denen männliche Konkurrenten nicht von vorneherein völlig chancenlos sind, zulässig sein. Bei bestimmten Klientenwünschen (z. B. wenn der Frauenanteil erhöht und auf Wunsch des Klienten diese auch ausdrücklich zur Bewerbung aufgefordert werden sollen) sollte dies im Vertrag oder der Auftragsbestätigung explizit vermerkt werden.

Eine unterschiedliche Behandlung ist zudem zulässig, wenn dieses Differenzierungsmerkmal wegen der Art der Tätigkeit oder der Bedingungen ihrer Ausübung eine wesentliche und entscheidende berufliche Anforderung darstellt. Dabei müssen der Zweck rechtmäßig und die Anforderungen angemessen sein.

Erwartungen des Markts können allenfalls in sehr seltenen Ausnahmefällen rechtfertigende Wirkung haben – etwa dann, wenn sie **„bestandswichtig"** sind

3.3 Ausgewählte Rechtsfragen der Personalberatung

und die Fortführung der unternehmerischen Tätigkeit in dem betreffenden Marktsegment anderenfalls auf mittlere Sicht gefährdet wäre, wobei dem Unternehmen eine Einschätzungsprärogative zukommen dürfte.

Zulässig sind zudem Beschränkungen bei eindeutigen „**Tendenzbetrieben**": etwa die Beschränkung auf eine Frau bei der Suche nach dem Geschäftsführer eines Frauenverbands (nicht dagegen bei einem Gleichstellungsbeauftragten in einem Unternehmen).

Kulturelle Besonderheiten des außereuropäischen Auslands sind unter Umständen hinnehmbar, getreu dem Motto „Am deutschen Wesen soll ‚nicht' [Einf. des Verf.] die Welt genesen!". Dies gilt jedenfalls dann, wenn die gesuchte Tätigkeit im Ausland ausgeübt wird.

Spezielle Rechtfertigungsgründe sieht das AGG für **Altersdiskriminierungen** vor. Hier ist vor allem § 10 Nr. 2 zu erwähnen. Danach dürfen Mindestanforderungen an das Alter, die Berufserfahrung oder das Dienstalter festgelegt werden. In Stellenanzeigen kann damit eine (möglichst konkrete) Berufserfahrung verlangt werden. Zulässig ist danach auch die Festlegung eines Höchstalters für die Einstellung aufgrund der spezifischen Ausbildungsanforderungen eines bestimmten Arbeitsplatzes oder wegen der Notwendigkeit einer angemessenen Beschäftigungszeit vor dem Ruhestand. Es steht aber zu vermuten, dass von dieser Regelung nur besonders offenkundige Fälle erfasst werden, etwa die Bewerbung eines 60-Jährigen auf eine Ausbildungsstelle.

Kein ausreichendes Argument ist das Ziel des Arbeitgebers, eine ausgewogene Altersstruktur bei Neueinstellungen zu berücksichtigen und deshalb Kandidaten eines bestimmten Alters oder einer bestimmten Altersgruppe einzustellen bzw. abzulehnen.

3.3.3.5 Fragen zur Beweislast

Weist der Kandidat Indizien nach, die eine Benachteiligung vermuten lassen, so trägt der Arbeitgeber die Beweislast dafür, dass kein Verstoß vorgelegen hat oder die unterschiedliche Behandlung erlaubt war. Vor allem ein leicht nachweisbarer Verstoß gegen die Pflicht zur neutralen, diskriminierungsfreien Stellenausschreibung sowie die Ablehnung eines – bis auf eines der Diskriminierungsmerkmale – perfekten Kandidatenprofils können als Vermutungstatsache für eine unzulässige Benachteiligung angesehen werden. Schwerer zu beweisen, aber ebenfalls zu vermeiden, sind eine Diskriminierung nahelegende Fragen im Kandidatengespräch, Anforderungen im Kandidatenprofil, Selbsteinschätzungsbögen, Interviewberichte, Empfehlungsberichte an den Klienten und Ähnliches.

Passfotos können übrigens auch in Zukunft weiter akzeptiert werden. Die Bitte, „übliche" Bewerbungsunterlagen einzureichen, ist insofern unproblematisch. Allerdings sollten Kandidaten nicht aufgefordert werden, ein Foto nachzureichen.

Der Europäische Gerichtshof (19.4.2012) hatte sich auch mit der Frage der **Einsichtsrechte abgelehnter Bewerber** zu befassen, etwa, ob eine Pflicht besteht mitzuteilen, wer letztlich warum die Stelle erhalten habe. Das **Gericht verneinte eine grundsätzliche Informationspflicht.** Nur in besonderen Konstellationen (in dem Fall wurde die Stelle zweimal ausgeschrieben und jedwede Anfrage des Bewerbers mit Schweigen beantwortet) kann eine konsequente Verweigerung einer Information zu einem Indiz für eine mutmaßliche Benachteiligung führen.

3.3.3.6 Rechtsfolgen

Jede rechtswidrige Benachteiligung führt zu Ansprüchen des Kandidaten auf Entschädigung sowie Schadensersatz.

§ 15 Abs. 1 AGG verpflichtet den Arbeitgeber bei schuldhaften (also auch fahrlässigen) Verstößen zum **Schadensersatz**. Der Anspruch ist nach dem Wortlaut der Vorschrift weder zeitlich noch der Höhe nach beschränkt. Entgegen dem bisherigen Ersatzrecht wird man wohl keine Obergrenze festlegen können, etwa dergestalt, dass der Anspruch nicht höher sein kann als die dem Benachteiligten zustehende Vergütung während des Laufs der maßgeblichen Kündigungsfristen.

Benachteiligt abgelehnte Kandidaten haben zudem einen **Anspruch auf Entschädigung, aber keinesfalls einen Anspruch auf Einstellung.** Dieser Entschädigungsanspruch ist grundsätzlich unbegrenzt. Nur wenn der Kandidat selbst bei benachteiligungsfreier Auswahl nicht eingestellt worden wäre, ist der Anspruch auf bis zu drei Monatsvergütungen (brutto) „gedeckelt". Anspruchsberechtigt sind daneben auch die zweit- bis letztplatzierten Kandidaten.

Im Übrigen ist sogar eine Anhäufung von Ansprüchen mehrerer benachteiligter Kandidaten denkbar. Den Einwand, bereits erfolgreich von einem anderen Kandidaten in Anspruch genommen worden zu sein, kann der Arbeitgeber nicht erheben. Wie bereits gesagt: Neben der Entschädigung bleiben auch Schadensersatzansprüche denkbar, etwa unter dem Gesichtspunkt des entgangenen Gewinns. Diese sind ebenfalls nicht nach oben begrenzt.

Etwaige Ansprüche auf Schadensersatz und/oder Entschädigung sind binnen zwei Monaten gegenüber dem Arbeitgeber geltend zu machen. Die Frist beginnt mit dem Zugang der Ablehnung. Der Arbeitgeber wird den Zugang der Ablehnung nur bei Versendung des Absageschreibens durch Einschreiben mit Rückschein nachweisen können. In „Verdachtsfällen" sollten deshalb – trotz des bürokratischen Aufwands – das Absageschreiben per Einschreiben mit Rückschein versendet und die Bewerbungsunterlagen oder eine Kopie der Unterlagen mindestens für die Dauer der zweistufigen Ausschlussfrist, also für etwa sechs Monate, aufbewahrt werden.

Fehler beim Such- und Auswahlprozess der Personalberater werden dem Klienten zugerechnet, sodass sich zunächst er den Ansprüchen tatsächlich oder vermeintlich Benachteiligter ausgesetzt sieht und später Regress vom Personalberater fordern kann. Es besteht wohl eine auch nebenvertragliche Pflicht des Beraters, den Klienten auf diskriminierende Suchkriterien hinzuweisen. Besteht der Klient trotzdem auf deren Verwendung, sollte sich dies der Berater ausdrücklich schriftlich bestätigen lassen.

3.4 Das gerechte Honorar

von Lothar Kornherr

3.4.1 Was ist schon gerecht?

Zum Begriff Gerechtigkeit könnten wir Platon, Aristoteles und viele andere kluge Leute zitieren, und doch wird es gerade beim Gehalt, beim Preis für eine Ware oder auch beim Honorar für eine Personalberatung nicht selten Fälle geben, in denen die Beteiligten unterschiedlicher Meinung über die gerechte Bezahlung sind. Gerechtigkeit wird von subjektiven Erwartungshaltungen und deren ebenfalls subjektiven Erfüllungsgraden bestimmt. Eine Dienstleistung wie die Personalberatung, deren Erfolg (die eingestellte Person bringt das Unternehmen weiter) sich oft erst nach Monaten oder Jahren zeigt, ist da kaum objektiv bewertbar.

3.4.1.1 Vorbemerkungen

Bevor wir uns dem Thema weiter nähern, möchte ich zwei Anmerkungen machen: Erstens befasst sich dieser Artikel nicht mit rechtlichen Anforderungen und Konsequenzen, da diese einer ständigen Veränderung unterliegen. Auf ihren aktuellen Stand wird an anderer Stelle des Buchs eingegangen. Zweitens gibt es keine allgemeingültige Regel für das richtige Honorar, dieses muss vielmehr zu den Anforderungen und Möglichkeiten des Klienten und des Beraters passen. Auch für große Rahmenverträge, bei denen es um ein festes und zugesichertes Kontingent von bestimmten Positionen pro Jahr geht, gelten andere Spielregeln, wobei hier die Honorargestaltung in der Regel ihren Schwerpunkt in der Honorarhöhe hat.

Personalberatung ist ein Teil der Unternehmensberatung und damit eine sehr anspruchsvolle, vielschichtige und hochwertige Dienstleistung, die, wenn sie richtig und ernsthaft betrieben wird, den gleichen Anspruch an die handelnden Personen erhebt wie die sogenannten „Freien Berufe". Diese, z. B. Ärzte, Rechtsanwälte, Schriftsteller oder Künstler, berechnen ihren Klienten ein Honorar (lateinisch Ehrensold). Da es wie bei uns Personalberatern, anders als beispielsweise bei den Ärzten, **keine Gebührenordnung** gibt, ist das Honorar frei verhandelbar und richtet sich im Zweifel nach der **Angemessenheit und Üblichkeit** (*Der Brockhaus*, 2001, 304).

Doch wie immer man es nennt, das Ergebnis ist ein **klassischer Zielkonflikt**: Der Klient will die beste Qualität bei der Prozessgestaltung und beim Ergebnis, innerhalb des richtigen Zeitrahmens, zu möglichst niedrigen Kosten, und das Ganze verbunden mit einer maximalen Flexibilität für ihn. Der Personalberater hingegen strebt nach einer Maximierung seines Gewinns, d. h., er soll mit einem möglichst geringen Zeit- und Kostenaufwand eine für den Klienten geeignete Stellenbesetzung „einfädeln". Dafür will er ein respektables Honorar von 30 % des Zieleinkommens der gefundenen Person berechnen und durch die Gestaltung der Zahlungsmodalitäten ein möglichst geringes Risiko tragen.

Das ist nichts Neues, so geht es bei jeder Preisfindung zu. Der Käufer wird den geforderten Preis zahlen, wenn der Vorteil, den er sich erhofft, deutlich größer ist als der zu leistende Aufwand. Bekommt er jedoch das gleiche Ergebnis von einem anderen Anbieter zu geringeren Kosten versprochen, müsste er dumm sein, diesen nicht zu bevorzugen, oder?

Hier liegt eine der großen Schwierigkeiten, wenn es um den Preis, das Honorar, für sogenannte **höhere wirtschaftliche Dienstleistungen** geht. Dabei werden oft die sprichwörtlichen Äpfel mit Birnen verglichen, was sich unglücklicherweise erst nach mehreren Wochen oder Monaten herausstellt.

„Bei Geld hört die Freundschaft auf", dies gilt im übertragenen Sinne auch für die Zusammenarbeit zwischen Personalberatung und potenziellem Klienten. Am Geld entzünden sich immer wieder für beide Seiten unerfreuliche Dialoge, geprägt von vorgefassten Meinungen und Missverständnisse. Dabei besteht das Kernproblem oftmals nicht in der absoluten Honorarhöhe, sondern in den Zahlungsmodalitäten. Manche Klienten wollen am liebsten erst dann zahlen, wenn klar ist, dass sie die richtige Frau, den richtigen Mann für die Position haben (also nach der Einstellung oder noch lieber nach dem Arbeitsbeginn bzw. – ganz besonders Vorsichtige – nach der Probezeit).

Viele Personalberater hingegen wollen im Gegensatz dazu möglichst früh den Löwenanteil ihres Honorars erhalten, damit sie die durchaus erheblichen Aufwendungen eines komplexen Personalberatungsprojekts nicht vorfinanzieren müssen.

Hierzu zwei Beispiele für im Nachhinein als ungerecht empfundene Personalberatungsprojekte, aus denen man einiges lernen kann.

3.4.1.2 Aus Fehlern kann man lernen

Vor Jahren erhielten wir vom Aufsichtsratsvorsitzenden eines langjährigen Klientenunternehmens den Auftrag, einen Nachfolger für den Vorstandsvorsitzenden zu suchen. Der Beratungsauftrag war interessant und lukrativ, aber alles andere als einfach. Das Unternehmen befand sich nach Jahren stürmischen Wachstums in eine Phase der Konsolidierung und hatte mit schrumpfenden Zielmärkten zu kämpfen. Der Vertrag wurde geschlossen, das Gesamthonorar betrug 300.000 € (damit keine Missverständnisse aufkommen, eine solche Summe ist im Alltag eines Personalberaters sehr selten!). Davon waren 100.000 € mit der Unterzeichnung des Personalberatungsvertrags, weitere 100.000 € bei der Präsentation potenzieller Kandidaten und der Rest nach Abschluss des Projekts, d. h. nach Berufung des neuen Vorstandsvorsitzenden, fällig. Es handelte sich also um die typische und allseits bekannte **Drittelregelung**.

Die erste Rechnung wurde gestellt und bezahlt. In einem Workshop mit dem Klienten wurden Profil und Zeitplan abgestimmt und wir begannen mit den ersten Vorarbeiten. Dann aber wurde der Vertrag vom Klienten fristgerecht gekündigt: Ein internationaler Investor hatte das Unternehmen übernommen und „inthronisierte" eine Vorstandsvorsitzende aus den eigenen Reihen.

Wir hatten also 100.000 € eingenommen und dafür vielleicht zehn Beratertage gearbeitet. So war es zwar bitter für uns, dass wir nicht erfolgreich sein durften und die sichere Chance auf 200.000 € verloren, aber rein vom Aufwand-Nutzen-Verhältnis war es natürlich mehr als optimal. Trotzdem blieb auf beiden Seiten ein schaler Beigeschmack.

Dass es manchmal auch ganz anders laufen kann, haben wir vor zwei Jahren erlebt, als wir mit einem dicken Verlust aus einem Projekt ausgestiegen sind. Die Geschäftsleitung eines großen IT-Beratungshauses wollte fünf IT-Systemarchitekten auf Senior-Manager-Level innerhalb eines halben Jahres einstellen. Eine ziemlich herausfordernde Aufgabe einerseits, da diese Qualifikation selten ist und die Kandidaten viel unterwegs sind. Das schränkt die Gesprächsbereitschaft ein und macht die Terminkoordination sehr aufwendig, außerdem sind die Motivatoren oftmals ausgereizt. Andererseits stand das Unternehmen, für das wir seit über zehn Jahren erfolgreich tätig waren, kurz vor dem Sprung ins internationale Geschäft. Die Mitarbeiterstruktur war überaltert und viele Führungspositionen mussten in den nächsten Jahren neu besetzt werden. Der Hauptanteilseigner war ein sehr bekanntes, finanziell mehr als gesundes Großunternehmen. Eine schwierige Aufgabe also, aber reizvoll und lösbar, so dachten wir.

Mit dem Unternehmen bestand ein Rahmenvertrag, der ein Fixhonorar von 36.000 € pro Position auf dieser Ebene vorsah, geteilt in drei Teile: 10.000 € bei Beauftragung, weitere 15.000 € nach zwei Monaten und den Rest bei Abschluss eines Arbeitsvertrags. So weit war alles üblich und wir starteten das Projekt in Zusammenarbeit mit dem Bereichsleiter, der die meisten offenen Positionen zu besetzen hatte – wie sich bald herausstellte mit gutem Grund. Schnell wurde klar, dass wir besser vorher mit ihm gesprochen hätten, denn eigentlich wollte er zu dem damaligen Zeitpunkt niemanden einstellen – wenn überhaupt, dann nur Personen die zu 100 % seinen elitären Ansprüchen genügten. Hier wäre es richtig gewesen, umgehend unseren Auftraggeber zu informieren und ggf. den Auftrag zurückzugeben. Es kam, wie es kommen musste: Die von uns präsentierten Kandidaten konnten nicht bestehen oder zogen ihre Bewerbung nach unerfreulichen Gesprächen selbst zurück. Der gesamte Bewerbungsprozess war extrem langwierig und zunehmend von beiderseitigen Ressentiments geprägt.

Getrieben vom Anspruch an uns selbst, auch diesen schwierigen Auftrag erfolgreich abzuschließen, haben wir über ein Jahr an diesem aussichtslosen Projekt gearbeitet und den Klienten, viele Kandidaten und einen unserer Berater verprellt. Das erhaltene Honorar war nach drei bis vier Monaten aufgebraucht und von da an arbeiteten wir umsonst. Unser Verlust belief sich am Ende auf ca. 70.000 €, ein betriebswirtschaftlicher Unsinn, vor allem da beide Seiten mehr als unzufrieden waren und wir den langjährigen guten Klienten nicht halten konnten.

Beide Fälle zeigen, dass die üblichen Pauschalhonorare zu massiven Ungerechtigkeiten führen können. Warum wird dann nicht auf ein aufwandsbezogenes Honorar auf Basis eines Tagessatzes von beispielsweise 2.000 € für einen

Senior-Berater umgestellt? Im ersten Fall hätte das dem Klientenunternehmen 80.000 € erspart, im zweiten Fall hätten wir nach zehn oder 15 Beratungstagen die Reißleine ziehen können.

Dieser Frage werden wir noch nachgehen, doch zunächst wollen wir die wichtigsten Honorararten und -modalitäten aufzeigen.

3.4.2 Honorargestaltung

Der *Bundesverband Deutscher Unternehmensberater BDU e.V.* hat in seiner Studie „Personalberatung in Deutschland 2012/2013", an der sich ca. 180 Personalberatungen beteiligt haben, auch das Thema Honorargestaltung beleuchtet und dabei folgende Toptrends herausgefiltert:

- Die **Kundenerwartung** im Hinblick auf Geschwindigkeit, Qualität, Preis und Transparenz der Prozesse **steigt**.
- Die Bemühungen der Klientenunternehmen über **Online- und Social-Media-Plattformen** selbst an geeignete Kandidaten zu gelangen, nimmt zumindest auf der Spezialisten- und unteren Führungsebene nochmals zu.
- Im Zuge der **demografischen Entwicklung** gewinnt die Direktansprache weiter an Bedeutung.
- Um geeignete Kandidaten zu identifizieren und zu platzieren, wird der Personalberater noch stärker in die **Strukturen und Strategien der Klientenunternehmen** eingebunden sein müssen.
- Der Markt spaltet sich noch stärker in **Premium- bzw. Billiganbieter** auf.
- Die Beratung des Klienten im Rahmen eines Suchauftrags bzgl. der **veränderten Einstellungen und Verhaltensmuster** von (jüngeren) Kandidaten nimmt zu.
- Im **Premiumbereich** werden sich das Honorarmodell und die durchzusetzenden Honorarhöhen nicht verändern.
- Die noch häufigere, **teils unqualifizierte Ansprache** von Kandidaten auf Social-Media-Plattformen führt bei diesen zunehmend zu Verärgerung.
- Der **Preisdruck** verschärft sich bei Positionen der mittleren und unteren Führungsebene.
- Die **Entscheidungsschwäche auf Klientenseite** nimmt zu. Dies führt unter anderem zu dem Wunsch nach mehr präsentierten Kandidaten.

Alle diese Punkte haben direkt oder indirekt Auswirkungen auf die Gestaltung des Honorars, dessen Bezugsgröße und Höhe sowie die Zahlungsmodalitäten. Das folgende Schaubild zeigt die das Honorar betreffenden Ergebnisse der *BDU*-Studie.

3.4 Das gerechte Honorar

	Gesamtmarkt (in Klammern Anzahl der besetzten Positionen)	Große Personalberatungsunternehmen über € 3 Mio. Jahresumsatz	Mittelgroße Personalberatungsunternehmen	Kleinere Personalberatungsunternehmen unter € 500.000 Jahresumsatz
Bezugsgröße für die Honorarberechnung				
Orientierung am Zieleinkommen der zu besetzenden Position	60 % (31.000)	48 % (49 %)	74 % (75 %)	63 % (64 %)
Orientierung am zu erwartenden Aufwand für die Besetzung der Position	22 % (11.000)	37 % (36 %)	10 % (9 %)	16 % (15 %)
Kombination der beiden oben aufgeführten Berechnungsgrundlagen	18 % (9.000)	15 % (15 %)	16 % (16 %)	21 % (21 %)
Honorarhöhe (in % des Zieleinkommens)				
Durchschnitt	26 %	29 %	26 %	23 %
unter 15 %	2 % (1.000)	0 %	0 %	5 %
15 % bis 20 %	13 % (6.600)	0 %	13 %	28 %
20 % bis 25 %	30 % (15.000)	15 %	43 %	35 %
25 % bis 33 %	55 % (28.400)	85 %	44 %	32 %
Zahlungszeitpunkte des Honorars				
… nach Zeitfortschritt	22 % (11.400)	40 % (34 %)	12 % (10 %)	10 % (6 %)
… nach Projektfortschritt mit Erfolgsanteil kleiner/gleich 50 % (z. B. klassische Drittelregelung)	61 % (31.000)	45 % (58 %)	70 % (67 %)	71 % (68 %)
… nach Projektfortschritt mit Erfolgsanteil größer 50 %	9 % (4.600)	8 % (5 %)	9 % (16 %)	9 % (16 %)
Anderes Zahlungsmodell	8 % (4.000)	7 % (3 %)	9 % (7 %)	10 % (10 %)

Abbildung 3.4-1: Honorargestaltung *(Bundesverband Deutscher Unternehmensberater BDU e.V., Personalberatung in Deutschland 2012/2013)*

3.4.2.1 Die Bezugsgröße des Honorars

Die überwiegende Anzahl der von Personalberatern besetzten Positionen wird entsprechend dem **Zieleinkommen der zu besetzenden Position** honoriert. Dieses Verfahren ist im Markt bekannt und trotz seiner Unschärfe als Standard definiert: Der Klient fragt nach dem Honorarsatz und der Personalberater antwortet z. B.: 30 % – beide Seiten wissen, was gemeint ist und die Vergleichbarkeit mit anderen Angeboten ist gegeben. Dass dies oft eine **Scheinobjektivität** ist, liegt auf der Hand. Was bei langjährigen Beziehungen zwischen einem Klienten und dem Personalberater noch funktionieren mag, da Aufwand, Vorgehen und Nutzen durch viele gemeinsame Projekte bekannt sind, stellt sich bei Neukunden als weitgehend unkalkulierbar dar.

Da die Klienten bei einer Orientierung am Zieleinkommen ab und zu vermuten, dass der Personalberater dadurch geneigt ist, eher „teurere" Kandidaten vorzustellen, bietet sich hier zur Relativierung dieses Vorurteils ein **vorab definiertes Festhonorar** an, bezogen auf ein realistisches Durchschnittszieleinkommen der zu besetzenden Position.

Besser, wenn natürlich auch aufwendiger und schwerer zu argumentieren, ist eine **Orientierung am zu erwartenden Aufwand** für die Besetzung der Position. Die Tatsache, dass gerade die größeren Personalberatungen zunehmend auf dieses Modell (oder zumindest auf Kombinationen damit) setzen, zeigt dass einiges in Richtung Gerechtigkeit und Transparenz in Bewegung ist. Darauf werden sich alle Personalberater in den nächsten Jahren einstellen müssen. Das bedeutet aber auch eine genaue Analyse der eigenen Abläufe

3. Rahmenbedingungen in der Personalberatung

und Kosten, eigentlich eine kaufmännische Selbstverständlichkeit, aber hier scheint mir noch einiger Nachholbedarf bei vielen Personalberatern vorzuliegen.

3.4.2.2 Honorarhöhe

Unabhängig davon, welche Bezugsgröße angewandt wird, steht am Ende ein **Gesamthonorar zwischen üblicherweise 23 und 29 % des Zieleinkommens** fest, manchmal mehr, manchmal weniger.

Kaum verändert hat sich in den letzten Jahren die durchschnittliche Höhe des Honorars: 1999 wurden 27 % des Jahreszieleinkommens genannt (*Sattelberger*, 1999, 113), in der erwähnten Studie des *BDU* waren es 26 %.

Interessanter ist, dass die Honorare der großen Personalberater mehrheitlich zwischen 25 und 33 % liegen, ein Satz von dem die kleineren Personalberatungen oft nur träumen können. Ausgenommen davon sind meines Erachtens aber Personalberater, die sich in einer Marktnische bewegen und sich dort einen Namen gemacht haben; ein nicht unerheblicher Teil davon „versteckt" sich sicherlich in den 32 % der kleineren Personalberater, die Top-Honorare bekommen.

3.4.2.3 Zahlungszeitpunkte des Honorars

Der Zahlungszeitpunkt des Honorars ist in der Regel das **am schwierigsten zu verhandelnde Thema** – vor allem bei Neukunden. Geprägt durch „Headhunter-Angebote" aus dem britischen oder nordamerikanischen Raum, zeigen Klienten die Tendenz, am besten 100 % des Honorars auf Erfolgsbasis zu zahlen. Dass sich ein strukturiert arbeitendes Personalberatungsunternehmen darauf nicht einlassen kann, liegt auf der Hand, gerade da solche potenziellen Klienten die Angewohnheit haben, mehrere Personaldienstleister – ich spreche hier bewusst nicht von Personalberatern – auf dieselbe Position anzusetzen; hier gewinnt der Schnellste, aber nicht zwangsläufig der Beste.

Dies entspricht allerdings nicht der Wirklichkeit auf dem deutschen Personalberatermarkt. Der überwiegende Teil der Personalberater rechnet nach reinem Zeit- oder nach Projektfortschritt mit einem Erfolgsanteil von kleiner/gleich 50 % des Gesamthonorars ab. Allseits bekannt ist die sogenannte Drittelregelung, d. h. ein Drittel des Honorars bei Auftragserteilung, ein Drittel bei Präsentation der Kandidaten und ein Drittel als Erfolgsanteil, also wenn ein Arbeitsvertrag unterzeichnet wird.

3.4.3 Empfehlung

Ein gutes, gerechtes Honorar ist der Gegenwert für eine seriöse, strukturierte und transparente Personalberatung, so wie sie in den „Grundsätzen ordnungsgemäßer und qualifizierter Personalberatung (GoPB)" des Instituts der Unternehmensberater IdU im *Bundesverband Deutscher Unternehmensberater BDU e.V.* formuliert sind. Kann ein Personalberater diese qualifizierte

Leistung dem potenziellen Klienten vermitteln und zusätzlich Klarheit über seinen daraus entstehenden Aufwand herstellen, dann ist auch bei skeptischen Neukunden der erste Schritt zur **aufwandsbezogenen Honorierung** getan.

Noch ein kleiner Rat zum Schluss: Denken Sie daran, dass am Ende der Vertragsverhandlungen ggf. noch der Einkaufsbereich eingeschaltet wird und Sie dann noch Verhandlungsmasse brauchen. So ist es uns selbst vor einigen Jahren ergangen, als wir für einen *DAX*-Konzern strategische Einkäufer innerhalb eines Rahmenvertrags suchen sollten. Die Verhandlungen mit dem Personal- und dem Fachbereich zogen sich über mehrere Gesprächsrunden. Das letztendlich fertig verhandelte Angebot war schon sehr knapp kalkuliert und nur aufgrund der großen Menge der Positionen für uns noch wirtschaftlich. Zur Vertragsunterzeichnung lernten wir den Leiter Global Procurement kennen, der unser Honorar nochmals um einige Prozentpunkte drückte, da „sonst meine Mitarbeiter ja denken, ich könnte es nicht mehr". Auch das haben wir zähneknirschend und nach harter Gegenwehr akzeptiert, da wir schon viel Zeit und Geld in das Projekt investiert hatten – aber gerecht fanden wir es nicht.

4. Arbeitsweise des Personalberaters in der Personalrekrutierung

4.1 Akquisition – ein Erfahrungsbericht aus zehn Jahren Praxis

von Michael Rohrbach

4.1.1 Einleitung

Akquisition ist komplex – das ist die zentrale Erkenntnis aus zehn Jahren Berufspraxis in der Personalberatung.

Für einen Neuling im Personalberatungsmarkt, egal ob als selbstständiger oder angestellter Berater, ist es wichtig, sich gut vorzubereiten. Hierzu gehören das Studium der einschlägigen Literatur über Akquisition (z. B. **AIDA = Attention, Interest, Desire, Action**), die Diskussion mit Dritten über Netzwerke, eigene Rolle und Marktpotenziale und ein konkreter Markteinstiegsplan. In der Praxis gilt es diesen konsequent abzuarbeiten, aber auch von anderen zu lernen und immer wieder Neues auszuprobieren. Fakt und Motivation hierbei ist: „**Markt ist immer!**"

Die Erfahrung zeigt, dass gute Kontakte, die im Vorfeld des Markteintritts für einen sicheren Auftrag zu stehen scheinen, zumeist nicht funktionieren. Erste Aufträge erhält man von einer ganz anderen Ecke oder zu einem nicht erwarteten Zeitpunkt – aber nur, wenn man etwas dafür getan hat.

Drei Beispiele aus der Praxis verschiedener Berater veranschaulichen, über welche ungeahnten Wege Aufträge gewonnen werden können:

> Beispiel 1:
> Nach bereits sieben Jahre Tätigkeit als BDU-Personalberater bricht in der Weltwirtschaftskrise Anfang 2009 innerhalb einen Quartals das gesamte Finanz- und IT-Geschäft weg. Die anschließende harte Akquise, selbst in den prosperierenden Branchen Energie und Gesundheit, bringt keinen Erfolg im Sinne eines Vollauftrags. Er kommt durch einen früheren Kandidaten. Dieser wechselte ohne Einwirkung des Beraters, hat jedoch dessen Arbeit in guter Erinnerung und empfiehlt ihn seinem neuen Arbeitgeber.
>
> Beispiel 2:
> Durch einen Messebesuch entstand ein Kontakt zu einem Trainer, der über Jahre lose aufrechterhalten wurde. Ganz unverhofft erhält der Berater eines Tages eine E-Mail, dass er sich bei einem seiner langjährigen Klienten, der Firma X melden möge, da dort ganz dringend eine Schlüsselposition zu besetzen sei. Ohne große eigene Akquisitionsbemühungen erhält der Berater diesen Auftrags binnen Wochenfrist – obwohl es sich um einen Konzern handelt und dieser außerhalb der Kernbranchen liegt –, quasi als Pro-forma-Angelegenheit.

4. Arbeitsweise des Personalberaters in der Personalrekrutierung

> Beispiel 3:
> Eine Top-Spezialistin, mit Problemen in der Eigenvermarktung, kommt im laufenden Projekt nicht unter, da sich herausstellt, dass sie überqualifiziert ist. Durch die gute und vertrauensvolle Zusammenarbeit ist jedoch ein starkes gegenseitiges Vertrauen zwischen Kandidatin und Berater aufgebaut worden. Sie empfiehlt den Berater im Bekanntenkreis, den sie als professionellen Dienstleister kennengelernt hat. Durch diesen Kontaktaufbau erhält der Personalberater zwei Termine bei Unternehmen, die nicht auf seiner Akquisitionsliste stehen, und im Zweittermin bei einem der beiden Unternehmen einen Auftrag.

4.1.2 Das Ziel

Im Fokus aller Akquisitionsbemühungen steht die Erteilung eines Auftrags, der zu einer langfristigen und nachhaltigen Zusammenarbeit mit dem Klienten führen soll.

Folgende Hinweise sind dabei zu beachten:

- Die Konzentration auf die eigene Herkunftsbranche erleichtert einem Newcomer den Einstieg. Hier besitzt er Branchenwissen sowie fachliche Kompetenz und unterhält hoffentlich ein gutes Netzwerk mit Entscheidern von Personalfragen.
- Die professionelle Beratungsleistung hat einen hohen Nutzen für das beauftragende Unternehmen und sollte nicht unter ihrem Wert verkauft werden. Nach dem Motto „Qualität hat ihren Preis" sind Mindesthonorare zwischen 20.000 € und 25.000 € marktüblich.
- Ein Geschäft beginnt immer mit einem Vertrauen stiftenden Gespräch. Hierzu gehört eine gute Vorbereitung mit detaillierter Informationsbeschaffung über den potenziellen Klienten, dessen Markt, seine Organisation und die Wettbewerber.
- Ein langer Atem ist notwendig. Das bedeutet nicht nur, ständig daran zu bleiben, sondern gerade beim Einstieg in den Beratermarkt über finanzielle Ressourcen zu verfügen, um die ersten, vielleicht auftragslosen Monate zu überstehen.
- Der erste Auftrag ist entscheidend! Es muss das unbedingte Ziel sein, diesen Auftrag mit oberster Priorität von A bis Z zur Zufriedenheit des Klienten zu erfüllen, um möglichst im Anschluss oder mittelfristig einen Folgeauftrag zu erhalten. Daraus kann auch der Berater das Selbstbewusstsein für weitere Akquisitionsbemühungen ziehen und hat ein erstes Referenzprojekt bzw. einen ersten Referenzklienten.
- Enge Märkte und das Akquirieren in einer Branche mit einer überschaubaren Zahl an Marktteilnehmern erfordern die Konzentration auf wenige Marktteilnehmer. Spätere Interessenkonflikte können damit schon zu Beginn verhindert werden, da bei der Direktansprache das Suchfeld eingegrenzt ist. Dies soll nicht heißen, dass ein Berater gleich die ganze Branche verlassen muss, die er beherrscht. Er hat die Möglichkeit, innerhalb einer Branche verschiedene Sparten zu bearbeiten (z. B. in der Automobilindustrie den Bereich Automotive-Elektronik mit dem Spezialgebiet Audio

und als Alternative den Bereich Motoren oder in der Kreditwirtschaft den Banken-Zahlungsverkehr und alternativ dazu das Banken-Wealth-Management).

Ziel sollte sein, zumindest zehn Stammklienten zu gewinnen und mit diesen zwölf Aufträge pro Jahr erfolgreich abzuwickeln. Nur dann ist ein Personalberater auf Dauer überlebensfähig und in einer wirtschaftlich guten Lage. Auch während mehrerer laufender Projekte sollte er Zeit für die Akquisition weiterer Klienten aufwenden, da trotz guter Beratungsleistung auch einmal ein Klient verloren geht.

Ein gutes Akquisitionsmedium sind Kandidaten, die ein Berater zu einem Klienten gebracht hat und die nach erfolgreicher Tätigkeit aus eigenem Antrieb, um eventuell den nächsten Karriereschritt zu vollziehen, wechseln. Oft gewinnt der Berater dadurch einen neuen Klienten, da dieser Kandidat, meist in höherer Position, erneut auf die bewährten Dienste seines bisherigen Beraters zurückgreifen möchte.

Es geht also nicht um den kurzfristigen Erfolg, sondern um den Aufbau einer eigenen langfristigen Existenz. Um dieses Ziel zu erreichen, ist es unabdingbar, eine systematische Vorgehensweise einzuhalten.

4.1.3 Der Weg zum Ziel (Akquisitionsprozess)

Im Sinne des zuvor dargestellten Ziels ist der Akquisitionsprozess nur der vorgeschobene Teil einer ganzheitlichen Beratung und Betreuung mit erfolgreicher Auftragsabwicklung. Er reicht von der Vorbereitung des **Erstgesprächs** mit dem Entscheidungsträger eines potenziellen Klienten bis zu dem Zeitpunkt, an dem der eingestellte Kandidat bzw. die Kandidatin die **Probezeit** erfolgreich absolviert hat. Ist dies der Fall, stimmt in der Regel auch die Chemie zwischen Berater und Klient, sodass Folgeaufträge die logische Konsequenz sind. Alles basiert auf Vertrauen und Erfolg. Es zeigt deutlich, dass besonders in der Anfangsphase der Akquisition wichtige Teilprozesse nicht „en passant" der Projektassistenz oder externen Dritten, z. B. Telefonmarketingunternehmen, überlassen werden können, sondern vom Berater realisiert werden müssen. Bereits ab dem ersten Telefonat sind die einzelnen Prozessschritte und Ergebnisse sauber zu dokumentieren, am besten mit einer Personalberatersoftware, die den kompletten Projektprozess mit Klientendaten abbilden kann.

4.1.3.1 Gewinnung von Akquisitionsterminen

Vor zehn Jahren genügte es, in den Annoncenteil einer regionalen Zeitung zu sehen, um vor allem bei wiederholter Stellenausschreibung einen guten Akquisitionsansatz bei dem ausschreibenden Unternehmen zu haben. Mit kompetenter Markt- und Positionskenntnis konnte man im Verlauf eines Telefonats Vertrauen aufbauen, um einen Akquisitionstermin zu erhalten. Konnte dann die menschliche und fachliche Kompetenz in der Präsentation unter Beweis gestellt werden, war die Chance groß, einen Auftrag zu gewinnen.

4. Arbeitsweise des Personalberaters in der Personalrekrutierung

Dennoch galt und gilt bis heute, dass die sogenannte „Kaltakquisition" der schwerste Weg der Auftragsgewinnung ist. Nach Erfahrung des Autors gilt die Korrelation: 100 Telefonate, zehn Termine, drei Angebote und ein Auftrag. Die Erfolgsaussichten steigen, wenn der Personalberater von Anfang an selbst die Telefonate führt.

Sollte im Telefonat die Bitte nach der Zusendung von Unterlagen geäußert werden, ist es besser, wenn der Akquisiteur darauf hinsteuert, diese zu einem Gespräch mitzubringen. Je nach Reaktion findet der Personalberater so schnell heraus, ob wirkliches Interesse und Bedarf bestehen.

Heute kann diese Vorgehensweise immer noch funktionieren, Erfolg versprechender ist aber **gezieltes Networking**. Dies kann z.B. durch die Mitgliedschaft bei den Wirtschaftsjunioren, in einem Regionalverband des *BVMW* (*Bundesverband mittelständische Wirtschaft*) oder in einem Serviceclub wie *Lions* oder *Rotary* geschehen. Marketingtechnisch sollten heute aber auch die Möglichkeiten der neuen Medien gezielt genutzt werden. Ein Berater muss sich die Frage stellen: „Wie komme ich zukünftig durch ein zielgruppenspezifisches Marketing via soziale Netzwerke zum Ziel, neue Klienten und Aufträge zu gewinnen?"

Weitere Bausteine für die Akquisition von neuen Klienten können sein:

- Messebesuche, um mit Entscheidern in Kontakt zu kommen und ggf. schon hier die Basis für spätere Termine zu erhalten;
- zielgruppenorientierte Mailings (per attraktiver Briefpost mit Imagebeileger bzw. Flyer oder Firmenprospekt bzw. auch per E-Mail) und das Messen von deren Wirkung durch Nachtelefonieren;
- Werbeannoncen in relevanten Medien bzw. über Social-Media-Kanäle;
- das Verfassen und Veröffentlichen von Artikeln über ein die Branche beschäftigendes Thema im Kontext mit einem Personalbedarf in den entsprechenden Fachzeitschriften.

Die Erfahrungen des Autors zeigen, dass es für kleinere Personalberatungen schwierig ist, Aufträge bei Konzernen zu erhalten. Dies gelingt nur einem absoluten Spezialisten für eine Branche oder besondere Berufsbilder. Seit ein paar Jahren besteht zusätzlich der Trend, dass die Einkaufsabteilung eines Unternehmens die entscheidende Rolle spielt und Konditionen vorgibt, die sich bei immer mehr fordernden Suchmandaten kaum mehr rechnen.

4.1.3.2 Vorbereitung und Durchführung der Präsentation

Hat der Personalberater einen Termin erhalten, dann gilt sein gesamtes Augenmerk der qualifizierten Vorbereitung seiner Präsentation. Die Informationen aus den geführten Telefonaten mit dem Entscheider sollten ebenso zur Verfügung stehen, wie Rechercheergebnisse aus Datenbanken und dem Internet. Falls schon im Vorfeld darüber gesprochen wurde, spielt die zu besetzende Position bereits im Präsentationstermin eine wesentliche Rolle.

Es bietet sich an, diese Ergebnisse in eine Vorstudie einfließen zu lassen, mit der sich der Personalberater profilieren kann. Wichtige Punkte darin sind:

- Ausgangslage
- Anforderungen des Klienten
- Rahmenbedingungen
- Vorgehensweise Personalberatung
- Kurzdarstellung Klient
- Kurzdarstellung Personalberatung mit Erfahrungshintergrund und Verbandszugehörigkeit
- referenzierende Dokumente bzw. Links

Ziel des Akquisitionsgesprächs ist es, eine Übereinstimmung in Bezug auf **„Was erwartet der Klient?"** und **„Was kann der Personalberater bieten?"** festzustellen und im günstigsten Fall bereits ein Angebot abgeben zu dürfen.

Auf die Frage nach den Konditionen sollte ein Berater gut vorbereitet sein, um Sicherheit und Kompetenz auszustrahlen. Im Idealfall kommt es dazu, dass erste Punkte des Anforderungsprofils gemeinsam erarbeitet werden, die der Personalberater gleich aufnehmen kann. In der Folge kann er zumeist ein Angebot abgeben, das gute Aussichten hat, angenommen zu werden. Von Vorteil ist es, wenn die Präsentation zu zweit, gemeinsam mit einem Beraterkollegen, durchgeführt werden kann. Derjenige, der gerade nicht im Fokus steht, kann sich auf die Reaktionen der anderen Seite konzentrieren, ggf. intervenieren und bei der Nachbesprechung wertvolle Hinweise in Bezug auf das nun abzugebende Angebot, aber auch auf zukünftige Präsentationen geben. Dem potenziellen neuen Klienten wird durch zwei professionell agierende Berater das Gefühl der Sicherheit vermittelt, den Rekrutierungsauftrag in die richtigen Hände zu geben.

4.1.3.3 Abschluss

War die Erstpräsentation erfolgreich kann das Angebot erstellt werden. Die erhaltenen Informationen fließen zielgerichtet ein, das eventuell gemeinsam erstellte Anforderungsprofil wird dem Angebot beigefügt und zeigt, dass der Berater die Situation des Unternehmens und den spezifischen Anforderungskatalog verstanden hat. Idealerweise hat der Berater vom neuen Klienten auch schon erste Zielfirmen für die Direktansprache erhalten und kann diese bis zur endgültigen Auftragserteilung aufgrund der eigenen Branchenkenntnisse und Datenbankrecherchen ergänzen. Sind vom potenziellen Klienten eindeutige Signale für eine Auftragserteilung zu erkennen, sollte der Personalberater flexibel sein und in Vorleistung treten. Nach dem Versenden des Angebots ist es empfehlenswert, wenige Tage später nachzutelefonieren und zu fragen, ob das Angebot so in Ordnung ist und akzeptiert wird. Dabei können Zeitplan und weitere Planungsschritte konkretisiert werden. Es gilt, erst wenn die Unterschrift unter dem Vertrag steht, ist der Auftrag erteilt.

4.1.4 Weitere Kontakte zum Klienten

Wurde ein Klient gewonnen und der Erstauftrag ordnungsgemäß und qualitativ zur vollsten Zufriedenheit abgewickelt, dauert es manchmal Monate bis der Kandidat seinen ersten Arbeitstag hat. Diese Zeit sollte der Personalberater nutzen, sofern nicht gleich ein Folgeauftrag erteilt wird, um weiter mit dem Klienten und dem Kandidaten im Gespräch zu bleiben.

So bekommt der Personalberater die laufenden Entwicklungen und mögliche neue Bedarfsfälle beim Klienten mit. Vom Kandidaten erfährt er, ob die Vorbereitungen für den Unternehmenseintritt im abgesprochenen Rahmen vorangehen. So ist der Berater, kommt es zum ungünstigsten Fall, nicht überrascht, wenn der Kandidat seine Stelle nicht antritt. Er kennt dann die Gründe und kann rechtzeitig mit seinem Klienten über diese Entwicklung und die Konsequenzen daraus sprechen.

Hat der Kandidat mit der Arbeit begonnen, sollte der Berater zumindest in der Probezeit in regelmäßigen Abständen telefonisch nachfragen, ob die Einarbeitung gut läuft und der Kandidat das wiederfindet, was ihm in den Bewerbungsgesprächen und Interviews zugesagt wurde. Dies sollte nach den ersten ein bis zwei Wochen, zum Ende des dritten Monats und vor Ablauf der Probezeit, also in der Regel im sechsten Monat der Beschäftigung, geschehen. Eine entsprechend gefilterte Rückmeldung an den Klienten spricht für die Qualität der Beratungsleistung und erhöht die Bindung des Klienten an den Personalberater.

Weitere Kontaktmöglichkeiten als Folge eines ersten Auftrags sind:

1. Das Übersenden eines Geburtstagsgrußes oder eine Oster- und Weihnachtskarte, wobei Letztere mit einem kleinen Werbegeschenk, z. B. einem Stift oder einem Kalender, mit dem Ziel, auf dem Schreibtisch im täglichen Blick des Klienten zu sein, versendet oder noch besser persönlich überreicht werden kann.
2. Regelmäßige Informationen, Newsletter, Blogs zu personalrelevanten Themen, wie z. B. aktuelle Arbeitsgerichtsurteile, wissenschaftliche Erkenntnisse oder Trends in der Personalarbeit.
3. Das Finden gemeinsamer Interessen und Hobbys, was oftmals im privaten Umfeld geschieht und ebenfalls weitere Bindung schafft.
4. Ein spontaner Anruf, wenn der Berater in der Nähe des Klienten ist, mit dem Ziel, kurz bei diesem vorbeizuschauen; dabei hat eine Tasse Kaffee schon oft zu einem Auftrag geführt.

4.1.5 Was soll ein Berater an Akquisitionsfähigkeiten mitbringen?

Als Empfehlung für einen Neuling in der Personalberatung gilt, mit den Branchen bei der Akquisition zu beginnen, von denen er etwas versteht und in denen er sich bisher bereits bewegt hat. Diese Branchen sollten aber auch eine möglichst langfristige Perspektive haben. Als Beispiel zum Nachdenken mögen hier die „Erneuerbaren Energien" dienen. Vor kurzer Zeit noch als einer der Wachstumsmärkte gepriesen, hat sich die Marktlage durch den Wegfall staatlicher Subventionen und unsichere politische Rahmenbedingungen deutlich verschlechtert.

4.1 Akquisition – ein Erfahrungsbericht aus zehn Jahren Praxis

Die Chancen, in der Akquisition erfolgreich zu sein, werden erhöht durch:
- eine verkäuferische Ader, ohne der/die reine Vertriebsmann/-frau zu sein,
- eine hohe Kommunikationsfähigkeit auf unterschiedlichen Entscheiderebenen,
- eine große Passgenauigkeit zur angestrebten Klientengruppe,
- Einfühlungsvermögen und die Fähigkeit, gut zuhören zu können,
- die Bereitschaft, nicht die „erste Geige" spielen zu wollen,
- Spaß an der Arbeit mit und für Menschen,
- Verständnis für Organisationen, deren Strukturen und informelle Entscheidungswege,
- Verständnis für Prozesse und deren Abbildung in/mit IT-Systemen,
- seriöses und klientenangepasstes Auftreten bzgl. Kleidung, Stil und Sprache,
- breites Allgemeinwissen,
- gute, wenn nicht verhandlungssichere Englischkenntnisse.

4.1.6 Zusammenfassung

Davon ausgehend, dass „immer Markt ist", können Personalberater neue Klienten und/oder Aufträge gewinnen, wenn zwei Voraussetzungen aufeinandertreffen: zum einen ein Personalberater, der mit entsprechenden Kenntnissen und Fähigkeiten ausgestattet ist, und zum anderen ein Klient, der erkennt, dass der Einsatz eines Personalberaters die richtige Lösung ist – unter Umständen die ihm einzig allein verbleibende Möglichkeit, um wichtige Positionen bestmöglich zu besetzen (**Angebot und Nachfrage**).

Ziel der Akquise muss immer eine langfristige Betrachtungsweise sein, d. h., der Akquisitionsprozess ist immer nur der vorgeschobene Teil einer – nach dem Erstauftrag – auf Langfristigkeit ausgerichteten Klientenberatung und -betreuung. Neben der klassischen Kaltakquise und dem Networking in lokalen, regionalen und bundesweiten Verbänden und Organisationen spielt das **elektronische Networking** mit den Marketingmöglichkeiten des Web 2.0 oder Web 3.0 eine gleich wichtige Rolle.

Die 100 %ige Erfüllung des Erstauftrags ist oberste Priorität, da nur dadurch Folgeaufträge kommen und die zuvor erwähnte Langfristigkeit sichergestellt werden kann.

Klient und Personalberater begegnen sich beide auf Augenhöhe, wohl wissend, dass der Klient, da er letztlich die Honorare bezahlt, „Chef im Ring" bleiben und der Personalberater insgesamt immer als „verlängerter Arm des Klienten" fungieren wird.

Eine erfolgreiche Akquise ist letztlich nichts anderes als die qualifizierte, systematische und oft auch hartnäckige Suche auf allen potenziellen Kanälen nach einem Klienten.

Personalberatung ist Vertrauenssache!

4.2 Das Erstgespräch mit dem Klienten

von Joachim von Rumohr

Im Wirtschaftsleben treffen bei der ersten Begegnung zwischen Klient und Personalberater häufig zwei **gänzlich unterschiedliche Typen von Menschen** zusammen. Es verbindet sie das gemeinsame Ziel, eine offene Position schnell und mit dem besten Kandidaten zu besetzen. Ihre berufliche Herkunft ist jedoch oft recht unterschiedlich. Während der hoch spezialisierte Personalberater üblicherweise eine ganze Reihe von Unternehmen zu seinen Klienten zählt, die sich in Größe, Marktbedeutung, Strategie und Unternehmenskultur unterscheiden, kennt der Klient in der Regel nur diejenigen Unternehmen, in denen er bislang tätig war, und natürlich das Unternehmen, das er gegenwärtig repräsentiert.

Es gilt also, beim ersten Kontakt die gleiche Wellenlänge herzustellen, sodass von beiden Seiten ausreichend menschliche und fachliche Akzeptanz vorhanden ist, um eine **Vertrauensbasis für gute Zusammenarbeit** zu schaffen.

4.2.1 Bedeutung des Erstgesprächs

Der Klient nutzt im Erstgespräch natürlich die Gelegenheit, ein möglichst umfassendes Bild von der fachlichen Kompetenz des Beraters zu erhalten. Welchen Hintergrund, welche Ausbildung, welche Berufs- und Managementerfahrung und ggf. welche Branchenkenntnisse bringt der Personalberater mit? Was befähigt ihn, das Problem des Klienten nachhaltig zu lösen? Was bringt der Berater darüber hinaus an Kompetenzen im zwischenmenschlichen Bereich mit? Wie führt er seine Interviews mit den Kandidaten? Welche Unternehmen hat er bislang beraten? Arbeitet er vielleicht auch für direkte Wettbewerber? Typischerweise stellen sich der Personalberater und das Unternehmen, das er vertritt, in einem solchen Erstgespräch durch eine kurze **Präsentation** vor.

Für den Klienten sind die Antworten aus zweierlei Gründen wichtig. Einerseits möchte er nur einen kompetenten Berater mit der Suche nach einer Führungskraft beauftragen, der auch seinen qualitativen Vorstellungen entspricht. Andererseits ist der mit der Personalsuche betraute Berater während der Projektdauer Repräsentant des auftraggebenden Unternehmens.

Natürlich stellen sich auch die Unternehmensvertreter vor. Stimmt die Gesprächsatmosphäre und besteht gegenseitige Wertschätzung, nimmt man sich vor allem von beiden Seiten genügend Zeit, dann ist der erste Schritt zu einem guten Kontakt zwischen Managern und Berater hergestellt. Ist das nicht der Fall, wird „das Hemd schief eingeknöpft", reden also beide aneinander vorbei, dann ist ein Misslingen des Projekts möglicherweise vorprogrammiert oder es kommt gar nicht erst zu einer Beauftragung.

4.2.2 Gesprächsvorbereitung des Personalberaters

Das Erstgespräch mit dem Klienten hat starken **Akquisitionscharakter**. Häufig verhält es sich so, dass noch ein oder mehrere Wettbewerber zu einem ersten Gespräch gebeten werden. Kann der Berater den potenziellen Klienten an dieser Stelle nicht überzeugen, wird es voraussichtlich zu keiner Beauftragung kommen. Daher ist der gut vorbereitete Berater im Vorteil.

Grundsätzlich gilt die Regel, dass **Kenntnisse über den Markt und das Unternehmen** helfen, eine gute Gesprächsbasis zwischen dem Berater und dem Klienten herzustellen. Der Klient schätzt es auch, wenn der Personalberater Fachbegriffe und Eigenheiten seiner Branche bereits kennt und im fachlichen Bereich „mitreden" kann.

Verlässliche Informationen über einen potenziellen Klienten sind heutzutage in Datenbanken und Internetforen zu finden. Speziell der eigene Internetauftritt des Klienten gibt häufig Informationen preis, die unter anderem Rückschlüsse über Gesellschafts- und Organisationsstrukturen zulassen. Produkt- und Marketingstrategien sind bisweilen offen erkennbar, sodass interessantes Material für eine Gesprächsvorbereitung vorliegt. Personalberater mit guten Branchenkenntnissen haben außerdem über ihr Netzwerk weitere Quellen und wissen eventuell schon im Voraus, wie die aktuelle Lage des Unternehmens einzuschätzen ist.

4.2.3 Informationsbereitschaft und zeitliche Investition bei Projektbeginn

„No return without investment." Das gilt auch für die Zeit, die sich der Klient nehmen muss, um den für die Suche und die Auswahl eingeschalteten Personalberater zu informieren. Eine Führungskraft oder einen Spezialisten von außen für ein Unternehmen zu gewinnen, bietet stets auch die Chance, einen Leistungsträger an Bord zu nehmen, der seinen neuen Arbeitgeber und/oder seinen Bereich voranbringt. Der neue Mann oder die neue Dame ist Knowhow-Träger und hat möglicherweise Kenntnisse und Erfahrungen, die dem Klienten bislang fehlten.

In der Hektik des Alltags neigen Klienten dazu, dem Personalberater ein eher knappes Briefing zu geben, was durchaus verständlich ist. Steht der Klient doch in einem Spannungsfeld. Er verfügt über teils offene und teils vertrauliche Informationen und er stellt sich die Frage, ob er alle Informationen wirklich an einen externen Berater weitergeben muss. Gerade beim ersten Gespräch benötigt der Berater jedoch auch Auskünfte, die über die eigentliche Positionsbeschreibung hinausgehen. Im Verlauf des Projekts – speziell bei einer direkten Suche – benötigt der Personalberater handfeste Argumente, um einen geeigneten Kandidaten auch nachhaltig für ein Unternehmen und die vakante Position zu interessieren.

Für den Personalberater ist es wichtig zu wissen, welche **Bedeutung das suchende Unternehm**en innerhalb der Branche hat, wie die **wirtschaftliche**

4. Arbeitsweise des Personalberaters in der Personalrekrutierung

Situation des Unternehmens ist und wie sich die betreffende Abteilung, Division oder Tochtergesellschaft darstellt. Wie sieht der Klient kurz- bis mittelfristig die Entwicklung seines Unternehmens, gibt es Strategien, Visionen und weitere konkrete Pläne?

Für die Besetzung einer vakanten Position benötigt der Personalberater also möglichst umfassende Informationen sachlicher Art.

Eine ebenso große Bedeutung hat aber auch die **Unternehmenskultur** des suchenden Unternehmens, zu der der Kandidat passen muss. Ansonsten kann es im späteren Verlauf einer Suche zu der Situation kommen, dass der Kandidat nach der Präsentation – für den Personalberater zuweilen überraschend – absagt oder vom Klienten abgelehnt wird. Zwar passen Ausbildung und Berufserfahrung des Kandidaten hervorragend zum Profil, dennoch wird von weiteren Gesprächen abgesehen. Häufig ist man dann im Gespräch „nicht miteinander warm geworden", hat keine Wellenlänge zum Kandidaten finden können. Er war nicht der Richtige, passte als Typ nicht zum Unternehmen. Die Unternehmenskultur, das Selbstverständnis des Unternehmens und seine ungeschriebenen Gesetze lassen sich häufig nicht mit sachlichen Worten beschreiben.

Dennoch muss ein Personalberater in der Lage sein, sie in wesentlichen Zügen zu erfassen, indem er nach **Wertvorstellungen des Klienten** fragt und herauszufinden versucht, welcher Typ Manager am besten zum Unternehmen passen könnte. Hinweise auf die Unternehmenskultur des Klienten erhält der Berater bisweilen schon bei seinem ersten Empfang im Unternehmen. Die freundliche, persönliche Begrüßung am Eingang des Unternehmens, der pünktliche Beginn der Besprechung sowie deren Vorbereitung und Organisation durch den potenziellen Klienten sprechen oftmals Bände.

Des Weiteren ist es von großem Vorteil für den Personalberater, schon beim ersten Gespräch den zukünftigen Vorgesetzten des Kandidaten kennenzulernen und dessen spezielle Wünsche und Erwartungen an seinen Mitarbeiter zu erfahren. Ist der zukünftige Vorgesetzte beim Erstgespräch nicht anwesend und wird vom Personalverantwortlichen nur beschrieben, entstehen oft Phantombilder, die leicht zu Missverständnissen und Irritationen führen können.

Wird im Verlauf des Erstgesprächs klar, dass der vorgesehene Zeitrahmen zu eng gesteckt war, lädt der Klient den Berater zu einem Folgebesuch ein. Dann besteht auch die Möglichkeit, Einrichtungen des Klienten wie Niederlassungen, Werke usw. zu besichtigen. Gerade bei der Besetzung technischer Positionen bieten sich solche Zweitgespräche an, einschließlich der Besichtigung von Unternehmenseinrichtungen, die für die Positionsbeurteilung aufschlussreich sind. Dabei erhält der Personalberater zusätzliche, besetzungsrelevante Informationen und hat zudem die Möglichkeit, weitere Eindrücke über Unternehmenskultur und Professionalität seines Klienten zu gewinnen. Diese Eindrücke wiederum spielen bei einer Besetzung eine wichtige Rolle, da z. B. ein Manager mit einem offenen und kommunikativen Führungsstil seine Entfaltungsmöglichkeiten vergeblich in einer Firma suchen wird, die von einem autokratischen und dominanten Geschäftsführer geleitet wird.

4.2.4 Die zu besetzende Position

Nach dem Warm-up von beiden Seiten gilt es nun, genügend Informationen auszutauschen, damit der Berater ein **Positionsprofil** entwickeln kann, das er als Nachtrag zum ersten Gespräch mit dem Klient abstimmen wird. Es bildet die Grundlage für die Zusammenarbeit und ist für den Personalberater die Basis, auf der er Kandidaten kontaktiert bzw. selektiert und im Hinblick auf ihre Eignung für die Position beurteilt.

Typischerweise hat der Klient recht genaue Vorstellungen über die fachlichen Kriterien, die ein Kandidat zu erfüllen hat: universitäre oder eher praxisnahe Ausbildung, Kenntnisse in den Bereichen, die für die Ausübung der Funktion unabdingbar sind, spezifische Berufserfahrungen und ggf. Branchenkenntnisse. Sprachliche Fähigkeiten und weitere Persönlichkeitsmerkmale runden das Bild ab. Außerdem wird über das Gehalt des Kandidaten gesprochen.

Meist beginnt für den Personalberater nun ein spannender Part im ersten Gespräch mit dem Klienten: Es gilt, die Informationen über die zu besetzende Position in einzelne Bestandteile zu zerlegen, zu sortieren, zu priorisieren und ggf. zu ergänzen.

Dazu muss der Personalberater in diesem Teil des Gesprächs charmant und hartnäckig so lange nachfragen, bis er in der Lage ist, ein stimmiges Anforderungsprofil zu entwickeln – und das, ohne dem Klienten auf die Nerven zu gehen. Alle wesentlichen Punkte des Anforderungsprofils werden systematisch hinterfragt und schriftlich niedergelegt – zusammen mit einer anonymen Unternehmensbeschreibung als Erstinformation für Kontakte mit möglichen Kandidaten. Dies geschieht am besten nach folgendem Schema:

- Darstellung des Unternehmens und wichtiger Kennzahlen, Beschreibung der für die Suche relevanten Tochtergesellschaft, Sparte oder Abteilung
- Nachfrage nach den wesentlichen Hauptaufgaben und Verantwortlichkeiten
- Vertiefung des beruflichen Erfahrungshintergrunds
- Fragen zur fachlichen und methodischen Kompetenz, die für die Position relevant ist
- Fragen zu den sozialen Kompetenzen, die für den Erfolg der Besetzung unabdingbar sind

4.2.5 Voraussichtlicher Ablauf des Such- und Entscheidungsprozesses

Wenn der Informationsaustausch abgeschlossen ist, bietet es sich an, die Suchmethode und in einem weiteren Schritt die Entscheidungswege festzulegen.

Ob die Suche nach einer Führungskraft über eine **Direktansprache**, über eine anzeigengestützte und/oder über eine **internetgestützte Vorgehensweise** erfolgen soll, ist eine wichtige Frage, die an anderer Stelle des Handbuchs ausführlich besprochen wird. Die bei der Suche nach einer Führungskraft erforderliche zeitnahe Mitwirkung des Klienten und ihre Relevanz für den optimalen Erfolg des Projekts werden vom Klient häufig in ihrer Bedeutung unterschätzt.

Kommt nämlich ein Klient während des Suchprozesses, wenn Entscheidungen zugunsten oder zuungunsten eines oder mehrerer Kandidaten anstehen, zu keinem klaren Urteil und beansprucht er für unternehmensinterne Abstimmungen unverhältnismäßig viel Zeit, dann werden Kandidaten irritiert und verunsichert. Sie zweifeln ggf. an der Professionalität ihres potenziellen Arbeitgebers und verlieren das Interesse an der zu besetzenden Position. Schließlich sagen sie ab. Das ist natürlich ärgerlich, da nun alle Beteiligten – Unternehmen, Berater und Kandidat – frustriert sind und die Suche quasi bei null wieder aufgenommen werden muss – und das in Zeiten, wo es Beratern aufgrund der demografischen Entwicklung immer schwerer fällt, gleich mehrere, sehr gut geeignete Kandidaten zu präsentieren. Wenn jedoch die Kommunikation zwischen Klient und Berater von Anfang an klar geregelt ist und Entscheidungsprozesse im Vorhinein besprochen sind, läuft alles optimal ab:

- im Vorfeld festlegen, wer im Unternehmen die Kandidaten interviewen wird;
- Termine für das erste Gespräch beim Unternehmen bzw. für darauf folgende Gespräche kurzfristig anbieten;
- dem Kandidaten innerhalb weniger Tage ein Feedback zu dem Gespräch geben;
- Vertragsangebote zügig erstellen und dabei mündliche Zusagen integrieren;
- zu ändernde Einzelheiten eines Arbeitsvertrags möglichst umgehend bearbeiten.

4.2.6 Typische Probleme, die bei einem Erstgespräch auftreten können

Von wenigen Ausnahmen abgesehen, will der Klient eine vakante Position so schnell wie möglich besetzen. Dabei hat er möglicherweise wenig realistische zeitliche Vorstellungen von der Dauer einer solchen Suche. Bis zum Vertragsabschluss mit einem Kandidaten vergehen, wenn per Direktansprache gesucht wird, ca. zwei bis vier Monate, nachdem der Berater beauftragt wurde. Je nach der Kündigungsfrist des Kandidaten sind weitere drei bis sechs und nicht selten noch mehr Monate einzuplanen. Manchmal gelingt es einem Berater, dem Kandidaten, der kündigen will im Vorfeld ein, zwei relevante Argumente zu liefern, die ihm einen kurzfristigen, aber dennoch ehrenwerten Ausstieg aus seinem bisherigen Unternehmen ermöglichen.

Ein weiteres Problem kann durch fehlende Offenheit des Klienten in der Kommunikation mit dem Personalberater entstehen. So ist es durchaus möglich, dass der bisherige Stelleninhaber nicht den Erwartungen des Klienten entsprochen hat, und seine Vorgänger ebenfalls nicht. Die Stelle soll also zum wiederholten Male besetzt werden. Dies muss der Personalberater unbedingt erfahren, um die Gründe für das Scheitern der Besetzung herauszufinden.

Bestehen größere Schwierigkeiten im Unternehmen, ist es nur vernünftig, den Berater offen darüber zu informieren. Er kann dann seinerseits während des Interviews mit den geeigneten und interessierten Kandidaten darüber sprechen. Aufrichtigkeit – nicht zu verwechseln mit naiver Offenheit – zahlt sich langfristig aus.

Ein Klient mag sich vielleicht anfänglich scheuen, den operativen Verlust in einer Unternehmenssparte zuzugeben, weil er wohlmöglich dafür Mitverantwortung trägt; für den richtigen Kandidaten ist diese Situation vielleicht besonders reizvoll. Hatte er sich nicht immer schon eine Sanierungsaufgabe gewünscht?

Neben Zeitnot und mangelnder Aufrichtigkeit kann auch noch ein Problem entstehen, wenn die Position überfrachtet wird. Dies ist dann der Fall, wenn das Unternehmen nach einem Manager sucht, der Know-how aus zwei gänzlich unterschiedlichen Bereichen vereinigen soll. Hier zeigt sich am Markt sehr schnell, dass es keine entsprechend geeigneten Kandidaten gibt bzw. niemand für eine solche Aufgabe zu interessieren ist. Auch **Matrix- und Schnittstellenposition**en können in dieser Hinsicht problematisch sein. Der Berater muss also bereits im ersten Gespräch auf eine solche Gefahr hinweisen. Interveniert der Berater an dieser Stelle nicht und gibt den Wunschvorstellungen des Klienten unwidersprochen nach, handelt er sich mit der Beauftragung gleichzeitig ein Problem ein.

4.2.7 Spielregeln für die Zusammenarbeit

Schon im ersten Gespräch kann der Berater einige Regeln für die spätere Zusammenarbeit erörtern und somit im Vorfeld einen guten „Fit" mit dem potenziellen Klienten herstellen.

Wie schon erwähnt, muss die gesamte Suche nach dem zukünftigen Positionsinhaber strikt vertraulich behandelt werden. Der Personalberater achtet darauf, keinen der angesprochenen Kandidaten durch Nachlässigkeiten oder gar Indiskretion in eine peinliche oder nachteilige Situation zu bringen. Dies gilt in gleichem Maße für den Klienten. Er wird im Erstgespräch vom Personalberater dazu verpflichtet, die **Suche ebenso vertraulich zu behandeln**. Sicher ist die Verlockung für den Klienten groß, dass er, nachdem er vertrauliche Unterlagen eines Kandidaten erhalten hat, eigene Nachforschungen betreibt – gerade wenn z. B. im derzeitigen Unternehmen des Kandidaten ein alter Bekannter von ihm arbeitet.

Im Verlauf eines Beratungsprojekts stellt der Berater dem Klienten die Kandidaten zunächst schriftlich und im zweiten Schritt persönlich vor. Alle Absprachen und weiteren Kontakte, wie z. B. Folgetermine und Feedbackgespräche, sollten zunächst ausschließlich über den Personalberater laufen. Dadurch kann der Berater einen zuverlässigen, mit dem Klienten inhaltlich abgestimmten Kommunikationsfluss sicherstellen und die Vertrauensbasis zum Kandidaten stärken.

Auch eine Absage begründet der Berater dem Kandidaten gegenüber in der Regel mit schlüssigen und nachvollziehbaren Argumenten. So bleibt die Möglichkeit erhalten, diesen Kandidaten zu einem späteren Zeitpunkt noch einmal für eine ähnliche Position in diesem Unternehmen anzusprechen.

Das Einholen von Referenzen über einen potenziellen Mitarbeiter ist sicherlich eine besonders geeignete Methode, bereits gewonnene Eindrücke aus vorausgegangenen Interviews und Gesprächen abzusichern. Diese sollten aber nicht im Vorfeld vom Klienten eigenständig eingeholt werden, sondern nur durch den Personalberater oder zumindest in enger Abstimmung mit ihm.

4.2.8 Die wichtigsten Tipps für das Erstgespräch

- Bereiten Sie sich sorgfältig auf das Gespräch vor. Analysieren Sie Branche und Firma im Vorfeld. Am besten bringen Sie interessante Neuigkeiten für den Klienten mit.
- Versuchen Sie von Beginn an eine gute Gesprächsatmosphäre mit dem potenziellen Klienten herzustellen. Präsentieren Sie sich und Ihr Unternehmen auf eine informative und aussagekräftige Weise.
- Hören Sie aktiv bei der Präsentation des Klienten zu und stellen Sie offene Fragen zur derzeitigen und zukünftigen Vorgehensstrategie des Unternehmens.
- Lassen Sie sich vom zukünftigen Vorgesetzten die zu besetzende Position erklären, bis Sie sie gänzlich verstanden haben.
- Lernen Sie auf jeden Fall den unmittelbaren Vorgesetzen im Rahmen eines Erstgesprächs persönlich kennen, sei es auch nur für wenige Minuten. Sollte er abwesend sein, wiederholen Sie den Besuch, um das Kennenlernen nachzuholen.
- Lassen Sie sich die wichtigsten Gründe nennen, warum ein sehr guter Kandidat die beschriebene Position einnehmen und zu diesem Unternehmen wechseln sollte.
- Legen Sie gemeinsam mit dem Klienten einen realistischen Zeitrahmen für die Suche fest.
- Besprechen Sie den internen Ablauf und legen Sie die voraussichtlichen Interviewpartner für die Gespräche mit geeigneten Kandidaten fest.
- Erwähnen Sie die für Sie wichtigsten Spielregeln einer Zusammenarbeit. Während der gesamten Suche sollten alle Kontakte über Sie bzw. den für die Suche verantwortlichen Berater erfolgen.
- Und vergessen Sie nicht: Der erste Eindruck, den Sie bei einem solchen Gespräch erwecken, bestimmt dieses; der letzte Eindruck bleibt.

4.3 Die Auswahl der geeigneten Suchmethode

von Michael Heidelberger

In den letzten 20 Jahren haben sich Bedeutung und Häufigkeit der zum Einsatz kommenden Suchmethoden für Personalberater und Human Resources Manager gravierend verändert. Die klassische anzeigengestützte Suche in Print-Medien, vor allem in den überregionalen Tageszeitungen wie *FAZ*, *Süddeutsche Zeitung*, *Die Welt*, hat an Bedeutung verloren. Die Direktansprache (Executive Search, Headhunting) sowie die Suche über das Internet bzw. **Social-Media-Kanäle** und Kombinationen daraus konnten dagegen ihren Anteil an den eingesetzten Suchmethoden steigern.

Dieser Artikel erklärt die grundsätzlichen Wesensmerkmale der einzelnen Suchmethoden. Außerdem wird versucht – anhand von deren Stärken und Schwächen –, Entscheidungshilfen für die Auswahl der richtigen Methode im Besetzungsprozess zu geben.

Im Wesentlichen setzen Personalberater für die Rekrutierung von Fach- und Führungskräften folgende Suchmethoden ein:

- anzeigengestützte Suche in Online- und Print-Medien
- Direktansprache (Executive Search, Headhunting)
- Datenbank- und Internetsuche

Dies geschieht entweder eindimensional oder durch eine Kombination der Methoden, um so den Suchprozess zu optimieren.

4.3.1 Suchmethoden

4.3.1.1 Anzeigengestützte Suche in Online- und Print-Medien

Die „klassische" Form der Personalrekrutierung fand früher über die Stellenanzeige in Print-Medien statt. Auch heute ist die anzeigengestützte Suche immer noch eine wichtige Alternative und Vorgehensweise bei der Besetzung von Positionen für Fach- und Führungskräfte. Allerdings hat die anzeigengestützte Suche über Online-Medien inzwischen der Anzeigenschaltung in Print-Medien deutlich den Rang abgelaufen – und dies nicht nur aus Kostengründen.

Die beiden wesentlichen Vorteile der anzeigengestützten Suche – unabhängig, ob im Print- oder Online-Medium geschaltet – sind die **schnelle und breite Ansprache von Kandidaten**, die in der Regel bereits für sich entschieden haben, eine neue Tätigkeit zu suchen. Der Kandidat wird dadurch zum Bewerber, der selbst agieren muss, um sich dem potenziellen neuen Arbeitgeber vorzustellen. Vor allem wenn Kandidaten unterschiedlicher beruflicher Herkunft für eine Aufgabe in Betracht gezogen werden können und keine speziellen Branchenkenntnisse notwendig sind, empfiehlt sich die anzeigengestützte Suche. Kaufmännische Positionen werden häufig über diesen Weg besetzt.

4. Arbeitsweise des Personalberaters in der Personalrekrutierung

Die Analyse der heute in der Regel per E-Mail eingereichten Unterlagen gibt dem mit der Vorauswahl beschäftigten Personalberater oder Human Resources Manager einen schnellen Überblick über fachliche und persönliche Kompetenzen des Kandidaten und seinen bisherigen Werdegang. Die grundsätzliche Eignung für die ausgeschriebene Position kann somit rasch festgestellt werden. Anschreiben und Unterlagen gelten im Erstkontakt mit dem Personalberater oder dem suchenden Unternehmen als „Door Opener" und „Visitenkarte", mit denen sich ein Kandidat positiv oder negativ darstellen kann.

Weiterhin bietet die Suche über Stellenanzeigen unter werblichen Gesichtspunkten unbestritten Vorteile. Aufgrund der demografischen Entwicklung und der seit 2010 anhaltenden guten Konjunkturlage in Deutschland ist der „Kampf um die Besten" weiterhin eines der wichtigen Themen für die **zukünftige Wettbewerbsfähigkeit**. Professionell gestaltete und getextete Anzeigen transportieren gezielt die Nachricht über eine interessante Aufgabe z. B. in einem innovativen und wettbewerbsfähigen Unternehmen mit Wachstumsperspektive. Eine solche Anzeige trägt neben anderen Marketingmaßnahmen dazu bei, ein positives Image des Unternehmens am Markt aufzubauen und zu verstärken. Je nach Stellung des Unternehmens am Markt und Bedeutung der Position im Unternehmen können Größe, Layout und auch Reichweite (lokal – regional – national – international) der Anzeige variieren. Man sollte hier nicht verschweigen, dass eine gut gestaltete und getextete Personalanzeige auch zur Erhöhung des Bekanntheitsgrads der beauftragten Personalberatung und damit zu deren Imagegewinn beiträgt.

Kandidaten, die sich auf die Stellenanzeige einer Personalberatung bewerben, haben dadurch den Vorteil, nicht gleich mit dem möglichen neuen Arbeitgeber ins Gespräch zu treten, sondern erst einmal mit dem Personalberater als fairem Partner und als Vertrauensperson über Chancen und Risiken ihrer Bewerbung sprechen zu können. Dies trifft sicherlich im besonderen Maße auf Kandidaten von Wettbewerbsunternehmen zu (*Lichius*, 1999, 138).

Mittelständische Unternehmen, die aus verschiedenen Gründen, wie z. B. fehlender Attraktivität des Produktportfolios, des Standorts oder der Branche, kein positives Image am Arbeitsmarkt haben, können die unter dem Namen einer professionellen Personalberatung geschaltete, attraktiv formulierte und gut gestaltete Anzeige nutzen, um trotzdem Kontakte zu interessanten Kandidaten zu erhalten. Gerade hier übernimmt der Personalberater eine aktive verkäuferische Aufgabe für das suchende Unternehmen. Auch größere Unternehmen, die über eine eigene Personalabteilung verfügen, greifen häufig auf Personalberatungen zurück, um unter deren Namen Stellenanzeigen zu schalten. So nutzen sie zum einen die Kapazitäten des externen Dienstleisters und zum anderen dessen Mittlerfunktion. Ist es für ein Unternehmen wichtig, dass bestimmte vertrauliche Informationen über personelle oder organisatorische Veränderungen nicht frühzeitig extern oder intern bekannt werden, empfiehlt sich ebenfalls eine Insertion unter dem Namen eines Personalberatungsunternehmens. Rückschlüsse auf das auftraggebende Unternehmen dürfen dann allerdings durch zu konkrete Informationen im Anzeigentext nicht möglich sein. Dennoch lassen sich das Aufgabengebiet und die Art des Unternehmens durch geschickte Formulierungen so beschreiben, dass potenzielle Kandidaten aufmerksam werden und sich angesprochen fühlen. Situationen, in denen es sinnvoll ist, eine anonymisierte Stellenanzeige zu schalten, können z. B. der Aufbau eines neuen Geschäftsfelds sein, was der Konkurrenz nicht vorzeitig bekannt werden darf, oder die Ablösung des bisherigen Stelleninhabers, der erst noch über seine Ablösung informiert werden soll.

Vor- und Nachteil zugleich ist die Tatsache, dass mit einer **Stellenanzeige eine enorme Streuwirkung** erzielt wird. Dies führt – positiv betrachtet – dazu, dass mit der Anzeige Fach- und Führungskräfte erreicht werden, die inzwischen in einer anderen Branche arbeiten, jedoch aus ihren vorhergehenden Tätigkeiten die geforderten Branchen- und Fachkenntnisse mitbringen und deswegen für das suchende Unternehmen von großem Interesse sein können. Diesen Personenkreis wird der Personalberater durch eine Direktansprache eher nicht erreichen.

Der Nachteil der breiten Streuwirkung durch die Anzeige liegt in deren Ineffizienz. Erfahrungen mit der Auswertung der auf eine Stellenanzeige eingehenden Bewerbungsunterlagen zeigen, dass in den meisten Fällen weniger als 20 % der Bewerbungen tatsächlich auf das Anforderungsprofil passen. Alle anderen Unterlagen müssen aber ebenfalls bearbeitet werden. Dies kostet Zeit und ist nicht besonders effizient.

Apropos Kosten – diese sind für eine Stellenanzeige in den bekannten überregionalen Print-Medien, wie *FAZ*, *Süddeutsche Zeitung*, *Die Welt*, *WAZ*, *Stuttgarter Zeitung*, nach wie vor hoch. Für die suchenden Unternehmen ist es somit eine teure Variante der Personalsuche, vor allem dann, wenn bei den eingehenden Bewerbungen kein passender Kandidat dabei sein sollte. Darüber hinaus ist die zeitliche Wirkung der reinen Print-Anzeige, vor allem in regionalen Medien, die keine Kombinationsschaltung mit einer Online-Stellenbörse anbieten, begrenzt. Kandidaten werden nur dann erreicht, wenn sie sich genau an dem Wochenende, an dem die Anzeige geschaltet ist, selbst aktiv umschauen. Bereits ein paar Tage nach dem Erscheinungstermin der Anzeige ist dieses Zeitfenster schon wieder geschlossen – ziemlich viel Zufall für eine so kostenintensive Methode, wenn man den unbestrittenen Marketingaspekt nicht berücksichtigt.

Die Kosten für eine Stellenanzeige in den Print-Medien und die Möglichkeiten des Internets, schnell und kostengünstig einen unübersehbaren Kreis von potenziellen Kandidaten auch längerfristig ansprechen zu können, haben dazu geführt, dass Unternehmen und Personalberatungen mehr und mehr dazu übergehen, **Online-Stellenbörsen und Internetplattformen** für ihre Suche per Anzeige zu nutzen. Das Internet und die Social-Media-Kanäle gelten inzwischen als die Medien mit der größten Bedeutung für Personalberatungen und Unternehmen bei der Suche nach neuen Mitarbeitern und Führungskräften. Diese Entwicklung haben zwischenzeitlich auch alle führenden Zeitungsverlage erkannt und entweder ihre eigenen Online-Stellenbörsen eingerichtet oder sich an führenden Online-Stellenbörsen beteiligt.

Online-Anzeigen können zumeist längerfristig, in der Regel vier bis acht Wochen, zu einem festen Preis geschaltet werden, der weit unter dem einer Stellenanzeige in einem Print-Medium liegt. Bei Rahmenabschlüssen über Jahreskontingente können erhebliche Rabatte erzielt werden. Die zeitliche, aber auch räumliche Erreichbarkeit von potenziellen Kandidaten ist ein weiterer Vorteil der Online-Anzeige. Stellensuchende müssen nicht mehr verschiedene Zeitungen mit ihren Stellenanzeigen studieren, sondern geben ihren Stellenwunsch einfach in eine Suchmaschine ein und erhalten dort alle aktuell verfügbaren und geschalteten Anzeigen sämtlicher Internet-Stellenbörsen. Kombiniert mit der Möglichkeit, sich per E-Mail oder über ein Bewerbungsformular auf der Homepage direkt zu bewerben, sollte diese Vorgehensweise zu einer Vielzahl eingehender Bewerbungen führen. Die Situation auf dem Arbeitsmarkt Ende 2012 und im ersten Halbjahr 2013 zeigt jedoch, dass gerade bei technischen Funktionen dies nicht so ist.

Die technischen Möglichkeiten mit dem bequemen Weg der Kontaktaufnahme und der Übersendung der Bewerbung haben die Qualität und die Passgenauigkeit der eingehenden Bewerbungen nicht erhöht. Auch bei dieser Form der anzeigengestützten Suche werden Anforderungsprofile in Anzeigentexten nicht oder nicht genau gelesen – leider wird viel zu wenig Mühe und Aufwand darauf verwendet, sich „ordentlich" zu bewerben.

Für jede Personalberatung, die über eine anzeigengestützte Suche in Online- oder Print-Medien vorgeht, sind eine permanente Kontrolle und die Dokumentation der Ergebnisse, auf welche Anzeigen in welchen Medien Kandidaten reagieren, unabdingbar. Nur so erhält sie einen Marktüberblick und erfährt etwas über die Attraktivität und die Erfolgsbilanz der einzelnen Medien. Im Sinne einer hohen Kundenorientierung und der berechtigten Erwartung des Klienten, dass er von seinem Personalberater die richtige Empfehlung des geeigneten Mediums mit der höchsten Erfolgsaussicht erhält, ist die Analyse der Anzeigenerfolge in den einzelnen Medien ein Muss für jede professionelle Personalberatung.

Neben der richtigen Medienauswahl hängt der Erfolg einer Stellenanzeige von der textlichen Gestaltung, dem Format der Anzeige sowie dem Termin der Schaltung ab. Erfolgreiche kleinere Personalberatungen haben sich entsprechende Kenntnisse und Fähigkeiten aufgebaut und arbeiten in der Regel mit externen Medienagenturen zusammen. Große Personalberatungen, mit Schwerpunkt auf der anzeigengestützten Suche, haben zumeist eine eigene Medienagentur mit entsprechenden Spezialisten für Layout, Typografie, Text, Format usw.

4.3.1.2 Direktansprache

Im Gegensatz zur anzeigengestützten Suche, bei der der Personalberater nur passiv auf die Quantität und die Qualität der eingehenden Bewerbungen reagieren kann, bietet die Direktansprache – auch als **Executive Search oder Headhunting** bezeichnet – alle Möglichkeiten der aktiven Markterschließung potenzieller Top-Kandidaten auf Spezialisten- und Führungsebene. Hier liegt

4.3 Die Auswahl der geeigneten Suchmethode

es unmittelbar am Personalberater und seinem Team, ob es gelingt, geeignete Kandidaten zu finden und auf ihre Wechselbereitschaft hin anzusprechen. Nur dann können diese, zunächst im Sinne der Kandidaten, für eine neue Aufgabe und anschließend, für den Klienten, als neue Mitarbeiter gewonnen werden. Für die erfolgreiche Besetzung einer offenen Position spielt bei der Direktansprache das Research eine zentrale Rolle, dessen Arbeitsweise in Artikel 4.4 dieses Handbuchs ausführlich beschrieben wird. Daneben tragen Informationen aus einer aktuellen und gut gepflegten Datenbank sowie Empfehlungen aus dem Netzwerk des Personalberaters dazu bei, den richtigen Kandidaten zu finden.

Der wesentliche Vorteil der Direktansprache ist die zielgerichtete und damit **effiziente Suche nach Kandidaten in einem klar definierten und umrissenen Bereich**. Mögliche Zielfirmen oder Branchen, aus denen geeignete Kandidaten kommen können und sollen, werden mit dem Klienten abgestimmt. Diese Vorgehensweise erfordert einen klar strukturierten und aufwendigen Suchprozess, in dem die Qualifikation des Beraters, seine möglichst umfassende Branchenerfahrung sowie sein Netzwerk aus sozialen und geschäftlichen Kontakten die Grundlagen für eine erfolgreiche Projektarbeit sind.

Im Vergleich zur anzeigengestützten Suche wird zwar nur ein begrenzter Teil des möglichen Kandidatenmarkts erfasst und bearbeitet. Dies aber mit einer deutlich höheren Treffergenauigkeit.

Nicht unterschätzt werden darf der **zeitliche Aufwand bei der Identifizierung und der Ansprache von Kandidaten**. Bis erste Kandidaten gefunden, interviewt und dem Klienten präsentiert werden können, vergehen erfahrungsgemäß mehrere Wochen. Je nach Komplexität des Anforderungsprofils und dem Vorkommen vergleichbarer Stellen bei anderen Unternehmen, ist es in Ausnahmefällen notwendig, in mehr als 100 Unternehmen mehrere 100 potenzielle Kandidaten zu identifizieren, anzusprechen, anhand erster Informationen deren Passgenauigkeit zu prüfen und zu klären, ob diese Personen für die zu besetzende Stelle tatsächlich geeignet sind. Der bis zur Einstellung des idealen Kandidaten benötigte Aufwand ist für den Personalberater nicht immer im Vorfeld kalkulierbar. Es passiert durchaus, dass anscheinend gut kalkulierte Festhonorarprojekte dann doch aus dem Ruder laufen. Das finanzielle Risiko für den Personalberater liegt also bei der Direktansprache deutlich höher als bei der anzeigengestützten Suche.

Die potenziellen Kandidaten sind zum Zeitpunkt des Erstkontakts in der Regel nicht auf der Suche nach einer neuen Stelle und haben sich damit mental auch noch nicht beschäftigt. Das bedeutet, sie müssen nicht nur gefunden, sondern – da sie zumeist in festen Arbeitsverhältnissen stehen und sich bis zum Zeitpunkt der Ansprache nicht selbst aktiv nach einer neuen Stelle umgesehen haben – vom Personalberater überzeugt werden, dass sich ihnen mit der zu besetzenden Stelle eine Chance bietet. Daraus lässt sich für einen Außenstehenden der tatsächliche Aufwand erahnen, der hinter einem Direktanspracheprojekt steckt.

4. Arbeitsweise des Personalberaters in der Personalrekrutierung

In enger Abstimmung und durch Kommunikation mit dem auftraggebenden Klienten müssen oftmals Anforderungs- oder Stellenprofile verändert werden, um geeignete Kandidaten zu finden bzw. um die zu besetzende Stelle, z.B. durch die Erweiterung von Kompetenzen für Top-Kandidaten, interessant zu gestalten. Spätestens hier kommt die Leistung eines erfahrenen und professionellen Personalberaters zum Tragen. Dieser kennt nicht nur die Möglichkeiten und Perspektiven des Klienten sehr gut, sondern kann aufgrund seiner umfassenden Kenntnisse über verschiedene Unternehmen und deren Aufbau- und Ablauforganisationen wichtige Empfehlungen im Bereich der Personalstrategie und Organisationsentwicklung sowie der dafür notwendigen Veränderungsprozesse geben. Ebenso trägt er durch sein Wissen um unterschiedliche, aber in Teilbereichen vergleichbare Berufsbilder kreativ dazu bei, im Bedarfsfall, etwa für den Aufbau neuer Märkte, geeignete Kandidaten zu finden. Nur mit diesen Personen kann dann das auftraggebende Unternehmen die Marktreife neuer Produkte und deren Platzierung am Markt erreichen.

Selbstverständlich genießt die Direktansprache in engen Kandidatenmärkten, in denen nur wenige über die geforderten spezifischen Kenntnisse und Erfahrungen verfügen, sowie in Branchen und Bereichen mit einer geringen Anzahl von Marktteilnehmern hohe Priorität. Dies gilt auch bei der **Besetzung von Top-Positionen** auf oberster Führungsebene. Aus unterschiedlichen Gründen werden derartige zu besetzende (und derzeit eventuell noch besetzte) Positionen nicht über Anzeigen publik gemacht. Hier ist **absolute Diskretion** gefordert, um den Wettbewerb nicht über den Verlust eines bisherigen Wissens- und Leistungsträgers zu informieren oder um keine Unruhe im eigenen Unternehmen entstehen zu lassen. Gerade in solchen Fällen kann das Netzwerk des Personalberaters im Branchenumfeld eine ausschlaggebende Rolle bei der Neubesetzung spielen. Umgekehrt bewerben sich Top-Führungskräfte nur ungern selbst – gar auf eine öffentlich publizierte Stellenanzeige. Sie bevorzugen es nach wie vor, persönlich angesprochen und damit umworben zu werden.

„Hidden Champions" und Unternehmen mit geringer Marktbekanntheit nutzen gerne die Direktansprache, um über ihren Personalberater überhaupt mit geeigneten Kandidaten in Kontakt treten zu können. Häufig kann dann deren Interesse an einer Aufgabe mit Perspektive, entsprechender Verantwortung und Entlohnung im persönlichen Gespräch mit dem Personalberater doch geweckt werden. Ohne diese Möglichkeit wäre die Chance, an solche Kandidaten heranzukommen, gering.

Der eingeschaltete Personalberater ist also nicht nur die Vertrauensperson, die die Suche und Auswahl durchführt. Er wird zum Moderator sowohl für den Kandidaten als auch für das beauftragende Unternehmen. Für den Kandidaten führt er direkt oder indirekt eine **Karriereberatung** durch, bis hin zur Übernahme einer **Coachingfunktion** in der Einarbeitungsphase und oft auch darüber hinaus. Für das Unternehmen wird er zum „Verkäufer" der vakanten Position. Er unterstützt als neutraler Ansprechpartner die Integration der neuen Fach- oder Führungskraft gerade in der Einarbeitungsphase.

Weiterhin steht er dem Unternehmen beratend bei Personalentwicklungs- und Veränderungsprozessen zur Seite und dient als Sparringspartner, wenn es um zukünftige Personalstrategien geht.

4.3.1.3 Datenbank- und Internetsuche

Mit der zunehmenden Bedeutung des Internets als modernem Kommunikationsmittel haben sowohl die Unternehmen als auch die Personalberater die Suche nach geeigneten Mitarbeitern über Datenbanken und Internet in ihr Aktivitätenportfolio aufgenommen. Gesucht wird meist über kostenpflichtige Online-Kandidatenbörsen und Online-Plattformen sowie mithilfe sozialer Netzwerke und Kontaktbörsen wie *XING* oder *LinkedIn*. Der Umfang dieser Art der Suche hat in den letzten Jahren deutlich zugenommen und wird weiter wachsen. Spezielle Personalberaterdatenbanken und Netzwerke wie *experteer*, *Placement24* oder *mydirectsearch* sind in den letzten Jahren am Markt hinzugekommen und bieten auf die Personalbratungsbranche ausgerichtete Lösungen an. Inzwischen werden auch soziale Netzwerke wie *Facebook* in den Suchprozess eingebunden.

Vor allem in den Kontaktbörsen stellen potenzielle Kandidaten ihren beruflichen Werdegang detailliert dar. Hier ist die Datenqualität meist besser und vor allem aktueller als in den großen Stellenbörsen (*Monster*, *StepStone*, *Jobware* usw.) mit Kandidatendatenbanken. Durch die Eingabe weniger Stichworte können zunächst im gesuchten Umfeld (Branche, Tätigkeit, Studium, Ausbildung, bis hin zur konkreten Firma) berufstätige Personen identifiziert und dann diskret und kostengünstig über das Internet angesprochen werden. Speziell eingerichtete Marktplätze dienen sowohl den Stellensuchenden als auch den Unternehmen als Plattform, um sich zu finden und kennenzulernen.

Für den Personalberater bedeutet diese Entwicklung, dass er noch enger mit seinen Klienten und den Kandidaten verbunden sein muss, um über deren Bedürfnisse und Erwartungen Bescheid zu wissen und seiner Beratungsfunktion gerecht zu werden. Als reiner Kontaktvermittler wird er zukünftig immer weniger gebraucht werden. Dennoch muss der Personalberater auch hier den Markt und die wichtigen Datenbanken und Kontaktbörsen kennen und nutzen, um beurteilen zu können, auf welchem Weg er schnellstmöglich Kontakt zu geeigneten Kandidaten herstellen kann. Nicht zu unterschätzen ist diese Vorgehensweise auch, um Informationen über Unternehmen zu erhalten, die in die **Zielfirmenliste** bei der Direktansprache aufgenommen werden sollen.

Der Vorteil dieser Suchmethode liegt in der Schnelligkeit, mit der der Kontakt mit einem dem ersten Anschein nach interessanten Kandidaten hergestellt werden kann. Ob die dadurch identifizierten, potenziellen Kandidaten tatsächlich auf ein Kontakt- oder Gesprächsangebot reagieren, ist zunächst ungewiss. Also befindet sich der Personalberater auch hier in einer eher passiven Rolle. Quasi in einer Art Warteschlange muss er sich gedulden, ob und wann der Interessent reagiert. Ein erheblicher Streuverlust ist ebenfalls einzukalkulieren. Ist der Kontakt jedoch erst einmal hergestellt, kann sehr schnell und einfach geklärt werden, inwieweit eine Vertiefung dieses Kontakts bzgl. einer Vakanz sinnvoll ist.

Die Erfahrung bei der Kandidatensuche zeigt, dass in den großen Stellenbörsen – im Gegensatz zu den Kontaktbörsen – häufiger Kandidaten zu finden sind, die schon nicht mehr zur Verfügung stehen, weil sie bereits eine neue Stelle gefunden haben, oder deren Daten nicht mehr aktuell sind. Die Aktualität der Daten ist hier wie bei jeder Personendatenbank das Problem.

Zudem verleitet die leichte und oft kostenfreie Platzierung des eigenen Profils in den Stellenbörsen Menschen anscheinend dazu, sogenannte „Luftgesuche" zu platzieren. Man ist neugierig, wer sich meldet, hat aber überhaupt kein Interesse zu wechseln. Die zunächst günstig erscheinende Nutzung von Online-Stellenbörsen kann so bei steigender Anzahl der Kontakte und der Lieferungen personenbezogener Lebensläufe, die dann doch nicht passen, recht teuer werden.

Nur mit einer bewussten **Kosten-Nutzen-Analyse** lassen sich die für das einzelne Beratungsunternehmen und seine Klienten- und Auftragsstruktur richtigen Datenbanken und Internetportale für die Personalsuche bestimmen. Die Datenbank- und Internetsuche wird zumeist in Kombination mit anderen Suchmethoden eingesetzt.

4.3.2 Eingesetzte Suchmethoden im Jahr 2012

„Bis Anfang des neuen Jahrtausends hatte die rein anzeigengestützte Suche (Print-Medien) von den Personalberatern noch einen hohen Stellenwert (2002: Anteil rund 20%) und vor allem die reine Direktsuche (2002: Anteil rund 61%) galt lange Zeit als Königsweg der Personalsuche" (*Personalberatung in Deutschland* 2012/2013, 7).

Danach hat das Internet auch im Bereich der Suchmethoden an Bedeutung gewonnen. Im Jahr 2007 betrug der Anteil der reinen Direktsuche noch 43,1% und die reine Anzeigesuche lag noch bei 5,5%. Im Jahr der Wirtschaftskrise, 2009, stieg der Anteil der reinen Direktsuche nochmals auf einen Wert von 56%, um danach kontinuierlich abzusinken. 2010 lag er noch bei 46%, 2011 bei 38%. „Im Jahr 2012 ist der Anteil nochmals auf jetzt 26,6 Prozent gesunken. Im Gegenzug wird die nochmals gestiegene Bedeutung des Internets und besonders der Social-Media-Kanäle für die Personalsuche deutlich. Die kombinierte Direktsuche/Internetsuche wurde im Jahr 2012 in mehr als jedem dritten Suchmandat eingesetzt (2011: 19,0% und 2010: 14,5%). Gleichzeitig ergibt sich aus der Studienbefragung, dass die Personalberater mit 5,9 Prozent seltener auf die reine Datenbank- bzw. Internetsuche zurückgreifen (2011: 9,4%). (*Personalberatung in Deutschland* 2012/2013, 7).

Es hat sich erwiesen, dass die Personalberater bei ihren Besetzungsprojekten sehr schnell auf die **veränderten Rahmenbedingungen** reagiert haben und inzwischen **Kombinationen der Suchmethoden** einsetzen. Dies ist den Tatsachen geschuldet, dass sich das Kommunikationsverhalten vor allem der jüngeren Kandidatengeneration grundlegend geändert hat, die Kandidaten-

4.3 Die Auswahl der geeigneten Suchmethode

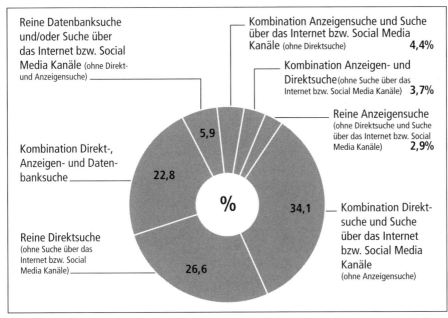

Abbildung 4.3-1: Aufteilung der besetzten Positionen nach der angewandten Suchmethode, 2012.

märkte enger geworden sind und damit möglichst viele Kanäle genutzt werden müssen, um Kandidaten anzusprechen und zu finden. Die Fokussierung auf nur eine Suchmethode wird immer seltener und ist nicht mehr Erfolg versprechend.

4.3.3 Fazit

Festzuhalten bleibt, dass die einzelnen Suchmethoden nach wie vor ihre Berechtigung haben. Vor allem die Direktansprache in Kombination mit der Suche über das Internet und/oder Social-Media-Kanälen hat ihre Vormachtstellung behauptet. Allerdings hat es sich gezeigt, dass die Besetzung von Fach- und Führungsfunktionen mit hoch qualifizierten und geeigneten Kandidaten immer schwieriger wird. Hier haben die Konjunkturkrise 2009 mit einem bereits 2010 wieder rasant ansteigenden Bedarf an qualifizierten Kandidaten für Führungs- und Fachpositionen sowie auf der anderen Seite die sinkende Wechselbereitschaft von Kandidaten, die höheren Anforderungen seitens der Unternehmen an fachliche und persönliche Qualifikationen, Wertewandel und Globalisierung, bis hin zur demografischen Entwicklung, um nur einige Faktoren zu nennen, ihre Wirkung hinterlassen. Enger werdende Kandidatenmärkte und die zunehmende Nutzung der Internetmöglichkeiten zwingen die Personalberater dazu, unterschiedliche Suchmethoden zu kombinieren.

Grundsätzlich gilt, dass die Auswahl und der Einsatz der richtigen Suchmethode vom konkreten Besetzungsauftrag und dessen Rahmenbedingungen bzgl. Unternehmens- und Marktsituation abhängig sind. In diesem Entscheidungsprozess gelten die Projekterfahrung des Beraters und seines Teams, die vorhandene Branchenkenntnis und die Beherrschung der verschiedenen Suchmethoden, durch die die jeweilige Zielgruppe optimal erreicht werden kann, als die entscheidenden Erfolgsfaktoren. Dazu sind eine intensive Auseinandersetzung über den Bedarf und die spezielle Suchproblematik des Klienten erforderlich – was eine detaillierte Kenntnis des auftraggebenden Unternehmens mit seinen Alleinstellungsmerkmalen voraussetzt –, und die Bereitschaft, kritisch mit diesem darüber zu diskutieren. Ebenso bedeutend ist der professionelle Umgang mit den Kandidaten. Dies setzt die Fähigkeit voraus, eine vertrauensvolle und persönliche Beziehung aufzubauen.

Personalberatungen, die nur eine einzelne Suchmethode beherrschen, sich dem professionellen Umgang mit den Möglichkeiten des Internets und vor allem der Social-Media-Kanäle verschließen und damit anspruchsvolle Beratungsaufgaben nicht mehr übernehmen können, werden den Marktanforderungen auf Dauer nicht gerecht werden.

4.4 Research – Erfolgsfaktor im Executive Search

von Michael Heidelberger

Das Thema Research betrifft alle Personalberatungen, die mit der Methode „Executive Search" (Headhunting, Direktansprache) arbeiten und auf diesem Weg Besetzungsprobleme ihrer Klienten lösen. Die Frage, ob man im Executive Search mit **eigenem Research** oder **externem Research** arbeitet, beantworten professionelle Personalberatungen unterschiedlich. Die Antwort hängt nicht nur von der Größe, der Organisation und der installierten und bewährten Prozesse einer Personalberatung ab, sondern auch von der grundsätzlichen Einstellung, ob man externe Dienstleister mit Tätigkeiten beauftragt, die zu den Kernkompetenzen einer Executive Search Personalberatung gehören. Die Vertreter beider Seiten bringen ihre Argumente überzeugend dar und verteidigen zum Teil ihre Meinung kompromisslos. Reine Executive-Search-Berater vertreten hier oft eine andere Philosophie als Personalberatungen, die auch in der anzeigengestützten Suche tätig sind.

Dabei gibt es konkrete Fakten und Sachargumente, die entweder für den Einsatz festangestellter Researchkräfte oder die Verlagerung dieses Aufgabenfelds nach extern sprechen. Für manche Beratungsunternehmen kann auch eine Kombination aus internem und externem Research sinnvoll sein. In welcher Form Personalberatungsfirmen ihr Research durchführen hängt von unterschiedlichen Faktoren ab. Unternehmensgröße, Art und Menge der Suchaufträge, Branchengegebenheiten, Kosten- und Wettbewerbssituation spielen hierbei eine Rolle.

Der nachfolgende Artikel ist aus der Sicht des Personalberaters verfasst und soll interessierten Beraterkollegen Anregungen liefern, um sich zielgerichtet mit der Frage des Einsatzes von externen oder eigenen Researchern auseinanderzusetzen. Für interessierte Dritte und Klienten von Personalberatungsgesellschaften, die sich mit der Direktansprache von Kandidaten beschäftigen, gibt dieser Artikel einen Einblick in die tägliche Arbeit des Personalberaters und seines Researchs. Dieses findet zumeist im Hintergrund statt, ist für Klienten nicht oder nur wenig transparent und hat deswegen viel zum **Mythos „Headhunting"** beigetragen.

4.4.1 Grundsätzliche Bemerkung

4.4.1.1 Definition Research und dessen Aufgaben

Voraussetzung für den Einsatz des Researchs ist ein **konkreter Klientenauftrag** zur Besetzung einer vakanten Position im Unternehmen mit der Vorgehensweise Executive Search. Im Vorfeld kann das Research auch für Marktrecherchen und für die Einholung allgemeiner Informationen eingesetzt werden. Die eigentliche Auftragsübergabe an das Research erfolgt jedoch erst nach offizieller Auftragserteilung durch den Klienten.

Bis zu diesem Zeitpunkt liegen alle Aktivitäten beim Personalberater. Er hat mit dem Klienten ein ausführliches Briefinggespräch geführt, in dem die fachlichen und persönlichen Anforderungen (Positionsprofil) für die zu besetzende Stelle festgelegt wurden. Die konkrete Situation im Klienten Unternehmen, die Gründe für die Neu- oder Wiederbesetzung der Position, das Positionsprofil und die Rahmenbedingungen (Gehaltsrahmen, Benefits, idealer Zeitpunkt der Besetzung) sind vonseiten des Personalberaters in die sog. „Spezifikation" aufgenommen worden. Deren Inhalte sind nicht nur vertragliche Basis des Suchauftrags durch den Klienten, sondern bilden auch die Basis für die Auftragsübergabe an das Research.

Als **Definition** gilt: „Research ist das, was zwischen der Erstellung des Anforderungsprofils einer zu besetzenden Position und der Einladung eines qualifizierten Kandidaten zum Gespräch mit dem Personalberater passiert." (*Neudeck/Pranzas*, 1995)

Die Kunst des Researchs ist es, diese qualifizierten Kandidaten zu finden und bereits im Vorfeld zu prüfen, ob diese Kandidaten grundsätzlich auf das Anforderungsprofil passen. Hierzu ist es notwendig, dass ein detailliertes Übergabegespräch zwischen Personalberater und Research erfolgt. Die endgültige Beurteilung, ob ein Kandidat tatsächlich den Anforderungen des Klienten entspricht und damit diesem präsentiert werden soll, obliegt dem Personalberater.

Die Arbeit des Researchs kann in drei Phasen eingeteilt werden (*Seewer*, 2002):

Phase 1: Desk Research

In dieser Phase wird die Grundlage für ein erfolgreiches Research gelegt. Vergleichbar mit einer Marktrecherche werden sämtliche Informationen, die bereits durch die Bearbeitung anderer Suchaufträge und ein vorhandenes Netzwerk im Beratungsunternehmen sind, ausgewertet und in Bezug auf die Anforderungen des Suchauftrags analysiert. Die Investition in eine Projekt- und Kandidatendatenbank, zugeschnitten auf die Bedarfe des Personalberatungsunternehmens, zahlt sich hier ebenso aus wie der Aufbau von Branchenkenntnissen.

Des Weiteren greifen professionelle Personalberater auf am Markt zugängliche Informationsquellen, wie Branchen- und Unternehmensdatenbanken, Nachschlagewerke, Fachzeitschriften, Messekataloge, Verbandsinformationen sowie Unternehmens- und Personeninformationen im Internet, zurück.

Ergebnis dieser umfangreichen Recherche ist eine Zielfirmenliste von Unternehmen – ggf. schon mit ersten Namen hinterlegt – in denen geeignete Kandidaten vermutet werden, und Kontaktpersonen (Sourcen), die sich in diesem Markt auskennen. Je besser bereits hier die richtige Selektion betrieben wird, umso hochwertiger und schneller kommen die Ergebnisse des Researchs zustande.

Hierbei ist das Research bereits aktiv einbezogen oder übernimmt zumindest Teilaufgaben.

Phase 2: Identifikation von Kandidaten

Nach Abstimmung der Zielfirmen durch den Berater mit dem Auftraggeber und nach dessen Freigabe ist der nächste Schritt die Identifikation geeigneter Kandidaten.

Hierzu trägt der Berater durch seine Branchenkenntnisse und seine Kontakte zu Insidern und Personen, die im Branchenumfeld tätig sind, bei. Selbstverständlich wird hier auch die Erfahrung des Researchs genutzt, das über Branchenkenntnisse und entsprechende Schwerpunkte in seiner bisherigen Projektarbeit verfügen sollte. Die Erfahrung zeigt, dass über diesen Weg bei der Besetzung von hochwertigen Funktionen höhere Erfolgsaussichten bestehen. Hier ist „der Markt" überschaubar, die grundsätzlich infrage kommenden Kandidaten sind bekannt bzw. können über das Netzwerk schnell und treffsicher eruiert werden.

Da die meisten Personalberatungsgesellschaften nicht nur Top-Positionen zu besetzen haben und mit sinkender Hierarchieebene der zu besetzenden Position die Zahl der potenziellen Kandidaten deutlich steigt, deren Bekanntheitsgrad jedoch dramatisch fällt, beginnt hier die eigentliche Aufgabe des Researchs. Gefragt ist das disziplinierte Bearbeiten der Zielfirmenliste, d. h. das Research muss – mit Geschick, Fach- und Organisationskenntnissen – die Namen und Kontaktdaten (Telefonnummer, E-Mail-Adresse) potenzieller Kandidaten ermitteln.

Phase 3: Ansprache der Kandidaten

Parallel zur Identifikation werden erste Kandidaten bereits in einer frühen Phase des Prozesses angesprochen. Im Sinne des Qualitätsmanagements in der Projektarbeit ist dies notwendig, um zu sehen, ob die Auswahl der Zielfirmen die richtige war, die Funktionsgruppen, in denen man potenzielle Kandidaten anspricht, tatsächlich vergleichbar mit der zu besetzenden Funktion sind und um schnell detaillierte Informationen bzgl. der Kandidaten-, Unternehmens- und Branchensituation zu erhalten.

Dem Researcher muss es am Telefon in kurzer Zeit gelingen, Vertrauen zum Kandidaten aufzubauen, um möglichst viele Informationen zu erhalten. Damit dies strukturiert geschieht, ist es sinnvoll, hier einen Fragebogen zu verwenden, in den insbesondere die Hardfacts zu Person, Ausbildung, Werdegang, Berufs- und Branchenerfahrung, Einkommenssituation und Gehaltsvorstellungen etc. eingetragen werden. Es liegt am Geschick und Fingerspitzengefühl des Researchs, diese Informationen zu erhalten und das Interesse für die zu besetzende Position zu wecken.

Damit der Kandidat bereit ist, diese personenbezogenen Daten zu liefern, erwartet er auf der anderen Seite auch Informationen zur Person des Researchers und zur besetzenden Stelle bzw. dem auftraggebenden Unternehmen. Hier ist im Vorfeld durch den Berater mit dem Auftraggeber abzuklären, welche Informationen in dieser Phase herausgegeben werden dürfen.

Ziel des Researchs muss es sein, dem Berater Kandidatenprofile zu liefern anhand derer eine Vorselektion durchgeführt werden kann. In den letzten Jahren sind interessierte Kandidaten mehr und mehr bereit, bereits im Vorfeld einen CV zur Verfügung zu stellen. Danach sollte zumindest gefragt werden. Die aus der Ansprache hervorgegangenen interessanten Kandidaten werden vom Berater zu einem persönlichen Gespräch eingeladen.

Bei der Erstansprache am Arbeitsplatz sind die entsprechenden gesetzlichen und rechtlichen Regelungen zu beachten.

4.4.1.2 Anforderungen an die Person des Researchers

Anhand der Aufgabenstellungen des Researchs sind deren Vielfalt und der daraus abzuleitende **hohe Anspruch an die persönliche und fachliche Qualifikation eines Researchers** deutlich geworden. Uneins sind sich die Experten, ob es eher die persönlichen oder die fachlichen Voraussetzungen sind, die einen Researcher erfolgreich arbeiten lassen. Wohl müssen beide Komponenten erfüllt sein, um tatsächlich Erfolg zu haben.

Grundsätzlich treffen für alle Researcher folgende Prämissen für erfolgreiches Arbeiten zu:

- Telefonieren und diszipliniertes Arbeiten muss Spaß machen.
- Eine angenehme, vertrauenerweckende Telefonstimme erleichtert die Informationsbeschaffung.
- Eine hohe Frustrationstoleranz, gepaart mit der Bereitschaft, immer wieder Nackenschläge und unfreundliche Gesprächspartner am Telefon ertragen zu können, sollten vorhanden sein.
- Wer den schnellen Erfolg sucht wird sich in dieser Aufgabe schwertun.
- Einen direkten Kontakt von Angesicht zu Angesicht wird es mit Auftraggebern oder Kandidaten nur in den seltensten Fällen geben.
- Eine hohe zeitliche Flexibilität für den Arbeitszeitpunkt (Telefonate am Abend oder Wochenende) sollte gewährleistet sein.

4. Arbeitsweise des Personalberaters in der Personalrekrutierung

Aus der Aufgabenstellung lassen sich folgende Qualifikationsmerkmale für einen erfolgreichen Researcher ableiten:

Persönliche Qualifikation

Der telefonische Umgang mit unterschiedlichen Menschen erfordert eine hohe Aufgeschlossenheit und Toleranz, aber auch Sensibilität gegenüber potenziellen Kandidaten. „Es geht hier um eine anspruchsvolle Aufgabe, welche viel Erfahrung, Ausdauer, Kreativität und Intuition erfordert" (*Seewer*, 2002).

Gerade in der Identifikationsphase ist Kreativität gefordert, während bei der Ansprache von Kandidaten systematisches Arbeiten und Intuition mehr gefragt sind. Es gilt, von den potenziellen Kandidaten möglichst viele Informationen im Telefonat zu erhalten. Hierfür ist es erforderlich, sich schnell auf einen Gesprächspartner einstellen zu können, um Vertrauen aufzubauen bzw. die richtigen verbalen Signale zu senden. Der Reiz, durch dieses Gespräch eine berufliche Chance zu erhalten oder zu verpassen, muss höher sein als die Befürchtung, persönliche Themen und Daten zu offenbaren. Dies zu erreichen setzt Empathie, Zuhören können, aber auch verkäuferisches Geschick und Kreativität voraus.

Zum erfolgreichen Arbeiten eines Researchers gehört aber auch das fleißige und disziplinierte Abarbeiten von Zielfirmen und Namenslisten. Unkonventionelle Lösungen sind dann gefragt, wenn der Researcher merkt, dass er auf den üblichen Wegen nicht an die Kandidaten herankommt.

Das sind persönliche Eigenschaften, die sich nur selten in einer Person vereint finden lassen. Nicht umsonst sind gute Researcher ein knappes Gut auf dem Markt, aber der Schlüssel zum Erfolg im Executive Search.

Ein Blick in die Praxis lässt die Frage aufkommen, ob diese Eigenschaften eher bei Frauen als bei Männern zu finden sind? Die weit überwiegende Anzahl der Researcher, unabhängig ob extern oder intern, ist weiblichen Geschlechts.

Oft stößt man bei der Suche nach Researchern auf Personen, die nur die Identifikation, und andere, die nur die Ansprache von Kandidaten übernehmen wollen, – ein gangbarer Weg, wenn die Personalberatung eine gewisse Größe hat. Er erfordert jedoch einen erhöhten Abstimmungsaufwand.

Fachliche Qualifikation

- **Ausbildung/Studium**: Grundsätzlich gilt, dass der Researcher mit dem von ihm anzusprechenden Kandidatenkreis ein Gespräch auf persönlicher und teilweise fachlicher Ebene führen können muss. Zumindest sollte ein Grundwissen über Organisationen, die darin eingebetteten Funktionen, die wichtigen Prozessabläufe und die Wirkungszusammenhänge vorhanden sein. Dies erfordert eine qualifizierte Ausbildung, in der Regel im kaufmännischen Bereich. Ein Studium ist von Vorteil, aber nicht zwingende Voraussetzung.

- **Berufserfahrung**: Für die reine Identifikation von potenziellen Kandidaten ist Berufserfahrung nicht unbedingt erforderlich, aber von Vorteil. Spätestens bei der Ansprache von Kandidaten zahlen sich gewonnene Erfahrungen aus einer Tätigkeit in Industrie, Handel oder Dienstleistung aus. Je höher es in der Hierarchie bei der zu besetzenden Stelle geht, umso wichtiger ist dieser Aspekt. Zumal er in der Regel auch mit mehr Lebenserfahrung einhergeht. Stammt die Berufserfahrung aus den Branchen, für die der Researcher seine Dienstleistung anbietet, umso besser. Die richtige Sprache zu sprechen und sich in Fachbegriffen und Positionsbeschreibungen auszukennen erleichtert die Identifikation und die Ansprache von Kandidaten, und schafft leichter Akzeptanz.

- **Beherrschung von Interview- und Fragetechniken:** Sicherlich gibt es Naturtalente, die es „im Blut haben", die richtigen Fragen zum richtigen Zeitpunkt zu stellen. Den meisten Researchern ist dies aber nicht angeboren. Es kann als Qualitätskriterium gelten, wenn Personalberatungen ihre internen Researcher oder externe Researchfirmen ihre Mitarbeiter hier gezielt und regelmäßig schulen lassen. Entsprechend gute Trainer sind am Markt zu finden. In größeren Personalberatungen mit eigenem Research gibt es Arbeitskreise und Erfahrungsaustausch, um eine hohe Qualität des Researchs zu gewährleisten. Die vielen externen Researcher, die als Einmannunternehmen am Markt zu finden sind, tun gut daran, eine entsprechende Qualifikation nachweisen zu können.

- **Sprachkenntnisse:** Die zunehmende Globalisierung und Internationalisierung findet auch im Bereich der Direktansprache statt. Will man als Personalberatung hier auf internationaler Ebene agieren, kann das nur funktionieren, wenn die Researcher entweder die Sprache der Kandidaten des betreffenden Landes sprechen oder Researcher und Kandidat sich auf einem guten englischen Sprachlevel austauschen können.

4.4.2 Interner versus externer Research

Da ein guter Research die Basis für professionellen und erfolgreichen Executive Search ist, liegt bei der Frage, ob man diese Aufgaben durch interne oder externe Kräfte erledigen lässt, der Fokus auf das interne Research nahe. Der Verfasser teilt grundsätzlich diese Meinung. Dennoch gibt es bedenkenswerte Rahmenbedingungen, die auch den Einsatz von externen Researchern oder Researchfirmen sinnvoll erscheinen lassen.

4.4.2.1 Gründe für externen Research

Größe der Beratungsgesellschaft und Menge der Suchaufträge
Personalberater, die als Einzelkämpfer oder in einer kleinen Sozietät am Markt agieren, werden in der Regel keine eigenen Researchkapazitäten vorhalten. Oft wird in diesen Konstellationen eine eigene Assistenz aufgebaut, die teilweise auch Researchaufgaben übernimmt. Die Entscheidung, mit einem externen Dienstleister zusammenzuarbeiten wird sicherlich auch von der **Menge der Suchaufträge im Bereich Executive Search** bestimmt. Je nach Beratungsunternehmen, Kostenstruktur und Höhe des externen Researchhonorars ist es erst ab einer Zahl von zehn bis zwölf reinen Executive-Search-Aufträgen im

Jahr sinnvoll, eine eigene Kraft ausschließlich für das Research einzustellen. Vergessen sollte man hierbei jedoch nicht die Einarbeitungskosten, die Kosten für zusätzliche Büroausstattung sowie für Schulungen und ggf. die Kosten für den Zugang zu Datenbanken.

Art der Suchaufträge

Personalberatungsunternehmen, die sich nicht der Vorgehensweise Executive Search verschrieben haben und den größten Teil ihrer Projekte über die anzeigengestützte Suche durchführen, greifen, wenn notwendig, eher auf externe Researcher zurück. Der Executive Search ist bei solchen Unternehmen die Ausnahme. Deren Organisation und interne Strukturen sind zumeist auf die anzeigengestützte Suche ausgerichtet. Tools und Methoden des Executive Searchs werden besser zugekauft.

Wirtschaftlichkeit

Grundsätzlich können nur Unternehmen, die auf Dauer wirtschaftlich arbeiten und damit Gewinn abwerfen, langfristig am Personalberatungsmarkt bestehen. Dies bedeutet eine klare wirtschaftliche Ausrichtung des Unternehmens. Der wesentliche Kostenfaktor in einer Personalberatung ist das angestellte Personal und das bestimmt im Wesentlichen die Höhe der Fixkosten. Dadurch ist es gut zu überlegen, wann der richtige Augenblick gekommen ist, zusätzliches Personal in Form von Assistenz und Research zu beschäftigen. Die Assistenzfunktion wird in der Regel, soweit es keine reine Schreibkraft sein soll, nicht extern beschäftigt werden können, das Research sehr wohl.

Gerade neu gegründete Personalberatungsunternehmen – egal ob Einzelkämpfer oder Zusammenschluss weniger Berater – werden in der Anlaufphase versuchen, die Fixkosten so gering wie möglich zu halten. In der Zusammenarbeit mit externen Researchern entstehen zunächst variable Kosten, die nur bei einer konkreten Projektbeauftragung zu Buche schlagen.

Spezialistentum

Selbst für Beratungsunternehmen, die ein eigenes Research haben, kann es bei speziellen Besetzungsprojekten sinnvoll sein, mit externem Research zusammenzuarbeiten. Dies wird insbesondere dann der Fall sein, wenn das eigene Research nicht über das notwendige Branchen- und Fachwissen verfügt oder keine länderspezifischen Erfahrungen – inklusive der Sprachkenntnisse – vorliegen, um einmaligen Anforderungen, auch in langjährigen Klientenbeziehungen, gerecht zu werden. Sich hierfür den Spezialisten und sein Wissen einzukaufen ist sinnvoller, als eigene Kapazitäten aufzubauen.

Einzelne Researcher, aber auch Researchfirmen, haben sich auf **bestimmte Branchen** (z. B. IT, Finanzdienstleistungen, Verlage/Druckereien, Pharmaindustrie) oder **Funktionsbereiche** (Personal, IT-Funktionen, Softwareentwicklung etc.) fokussiert und hier intensive Projekt- und Branchenerfahrung gesammelt. Deren vorhandenes Netzwerk kann zum schnellen und erfolgreichen Abschluss eines Projektes erheblich beitragen.

4.4.2.2 Vorteile des internen Researchs

Wirtschaftlichkeit

Kurzfristig betrachtet ist das Hauptkriterium einer systematischen Do-or-Buy-Entscheidung – in der Frage internes oder externes Research – die Kosten. Ab einer gewissen Anzahl an Beratungsprojekten im Executive Search – korrespondierend zur Größe des Unternehmens und der Anzahl der Berater – lässt sich die Entscheidung, eigene Kapazitäten im Research aufzubauen, rechnerisch und wirtschaftlich nachvollziehen.

Auch in der Außenwirkung ist es für eine Personalberatung, die als Executive-Search-Firma auftritt, unerlässlich, über **eigene Searchkapazitäten** zu verfügen. Schließlich handelt es sich hier um die Kernkompetenz dieses Beratungsunternehmens.

Man sollte aber nicht die langfristigen Auswirkungen unterschätzen, die ein eigenes Research mit sich bringt. Die Organisation ist darauf auszurichten, Prozesse sind entsprechend zu gestalten und ein regelmäßiger Kommunikationsfluss sicherzustellen.

Qualität und Wissensaufbau

Neben der Schnelligkeit ist die Qualität das entscheidende Kriterium bei der Besetzung von Fach- und Führungspositionen durch Personalberatungsunternehmen. Daran wird der Personalberater vom Auftraggeber gemessen. Die **Entwicklung von Qualitätsstandards** unter Einbeziehung der Mitarbeiter – und deren ständige Kontrolle, Weiterentwicklung und Verbesserung – lässt sich einfacher und direkter mit eigenem Research realisieren. Die eigenen Mitarbeiter sind unmittelbar in die Prozesse eingebunden, identifizieren sich mehr mit dem Unternehmen und sollten eher bereit sein, sich über die reine operative Arbeit hinaus für das Wohl des Unternehmens zu engagieren.

Externe Researcher haben mehrere Auftraggeber mit unterschiedlichen Qualitätsanforderungen und Prozessen. Der Fokus wird nie auf einem Auftraggeber alleine liegen.

Um optimale Qualität bieten zu können, gehört **projektbezogenes Fach- und Branchenwissen** gerade im Research dazu. Bei der Arbeit mit eigenen Researchern wird dieses Wissen über Jahre im Unternehmen aufgebaut, weiterentwickelt und dokumentiert, und verbleibt somit ausschließlich im Nutzungsbereich der eigenen Beratung. Insbesondere in den betreuten Schwerpunktbranchen sind der Wissensaufbau und damit der Einsatz eines eigenen Researchs auf Dauer von Vorteil.

Führung und Steuerung

Die Einbindung in die Organisationsstruktur mit klarer Führungsverantwortung ermöglicht eine effiziente Steuerung des Researchs im eigenen Unternehmen. Der externe Researcher – als Diener mehrerer Herren – wird in kritischen Situationen immer ein Loyalitätsproblem haben. Ab einer gewissen Unternehmensgröße gehen Beratungsunternehmen dazu über, einen „Head of Research" zu beschäftigen, der sich quasi in einer Abteilungs- oder Gruppenleiterfunktion um die Führung und Steuerung des Researchs kümmert.

Wettbewerbs-/Datenschutz

Die Zusammenarbeit mit externem Research trägt dazu bei, dass der externe Researcher sein Projekt-, Fach- und Branchenwissen auch anderen Beratungsunternehmen und damit dem Wettbewerb zur Verfügung stellt. Diese Tatsache sollte bei jeder Entscheidung über die Vergabe von Researchaufträgen nach außen bedacht und gegen die möglichen Vorteile des Einsatzes externer Researcher abgewogen werden.

Für ein Executive-Search-Unternehmen bilden das über Jahre in einer Vielzahl von Projekten aufgebaute Branchenwissen und das damit verbundene Netzwerk ein Alleinstellungsmerkmal, das andere Beratungsunternehmen in dieser Form zumeist nicht besitzen. So wird man weniger austauschbar und kann sich leichter dem Preiswettbewerb entziehen.

Gute Kandidaten, die im jeweiligen Projekt als Nummer zwei oder drei nicht zum Zuge gekommen sind, sind ein Fundus, auf den man als Searchquelle oder als interessantem Kandidaten in einem anderen Projekt bauen kann. Dies spart Zeit und Kosten und trägt zur Pflege eines tragfähigen Netzwerks bei, das anderen Personalberatern nicht unbedingt zur Verfügung steht.

4.4.3 Markt des externen Research – Researchfirmen

Der Markt an externen Researchern und Researchfimen in Deutschland ist ähnlich intransparent wie der Markt der Personalberater. Auch hier haben wir keinen geschützten Berufsbegriff vor uns. Eine Berufsvereinigung bzw. ein Verband der Researcher ist dem Autor nicht bekannt. Grundsätzlich kann sich jeder als Researcher bezeichnen oder eine eigene Researchfirma eröffnen. Zu unterscheiden sind in der Regel Einzelpersonen, die als freie Researcher agieren, und Researchfirmen, die zumeist aus mehreren Researchern, Researchteams und administrativem Personal bestehen. Häufig finden sich in den Researchteams Spezialisten (Researcher), die sich nur mit der Identifikation von Kandidaten beschäftigen, andere (Research Consultants) wiederum halten nicht nur den Kontakt zum Auftraggeber, sondern sprechen auch die Kandidaten an.

Die guten und erfolgreichen Researcher haben sich in der Regel auf bestimmte Branchen fokussiert. Eine Vielzahl an Projekten sowie langjährige Tätigkeit in den Schwerpunktbranchen sorgen nicht nur für ein Netzwerk, sondern bergen auch die Möglichkeit, Markt- und Unternehmensentwicklungen bei der Identifikation und Ansprache von Kandidaten zu berücksichtigen. Die Qualität und die Schnelligkeit der Researcharbeit sowie der Erfolg sprechen hier für sich.

Das Dienstleistungsportfolio kann in seiner weitesten Ausprägung die Übernahme eines Komplettauftrags von der Erstellung der Zielfirmenliste bis hin zur Ansprache potenzieller Kandidaten und der Erstellung sog. „**Kandida-**

ten-Clippings" mit den wichtigsten Informationen für den Personalberater umfassen. Insbesondere größere Researchfirmen bieten Module nach dem Baukastenprinzip an. Jede Teilleistung kann einzeln gebucht werden. Dies reicht von der Erstellung einer Zielfirmenliste, über ein reines Identifikationsprojekt oder ein spezielles Erstansprachprojekt ohne Identifikation bis hin zur individuellen Kombination der einzelnen Module.

In der Regel werden zwischen Personalberatern und seriösen Researchern Festpreise vereinbart, entsprechend den Vertragsmodalitäten, die der Personalberater mit seinem Klienten vereinbart hat. Damit sind die Kosten für den Personalberater kalkulierbar, unabhängig von Schwierigkeitsgrad und Aufwand, die sich im Projekt ergeben. Honorarnachforderungen sollten somit nur in Ausnahmefällen vorkommen.

Zumeist werden die Zahlungen in drei Raten fällig: die erste Rate bei Auftragserteilung, die zweite bei Lieferung oder bei der Präsentation von Kandidaten beim Klienten (was ein feiner Unterschied unter Risikogesichtspunkten ist) und die dritte bei erfolgreicher Kandidatenplatzierung durch den Personalberater.

Der **Vielfalt bei den Zahlungsregelungen** ist aber keine Grenze gesetzt. Es gibt Regelungen, bei denen die Zahl der Zielfirmen, in denen identifiziert und angesprochen wird, oder die Zahl der zu identifizierenden und anzusprechenden Kandidaten limitiert wird. Hier braucht der Personalberater ein großes Vertrauen in das externe Research.

Die Erstattung der Kommunikationskosten ist zum Teil gesonderter Vertragsbestandteil, zum Teil im Gesamthonorar bereits enthalten.

Unseriöse Researcher verlangen Stornogebühren, falls Projekte durch den Klienten abgebrochen werden. Hier soll der Personalberater für eine Leistung bezahlen, die er nicht in Anspruch genommen hat. Eine vertrauensvolle und langjährige Zusammenarbeit zwischen Personalberater und externem Research wird nur auf der Grundlage einer eindeutigen Vereinbarung und der Bereitschaft des externen Researchers, das Risiko eines Beratungsprojektes mitzutragen, erfolgreich funktionieren.

4.4.4 Zusammenarbeit mit externem Research

4.4.4.1 Einbindung in den Prozess-Workflow

Entscheidend für die erfolgreiche Zusammenarbeit des Personalberaters mit dem externen Research ist dessen Einbindung in den Prozess-Workflow der Personalberatung.

Dies beinhaltet zumindest die Verwendung von Standards des Personalberaters, was das Layout von Zielfirmenlisten, Statusreports und Kandidaten-Clippings betrifft. Bei der Zusammenarbeit mit größeren Researchfirmen wird man dagegen mit deren Standards konfrontiert und muss ggf. Kompromisse eingehen oder sich als kleine Personalberatung ganz dem vorgegebenen Standard anpassen.

4. Arbeitsweise des Personalberaters in der Personalrekrutierung

4.4.4.2 Vertragliche Grundlagen

Der externe Researcher wird als Einzelperson in der Regel als freier Mitarbeiter beschäftigt. Er wird auftragsbezogen im Rahmen einer selbständigen Tätigkeit für das Personalberatungsunternehmen tätig. Dieses muss dabei insbesondere auf sein arbeitsvertragstypisches Direktionsrecht hinsichtlich Arbeitszeit, -ort und -inhalt in weitem Umfang verzichten. Entsprechend sollten vertragliche Vereinbarungen getroffen werden, um das Thema „Scheinselbständigkeit" zu vermeiden.

Im Rahmen dieses Artikels kann hierzu nur auf folgende Stichworte verwiesen werden:

- Weisungsungebundenheit
- Gestaltungsfreiheit der Arbeit und Arbeitszeit
- Auftrags-/projektbezogene Tätigkeit auf Honorarbasis
- Verschiedene Auftraggeber
- Selbständige und ordnungsgemäße Abführung aller gesetzlichen Abgaben und Steuern durch den Researcher

Handelt es sich beim externen Research um eine Researchfirma, die über eigene Führungsstrukturen, Büroräume und einen eigenen Klientenkreis mit unterschiedlichen Auftraggebern verfügt, spielt eine mögliche „Scheinselbständigkeit" keine Rolle.

Inhaltlich geht es bei der Zusammenarbeit mit jedem externen Research überwiegend um die Festlegung folgender Punkte:

- **Projektinformationen:** Welche Projektinformationen erhält das externe Research vom Personalberatungsunternehmen?
  Zumeist geht es hierbei um die schriftliche Spezifikation der zu besetzenden Stelle, mit Unternehmensinformationen, Aufgabenschwerpunkten, Anforderungsprofil und finanzieller Ausstattung der Position.

- **Zielfirmenliste:** Wer erstellt die Zielfirmenliste, was beinhaltet sie und welchen Umfang hat sie?
  Qualifizierte externe Researcher sollten über einen eigenen Zugang zu den gängigen Firmendatenbanken verfügen. Eine Limitierung der Zahl der Unternehmen auf der Zielfirmenliste ist eher unüblich. Zumeist werden 30 bis 50 Zielfirmen bearbeitet.

- **Identifikation/Ansprache:** Wie viele geeignete Kandidaten sollen identifiziert und angesprochen werden? Reicht die reine Namensidentifikation aus oder benötigt der Klient auch Daten zur Gesamtorganisation bzw. zur hierarchischen Einordnung?
  Der üblicherweise vereinbarte Rahmen liegt hier wischen 100 bis 150 identifizierten und angesprochenen Zielpersonen. Die Ansprache der identifizierten Zielpersonen sollte unter Einhaltung der geltenden Rechtslage erfolgen, d.h. telefonische Kontaktaufnahme in der Firma so kurz wie möglich, keine schriftlichen Mitteilungen (auch Fax oder E-Mail) in die Firma und Detailgespräch außerhalb der Arbeitszeit.

4.4 Research – Erfolgsfaktor im Executive Search

Das Personalberatungsunternehmen hat sicherzustellen, dass das Research die rechtlichen Grundlagen kennt und anwendet. Zur Absicherung sollte ein derartiger Passus in einer Vereinbarung unbedingt aufgenommen werden. Je nach Projekt ist zu regeln, ob die Ansprache von Kandidaten unter dem Namen der Personalberatung oder des Researchs erfolgen soll.

- **Festlegung des Informationsflusses**: Welche Informationen aus der Ansprache sollen in welcher Form an den Personalberater gehen?
Bei Kandidaten, die das Anforderungsprofil erfüllen, geschieht dies mit einem standardisierten Telefoninterviewbogen, der dem Research oft vorgegeben wird. Idealerweise fördert das Research die Bereitschaft dieses Kandidaten, so schnell wie möglich einen CV zu übersenden. Um dem Klienten gegenüber aussagefähig zu sein, verlangen viele Personalberatungen einen sog. „Statusreport", in dem die angesprochenen Kandidaten, ihre Wechselbereitschaft oder die Gründe für ihr Desinteresse aufgeführt werden.

- **Honorar**: In welcher Höhe wird das Honorar für die Dienstleistung festgelegt? Sind die Kommunikationskosten enthalten? Wird die Erstellung der Zielfirmenliste zusätzlich vergütet? Was geschieht bei Erweiterung der Zielfirmenliste oder wenn eine vereinbarte Anzahl an anzusprechenden Kandidaten überschritten wird?
  - Wie erfolgt die Zahlungsweise? Die Drittelregelung mit erfolgsabhängigen Komponenten, teilweise bei der zweiten, auf alle Fälle aber bei der dritten Rate, ist gängige Praxis.
  - Was geschieht bei einem Projektabbruch durch den Klienten bzw. falls der Klient einen eigenen Kandidaten findet?
  - Stornogebühren für das Research sind unüblich, zumeist erhält das Research die Honorarraten, die zum Zeitpunkt des Abbruchs dem aktuellen Projektstand entsprechen.

- **Projektdauer**: In welchem Zeitrahmen sind Identifikation und Ansprache durch den Researcher abzuwickeln? Wie schnell hat der Personalberater die eingehenden interessanten Kandidaten zu kontaktieren?

- In welcher Form erhält der Researcher regelmäßiges **Feedback über den Projektverlauf**? Auch hier sollten eindeutige Vereinbarungen getroffen werden. Üblicherweise sollte das Research die Identifikation von Kandidaten innerhalb von 10 bis maximal 15 Arbeitstagen abschließen. Die Ansprache erfolgt zumeist parallel hierzu. Im Interesse der Personalberatung ist es, die angesprochenen und passenden Kandidaten, die auch Interesse haben, umgehend nach Übersendung der Kandidatenprofile zu kontaktieren. Über vereinbarte Gesprächs- und Präsentationstermine sowie deren Ergebnisse sollte das Research zeitnah informiert werden.

- **Beendigung der Zusammenarbeit**: Ist es sinnvoll, im Rahmen einer festgelegten Kündigungsfrist eine bestehende Vereinbarung zwischen Personalberatung und externem Research zu beenden?
Grundsätzlich sollte eine vertragliche Regelung mit dem externen Research über eine Kündigung der Zusammenarbeit innerhalb eines laufenden

4. Arbeitsweise des Personalberaters in der Personalrekrutierung

Projektes getroffen werden. Die Frist hierfür liegt in der Regel zwischen wenigen Tagen und maximal ein bis zwei Monaten.

4.4.4.3 Steuerung des externen Researchs

Eines der wichtigsten Themen bei der Zusammenarbeit mit externem Research ist die **Steuerung und Kontrolle der freien Mitarbeiter und Researchfirmen**, die fast immer ihren Sitz oder Arbeitsort in einiger Entfernung vom auftraggebenden Personalberater haben.

Grundlegende Voraussetzung ist ein rechtsgültiger Dienstleistungsvertrag zwischen Personalberater und Research, mit klaren Regelungen zu den im vorigen Abschnitt angesprochenen Punkten. Die konsequente Einhaltung der getroffenen Vereinbarungen, **regelmäßige Projektbesprechungen** oder Projekttelefonate, wöchentliche Statusreports und der direkte Kontakt zwischen dem Berater, bzw. bei großen Beratungsgesellschaften dem Head of Research, und dem Researcher sind ebenfalls notwendig. Hierzu gehört auch das schnelle Feedback durch den Personalberater, nachdem er die eingegangenen Kandidatenprofile geprüft bzw. das erste Interview geführt hat.

Steuern und einschätzen kann man Menschen nur, wenn man sie kennt. Also sollte man sich, bevor man eine Zusammenarbeit mit einem externen Research eingeht, die Person (Personen) näher anschauen, um beurteilen zu können, ob diese den Anforderungen genügt und bereit ist, sich den gewollten Spielregeln zu unterwerfen.

Die Erfahrung zeigt, dass je größer die Researchfirma ist, desto mehr steigt die Wahrscheinlichkeit, dass diese die Zusammenarbeit durch ihr eigenes Vertragswerk regeln möchte. Hier sollte man als Personalberatung sehr detailliert prüfen, auf was man sich einlässt. Immerhin repräsentiert das externe Research das Unternehmen des Personalberaters nach außen und trägt wesentlich zu einem erfolgreichen Projektabschluss bei. Das Research kann aber bei schlechter Leistung und fehlender Kontrolle auch schnell dazu beitragen, dass der Ruf des auftraggebenden Personalberatungsunternehmens am Markt geschädigt wird.

4.4.5 Vom (Re-)Searcher zum Sourcer ?

Die Möglichkeiten des Web 2.0 und die Integration der Social Media Aktivitäten in den Recruitingprozess haben bereits nachhaltig die Anforderungen und Vorgehensweisen von Personalberatern und dem Research verändert.

Das aktive Beziehungsmanagement zu bereits bekannten und potenziellen Kandidaten hat neben der gezielten Identifikation und Ansprache von Kandidaten an Bedeutung gewonnen und wird in Zukunft bei schrumpfenden Kandidatenpotenzialen noch wichtiger werden. Die klassische Identifikation und Ansprache in einem Executive Search Projekt reicht bereits heute in vielen Fällen nicht mehr aus.

Es gilt für Personalberater und das Research, die Möglichkeiten im Bereich Social Media Recruiting zu nutzen und dieses Feld nicht den Unternehmen allein zu überlassen. Hierfür ist jedoch ein solides und ständig zu aktualisierendes Wissen der Methoden und Prozesse des Social Media Recruiting unabdingbare Voraussetzung. Personalberater und Research, egal ob intern oder extern, sind im einzelnen Besetzungsprojekte und abhängig von der Zielgruppe der geeigneten Kandidaten gefordert, kreative und abgestimmte Kombinationen von Search- und Sourcingstrategien einzusetzen, um bei einem schrumpfenden Kandidatenpotenzial erfolgreich Positionen auch in Zukunft besetzen zu können. Dies setzt die Auswertung und Dokumentation von Branchen- und Marktinformationen über alle Medien ebenso voraus, wie die Nutzung sozialer Netzwerke. Die Notwendigkeit, engen persönlichen Kontakt, zu „Sourcen", also Kontaktpersonen im Zielmarkt zu halten und zu pflegen wird dadurch nicht ersetzt, ebenso wenig die persönliche direkte Ansprache potenzieller Kandidaten durch ein professionelles Research.

4.4.6 Fazit

Ist die Kernkompetenz eines Personalberatungsunternehmens das Executive Search, so ist es unumgänglich, eigene Researchkapazitäten aufzubauen. Vorübergehend ist zwar der ausschließliche Einsatz von externem Research denkbar – nicht jedoch auf Dauer. Diese Kernkompetenz kann letztlich nicht delegiert werden.

Ausnahmen hiervon können Kapazitätsengpässe oder das Spezialwissen von externen Researchern sein, das man als Personalberatung nicht besitzt und unter Kosten- und Zeitgesichtspunkten nicht sinnvoll aufbauen kann.

Für Personalberatungen, die einen wesentlichen Anteil ihrer Projekte über die anzeigengestützte Suche abwickeln und nur teilweise mit einer eher geringen Anzahl von Executive-Search-Projekten am Markt aktiv sind, ist die Zusammenarbeit mit externem Research aus wirtschaftlichen und organisatorischen Aspekten eine sinnvolle Alternative.

4.5 Die Analyse der Bewerbungsunterlagen

von Dr. Wolfgang Gawlitta

Bei der Beurteilung anderer Personen werden Menschen oftmals von ihren eigenen Vorurteilen stark beeinflusst: Gedanken wie „… bei dem Sternzeichen kann das nichts werden", „… wie der schon aussieht!", „… mit ihrem Hobby passt die perfekt ins Team!", sind nicht selten zu hören.

Der demografische Wandel erschwert schon heute die Suche und Auswahl geeigneter Kandidaten erheblich. In Zukunft wird sich dieser Trend noch deutlich verschärfen. Deshalb wird es umso wichtiger sein, vorurteilsfrei und zielgenau die Kandidaten herauszufinden, die zum Unternehmen und zur Aufgabe passen.

Die Bewerbungsunterlagen „bieten" eine Vielzahl von Möglichkeiten, übereilte Entscheidungen zu treffen: Oftmals neigt der Leser dazu, Ähnlichkeiten zu seinem eigenen Lebenslauf als sympathisch zu bewerten oder vergleichbare Qualifikationen, wie sie „ungeliebte" Mitarbeiter besitzen, negativ zu beurteilen. Die Risiken solcher Blitzurteile sind im Wirtschaftsleben zu hoch, als dass man sie eingehen sollte.

Hier wird bereits der Vorteil sichtbar, den ein erfahrener Personalberater bietet: Da er emotional nicht vorbelastet ist und als professioneller Dienstleister für den Klienten und den Kandidaten eine für beide optimale Lösung anstrebt, wird die Gefahr von Fehlentscheidungen erheblich minimiert.

Das folgende Kapitel gibt deshalb einige Hinweise aus der langjährigen Praxis eines erfahrenen Personalberaters, wie eine systematische und effektive Analyse der Unterlagen durchgeführt werden sollte, um die infrage kommenden Kandidaten zu identifizieren und den oder die wenigen geeigneten nicht zu übersehen.

Das Ziel der Unterlagenanalyse sollte die Antwort auf die Frage sein: Welchen Kandidaten lade ich zu einem ersten Gespräch ein? Weitere entscheidende Aspekte wie detailliertes Fachwissen oder der richtige „Stallgeruch" lassen sich aus den Personalunterlagen nur in Ansätzen erkennen.

Die Zusendung der Bewerbungsunterlagen ist der Beginn einer menschlichen Beziehung zwischen Mitarbeitern des Unternehmens X und dem oder der „Neuen". „Liebe auf den ersten Blick" ist sicherlich kein schlechter Beginn, aber auch hier gilt die alte Weisheit: „Drum prüfe, wer sich ewig (oder für viele Jahre) bindet …!" Deshalb ist die schrittweise Annäherung der risikolosere Weg, um Enttäuschungen zu vermeiden und zu einer fruchtbaren, langjährigen Zusammenarbeit zu gelangen.

Alle Kandidaten erwarten eine respektvolle Behandlung ihrer Person, reagieren sehr empfindlich auf den Umgang in der Bewerbungsphase und schließen daraus auf die gute bzw. mangelnde Qualität des Unternehmens.

Vier Punkte sollten geprüft werden, bevor ein Kandidat zum Gespräch eingeladen wird. Dies geschieht durch den Personalberater vor allen Dingen sachlich, systematisch und weitestgehend objektiv, um dadurch dem Klienten eine gut nachvollziehbare Entscheidungsvorbereitung zu geben. Wichtig sind:

- die äußere Form und die Vollständigkeit der Unterlagen,
- der Lebenslauf,
- das Anschreiben,
- die Zeugnisse.

4.5.1 Prüfung der Bewerbungsunterlagen

4.5.1.1 Die äußere Form und die Vollständigkeit der Unterlagen

Der erste Eindruck des Kandidaten wird zu Recht durch das Erscheinungsbild der Unterlagen geprägt. Es ist durchaus üblich und sinnvoll, als erste Kontaktaufnahme eine Bewerbung per E-Mail anzufordern bzw. zu akzeptieren. Aber auch diese E-Mail-Bewerbung sollte aufgrund der äußeren Form ansprechend wirken und gut lesbar sein. Wenn Kandidaten zum persönlichen Gespräch eingeladen werden, ist es jedoch empfehlenswert, eine „klassische Papierbewerbung" zu verlangen, um zu erkennen, wie viel Energie und Mühe der Kandidat in seine Bewerbung investieren will.

Im Folgenden werden einige Situationen beispielhaft aufgeführt, die von Kandidaten einerseits aus Nachlässigkeit oder Unwissen herbeigeführt, andererseits aber auch als „Manöver" eingesetzt werden, um den Leser bewusst von Schwachstellen abzulenken. Der Personalberater ist durch seine tägliche Beschäftigung mit der Bewerbungssituation besonders darin geübt, genau zwischen Unwissen und „Manövern" zu differenzieren. Er hilft dadurch, Fehlentscheidungen in der frühen Phase der Kontaktaufnahme zu vermeiden.

Allgemeiner Hinweis: Die äußere Form der Bewerbung muss in Relation zu der ausgeschriebenen Position bewertet werden: Von einem Vertriebsmitarbeiter darf mehr erwartet werden als von einem Maschineneinrichter – dennoch gibt es auch für den Letztgenannten keinen Grund, seine Unterlagen, mit denen er sich bei seinem neuen Arbeitgeber vorstellen will, schlampig abzugeben.

Situation A: Die Diplomurkunde des erfolgreichen Studienabschlusses wird beigefügt; das Diplomzeugnis fehlt jedoch.
Wertung: In solchen Fällen ist fast immer damit zu rechnen, dass es sich um ein schlechtes Zeugnis handelt, das der Kandidat nicht zeigen will.
Vorgehen: Der Personalberater wird das Zeugnis auf jeden Fall anfordern.

Situation B: Zeugnisse eines vorherigen Arbeitgebers fehlen oder es wird nur ein Zwischenzeugnis eingereicht.
Wertung: Auch hier gilt wie im Fall A, dass das Zeugnis wahrscheinlich nicht gut ausgefallen ist oder eine Kündigung durch den Arbeitgeber ausgesprochen wurde, was verschleiert werden soll. Eventuell soll auch das exakte Austrittsdatum übergangen werden, um Beschäftigungslücken im Lebenslauf zu verdecken.
Vorgehen: Der Personalberater wird das Zeugnis auf jeden Fall anfordern.

Situation C: Mit dem Hinweis auf Zeitdruck werden oftmals „Kurzbewerbungen" versandt, die nur aus einem Anschreiben oder einem kurz gefassten Lebenslauf bestehen.
Wertung und Vorgehen: Nur in seltenen Ausnahmen wie bei persönlicher Bekanntschaft, längerem Auslandsaufenthalt oder einer Tätigkeit in einem direkten Wettbewerbsunternehmen ist eine Kurzbewerbung gerechtfertigt.

Wer für eine derart wichtige Angelegenheit wie seine eigene Zukunft nicht genügend Zeit aufbringen kann, um seine Unterlagen angemessen zusammenzustellen, nimmt die Bewerbung im Allgemeinen nicht ernst. Der Personalberater kann auch hier aufgrund seiner Erfahrung die entscheidenden Unterschiede erkennen und damit für seinen Klienten einen hochinteressanten Kontakt von einem unwichtigen trennen.

Situation D: Bei Zusendung der Bewerbung per E-Mail gelten prinzipiell dieselben Hinweise, die bereits erwähnt worden sind.

4.5.1.2 Der Lebenslauf

Der Lebenslauf – im Allgemeinen tabellarisch erstellt – ist die wichtigste Bewerbungsunterlage für die fachliche Beurteilung des Kandidaten. Dementsprechend wendet der Personalberater viel Zeit auf, den Lebenslauf in allen Einzelheiten sorgfältig und kritisch zu analysieren. Er wird die wichtigsten Kriterien in eine Soll-Ist-Tabelle eintragen, um einen objektiven und für den Klienten nachvollziehbaren Vergleich der Zuschriften durchzuführen. In die Soll-Tabelle wird er alle Anforderungen an den Kandidaten wie Ausbildung, Sprachkenntnisse, spezifische Berufserfahrung sowie den Gehaltsrahmen aufnehmen. In der Ist-Tabelle kann er dann die einzelnen Kriterien der Kandidaten dem Soll gegenüberstellen.

Dieses Vorgehen des Personalberaters stellt sicher, dass die entscheidenden Kriterien nicht aus den Augen verloren werden und die „Spreu schnell und genau vom Weizen" getrennt werden kann.

Da jeder Kandidat weiß, dass der Lebenslauf das entscheidende „Papier" ist, kann man vereinzelt eine besondere Kreativität beobachten, den Lebenslauf so „hinzubiegen", dass man sich als den idealen Kandidaten darstellt. Auch hier gilt selbstverständlich der Hinweis aus dem vorherigen Abschnitt bzgl. der Unwissenheit der Kandidaten. Der Personalberater achtet beispielsweise auf folgende Situationen mit besonderer Aufmerksamkeit:

Situation A: Der Lebenslauf ist unübersichtlich dargestellt. Persönliche Verhältnisse und berufliche Erfahrungen sind nur nach erheblichem Leseaufwand erkennbar.

Wertung: Entweder kann der Kandidat seine Gedanken nicht geordnet zu Papier bringen oder er will bewusst bestimmte Dinge verschleiern.

Vorgehen: Hier wird der Personalberater von einem persönlichen Gespräch absehen.

Situation B: Ausbildungsabschlüsse werden vorgetäuscht, obwohl sie nicht erreicht worden sind. Eine typische Formulierung lautet: „Studium des Maschinenbaus an der technischen Universität A von … bis …" Auf den nicht erfolgten Abschluss wird jedoch nicht ausdrücklich hingewiesen.

Wertung: Der Leser soll möglicherweise im Glauben gelassen werden, dass es sich bei dem Kandidaten um einen Dipl.-Ing. des Maschinenbaus handelt.

Vorgehen: Der Personalberater wird die zugesandten Hochschulzeugnisse prüfen und sich nicht von eventuell vorhandenen Vordiplomzeugnissen oder von Studienbescheinigungen täuschen lassen. Kann kein Diplomzeugnis nachgereicht werden, hat sich der Kandidat disqualifiziert, da er den Leser hinters Licht führen wollte.

Situation C: Der Werdegang weist eine Vielzahl verschiedener Positionen mit kurzen Verweilzeiten von ein bis zwei Jahren (oder noch weniger) in unterschiedlichen Firmen und Branchen auf.

Wertung: Vor allem in den letzten Jahren, die durch eine zunehmende wirtschaftliche Unsicherheit vieler Unternehmen geprägt waren, ist eine einzelne kurze Beschäftigungszeit oder eine kurze Arbeitslosigkeit nicht generell negativ zu bewerten. Sollten kurze Verweilzeiten in verschiedenen Firmen jedoch häufiger vorkommen, muss man davon ausgehen, dass die Probleme einzig und allein bei dem Kandidaten liegen, der oftmals nicht genügend Durchhaltevermögen besitzt, um eine Aufgabe erfolgreich über längere Zeit zu begleiten.

Im persönlichen Gespräch wird dieser Kandidat eventuell wortreiche und auf den ersten Blick schlüssige Argumente für die häufigen Wechsel finden. Spätestens wenn der Personalberater Referenzen einholt, wird erkennbar, ob der Kandidat aus verschiedenen Gründen den Erwartungen des jeweiligen Arbeitgebers nicht entsprochen hat oder ob gewichtige Gründe für die Wechsel gesprochen haben.

Gerade in größeren Unternehmen werden immer häufiger projektorientierte Aufgaben vergeben, die zwangsläufig zu kürzeren Verweilzeiten in den entsprechenden Positionen führen. Hier muss eine Bewertung völlig anders erfolgen.

Vorgehen: Der Personalberater wird intensiv prüfen, ob von einem Gespräch abzuraten ist, weil der Kandidat wegen Erfolglosigkeit häufig gewechselt hat, oder ob es sich um einen gut qualifizierten Kandidaten handelt.

Situation D: Im Lebenslauf versuchen Kandidaten häufig, vorhandene Beschäftigungslücken zu verschleiern. Der gängigste „Trick" besteht in einer bewusst falschen Auflistung der einzelnen Beschäftigungszeiten. Im tabellarischen Lebenslauf steht z. B.:

März 2005 bis Dezember 2007   Firma A

Januar 2008 bis März 2012   Firma B

Das Zeugnis der Firma A bestätigt aber nur eine Beschäftigung vom März 2005 bis September 2007.

Wertung: In diesem Fall versucht der Kandidat wissentlich, eine Lücke in seinem Werdegang zu vertuschen. Es handelt sich durchaus nicht um ein „Kavaliersdelikt", sondern ist als Täuschungsversuch zu werten. Man muss davon ausgehen, dass solche Täuschungsmanöver auch im Arbeitsverhältnis zutage treten werden und sollte sich deshalb mit diesem Kandidaten nicht weiter beschäftigen.

Um auf Täuschungen dieser Art nicht hereinzufallen, vergleicht der Personalberater bei den Kandidaten, die interessant erscheinen, grundsätzlich alle Zeitangaben sowie die Positionsbezeichnungen und -inhalte im Lebenslauf mit den dazugehörigen Angaben in den einzelnen Zeugnissen.

Vorgehen: Sind erhebliche Abweichungen zwischen Lebenslauf und Zeugnisinhalten vorhanden, wird der Personalberater von einem persönlichen Gespräch abraten.

Situation E: Bei vielen Positionen werden besondere Qualifikationen wie Sprachkenntnisse oder spezifische technische Erfahrungen explizit gefordert. Einzelne Kandidaten gehen in ihrer Bewerbung mit keinem Wort auf diese Zusatzqualifikationen ein.

Wertung: In diesem Fall ist mit großer Wahrscheinlichkeit damit zu rechnen, dass die geforderten Qualifikationen nicht vorhanden sind. Sollten sie dennoch vorhanden sein, hat der Kandidat es offensichtlich nicht für notwendig gehalten, die Anzeige sorgfältig zu lesen.

Vorgehen: Sind die Qualifikationen nicht vorhanden, ist von einem weiteren Kontakt abzuraten. Ist die Anzeige nicht sorgfältig gelesen worden, wird der Personalberater vom Kandidaten eine nachvollziehbare Erklärung verlangen.

4.5.1.3 Das Anschreiben

Das Anschreiben, das eine Länge von maximal eineinhalb Seiten nicht überschreiten sollte, erlaubt Aussagen zu einigen wichtigen Eigenschaften des Kandidaten:

- seine Fähigkeit, sich klar und prägnant auszudrücken;
- sein Können, Sachverhalte interessant darzustellen, ohne unsachlich oder gar reißerisch zu wirken;
- seine Sorgfalt (beim Lesen der Anzeige und beim Verfassen des Anschreibens) und seine Konzentration auf die wichtigen Kernpunkte;
- seine Kenntnisse der Rechtschreibung und Zeichensetzung.

Es gibt wohl kaum eine Fach- und Führungskraft oder gehobenen Sachbearbeiter, bei dem man auf diese Eigenschaften verzichten kann.

Erfüllt ein Kandidat – gemessen an den Ansprüchen seines zukünftigen Arbeitsgebiets – eines der vier genannten Kriterien nicht in seinem Anschreiben, wird der Personalberater keine Einladung zu einem persönlichen Gespräch empfehlen.

Neben diesen eher formalen Kriterien kommt den inhaltlichen Aussagen besondere Bedeutung zu. Das Anschreiben sollte einen ersten, individuellen Blick auf den Kandidaten gewähren. Hierzu ist es unbedingt notwendig, dass an dieser Stelle klare, aber auch differenzierte Meinungen geäußert werden, warum der Kandidat sich für die ausgeschriebene Position bewirbt, welche Erfahrungen ihn besonders qualifizieren und welche der geforderten Qualifikationen nicht oder nur eingeschränkt vorhanden sind. Hinweise auf die persönlichen Lebensumstände, soweit sie für die Aufgabe relevant sind (z. B.

große Bereitschaft ins Ausland zu reisen bei einer Bewerbung für eine Exportposition), sollten ebenfalls im Anschreiben genannt werden.

4.5.1.4 Die Zeugnisse

Aufgrund der tendenziell arbeitnehmerorientierten Arbeitsgerichtsbarkeit in Deutschland ist kaum ein Arbeitgeber willens, ein Zeugnis auszustellen, das tatsächlich seine Meinung von der Arbeitsleistung des ausscheidenden Mitarbeiters wiedergibt, wenn er mit den Leistungen nicht zufrieden war.

Außerdem ist zu berücksichtigen, dass viele Zeugnisschreiber – vor allem in kleineren und mittleren Unternehmen – wenig Übung darin haben, Arbeitszeugnisse auszustellen. Deshalb haben Zeugnisse nur eine sehr begrenzte Aussagekraft.

Dennoch geben Arbeitszeugnisse dem erfahrenen Personalberater durchaus Hinweise, die bei der Bewertung der Bewerbungsunterlagen berücksichtigt werden sollten.

Allgemeiner Hinweis: Der Beginn und das Ende der Beschäftigung entsprechen fast immer den Tatsachen und erlauben Aussagen über die Glaubwürdigkeit des Kandidaten.

Situation A und Wertung: In den letzten Jahren treten immer häufiger gefälschte Zeugnisse auf. Mithilfe der digitalen Bildbearbeitungsprogramme ist es ohne großen Aufwand möglich, die Zeugnisse „einzuscannen" und anschließend am Rechner zu manipulieren.

Vorgehen: Der Personalberater lässt sich deshalb grundsätzlich zum ersten persönlichen Gespräch die Originalzeugnisse oder beglaubigte Kopien vorlegen. Sind Kandidaten nicht dazu bereit, wird sie der Personalberater nicht weiter berücksichtigen, da man mit großer Wahrscheinlichkeit von gefälschten Zeugnissen ausgehen muss.

Situation B und Wertung: Manche Kandidaten neigen dazu, ihre Positionen und Aufgaben im Lebenslauf schlichtweg unwahr zu beschreiben, um dem Leser eine besonders passende Qualifikation vorzugaukeln.

Vorgehen: Die Position und die Art der Tätigkeit werden im Zeugnis oftmals recht genau beschrieben. Der Personalberater wird sie sehr genau mit den Angaben im Lebenslauf vergleichen, um erste Aussagen über die Ehrlichkeit und Glaubwürdigkeit zu erlangen.

Situation C: Am Ende des Zeugnisses wird der Grund für das Ausscheiden aus dem Unternehmen genannt. Nicht selten wird dieser Grund offen erwähnt. Typische Formulierungen sind: „… scheidet Frau A wegen Insolvenz der Gesellschaft am … aus unseren Diensten aus …" oder „… aus betriebsbedingten Gründen müssen wir uns leider von Herrn B zum … trennen."

Einige Verklausulierungen umschreiben jedoch die Tatsache, dass dem Arbeitnehmer von seiner Firma gekündigt worden ist: „… trennen wir uns in bestem Einvernehmen …" oder der Grund des Ausscheidens wird gar nicht erwähnt.

Wertung: Nur die Formulierung „Frau C hat unser Unternehmen zum ... auf eigenen Wunsch verlassen" deutet darauf hin, dass die Arbeitnehmerin selbst gekündigt hat. Leider ist die Unsitte eingerissen, dass manche Arbeitgeber sich ein „stressfreies" Ausscheiden ohne Einschalten des Arbeitsgerichts mit dieser Formulierung „erkaufen".

Vorgehen: Der tatsächliche Ausscheidungsmodus ist den Unterlagen niemals mit letzter Gewissheit zu entnehmen und muss im persönlichen Gespräch geklärt werden. Der Personalberater wird sich durch dieses Gespräch zusätzliche Informationen verschaffen, um zu erkennen, warum der Kandidat aus dem Unternehmen ausgeschieden ist.

Situation D und Wertung: Die Arbeitsleistung wird mit den inzwischen bekannten „Formeln" bewertet. Diese Formeln können wie folgt ins Hochdeutsche „übersetzt" werden:

- „zur Zufriedenheit" – war anwesend und hat sich nichts zu Schulden kommen lassen;
- „zur vollen Zufriedenheit" – war anwesend und hat sich bemüht, die Aufgaben zu erledigen;
- „zur vollsten Zufriedenheit" – hat die Aufgaben im erwarteten Rahmen bearbeitet;
- „stets zu unserer vollsten Zufriedenheit" – hat die Aufgaben besser bearbeitet als es erwartet werden konnte.

In den letzten Jahren ist jedoch immer häufiger zu beobachten, dass diese formelartigen Wertungen durch besonders gezielte Bemerkungen positiv verstärkt werden. Hier fließen oftmals sehr persönliche Wertschätzungen in das Zeugnis ein. Ein Textbeispiel verdeutlicht dies: „... Frau X genoss im Kollegenkreis und seitens der Geschäftsleitung großen Respekt und Sympathie. In der täglichen Zusammenarbeit zeichnete sie sich durch Genauigkeit, Schnelligkeit und Flexibilität aus. Darüber hinaus war sie eine allzeit hilfsbereite und freundliche Kollegin. Ihr Verhalten gegenüber Kunden, Geschäftspartnern, Kollegen und Vorgesetzten war stets vorbildlich. Wir können Frau X für vergleichbar anspruchsvolle Tätigkeiten ohne jede Einschränkung wärmstens empfehlen."

Auch der Schluss eines Zeugnisses kann wertvolle Hinweise auf die Leistung geben. Wenn das Ausscheiden des Arbeitnehmers ausdrücklich bedauert wird und gute Wünsche für die Zukunft ausgesprochen werden, deutet dies meistens auf eine besondere Zufriedenheit mit den gezeigten Leistungen hin.

Vorgehen: Leistungsbewertungen in Arbeitszeugnissen sind grundsätzlich mit größter Vorsicht zu betrachten. Für eine Analyse der Bewerbungsunterlagen sind im Allgemeinen nur die Beschäftigungszeiten, die bekleidete Position und die Art der Aufgaben verwertbar. Als nützliches Instrument zur Leistungsbeurteilung setzt der Personalberater oftmals Referenzen ein, deren Einholung und Wertung in einem weiteren Kapitel beschrieben werden.

Lichtbild: Wird ein Lichtbild zugesandt, lassen sich daraus kaum verwertbare Aussagen gewinnen. Allgemein ist festzustellen, dass die Bedeutung des

Lichtbilds meistens viel zu hoch eingeschätzt wird. Dennoch können sich auch hieraus Hinweise auf die Ernsthaftigkeit der Bewerbung ergeben, da ein professionell erstelltes Lichtbild erwartet werden kann. Urlaubsbilder, „billige" Automatenbilder usw. können auf mangelnde Motivation des Kandidaten hindeuten.

4.5.2 Schlussbemerkung

Aus der Analyse der Unterlagen, vor allem aus den ungeklärten Punkten, ergeben sich individuelle Fragen zu jedem interessanten Kandidaten. Sie dienen dem Personalberater als Grundlage für das Bewerbungsgespräch und vermitteln dem Klienten ein erstes, aussagefähiges Bild des Kandidaten.

Die Analyse der Bewerbungsunterlagen sollte von Respekt gegenüber dem Kandidaten geprägt sein. Dieser Anspruch an den Leser einer Bewerbung bedeutet konzentriertes, sorgfältiges, vorurteilsfreies Lesen der Unterlagen. Der Wert und die Wertigkeit jedes einzelnen Kandidaten als Mensch müssen gemeinsam mit der fachlichen Qualifikation beurteilt werden. Im Zweifel sollten die schriftlichen Äußerungen des Kandidaten im positiven Sinne interpretiert werden. Zweifelhafte oder unklare Zusammenhänge können später im persönlichen Gespräch geklärt werden. Eine vorschnelle Ablehnung anhand der Bewerbungsunterlagen ist unbedingt zu vermeiden, da eben diese Kandidatin oder dieser Kandidat die oder der „richtige" sein könnte.

Vereinzelt werden rechnergestützte Programme angeboten, die eine „automatische Analyse" der Bewerbungsunterlagen durch die Suche nach Schlüsselwörtern und deren Identifikation ermöglichen sollen. Die Gefahr von „Fehlentscheidungen" des Rechners ist jedoch zu groß, um sich darauf verlassen zu können.

Wie bereits in der Einleitung angedeutet: Die Welt, in der sich Kandidaten und Unternehmen bewegen, hat sich aufgrund des demografischen Wandels bereits geändert und wird sich in Zukunft weiterhin dramatisch wandeln. Die Unternehmen werden sich mit aller Kraft um Kandidaten bewerben müssen, um gute, qualifizierte Mitarbeiterinnen und Mitarbeiter zu gewinnen. Die Kandidaten werden aus einigen hochinteressanten Angeboten auswählen können, sodass letztlich die Unternehmen zu Kandidaten werden. Ein wichtiger Bestandteil der Bewertung der Unternehmen durch die Kandidaten wird sicherlich auch der Umgang mit den Bewerbungsunterlagen und vor allem der Umgang mit den Menschen sein.

4.5.3 Checkliste

Diese Checkliste fasst das Kapitel zusammen und bietet für den Personalentscheider, der nur selten Einstellungen vornimmt eine praktische und schnelle Hilfe, um an die wichtigsten Punkte bei der Analyse der Bewerbungsunterlagen zu denken.

4. Arbeitsweise des Personalberaters in der Personalrekrutierung

Ziel der Unterlagenanalyse: Welchen Kandidaten lade ich zu einem ersten Gespräch ein?

1. Die äußere Form und die Vollständigkeit der Unterlagen
- Erste Kontaktaufnahme in E-Mail-Form ist üblich und sinnvoll.
- Zum persönlichen Gespräch sollten alle Unterlagen in Papierform mitgebracht werden.
- Anschreiben, Lichtbild, Lebenslauf – vor allem alle Zeugnisse – müssen vorhanden sein.

2. Der Lebenslauf
- Stimmen die Anforderungen des Unternehmens mit den Erfahrungen und Kenntnissen des Kandidaten überein?
- Hat der Kandidat häufig das Unternehmen gewechselt?
- Hat er Susanne Bögel oft die Branche gewechselt?
- Hat er oft die Art der Tätigkeit gewechselt?
- Ist eine Richtung im Lebenslauf zu erkennen?
- Stimmen die Angaben im Lebenslauf und in den Zeugnissen überein? – Besonders auf falsche Zeitangaben im Lebenslauf ist zu achten!

3. Das Anschreiben
- Geht der Kandidat auf die Anzeige ein?
- Ist das Anschreiben kurz und klar formuliert oder wird „geschwafelt"?
- Wie sind Rechtschreibung und Zeichensetzung?

4. Die Zeugnisse
- Lassen Sie sich zu dem persönlichen Gespräch alle Originale der Zeugnisse vorlegen.
- Prüfen Sie Beginn und Ende der Beschäftigung.
- Sehen Sie sich Position und Art der Tätigkeit an.
- Kontrollieren Sie die Wertungen:
  - „zur Zufriedenheit": war anwesend
  - „zur vollen Zufriedenheit": war anwesend und hat sich ab und zu bemüht, die Aufgaben zu erledigen
  - „zur vollsten Zufriedenheit": hat die Aufgaben im erwarteten Rahmen bearbeitet
  - „stets zur vollsten Zufriedenheit": hat die Aufgaben besser bearbeitet, als es erwartet werden konnte
  - Die Wertungen können durch besonders gezielte Bemerkungen positiv verstärkt werden.
- Ausscheiden: Nur die Formulierung „hat auf eigenen Wunsch das Unternehmen verlassen" deutet an, dass die Kandidatin/der Kandidat selbst gekündigt hat.

5. Das Lichtbild
- Ist das Foto in einem billigen Automaten entstanden oder hat es eine professionelle Qualität?

4.6 Der Körper Ihres Kandidaten spricht

von Stefan Spies

Indem Sie die **Körpersprache** verstehen, können Sie Ihren Eindruck konkret benennen und Ihre Intuition belegen.

Das Bewerbungsgespräch ist beendet, der Kandidat wurde hinausbegleitet, die Türe geschlossen und in Ihrer Bauchgegend steht Ihr erster Eindruck bereits seit einiger Zeit fest. Ist man ehrlich, so hatte man schon bei der Begrüßung so ein Gefühl, das sich im Verlauf des Gesprächs nur noch zu verdichten schien. Nun aber steht der Austausch mit dem Klienten an. Doch: Wie sagen, was man fühlt? – Schlimmer noch: Wie sagen, was man meint, ohne zu verraten, dass man es lediglich fühlt? – Wäre das schön, wenn man sein Gefühl durch Fakten belegen könnte. Diese wichtige Instanz käme zu ihrem Recht und würde – in Form sichtbarer Belege – obendrein gegenüber dem Klienten zu einem stichhaltigen Argument, das sich auf nachvollziehbare Beobachtungen und nicht auf die eigene Bauchgegend stützt. Deshalb liegt es nahe, Unterstützung bei einem professionellen Betrachter zu suchen: Ein Regisseur tut nichts anderes, als tagtäglich die Bewegungsabläufe seiner Darsteller zu beobachten, auszuwerten und zu gestalten. Der Regisseur im Dienste des Top-Managements schult die Herren auf beiden Seiten des Tischs: Mit seinem Wissen schärft er den Blick des Beraters und stärkt zugleich den Auftritt seines Kandidaten.

In der Weise, in der sich ein alter Hitchcock-Klassiker ins Gemüt schraubt, ohne dass man weiß, warum dieser angestaubte Film aufregender ist als der neuste Tatort, so schraubt sich die Körpersprache unseres Kandidaten in unseren Bauch hinein. „Der Gedanke lenkt den Körper": Die innere Einstellung des Kandidaten liest der Geübte anhand dessen Körpersprache.

Wenn im Folgenden diese **verschiedenen körpersprachlichen Elemente** für den Leser getrennt beschrieben und analysiert werden, so behält diese papierene Auflistung eine Schwäche: Sie ersetzt nicht die Berufserfahrung des Beraters. Nach wie vor ist vor allen anderen der erfahrene Berater in der Lage, ineinandergreifende Aspekte zu werten und – je nach Situation – zu einer stimmigen Interpretation zu gelangen. Manch einer jedoch möchte nicht ein ganzes Berufsleben auf diese Erfahrung warten, um bis dahin mehr oder weniger fehlerhaft die Körpersprache seiner Kandidaten zu deuten.

Die Angelegenheit ist nunmehr überschaubar: Im Vorteil ist derjenige, der nicht nur fühlt, sondern gegenüber seinem Klienten im Anschlussgespräch belegen kann, was er gesehen hat.

4.6.1 Der Gedanke lenkt den Körper

„Nichts ist innen, nichts ist außen, denn alles was innen ist, ist außen", stellte bereits *Goethe* fest. Mit anderen Worten: Die **Gedanken des Kandidaten** während des Bewerbungsgesprächs lenken den **Ausdruck von Körper und Sprache**. Authentisch wirkt ein Mensch immer dann, wenn Persönlichkeit und innere Haltung ganz direkt und ohne jeden Umweg zu einer stimmigen Körpersprache führen. Nicht authentisch wirkt ein Mensch, wenn er ungeachtet seiner inneren Haltung – z. B. ich habe Angst – seinem Gegenüber eine andere Körpersprache vorzuführen versucht – z. B. ich bin motiviert.

Konkret: Nicht authentisch ist der Kandidat, dem man seine hohe innere Spannung anmerkt, die er jedoch durch ein betont entspanntes Verhalten wie ruhige Sprache, zurückgelehntes Sitzen und harmonische, joviale Gesten zu kaschieren versucht. Dieser Kandidat wirkt wie zwanghaft gedämpft, weil er seine hohe innere Spannung durch äußere „Mätzchen" zu überspielen versucht. Nicht authentisch wirkt aber auch der entgegengesetzte Fall: Ein betont schneller Gang, Übergestikulieren und unnatürlich weit aufgerissene Augen, begleitet von einem Dauermotivationslächeln, sollen immerwährende Aktivität und wahrhaftige Motivation vortäuschen, die man dem Menschen nicht wirklich abnimmt.

Bevor Sie sich aber in die Beobachtung unterschiedlicher körpersprachlicher Details vertiefen, ist ein erster genauer Blick auf die Haltung des Kandidaten Ihnen bzw. Ihrem Klienten gegenüber ratsam.

4.6.2 Der Status zeigt die Einstellung zum Gespräch

Erfindet man bei der Probe eine Szene – und nichts anderes ist die „Bewerbungsszene" – so besprechen Regisseur und Darsteller Ort, Situation und Rollenverteilung, etc. und den sogenannten „Status" der Figuren. In der Schauspielkunst setzt man voraus, dass sich eine Figur der oder den anderen Figuren gegenüber entweder in einem „Hochstatus" oder aber in einem „Tiefstatus" befindet. Was in der Managementwelt unter Begriffen wie „auf Augenhöhe sein", „Du bist o.k., ich bin o.k." oder „Erwachsenen-Ich begegnet Erwachsenen-Ich" Einzug gehalten hat, entspricht in der Schauspiellehre einer 50/50-Verteilung von Hoch- und Tiefstatus. Der Vorteil: Die Anweisung „Sei auf Augenhöhe!" kann der Unerfahrene nicht umsetzen. Die Anweisung: „Sei 50/50 im Tief- bzw. Hochstatus!" ist nach kurzer Sensibilisierung für den Status kein Problem.

Merkmale eines Tiefstatus sind

- ein sich zurückziehender, kleinmachender Körper
- ein wackeliger Stand, häufig mit geschlossenen Beinen
- eine sparsame Gestik auf kleinem Raum
- ein leicht gesenkter Kopf in Kombination mit einem Blick von unten nach oben
- kontinuierliches, entschuldigendes Lächeln
- ein respektvoller Abstand zu anderen
- zu leises, zögerndes Sprechen (Scheu) oder aber zu lautes, sehr schnelles Sprechen (Flucht nach vorne)

4.6 Der Körper Ihres Kandidaten spricht

Abbildung 4.6-1: Tiefstatus im Stehen: Der Redner will dem Publikum gefallen*

Abbildung 4.6-2: Tiefstatus im Sitzen: Der Kandidat ist bemüht

Merkmale eines Hochstatus sind
- ein sich ausbreitender, großmachender Körper
- ein sicherer Stand, mindestens schulterbreit, manchmal weiter
- eine dynamische Gestik, häufig ausladend und raumgreifend
- ein Blick, leicht von oben nach unten
- ein klarer, bestimmter Ausdruck
- ein normaler Abstand zu anderen
- ruhiges, fast beruhigendes Sprechen, gelegentlich mit kleinen Zäsuren – den Momenten, in denen der Kandidat sich die Zeit nimmt, nachzudenken

Abbildung 4.6-3: Hochstatus im Stehen: Der Redner tritt als Experte auf

Abbildung 4.6-4: Hochstatus im Sitzen: Der Kandidat prüft

* Bildmaterial mit freundlicher Genehmigung von Michael Bieser, www.fotografie-abstrakt.de

4. Arbeitsweise des Personalberaters in der Personalrekrutierung

Vereinfacht bedeutet das für die Bewerbungssituation: Der Kandidat, der den Job unbedingt benötigt, befindet sich im Tiefstatus, derjenige, der das Angebot hingegen nur prüft, befindet sich im Hochstatus. „Vereinfacht" deshalb, weil die Bewertung von Führungskräften, die sich bewerben, komplexer ist: Der Berufserfahrene trägt durch gelebtes Leben, z. B. bereits gewonnene Schlachten oder genossene Anerkennung durch andere, aber auch durch die – viele Jahre gelebte – Rolle des Chefs seinen Hochstatus in sich. Sein Hochstatus bei der Bewerbung muss also nicht bedeuten, dass er die Position nicht nötig hat. Komplex ist die Bewertung auch deshalb, weil es meistens auf die Mischung ankommt: Einerseits wünschen Sie sich im Gespräch eine Persönlichkeit zu erleben, die man sich als Führungskraft auch vorstellen kann – den Hochstatus. Andererseits wünscht man sich womöglich eine nicht zu selbstbezogene Figur, eine die Vorgesetzten gegenüber solidarisch agiert – den Tiefstatus.

Kurzum: Entscheidend ist es, nicht nur Hoch- und Tiefstatus zu erkennen, sondern genau wahrzunehmen, in welcher Phase des Bewerbungsgesprächs welcher Status vom Kandidat eingenommen wird. Indem Sie Ihre Wahrnehmung von Hoch- und Tiefstatus auf die zum jeweiligen Zeitpunkt vorgebrachten Inhalte beziehen, wird sie wirklich wertvoll.

Es gibt augenfällige Begegnungen, bei denen Sie innerhalb kürzester Zeit für den Status des Kandidaten „als Ganzen" intuitiv ein bestimmtes Gefühl haben. Sie spüren, ob der Interessent Ihnen etwas erklärt (Hochstatus) oder aber sich selbst erklärt (Tiefstatus), ob er eine bestimmte Möglichkeit erbittet (Tiefstatus) oder aber prüft (Hochstatus), ob er gekommen ist, um Ihnen zu gefallen (Tiefstatus) oder aber, um die Voraussetzungen einer möglichen Zusammenarbeit zu klären (Hochstatus). Ist der Gesamteindruck aber nicht so eindeutig, wie hier beschrieben, lohnt ein zweiter, auf die Details gerichteter Blick.

4.6.3 Die Begrüßung ist der erste Auftritt

Da es sich bei der gängigsten Variante, dem Schütteln der Hände, um einen ersten Körperkontakt handelt, ist dieser Vorgang für die Interpretation einer Begegnung besonders aufschlussreich. Entscheidend ist das Zusammenspiel von drei Elementen:

- Der **Körper** zeigt, wie jemand zu Ihnen steht. Menschen umgibt eine sogenannte „Intimzone" von ungefähr 70 cm. Kommt jemand deutlich näher, dringt er in diesen Raum, was je nach Situation Vertrautheit, Dominanz oder aber Hilfsbedürftigkeit signalisiert. Der Vertraute sucht eine Nähe, die Sie ihm zuvor gewährt haben, der Dominante nimmt sich eine Nähe, die Sie ihm nicht gewährt haben. Der Hilfsbedürftige geht über Grenzen, weil er nur seine Not kennt und Hilfe sucht.
- Die **Augen** sind die Fenster zur Seele. Sie zeigen, welche Art von Kontakt Ihr Gegenüber sucht. Schauen Sie genau hin, wie Sie jemand bei der Begrüßung anblickt: Wischt sein Blick lediglich an Ihnen vorbei? Kehrt sein Blick

4.6 Der Körper Ihres Kandidaten spricht

nach scheuem Wegsehen wieder zu Ihnen zurück? Geht sein Blick zu Boden, während er sich vorstellt? Oder prüft Sie der Blick von oben bis unten?

- Die **Hände** zeigen nicht mehr allzu viel. Dem anderen nur lasch die Hand zu drücken, vermeiden die meisten inzwischen. Und auch das Zerquetschen der Hand durch eine gegnerische Pranke findet man nur noch selten. Was sich noch nicht herumgesprochen hat – und deswegen schön zu beobachten ist –, sind die Art der Berührung und die Qualität der Spannung, die den Arm hinaufgeht. Dynamische Zeitgenossen hauen ihre Hand in die des anderen wie die Axt in den Baumstamm. Vorsichtige Persönlichkeiten tasten mit abgeknickter Hand zaghaft nach der Hand des anderen. Unsichere und demzufolge verspannte Menschen spannen bei der Begrüßung nicht nur die Hand, sondern gleich den ganzen Arm an; ihre Bewegung wird dadurch ein wenig eckig.

Im Einzelnen kann man folgende Charakteristika aus der Art des Händeschüttelns ableiten:

Höflich	Die Hand gibt einen guten Kontakt und schüttelt lebhaft die andere. Ein freundlicher Blick trifft auf gleicher Linie. Der Blick wird von einem zuvorkommenden Lächeln begleitet. Die Augen blicken den anderen interessiert an. Der Körper ist dem anderen zugewandt. Der Körperabstand ist respektvoll.
Herzlich	Die Hand gibt einen guten Kontakt und schüttelt lebhaft die andere. Männer klopfen sich gelegentlich auf die Schultern oder boxen sich scherzhaft. Frauen legen gelegentlich die Hände ineinander und halten sie etwas länger. Ein langer und warmherziger Blick trifft auf gleicher Linie. Der Blick wird von einem innigen Lächeln oder herzlichen Lachen begleitet. Der Körper ist dem anderen zugewandt. Der Körperabstand ist nah. In intensiven Momenten umarmt man sich.
Routiniert	Die Hand drückt und schüttelt kurz. Ein kurzer Blick trifft auf gleicher Linie. Der Blick wird von einem höflichen, nichtssagenden Lächeln begleitet. Der Körper wendet sich dem anderen kaum zu, steht häufig schräg zum Gegenüber. Der Körperabstand ist respektvoll.

Missachtend	Die Hand drückt flüchtig und schüttelt knapp und eckig. Ein flüchtiger Blick trifft aus dem Augenwinkel oder leicht von oben. Den Blick begleitet ein schmaler Mund, gelegentlich ein Verziehen des Mundwinkels. Die Augen sind beim Händedrücken schon wieder woanders. Der Körper wendet sich dem anderen nur kurz zu. Der Körperabstand ist respektvoll, gelegentlich distanziert.
Zurückhaltend	Die Hand liegt schwach in der anderen und lässt sich schütteln. Der Kopf ist leicht gesenkt. Entsprechend geht der Blick von unten nach oben. Der Blick ist scheu, häufig rutscht er kurz weg, um sofort wieder zurückzukehren. Der Blick wird von zaghaftem Lächeln begleitet. Der Körper wendet sich dem anderen zu. Der Körperabstand ist respektvoll.
Prüfend	Die Hand drückt lange und fest. Ein kontrollierender, konfrontativer Blick direkt auf gleicher Höhe oder leicht von oben. Den Blick begleitet ein strenger oder falsch lächelnder Mund. Der Körper wendet sich frontal zu. Der Körperabstand ist respektvoll, gelegentlich etwas distanziert.
Vereinnahmend	Die Hand drückt lange, gelegentlich umschließen zwei Hände die Hand des Gegenübers; manchmal zieht die Hand den anderen zu sich heran. Ein aufgerissener, strahlender Blick auf gleicher Höhe. Den Blick begleitet ein strahlendes Lächeln, das gelegentlich etwas aufgesetzt ist. Die Augen fixieren den anderen, lassen ihn kaum los. Der Körper wendet sich frontal zu. Der Körperabstand ist nah. Nach der Begrüßung dreht sich der Körper gelegentlich in die Perspektive des Gegenübers und der Kopf kommt nah heran.
Dominierend	Die Hand drückt fest. Der Kopf ist leicht erhoben. Entsprechend geht der Blick von oben nach unten. Der Blick ist fest und konfrontativ, fixiert gelegentlich den anderen. Den Blick begleitet ein strenger oder falsch lächelnder Mund. Der Körper wendet sich frontal zu. Der Körperabstand ist respektvoll.
Wegstoßend	Die Hand schüttelt kurz, schiebt den anderen ggf. etwas von sich. Ein introvertierter Blick auf gleicher Linie oder leicht von unten nach oben. Der Blick wird von einem kalten Lächeln begleitet. Der Körper wendet sich dem anderen zu. Der Körperabstand ist respektvoll, manchmal etwas distanziert.

Abbildung 4.6-5: Was Händeschütteln verrät.

Inzwischen wird deutlich, dass die Wahrnehmung nonverbaler Signale alleine nicht ausreicht, wenn man seinem Klienten gegenüber überzeugend argumentieren möchte. Gewohnte Benennungen über Körpersprache wie „o.k."/„nicht o.k." , „souverän"/„nicht souverän" oder gar „emotional"/„nicht emotional" sagen wenig aus, denn was genau „o.k." sein soll, welche Art von Souveränität gemeint ist und was für eine Emotion man in einem Bewerbungsgespräch denn erwartet hatte, bleibt im Dunkeln.

Was nutzen Ihnen blumig formulierte Anforderungsprofile, wenn die Worte, die das Auftreten des Kandidaten benennen stumpf, unscharf und kantig sind? Ihre Wahrnehmung ist nur so viel wert, wie Ihre Worte genau sind.

4.6.4 Eine differenzierte Wahrnehmung benötigt einen differenzierten Ausdruck

Im Folgenden sind beispielhaft unterschiedliche Auftritte von Kandidaten beschrieben, die alle „o.k.", „souverän" und „emotional" sind und dabei sehr verschieden.

Klar und bestimmt treten Menschen sowohl aus dem Tief- als auch aus dem Hochstatus heraus auf. Sie treten ohne Wenn und Aber für oder gegen etwas ein.

- Sie öffnen mit Elan die Türe und betreten den Raum in aufrechter Haltung, denn sie haben sich für heute etwas vorgenommen und es gibt keinen Grund, sich kleinzumachen.
- Schultern und Nacken sind entspannt, der Blick geradeheraus und aufrecht, die Hände werden klar und eindeutig gedrückt.
- Sie setzen sich aufrecht hin und suchen auch im Sitzen den Blickkontakt zu anderen.
- Sie lächeln nur, wenn sie sich freuen, nicht aber um der Nettigkeit willen, denn sie sind nicht hier, um nett zu sein.
- Sie unterstützen ihre Ausführungen durch lebhafte Gestik, denn sie nehmen sich den Raum, den sie für ihr Vorhaben benötigen.

Der klare und bestimmte Kandidat zeichnet sich durch eine in sich ruhende und klare Körpersprache aus. Der klare Körper bezieht Position im Raum – nicht mehr, aber auch nicht weniger.

Interessiert und aufgeschlossen können Menschen sowohl aus dem Tief- als auch aus dem Hochstatus heraus sein. Während das Interesse aus dem Tiefstatus heraus den Beteiligten als eher selbstverständlich erscheint, werden in umgekehrter Richtung – der Ranghöhere interessiert sich für den Rangniedrigeren – Brücken gebaut.

- Sie begrüßen ihren Gesprächspartner gelöst und freundlich und blicken ihn ruhig und interessiert an, denn sie zeigen, dass sie sich Zeit für ihn nehmen.
- Sie begegnen ihm herzlich, mit einem warmen Blick und lächelnd, denn sie setzen auf ihn und das soll er auch merken.

- Sie gestikulieren ruhig und entspannt, denn sie möchten ihrem Gesprächspartner seinen Raum lassen.
- Sie sitzen still und gelöst, während sie zuhören, damit sich der andere in keiner Weise gehetzt oder gedrängt fühlt.

Der interessierte und aufgeschlossene Kandidat hat eine wache Körpersprache, keine unruhige. Der sich ausbreitende und blockierende Körper nimmt dem anderen Raum. Der interessierte Körper gibt dem anderen Raum.

Begeistert und animierend können Menschen sowohl aus dem Tief- als auch aus dem Hochstatus heraus auftreten. Andere zu animieren, wenn sowieso alles gut läuft, ist nicht weiter schwierig, da man einen begeisterten Zustand nur weitergeben muss und dieser ohnehin auf fruchtbaren Boden fallen wird. Wenn sich jemand jedoch innerhalb einer kritischen Situation auch noch bewerben muss, wird es schwierig.

- Sie öffnen mit Schwung die Türe, ihr Ziel innerlich vor Augen und betreten den Raum zügig, lebhaft und dynamisch, denn sie haben heute etwas vor.
- Sie halten Schultern und Nacken entspannt. Wer von seiner Sache überzeugt ist, muss sich nicht anspannen.
- Sie blicken geradeheraus in die Augen der anderen, denn sie möchten andere mitnehmen. Sie drücken klar und fest die Hände anderer, denn wer begeistert ist, packt zu.
- Sie strahlen innerlich und zeigen ihre Freude, denn wer eine Idee hat, der freut sich.
- Sie setzen sich aufrecht und gespannt hin und suchen auch im Sitzen Blickkontakt zu anderen, denn wenn sie heute etwas wollen, dann ist es Kontakt.

Einen begeisterten und andere animierenden Eindruck hinterlässt ein Kandidat, wenn er eine Idee, ein Vorhaben oder eine Vision in sich trägt und vorhat, diese lebhaft und glaubhaft nach außen zu transportieren. Der begeisterte und andere animierende Mensch hat eine lebhafte Körpersprache, die aus dem eigenen Enthusiasmus entsteht. Der lebhafte Körper dringt in den Raum, um sich mitzuteilen. Er lässt sich von anderen, womöglich entgegengesetzten Stimmungen nicht bremsen.

Wohlwollend und großzügig können Kandidaten nur aus dem Hochstatus heraus auftreten. Das Angenehme für den Entscheider ist, dass er sein Gegenüber entspannt erlebt und dies zu einer gelösten Atmosphäre beiträgt.

- Sie öffnen ruhig und sachte die Türe und betreten gelassen den Raum; sie wollen nichts und müssen nichts.
- Sie blicken ihren Gesprächspartner freundlich an, gehen ruhig auf ihn zu und begegnen ihm herzlich lächelnd, denn sie selbst fühlen sich gut und ebenso soll sich ihr Gegenüber fühlen.
- Sie sitzen locker, ob sie selbst sprechen oder aber zuhören, denn auf diese Weise nehmen sie dem Kennenlernen von Anfang an jeden Druck.

Einen wohlwollenden und großzügigen Eindruck vermittelt ein Kandidat, wenn er die Ruhe selbst ist und ihn nichts aus der Fassung bringen kann. Der wohlwollende und großzügige Mensch hat eine entspannte Körpersprache, die aus einer großen inneren Ruhe entsteht. Der entspannte Körper muss nichts tun und nichts beweisen, er ist einfach nur da und genießt sogar das Vorstellungsgespräch.

4.6.5 Kleine Bewegungen mit großer Wirkung

Einen dritten – und für diesen Aufsatz – letzten Blick werfen wir auf die kleinen Bewegungen des Körpers. Aber aus welchem Grund?

Szenisch gesehen ist eine Bewerbungssituation langweilig: Ein Mensch sitzt auf einem Stuhl und erzählt über sich, seine Fähigkeiten und Vorstellungen. Innerhalb eines Stückes wäre eine solche Szene eine typische Eröffnungsszene. Um in das nachfolgende Drama eintauchen zu können, muss der Zuschauer nämlich zu Beginn des Stückes zahlreiche Informationen über die Ausgangssituation und ihre Figuren erhalten: Zu Beginn werden die Absichten der Figuren dargestellt und die Handlungsfäden geknüpft, deren dramatische Verwicklung den weiteren Verlauf der Handlung bildet. Für Autoren und Regisseure stellen diese Eröffnungsszenen eine besondere Herausforderung dar, da man den Zuschauer durch die Erzählung packen und unterhalten will, obwohl es noch nicht allzu viel zu erzählen gibt. Die Konsequenz: Wenn man keine interessante Aktion inszenieren kann, dann verlagert man die Spannung zumindest auf die Art und Weise der Darstellung. Je simpler die Situation, desto bedeutsamer die Ausgestaltung der szenischen Details.

Für Sie als Interviewer gilt entsprechend: Eine Bewerbungssituation bietet nur eine auf einem Stuhl sitzende und sprechende Person. Möchten Sie mehr als nur einen Gesamteindruck gewinnen, müssen Sie Ihre Aufmerksamkeit den körpersprachlichen Details schenken.

4.6.5.1 Der Kopf zeigt die Perspektive

Sie können diese simple Beobachtung bereits bei einem Baby machen, das noch keine sechs Monate alt ist: Es schiebt seinen Kopf nach vorne, wenn es sich für etwas interessiert und drückt ihn nach hinten, wenn es erschrickt oder etwas ablehnt. Bei Erwachsenen spricht man von einem „schrägen Typen" und meint damit seinen Blick aus dem Augenwinkel, vom „Lady-Di-Blick" wenn man einen weiblichen Blick von unten nach oben sieht und von einem Menschen, der die „Nase ganz schön hoch trägt" wenn man sich durch seinen Blick von oben nach unten gemustert fühlt. Die Angelegenheit ist einfach und liegt auf der Hand:

Die Haltung des Kopfs bestimmt die Perspektive des Blicks und damit die Perspektive, die der Kandidat gerade auf diesen Moment des Gesprächs richtet.

Kein Mensch kann die Kopfhaltung seines Gegenübers permanent studieren, wenn er zugleich inhaltlich einigermaßen etwas mitbekommen will. Das Erstellen eines lückenlosen Kopfbewegungsprofils nutzt auch niemandem. Wichtig für Sie ist vielmehr, Kopfbewegungen an sogenannten „Wendepunkten" zu beobachten. Die dramatische Handlung lebt von Wendepunkten, also den Momenten, in denen ein neuer Impuls, eine neue Absicht, ein neues

Hindernis, ein neues Ereignis – oder zusammenfassend: eine neue Information – der Handlung eine neue Richtung gibt. Wie reagieren die anwesenden Figuren in der Sekunde, in der sie erstmalig den abgeschlagenen Kopf des Pompeius sehen? Wie reagiert der Kandidat in der Sekunde, in der er eine entscheidende neue Information aus dem Munde Ihres Klienten erhält? Wie blickt er in entscheidenden Gesprächsphasen, in denen er beispielsweise über sich selbst oder über seine Fähigkeiten spricht?

4.6.5.2 Hände zeigen die Qualität von Aktionen

Während man im Gesicht eines Kandidaten nicht selten ein kontrolliertes, unverbindliches Lächeln findet, denken Menschen während des Gesprächs weniger daran, was ihre Hände so tun: Angespannte, in sich verkeilte Hände verraten Momente innerer Anspannung, ebenso Hände, die sich an Stuhllehnen, Oberschenkeln oder Tischkanten festhalten. Gestikulierende Hände hingegen verraten die Qualität von Aktionen. Es mag interessant sein, ob ein Mensch gestikuliert oder nicht. Richtig spannend aber wird es, wenn man sich die Qualität der Gesten genau ansieht: Nehmen sich Hände viel oder wenig Raum, bewegen sie sich tastend oder kraftvoll, kantig oder weich, mechanisch oder spontan, lockern sich die Bewegungen im Verlauf des Gesprächs oder kehren die Hände immer wieder wie ferngesteuert zum selben Ausgangspunkt zurück? Wirkt die Bewegung abfallend und routiniert, vielleicht sogar kraftlos, oder aber frisch und sprudelnd, aufpeitschend?

4.6.5.3 Das Sitzen zeigt die innere Spannung

Überforderung, Stress, Angst, aber auch Coolness und Überheblichkeit verrät der Körper durch **innere An- bzw. Entspannung**. Hilfreich ist es, drei Spannungszustände zu unterscheiden: 1. Eine „Unterspannung" – der Kandidat ist beispielsweise kraftlos, desinteressiert oder überheblich. 2. Eine „mittlere, wache Spannung" – der Kandidat ist aufmerksam und offen für die Begegnung. 3. Eine „Überspannung" – der Kandidat ist beispielsweise überfordert, unter Druck oder ängstlich. Erkennbar sind diese Varianten unter anderem an der Sitzhaltung. Beispiele: Sitzt der Kandidat auf der Vorderkante, als sei er auf dem Sprung? – Hält er sich an dem Stuhl fest, als wäre er sein letzter Strohhalm? – Sitzt er entspannt und wach, offen und interessiert an der Begegnung? – Lehnt er gemütlich auf dem Stuhl, so als fehlten nur noch Fernbedienung und Bier für den Fernsehabend?

4.6.6 Fazit

„Intuitiv hatte ich so einen ähnlichen Eindruck, wie Sie ihn beschrieben haben. Aber mir fehlen dafür seltsamer Weise die Worte." – So oder ähnlich äußern Klienten, was sie vermissen: nicht etwa eigene Intuition oder Lebenserfahrung, sondern eine präzise Wahrnehmung, verbunden mit einer ebenso präzisen Begrifflichkeit. Regisseure, die gegenüber ihren Darstellern etwas anderes formulieren, als sie meinen, erhalten die Quittung sofort: Der Darsteller setzt nicht das um, was man meint, sondern das, was man sagt. Insofern sind klare und präzise Formulierungen Voraussetzung für effektive Proben und eine exakte Inszenierung.

Ebenso steigt die **Überzeugungskraft des Beraters** gegenüber seinem Klienten in dem Maße, indem er seinen Eindruck mit präzisen Beobachtungen belegt und diese durch klare und treffende Formulierungen benennt. – Wie komme ich zu meinem Eindruck? – Was genau habe ich wann beobachtet? – Mit welchem Begriff oder mit welchen Begriffen lässt sich diese Beobachtung exakt beschreiben?

Übrigens gibt auch der Sprachklang des Kandidaten Aufschluss über sein Auftreten, denn der Gedanke lenkt auch den Klang der Sprache, den Subtext, wie man im Theater sagt.

4.7 Einsatz psychologischer Testverfahren

von Dr. Rüdiger Hossiep

Traditionell gehen Personalberater bei Personalentscheidungen im Rahmen der Besetzung von Vakanzen aus guten Gründen **primär erfahrungsgestützt** vor. Allerdings stehen mittlerweile geeignete psychologische Instrumente zur Verfügung, die den Meinungsbildungsprozess über infrage stehende Kandidaten zielführend unterstützen können und damit die Eignungsfeststellungen breiter absichern. Insbesondere zur **Systematisierung der Persönlichkeitsstruktur** bieten berufsbezogene Verfahren einen nachvollziehbaren, plausiblen Zusatznutzen (*Hossiep, R./Paschen, M.*, 1999).

4.7.1 Psychologische Testverfahren

Bei psychologischen Testverfahren handelt es sich um die klassischen und am häufigsten verwendeten Instrumente **wissenschaftlich kontrollierter Besetzungsentscheidungen**. So sind Tests für zahlreiche Kandidaten auch schlechthin synonym mit Selektions- und Bewertungsmethoden. Einer der entscheidenden Gründe für die Verwendung psychologischer Testverfahren ist in der hoch entwickelten Methodologie ihrer Konstruktion zu sehen. Diese erfolgt mit der Zielrichtung, möglichst objektivierte Bewertungsmethoden zur Verfügung zu stellen, um die persönlichen Eignungsvoraussetzungen von Kandidaten in Erfahrung zu bringen. Die Standardisierung psychologischer Testverfahren bezieht sich auf Inhalt, Durchführung und Auswertung. Im Vergleich zu anderen Herangehensweisen ist somit die Grundlage **hoher Objektivität** gegeben und damit der Einfluss subjektiver Kriterien – die gleichwohl an anderer Stelle durchaus begründet einen gewissen Raum einnehmen können – minimiert. Diese Vorgehensweise schützt den Kandidaten im Auswahlprozess vor möglichen subjektiven Verzerrungen, die bei anderen Selektionsmethoden, wie z. B. dem Interview, a priori eine weitaus größere Rolle spielen.

4. Arbeitsweise des Personalberaters in der Personalrekrutierung

4.7.1.1 Definition

Definitorisch sind psychologische Testverfahren folgendermaßen zu beschreiben:

„Tests sind standardisierte, routinemäßig anwendbare Verfahren zur Messung individueller Verhaltensmerkmale, aus denen Schlüsse auf Eigenschaften der betreffenden Person oder auf ihr Verhalten in anderen Situationen gezogen werden können" (*Schuler, H./Höft, S.*, 2006, 104).

Der Einsatz psychologischer Testverfahren erstreckt sich quasi auf alle Berufsbereiche und beruflich relevanten Fähigkeiten. Im Rahmen der **Berufseignungsdiagnostik** werden grundsätzlich folgende Arten von Testverfahren eingesetzt:

- allgemeine Intelligenztests;
- Tests spezifischer kognitiver Fähigkeiten;
- Tests der Aufmerksamkeit und der Konzentration;
- Tests sensorischer und motorischer Leistung;
- sonstige Leistungstests;
- allgemeine Persönlichkeitstests;
- spezifische Persönlichkeitstests;
- Einstellungs-, Motivations- und Interessenstests.

4.7.1.2 Arten/Gliederung

Inhaltlich beziehen sich Testverfahren in der Regel auf bestimmte, festgelegte Verhaltens- oder Fähigkeitsbereiche bzw. auf entsprechende Eigenschaftsdispositionen. Die psychologischen Testinstrumente zeichnen sich in der Konstruktion durch eine Aneinanderreihung jeweils mehrerer ähnlicher Items oder Fragestellungen pro Merkmalsbereich sowie durch eine strenge psychometrische Überprüfung aus. Mit der Gliederung von Testverfahren ist vor allem die Frage nach Einteilungsgesichtspunkten verknüpft. So lassen sich Testverfahren unter anderem nach der Zahl der Teilnehmer, dem Grad ihrer Anwendbarkeit, der Anzahl der zu erfassenden Merkmale, der Abhängigkeit vom Sprachverhalten, der Art der Testdurchführung und dem dabei verwendeten Medium und der besonderen Betonung des Quantitäts- oder Qualitätsaspektes unterscheiden. Weit verbreitet ist unter Klassifikationsgesichtspunkten die Einteilung der Verfahren in **Fähigkeitstests** (häufig auch Intelligenz- und Leistungstests genannt) und **Persönlichkeitstests** (persönlichkeitsorientierte Verfahren). In der Personalberatungspraxis werden zum einen Testverfahren zur Erfassung allgemeiner kognitiver Fähigkeiten, z.B. der Intelligenz und ihrer Komponenten, sowie Verfahren zur Prüfung allgemeiner Leistungsdispositionen verwendet. Zum anderen kommen persönlichkeitsdiagnostische Verfahren zum Einsatz, zu denen auch Interessen-, Neigungs- und Motivationstests zu rechnen sind, die im Übrigen in ihrer Mehrzahl als Fragebogenverfahren bzw. als Fragebogen in elektronisch gestützter Form vorgegeben werden.

4.7.1.3 Gütekriterien

Für psychologische Testverfahren existieren entsprechend ihrer in der Regel hoch elaborierten Messtechnologie sog. „**Testgütekriterien**", mit deren Hilfe die Qualität und Exaktheit der erfolgten Testung bestimmt und ausgewiesen werden kann. Hauptgütekriterien sind **Objektivität, Reliabilität und Validität**. Als Nebenkriterien gelten Ökonomie, Nützlichkeit, Normierung und Vergleichbarkeit.

Die Objektivität bezeichnet das Maß, inwieweit in der testdiagnostischen Situation eine Standardisierung des gesamten Prozedere gelingt. Bei Durchführung, Registrierung und Auswertung desselben Testverfahrens sollte das gleiche Verhalten eines Kandidaten immer in gleicher Weise quantifiziert und die resultierenden Ergebnisse stets im gleichen Sinne interpretiert werden. Objektivität bezeichnet immer auch die Unabhängigkeit der Testergebnisse vom Anwender. Vereinfacht gesprochen muss jeder Anwender tatsächlich zu dem gleichen Ergebnis gelangen, wenn das Instrument sachgerecht eingesetzt und ausgewertet wird. So sind etwa die Resultate eines wissenschaftlichen Tests zur intellektuellen Leistungsfähigkeit in der Regel hoch objektiv, da exakte Vorgaben für die Auswertung vorliegen bzw. diese ohnehin computergestützt erfolgt. Allerdings ist es durchaus möglich – über den engeren Objektivitätsgedanken hinaus –, dass man auf Basis exakt identischer Testergebnisse dennoch zu einer völlig anderen, erweiterten Interpretation gelangt, wenn etwa aus Kontextinformationen (z. B. aus biografischen Daten oder dem Verhalten im Interview) andere Schlüsse zu ziehen sind.

Das Testgütekriterium Reliabilität – als Zuverlässigkeit zu verstehen – charakterisiert eine Testdurchführung unter dem Aspekt der Messpräzision. Die Reliabilität gilt also als Messgenauigkeit eines Testinstrumentes und zwar unter Absehung inhaltlicher Überlegungen. Aus testtheoretischer Sicht geht es hierbei stets um die **Minimierung des sog. „Messfehlers"**. Eine ungenaue Messung wäre beispielsweise dann gegeben, wenn unter ansonsten identischen Bedingungen stark schwankende Ergebnisse vom gleichen Kandidaten erzielt würden. So kann ein Test ein bestimmtes Persönlichkeitsmerkmal kaum zuverlässig und genau erfassen, wenn das interessierende spezifische Merkmal (z. B. Entscheidungsfreude) lediglich durch eine einzige Frage repräsentiert ist.

Das dritte und letzte Hauptgütekriterium psychologischer Testverfahren ist die Validität, die als das bedeutsamste Gütekriterium gelten muss. So liegen allein vom Validitätsbegriff in der wissenschaftlichen Diskussion mehrere Dutzend verschiedener Facettierungen vor. Vereinfacht gesprochen bezieht sich die Validität eines Auswahlverfahrens darauf, inwieweit die Ergebnisse tatsächlich mit den Aspekten zusammenhängen, die man vorhersagen möchte – beispielsweise beruflichen Erfolg, d. h. konkret die Bewährung eines bestimmten empfohlenen Kandidaten im Rahmen seiner Arbeitstätigkeit. In der Tat stellt die **Validität den zentralen Punkt zur Bewertung von Besetzungsentscheidungen** dar. Letztlich ist das Ziel jeder Informationsgewinnung darauf ausgerichtet, dass die erhaltene Information tatsächlich valide, und damit genau und belastbar wird. Es geht insofern darum, dass auch das tatsächlich gemessen wird, was zu messen vorgegeben wird. Wenn also Hochschulabschlusszeugnisse die intellektuelle Befähigung zur erfolgreichen Bearbeitung theoretischer wie praktischer Problemstellungen wiedergeben sollen, dann darf es sich bei dem Zustandekommen der Bewertungen nicht primär um eine bloße Anpassungsleistung an die persönlichen Vorstellungen und Erwartungen des Hochschuldozenten handeln.

Neben den drei Hauptgütekriterien lassen sich folgende Nebengütekriterien unterscheiden: Unter Normierung wird die Einordnung der gewonnenen Testdaten in eine Referenzpopulation verstanden. So ist es sinnvoll, dass ein Kandidat für die Zielposition Hauptabteilungsleiter auch tatsächlich mit dieser Ebene verglichen können werden muss, wenn etwa im Rahmen einer bestimmten Persönlichkeitsstruktur eine spezifische Ausprägung gefordert ist. Nur so kann eine sinnvolle Beschreibung von Ausprägungen bestimmter Eigenschaften eines Individuums erfolgen. Darüber hinaus liegt in diesem Aspekt eine zentrale Unterscheidung zwischen fundierten wissenschaftlich beforschten Verfahren im Gegensatz zu einem „handgestrickten" Test, den der Praktikant „mal eben" zusammengestellt hat. Selbstverständlich sollte ein psychologisches Testverfahren auch ökonomisch und nützlich sein. Hier sollten also der Zeit- und der Materialaufwand minimiert sein, wobei anzumerken ist, dass dies in der Regel – von abwegig bepreisten Lizenzmodellen einmal abgesehen, die auf dem Markt durchaus verbreitet sind – bei den Verfahren, die die deutsche Testzentrale vertreibt, durchgängig gegeben ist (www.testzentrale.de). Darüber hinaus sollte ein psychologisches Testverfahren eine gewisse Vergleichbarkeit aufweisen, was bedeutet, dass die mit einem bestimmten Verfahren generierten Ergebnisse nicht den Resultaten, die mit einem anderen Verfahren ermittelt werden, widersprechen, soweit die beiden Testinstrumente den gleichen Merkmalsbereich abgreifen (*Simon, W.,* 2006).

4.7.2 Verfahren zur intellektuellen Leistungsfähigkeit

Unter Leistungstests im Allgemeinen – zu denen meist auch Instrumente zur Erfassung der intellektuellen Leistungsfähigkeit hinzuzurechnen sind – werden Verfahren verstanden, die **jene Verhaltensanteile erfassen** sollen, die sich als „Leistung" einstufen lassen. Synonym zu diesem Begriff werden häufig Fähigkeit, Fertigkeit, Eignung und Begabung oder auch Potenzial verwendet. Die Antworten zu den Testaufgaben lassen sich in der Regel als „richtig" oder „falsch" klassifizieren. Für den Managementbereich sind vor allem Verfahren interessant, die eine **allgemeine intellektuelle Leistungsfähigkeit** (general mental ability) erfassen. Hier geht es also nicht um Detailbereiche der Intelligenz, die z.B. für den Ausbildungserfolg relevant sind, wie etwa exakte Sprachbeherrschung, ausgeprägtes numerisches Denken oder räumliches Vorstellungsvermögen, sondern vielmehr um Aspekte wie die kognitive Leistungsgeschwindigkeit und intellektuelle Verarbeitungskapazität. Verfahren zur Erfassung dieser generellen Intelligenzkomponenten sind z.B. **Matrizentests**, bei denen – weitgehend sprachfrei – abstrakte geometrische Figuren bearbeitet werden sollen, die das komplexe logisch-schlussfolgernde

4.7 Einsatz psychologischer Testverfahren

Denken erfassen. Aufgabe des Kandidaten ist es etwa, das jeweils leere Feld einer 5x3-Matrix durch eine von sechs Antwortalternativen korrekt zu ergänzen (*Hossiep, R./Turck, D./Hasella, M.*, 1999, siehe Abbildung 4.7-1).

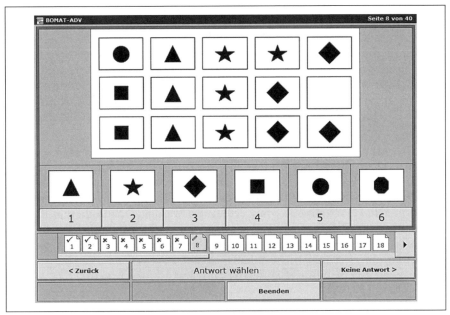

Abbildung 4.7-1: Screenshot eines Matrizentests.

Nach den vorliegenden, meist der US-amerikanischen Forschung entstammenden Befunden ist Allgemeinintelligenz der Hauptprädiktor für Berufserfolg – und zwar weitgehend unabhängig von Branche, Organisationsform, Tätigkeit und hierarchischer Ebene (*Schmidt, F. L./Hunter, J. E.*, 1998; *Kersting, M./Hossiep, R.*, 2008).

Der deutschsprachige Raum – und hier vor allem die Bundesrepublik Deutschland – erweist sich seit Jahrzehnten gleichsam als „Entwicklungsland", was den Einsatz von Testverfahren bei Fach- und Führungskräften angeht (*Hossiep, R.*, 2001). So kann nach den vorliegenden Untersuchungen hinsichtlich der Verbreitung des Einsatzes psychologischer Testverfahren (dies gilt tendenziell sowohl für die Erfassung der intellektuellen Leistungsfähigkeit wie auch für die der Persönlichkeitsstruktur) davon ausgegangen werden, dass in nahezu allen Ländern des westlichen Wirtschaftskontextes eine vielfach größere Verbreitung gegeben ist (*Schuler, H.*, 2000). Bedauerlicherweise ist der sachgerechte Umgang mit intelligenzdiagnostischen Verfahren im Wirtschaftskontext auch unter Fachleuten defizitär entwickelt. Die früher verbreitete Praxis der restriktiven Abgabe dieser Verfahren lediglich an ausgewiesene Diplom-Psychologen hat sich angesichts der in der EU fortschreitenden länderübergreifenden Harmonisierung rechtlicher Prozesse jedoch nicht aufrechterhalten lassen. So können mittlerweile auch Personalfachleute die entsprechenden Verfahren bei den Testzentralen in Deutschland, Österreich und der Schweiz käuflich erwerben. Juristisch sind diese als Druckwerk zu betrachten und eine Nicht-Zugänglichkeit der Verfahren würde eine Einschränkung der Informationsfreiheit bedeuten. Allerdings ist der Tatbestand, dass ein psychologischer Test käuflich erworben werden kann, noch kein Freibrief dafür, dass ihn jedermann einsetzen darf (analog können selbstverständlich auch Automobile von Nicht-Inhabern eines Führerscheins angeschafft werden). Der verantwortliche und kompetente Umgang mit diesen Verfahren bedarf einer ausgesprochen kundigen und differenzierten Einführung und nicht zuletzt einer erheblichen Erfahrung im Umgang mit der Anwendung und der Interpretation psychometrischer Verfahren insgesamt. Dies gilt insbesondere für die Zielgruppe der Fach- und Führungskräfte. Jedenfalls liegt auch die rechtliche Verantwortung beim Anwender selbst.

In der Gesamtschau ist es geradezu als Unding einzustufen, dass vor allem bei den in Deutschland stattfindenden Besetzungsentscheidungen auf der Managementebene nahezu ein Vakuum bezüglich der sachgerechten Anwendung leistungs- bzw. intelligenzdiagnostischer Verfahren besteht. Hier kann der ambitionierte Personalberater nur ermuntert werden, sich in diesem Bereich nachhaltig zu qualifizieren und tätig zu werden. Gerade die mittlerweile übliche computergestützte Vorgabe und Auswertung von Testverfahren aller Art – meist online – verleiten nicht zuletzt aufgrund der vermeintlich besonderen Genauigkeit zu einem unreflektierten Umgang mit den Ergebnissen.

4.7.3 Verfahren zur Persönlichkeitsstruktur

Obwohl wissenschaftliche persönlichkeitsorientierte Fragebogenverfahren (ein Überblick über den Einsatz dieser Verfahren im Bereich des Personalmanagements findet sich bei *Hossiep, R./Paschen, M./Mühlhaus, O., 2000*) erst seit etwa 10 Jahren im deutschsprachigen Raum spezifisch zu Zwecken der Personalauswahl zur Verfügung stehen, ist weithin akzeptiert, dass z. B. **Persönlichkeit und Interessen eines Positionsinhabers seinen Berufserfolg wesentlich beeinflussen**. Zumeist besteht das methodische Prinzip der Instrumente in der Reduktion einer Vielfalt von Verhaltens- und Erlebnisbeschreibungen auf eine überschaubare Menge von als dahinterstehend angenommenen „Konstrukten" oder Persönlichkeitsmerkmalen. Beim Einsatz von Persönlichkeitsfragebogen ist es besonders bedeutsam, dass diese für die entsprechende Fragestellung auch tauglich sind. Dies bedeutet, dass sie neben einer hinreichenden Differenzierungsfähigkeit hinsichtlich der Kandidaten ausschließlich **Persönlichkeitsfacetten** erfassen sollten, die einen **klaren Berufs- und Anforderungsbezug** aufweisen. Leider existieren – trotz anderslautender Bekundungen geschäftstüchtiger Anbieter – auf dem deutschsprachigen Markt nur wenige Verfahren, die hinreichend wissenschaftlich fundiert sind und zugleich eine eindeutige Verbindung zu beruflichen Anforderungen erlauben. So haben zahlreiche, von wissenschaftlicher Seite vorgelegte Instrumente eher einen klinisch-psychologischen Hintergrund und sind darum für den Einsatz im Wirtschaftskontext ungeeignet. Oftmals enthalten derartige

4.7 Einsatz psychologischer Testverfahren

Verfahren Fragestellungen, die über das berechtigte Informationsbedürfnis des Arbeitgebers bzw. des zukünftigen Arbeitgebers hinausgehen. Die verbreitete Zurückhaltung bei der Anwendung dieser Instrumente ist also durchaus begründet. Darüber hinaus werden zahlreiche Verfahren von verschiedenen Beratungsgesellschaften, meist als Lizenzmodell, angeboten. Im Gegensatz zu den universitär entwickelten Instrumenten sind diese Verfahren meist stark an den vordergründigen Erfordernissen der Praxis orientiert; ob sie aber seriös erstellt wurden, ist für den Anwender in der Regel weder nachvollziehbar noch prüfbar, da die Anbieter die Hintergründe für eine angemessene wissenschaftliche Beforschung kaum offenlegen.

Neben dem Einsatz von psychologischen Testverfahren in der Personalauswahl gewinnen vor allem Persönlichkeitsfragebogen auch auf einem weiteren Einsatzgebiet zunehmend an Bedeutung, nämlich in der **Laufbahn- und Karriereberatung** sowie im Beratungsbereich des **Coaching** (s. *Hossiep, R./ Collatz, A.*, 2007). Die stetig steigenden Anforderungen an Fach- und Führungskräfte in Bezug auf ihre persönlichen und sozialen Kompetenzen werfen die Notwendigkeit auf, dass einer realistischen und verantwortungsvollen systematischen Karriereentwicklung eine kritische Analyse der eigenen Stärken und Schwächen vorangehen sollte. Hierzu können Persönlichkeitsfragebogen in idealer Weise einen Beitrag leisten, wenn es gelingt, im Berufsleben relevante Persönlichkeitsfacetten zu erfassen. Vor allem der damit vorliegende „Benchmark" für die Ausprägung bestimmter Persönlichkeitsdimensionen ermöglicht einen realistischen Abgleich bzw. die fundierte Selbstpositionierung. Zahlreiche renommierte Karriereberatungen nutzen aus diesem Grunde Persönlichkeitsfragebogen als ergänzendes Instrument bei der individuellen persönlichen Standortbestimmung ihrer Klienten.

Gelegentlich wird vorgebracht, dass die Ergebnisse der Persönlichkeitsfragebogen von den Kandidaten bewusst zu ihren Zwecken verfälscht werden könnten. Selbstverständlich ist dies prinzipiell möglich, wenn es sich um transparente Fragen handelt, d. h. der Kandidat „durchschauen" kann, welchen Hintergrund die einzelnen ihm vorgelegten Fragen haben. Soziale Erwünschtheit (namentlich beschönigende Fragebogenbeantwortungen) und sich damit ergebende unerwünschte Antworttendenzen sind jedoch kein spezielles Manko von Persönlichkeitstests. Vielmehr leiden sämtliche Selektionsmechanismen, wie z. B. die vom Kandidaten erstellten persönlichen Unterlagen oder auch das Interview, in ähnlicher Form unter diesen speziellen Motivationseffekten. Persönlichkeitsvariablen spielen bei Personalentscheidungen jedoch stets eine Rolle. Fraglich ist nur, ob bei der Meinungsbildung auch objektive Testinstrumente herangezogen werden oder ob vor allen Dingen subjektive Eindrücke im Vordergrund stehen.

Abbildung 4.7-2 enthält ein Flussdiagramm der im Folgenden angestellten Überlegungen zu dieser Thematik (*Hossiep, R.*, 2007). Fragebogenergebnisse sind selbstverständlich grundsätzlich verfälschbar, wenn dem bearbeitenden Kandidaten nicht verschlossen bleiben soll, auf welchen Hintergrund die einzelnen Testfragen abzielen. Von der prinzipiellen Möglichkeit der Verfälschbarkeit zu trennen ist die Frage, ob die einzelnen Testteilnehmer dies in

4. Arbeitsweise des Personalberaters in der Personalrekrutierung

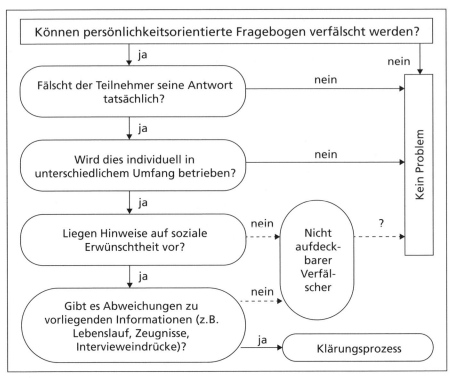

Abbildung 4.7-2: Zur Problematik der Verfälschbarkeit von Persönlichkeitsfragebogen.

unterschiedlichem Umfang tatsächlich wahrnehmen, wobei es sich – die Verfälschbarkeitstendenzen greifen mutmaßlich primär in Auswahlsituationen, nicht aber in Beratungskontexten – bei einer (nicht überzogenen) positiven Selbstdarstellung zunächst einmal um ein anforderungsgerechtes Verhalten in Auswahlsituationen handelt. Zum Problem wird das sog. „Impression-Management" erst dann, wenn verschiedene Kandidaten im Auswahlprozess dies in stark unterschiedlichem Umfang betreiben. In der Regel werden sie davon bereits dadurch abgehalten, dass die Teilnehmer annehmen, das Verfahren wäre in der Lage, genau dies aufzudecken. Auch auf der Basis dieser Überlegungen kommen verschiedene US-amerikanische Untersuchungen zu der Einschätzung, dass dem Phänomen in der Praxis nur eine vergleichsweise geringe Relevanz zukommt (s. auch Hossiep, R., im Druck). Entscheidend ist, ob es im diagnostischen Prozess gelingt – falls Hinweise auf sozial erwünschte Antworttendenzen vorliegen –, diese mit Eindrücken aus anderen Quellen (z. B. Arbeitszeugnissen) abzugleichen (*Hossiep, R./Mühlhaus, O.*, 2005).

Als das in Europa am weitesten verbreitete persönlichkeitsorientierte Verfahren gilt das **Bochumer Inventar zur berufsbezogenen Persönlichkeitsbeschreibung** (BIP, vgl. *Hossiep, R./Paschen, M.*, 2003). Dieser 1998 erstmals publizierte Fragebogen hat sich mittlerweile als **Standard für die Personalauswahl** und für Personalentwicklungsfragen auf der Fach- und Führungskräfteebene etabliert (vgl. dazu die Bewertung der Schweizerischen Diagnostikkommission des *SVB, Schweizerischer Verband für Berufsberatung*, www.testraum.ch). Das BIP ist speziell für die wirtschaftsnahe Personalarbeit entwickelt worden. Mit diesem Verfahren werden ausschließlich im beruflichen Kontext relevante Facetten von Verhalten und Persönlichkeit erfasst. Das Instrument erweist sich als praxistauglich und erfährt in aller Regel eine hohe Akzeptanz durch die Testteilnehmer. Zudem ist das Verfahren komplett zugänglich (inkl. aller Testfragen und Auswertungsalgorithmen) und eine Lizenzierung ist nicht erforderlich – der Anwender bindet sich also nicht. Ziel des BIP ist die standardisierte und systematische Erfassung des Selbstbildes eines Kandidaten – und zwar in Hinblick auf im Berufsleben relevante Beschreibungsdimensionen. Die resultierenden Testergebnisse stellen im Rahmen von Beratungsgesprächen und Platzierungsentscheidungen eine zusätzliche Informationsquelle dar. Sie können insofern eine tragfähige Basis für eine tiefer gehende Exploration im Rahmen eines persönlichen Gespräches sein. In einem solchen Gespräch kann etwa die **Motivstruktur** eines Kandidaten angesprochen werden (z. B. hinsichtlich des Führungsmotivs) und ggf. kann diese Motivstruktur mit den Anreizbedingungen einer Vakanz verglichen werden. Verschiedene Facetten des Arbeitsverhaltens (z. B. Gewissenhaftigkeit) können betrachtet werden und gemeinsam mit dem Kandidaten können Überlegungen angestellt werden, wie sich eine hohe oder niedrige Ausprägung in dieser Dimension mutmaßlich in bestimmten beruflichen Situationen widerspiegeln wird und welches Verhalten unter welchen Bedingungen zu erwarten ist. Die Ergebnisse des BIP können zudem dazu genutzt werden, Selbstbild und Fremdbild (z. B. erhoben über Verhaltensbeobachtungen im Rahmen von situativen Übungen in einem Assessment-Center oder auch durch Interviewedrücke) abzugleichen und entstehende Differenzen zwischen den verschiedenen Zugängen zu thematisieren. Abbildung 4.7-3 enthält eine Übersicht über die vier Bereiche des Verfahrens (inklusive einer entsprechenden Leitfrage zur inhaltlichen Erschließung). Darüber hinaus sind aus der Tabelle die 14 Skalen des Verfahrens samt den englischen Bezeichnungen, einschließlich einer Beispielfrage und des Antwortformates sowie einer entsprechenden Leitfrage zu jeder Skala, zu entnehmen.

Im Rahmen der Potenzialklärung bei der Besetzung von Vakanzen eignet sich das BIP etwa für folgende Fragestellungen:
- Wie stellt sich das Selbstbild eines Kandidaten in Hinblick auf die mit der Tätigkeit verbundenen überfachlichen Anforderungen dar?
- In welchen Bereichen existieren markante Abweichungen vom Mittelbereich einer Skala und damit besonders auffällige Aspekte im Persönlichkeitsbild?
- Welche Verhaltensbeispiele benennt der Kandidat, um diese Abweichungen zu erläutern? Wie äußern sich bestimmte hohe oder niedrige Ausprägungen der Skalen in den relevanten beruflichen Kontexten?
- Durch welche Skalen findet sich der Kandidat nicht korrekt repräsentiert? Wo ist er seines Erachtens durch den Test unangemessen beschrieben? Worauf ist diese Einschätzung zurückzuführen?

4. Arbeitsweise des Personalberaters in der Personalrekrutierung

Bereich	Skala	Leitfrage	Beispiel zur Einschätzung (Skala von 1 bis 6)
Berufliche Orientierung *Wie bringe ich mich ein?*	Leistungsmotivation (LM) *Achievement Motivation*	In wieweit stelle ich hohe Leistungsanforderungen an mich?	„Ich bin mit mir erst dann zufrieden, wenn ich außergewöhnliche Leistungen vollbringe."
	Gestaltungsmotivation (GM) *Power Motivation*	Wie wirke ich auf Prozesse ein?	„Für einige bin ich ein unbequemer Querdenker."
	Führungsmotivation (FM) *Leadership Motivation*	Wie wirke ich auf andere Personen ein?	„Eine Spezialistentätigkeit ist mir lieber als eine Führungsaufgabe."
Arbeitsverhalten *Wie arbeite ich?*	Gewissenhaftigkeit (Ge) *Conscientiousness*	Wie wichtig sind für mich Detailorientierung und Perfektionismus?	„Ich nehme die Dinge ganz genau."
	Flexibilität (Fl) *Flexibility*	In welchem Ausmaß bin ich willens, mich immer wieder umzustellen?	„Ich fühle mich am wohlsten, wenn alles seinen gewohnten Gang geht."
	Handlungsorientierung (HO) *Action Orientation*	Wie zielgerichtet setze ich getroffene Entscheidungen in Handlungen um?	„Wenn ich viele Aufgaben zu erledigen habe, weiß ich manchmal gar nicht, womit ich anfangen soll."
Soziale Kompetenzen *Wie gehe ich mit anderen um?*	Sensitivität (Sen) *Social Sensitivity*	Wie sicher erspüre ich Gefühle anderer?	„Ich kann mich auf die unterschiedlichsten Menschen sehr gut einstellen."
	Kontaktfähigkeit (Ko) *Openness to Contact*	In welchem Umfang verhalte ich mich sozial offensiv?	„Ich brauche eine Weile, bis ich Bekanntschaften schließe."
	Soziabilität (Soz) *Sociability*	Wie wichtig ist mir ein harmonisches Miteinander?	„Ich zeige offen, wenn ich Menschen nicht mag."
	Teamorientierung (TO) *Team-Orientation*	Wie stark bevorzuge ich Teamarbeit?	„Ich ziehe es vor, allein zu arbeiten."
	Durchsetzungsstärke (Du) *Assertiveness*	Mit welcher Vehemenz verfolge ich anderen gegenüber meine Ziele?	„Bei Auseinandersetzungen gewinne ich andere leicht für meine Position."
Psychische Konstitution *Wie gehe ich mit mir um?*	Emotionale Stabilität (ESt) *Emotional Stability*	In welchem Ausmaß bin ich emotional robust?	„Mich wirft so leicht nichts aus der Bahn."
	Belastbarkeit (Bel) *Working under Pressure*	Wie viel will und kann ich mir an Belastung zumuten?	„Auch wenn ich sehr hart arbeiten muss, bleibe ich gelassen."
	Selbstbewusstsein (SB) *Self Confidence*	Wie überzeugt bin ich von mir als Person?	„Ich bin selbstbewusst."

Abbildung 4.7-3: Übersicht über die Bereiche des BIP.

4.7 Einsatz psychologischer Testverfahren

- In welchen Bereichen gibt es Diskrepanzen zu dem Eindruck des Gesprächspartners bzw. beim Abgleich mit anderen Informationsquellen?
- Wie passt die Motivstruktur des Kandidaten zu der Tätigkeit? Wie wichtig ist ihm beispielsweise die Übernahme von Führungsverantwortung? Welche langfristigen Ziele sind damit verbunden?

Neben dem Einsatz des Verfahrens zur Unterstützung von Auswahlentscheidungen kann das Instrument auch zur Berufs- und Karriereberatung, zur Vorbereitung von Personalentwicklungsmaßnahmen und im Vorfeld von Trainings, Coachings und Teamentwicklungen zur Anwendung kommen. Wie bei sämtlichen Fragebogen liegen auch beim BIP die Begrenzungen vor allem darin, dass sich das Verfahren im Rahmen der Personalauswahl gut als Instrument zur **vertieften Kandidatenexploration** eignet; zur Vorauswahl oder als alleiniges Entscheidungskriterium sollte es nicht herangezogen werden. Ein nicht untypisches Profil einer Führungskraft findet sich zur Veranschaulichung in Abbildung 4.7-4.

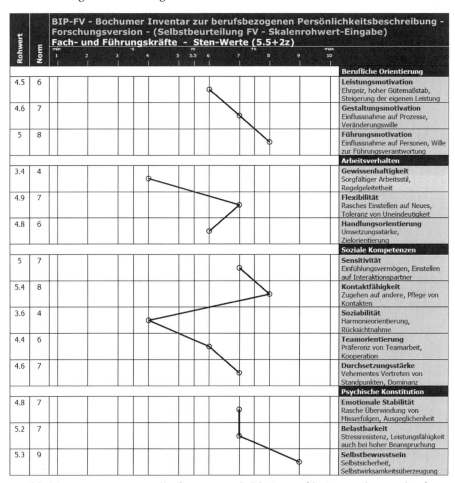

Abbildung 4.7-4: Beispielhaftes Persönlichkeitsprofil einer Führungskraft.

4. Arbeitsweise des Personalberaters in der Personalrekrutierung

Mit dem **Bochumer Inventar zur berufsbezogenen Persönlichkeitsbeschreibung – 6 Faktoren** (BIP-6F; *Hossiep, R./Krüger, C.*, 2012) steht ein weiteres Instrument zur systematischen Beschreibung der berufsbezogenen Persönlichkeit zur Verfügung. Das Verfahren wurde faktorenanalytisch auf Grundlage der BIP-Items entwickelt und beschreibt berufsrelevante Persönlichkeitsmerkmale auf einer weniger konkreten Ebene als das BIP. Es beinhaltet insgesamt sechs Globalfaktoren, die in Abbildung 4.7-5 aufgezeigt sind. Von innen nach außen sind dort die Skalenabkürzungen, die eigentlichen Skalenbezeichnungen, die Kernfacetten des jeweiligen Faktors sowie letztlich die Leitfrage dargestellt.

Das Verfahren beinhaltet 48 Items und ist daher mit einer Bearbeitungszeit von zehn bis fünfzehn Minuten als äußerst ökonomisch anzusehen. So ist es gerade zu Screeningzwecken gut einsetzbar und bietet sich aufgrund seiner Kürze auch für die mehrfache Anwendung an (z. B. im Sinne der Evaluation).

Besonders hervorzuheben ist der hohe Berufsbezug des BIP-6F, das somit eine konkrete Alternative zu Testverfahren bildet, die auf Basis des Big-Five-Modells (Dimensionen: Neurotizismus, Extraversion, Offenheit, Verträglichkeit, Gewissenhaftigkeit; *Borkenau, P./Ostendorf, F., 2008; Ostendorf, F./ Angleitner, A.*, 2004) entwickelt wurden und auf Grund ihrer eher allgemein-

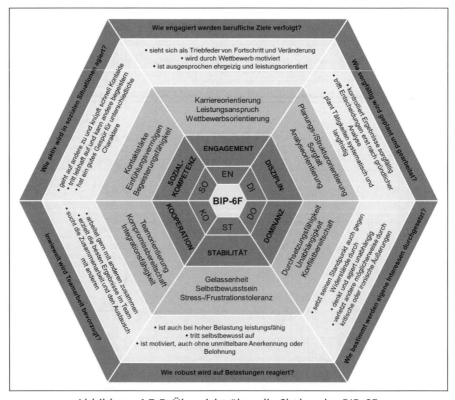

Abbildung 4.7-5: Übersicht über die Skalen des BIP-6F.

psychologischen Ausrichtung oftmals nicht für den beruflichen Kontext geeignet sind.

4.7.4 Integration psychologischer Testverfahren in die Tätigkeit des Personalberaters

Wer sich etwa von einem Persönlichkeitsfragebogen eine „tiefe Durchleuchtung" eines Kandidaten verspricht oder glaubt, durch einen solchen Fragebogen eine Offenlegung von Persönlichkeitsfacetten zu erreichen, die der Testteilnehmer ansonsten lieber verborgen hätte, hat einen nicht einlösbaren Anspruch an diese Instrumente. Derartige Fragebogenverfahren liefern – wenn sie seriös entwickelt und angewendet werden – **lediglich ein systematisches Selbstbild einer Person** (z. B. im Gegensatz zur Verhaltensbeobachtung im Assessment-Center; dort wird die Fremdeinschätzung durch die Beobachter erhoben). Dieses Selbstbild, das bei den meisten zur Verfügung stehenden Verfahren in Profilform zusammengefasst wird, stellt eine ideale Unterstützung für ein vertiefendes Gespräch dar. Der Personalberater bekommt auf diese Weise zahlreiche Hinweise, bei welchen Aspekten ein Nachfragen und eine weitere Diskussion sinnvoll erscheinen und in welchen Bereichen die Selbstsicht eines Kandidaten mehr oder weniger stark von den bislang gewonnenen Eindrücken abweicht. Ein auf der Basis eines persönlichkeitsorientierten Fragebogenverfahrens erstelltes Profil eignet sich natürlich nicht zu einer allein dadurch begründeten Ablehnung von Kandidaten im Rahmen der Vorauswahl oder gar zur alleinigen Entscheidungsfindung. Es bietet eher eine **Hilfestellung**, in welchen Bereichen ein bestimmter Kandidat von seinen persönlichen Voraussetzungen her zu der Tätigkeit, zum Arbeitsumfeld und dem Team, zur Unternehmenskultur und zu den Anforderungen der jeweiligen Vakanz passt. Die Meinungsbildung des Beraters wird also nicht ersetzt, sondern vielmehr durch eine weitere Informationsquelle ergänzt, die ihn zielsicherer und damit auch ökonomischer agieren lässt.

Aus diesen Überlegungen ergibt sich zwingend, dass keine Testverfahren andere Zugangswege zum Kandidaten bei der Personalauswahl ersetzen können. Vor diesem Hintergrund ist die gelegentlich aufflammende Diskussion „Tests oder ein situativ ausgestaltetes Assessment-Center" wenig zielführend, sondern es geht vielmehr darum, die verschiedenen Instrumente sinnvoll miteinander zu kombinieren, um die jeweiligen Stärken unterschiedlicher Herangehensweisen nutzen zu können. Idealerweise wird ein **multimethodales Vorgehen** gewählt, welches aus einer Kombination verschiedener Zugangswege besteht (Sichtung der Bewerbungsunterlagen, biografische Analyse, persönliches Gespräch, Assessment-Center-Techniken, Referenzauskünfte und Testverfahren). So ist ein psychologischer Persönlichkeitsfragebogen eine geradezu ideale Ergänzung zu anderen Vorgehensweisen, da mit einem vergleichsweise geringen Aufwand nachgewiesenermaßen ein deutlicher Nutzenzuwachs erzielt werden kann.

4.7.5 Perspektiven

Obwohl einige Umfeldvariablen für die **Managementdiagnostik** immer unwägbarer werden, sind die Chancen, sich über ein besonders qualifiziertes Recruiting erhebliche Wettbewerbsvorteile zu verschaffen, so gut wie nie zuvor. Die Erkenntnis, dass sich der Wettbewerb der Zukunft mehr denn je auf dem Personalsektor entscheiden wird, dürfte somit auch nachhaltig die Profession Personalberatung betreffen. Auch bei Besetzungsentscheidungen liegt der Segen im Einkauf – es gilt, sich von dem Mythos der beliebigen Entwickelbarkeit (auch auf der Managementebene) zu verabschieden. Der Aufwand, der für Nachqualifizierung betrieben werden muss, ist exorbitant und in seinen Folgen auf Mitarbeiter und Kunden kaum noch zu korrigieren.

Die Gefahr, dass man bei der Auswahl von Personen auf Managementebene leistungsfremden Kriterien aufsitzt (Effekthascherei; sich gut „verkaufen" können; blenden; immer so schnell weg sein, dass die Konsequenzen der eigenen Handlungen erst beim Nachfolger sichtbar werden etc.) war nie zuvor so groß. Der Einsatz von Instrumenten der Testdiagnostik mit dem **Ziel der Objektivierung** oder auch der sich nach wie vor auf der modischen Überholspur befindlichen Kompetenzmodelle darf keinesfalls zu einer Vereinheitlichung oder sogar Gleichschaltung von Anforderungsprofilen dienen (die Versuchung ist allerdings sehr groß). Es entspricht im Übrigen jeder praktischen Managementerfahrung, dass sich zahlreiche Personen segensreich für ein Unternehmen ausgewirkt haben, weil sie eben anders waren, als es Anforderungskataloge eigentlich vorsahen. Vielmehr gilt es, jeden in seiner Individualität zu würdigen.

Entscheidend bleibt allerdings bei der Anwendung eines jeden psychologischen Testverfahrens, wer mit dem Instrumentarium in welcher Weise und in welcher Situation umgeht. Gleiches gilt übrigens nicht nur für psychologische Testverfahren, die man gern per se als „heilsbringend" oder „Teufelswerkzeug" kategorisiert, sondern auch für viele andere Hilfsmittel, derer sich Fachleute jeder Couleur bedienen. Erfahrungen mit Instrumenten und Zielgruppen, weitreichende Unternehmens- und Branchenkenntnis und entsprechende Kompetenz in der Kommunikation mit Auftraggebern und Kandidaten sind unerlässliche Voraussetzungen zur angemessenen Handhabung auch von psychologischen Testverfahren. Wenn die mangelnde Kompetenz in der Testdurchführung letztlich dem Instrumentarium angelastet wird, zeigt sich hier eine Parallele zum sorgfältig konstruierten Assessment-Center, das auch bei hervorragender Vorbereitung und fundierter Entwicklung nur gute Ergebnisse erbringen kann, wenn die Beobachter über entsprechende Beobachtungskompetenzen verfügen. Das Assessment-Center-Urteil ist stets nur so tragfähig wie die Qualität der Beobachter. Vor dem Hintergrund der hier vorgetragenen Überlegungen zum Beitrag von Testverfahren im Prozess der Vakanzbesetzung ist nachdrücklich anzuraten, psychologische Tests in den Auswahlprozess zu integrieren. Sei es (z. B. im Assessment-Center) zur nachhaltigen Steigerung der Prognosekraft des Gesamtverfahrens oder zur zielsicheren Vorbereitung von Einstellungsinterviews (vorzugsweise durch den Einsatz geeigneter persönlichkeitsbeschreibender Instrumente). Wichtig ist vor allem bei der heute üblichen computergestützten Durchführung, sich nicht blind auf automatisch erstellte Empfehlungen zu verlassen, sondern seine **eigene personenbezogene Fachkompetenz einzubringen.** Hierzu ist es unerlässlich, sich mit dem Zustandekommen der resultierenden Testergebnisse zu befassen. Zudem besteht für den Personalberater jederzeit die Möglichkeit, einen spezialisierten fachkundigen Management-Diagnostiker hinzuzuziehen, der eine Begutachtung des Kandidaten vornimmt. Bei einschlägiger Expertise resultieren hieraus einerseits eine Fundierung etwaiger Zweifel an dem Kandidaten und andererseits – wahrscheinlich noch wertvoller – Hinweise zur Führung und Weiterentwicklung des Managers in der neuen Position.

Das in den Mitarbeitern verkörperte Humanpotenzial wird sich in immer stärkerem Maße als der kritische Erfolgsfaktor für die zukünftige Unternehmensentwicklung erweisen, wobei hier die Passung einer Tätigkeit zu bestimmten persönlichen Voraussetzungen eine wichtige Grundlage für beruflichen Erfolg und nicht zuletzt Zufriedenheit darstellt. Vor diesem Hintergrund ist es dringend anzuraten, die im Berufsleben relevanten Aspekte der Persönlichkeit durch systematische Methoden bei Platzierungsentscheidungen oder zur Vorbereitung von Personalentwicklungsmaßnahmen angemessen zu berücksichtigen.

4.8 Kandidatengespräche in ihren verschiedenen Phasen

von Regine Domke

Aufgrund des **demografischen Wandels** ist heute bereits absehbar, wie sich der Kandidatenmarkt der Zukunft gestalten wird. Die schwierige Aufgabe der Kandidatenauswahl wird nicht mehr allein darin bestehen, aus einer Fülle mehr oder minder geeigneter Kandidaten mithilfe von Auswahlinstrumenten den „besten" herauszusieben. Zunehmend werden sich die Unternehmen selbst in der Rolle des „Bewerbers" wiederfinden. Angesichts des **knappen qualifizierten Nachwuchses** müssen sie, um auch zukünftig vakante Fach- und Führungspositionen erfolgreich zu besetzen, als interessante potenzielle Arbeitgeber überzeugen. Grund genug, den Auswahlprozess und sein Kernelement, das Bewerbungsgespräch, umfassend zu betrachten und durch eine professionelle Gestaltung diesen zusätzlichen Anforderungen anzupassen.

Bereits das Unterfangen, aus einer Gruppe ausgewählter Kandidaten nach einer Serie von Gesprächen den besten Kandidaten zu ermitteln, stellt nach wie vor selbst erfahrene Interviewer vor **Beurteilungs- und Entscheidungsschwierigkeiten.** Subjektiv gefärbte Einflüsse prägen das Gesprächsergebnis derart, dass sowohl Berufserfahrung als auch überdurchschnittliche Branchen- und Menschenkenntnis nur begrenzt weiterhelfen.

4. Arbeitsweise des Personalberaters in der Personalrekrutierung

Selbst der durch Professionalität und seine Distanz zum jeweiligen Personalproblem begünstigte Personalberater weiß, dass sich dem – nie zu erreichenden – Ziel einer objektiven Beurteilung von Kandidaten nur durch Systematik und Sorgfalt genähert werden kann, um so das Risiko einer Fehlbesetzung möglichst niedrig zu halten. Mögliche Folgen eines nicht sorgfältig gestalteten Auswahlverfahrens und vor allem nicht professionell geführter Interviews zeigen, dass die Auswirkungen weit über die eventuelle Wahl eines nicht passenden Kandidaten hinausgehen:

- Gute Kandidaten, für die sich Alternativen ergeben, lehnen das Angebot ab, da sie das Unternehmen aufgrund des gewonnenen Eindrucks nicht anspricht. Im ungünstigsten Fall sind wegen des Nachwuchsmangels derzeit keine weiteren qualifizierten Kandidaten auf dem Markt verfügbar.
- Dem Ruf des Unternehmens wird geschadet. Welcher Kandidat wird die erlebte Inkompetenz nicht als interessante Anekdote im weiteren Freundes- und Bekanntenkreis zum Besten geben?
- Kandidaten beurteilen ihrerseits den Arbeitgebermarkt verstärkt über soziale Netzwerke. Werden hier vorwiegend negative Eindrücke über ein Unternehmen ausgetauscht, stufen gerade Nachwuchskräfte dieses als weniger attraktiv ein.
- Die Chance, ein gut geführtes Gespräch mit einer überzeugenden Darstellung des Unternehmens als PR-Maßnahme zu nutzen, wird vertan.
- Sollte im Auswahlverfahren nachweislich gegen das Allgemeine Gleichbehandlungsgesetz verstoßen worden sein, ergeben sich möglicherweise rechtliche Konsequenzen.

Ein professionell gestaltetes Auswahlverfahren – und das umfasst den gesamten Ablauf vom ersten telefonischen oder schriftlichen Kontakt bis hin zur Einstellung oder letztendlichen Absage – trägt der Tatsache Rechnung, dass beide Seiten einer fortlaufenden kritischen Beurteilung ausgesetzt sind. Sowohl von Unternehmens- als auch von Kandidatenseite sind ein **hohes Maß an Diskretion, systematischer Vorbereitung** und **Kooperationsbereitschaft** gefordert. Dabei unterstützt der Personalberater als Koordinator und Moderator das gesamte Auswahlverfahren. Als Marktkenner bringt er die Perspektive des Wettbewerbs ein und verhilft so zu einer neutralen Beurteilung des geforderten Profils und des gegenwärtigen Kandidatenangebots. Gegenüber dem Kandidaten wird er das suchende Unternehmen angemessen darstellen und – falls erforderlich – nachteiligen Gerüchten oder anderen Fehlwahrnehmungen eines Kandidaten entgegenwirken.

4.8.1 Einführung anhand eines Beispiels

Der gezielte Einsatz von Interviewtechniken verhilft dazu, die Abhängigkeit vom vorgefassten Idealbild eines Kandidaten zu überwinden und dessen wirkliche Eignung festzustellen. Ohne diese Techniken droht das Risiko einer personellen Fehlentscheidung, zumal die Einstellenden oftmals Opfer ihrer mangelnden Distanz zum eigenen Unternehmen und den damit verbundenen

4.8 Kandidatengespräche in ihren verschiedenen Phasen

Zielen und Wünschen werden. Ein Beispiel zeigt, dass selbst eine günstige Ausgangssituation nicht automatisch ein Garant für die erfolgreiche Lösung eines Personalproblems ist:

Personalreferent P. war insgesamt zufrieden mit dem Ergebnis der Interviews für die Position „Vertriebsleiter". Die Ausschreibung hatte nach sorgfältiger Analyse der eingegangenen Unterlagen einige vielversprechende Kandidaten hervorgebracht und die Gespräche mit ihnen schienen diesen Eindruck größtenteils zu bestätigen. Aus dem Kreis der fachlich geeigneten, ansonsten vergleichsweise heterogenen Gruppe hatte sich in erster Linie ein Kandidat, Herr V., deutlich abgehoben. Mit seinem souveränen Auftreten, dazu noch einer gewinnenden, korrekten Art, seiner Fähigkeit, am richtigen Punkt die passende Bemerkung zu machen, hatte er den erfahrenen Geschäftsführer G., der ebenfalls an den Interviews teilgenommen hatte, regelrecht aus der Reserve gelockt. Herr P. hatte seinen Vorgesetzten selten so ungezwungen und gesprächig erlebt, vor allem nachdem am Anfang des Interviews deutlich wurde, dass beide in A. studiert hatten.

Nach dem Gespräch hatte Herr G. ihm noch einmal zugenickt und zu verstehen gegeben, dass jetzt nur noch die – allerdings selbstbewusste – Gehaltsforderung von Herrn V. etwas im Rahmen gehalten werden müsse, ansonsten sei der Fall eindeutig. Und da alle Beteiligten unter Zeitdruck standen, sollten Vertragsverhandlung und -abschluss bereits Inhalt des zweiten Gesprächs sein.

Herr P. war angenehm überrascht, dass sich dieses Mal die Besetzung einer Schlüsselposition vergleichsweise wenig aufwendig gestaltete, aber das war sicherlich der Qualität des Kandidaten zuzuschreiben.

Für das mittelständische Unternehmen mit seinen 150 Mitarbeitern war es gewiss ein Glücksfall, einen so beschlagenen und international erfahrenen Kandidaten zu gewinnen, der ohne mit der Wimper zu zucken bereit war, jeden Tag von seinem Wohnort eine Wegstrecke von deutlich über einer Stunde zum Arbeitsplatz zurückzulegen. Natürlich würde man ihm hier kein weitreichendes, internationales Umfeld bieten können, da sich die Abnehmer des mittelständischen Unternehmens auf Europa konzentrierten. Über eine persönliche Sekretärin – wie sie Herr V. offensichtlich gewohnt war – konnten die anderen Abteilungsleiter des Unternehmens auch nicht verfügen. Doch daran würde sich Herr V. gewöhnen, hatte er schließlich als Wechselgrund den Wunsch angegeben, einmal in einem überschaubaren, mittelständischen Unternehmen arbeiten zu wollen.

Ein distanzierter Betrachter vermag an diesem Punkt nicht abzusehen, ob sich die Einstellung von Herrn V. als „Glücksfall" oder als „Fehlgriff" nach einem vermeintlichen „Sonderangebot" erweisen wird. Das angedeutete Problempotenzial, das sich hinter den vordergründig positiven Eindrücken verbirgt, lässt folgendes Szenarium naheliegend erscheinen: Herr V. reist tatsächlich unter Aufbietung aller Energiereserven jeden Tag über 90 km an und überstrahlt mit seinem gewandten, international „stromliniengeformten" Auftreten die beeindruckten und teilweise verwirrten bodenständigen Mitarbeiter und

4. Arbeitsweise des Personalberaters in der Personalrekrutierung

Kunden. Nach einem knappen Jahr -- Herr V. steckt gerade mitten in der Ausarbeitung eines neuen Vertriebskonzepts – spricht dieser unerwartet beim Geschäftsführer G. vor und kündigt aus „persönlichen Gründen". Die sogenannten „persönlichen Gründe" werden wie so oft nicht näher erläutert. Rückblickend lässt sich allerdings erkennen, was Herrn V. zu diesem Schritt bewogen haben mag. Vielleicht wäre den Verantwortlichen beizeiten deutlich geworden, dass der beste Kandidat nicht notwendigerweise der passende ist, wenn sie sich an dem im Folgenden dargestellten gedanklichen Gerüst orientiert hätten.

Vorstellungsgespräche erfolgreich zu führen, setzt zunächst voraus, die **Möglichkeiten**, aber auch die **Grenzen eines Interviews** realistisch einzuschätzen. Nur so gelingt die Konzentration auf das, was tatsächlich erreicht werden kann.

4.8.2 Gesprächsvorbereitungen

4.8.2.1 Zielsetzung

Seriöse Personalentscheider und Berater werden weder Interviewtechnik noch sonstige Auswahlinstumente als Methoden propagieren, die eine unfehlbare Beurteilung eines Kandidaten ermöglichen.

Eine realistische Zielsetzung hingegen erlaubt, sich auf das zu konzentrieren, was im Rahmen eines Auswahlverfahrens tatsächlich erreicht werden kann. Die Interviews sind hier als zentraler Bestandteil des Verfahrens zu sehen. Ihre Einbettung in den Kontext des gesamten Beziehungsgeflechts zwischen Unternehmen, Kandidat und Berater sollte jedoch nicht außer Acht gelassen werden. Schließlich liefert das Verhalten aller Parteien in den Phasen zwischen den Gesprächen wichtige Hinweise zur entscheidenden Beurteilung der Frage: Wie gut passen Unternehmen und Kandidat im Hinblick auf die zu übernehmenden Aufgaben zusammen?

4.8.2.2 Erster Kontakt

Eine sorgfältige Auswertung aller Phasen des Verfahrens liefert umfangreiche Hinweise zur Entscheidungsfindung. Erste Hinweise gibt bereits die anfängliche Kontaktaufnahme. Ist der Kandidat zögerlich, komplette Bewerbungsunterlagen zu überlassen und besteht er auf der Übersendung eines Lebenslaufs per E-Mail? Möglicherweise ist dann – falls es keine plausiblen Erklärungen wie einen längeren Auslandsaufenthalt gibt – seine Wechselbereitschaft nicht ernsthaft. Hat er sein gesamtes Leben bis zum fortgeschrittenen mittleren Alter an einem Ort verbracht und müsste nun erstmalig für die vakante Position umziehen, ist das Thema Umzugsbereitschaft bereits vor dem ersten Gespräch zu hinterfragen. Oder umgekehrt: Besteht ein Kandidat auf der Argumentation, dass ein Umzug bei einer einfachen Wegstrecke zum Dienstsitz von deutlich mehr als einer Stunde nicht erforderlich ist, liegt der Verdacht nahe, dass er nicht langfristig an der Position interessiert ist, sondern sie nur als „Notstopfen" für eine Übergangszeit nutzt.

Um den beteiligten Parteien unnötigen Aufwand zu ersparen, greift der Personalberater diese konkreten Punkte auf und klärt sie vorab in einem Telefongespräch. Hier ist es wichtig, auch die Situation des Kandidaten nicht außer Acht zu lassen. Hoch qualifizierte Kandidaten, die beruflich stark eingebunden sind, scheuen ebenfalls unnötigen Zeitaufwand. Vorgespräche in Form von Skype-Interviews, die zusätzlich Informationen über den optischen Eindruck des Gegenübers vermitteln, sollten nur eingesetzt werden, wenn beide Seiten die noch anfällige Technik im Griff haben. Technische Störungen trüben den Eindruck und lösen möglicherweise Irritationen aus, die von den zu klärenden Punkten ablenken.

Diese Informationen, zusammen mit der Auswertung der Bewerbungsunterlagen, dienen zur Entscheidung, wer zum Erstinterview eingeladen wird bzw. welchen individuellen Fragen besonderes Gewicht zukommen wird.

4.8.2.3 Erstgespräch

Ziel eines ersten Gesprächs ist der umfassende Austausch von Informationen über Unternehmen, Position und Kandidat. Diese werden vom Berater möglichst genau festgehalten, um abzuschätzen, ob sich ein zweites Gespräch lohnt. Gegenstände sind

- ein erster Abgleich der geforderten und vorhandenen persönlichen wie fachlichen Qualifikationen und
- das Erfassen wechselseitiger Erwartungen und Perspektiven.

Inhaltliche Ziele sind somit der **Informationsaustausch** und das **Festhalten verwertbarer Aussagen** bzw. von **Informationsdefiziten**. In der Folge kann festgestellt werden, welche Kandidaten unverzichtbare Voraussetzungen nicht erfüllen und daher nicht weiter berücksichtigt werden. In Bezug auf die übrigen Kandidaten ist festzuhalten, welche Gesprächsthemen im Rahmen eines zweiten Gesprächs zu vertiefen sind.

Zur Entlastung des Klienten bietet es sich an, dass der Personalberater ein solches Erstinterview alleine führt. Gesprächsziel ist die „Negativauswahl", d. h., nach dieser ersten Gesprächsrunde ist zunächst nur mit Sicherheit feststellbar, welche Kandidaten sinnvollerweise nicht weiter zu berücksichtigen sind.

4.8.2.4 Vorbereitung der Zweitgespräche

Zur Vorbereitung auf eine zweite, gemeinsame Gesprächsrunde, in der die zunächst geeigneten Kandidaten präsentiert werden, erhält der Klient einen **vom Personalberater gefertigten Gesprächsbericht**. Teil der Auswertung des Erstgesprächs ist es, die noch offenen Punkte zu klären. Können beispielsweise eventuelle Bedenken des grundsätzlich positiv zur vakanten Position eingestellten Kandidaten aus dem Weg geräumt werden? Ließen Äußerungen des Kandidaten auf unpassende Erwartungen schließen, wie z. B. auf weitere Aufstiegsmöglichkeiten, die unter Umständen aus strukturellen Gründen nicht gegeben sind? Auch aus dem weiteren Verhalten des Kandidaten kann eine Aussage über die Persönlichkeit oder zumindest den Grad des Interesses abgeleitet werden, wenn es um die Planung weiterer Gespräche geht. Kandidaten mit sehr eingeschränkten Terminvorstellungen (nur abends oder am Wochenende) sind vermutlich nicht wirklich motiviert. Ein Anwärter auf eine Außendienstposition sollte nicht darauf angewiesen sein, dass ihm eine Sekretariatsmitarbeiterin des Beratungsunternehmens eine Anreiseskizze sowie günstige Bahnverbindungen zusammenstellt. Auch das Verhalten des Kandidaten außerhalb der Gesprächssituation sollte zu den Anforderungen der Position passen.

Genauso wichtig ist, dass die Vertreter des Unternehmens durch respektvolles Verhalten, Flexibilität und Entgegenkommen beweisen, dass sie gute Mitarbeiter „pflegen". Zu den einfachen beziehungserhaltenden Maßnahmen gehören Zwischenbescheide. Verzögert sich beispielsweise eine Entscheidung über das weitere Vorgehen – vor allem, wenn die Gründe für diese Verzögerung nicht in der Person des Kandidaten liegen – empfiehlt es sich, diesen entsprechend zu informieren.

4.8.2.5 Präsentation beim Klienten

Der angestrebte umfassende Informationsaustausch gelingt nur, wenn den Gesprächen eine sorgfältige und ernsthafte Vorbereitung vorausgeht. Neben der systematischen inhaltlichen Vorbereitung darf auch die Bedeutung organisatorischer Aspekte nicht unterbewertet werden. Das Gesprächsumfeld und seine Rahmenbedingungen tragen maßgeblich dazu bei, ein offenes und zugleich konzentriertes Gesprächsklima zu schaffen.

Ist besondere Vertraulichkeit vonnöten oder erscheint es aus anderen Gründen problematisch, die beschriebenen Rahmenbedingungen zu schaffen, bietet es sich an, ein erstes Gespräch zwischen dem Klienten und einem Kandidaten ebenfalls im Haus der beauftragten Personalberatung stattfinden zu lassen.

4.8.2.5.1 Organisatorische Vorbereitung

Ort, Zeitpunkt, Gesprächsdauer und Teilnehmer sollten allen Anwesenden rechtzeitig bekannt sein. Ein reibungsloser Ablauf wird gewährleistet, wenn beizeiten feststeht, wer den Kandidaten in Empfang nimmt und wo er ggf. warten kann. Am Gesprächsort selbst sind äußere Störungen und andere Ablenkungen auszuschalten.

Natürlich ist es interessant zu sehen, wie lange ein Kandidat ohne jede Erfrischung flüssig sprechen kann oder ob er den Gesprächsfaden bei ständig klingelndem Telefon behält. Die Gefahr, dass ein Kandidat diese Unachtsamkeit als Respektlosigkeit ihm gegenüber auslegt oder seinen Zuhörern bedeutsame Einzelheiten entgehen, ist groß genug, um von derartigen „Härtetests" abzuraten.

4.8.2.5.2 Zeitrahmen

Damit die beteiligten Seiten einen möglichst abgerundeten Eindruck voneinander gewinnen, sollte für ein Erstinterview mindestens eine Stunde eingeplant werden. Nach über zwei Stunden verliert ein Erstgespräch dagegen an Aussagekraft, da die Konzentration aller aufgrund der Fülle neuer Eindrücke und Informationen deutlich nachlässt. Die Vergleichbarkeit der einzelnen Kandidaten wird erhöht, wenn die jeweiligen Gesprächstermine zeitlich nicht zu weit auseinander liegen. Von einer langen Serie von Gesprächen an einem Tag – womöglich ohne Pause – ist abzuraten. Die fortschreitende Ermüdung kann bei den Interviewern zu Phänomenen wie unbegründeter Lustlosigkeit oder auch übersteigerter Begeisterung führen.

4.8.2.5.3 Teilnehmerzahl und -rollen

Es hat sich als günstig erwiesen, wenn zwei Vertreter des Unternehmens mit unterschiedlichen Schwerpunkten an dem Interview teilnehmen. Der eine sollte Personalkompetenz besitzen (Personalreferent, Personalleiter, Mitglied der Geschäftsführung usw.), der andere fachliche Belange abdecken (zukünftiger Fachvorgesetzter, Abteilungsleiter usw.). Die Gegenwart von mehr als vier Vertretern des Unternehmens verleiht der Zusammenkunft jedoch Tribunalcharakter und wird in den meisten Fällen jedes offene Gespräch im Keim ersticken.

Um sich unbeeinträchtigt von anderen Überlegungen auf den Kandidaten konzentrieren zu können, sollten ebenfalls die Rollen, die die einzelnen Gesprächsteilnehmer übernehmen, vorher abgestimmt werden. Das Einnehmen von festen Rollen im Wechsel ist eine gut zu handhabende Methode, ein Gespräch zugleich aufgelockert und konzentriert zu gestalten: Ein Interviewer stellt vornehmlich Fragen, der andere beobachtet die Reaktion des Kandidaten und hält die Antworten fest; nach einem zuvor festgelegten zeitlichen oder inhaltlichen Abschnitt wird gewechselt. Ein positiver Nebeneffekt besteht in der Tatsache, dass die unterschiedlichen Persönlichkeiten der einzelnen Interviewer anders geartete Reaktionen beim Kandidaten hervorrufen. Somit entsteht ein differenzierteres Bild von dessen Persönlichkeit.

4.8.2.5.4 Inhaltliche Vorbereitung

Im Mittelpunkt der inhaltlichen Vorbereitung steht die Erarbeitung eines Gesprächsleitfadens. Grundsätzlich gestaltet sich dieser gemäß der Regel „es gibt nichts, was nicht zu hinterfragen wäre". Die ersten Schritte sind die Analyse der Bewerbungsunterlagen und ggf. das Formulieren von Fragen, die sich aus der Lektüre ergeben. Diese Frageliste fließt als individueller, flexibel zu handhabender Teil in den Gesprächsleitfaden ein. Der zweite Teil besteht aus feststehenden Fragen, mithilfe derer die geforderten Merkmale des Anforderungsprofils abgerufen werden. Ein dritter Teil befasst sich mit Punkten, die positionsunabhängig im Rahmen jedes Vorstellungsgesprächs geklärt werden sollten.

4. Arbeitsweise des Personalberaters in der Personalrekrutierung

4.8.3 Gesprächsleitfaden

4.8.3.1 Individueller Teil

4.8.3.1.1 Persönlicher Eindruck

Ohne Scheu sollten hier alle Besonderheiten des ersten persönlichen Eindrucks, von der Angemessenheit der Kleidung über die äußere Erscheinung, das Auftreten und die Körpersprache bis hin zur Sprechweise, festgehalten werden. Es geht an dieser Stelle nicht darum, sich abschließende Urteile zu bilden, sondern Auffälligkeiten genau als das zu behandeln, was sie sind: nämlich Auffälligkeiten, deren mögliche Bedeutung und Hintergrund im Verlauf der Gespräche untersucht werden sollten, soweit sie für die Position relevant sind.

Erscheinung und Auftreten des Kandidaten sind unbedingt in Bezug zu Position und Branche zu sehen. Dicke weiße Frotteesocken zu konservativen Straßenschuhen sind sicherlich bei einem Anwärter für die Position Konstruktionsingenieur weniger „auffällig" als bei einem Key-Accounter eines Markenartikelherstellers.

Ein Personalberater, der die Gepflogenheiten spezifischer Branchen, Hierarchieebenen und Positionsfelder kennt, wird hier entsprechend Hintergrundinformationen liefern.

4.8.3.1.2 Spezifische Fragen

Diese auf den individuellen Kandidaten bezogenen Fragen ergeben sich aus den vorliegenden Unterlagen, vor allem dem Lebenslauf. Der Personalberater spricht beispielsweise den Grund für den Wechsel des Ausbildungsplatzes, den Studienabbruch, einen Branchenwechsel, die kurze Verweilzeit in einem Unternehmen oder auch die Hintergründe für drastische Veränderungen in der Einkommenssituation, dem Verantwortungsbereich oder der Aufgabengestaltung an.

4.8.3.2 Fragen zum Anforderungsprofil

Auch wenn vieles bereits aus den Unterlagen hervorzugehen scheint, wird der Berater den Kandidaten bitten, noch einmal zu allen geforderten Punkten Stellung zu nehmen.

4.8.3.2.1 Ausbildung und Berufserfahrung

Der Kandidat erläutert noch einmal möglichst chronologisch die einzelnen Stationen seiner Ausbildung und ihre Ziele bzw. die berufliche Aufgaben und Zielsetzungen. Neben einer Überprüfung und ggf. einer Ergänzung der den Unterlagen entnommenen Angaben gibt seine Darstellung zum einen Hinweise auf die Beweggründe und die grundsätzlichen Tendenzen und Interessen seiner beruflichen Entwicklung. Zum anderen finden sich hier Anknüpfungspunkte für vertiefende Fragen in Bezug auf die Eignung des Kandidaten.

4.8 Kandidatengespräche in ihren verschiedenen Phasen

4.8.3.2.2 Spezifische Kenntnisse

Hier werden diejenigen Kenntnisse und Erfahrungen detailliert abgerufen, die in unmittelbarem Zusammenhang mit den Aufgaben stehen. Im Falle des Vertriebsleiters V. konnte dieser aus seiner bisherigen Praxis Stellung nehmen zu:

- **Produkten/Wettbewerb**: Herr V. hat bereits in den letzten drei Jahren technisch erklärungsbedürftige Investitionsgüter vertrieben; auch bei seinem bisherigen Arbeitgebers handelt es sich um einen aufgeteilten Markt, die Qualität und das Preisgefüge vergleichbarer Produkte von Mitanbietern bewegen sich auf einem gleichen Niveau. Aus diesem Grund kann man davon ausgehen, dass Herr V. den besonderen Anforderungen der angebotenen Position, die der Umgang mit dem Produkt und dem Wettbewerb verlangen, gerecht wird.
- **Kunden**: Die gemeinsame Zielgruppe sind sowohl in der bisherigen als auch in der angebotenen Position Industrieunternehmen. Bei seinem jetzigen Arbeitgeber vertreibt Herr V. Investitionsgüter, die spätestens alle fünf Jahre erneuert werden. Kundenbeziehungen werden gepflegt und für das Folgegeschäft genutzt, sodass das Geschäft einen Stammkundencharakter aufweist. Bei den Produkten des zukünftigen Arbeitgebers dagegen handelt es sich um langlebige Investitionsgüter, die in einem Zeitraum von 20 bis 30 Jahren erneuert werden. Der Schwerpunkt der Verkaufsaktivitäten liegt auf der Akquisition von Erstkunden. Daher stellt sich die Frage, ob Herr V. den Schritt vom Stammkundengeschäft in das energieaufwendige und oftmals frustrierende Erstkundengeschäft bewältigen kann und will.
- **Vertriebsgebiet**: Aufgrund seiner bisherigen Verantwortung für weltweite Verkaufsaktivitäten kann man davon ausgehen, dass Herr V. die Voraussetzungen mitbringt, die europaweiten Aktivitäten erfolgreich zu bewältigen. Trotzdem sollte Herr V. aufgefordert werden, ausführlich unmittelbar von ihm beeinflusste, erfolgreiche wie auch problematische Projekte darzustellen.

Sprachliche und andere notwendige Fertigkeiten sind hier noch einmal Gesprächsgegenstand – vielleicht stellt sich dabei heraus, dass die von Herrn V. angegebenen Französischkenntnisse in der Praxis von seiner derzeitigen Sekretärin abgedeckt werden. Genaue Fragen nach Arbeitsabläufen und Aufgabenverteilung liefern entsprechende Erkenntnisse.

Gerade das erforderliche persönliche Engagement einer Vertriebsposition (Reisetätigkeit!) bedingt eine genaue Untersuchung der individuellen Interessen und Werte des Kandidaten. Hier spielen die familiäre Situation, Freizeitinteressen, aber auch Prestigefragen eine Rolle. Herr V. mag es als persönlichen Prestigeverlust ansehen, dass sein weltweites Vertriebsgebiet auf die Größe von Europa geschrumpft ist. Andere Vertriebsmitarbeiter stecken die Grenze ihres gewünschten Vertriebsgebiets so ab, dass sie jeden Ort im Rahmen einer Tagesreise erreichen. Egal wie offen und eindeutig die positiven Antworten des Kandidaten sein mögen, ein Vergleich mit den Antworten auf die positionsunabhängigen Standardfragen gibt oft interessante Aufschlüsse.

4.8.3.3 Standardfragen

4.8.3.3.1 Wechselgrund

Je ausführlicher dieser Punkt behandelt wird, desto tieferen Einblick bietet er sowohl in die Arbeitseinstellung als auch in die berufliche und persönliche Zielsetzung des Kandidaten. Gradmesser bei der Einschätzung des Wechselgrunds ist seine Nachvollziehbarkeit. Ein Wechselgrund ist plausibel, wenn der Kandidat nach einigen Jahren Unternehmenszugehörigkeit keine Aufstiegschancen sieht, weil seine Fachvorgesetzten beispielsweise nur wenige Jahre älter sind als er. Gibt ein Kandidat jedoch nach einem Jahr Unternehmenszugehörigkeit als Wechselgrund die beliebte „Suche nach einer neuen Herausforderung" an, dann ist er entweder ein unterfordertes Genie oder – weitaus wahrscheinlicher – er hat nicht den tatsächlichen Grund genannt. Je nach Gesprächssituation werden Unstimmigkeiten hier sofort angesprochen oder im zweiten Gespräch wieder aufgenommen.

Die Art und Weise wie der Kandidat über sein derzeitiges Unternehmen, über Vorgesetzte und Kollegen spricht, gibt Hinweise darauf, wie er sich seinem neuen Arbeitgeber gegenüber im Falle von Problemen verhalten würde. Erregt seine Darstellungsweise bei den Vertretern des Unternehmens ein deutliches Missfallen, heißt dies für die Einstellenden, Abstand zu nehmen. Für den seltenen Fall, dass sonst „alles stimmt", kann dem Kandidaten in einem zweiten Gespräch Gelegenheit gegeben werden, sich zu diesem Thema zu äußern. Zum Vergleich kann man auf weiter zurückliegende Situationen eines beruflichen Wechsels eingehen. Unter Umständen relativieren diese den negativen Grundtenor.

Vorsicht ist außerdem geboten beim Typus des unkritischen „Pechvogels", der im Einzelfall überzeugend darlegen kann, warum er unverschuldet seine Fähigkeiten bislang nicht so recht entfalten konnte (Zusammenbruch eines Markts, unvorhersehbarer Konkurs eines Arbeitgebers, interne Unruhen nach dem Ausscheiden des Senior-Chefs usw.). Treten derartige Konstellationen in Serie auf, steckt mehr als das zufallsbedingte Pech dahinter.

4.8.3.3.2 Kündigungsfrist

Mit einer Frage nach der Kündigungsfrist kann zum einen geprüft werden, ob der Kandidat rechtzeitig zur Verfügung stehen würde, zum anderen erlaubt die Art und Weise, wie sich der Kandidat den Wechsel vom derzeitigen zum zukünftigen Unternehmen vorstellt, Rückschlüsse auf seine allgemeine Einstellung zu Aufgabe und Arbeitgeber.

Wenn ein Inhaber einer Schlüsselposition ohne jedes Nachdenken behauptet, sofort problemlos für die neue Aufgabe zur Verfügung zu stehen, drängt sich der Verdacht einer Einstellung gemäß dem Motto „nach mir die Sintflut" auf. Oder hat ihm sein derzeitiger Arbeitgeber schon die Kündigung in Aussicht gestellt? Umgekehrt kann bei Kandidaten, die sich mit der Vorstellung, Gegenwärtiges abzuschließen, sehr schwer tun, ein hohes Maß an Pflichtbewusstsein zum Ausdruck kommen. Eventuell sind sie jedoch so intensiv mit ihrem derzeitigen Unternehmen verbunden, dass ihre vermeintliche Wechselbereitschaft auf keiner ausgereiften Basis steht.

4.8 Kandidatengespräche in ihren verschiedenen Phasen

4.8.3.3.3 Einkommen

Je enger der Gehaltsrahmen aufgrund äußerer Bedingungen gesteckt ist, desto früher sollte dieser Punkt angeschnitten werden, um dieses latente K.o.-Kriterium auszuschließen. Es gibt kaum ein anderes Standardthema, bei dem so viele argumentative und gesprächstaktische Verrenkungen unternommen werden. Um derartigen Kunststücken entgegenzuwirken, ist es angezeigt, das Gespräch auf einer betont sachlich-nüchternen Basis zu halten, die den Kandidaten ermutigt, schlicht sein derzeitiges Gehalt und sein gewünschtes Gehalt anzugeben. Hilfreich ist es für den Kandidaten, wenn von Unternehmensseite ebenfalls die Usancen und Möglichkeiten kurz umrissen werden. Entsprechende Hinweise seitens des Personalberaters zur branchenüblichen Bandbreite erleichtern es den Beteiligten, sich zu positionieren.

Zur gemeinsamen (!) **Gehaltsfindung** – so dies der Rahmen zulässt – werden die Faktoren derzeitiges Gehalt, Berufserfahrung, Qualifikationen und Gehaltsgefüge in Unternehmen und Branche herangezogen. Ein Abwägen dieser Faktoren ergibt hoffentlich den gemeinsamen Nenner. Sollte der vorgegebene Rahmen zu eng sein, wird der Berater anregen, ein individuell auf den interessanten Kandidaten abgestimmtes Gesamtangebot zu erarbeiten, dessen Attraktivität beispielsweise in der Flexibilität der Arbeitszeit und der Arbeitseinteilung, in entsprechenden Perspektiven und in anderen nicht-monetären Extras begründet liegen kann.

Da die Zeiten der automatischen Gehaltssprünge von 10 bis 20 % bei Positionswechseln in den meisten Branchen vorbei sind, erweist sich das Gespräch über das Thema Gehaltsvorstellung unter Umständen als Praxistest. Überzogene Gehaltsforderungen können auf eine fehlerhafte Selbsteinschätzung oder auf eine falsche Einschätzung der Branche hinweisen; in beiden Fällen ist der mangelnde Realitätssinn keine erwünschte Eigenschaft einer Fach- oder Führungskraft.

Unbedingte Zurückhaltung ist anzuraten bei allen Verhandlungsformen, die an Glücksspiel oder sonstige Arten des zufallsbedingten Erwerbs erinnern. Es handelt sich dabei um Vorgehensweisen, die im allgemeinen Sprachgebrauch als „Pokern", „Nachkarten" oder dergleichen bezeichnet werden. Ein derartiges Gebaren ist keine angemessene Basis für eine so folgenreiche, sowohl das persönliche als auch das Unternehmensgeschick prägende Angelegenheit wie das Eingehen einer Arbeitsbeziehung. Bei dem völligen Ausreizen der gehaltlichen Möglichkeiten eines Unternehmens ist aus einem weiteren Grund Vorsicht geboten. Das schmerzlich errungene Maximalangebot erzeugt auf der Arbeitgeberseite einen hohen Erwartungsdruck und auf der Arbeitnehmerseite einen ausgeprägten Leistungsdruck – die Investition muss sich amortisieren! Das Arbeitsverhältnis ist so schon vor seinem Beginn belastet. Der Personalberater wird daher aufgrund seiner Kenntnisse der branchenspezifischen Gehaltssituation beide Parteien beraten, damit diese eine für sie akzeptable sachliche Einigung finden.

4.8.3.3.4 Persönlicher Hintergrund/Umzug

Wenn im Gespräch herauszuhören ist, dass die Familie bzw. Lebensgefährten des Kandidaten den beruflichen Wechsel nicht unterstützen bzw. nicht umziehen wollen, sind mittelfristig Probleme vorprogrammiert. Lässt der Befragte auch für den Zeitraum jenseits der Probezeit ohne Angabe eines triftigen Grundes keine Umzugsbereitschaft erkennen, liegt der Gedanke nahe, dass er den angebotenen Arbeitsplatz als „Übergangsstation" betrachtet.

Die Bedeutung persönlicher Faktoren für die erfolgreiche Bewältigung des Arbeitsalltags darf keinesfalls unterschätzt werden. Der geschulte Interviewer ist bemüht, hier einen Eindruck von den für die Position relevanten Lebensumständen des Kandidaten zu gewinnen, ohne die Richtlinien des Allgemeinen Gleichbehandlungsgesetzes zu verletzen. Diese Bestimmungen, die zum Schutz des Kandidaten für ein Beschäftigungsverhältnis erlassen wurden, können an dieser Stelle nicht in ihrer Komplexität dargelegt werden; einige Beispiele verdeutlichen jedoch, wie sie sich auf eventuelle Fragen auswirken. Unzulässig sind Fragenkomplexe zu ethnischer Herkunft, sexueller Identität, Religion oder Weltanschauung. Konkrete Fragen hingegen, die unmittelbar Voraussetzungen für die erfolgreiche Ausübung einer Tätigkeit betreffen, sind zulässig. Dazu gehören Fragen nach

- einer unbefristeten Aufenthalts- und Arbeitserlaubnis,
- verhandlungssicheren Sprachkenntnissen in Wort und Schrift oder
- stärkeren und andauernden gesundheitlichen Einschränkungen (die beispielsweise im Falle einer Außendienstposition eine Reisetätigkeit unmöglich machen).

Rückschlüsse auf das schwierige Thema der Familienplanung können unter Umständen indirekt gezogen werden. Werden Fragen zu weiteren beruflichen Plänen detailliert und konkret beantwortet, wird zumindest deutlich, dass hier gegenwärtig der Schwerpunkt der Lebensplanung liegt.

Sowohl ein **positives Gesprächsklima** als auch ggf. der Hinweis, wieso die jeweilige Frage nach Privatem auch positionsrelevant ist, schaffen beim Kandidaten die Bereitschaft, sich auch zu persönlichen Fragen zu äußern. Es darf keinesfalls seitens des Kandidaten der Eindruck aufkommen, dass ein überlegenes Gegenüber durch unmotiviertes Herumstochern in seinen intimen Belangen krampfhaft für ihn Nachteiliges zutage fördern will.

Mitentscheidend ist die angemessene Reaktion der Zuhörer. Zunächst sind die Ausführungen des Befragten grundsätzlich neutral entgegenzunehmen, egal wie wenig seine Lebenssituation und -ausrichtung der der Fragenden entsprechen mag. Abfällige Kommentare oder andere Varianten respektloser Äußerungen sind hier fehl am Platz.

Fragen sollten so gestellt werden, dass sie den Charakter eines Kommunikationsangebots wahren. Letztlich muss allen Beteiligten klar sein, dass der Kandidat dort, wo die Grenze des Zulässigen überschritten ist, juristisch gesehen das Recht hat, gar nicht oder nicht wahrheitsgemäß zu antworten. Immerhin gibt der souveräne Umgang mit jedweder Frage Hinweise zu Aufgeschlossenheit und Argumentationsgeschick des Befragten. Verweigert sich umgekehrt der Befragte immer wieder auch oberflächlichen Fragen zu verschiedenen Aspekten seines Privatbereichs, ist es nicht auszuschließen, dass es dafür weitergehende Gründe gibt als den verständlichen Wunsch nach Wahrung seiner Privatsphäre.

4.8.4 Gesprächsführung

4.8.4.1 Aufbau

Aus den aufgeführten Fragekomplexen ergibt sich der Aufbau des Gesprächs. Anhand des **Gesprächsleitfadens** wird der Personalberater die Informationen nach zwei Gesichtspunkten abrufen: einmal **chronologisch** (Ausbildung, Berufserfahrung, spezifische Kenntnisse usw.) und zum Zweiten **vom Allgemeinen zum Besonderen** (z. B. von der beruflichen Station hin zu beispielhaft dargestellten Einzelprojekten). Dabei dienen die einzelnen Module dazu, nicht den „roten Faden" zu verlieren; die baukastenartige Struktur gestattet es durchaus – falls es sich im spontanen Gesprächsverlauf ergibt –, bestimmte Aspekte frühzeitiger zu vertiefen, als es die Frageliste vorsieht. Entscheidend ist, auf der Grundlage der Notizen während des Gesprächsverlaufs im Auge zu behalten, welche Punkte bereits abgeklärt und welche noch offen sind.

Handelt es sich um **Schlüsselpositionen**, ist das Interview im Regelfall weder für den Einsteller noch für den Kandidaten eine alltägliche Situation. Demzufolge herrscht bei allen Beteiligten ein gewisses Maß an Nervosität. Hinzu kommt der Druck – aufseiten des Unternehmens –, das Personalproblem zu lösen bzw. – als Kandidat – einen möglichst kompetenten, überzeugenden Eindruck machen zu wollen. Da diese Ausnahmesituation „alltägliches Brot" für den Berater ist, kann er sich sinnvoll der atmosphärischen Fragen annehmen.

Das **Gesprächsklima** ist ausschlaggebend dafür, ob ein Gespräch zu einem starren Austausch von Floskeln oder zu einer aussagekräftigen, individuellen Stellungnahme gerät. Zum einen sind es die bereits beschriebenen Rahmenbedingungen, zum anderen der Aufbau und die Fragetechnik, die ein positives oder negatives Klima prägen. Der Berater schafft hier die nötigen Überleitungen.

4.8.4.2 Einführung

Eine Einführungsphase von fünf bis zehn Minuten dient dazu, Druck und Nervosität abzubauen und unter den einander meist unbekannten Gesprächsteilnehmern eine positive Gesprächsgrundlage zu schaffen. Einfache Gesprächsthemen helfen, den Situationsstress zu verringern. Der Berater schafft einen von Sicherheit und Professionalität gekennzeichneten Gesprächsrahmen, indem er folgende Themenkomplexe berücksichtigt:

- Begrüßung sowie Vorstellung der Anwesenden tragen zu einem gelungenen Anfang bei (aber auch Konversationselemente als Zeichen des Entgegenkommens wie Dank für die Anreise, das Anbieten einer Erfrischung,

unter Umständen ein kurzes Ansprechen aktueller Ereignisse, die auch die Anwesenden betreffen).
- Dem Gefühl des Kandidaten, experimentierfreudigen Hobbypsychologen als „Versuchskaninchen" ausgesetzt zu sein, wird erfolgreich durch eine kurze Erläuterung der Vorgehensweise entgegengewirkt (Zeitrahmen, grober Ablauf mit Hinweis auf die Gelegenheit für Kandidatenfragen, Zielsetzung des Gesprächs und natürlich Vertraulichkeit). Diese kurze Erinnerung wird die anderen Anwesenden noch einmal zur Disziplin mahnen.

4.8.4.3 Eignungsspezifischer Teil

Bevor sowohl die spezifischen Fragen, die sich aus dem individuellen Lebenslauf des Kandidaten ergeben, als auch die Punkte des Anforderungsprofils abgeklopft werden, bietet es sich an, eine Überleitung zu schaffen. Im Wesentlichen werden hier die charakteristischen Eckdaten des Unternehmens und der Position zur Abklärung der wechselseitigen Erwartungen vorgestellt.

- Entweder umreißen die Unternehmensrepräsentanten kurz die wichtigsten Eckdaten zum Unternehmen und zur Position und der Kandidat erhält die Gelegenheit, selbst Fragen zu stellen. Oder falls diese nicht genügend Material für einen weiterführenden Austausch liefern, können mithilfe von Leitfragen die Erwartungen des Kandidaten an seine neue Aufgabe herausgearbeitet werden, z. B. was er im Rahmen der neuen Aufgabe realisieren möchte.
- Erste Hinweise auf besondere Eigenschaften des Kandidaten (Systematik, aktives, zielgerichtetes Vorgehen, kommunikatives Geschick usw.) können gewonnen werden, wenn man ihn auffordert, selbst Fragen zu dem Unternehmen und dem potenziellen Arbeitsplatz zu stellen. Hat er sich zuvor über das Unternehmen informiert oder Fragen zu Unternehmen und Position vorbereitet? Bemüht er sich, durch systematische Fragen ein ausgewogenes Bild zu gewinnen? Stellt er durch mehrmaliges Nachfragen bestimmte Aspekte in den Vordergrund? Welche Bedeutung haben diese für ihn? Geht es z. B. immer wieder nur um Einkommen und erhöhte Kompetenzen? Oder zeigen seine Fragen nach dem Umfeld Sensibilität für die Schwierigkeit, sich in bestehende Strukturen zu integrieren?

Somit wird schnell deutlich – noch bevor Inhaltliches bzw. Fachliches angesprochen wurde –, ob die wechselseitigen Erwartungen im Grundsatz überhaupt zusammenpassen. Gleichzeitig ist ausreichendes Gesprächsmaterial zusammengetragen worden, um eine **flüssige Überleitung zum inhaltlich-fachlichen Teil** zu gewährleisten.

Nachdem sowohl die allgemeinen Voraussetzungen als auch die spezifischen Kenntnisse des Kandidaten durch den Personalberater transparent gemacht worden sind, herrschen die richtigen klimatischen Bedingungen („die Anwesenden sind aufgetaut"), um die Standardfragen zu stellen. Nur so kann sichergestellt werden, dass im persönlichen Hintergrund des Kandidaten keine Faktoren lauern, die der erfolgreichen Bewältigung der neuen Aufgabe im Wege stehen könnten.

4.8 Kandidatengespräche in ihren verschiedenen Phasen

4.8.4.4 Abschluss

Folgende Punkte wählt der Berater als professionellen Gesprächsausstieg:
- Es besteht Gelegenheit zu prüfen, ob es noch offene Fragen gibt, die im Rahmen des Gesprächs geklärt werden können.
- Falls der Kandidat grundsätzlich geeignet erscheint, lohnt es sich, herauszuhören, ob er interessiert ist. Sollte er in der Lage sein, aus seiner Sicht Fragwürdiges anzusprechen, kann eventuell schon darauf eingegangen werden. Ansonsten liefert es Material für ein zweites Gespräch.
- Hier kann Missverständnissen vorgebeugt werden, soweit sie sich aus den beiden obigen Punkten ergeben.
- Egal, ob der Kandidat geeignet oder weniger geeignet erscheint: Die weitere Vorgehensweise im Hinblick auf einen realistischen Termin für eine positive oder negative Entscheidung in Bezug auf ein zweites Gespräch sollte zumindest angesprochen werden.

Keinesfalls Bestandteil des Gesprächsausstiegs darf die Ablehnung eines weniger geeigneten Kandidaten sein. Niemand gewinnt dadurch etwas, dass durch eine unmittelbare Absage unangenehme Konsequenzen in Form von fruchtlosen Diskussionen, die den Zeitrahmen sprengen, bis hin zu emotional negativen Reaktionen riskiert werden. Eine höflich formulierte, schriftliche Absage einige Tage später dagegen bedeutet keinen unzumutbaren Zeitverlust. Bei der Angabe von Gründen für die Absage sind die Richtlinien des AGG zu berücksichtigen. Der Personalberater übernimmt es – wenn es der Klient wünscht –, abgelehnten Kandidaten, die danach fragen, ein sogenanntes „Feedback" zu geben. Auf diese Weise lässt sich entstehender Ablehnungsfrust mildern und – dank des konstruktiven Umgangs mit einer für den Kandidaten negativen Situation – letztendlich die Reputation des Klienten steigern.

4.8.4.5 Fragetechniken

Während ein systematischer Aufbau des Gesprächs zum vollständigen Abrufen aller Fakten verhilft, sind es gezielte Fragetechniken – auf der Grundlage eines positiven Gesprächsklimas – mit deren Hilfe man die persönlichen Merkmale des Kandidaten erarbeitet.

Zunächst ist es wichtig, ständig **Anknüpfungspunkte** in Form von „Gesprächsmaterial" zu erhalten, das über bloße Fakten hinausgeht. Hierzu gehören alle Bemerkungen, die Hinweise auf persönliche Interessen, Einstellungen, Arbeitsweise usw. geben.

- Aufschlussreiches Antwortmaterial liefern offene Fragen, d. h., Fragen sollten weitestgehend so gestellt werden, dass sie weder mit „Ja" oder „Nein" beantwortet werden können noch eine bestimmte Antwort nahelegen.
- Ein Interview ist ein durch den Berater gesteuerter Dialog. Fehl am Platz sind hier endlose Monologe der Auswählenden über persönliche oder unternehmerische Erfolge ebenso wie ungebremstes und nicht hinterfragtes Schönreden des Lebenslaufs seitens des Kandidaten.

4. Arbeitsweise des Personalberaters in der Personalrekrutierung

- Noch ein Hinweis zum mengenmäßigen Aspekt des zu gewinnenden Materials: Damit die Interviewer einerseits das Gespräch in ausreichendem Maß steuern können, andererseits der Kandidat genügend Raum für seine Selbstdarstellung erhält, dient eine einfache Faustregel als Richtwert für die Redeanteil: Der Kandidat sollte mehr als die Hälfte der zur Verfügung stehenden Zeit in Anspruch nehmen dürfen. Anzustreben ist ein Verhältnis von 60 bis 70 % Redezeit für den Kandidaten und 30 bis 40 % für die Befragenden. Deutliche Abweichungen werden im Regelfall nicht zu dem angestrebten gehaltvollen Informationsaustausch führen. Der Personalberater wird daher darauf achten, dass diese Regel eingehalten wird.
- Um ausgewählte Punkte zu vertiefen, wird der Berater Fragen von allgemeiner hin zu besonderer Thematik stellen. Der Ausschnitt eines Interviews mit einem potenziellen Marketingmitarbeiter, bei dem es darum geht, dessen Eignung für die selbstständige Durchführung konkreter Marketingmaßnahmen (unter anderem persönliches Auftreten) zu untersuchen, könnte folgendermaßen aussehen:

Interviewer: „Welche Aufgaben umfasst ihre derzeitige Tätigkeit als Vertriebsassistent noch?" Kandidat: „Es gehören z. B. noch Marketingaufgaben dazu." Interviewer: „Was beinhaltet das in Ihrem Fall?" Kandidat: „Vor allem verschiedene konzeptionelle und verkaufsfördernde Maßnahmen." Interviewer: „Können Sie einmal ein Beispiel nennen?" Kandidat: „Beispielsweise die Mitwirkung an Messen. Das geht von der Planung und Organisation bis hin zur Vorbereitung von Vorträgen und der Anwesenheit am Messestand an allen Tagen." Interviewer: „Halten Sie persönlich Vorträge?" Kandidat: „Nein, das macht nur unser Marketingleiter. Ich stelle vorher die Informationen für ihn zusammen."

Dank der hartnäckigen Vertiefung des Punkts Marketingaktivitäten durch den Personalberater bewegte sich das Gespräch weg von dem Aufzählen von Schlagwörtern hin zu gehaltvollen Aussagen.

- Der Personalberater wird sich nicht scheuen, das einfache Mittel der Wiederholung von Fragen einzusetzen. Bleiben einzelne Antworten unverständlich oder ergeben sie in der Summe kein klares Bild, gibt es keinen Grund, die Fragen – eventuell anders formuliert – nicht noch einmal zu stellen. Das gilt vor allem für die dem ersten Interview folgenden Gespräche, auf deren Bedeutung noch eingegangen werden soll.
- Der Personalberater wird bedeutsame Punkte, z. B. Entscheidungen, die den weiteren Lebensweg prägen, aufgreifen und nach Hintergründen fragen. („Wieso haben Sie sich nach Ihrer kaufmännischen Lehre für das Studium der Verfahrenstechnik entschieden?")
- Um aus den gesammelten Aussagen ein zutreffendes Gesamtbild des Kandidaten zu erhalten, ist eine Überprüfung empfehlenswert. Der Berater bedient sich dazu des einfachen, aber gewinnbringenden Mittels des Zusammenfassens zentraler Aussagen in eigene Worte, um so festzustellen, ob das Dargestellte richtig aufgefasst wurde.

Alle Techniken, die aus dem Bereich des Verhörs und sonstiger Formen von „Stressgesprächen" stammen, sind mit Vorsicht zu genießen und nur in Bezug auf die extremen Anforderungen weniger Positionen (wie sie beispielsweise im militärischen Umfeld zu finden sind) zu rechtfertigen. Ein schematisches Abprüfen von detailliertem Fachwissen dürfte genauso wenig auf die positive Resonanz eines erwachsenen Kandidaten stoßen wie das abrupte Bombardieren mit provozierenden Fragen, um seine Belastbarkeit zu testen. Es ist damit zu rechnen, dass ein qualifizierter Kandidat, der beruflich fest im Sattel sitzt, derartig extreme Erscheinungsformen nicht akzeptieren wird. Ein höheres Maß an Akzeptanz finden hier Praxistests, die der Berater als erweiterte Fragetechnik vor allem im zweiten Gespräch einbringt.

4.8.5 Auswertung

Vor allem bei der Besetzung von Schlüsselpositionen kann man davon ausgehen, dass die Beurteilenden, nachdem erstmalig eine Reihe von Kandidaten präsentiert worden ist, damit überfordert sind, sicher zu entscheiden, welcher der Kandidaten für die Aufgabe am besten geeignet ist. Was kann an dieser Stelle mithilfe des Beraters tatsächlich geleistet werden?

4.8.5.1 *Auswertung des Erstgesprächs zusammen mit den Klienten*

Unmittelbar nach den Gesprächen empfiehlt sich ein kurzer Gedankenaustausch zwischen allen auf der Unternehmensseite Beteiligten. Basis dafür sind die während (!) der Gespräche gemachten Notizen. Aufgrund dieser Übersicht ist schnell ermittelt, welche Kandidaten nicht länger berücksichtigt werden, da sich sogenannte „K.o.-Kriterien" ergeben haben. Dabei handelt es sich um die Nichterfüllung von im Anforderungsprofil festgehaltenen, unerlässlichen Minimalforderungen.

Weiterhin wird der Berater diejenigen Fragenkomplexe, die bei interessanten Kandidaten unzureichend behandelt wurden bzw. noch Unstimmigkeiten aufweisen, herausarbeiten. Genau diese Punkte werden noch einmal besonders markiert, damit sie gezielt im Folgegespräch untersucht werden können.

Bei der Auswertung von Gesprächen, die gemeinsam mit Klienten und Kandidaten stattgefunden haben, kommt die Rolle des Beraters als Beobachter auch gegenüber dem Vertreter des Unternehmens zum Tragen, vor allem, wenn es sich um den Inhaber oder einen Geschäftsführer handelt. Dieser zeigt teilweise sehr unterschiedliche Reaktion auf die einzelnen Kandidaten. Der Berater nimmt die oft unbewussten Reaktionen auf und reflektiert sie; damit liefert er weitere Anhaltspunkte zur „chemischen Eignung" des Kandidaten.

Außerdem bezieht der Berater eventuelle Verhaltensänderungen des Kandidaten in folgenden Gesprächen im Vergleich zum ersten Gespräch als Kriterium ein. Vor allem, wenn der Kandidat dabei abfällt, wie beispielsweise durch unkonzentrierte und unstrukturierte Äußerungen, ist seine Eignung oder zumindest sein Interesse infrage zu stellen.

4.8.5.2 Anzahl der Gespräche

Ein zweites Gespräch kann nur – selbst bei scheinbar „klaren Fällen" – einen erheblichen Zugewinn an Informationen bedeuten:

- Die Beteiligten machen sich frei vom Faktor Tagesform. Es kommt immer wieder im Vergleich zwischen erstem und zweitem Gespräch zu erheblichen Unterschieden sowohl im Auftreten des Kandidaten als auch im Gesprächsverlauf. Hierfür ließe sich eine Vielzahl von Gründen anführen, nicht zuletzt die unterschiedliche Wahrnehmung seitens der Interviewer (siehe Beurteilungsfehler). Aus diesem Grund bietet es sich an, nicht nur den interessantesten Kandidaten aus der ersten Gesprächsrunde für ein weiteres Gespräch einzuladen.
- Hinzu kommt, dass Kandidaten gewöhnlich beim zweiten Gespräch gelöster sind und sich somit offener in Bezug auf ihr persönliches und berufliches Selbstverständnis äußern.
- Das zweite Gespräch bietet die Gelegenheit, alle wichtigen Punkte nochmals anzuschneiden. Selbst im Falle bereits eindeutig beantworteter Fragen können sich, wenn der Kandidat ein zweites Mal dazu Stellung nimmt, aufschlussreiche Aspekte durch Weglassen, Hinzufügen oder neue Zwischentöne ergeben. Im zweiten Gespräch erscheint der Wechsel „greifbarer"; es gibt beispielsweise Kandidaten (oder Lebensgefährten), die sich erst hier ernsthaft mit einem erforderlichen Umzug auseinandersetzen.
- Im Rahmen eines zweiten Gesprächs können Praxisaspekte in Ruhe vertieft werden. Jetzt ist der Zeitpunkt für einen Rundgang durch das Unternehmen. Hieraus ergibt sich höchstwahrscheinlich eine Fülle neuer Fragen. Außerdem wird der Berater ggf. vorschlagen, sogenannte „Praxistests" in den Ablauf einzubauen. Der Kandidat wird beispielsweise mit einer problematischen Situation oder einer Arbeitsprobe konfrontiert, die typisch für die Unternehmensrealität ist. Es geht nicht darum, dass der Kandidat als „Uneingeweihter" unternehmensspezifische Probleme perfekt löst. Aufschlussreich dagegen sind Hinweise auf seine Herangehensweise, denn so lässt sich ermitteln, ob der Kandidat in das neue Umfeld passen könnte.

Eine derartige konstruierte Situation könnte die Einarbeitungsphase betreffen. Dem Kandidaten werden einige Details an die Hand gegeben (Altersstruktur und Qualifikationsniveau der zukünftigen Kollegen bzw. Mitarbeiter, anstehende Projekte). In der Folge erläutert der Kandidat, wie er sich daraus ergebenden Schwierigkeiten begegnen will.

4.8.5.3 Sonstige Informationsquellen

Persönliche Besonderheiten und Eigenarten kommen auch in der Mimik und Gestik des Einzelnen zum Ausdruck, die somit eine weitere Informationsquelle darstellen. Das individuelle **Zusammenspiel von Mimik, Gestik und verbalen Äußerungen** ist so komplex, dass vor dem Versuch einer laienpsychologischen Schnelldeutung nur gewarnt werden kann. Eine durch Mimik und Gestik plötzlich ausgelöste Abneigung spricht jedoch ihre eigene Sprache, die nicht überhört werden sollte.

4.8.5.4 Fehlerquellen

Eine sorgfältige Vorgehensweise schließt Sensibilität für sich einschleichende Beurteilungsfehler ein. Bei einer Serie von Kandidatengesprächen kommt es bei weniger geübten Interviewern zu typischen Wahrnehmungsfehlern:

- Die Überbetonung eines besonders positiven oder negativen Eindrucks lässt die anderen Aspekte über Gebühr in den Hintergrund treten. Im Falle von Herrn V. war es vielleicht der gut sitzende Anzug aus dunklem Tuch, der das Auftreten der anderen Interessenten zweitklassig erscheinen ließ.
- Eine Information, die zu einem besonderen Zeitpunkt, z. B. zu Anfang oder zu Ende des Gesprächs aufgenommen wurde, wird über- oder unterbewertet. Der Kandidat, der um 14 Uhr antritt, nachdem seine Interviewer womöglich ein umfangreiches Mittagsmahl zu sich genommen haben, hat es sicher ungleich schwerer, seine Ausführungen interessant erscheinen zu lassen, als der Kandidat um neun Uhr.
- Nicht unmittelbar positionsrelevante Fakten werden überbewertet (oder negativ gedeutet), da diese persönlichen oder allgemeinen Vorlieben und Interessen entsprechen (bzw. widersprechen). Herr V. hat zur besonderen Freude des Herrn G. ebenfalls in A. studiert.

Ein versierter Berater ist darin geübt, sich immer wieder von der Wirkung der aktuellen Gesprächssituation freizumachen, um diese sensiblen Punkte ins Bewusstsein der Beteiligten zu rufen.

4.8.5.5 Sicht der Kandidaten

Um den erfolgreichen Verlauf und Abschluss des Auswahlprozesses zu gewährleisten, berät der Personalberater das Unternehmen auch darin, den Standpunkt des Kandidaten bei allen Überlegungen angemessen zu berücksichtigen. **Gelungenes Kandidatenmarketing** endet nicht mit dem Eingang der Bewerbungsunterlagen. Qualifizierte und wechselwillige Kandidaten stehen dem Arbeitsmarkt nur eine kurze Zeitspanne zur Verfügung und können auf berufliche Alternativen zurückgreifen. In dieser sensiblen Phase sorgt der Berater dafür, dass Kommunikationsstörungen vermieden und eventuelle Irritationen bereinigt werden.

So kann eine zu zögerliche und unflexible Terminplanung seitens des Unternehmens zur Folge haben, dass sich der Kandidat in der Zwischenzeit für ein anderes Angebot entscheidet. Gleiches gilt für die Informationspolitik gegenüber dem Kandidaten. Erhält er nicht das erwartete Feedback, orientiert er sich anderweitig. Der Personalberater bringt die Anliegen des Kandidaten in die Gesprächsplanung ein, damit dieser ebenfalls über die notwendige Entscheidungsgrundlage verfügt. Soweit es möglich ist, organisiert er beispielsweise, dass der Kandidat mit Schlüsselpersonen auf der Unternehmensseite spricht und eventuell eine Besichtigung oder sogar ein Probetag stattfindet.

Gerade jüngere Kandidaten sind es gewohnt, über internetgestützte Netzwerke zu den Personen ihres Umfelds in einem andauernden Kontakt zu stehen. Diesem Verhalten kann man entgegenkommen und über diesen Weg eine persönliche und individuelle Kommunikation aufbauen. Gleichzeitig sollte bei der Auswahl der Netzwerke unbedingt darauf geachtet werden, dass Professionalität und Vertraulichkeit gewahrt bleiben. Daher bieten sich eher Netzwerke mit beruflichem Schwerpunkt wie *Xing* und *LinkedIn* an als soziale Netzwerke wie *Facebook*.

4.8.6 Abschließende Beurteilung

Ein erfolgreiches Auswahlverfahren ist dadurch gekennzeichnet, dass sich alle Bemühungen darauf konzentrieren, den inneren Widerspruch einer Vorstellungssituation zu überwinden. Dieser liegt naturgemäß in der Tatsache begründet, dass Kandidaten in einer Ausnahmesituation, der Bewerbungsphase, in Bezug auf ihr alltägliches Verhalten am Arbeitsplatz beurteilt werden. Ein höheres Maß an Sicherheit gewinnt die Beurteilung dadurch, dass das **Gesamtverhalten** während dieser „Beziehung" bewertet wird. Ist diese in der gesamten Phase durch Wechselseitigkeit gekennzeichnet, zeigen sich die Beteiligten flexibel und imstande, eine angemessene Kommunikation aufrechtzuerhalten, dann steht eine Einstellung auf solidem Fundament.

Bleiben am Ende einer Sondierungsphase mehrere interessante Kandidaten übrig, ist noch einmal die geistige Disziplin der Auswählenden gefordert. Hier unterstützt der Berater vor allem dabei, in der abschließenden Beurteilung zwischen dem besten Kandidaten und dem am besten geeigneten Kandidaten zu differenzieren. Im Falle des Auswahlverfahrens, an dem Herr V. teilgenommen hat (siehe Beispiel), wäre ein Kandidat der zweiten Wahl sicherlich die bessere, weil passendere Entscheidung gewesen. Obgleich weniger hochkarätig hätte dieser wahrscheinlich aufgrund seiner weniger hochgesteckten Erwartungen und einer bodenständigen, persönlichen Art besser in das neue Umfeld gepasst.

Desgleichen sind **falsche Kompromisse zu vermeiden**. Bei magerer Ausbeute wird ein Kandidat, der bereits nach dem ersten Gespräch einen oder weitere entscheidende Punkte des Anforderungsprofils nicht erfüllte, auch im zweiten oder dritten Gespräch nicht besser. Hier hilft einzig, einen Schlussstrich zu ziehen und die Position noch einmal auszuschreiben.

Für den Fall, dass der Eindruck vom gut geeigneten Kandidaten noch nicht „rund" geworden ist oder wenn der Vakanz – wie im Falle einer Geschäftsführungsposition – besondere Bedeutung zukommt, bieten sich ergänzend andere Informationsquellen an, wie beispielsweise die Einholung von Referenzen.

4.9 Consultancy Goes Global – Besonderheiten internationaler Suchaufträge in Osteuropa und Russland

von Sergey Frank

Der **Globalisierungsprozess**, also die wirtschaftliche, politische und kulturelle Vernetzung der Welt, schreitet immer weiter voran. Begünstigt durch wirtschaftliche und politische Voraussetzungen wie **geringe Transportkosten** und **technische Innovationen** vor allem im Bereich der Kommunikation, verstärken sich die transnationalen Verflechtungen zunehmend. Internationales Geschäft ist längst nicht mehr Sache der großen Konzerne, sondern auch kleine und mittelständische Unternehmen in Deutschland nutzen vermehrt die wirtschaftlichen Möglichkeiten, die ihnen internationale Aktivitäten bieten.

Diese Tendenz hält auch nach der weltweiten Finanz- und Wirtschaftskrise der Jahre 2008 und 2009 an. Im Hinblick auf **Russland** und **Osteuropa** gibt es jedoch einen entscheidenden Unterschied zu anderen wichtigen Wachstumsmärkten wie etwa China: Das asiatische Land erfuhr seit Beginn des 21. Jahrhunderts eine sehr dynamische Entwicklung mit vielen westlichen Unternehmensansiedlungen. Mittlerweile gibt es jedoch auch eine beträchtliche Anzahl von Rückkehrern. Dies ist in Osteuropa, einschließlich Russland, nicht der Fall. Der Aufbau von Produktionsstätten und Vertriebsabteilungen im osteuropäischen Ausland ist für deutsche Unternehmen noch immer ein praktischer Weg, um durch **geringere Lohnkosten** und **weniger staatliche Abgaben** die Ausgaben zu verringern und so die eigene Wettbewerbsfähigkeit langfristig zu sichern. Unzählige Unternehmen haben dort bereits Fertigungsstätten in einem oder gar mehreren Länder errichtet. Tatsächlich sind Mittel- und Osteuropa – und vor allem Russland – sehr interessante und facettenreiche Märkte. Den Menschen in Westeuropa ist aufgrund der wirtschaftlichen Machtverhältnisse noch immer nicht bewusst, wie viele Länder mit beträchtlichem Potenzial sich in der Region befinden. Zwar stecken einige osteuropäische Märkte in ihrer wirtschaftlichen Entwicklung noch in den Kinderschuhen, andere wachsen jedoch sehr stark. Nach der Wirtschaftskrise von 2008 und 2009 erlebte vor allem Russland einen erneuten Aufschwung, der sich inzwischen auf einem stabileren und kontinuierlicheren Niveau als in den dynamischen Jahren vor 2008 eingependelt hat.

4.9.1 Unterstützung durch internationale Personalberatung

Von der Entscheidung, im Ausland – sei es in Osteuropa oder auch in anderen Ländern der Welt – zu investieren, bis hin zur funktionierenden Niederlassung ist es oft ein weiter Weg. Häufig besteht der erste Schritt darin, eine einzelne Person in das jeweilige Land zu schicken, um dort Fuß zu fassen. Wenn das Unternehmen dann einen **Marktzugang** gewonnen hat, ist es bereit zu expandieren, um seine Position zu stärken.

4. Arbeitsweise des Personalberaters in der Personalrekrutierung

Der zentrale Faktor in diesem Prozess ist die **Auswahl des geeigneten Personals**. Doch wie soll ein Unternehmen mit Sitz in München qualifizierte Mitarbeiter in einigen Tausend Kilometern Entfernung finden? Wie kann man Kontakt aufnehmen mit Menschen, deren Sprache man nicht spricht und deren Kultur man nicht kennt? Und überhaupt – was braucht man alles für die Gründung einer Firma in einem fremden Land? Und wie soll das alles neben dem eigentlichen Geschäft funktionieren, das ja auch irgendwie weiterlaufen muss? Und, und, und ... Das ist der klassische Fall für das Einschalten einer Personalberatung und die Vergabe eines internationalen Suchauftrags. Diese kann das Unternehmen, neben der klassischen Rekrutierung von Führungspersonal, auch in weiteren Aspekten der Internationalisierung unterstützen. Dazu gehören:

- **Marktanalyse**: Überprüfung der wirtschaftlichen Entwicklungsmöglichkeiten einer Branche im Zielland
- **Partnersuche**: strategische Beratung bei der Suche nach geeigneten Allianzpartnern im Zielland
- **Gründung einer Niederlassung**: personelle Ausstattung der Niederlassung oder einzelner Positionen
- **Nachgelagerte Beratung**: Problemanalyse und -behandlung bei bestehenden Niederlassungen im Ausland

Kerngeschäft bleibt jedoch die Personalrekrutierung. Durch Produktionsverlagerungen von westeuropäischen Firmen besteht in den Ländern Osteuropas ein fortlaufender Bedarf an einheimischen Arbeitnehmern. International agierende Personalberatungen verfügen hier nicht nur über Kontakte in die entsprechenden Länder und über technische Erfahrung in der Rekrutierung, sondern auch über Kenntnisse, das Land, die Bevölkerung und die Besonderheiten betreffend und die unbedingt beachtet werden sollten. Tatsächlich sind kulturelle Unterschiede mit die größten Stolpersteine im Globalisierungsprozess. Auch wenn alle wirtschaftlichen Voraussetzungen für eine erfolgreiche Expansion ins Ausland gegeben sind, können Unternehmen leicht ins Straucheln geraten, wenn sie diese Gegebenheiten unberücksichtigt lassen.

Aus diesem Grund handelt es sich bei internationalen Suchaufträgen manchmal um eine **Vermittlung zwischen zwei Welten**: Auf der einen Seite steht der Klient mit seinem westeuropäischen kulturellen Hintergrund und dem damit verknüpften Menschenbild, der außerdem noch unter den speziellen Einflüssen der eigenen Unternehmenskultur steht. Auf der anderen Seite stehen die Kandidaten aus dem Zielland, die eine andere Sprache sprechen und ein eigenes kulturelles Verständnis mitbringen. Häufig überträgt der westlich geprägte Klient seine Vorstellungen von Menschen und Organisationen eins zu eins auf die neue Situation. Das kann unmöglich funktionieren: Obwohl es zwischen den Kulturen große Überschneidungen gibt und vor allem die Medien dazu beitragen, dass die Kulturen in bestimmten Lebensbereichen konvergent sind, bestehen doch grundlegende Unterschiede zwischen den verschiedenen Ländern. Auch wenn Osteuropa und Russland geografisch wesentlich näher liegen als z. B. das exotische China, sollte man diese Unterschiede keinesfalls unterschätzen.

So sollte man z. B. in den osteuropäischen Ländern andere zeitliche Maßstäbe anlegen: In Ungarn kann man davon ausgehen, dass viele Prozesse etwa doppelt so lang dauern wie in westlichen Ländern (Zeitfaktor zwei). In Polen spricht man schon vom Faktor drei, in der Ukraine und in Russland sogar vom Faktor vier.

Auch das Verständnis von Recht und Gesetz ist in diesen Ländern anders: Gerade die Deutschen sind meist sehr gesetzestreu und verhalten sich gemäß den geltenden Regeln. Das ist in Russland nicht unbedingt der Fall, da Gesetze sehr stark der individuellen Auslegung unterliegen. Mündliche Vereinbarungen sind vergänglich, schriftliche Fixierungen hingegen ein Muss. Überhaupt trifft man in den osteuropäischen Ländern oft auf ein in der Vergangenheit begründetes, dezidiertes Sicherheitsbedürfnis. Bei Vertragsabschlüssen ist es deshalb sinnvoll, einen **Experten in Sachen Arbeitsrecht** hinzuzuziehen, um sich abzusichern.

4.9.2 Sprach- und Kommunikationsbarrieren – Вы говорите по-русски?

Eines der wichtigsten Kriterien internationaler Suchaufträge ist es also, die Mentalität und die Gepflogenheiten des Ziellands zu verstehen. An erster Stelle steht dabei natürlich das Sprachproblem, da der Klient meist nicht die Landessprache spricht und Englisch, gerade in den osteuropäischen Ländern und in Russland, keine Selbstverständlichkeit ist. Ein zuverlässiger Dolmetscher kann dieses Problem überbrücken.

Darüber hinaus gibt es Kommunikationsschwierigkeiten, die auf **kulturelle Unterschiede** zurückzuführen sind. So kann ein Gespräch schon deshalb scheitern, weil man mit der falschen Person spricht: In Russland ist aufgrund der historischen Entwicklung des Landes das Denken in Hierarchien immer noch weit verbreitet. Die Menschen sind sehr stark personenorientiert. Entscheidungskompetenzen liegen bei bestimmten Personen, ohne deren Anwesenheit kein Weiterkommen in Gesprächen möglich ist. Außerdem ist Englisch nicht gleich Englisch: Nuancen in der Kommunikation können entscheidend sein; gerade wenn zwei Nicht-Muttersprachler miteinander Englisch sprechen, können Missverständnisse entstehen.

4.9.3 Regionale Unterschiede

Wichtig für den Erfolg internationaler Suchaufträge, vor allem in Riesenmärkten wie Russland, ist es darüber hinaus, die in dem jeweiligen Land vorherrschenden regionalen Unterschiede zu kennen. Dies soll folgendes Beispiel verdeutlichen:

Ein deutsches Unternehmen sucht gut ausgebildete Softwareingenieure in Russland. Schnell hat die Firma passende Kandidaten aus den Metropolen Moskau und St. Petersburg gefunden, die neben dem technischen Know-how sogar gute englische Sprachkenntnisse mitbringen. Die Ernüchterung folgt jedoch in den Verhandlungsgesprächen: Wie andere in diesen überteuerten Ballungszentren ansässige Ingenieure haben auch die in die Endrunde aufgenommenen Kandidaten Gehaltsvorstellungen, die das Budget des Unternehmens um ein Vielfaches übersteigen. Es steht damit vor der Entscheidung, die Gehaltsvorstellungen in zähen Diskussionen nach Möglichkeit nach unten zu korrigieren, den Vorstellungen des Kandidaten zu entsprechen oder eine neue Suche zu starten, die aller Voraussicht nach jedoch zu einem ähnlichen Ergebnis führen wird.

Um dieser Entwicklung von vornherein entgegenzuwirken, gibt es hier, vor allem bei der Suche nach technischen Spezialisten, eine goldene Regel: Diese sollten nach Möglichkeit nicht in den Ballungszentren, sondern in den Regionen rekrutiert werden. Hier gibt es, wie z. B. in Nischni Nowgorod, Saratow oder Togliatti, technische Universitäten, die eine große Zahl gut ausgebildeter Absolventen hervorbringen. Nur Sprachkenntnisse, die über das Russische hinausgehen, darf man nicht erwarten. Somit besteht die Brücke darin, russischen Kandidaten, die, wenn sie jünger sind, in der Regel sehr schnell Sprachen lernen, mithilfe von Intensivsprachkursen Englisch und/oder Deutsch beizubringen. Ein weiterer Vorteil, Kandidaten aus der Provinz zu rekrutieren, liegt darin, dass deren Loyalität oft größer ist als bei Kandidaten, die aus besonders ausgeprägten Bewerbermärkten wie Moskau oder St. Petersburg kommen.

4.9.4 Besonderheiten in der Projektabwicklung

4.9.4.1 Das Erstgespräch: Internationale Suchaufträge haben einen stärker ausgeprägten Beratungscharakter

Bei internationalen Suchaufträgen geht es nicht allein darum, geeignetes Personal für die zu besetzenden Stellen zu finden, sondern es gilt auch, dem Klienten mit Rat und **Erfahrungswerten aus dem Zielland** zur Seite zu stehen und ihn mit Hinweisen, Vorschlägen oder Ansprechpartnern zu unterstützen. Klienten, die ihr Geschäft international ausbauen wollen, haben häufig noch keine allzu konkreten Vorstellungen von der Vorgehensweise und davon, was sie im Zielland erwartet. Im Erstgespräch werden solche Unsicherheiten schnell deutlich. Personalberatung bedeutet in diesen Fällen nicht nur, den Klienten mit guten Branchen- und Marktkenntnissen zu unterstützen, sondern ihn auch auf die Besonderheiten im Ausland vorzubereiten und ihm bei der Umschiffung einiger Klippen zu helfen.

Im Erstgespräch werden die **Bedürfnisse und Wünsche des Klienten besprochen**, um herauszufinden, was er genau benötigt. Dabei kommt es immer wieder vor, dass die Positionsbezeichnung und ihre Verankerung in der Unternehmensstruktur – neben anderen Gesichtspunkten – überdacht und grundlegend verändert wird. Unternehmen neigen oft dazu, ihre osteuropäische Tochtergesellschaft zu hoch in der Organisationsstruktur anzusiedeln: Der Geschäftsführer, der sog. „Generaldirektor", soll beispielsweise – ebenso wie die Geschäftsführer anderer Tochtergesellschaften – direkt an die deutsche Geschäftsleitung berichten. Diese in anderen Ländern erfolgreiche Konstellation lässt sich jedoch nicht ohne Weiteres auf russische oder osteuropäische Gesellschaften übertragen: In den osteuropäischen Ländern herrscht eine sehr stark ausgeprägte Personenorientierung. Anstelle von Prozessen und dem Erreichen von Meilensteinen ist die Kommunikation auf Personen fokussiert, die die alleinige Entscheidungskompetenz haben. Dieses in dem dort geltenden Hierarchieprinzip begründete Verhalten führt dazu, dass das westliche Hauptquartier sehr intensiv mit der Tochtergesellschaft (Stichwort Mikromanagement) kommunizieren muss. Für einen ständigen Kontakt und operative Belange haben die Mitglieder der Geschäftsleitung aber im Alltagsgeschäft selten Zeit. Deshalb ist es sinnvoll, eine (Vertrauens-)Person, die entsprechend Zeit hat, mit dem Kontakt zur osteuropäischen Tochtergesellschaft zu betrauen. Sie treibt die Prozesse voran und steht für alle Belange zur Verfügung. Folgendes Beispiel soll diese Konstellation verdeutlichen:

Eine deutsche Muttergesellschaft hat vor drei Jahren eine Tochtergesellschaft in Moskau etabliert. Die teilweise hochkomplexen Geschäftsprozesse, die zwischen Mutter- und Tochtergesellschaft ablaufen, werden in ihrer Komplexität noch verstärkt durch **unterschiedliche Sprachverständnisse und Mentalitätsunterschiede**. Erschwerend kommt die Bürokratie in Russland dazu, gepaart mit den unterschiedlichen Geschäftseinheiten der deutschen Muttergesellschaft, die alle mit verschiedenen Personen aus der russischen Gesellschaft kommunizieren und Projekte vorantreiben. Resultat dieser häufig vorkommenden Konstellation sind totale Verwirrung auf beiden Seiten, Missverständnisse, Frustration und ein hoher Verlust an Zeit- und Managementressourcen.

Hier bietet es sich an, **auf relativ hoher Ebene zwei Kommunikationsverantwortliche** zu etablieren. Der eine ist für den Kommunikationsfluss aus der Muttergesellschaft verantwortlich, der andere für die Kommunikation aus der russischen Tochtergesellschaft. Beide sollten fachliches Know-how haben und über alle Geschäftsprozesse in Kopie informiert werden. Darüber hinaus ist es unabdingbar, dass der deutsche Vertreter zumindest am Anfang ca. zwei Wochen pro Monat in Russland verweilt und sich darüber hinaus in wöchentlichen Sitzungen mit seinem Gegenpart abstimmt. Dieses Mehr an Managementkapazität und Personalbindung reduziert relativ schnell die Komplexität der Geschäftsprozesse und zahlt sich längerfristig aus.

Entscheidend ist in diesem Zusammenhang die Frage, ob die Position des Kommunikationsverantwortlichen der Muttergesellschaft von einem Kandidaten aus dem Zielland oder von einem „Expatriate", also einem Westeuropäer mit beruflichen Erfahrungen im Zielland, besetzt werden soll. Ein Expatriate kennt sich mit westlichen Organisationsstrukturen aus und kann deshalb für die Schnittstelle zur osteuropäischen Tochtergesellschaft sehr gut geeignet sein. Allerdings kennt er das Land, die Sprache und die kulturellen Gegebenheiten weniger gut als ein Einheimischer, der meist auch über ein besseres Netzwerk und über Kontakte verfügt. Außerdem wird ein Expatriate immer deutlich teurer sein als ein Einheimischer. Je nach Position kann die Entschei-

	Einheimischer	Expatriate
(+)	Sprachliche / kulturelle Kompetenzen Gutes Netzwerk / Kontakte	Kenntnis westlicher Organisationsstrukturen Gute Anbindung an die Muttergesellschaft
(−)	Schwierigkeiten in der Kommunikation mit dem Hauptquartier / in der Umsetzung von Strategien	Probleme in der Arbeit mit Mitarbeitern vor Ort Hohe Gehaltsansprüche

Abbildung 4.9-1: Vor- und Nachteile einheimischer Kandidaten gegenüber Expatriates

dung für die eine oder andere Variante für den Erfolg ausschlaggebend sein. Daher müssen derartige Aspekte schon vor Beginn der eigentlichen Personalsuche berücksichtigt werden, um ein den Bedürfnissen entsprechendes Stellenprofil zu erstellen.

Auch die Auswahl einer strategisch günstigen Position für die Niederlassung (sowohl auf nationaler als auch regionaler Ebene) kann der Personalberater entscheidend beeinflussen: Vor allem wenn er ein Einheimischer ist oder zumindest die spezifischen Gegebenheiten sehr gut kennt, erlauben ihm diese Kenntnisse, Empfehlungen auszusprechen und Hinweise zu geben, die bei der Entscheidungsfindung beachtet werden sollten. So sollte sich ein Unternehmen, das in Russland investieren will, darüber im Klaren sein, dass eine Ansiedlung außerhalb von Moskau sehr schwierig ist und nur wenig sinnvoll ist, da alle Geschäfte in der Hauptstadt getätigt werden. Auch die Entscheidung, ob eine Niederlassung in Polen oder in Tschechien angesiedelt werden soll, kann je nach Branche sehr unterschiedlich ausfallen und sollte gut überlegt sein.

4.9.4.2 Suchstrategien und Research

Die Personalberatung kann geeignete Kandidaten sowohl mithilfe der Direktansprache als auch durch eine internetbasierte oder anzeigengestützte Suche finden. Früher erzielten Unternehmen vor allem mit Anzeigen in Printmedien auf dem osteuropäischen und vor allem russischen Markt kaum den gewünschten Erfolg. Positionen wurden im Wesentlichen durch die Direktansprache besetzt. Inzwischen hat sich dies grundlegend geändert: Vor allem in Russland existieren verschiedene professionell gestaltete Online-Jobportale, die es den Unternehmen oder der Personalberatung ermöglichen, in einer umfangreichen Datenbank nach passenden Lebensläufen zu suchen. Ebenso hat die Qualität der Bewerbungen in den letzten Jahren merklich zugenommen. Bevor ein Unternehmen in teure Anzeigen investiert, sollte es jedoch über regionale Unterschiede bei der Personalsuche informiert sein, damit die Maßnahmen nicht ins Leere laufen.

Obwohl in einigen Ländern Osteuropas (z. B. in der Tschechischen Republik) Deutschkenntnisse relativ weit verbreitet sind und immer mehr Menschen Englisch lernen, kann man in Russland nur dann erfolgreich rekrutieren, wenn man sprachliches Know-how mitbringt. Da viele osteuropäische Länder vor dem Fall des Eisernen Vorhangs Teil der Sowjetunion oder zumindest Mitglieder des Warschauer Pakts waren, helfen Russischkenntnisse auch in den Nachbarländern des heutigen Russlands weiter.

Bei der (Direkt-)Suche nach geeigneten Kandidaten ist es entscheidend, **vor Ort zu sein**, um zeitnah auf Entwicklungen im Suchprozess reagieren zu können. Wenn man nur von Deutschland aus agiert, ist die Reaktionszeit sehr lang und alltäglich anfallende Tätigkeiten, wie das persönliche Interview mit einem Kandidaten, gestalten sich kompliziert. Um diese Schwierigkeiten zu umgehen, ist die Zusammenarbeit mit einem sehr eng geknüpften Netzwerk denkbar, das die Suche vor Ort unterstützt. Auf lange Sicht ist jedoch die eigene Präsenz ein entscheidendes Kriterium für den erfolgreichen und zügigen Abschluss der Suchprojekte. Deshalb kann es für die Personalberatung von Vorteil sein, viele dezentral organisierte Niederlassungen in verschiedenen Ländern zu haben, um Synergien nutzen zu können und sich gegenseitig bei den Suchprozessen zu unterstützen. Projektbezogene Kooperationen mit verschiedenen internationalen Niederlassungen ermöglichen es der Beratung, global ausgerichtete Aufträge jeder Art anzunehmen und kompetent abzuwickeln.

4.9.4.3 Kandidatenevaluation – 26, Hochschulabschluss, fünf Jahre Berufserfahrung

Bei der Auswahl der Kandidaten gilt es, deren **Qualifikationen genau zu prüfen**. Hier ist es wichtig zu wissen, dass die Lebensläufe russischer Kandidaten oft nicht den in Deutschland gängigen Vorstellungen entsprechen: In Russland sind Berufsanfänger meist noch sehr jung und häufige Arbeitsplatzwechsel sind, vor allem in den Metropolen, üblich, da hier eine gewisse „Goldgräbermentalität" herrscht. Auf derartige Besonderheiten in den Lebensläufen muss die Personalberatung den Klienten vorbereiten und ihm bei der schwierigen Auswahl aus extrem heterogenen Kandidatenportfolios helfen. Durch die Vorauswahl des Personalberaters und durch das persönliche Gespräch mit den Kandidaten erhält der Klient in der Kandidatenevaluation wertvolle Hinweise und Informationen, die ihm als Entscheidungsgrundlage dienen und die er sich nicht selbst mühsam erarbeiten muss. Zuverlässige Informationen über den Kandidaten liefert auch das Arbeitsbuch, das Arbeitnehmer in Russland führen müssen. Dabei handelt es sich um ein halb öffentlich-rechtliches Dokument, in dem Kündigungsgründe und weitere Einzelheiten hinsichtlich des Beginns oder der Terminierung von Arbeitsverhältnissen beschrieben sind.

Für den Personalberater gibt es darüber hinaus einige grundlegende Faktoren, anhand derer er die grundsätzliche Tauglichkeit der Kandidaten bewerten kann. Bei der Auswahl ist z. B. entscheidend, ob die Kandidaten bereits über **berufliche Erfahrungen in westlichen Unternehmen** verfügen. Kommt ein Kandidat aus russischen Unternehmensstrukturen und ist starke Hierarchien, Personenorientierung und enge Führung gewöhnt, so ist er in der Matrixstruktur eines westlichen Unternehmens kaum einsetzbar. Auch die Zusammenarbeit mit einem geografisch weit entfernten Hauptquartier kann sich unter diesen Voraussetzungen als schwierig erweisen. Durch die Überprüfung stellt der Berater sicher, dass der Kandidat in der Lage ist, entgegen der geltenden Maßstäbe eigenverantwortlich zu arbeiten und sich in westliche Unternehmensstrukturen zu integrieren. Gerade junge Kandidaten bringen häufig eine weltoffene Einstellung mit und können sich an die Anforderungen anpassen, aber auch ältere Kandidaten lassen sich ggf. durch gezieltes und kontinuierliches Training on the Job an weniger hierarchische Unternehmensmodelle heranführen.

Ein weiterer zentraler Punkt sind die **Sprachkenntnisse des Kandidaten**. Gutes Englisch ist ein Muss für einen Arbeitsplatz in einem westeuropäischen Unternehmen. Diese Fähigkeit ist aber gerade unter den jungen Arbeitnehmern in Russland inzwischen weit verbreitet, da viele junge Russen im Ausland studieren.

In der Kandidatenevaluation spielt außerdem die Qualität der Ausbildung eine wichtige Rolle: Während die technische Ausbildung, vor allem in Russland, von hervorragender Qualität ist, gibt es **oft Defizite in kaufmännischen Aspekten**. Auch Kenntnisse über westliche Standards wie US-GAAP oder IFRS sind nicht unbedingt vorhanden. Hier haben junge Kandidaten entscheidende Wettbewerbsvorteile gegenüber älteren, die noch im alten sozialistischen System ausgebildet wurden mit seinen andersartigen wirtschaftlichen Implikationen.

Darüber hinaus zeigt die Erfahrung, dass Kandidaten, die den Wehrdienst abgeleistet haben, in der Regel zuverlässiger und disziplinierter sind. Auch ist bei ihnen die Fluktuationsrate geringer als bei anderen Arbeitnehmern. Der Prototyp des russischen Managers, der vor allem in Ballungszentren wie Moskau und St. Petersburg vorkommt, weist eine durchschnittliche Verweildauer in Unternehmen von nur zwei bis drei Jahren vor. Im Gegensatz dazu stehen weibliche Führungskräfte: Bei ihnen ist die Loyalität bei Weitem höher als bei ihren männlichen Counterparts. Sie sind überproportional in Positionen vertreten wie der Hauptbuchhalterin oder der kaufmännischen Geschäftsführerin und vor allem in leitenden Funktionen im Personalbereich, also alles Funktionen, in denen überdurchschnittlich viel Wert auf Loyalität gelegt wird.

Neben den fachlichen Qualifikationen, muss bei der Evaluation außerdem die eher **private Vergangenheit der Kandidaten** kritisch geprüft werden: Entscheidend sind z. B. Hinweise auf ein Alkoholproblem, ein vor allem in Russland leider immer wieder auftretendes Phänomen, oder auf einen strafrechtlich relevanten Hintergrund. Von besonderer Bedeutung bei der Kandidatenevaluation sind in Russland und den anderen Ländern Osteuropas außerdem die Referenzen, die ein Kandidat erhält. Hier gilt es, besonders genau auf die Nuancen zu hören und damit durch bestimmte indirekte Hinweise etwaige Schwächen auszumachen.

Während einige der genannten Aspekte der subjektiven Beurteilung des Beraters unterliegen, gibt es andere, die aufgrund des systematischen Vorgehens in ihrem Ergebnis personenunabhängig sind. Diese kommen vor allem bei der Suche nach Führungskräften zum Einsatz. Hier wird von den Kandidaten eine hohe unternehmerische Eigenverantwortung gefordert. Dieser Anspruch kollidiert jedoch oft mit der osteuropäischen Mentalität und dem noch immer vorherrschenden Hierarchieprinzip: Aufgabendelegation von oben nach unten findet nur selten statt, sodass Kandidaten möglicherweise kaum selbstständiges und eigenverantwortliches Arbeiten gewöhnt sind. Derartige charakterliche Eigenschaften, die bei Kandidaten aus Westeuropa aufgrund ihres kulturellen Hintergrunds in gewissem Maße vorausgesetzt werden, müssen hier wesentlich genauer überprüft werden. Auch die in den Lebensläufen angegebenen Sprachkenntnisse sollten während der Gespräche genau getestet werden, denn das Verständnis darüber, was „verhandlungssicheres" Englisch oder Deutsch ist, kann sehr stark differenzieren.

Um sich bei der Beurteilung der Führungsqualitäten des Kandidaten nicht allein auf die subjektive Bewertung des Beraters im persönlichen Gespräch zu verlassen, stehen **systematische Evaluationsmethoden** in Form von **psychologischen Tests** zur Verfügung. Wichtig ist, dass diese Tests auf die kulturellen Gegebenheiten vor Ort zugeschnitten und nicht allzu international sind, wie ein Beispiel zeigt:

Die Firma Bauer GmbH (der Name ist willkürlich gewählt) aus Deutschland sucht einen Geschäftsführer in Russland. Nachdem eine Personalberatung mit der Suche beauftragt wurde und geeignete Kandidaten präsentiert hat, entschließt sich die Geschäftsführung der Firma, die beiden letzten Kandidaten einen Assessment-Test durchlaufen zu lassen, um sich in ihrer Auswahl absolut sicher zu sein. Ein solches Verfahren, das einen ganzen Tag in Anspruch nimmt, hat sich in Deutschland und im übrigen Westeuropa sehr bewährt. Eines der Elemente darin ist der sog. „schwierige Mitarbeiter". Der Prüfling steht unter Zeitdruck und hat es mit einem schwierigen Mitarbeiter zu tun, der seinen Anweisungen kaum Folge leistet, ihn unterbricht und auch sonst störend agiert. Hier geht es darum, auf der einen Seite die Contenance zu bewahren und auf der anderen Seite den Mitarbeiter zielorientiert, aber gleichzeitig höflich, in die Schranken zu weisen.

Im Bewertungsverfahren der Firma Bauer spielt der Berater sehr professionell und erfahren den notorischen Mitarbeiter, der seinen Chef (den Probanden) in dessen Argumentation stört. Einer der beiden russischen Kandidaten zeigt sich in dieser Situation gereizt. Der Test erfährt ein jähes Ende: Dem Probanden, der solche Situationen in einer hierarchisch strukturierten Organisation, wie sie in Russland noch immer üblich ist, nicht gewohnt ist, platzt der Kragen. Er schaut seinen „Mitarbeiter" irritiert an und sagt ihm ganz direkt: „Wenn Sie jetzt nicht den Mund halten, werde ich Sie so zurichten, dass Sie nie wieder zum Zahnarzt gehen müssen!"

Diese Eskalation war von niemandem so vorhergesehen und gewollt. Sie zeigt jedoch, dass dieses Assessment-Verfahren in seiner Eins-zu-eins-Auswirkung

4. Arbeitsweise des Personalberaters in der Personalrekrutierung

(lediglich ins Englische übersetzt) in Russland und anderen osteuropäischen Staaten nicht funktionieren konnte. Man sollte also in jedem Fall bestimmte kulturelle und sprachliche Nuancen beachten, um das meiste aus einem Bewertungsverfahren herauszuholen.

4.9.4.4 Kandidatenpräsentation

Das erste Zusammentreffen von Kandidat und Klient ist entscheidend für den Erfolg des Rekrutierungsprozesses. Der erste Eindruck zählt bekanntlich sehr viel. Es kann allerdings vorkommen, dass Kandidaten, die auf dem Papier überzeugen, bei der Kandidatenpräsentation eine schlechte Figur machen. Manche Russen wirken in Gesprächen eher bescheiden und introvertiert, was beim Klienten einen negativen Eindruck hinterlassen kann. Diese passive Mentalität sollte aber nicht über die sehr gute technische Ausbildung hinwegtäuschen, über die besonders junge Russen verfügen. Aufgabe der Personalberatung ist es hier, den Klienten auf den Kandidaten vorzubereiten. Im Gespräch selbst ist der Berater dafür zuständig, die Atmosphäre aufzulockern und den Kandidaten so zu motivieren, dass er nicht aufgrund von Mentalitätsunterschieden aus dem Prozess ausgeschlossen wird.

Besonders komplex sind Kandidatenpräsentationen, wenn neben einem Repräsentanten aus dem westlichen Hauptquartier noch der Geschäftsführer einer bestehenden osteuropäischen Niederlassung zugegen ist und im Entscheidungsprozess mitwirkt. Hier können extrem unterschiedliche Vorstellungen vom Wunschkandidaten aufeinandertreffen, auf die der Personalberater mit besonders viel Fingerspitzengefühl eingehen muss.

4.9.4.5 Vertragsabschluss

Auf einem Megamarkt wie Russland aber auch in anderen osteuropäischen Ländern passiert es häufig, dass gute Kandidaten nur kurzzeitig zur Verfügung stehen. Hier gilt die Devise „Time is of the essence": Während westliche Unternehmen sich nach einem persönlichen Gespräch Bedenkzeit nehmen, um mit allen in den Rekrutierungsprozess involvierten Personen Rücksprache zu halten, entscheidet sich der Kandidat kurzfristig für das Angebot eines anderen Unternehmens. Daher ist es vor allem die Aufgabe der Personalberatung, den Prozess zügig voranzutreiben und einen engen Kontakt zu den Kandidaten zu halten, bis der Vertrag unterzeichnet wird.

4.9.4.6 Klientenbetreuung

Endlich kommt es zum Vertragsabschluss! Damit sollte die Arbeit der Personalberatung eigentlich getan sein. Aber ganz im Gegenteil – gerade bei internationalen Aufträgen fängt die Arbeit jetzt erst richtig an!

Bei vielen Klienten besteht weiterer Beratungsbedarf. Vor allem wenn der Klient neu auf dem Markt ist, sind die internationalen Erfahrungen der Personalberatung für ihn von großem Nutzen. Neben der Rekrutierung von Arbeitskräften braucht der Klient oft auch eine **Beratung zu den Themen**

Personalführung oder Arbeitsrecht. Häufig wird außerdem der Umgang mit regionalspezifischen Schwierigkeiten ausführlich diskutiert. So stellt sich z. B. für Neueinsteiger auf dem osteuropäischen Markt immer wieder die Frage nach dem richtigen Führungsstil und dem entsprechenden Umgang mit den Mitarbeitern in der neuen Tochtergesellschaft. Hier empfiehlt es sich, den Stil des **Mikromanagements** anzuwenden: Enge Führung und enge Kommunikation mit den Mitarbeitern werden nicht als übermäßige Kontrolle wahrgenommen, sondern gelten als gängige Managementmethoden. Auf diese Weise kann der Arbeitgeber sicherstellen, dass er über die Abläufe in der Tochtergesellschaft und eventuelle Schwierigkeiten informiert ist.

Was die Weitergabe von Informationen betrifft, sollte aber bedacht werden, dass es Osteuropäern (ähnlich wie Asiaten) wichtig ist, ihr Gesicht nicht zu verlieren. Negative Entwicklungen werden daher möglicherweise verschwiegen, obwohl offenes Herangehen an die Angelegenheit ein Einlenken und ein Verbessern der Situation ermöglichen könnte. Unter diesem Aspekt ist es essenziell, eine Führungsperson zu etablieren, die fortlaufend für die Anliegen der osteuropäischen Tochtergesellschaft zuständig ist. Dadurch ist ein Ansprechpartner vorhanden, zu dem sich eine vertrauensvolle Beziehung entwickeln kann. Auf diese Weise kann das Problem vermindert werden. Eine besondere Rolle spielt in Osteuropa auch das Feedback. Ein ermunterndes und bestätigendes Feedback kann beim Thema Motivation und Leistung der Mitarbeiter Wunder wirken

Wie bereits angedeutet, ist vor allem in Russland die hohe Fluktuation gerade bei Führungskräften ein bekanntes Problem. Entgegen der teilweise vorherrschenden Meinung haben auch Personalberatungen ein großes Interesse daran, dieses Problem zu beheben, da nur Kandidaten, die dem Unternehmen erhalten bleiben, wirklich gute Kandidaten sind. Langfristig ist also die Wechselwilligkeit bzw. -unwilligkeit der Kandidaten ein entscheidender Faktor für die Klientenzufriedenheit. Personalberater können Hinweise zu Anreizen und Strukturen geben, die einen Verbleib im Unternehmen begünstigen.

Neben weichen Faktoren wie Motivation und Unternehmenskultur spielen harte Faktoren eine entscheidende Rolle bei der Mitarbeiterbindung: Außer einer der **Marktsituation angemessenen Gehaltsentwicklung** sind finanzielle Anreize wie ein **Treuebonus** nach drei bis fünf Jahren oder eine **Lebensversicherung**, die nach mehreren Jahren Betriebszugehörigkeit anfällt, entscheidend. Außerdem sollten die Zukunftsaussichten für den Arbeitnehmer interessant sein: Dazu gehören Investitionen in die Mitarbeiter in Form von **Fortbildungen** (auch im Hauptquartier) ebenso wie mit entsprechenden Leistungen verbundene **Aufstiegsmöglichkeiten** innerhalb des Unternehmens, vor allem auch in Westeuropa. Über diese Maßnahmen sollte sich der Klient ebenfalls Gedanken machen, um die Besetzung der Position zu einem langfristigen Erfolg zu machen.

4. Arbeitsweise des Personalberaters in der Personalrekrutierung

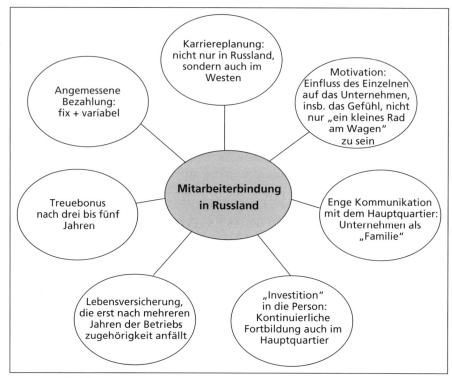

Abbildung 4.9-2: Faktoren der Mitarbeiterbindung in Russland

4.9.5 Andere Länder, andere Sitten: Anforderungen an den Berater

Die Bearbeitung internationaler Projekte stellt besondere Anforderungen an den Berater. Im Zentrum stehen dabei die Sprachkenntnisse: Verhandlungssicheres Englisch und idealerweise weitere Fremdsprachen sind Voraussetzungen für das Agieren in einem internationalen Umfeld. Außerdem sind derartige Aktivitäten sehr zeitaufwendig: Lange Geschäftsreisen sind ein Muss, um bei Bedarf vor Ort präsent zu sein, und Flexibilität sowie kosmopolitisches Denken sind unabdingbare Fähigkeiten. Besonders wichtig ist auch, ein **Management auf Distanz** zu beherrschen: Trotz Geschäftsreisen, Terminen und Klientengesprächen müssen die Prozesse weiterlaufen. Eine ständige Kontrolle sowie der effiziente Einsatz technischer Kommunikationsmittel sind hier von großer Bedeutung.

Darüber hinaus muss der Berater vor allem **Gespür für interkulturelle Unterschiede** haben und in der Lage sein, sich tolerant und offen auf andere Nationen und Kulturen mit all ihren Besonderheiten einzulassen. Er muss sich in das Umfeld integrieren und sich in gewissem Umfang auch damit identifizieren können, denn nur wenn er selbst von den Kandidaten und ihren

Kompetenzen überzeugt ist, ist eine professionelle Empfehlung dem Klienten gegenüber möglich.

Der wirklich internationale Berater ist letztlich auch ein „Wanderer zwischen den Welten" – der lokalen Welt der Kandidaten auf der einen Seite und der Welt der westeuropäischen Hauptquartiere auf der anderen Seite, mit ziemlich unterschiedlichen Vorstellungen in Sachen Zeitablauf, Motivation, Eignung, Gehaltsvorstellung usw. Hier gilt es, mit viel Flexibilität und Konsistenz beide Welten zusammenzubringen und Mechanismen vorzuschlagen, die die Parteien dabei unterstützen, nachhaltig zusammenzuarbeiten.

4.9.6 Schlusswort

Die Personalsuche im internationalen Umfeld ist eine sehr komplexe, aber immer stärker nachgefragte Tätigkeit. Ursache dafür ist das Bedürfnis nach professioneller Unterstützung bei der Überwindung geografischer und kultureller Distanzen. Obwohl Suchaufträge in der Vergangenheit im Wesentlichen von Deutschland aus in die osteuropäischen Länder gerichtet waren, ist die gerade stattfindende Globalisierung und Vernetzung auch ein wechselseitiger Prozess. Es sind nicht nur die deutschen Unternehmen, die sich international aufstellen und außerhalb des eigenen Lands Gewinne erzielen. Auch die ausländischen Unternehmen vernetzen sich international und betreten dabei den deutschen Markt. Aufgrund der wirtschaftlichen Entwicklung in verschiedenen Branchen handelt es sich um finanziell sehr gut aufgestellte Mitbewerber, die versuchen, in Deutschland Fuß zu fassen. Bei der Bearbeitung internationaler Suchaufträge wird es also langfristig nicht nur um die Suche nach ausländischen Arbeitnehmern für deutsche Arbeitgeber gehen, sondern umgekehrt werden vermehrt auch deutsche Arbeitskräfte an ausländische Unternehmen zu vermitteln sein.

4.10 Recruiting in China

von Stefan Rauth

Dieser Artikel beruht auf den Erfahrungen eines mehrjährigen, beruflich veranlassten Aufenthalts in China. Die personalseitige Aufgabe war, innerhalb von 14 Monaten nach dem Start des Expatriate-Einsatzes für ein im Bau befindliches Werk (bei meinem Einsatzbeginn wurden gerade die Fundamente gegossen) nicht nur ein Bussystem, Sicherheitsdienste, Kantine, werksärztlichen Dienst und Feuerwehr aufzubauen, sondern darüber hinaus 2.500 lokale Mitarbeiter zu rekrutieren, zu trainieren und in Strukturen arbeiten zu lassen, um die Produktion im Werk zu starten und sicherzustellen – und dies alles für ein technisch äußerst anspruchsvolles Produkt: ein deutsches Automobil. Der Artikel ist eine persönliche Einschätzung des Autors, nicht wissenschaftlich, aber mit viel Erfahrung. So gilt auch für das Recruiting in China, je höher oder spezieller qualifiziert, desto schwerer sind die Mitarbeiter zu finden. Nach

Jahren eines stetigen zweistelligen Wachstums und enormen technischen Fortschritts herrscht auch in China ein Mangel an entsprechend qualifizierten Kandidaten. Der „War for Talents" ist in vollem Gange, herausfordernd durch die Größe des Landes, die unterschiedlich entwickelten Regionen und die hohe Dynamik – aber unbestritten ein großes, wachsendes, spannendes und vielversprechendes Gebiet für die Personalberatung.

4.10.1 Vorbemerkung

4.10.1.1 Mobilität

Aus der Tatsache der vielen Millionen Wanderarbeiter in China wird häufig auf eine hohe Mobilität geschlossen. In aller Regel entspricht dies aber nicht der Realität. Das in China immer noch starke Familienband, eine sehr niedrige Rente, die Zahlungen der Kinder oft zwingend macht, ein Kranken- und Krankenhaussystem, in dem die tägliche Pflege der Kranken Aufgabe und Pflicht der Angehörigen ist, fördern und fordern sehr oft Immobilität. Ein Herauslösen aus den traditionellen Familienstrukturen wird allerhöchstens aufgrund eines hohen individuellen Nutzens akzeptiert. Dieser individuelle Nutzen ist fast ausschließlich Geld oder Ansehen – im besten Falle beides. Darüber hinaus ist festzustellen, dass ein Ortswechsel meist nur in eine attraktive Stadt in Erwägung gezogen wird, wie z. B. Peking oder Schanghai. Aber auch hier bestehen Restriktionen, da eine freie Wohnsitzwahl in China nicht existiert („Hukou" genannt). Beweggründe, aus einer der attraktiven Städte wegzuziehen, sind damit grundsätzlich familiärer Art. Dieser Umstand macht es äußerst schwierig, qualifizierte Arbeitskräfte für „weniger attraktive" Standorte zu gewinnen.

Außerdem unterliegt das Entgeltniveau auch in China einer sehr großen Brandbreite, von West nach Ost, von Küstenregion ins Landesinnere, von Großstadt zu kleineren Städten bzw. Land (die flächenmäßige Ausdehnung Chinas ist zweieinhalbmal so groß wie die EU). In den (attraktiveren) Großstädten sind die Einkommen deutlich höher. Auch dies kann einen Mobilitätsgrund (positiv wie negativ) darstellen.

4.10.1.2 Qualifizierte Mitarbeiter

Aufgrund der hohen (absoluten) Zahl von Studierenden (Bachelor/Master) und der sehr großen Lernbereitschaft können in China theoretisch sehr viele, sehr gut qualifizierte Mitarbeiter gewonnen werden. Sind jedoch Spezialqualifikationen und/oder mehrjährige einschlägige Berufserfahrung gefordert, zeigt sich ein anderes Bild: Auch in China herrscht ein **„War for Talents"**, der durch das starke Wirtschaftswachstum noch verschärft wird. Zu beachten ist darüber hinaus, dass viele Hochschulabsolventen über keinerlei praktische Erfahrung verfügen, es keinen Ausbildungsberuf wie das duale System in Deutschland gibt und Abschlusszertifikate oftmals gefälscht sind.

4.10.1.3 Umgang mit Problemen

Eine kulturelle Besonderheit in China ist die „**Gesichtswahrung**", auf die ich wegen ihrer Komplexität nicht detailliert eingehen kann. Einen wichtigen Aspekt gilt es aber herauszugreifen: das „Nein", besser gesagt das „Nichtvorhandensein des Neins" in der chinesischen Kultur. Ein Nein würde als direkte Antwort entweder den Adressaten oder den Sender des Neins das Gesicht verlieren lassen. Da beides im Umgang miteinander nicht denkbar ist, gibt es kein Nein. Umgekehrt bedeutet dies, die Antwort ist immer ein „Ja" und dies kann von „Ja, ich habe es gehört", über „Ja, ich habe es gehört und verstanden" und „Ja, ich habe es gehört und möchte kein Problem mit Ihnen haben" bis zu „Ja, ich habe es gehört, verstanden, bin einverstanden und handle dementsprechend" bedeuten. Das erste Ja ist somit dem Nein gleichzustellen, das zweite Ja ist noch sehr nahe am Nein anzusiedeln und erst das vierte Ja bedeutet im chinesischen Sinne, „Ja ich mache es". „Was" dann tatsächlich „wie" gemacht wird, steht auf einem anderen Blatt.

Ebenso verhält es sich mit dem Thema „Problem": Wenn ich ein Problem habe, verliere ich mein Gesicht. Demzufolge habe ich kein Problem. Selbst wenn ich eines hätte und dieses adressieren würde: Was macht der Adressat mit dem Problem? Wenn er es nicht lösen kann, befindet er sich in der gleichen Situation, er verliert sein Gesicht – und das dank mir.

Somit wird man so gut wie nie mit einem Nein oder einem Problem konfrontiert werden, d. h., Probleme können fast nur von einem selbst erkannt werden.

4.10.1.4 Beziehung, Beziehung, Beziehung

Ein anderer wichtiger kultureller Aspekt ist der des **Beziehungsaufbaus** („**Guanxi**"). In westlichen Kulturen werden regelmäßig Meetings angesetzt, um fachlich inhaltliche Fragen zu besprechen, eine Handlungsrichtung zu vereinbaren, Probleme zu lösen. Im Regelfall kommen die Teilnehmer sehr schnell zum Punkt (von einigen Arabesken, Meetingmarathons, Vielrednern und Ineffizienzen abgesehen), selbst dann, wenn sie sich nur kaum oder gar nicht kennen. In China ist diese Vorgehensweise undenkbar. An erster Stelle steht hier der Aufbau einer persönlichen Beziehung. Nicht unüblich ist es, beim ersten geschäftlichen Treffen gar nicht zum eigentlichen Grund des Treffens zu kommen. Stattdessen wird Privates besprochen, geschäftliche Themen stehen hintan. Eventuell wird dies bei einem anschließenden Essen nachgeholt (zumeist eher am Ende und nach dem reichlichen Genuss von auch hochprozentigem Alkohol). Wird das Thema auch dann (von chinesischer Seite) nicht angesprochen, aber es erfolgt eine Einladung zur Fußmassage, sollte man diese unbedingt annehmen, wenn man zum eigentlichen Grund des Treffens kommen will. Denn während der (völlig unverfänglichen) Fußmassage wird mit hoher Wahrscheinlichkeit endlich der Zeitpunkt für ein geschäftliches Gespräch gekommen sein. Über die Zeitspanne von Meeting, Essen und gemeinsamer Fußmassage konnte eine Beziehung aufgebaut werden, sodass jetzt das eigentliche Thema angesprochen werden kann. Statt der Fußmassage ist oft auch der Besuch einer Karaoke-Bar der krönende Abschluss eines gemeinsamen Abends – und auch hier kann man nicht ablehnen. Man sollte es sportlich nehmen und selbst wenn man gesanglich nicht in Top-Form ist, die chinesischen Geschäftspartner werden einen trotzdem lieben.

4.10.1.5 Sprache

Auf Englisch als Fremd- und Kommunikationssprache in den Unternehmen gehe ich unter Punkt 4.10.3.5 ein. Hier möchte ich kurz die chinesische Sprache betrachten: Die chinesischen Schriftzeichen sind seit fast 2.000 Jahren dieselben (es haben lediglich leichtere Reformen stattgefunden). Damit können alle in dem riesigen Land schriftlich miteinander kommunizieren und auch sehr alte Inschriften (z. B. in Stelen) entziffern. Aber leider gibt das Schriftzeichen keinerlei Hinweis auf die Aussprache. Und die ist so verschieden, dass man eigentlich nicht mehr von Dialekten sprechen kann (im Sinne von Plattdeutsch oder tiefstem Niederbayrisch), sondern eher von unterschiedlichen Sprachen wie Finnisch, Deutsch, Portugiesisch oder Russisch. Das führt neben den Kommunikationsproblemen auch zu einer Förderung der Immobilität, denn an einem anderen Ort kann man sich sprachlich nicht unbedingt verständigen – und das wird dann auch gerne ausgenutzt: Wenn der Schanghaier nicht will, dass der Pekinger ihn und den Kollegen versteht, unterhalten sich die beiden einfach in ihrem für einen Pekinger nicht verständlichen Dialekt – auch eine Form der Ausgrenzung.

4.10.2 Recruiting-Kanäle

Für einen groben Überblick möchte ich kurz auf die verschiedenen Recruiting-Kanäle eingehen. Sofern sich diese nicht stark von westlichen/deutschen Kanälen unterscheiden, werde ich es sehr kurz halten, wo notwendig, etwas weiter ausführen.

4.10.2.1 Internet

Auch in China hat das Internet mittlerweile flächendeckend Einzug gehalten. Jeder Student verfügt über einen Internetzugang. Das Internet mit all seinen chinesischen Jobbörsen und Werbemöglichkeiten im Recruiting hat somit die gleiche Bedeutung wie in westlichen/deutschen Hemisphären erlangt.

Auslandschinesen, Absolventen wie Bewerber mit Berufserfahrung, die meist aus privaten/familiären, teilweise auch patriotischen Gründen wieder zurück nach China möchten, bewerben sich über das Internet. Da sich diese Kandidaten in beiden Kulturen bewegen können, eignen sie sich besonders für Joint Ventures und ausländische Unternehmen. Es gilt aber darauf zu achten, wie lange diese Chinesen im Ausland waren. Ist der Zeitraum zu lang, können sich Reintegrationsprobleme ergeben. Auch muss dringend darauf geachtet werden, dass dieser Personenkreis nicht zu schnell in die sehr hierarchische chinesische Unternehmensstruktur „zurückfällt" und sich wieder sehr konform und hierarchiehörig verhält. Außerdem sind die Entgelterwartungen zu berücksichtigen: Diese sind oft auf westlichem (und nicht auf lokalem) Niveau – wenn nicht gar ein Expat-Vertrag erwartet wird.

4.10.2.2 Anzeigen (Print)

Printanzeigen spielen in China, vor allem bei der Rekrutierung von Produktionsmitarbeitern, eine wichtige Rolle. Das entsprechende Medium muss lokal ermittelt werden. Die Form und die Größe variieren deutlich – von der Kleinanzeige in reiner Textform bis hin zu ganzseitigen Stellen- und Imageanzeigen.

4.10.2.3 Soziale Foren

Ferner bieten soziale Foren in China eine gute Plattform, um Vakanzen zu platzieren und Werbung für das eigene Unternehmen zu machen. Abgesehen von der allgemeinen Zensur finden sich hier große interaktive Möglichkeiten. Die Bedeutung, auch für das Image des Unternehmens und als Arbeitgeber, steigt kontinuierlich.

4.10.2.4 Jobmessen

Chinaweite, regionale oder lokale Jobmessen bieten für viele chinesische Studenten eine gute Möglichkeit, sich über verschiedene Arbeitgeber zu informieren und sich selbst zu präsentieren. Eine Teilnahme an derartigen Veranstaltungen – bzw. bei entsprechender Größe und Bedarf des Unternehmens eine exklusive Jobmesse nur des eigenen Unternehmens – kann äußerst Erfolg versprechend sein.

4.10.2.5 Hochschulevents/-kontakte

Eng verbunden mit Jobmessen sind Hochschulevents. Sehr oft werden von Hochschulen selbst Jobmessen abgehalten. Diese bieten eine Plattform für Studenten und Unternehmen. Man kann sich kennenlernen und einen ersten Kontakt für das oft übliche Praktikum am Ende des Studiums knüpfen (Praktika während des Studiums sind in China eher unüblich, siehe 4.10.2.6). Darüber hinaus bieten Kontakte und Kooperationen mit Universitäten die Möglichkeit, Vorträge zu halten, Professoren und herausragende Studenten/-innen in das Unternehmen einzuladen. Auch exklusive Veranstaltungen und Recruiting-Messen sind möglich und werden gerne gesehen. Dies sind hervorragende Gelegenheiten, um sein Unternehmen zu präsentieren.

4.10.2.6 Praktika/Ausbildungsprogramme

Wie unter Punkt 4.10.2.5 bereits erwähnt sind Praktika während des Studiums in China eher unüblich. Dagegen wird oft am Ende des Studiums, nach Abschluss aller relevanten Kurse und Prüfungen, ein meist längeres Praktikum absolviert. Teilweise ist dies seitens der Hochschule verpflichtend. Es soll neben praktischen Aspekten dazu beitragen, den – wie bereits erwähnt – wichtigen Kontakt zwischen Arbeitgeber und potenziellem Arbeitnehmer nach Abschluss des Studiums herzustellen. Hier bietet sich die Möglichkeit, abgesehen von der Vermittlung praktischer Fähigkeiten auch potenzielle Einsatzfelder zu evaluieren, mit dem Ziel, den Praktikanten nach Ablauf des Praktikums direkt und meist übergangslos fest zu übernehmen. Unter „fest" ist jedoch meistens eine erste Befristung von zwei Jahren zu verstehen mit anschließender Verlängerung um weitere drei auf dann fünf Jahre, bevor ein wirklich unbefristetes Arbeitsverhältnis entsteht.

4.10.2.7 Zeitarbeit

Eine weitere, oft vielversprechende und effiziente Möglichkeit, Mitarbeiter zu gewinnen, ist die Zeitarbeit. Die meist gut vernetzten Zeitarbeitsfirmen haben eine detaillierte Übersicht über den lokalen Markt und potenzielle Kandidaten. Sie sind gerade in einer frühen Phase des Unternehmensaufbaus bzw. bei eingeschränkten Möglichkeiten personalseitig professionell zu agieren, eine gute Option. Zu bedenken ist aber, dass Zeitarbeitskräfte in China nicht in dem Maße flexibel gehandhabt werden können wie in Deutschland. Eine Zeitarbeitskraft wird in der Regel für zwei Jahre eingestellt. Wird die Arbeitsleistung nicht abgerufen, muss trotzdem das Gehalt bezahlt werden. Damit hat man oft nicht einmal eine „Semiflexibilität". Dies ist aufgrund der anderen Arbeitsmarktsituation und einer speziell darauf ausgerichteten Arbeitsmarktpolitik aus Sicht der chinesischen Regierung und zum Nutzen der chinesischen (Zeit-)Arbeitnehmer nicht unbedingt falsch.

4.10.2.8 Dienstleister

Gerne werden für bestimmte Themen, Projekte oder befristete Tätigkeiten externe Dienstleister beauftragt, die dann entsprechend qualifizierte Mitarbeiter in das Unternehmen entsenden. Dadurch ergibt sich die Möglichkeit – in Absprache mit dem Dienstleister –, diese Mitarbeiter nach Ende des Auftrags zu übernehmen. Gleichzeitig bietet es die Chance, die entsendeten Personen über einen längeren Zeitraum im Unternehmen und im Arbeitsumfeld zu erleben.

4.10.2.9 Persönliche Kontakte

Eine weitere in China sehr übliche Vorgehensweise, um Kandidaten zu rekrutieren, ist der **Weg der Empfehlung** (Thema „Beziehungen"). Über Kontakte an offene Stellen oder aus umgekehrter Sicht an Bewerber zu gelangen, wird in China als sehr positiv gesehen, im Gegensatz zu Deutschland, wo dies nicht selten als kritisch empfunden wird („ohne Beziehungen wäre diese Person nicht genommen worden"). Ein weiterer positiver Aspekt in China ist, dass der Empfehlende in einer gewissen Art und Weise für die Empfehlung „bürgt". Ist nämlich die empfohlene Person nicht gut und bringt später nicht die entsprechende Leistung, verliert der Empfehlende sein Gesicht. Auch die empfohlene Person ist nicht nur dem Unternehmen in Bezug auf die Leistungserbringung verpflichtet, sondern auch dem Empfehlenden. Ist die empfohlene Person gut und wird eingestellt, entsteht ein zusätzlicher Aspekt in der Beziehung zwischen dem Empfehlenden und dem Einstellenden. Ein negativer Gesichtspunkt dabei ist: Wird eine Person empfohlen, ist es äußerst schwierig, diese Person abzulehnen, da der Empfehlende sein Gesicht verlieren würde. (Er/Sie empfiehlt, setzt damit auf die Beziehung zum Einstellenden und steht für Qualität und Qualifikation des Empfohlenen ein. Bei einer Absage wird dies infrage gestellt.)

4.10.2.10 Personalberater

Sind eine spezielle Qualifikation und/oder mehrjährige Berufserfahrung erforderlich, ist die Personalberatung ein sehr guter Rekrutierungskanal, worauf ich detaillierter unter Punkt 3 eingehen werde.

Abschließend noch eine kurze Bemerkung zum Rekrutierungsprozess und zur Gesichtswahrung in China: Eine formale Absage auf eine Bewerbung gibt es in China nicht. Wenn ein Bewerber als nicht geeignet erscheint, egal aus welchen Gründen, gibt das Unternehmen keinerlei Feedback. Bei einer Absage würde der Bewerber das Gesicht verlieren. Somit herrscht schlichtweg „Funkstille". Das verhindert zwar nicht die Fragen zum „Stand der Dinge". Diese werden jedoch mit der Standardfloskel „Man wird sich zu gegebener Zeit melden" abgetan. Und selbst wenn dies nicht geschieht, hat jeder chinesische Bewerber verstanden, was das bedeutet.

4.10.3 Personalberater

In diesem Kapitel zeige ich die verschiedenen Aspekte der Personalberatung auf. Dabei vertiefe ich jedoch die rechtlichen Gesichtspunkte dieser Tätigkeit nicht, da es den Rahmen des Beitrags sprengen würde.

Rein formell betrachtet, ist Personalberatung in China möglich; sie ist erkennbar an der Präsenz diverser großer und kleiner Beratungsfirmen. Für eine Gewerbeanmeldung und die Genehmigung zur Ausübung dieses Gewerbes gibt es Vorschriften und Regelungen. Wichtig dabei sind aber neben dem rein formellen Prozedere, die Art und Weise der Beantragung und das Haben bzw. der Aufbau von Beziehungen, die starken Einfluss auf die Genehmigung und den Betrieb des Gewerbes haben. Mit Beziehungen geht sehr viel (und teilweise auch extrem schnell), ohne Beziehungen geht fast nichts.

4.10.3.1 Spezielle/spezialisierte Jobprofile

Bei der Suche nach sehr speziellen Qualifikationen, Personen mit mehrjähriger Berufserfahrung und bei Bewerbern aus anderen Regionen bzw. Kandidaten aus dem Ausland (für Aufbau und/oder Qualifikationstransfer) sind Personalberatungen oft der beste und meistens auch der einzige Weg, Vakanzen entsprechend besetzen zu können. Da wegen des seit Jahren stetig steigenden und für westliche Industriegesellschaften enorm starken Wirtschaftswachstums auch ein Mangel an qualifizierten und erfahrenen Bewerbern herrscht, ist China auch für Personalberatungen und Headhunter ein extrem interessanter Markt mit weiterhin sehr guten Wachstumsaussichten.

4.10.3.2 Gehaltsforderung

Generell gilt in China, dass Bewerber bei einem Wechsel des Arbeitgebers eine deutliche Erhöhung ihres Entgelts fordern. Eine Verdoppelung kann dabei durchaus als Forderung im Raum stehen. Bei einer Ansprache des Kandidaten durch eine Personalberatung wird die Tendenz zu extremer Entgeltmaximierung noch verstärkt. Diese gilt es geschickt zu handhaben und im Rahmen zu halten. Für den Berater ist das nicht ganz einfach, da Chinesen sehr offen mit dem Thema Einkommen umgehen. Sowohl firmenintern als auch im privaten Umfeld wird über das jeweilige Einkommen gesprochen (und wie in Deutschland oft übertrieben).

4.10.3.3 Titel

Neben dem Entgelt ist der Titel sehr wichtig. Dadurch werden Karriere und Entwicklung dokumentiert. Oft ist der Titel wichtiger als der Inhalt, die Verantwortung und die Möglichkeiten der Position. Ein Wechsel auf eine Stelle mit weniger Verantwortung und Möglichkeiten ist daher durchaus denkbar, wenn Entgelt und Titel passen, der/die „richtige" Titel/Funktionsbezeichnung firmenintern und natürlich vor allem auf der Visitenkarte vorgewiesen werden kann. Dieser Umstand bietet die Chance, mit den „richtigen" Titeln gezielt Kandidaten zu gewinnen.

4.10.3.4 Mobilität

Eine unter Punkt 4.10.1.1 bereits angesprochene große Herausforderung für Berater ist es, geeignete Kandidaten zur Mobilität zu bewegen, wenn diese nicht privat/familiär gewollt ist. Kandidaten aus sehr attraktiven (Tier-1-) Städten zum Umzug in weniger attraktive Städte zu bewegen, ist in den meisten Fällen so gut wie nicht möglich. Ein derartiger Wechsel muss gut, lange und stetig verargumentiert werden und dürfte eine der größten Herausforderungen darstellen.

4.10.3.5 Englisch als Fremdsprache

International agierende Unternehmen, auch chinesische, kommen an Englisch als Unternehmens- und Verhandlungssprache nicht mehr vorbei. Vor allem bei hoch qualifizierten Mitarbeitern wird verhandlungssicheres Englisch vorausgesetzt; dies zu finden, ist in China jedoch kein leichtes Unterfangen. Selbst Hochschulabsolventen können oft nur sehr schlecht Englisch. Das liegt zum einen an der Unterrichtsmethode. Der Lehrer wird als absolute Autoritätsperson angesehen, das bedeutet in der Praxis andächtiges Zuhören seitens der Schüler ohne Nachfragen. Darüber hinaus wird mit sehr modernen Methoden Englisch gelernt: über das Zuhören in Sprachlabors mittels Kopfhörer – und diese Zeit wird gerne für ein in China nicht unübliches Nickerchen genutzt. Der Lerneffekt (und da auch nur der passive) tendiert gegen null. Somit lernen die Schüler und Studenten oft keine Aussprache und nehmen die Sprache nur passiv auf. Zum anderen lernen die Schüler und Studenten von Lehrkräften, die selbst meist nie im Ausland waren und über eine schlechte Aussprache verfügen. Da sich viele Chinesen ihrer nicht guten Verständnis- und vor allem Sprechfähigkeiten bewusst sind, sprechen sie selbst oft gar nicht. Bei schlechter Aussprache würden sie ihr Gesicht verlieren. Aber auch wenn sie die Hemmschwelle überwinden, ist die Verständigung aufgrund der mangelnden Aussprache meistens nur sehr eingeschränkt möglich und stellt eine wahre Herausforderung dar. Deutlich besser ist die schriftliche Kommunikation, die bei sehr schlechtem Verstehen und noch schlechterer Aussprache wirklich gut sein und als „Übergangslösung" dienen kann.

4.10.3.6 Kontaktpersonen in den Unternehmen

Wichtig für den Berater ist zu wissen, wer die Kontaktperson im Unternehmen ist, mit wem er koordinieren sowie bei Fragen und Problemen zusammenarbeiten kann.

Vor allem drei Ansprechmöglichkeiten sind hier zu betrachten, die im Folgenden dargestellt werden.

4.10.3.6.1 Personalmanagement

Personalmanagement in dem Sinne, wie wir es in Deutschland kennen, gibt es in China nicht. Die **Personalabteilung ist rein administrativ** und abwickelnd tätig, nicht aber gestaltend, beratend oder proaktiv. Sie setzt um, was von der Hierarchie vorgegeben und gewünscht wird. Somit ist es oft schwierig, kritische Themen zusammen mit dem Personalwesen zu lösen. Das Personalwesen sieht sich selbst nicht als Vermittler oder auf „Augenhöhe" mit den Fachbereichen und dem Management. Die Rolle wie in Deutschland kann es somit in der Regel nicht erfüllen. Daraus ergibt sich aber eine Chance für die Personalberatung, im Rahmen einer Beratungstätigkeit außerhalb des Headhunting diese fehlende Rolle zu definieren und zu implementieren. Das ist keine einfache und schnelle Aufgabe, aber sicherlich ein interessanter „Business Case".

4.10.3.6.2 Recruiting

Wie das Personalmanagement ist **auch das Recruiting rein administrativ** und abwickelnd tätig. Zu beachten ist hier, dass in der stark hierarchieorientierten Kultur Chinas weder Forderungen noch Rückfragen existieren und damit Probleme oft vorprogrammiert sind. Nicht ungewöhnlich ist es beispielsweise, dass sich ein Rekrutierungsproblem, bei der Frage nach der Ursache, schlicht als fehlende Stellenbeschreibung herausstellt. Eine Stellenbeschreibung im formalen Sinne mag zwar nicht unbedingt notwendig sein, aber in gewisser Weise sollte der Recruiter darüber informiert sein, was er rekrutieren soll. Ein weiterer häufiger Grund für Probleme im Recruiting ist der Zeitfaktor. Der Fachvorgesetzte steht für Interviewtermine kaum und wenn doch erst in vier bis sechs Wochen zur Verfügung. Beides wird gewöhnlich nicht thematisiert und gelöst, sondern als Tatsache hingenommen. Eine schnelle Besetzung kann folglich sehr herausfordernd sein.

4.10.3.6.3 Führungskräfte

Der Personalberater wird in seiner Tätigkeit grundsätzlich dem „Dunstkreis" des Personalwesens zugerechnet, d. h., er kann mit ähnlichen Problemen wie das Personalmanagement oder das Recruiting konfrontiert werden. Dies gilt es bei der Auftragsklärung zu thematisieren. Auch die gegenseitige Erwartungshaltung sollte definiert werden. In China sieht man sich sehr schnell nicht offen angesprochenen oder impliziten Erwartungshaltungen gegenüber, die im weiteren Verlauf zu enormen Problemen führen können. Bei Klärung der gegenseitigen Erwartungshaltungen kann dies vermieden und gleichzeitig besser gemanagt werden. Überdies wird das Selbstverständnis der Führungskraft besser sichtbar, was für die Zusammenarbeit, aber auch für die Suche nach dem richtigen Mitarbeiter wichtig ist.

4.10.3.7 Vorstellungsgespräch

Das Gespräch mit dem Bewerber selbst ist unter Beachtung der kulturellen Aspekte intensiv vorzubereiten und entsprechend zu führen. Es muss in seinem kulturellen Kontext richtig interpretiert werden und der Berater muss die zutreffenden Folgerungen daraus ziehen. Die richtige Entscheidung zu treffen, ist für westliche Führungskräfte und Berater eine Herausforderung. Bereits die Begrüßung ist (wenn überhaupt) durch einen sehr schwachen Händedruck und das Vermeiden eines Augenkontakts gekennzeichnet. Beides ist Ausdruck des Respekts, wird jedoch in der westlichen Kultur schnell als Zeichen von fehlendem Selbstbewusstsein und Schüchternheit eingestuft. Auch im Gespräch wird man Fragen vermissen, eigene Fähigkeiten werden bei Weitem nicht so selbstbewusst wie in westlichen Kulturen dargestellt. Die zuverlässige Einschätzung eines chinesischen Bewerbers durch eine westliche Führungskraft ist somit schwierig, das Erkennen von Potenzial noch mehr.

4.10.3.8 Honorarstruktur

Das deutlich niedrigere Durchschnittseinkommen in China im Vergleich zu Deutschland wirkt sich auf das Honorar des Personalberaters aus. Aufgrund der Gehaltshöhe und der damit oft verbundenen Höhe des Honorars wird deshalb ein rein westlicher Ansatz kaum durchsetzbar sein, auch wenn für einzelne Positionen fast deutsches Niveau bezahlt wird. Somit empfiehlt es sich, einen Ansatz zu verfolgen, bei dem auch örtliche Mitarbeiter zum Einsatz kommen. Neben der besseren Verwurzelung, dem richtigeren Einschätzen lokaler Gegebenheiten, Unternehmen, Personen in Unternehmen und Bewerbern und der Hilfe beim Umgang mit Regierungsstellen, trägt auch das niedrigere Einkommen als wirtschaftlicher Aspekt zum Erfolg einer solchen Unternehmung bei.

4.10.3.9 „Vitamin B"

Wie bereits mehrfach erwähnt, sind Beziehungen („Guanxi") im Sinne von „Vitamin B" in China ein weiterer entscheidender Faktor für eine erfolgreiche Geschäftstätigkeit. Die Beziehungspflege betrifft nicht ausschließlich die Kontakte zu Externen, auch die Verbindungen zu Internen sind für den Unternehmenserfolg der Berater nicht unerheblich.

Die unter Punkt 4.10.3.8 angesprochenen örtlichen Mitarbeiter können bei der Pflege der externen Kontakte sehr hilfreich sein. Sie besitzen lokales Know-how, können leichter die wichtigen Personen identifizieren und erste Verbindungen knüpfen. Letztendlich ist es aber der Verantwortliche selbst, der dann den direkten Kontakt suchen und pflegen muss (auch bei gemeinsamen Geschäftsessen, der Fußmassage oder dem Besuch der Karaoke-Bar).

4.10.4 Ausblick

4.10.4.1 Qualifizierte Mitarbeiter

Selbst bei mehr als 1,3 Milliarden Menschen und Millionen von Wanderarbeitern herrscht in China ein **Mangel an hoch qualifizierten Mitarbeitern und Spezialisten**. Aufgrund des stetigen Wirtschaftswachstums und des intensiven Ausbaus in technologischen Bereichen, wird es noch schwieriger werden, geeignete Mitarbeiter zu finden. China ist nach wie vor ein vielversprechender Wachstumsmarkt und in naher Zukunft eine der bedeutendsten Wirtschaftsregionen der Welt. Wer als global agierendes Unternehmen auf diesem Markt nicht mit an Bord ist, wird zukünftig kein global agierendes Unternehmen mehr sein. Dabei zu sein, ist ein „Muss".

4.10.4.2 Mitarbeiterbindung – Retention

Neben der Gewinnung von qualifizierten Mitarbeitern ist die Bindung dieser Mitarbeiter an das Unternehmen eine große Herausforderung. Die Loyalität der Beschäftigten gegenüber einem Unternehmen ist in China anders als in westlichen Kulturen (obwohl diese seit dem „Sozialdarwinismus" auch hier deutlich abgenommen hat). Daher gilt es, diese Personen durch persönliche Perspektiven, aber auch eine direkte Verbundenheit mit dem Vorgesetzten und damit auch dem Unternehmen zu binden. Entsprechende Entlohnungsstrukturen, **Zusatzleistungen** oder auch **„Binding Agreements"** sind möglich und müssen überlegt werden. Dabei ist zu beachten, dass nicht nur durch die hohen Steigerungsraten (zweistellige prozentuale Gehaltserhöhungen pro Jahr sind üblich), sondern auch durch die extrem hohen Entgelte im Management oder bei Spezialistenfunktionen ein Angleichen der Gehälter an westliches Niveau innerhalb der nächsten 10 Jahre erfolgen wird (und in Städten wie Peking oder Schanghai im Management schon erreicht ist). Auch hier bietet sich ein gutes Potenzial für entsprechende Beratungsaufträge (und entsprechende Honorarstrukturen).

4.10.4.3 Risiko – Abkühlung der Wirtschaft, Schuldenkrise

China wird von der europäischen und amerikanischen Schuldenkrise nicht gänzlich unberührt bleiben, selbst wenn es keine eigenen Schulden hat. Mit Abkühlung der Wirtschaft und einer wie auch immer ausgeprägten Rezession

4. Arbeitsweise des Personalberaters in der Personalrekrutierung

wird sich das Wachstum in China verlangsamen, aber es wird bleiben, wenn auch auf niedrigerem Niveau. Auch hier besteht eine Chance für Unternehmen, weiter zu wachsen – eventuell etwas langsamer als in der Vergangenheit – und damit auch Effizienzgewinne und Skaleneffekte umzusetzen.

Die Schlussfolgerung daraus lautet: Das Suchen und Finden des richtigen Mitarbeiters wird immer wichtiger und komplexer – und somit ein „Eldorado" für Personalberater und Headhunter.

4.11 Internationale Personalarbeit
von Wolfram Tröger

4.11.1 Einleitung

Die internationale Ausrichtung der Personalgewinnung steht hoch im Kurs – ganz gleich ob bei den im zweiten Teil dieses Artikels betrachteten globalen Konzernen oder dem deutschen Mittelstand, der im ersten Teil im Fokus steht.

Die Trendthesen der Personalberaterstudie 2010/2011 des *BDU* ergaben bei der Frage nach der steigenden Bedeutung des Auslands für eine Personalsuche eine Zustimmung von fast 80 %.

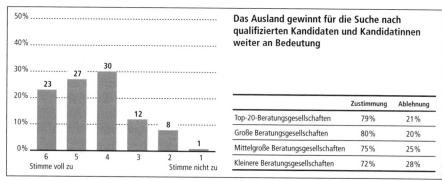

Abbildung 4.11-1: Bedeutung des Auslands bei der Personalgewinnung

Bei der praktischen Umsetzung einer Personalsuche ist nicht nur die Häufigkeit der Diskussion über dieses Thema zwischen Unternehmen und Beratern, sondern auch der Anteil der tatsächlich im Ausland durchgeführten Suchprojekte in den letzten Jahren kontinuierlich angestiegen. In der neuesten Ausgabe der **Personalberaterstudie 2011/2012** des *BDU* ermittelte eine Umfrage, dass bereits über 24 % der Personalrecherchen deutscher Personalberater im Jahr 2011 nicht mehr nur in Deutschland oder überhaupt nicht mehr im Inland durchgeführt wurden.

Die **Academics-Online-Umfrage** (*Bechtel*, 21.7.2011) unter deutschen Personalentscheidern der Bereiche Wissenschaft und Forschung erbrachte eine

4.11 Internationale Personalarbeit

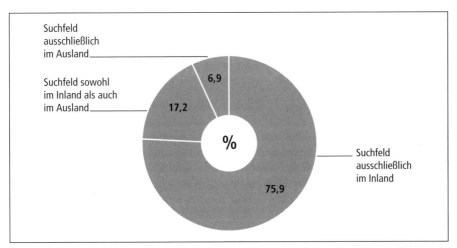

Abbildung 4.11-2: Aufteilung der besetzten Positionen, 2011

Quote von 70 % international durchgeführter Personalrecherchen. 65 % der HR-Entscheider bewerteten die Suche nach internationalem Personal als sehr wichtig oder wichtig, wobei Westeuropa und Nordamerika für diesen Teilbereich als besonders relevant gelten.

Im persönlichen Gespräch bringen auch mittelständische Unternehmen mit einer Umsatzgröße von 20 bis 100 Mio. € pro Jahr immer häufiger ihre Vorstellungen und Wünsche nach einer stärkeren Internationalisierung ihrer Personalsuche zum Ausdruck. Oft stehen der Umsetzung dieser Vorstellungen jedoch fehlende Strukturen, nicht ausreichende Kenntnisse der **Möglichkeiten internationaler Rekrutierungsprozesse** und juristische Unsicherheiten im Weg. Die früher eher undurchsichtige rechtliche Frage des Zugangs zum deutschen Arbeitsmarkt für ausländische Spezialisten und Führungskräfte wird trotz deutlicher Vereinfachungen bei kleineren Unternehmen noch immer als Hindernis wahrgenommen.

Die Unterstützung durch einen erfahrenen Personalberater sollte vor allem diese Unsicherheiten beseitigen und eine erfolgreiche internationale Personalgewinnung auch für die mittelständischen Klienten ermöglichen.

Dieser Beitrag betrachtet die Frage der Internationalität der Personalsuche aus deutschem Blickwinkel. Wenn hier also Strukturen und Aktivitäten beschrieben werden, so ist der erste Teil der Zusammenarbeit mit deutschen Klienten gewidmet, die nicht als globale Konzerne agieren. Der zweite Teil beschreibt die Notwendigkeit internationaler Klienten, einen geeigneten Partner für die Suche nach Mitarbeitern im deutschen Kandidatenmarkt oder auch für **globale Recruitments** zu gewinnen. Dabei handelt es sich um eine teilweise modifizierte Vorgehensweise der im ersten Teil beschriebenen Personalsuche aus Deutschland heraus oder aus deutscher Sicht, da mit einem internationalen Headquarter oftmals auch andere kulturelle oder Persönlichkeitskriterien in ein Anforderungsprofil einfließen. Die Suche für deutsche oder internationale Unternehmen nach international erfahrenen Führungskräften unterscheidet sich jedoch nur marginal. Bei der Betrachtung internationaler Personalarbeit für wirklich globale Konzerne ist also, unabhängig vom Sitz der Zentrale, eher der zweite Teil des Artikels relevant. Ohne im Detail auf die strapazierten Begriffe „War for Talents", demografische Entwicklung, „High Potentials", Ingenieur- oder Ärztemangel einzugehen, werden die daraus resultierenden Verhaltensweisen der Unternehmen und Personalberater in den einzelnen Abschnitten des Themas dargestellt.

4.11.2 Die Praxis

4.11.2.1 Der Blickwinkel des deutschen Mittelstands

Sicher kann man aus heutiger Sicht feststellen, dass auch für mittelständisch strukturierte Unternehmen die internationale Personalgewinnung stark an Bedeutung gewonnen hat und zu einem wesentlichen Bestandteil der weiteren Entwicklung geworden ist. In der Zusammenarbeit mit Personalberatern entsteht deshalb für diese Unternehmen ein Spannungsfeld. Ist der Berater des Vertrauens für deutsche Suchprojekte auch für internationale Rekrutierungsprozesse der richtige? Welche der nachfolgenden Fragen kann er ebenso professionell wie erfolgreich lösen? Wie wichtig ist es für das Unternehmen, auch eine internationale Personalsuche mit dem gewohnten Ansprechpartner diskutieren und realisieren zu können?

Für die Auflösung des beschriebenen Spannungsfelds gibt es keine Patentlösung. Deshalb werden in den nachfolgenden Ausführungen die Fragen dazu detailliert gegliederter Gliederung der Fragestellun. Beispiele geben Anhaltspunkte und Hilfestellungen für die Zusammenarbeit zwischen Unternehmen und Personalberater bei einer internationalen Personalsuche.

4.11.2.1.1 Suche für internationale Unternehmensstandorte

Bei der Suche nach Kandidaten mit Erfahrung in oder mit Deutschland/Europa für internationale Unternehmensstandorte handelt es sich um ein sehr häufiges Thema des deutschen Mittelstands. Bei einer Expansion ins Ausland oder Nachbesetzungen von Führungspositionen für Auslandsstandorte steht das Management zunächst vor der Frage, welcher Lösungsansatz in dieser spezifischen Situation den meisten Erfolg verspricht. Soll es eine seiner Führungspersönlichkeiten an den Standort entsenden und die Vakanz in Deutschland neu besetzen oder ist die Suche nach einem „Local" der richtige Ansatz, um die kulturellen und örtlichen Gegebenheiten zu berücksichtigen? Erscheint Letzteres als richtig, stellt sich meistens die Frage, wie das Unternehmen die **vertrauensvolle Anbindung an die deutsche Zentrale und/oder Kultur** sicherstellt. Ist also ein deutscher Kandidat mit Erfahrungen im jeweiligen Land oder Kulturkreis die passende Wahl oder doch der im betroffenen Land geborene, der idealerweise Kenntnisse in der Zusammenarbeit mit deutschen/europäischen Unternehmen besitzt?

Bei der Bewertung dieser Fragen sollte das Management auf einen Personalberater bauen, der sein Wissen über die Kultur und spezifische Situation

4.11 Internationale Personalarbeit

des Unternehmens mit entsprechender internationaler Expertise verknüpfen kann. Dadurch wird er zu einem wichtigen Sparringspartner, wenn die wesentlichen Grundlagen des Anforderungsprofils erarbeitet werden müssen. Aus diesem Anspruch heraus ergibt sich das Bild des Personalberaters als einzigem und „allwissendem" Ansprechpartner des Klienten. Dies kann nur der Berater leisten, der neben umfassender Berufs- und Lebenserfahrung über eine entsprechende Unternehmensstruktur und/oder ein Netzwerk verfügt.

Unter Berücksichtigung dieser Erfahrung wird der qualifizierte Berater aber auch seine Grenzen kennen, indem er seine gute Klientenbeziehung nicht durch einen internationalen „Testballon" gefährdet. Eine Diskussion über das mögliche Prozedere zwischen Klient und Berater sollte immer das beschriebene Spannungsfeld auflösen. Die Entscheidungsmatrix aus

- Berater kennt Unternehmen,
- Berater besitzt Erfahrung oder Strukturen in der relevanten Region,
- Berater verfügt über geeignete Suchmethoden für die Position/Region,
- Berater kann einen stabilen Suchprozess logistisch, kulturell und sprachlich abbilden und
- Berater bietet eine angemessene Honorargestaltung an

liefert dem Unternehmen nach einem solchen Gespräch über das Anforderungsprofil und die geeignete Suchmethodik eine sehr gute Grundlage für die Auswahl. Personalberater, die nach gewissen Standards (z. B. den Grundsätzen ordnungsgemäßer und qualifizierter Personalberatung des *Bundesverbands Deutscher Unternehmensberater BDU e.V.*) arbeiten, sind durch diese „Berufsgrundsätze" nicht nur zu **Sorgfalt, Transparenz und Ehrlichkeit** verpflichtet, sondern auch durch Erfahrung, sichere Prozesse und Weiterbildung in der Lage, eine qualifizierte Einschätzung zu geben.

Wenn das Unternehmen z. B. in Indien, China, Japan, Spanien, Frankreich oder Nord- und Südamerika eine Personalsuche für seine Standorte durchführen will, sollte der Berater unbedingt über Erfahrungen und/oder Netzwerke im jeweiligen Land verfügen. Die Trendthesen der Personalberaterstudie 2010/2011 des *BDU* haben hierzu eine interessante Aussage geliefert. Über

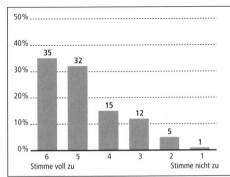

Abbildung 4.11-3: Internationalität und interkulturelle Kompetenz als Wettbewerbsvorteil

80 % der befragten Beratungen sehen Internationalität und interkulturelle Kompetenz auch bei kleineren und mittleren Personalberatungen als Wettbewerbsvorteil und somit als wesentliches Know-how an.

Die Suche in einigen anderen zentraleuropäischen Regionen kann häufig durch Komplementärerfahrungen in Nachbarländern abgebildet werden. In Ländern ohne spezifische Marktbegrenzung und Sprachbarriere überwiegt jedoch der Vorteil für das Unternehmen, mit seinem vertrauten Berater arbeiten zu können, gegenüber den genannten Risiken und Auswahlkriterien.

4.11.2.1.2 Suche für Deutschland mit globalem Ansatz

Eine Suche für Deutschland mit globalem Ansatz, um die begrenzte Anzahl der geeigneten Kandidaten für diese Position weltweit zu erreichen, stellt das betroffene Unternehmen vor ganz andere Fragen. Hier gilt es bei der **Erarbeitung eines Anforderungsprofils** intensiv zu hinterfragen, ob die gesuchte Persönlichkeit mit ihren besonderen Erfahrungen für das Unternehmen gewonnen werden kann.

In welchen regionalen Märkten haben Wettbewerber entsprechende Strukturen und Mitarbeiter, wodurch unter lokalen, steuerlichen oder kulturellen Gesichtspunkten ein Wechsel möglich sein könnte?

Da die betroffenen Regionen nicht immer zu Beginn eindeutig festgelegt werden können und sich bestimmte Strukturen erst im Zuge der detaillierten Recherche ergeben, ist auch hier ein vertrauter sowie versierter Berater hilfreich.

Selbst in mittelständischen Unternehmensstrukturen ist die Expertise für bestimmte Produktentwicklungen oft nicht mehr im Mutterhaus oder auch nur im Heimatland angesiedelt, sondern durch die Verfügbarkeit von Spezialisten und Zukäufe bei Tochter- oder Ländergesellschaften.

So wurde z. B. von der Baumann Unternehmensberatung in einem Projekt für einen internationalen Klienten bei sechs bis acht bereits gut bekannten Wettbewerbern recherchiert. Gleichzeitig wurden die Strukturen für ein spezifisches Gebiet erarbeitet.

Obwohl die Personalberater im Vorfeld des Suchprojekts das gesamte Wissen des Klienten und das eigene Know-how zusammenfügten, ergaben die Recherchen ein völlig anderes Bild als vermutet.

Die relevanten Bereiche befanden sich zu mehr als 50 % nicht in dem vermuteten Gebiet, sodass im Verlauf des Projekts andere regionale Märkte als geplant in den Fokus rückten. Das Ergebnis war für den Klienten und seine Planungen von großer Bedeutung und so konnte eine ergänzende Marktrecherche direkt in Verbindung mit dem letztendlich erfolgreichen Suchprojekt realisiert werden. Derartige Projekte sind besonders anspruchsvoll, da eine zentrale Steuerung von Aktivitäten in unterschiedlichen Regionen notwendig ist. Der Transfer eines solchen Suchprojekts in eine Region ist für sich gesehen nicht sinnvoll und würde bestenfalls einen Teilaspekt abdecken können. Der mit dem Klienten vertraute Berater kann aber unter Nutzung der Möglichkeiten in allen Regionen und in enger Abstimmung mit dem Klienten ein zwar aufwendiges, aber im Ergebnis positives Projekt darstellen.

In diese Rubrik gehören auch Projekte mit einem weniger spezialisierten Suchansatz, die durch das globale Anforderungsprofil eine grenzüberschreitende Suche notwendig machen. Hier werden zwar im Regelfall Recherchen in definierten Regionen durchgeführt, aber durch ihre Verzweigungen entstehen sehr oft Suchvorgänge in zuvor nicht geplanten Gebieten.

Diese Sucharten gehören durch den multikulturellen Ansatz zu den anspruchsvollsten Projekten überhaupt und lassen sich daher auch nicht immer mit dem klassischen Honoraransatz abbilden. Höhere Honorare bei diesen internationalen Projekten sind für den Klienten aber leicht zu akzeptieren, wenn das Ergebnis stimmt und wie beschrieben zusätzliches Wissen entsteht.

Die Alternative für den Klienten, mehrere Suchaufträge in die einzelnen Regionen zu vergeben, ist deshalb lediglich eine theoretische Möglichkeit und wird nur von Unternehmen in Betracht gezogen, die über keine Kontakte zu einem professionell strukturierten „Berater des Vertrauens" verfügen.

4.11.2.1.3 Suche für einen deutschen Standort

Die Suche nach Führungskräften für einen deutschen Standort, die die Verfügbarkeit oder Gehaltssituation der gesuchten Personen in einem spezifischen Teil des internationalen Markts berücksichtigt, gehört ebenfalls zu internationaler Personalarbeit. Auch hier ist das Anforderungsprofil mit Zielpersonen aus Deutschland nicht zu realisieren, sollte in der Diskussion zwischen Klient und Personalberater das Augenmerk auf Alternativen gerichtet werden. Neben einer **Veränderung des Anforderungsprofils** kommt vor allem die **Definition regionaler Märkte mit Potenzial** in Betracht. Sind innerhalb einer nicht veränderbaren Struktur (Mindestanforderungen/Gehalt/Standort) keine Zielpersonen verfügbar, bieten jedoch andere Regionen aufgrund anderer Strukturen ein entsprechendes Potenzial für ein zielführendes Ergebnis der Diskussion über das Anforderungsprofil und mögliche Regionen ein ebenso offener wie vertrauensvoller Austausch notwendig. Weder vollmundige Versprechen eines Beraters noch das Auflisten aller Wünsche in einem Anforderungsprofil tragen zu einer guten Entscheidung für einen nachhaltigen Suchansatz bei. Vielmehr gilt es, sehr sorgfältig Chancen (Verfügbarkeit, Gehalt, internationale Erfahrung) und Risiken (Sprachbarrieren, kulturelle Unterschiede) abzuwägen und eine Personalsuche in spezifischen Märkten gezielt umzusetzen.

Typische Beispiele für die geschilderte Vorgehensweise ist die Suche nach Ärzten in Osteuropa oder nach Ingenieuren in Spanien.

Auch bei der Umsetzung dieser Suchstrategie hilft der Personalberater sowohl das Wissen über die Stärken des Klienten (werbewirksam für die Kandidatengewinnung) als auch eine **profunde Kenntnis der Zielregion und ihrer kulturellen und rechtlichen Besonderheiten**. Daneben ist die handwerklich gute Umsetzung von Recherche und Ansprache extrem wichtig, um mit wirklich geeigneten Zielpersonen in Kontakt zu kommen. Deren nachweislich internationale Erfahrung, Fremdsprachenkenntnisse und ein dem Anforderungsprofil entsprechender Ausbildungsgrad sind Kriterien, die im Vorfeld einer Kontaktaufnahme zu klären sind.

4. Arbeitsweise des Personalberaters in der Personalrekrutierung

Verfügt das beauftragende Unternehmen in der Zielregion über eigene Strukturen, sollte im Vorfeld geklärt werden, ob die Einbindung dieser Mitarbeiter in den Suchprozess von Nutzen ist.

Eine Vorauswahl durch persönliche Gespräche zwischen Berater und Zielpersonen in der jeweiligen Region ist unter Effizienzgesichtspunkten meist sinnvoll. Die weitere Präsentation der Kandidaten der „Short List" sollte jedoch an ihrem zukünftigen Arbeitsplatz erfolgen und ggf. auch die familiäre Situation berücksichtigen(Partnerprogramm). Als Folge einer Entscheidung kommt bei der beschriebenen Suche noch ein wichtiger Bestandteil einer qualifizierten Beratung zum Tragen: Die unterstützende Informationsvermittlung in Richtung Klient und Kandidat bei der Erstellung des Arbeitsvertrags ist aufgrund kultureller und arbeitsrechtlicher Unterschiede ebenso wichtig wie die Unterstützung in der Phase zwischen der Kündigung des bestehenden Arbeitsverhältnisses und dem Beginn beim Klienten. Falls die entsprechende Infrastruktur im Unternehmen nicht vorhanden ist, sollte der Berater auf die Möglichkeit professioneller externer Unterstützung hinweisen (Relocation Service). Im Zuge der Einarbeitung sollte nochmals die „besondere" Situation berücksichtigt werden, um eine erfolgreiche Verbindung mit der neuen Aufgabe sicherzustellen.

Ein zumindest temporäres, formalisiertes Mentorenprogramm oder Coaching ist ein wesentlicher Baustein für eine gelungene Integration in das neue Unternehmen und die neuen kulturellen Gegebenheiten.

4.11.2.1.4 Suche nach Spezialisten für den internationalen Standort eines deutschen Unternehmens

Eine häufig auftretende Frage an den Personalberater ist die Suche nach Mitarbeitern ohne generalistische Führungsfunktion an Standorten der Vertriebs- oder Produktionsgesellschaften im Ausland.

Bei diesen Anforderungsprofilen steht meist die lokale Erfahrung der Zielpersonen im Vordergrund und Sprache sowie Kultur des Mutterhauses treten als Einflussgrößen in den Hintergrund. Hier ist unter Berücksichtigung des Standorts ein lokaler Suchansatz zu wählen.

In der jeweiligen Landessprache und mit dem Wissen über regionale und kulturelle Gegebenheiten lässt sich eine solche Personalsuche gezielt lösen. Abhängig von der internationalen Struktur des Personalberatungsunternehmens und des relevanten Anforderungsprofils kann eine Projektsteuerung durch den deutschen Partner sinnvoll sein. In vielen Fällen wird der Auftrag jedoch direkt von dem lokalen Management erteilt und sollte aus den genannten Gründen durch einen lokalen Partner realisiert werden.

Gerade eine derartige internationale Personalsuche macht deutlich, dass der seriöse Personalberater seine Grenzen kennen muss und seinem Klienten eine Empfehlung für den am meisten Erfolg versprechenden Weg gibt.

4.11.2.2 Die globale Sicht

Bei globalen Unternehmen ist unabhängig vom Standort des Headquarters sehr oft die internationale Erfahrung Bestandteil des Anforderungsprofils von Führungskräften. Ob also ein deutscher, ein europäischer oder ein amerikanischer Konzern einen internationalen Vertriebsleiter in Europa sucht, macht zwar bei der Erfassung und Beschreibung der Firmenkultur einen Unterschied, keinen nennenswerten aber bei der Umsetzung der global ausgerichteten Personalsuche.

Das **Anforderungsprofil** für eine solche Personalsuche beschreibt **persönliche, fachliche und kulturelle Mindestkriterien**, die eine internationale Recherche notwendig machen. Die Nationalität der Zielpersonen ist dabei unter Beachtung der gestellten Anforderungen nachrangig und spielt bei der Entscheidung über die Suchstrategie keine wesentliche Rolle. Die Steuerung eines länderübergreifenden Suchprojekts, die Organisation der internationalen Interviewrunden und die Begleitung der Zielpersonen bis zur erfolgreichen Integration in das Unternehmen sind zentrale Erfolgsfaktoren.

Die interkulturelle Erfahrung des Beraters im Umgang mit Headquarter, Ländergesellschaft oder internationalen Führungskräften des Konzerns ist wesentliche Grundlage für eine erfolgreiche Zusammenarbeit. Um allen Anforderungen dieser Klienten gerecht zu werden, ist darüber hinaus ein internationales Netzwerk sinnvoll und oft auch unerlässlich. Um innerhalb der begrenzten Anzahl internationaler, für den Konzern geeigneter High Potentials eine klar definierte Teilmenge zu erreichen, ist eine **umfassende Diskussion des Anforderungsprofils** notwendig. Neben fachlichen Anforderungen müssen vor allem kulturelle Erfahrungen, Sprache und mögliche regionale/überregionale Kenntnisse festgelegt werden.

Neben diesen Komponenten, die auf die Auswahl (Selection) bezogen sind, spielen die Möglichkeiten des Konzerns – und damit auch des beauftragten Personalberaters –, genau diese international erfahrenen Führungskräfte auch für sich begeistern zu können (Attraction), heute eine mindestens ebenso bedeutende Rolle.

Neben den Kompetenzen des Unternehmens, dem Modell der Führungskräfteentwicklung und dem Gehaltsrahmen sind hier vor allem weiche Faktoren und Fragen der Work-Life-Balance relevant. Zu den weichen Faktoren zählen die Qualität der Gesprächspartner im Konzern sowie Transparenz und Schnelligkeit des Verfahrens – und somit auch die Qualität Meilensteinplan zu sorgen. Dies gilt natürlich in hohem Maße auch für den Kontakt der Ansprache und Projektsteuerung durch den Berater.

Gerade die Festlegung der Projektsprache und der am Auswahlverfahren beteiligten Führungskräfte, einschließlich der definierten Reihenfolge der Gespräche, bis hin zu für das Projekt reservierten Terminen sind oft vernachlässigte Erfolgskriterien.

Nur bei intensiver Vorbereitung und unter Einbindung aller beteiligten Personen sowie betroffenen Abteilungen wird ein solches Projekt einen erfolgreichen Verlauf nehmen und qualifizierte Zielpersonen für das Unternehmen begeistern. Wenige und kompetente Ansprechpartner seitens des Unternehmens und ein das gesamte Projekt verantwortlich begleitender Personalberater sind für den erfolgreichen Verlauf sehr hilfreich.

Die Fähigkeiten des **länderübergreifenden Projektsteuerers** aufseiten des Beratungsunternehmens sind hier ebenso gefragt wie Kenntnisse der relevanten Märkte und Regionen. Dies gilt von der Diskussion und Erstellung des Anforderungsprofils über alle Phasen der eigentlichen Suche bis zur erfolgreichen Integration der gesuchten Person ins Unternehmen.

Sind alle Fragen im Zuge der Projektvorbereitung geklärt, ist es Aufgabe des Beraters, auch in den komplexen und globalen Strukturen eines Konzerns permanent für Klarheit über den Projektstatus und die nächsten Schritte gemäß dem besprochenen mit den eigentlichen Zielpersonen des Projekts, den Kandidatinnen und Kandidaten der „Short List".

Je klarer die Informationen über den gesamten Projektverlauf vermittelt werden, umso größer sind die Erfolgsaussichten, die Wunschperson für das Unternehmen zu gewinnen. Neben notwendigen Kenntnissen über internationale Strukturen und Märkte, sind also die Projektkommunikation und -organisation erfolgsrelevant.

4.11.3 Resümee

Aus heutiger Sicht wird die Bedeutung der internationalen Komponente einer Personalsuche weiter zunehmen. Für alle beschriebenen Fälle – so unterschiedlich die Aufgaben auch zunächst erscheinen – gilt ein vergleichbares Szenario mit hohen Anforderungen an die an der Suche beteiligten Personen. Vor allem die gründliche Diskussion und Festlegung der einzelne Schritte/Gespräche des Suchprojekts und einer zielgruppengerechten Suchmethodik sind wesentliche Grundlagen einer erfolgreichen internationalen Personalsuche.

Natürlich gilt diese Aussage im Grundsatz für jede Personalsuche. Durch die höhere Komplexität der internationalen Suchprojekte und die daraus resultierende gesteigerte Fehleranfälligkeit ist jedoch die Kompetenz einer auch international erfahrenen Beraterpersönlichkeit von großer Bedeutung. Gelingt es dem Berater, die Kompetenzen und Ressourcen des Unternehmens mit dem eigenen Know-how und Erfahrungsschatz anzureichern und zu einem professionell gesteuerten Projektverlauf zu verbinden, tragen internationale Personaleinstellungen in Unternehmen nahezu jeder Größenordnung und Branche wesentlich zu einer langfristigen erfolgreichen Entwicklung bei.

4.12 Auswirkungen der Globalisierung – Arbeit im internationalen Netzwerk

von Jörg Dötter

Die Globalisierung hat nicht nur erhebliche Auswirkungen auf Handel und Produktion. Immer stärker erfasst sie auch den Bereich der Dienstleistungen und im Besonderen die Personalberatung. Wer grenzüberschreitend erfolgreiche Geschäfte machen will, braucht herausragende Mitarbeiter. Doch wie und wo bekommt man sie? Die Rekrutierung gelingt besonders gut in der **Kombination von lokalem Know-how und globaler Kompetenz**. Denn jeder (Personal-)Markt hat seine spezifischen Gesetzmäßigkeiten. Ein **internationales Netzwerk**, in dem sich unabhängige Beratungsunternehmen aus verschiedenen Ländern zusammengeschlossen haben, ist hier sehr hilfreich: Es verknüpft die notwendige Professionalität bei der Personalsuche mit Landeskenntnissen – unter Einschluss modernster Informationstechnologie.

4.12.1 Der internationale Kontext – die Problemlage

4.12.1.1 Die Herausforderungen – neue Märkte, neue Mitarbeiter

Die immer weiter fortschreitende Globalisierung mit ihrer enger werdenden wirtschaftlichen Vernetzung eröffnet weiterhin große Chancen. Nicht nur Großunternehmen, auch eine wachsende Zahl von Mittelständlern engagiert sich deshalb im Ausland. Die Unternehmen kennen ihr Kerngeschäft und ihren heimischen Markt. Doch der Schritt über die Grenzen in unbekanntes Terrain stellt sie vor ganz neue Aufgaben – eine der schwierigsten ist es, geeignete Fach- und Führungskräfte zu finden. Denn ob es sich um eine Niederlassung, eine Filiale, eine Produktionsstätte, ein Tochterunternehmen oder eine Repräsentanz außerhalb Deutschlands handelt: Auf die Leitung, auf das Management, auf die Führung kommt es an.

Will man diese wichtigen Positionen mit den richtigen Leuten besetzen, kommen die oftmals „ungeschriebenen Gesetze" des jeweiligen Landes ins Spiel. Kulturelle oder mentale Charakteristika, Traditionen und Geschäftssitten, Ausbildungsmodalitäten und sonstige **landestypische Gepflogenheiten** müssen bei der Personalsuche beachtet werden. Sie können die Quelle großer Missverständnisse sein – und manche gut geplante Investition in den Sand setzen. Wenn die personelle Besetzung nicht stimmt, knirscht es im Getriebe und schnell greift Ernüchterung um sich.

Mag sich der Unternehmer in heimischen Gefilden noch auf sein Gespür, seine Erfahrungen und seine Kenntnisse der Strukturen verlassen können, um Qualifikation, Motivation, Persönlichkeit und Potenzial eines zukünftigen Mitarbeiters realistisch einzuschätzen. Im Ausland, auf neuen Märkten, stößt er unerwartet an Grenzen. Schneller als ihm lieb ist, muss er lernen: Personelle Erwartungen lassen sich nicht einfach auf ein anderes Land übertragen.

4. Arbeitsweise des Personalberaters in der Personalrekrutierung

4.12.1.2 Andere Länder, andere Sitten, andere Lösungen

Die wichtigste Lektion, die es zu lernen gilt, ist: Die Gesetzmäßigkeiten oder Gepflogenheiten des deutschen Personalmarkts gelten jenseits der Grenzen nicht mehr. Jedes Land „tickt" anders, hat eigene Auswahlverfahren, eigene Standards, die teilweise gesetzlich vorgeschrieben, teilweise kulturell geprägt sind. Der Unternehmer muss oftmals Klippen umschiffen, die er mit bloßem Auge (und mangels Erfahrung) gar nicht erkennt. Wo liegen die Fußangeln? Schon die Auswahlprozedur kann ihre Tücken haben. Wer z. B. einen ausgewiesenen Spezialisten für ein Projekt in Frankreich sucht, hat kaum Chancen, eine Vorauswahl „nach der Papierform" zu treffen, wie in Deutschland üblich. Interessierte Kandidaten drängen zunächst einmal auf ein persönliches Gespräch, um ihren möglichen Arbeitgeber kennenzulernen. Schriftliche Unterlagen stellen die selbstbewussten Franzosen üblicherweise erst nachträglich zur Verfügung.

Auch die US-amerikanische Personalwelt ist eine andere. Wer sich dort einen ersten Eindruck von einem möglichen zukünftigen Mitarbeiter machen will, hat es schwer: Er muss sich anfangs mit einem kargen Bewerbungsprofil begnügen, in dem viele persönliche Angaben fehlen. Harte Antidiskriminierungsgesetze jenseits des Atlantiks verbieten z. B. die Nennung von Alter, Geschlecht oder Hautfarbe. Mittlerweile hat Deutschland hier allerdings mit dem **„Allgemeinen Gleichbehandlungsgesetz (AGG)"** nachgezogen.

Aber auch die Begrifflichkeiten trennen den deutschen von dem amerikanischen Personalmarkt. Die US-amerikanische „Shortlist" gibt lediglich sehr knapp und sehr restriktiv einen Überblick über die Kandidaten: außer Namen nichts gewesen. Dagegen hat die „Shortlist" in Deutschland eine ganz andere Funktion: Gemeint ist hier ein vertraulicher Bericht über den oder die Kandidaten, den der Personalberater nach den Interviews erstellt hat.

Machen sich deutsche Chefs vorab gern „ein Bild" von ihrem Kandidaten oder ihrer Kandidatin, laufen sie mit einem derartigen Wunsch in Südafrika ins Leere. Am Kap, wie auch in den USA, ist es keineswegs üblich, die Bewerbungsmappe mit einem Foto zu versehen.

In **Osteuropa** wiederum wird noch streng in hierarchischen Kategorien gedacht. Was zählt, ist der Titel, während in deutschen Unternehmen die fachliche und persönliche Kompetenz ohne Ansehen von Titel oder Stellung immer mehr ins Zentrum rückt. Dabei reicht es jedoch nicht, einen Top-Manager mit Titel aus der Firmenzentrale eines Unternehmens in die osteuropäische Diaspora zu schicken. Ohne Kenntnis der lokalen Besonderheiten wird er sie unmöglich erfolgreich agieren können. In Russland ist es daher unerlässlich, einen erfahrenen russischen Mitarbeiter in ein Büro aufzunehmen. Bei der Kandidatensuche sollte man auch bedenken, dass die „feste Zusage" oder Unterschrift eines osteuropäischen Kandidaten noch lange keine ausreichende Gewähr dafür bietet, dass er seinen Job auch antritt. Er kann ohne Weiteres schnell in neue Verhandlungen mit einem weiteren potenziellen Arbeitgeber treten, denn der Markt für Spezialisten und Führungskräfte dort ist eng. Entsprechend häufig werden attraktive Kandidaten mit lukrativen Angeboten

4.12 Auswirkungen der Globalisierung

weggelockt. Auch international bekannte Firmen sollten daher nicht darauf vertrauen, dass Bewerber bei ihnen Schlange stehen – in Russland ist ihr wohlklingender Name womöglich gar nicht bekannt.

Wichtig ist außerdem eine **dynamische Terminabsprache**. Wer in Deutschland an feste Termine mit entsprechenden Zusagen weit im Voraus gewöhnt ist, muss sich hier mit Ad-hoc-Verfahren auseinandersetzen, um seinen Kandidaten nicht an schnellere Firmen zu verlieren. Also besser ein Interview per Skype führen, wenn ein persönliches Treffen erst einige Wochen später möglich ist. Außerdem sollte man sich jeden Termin noch einmal kurzfristig bestätigen lassen, sonst kann einem Berater Folgendes passieren: Einen Tag vor den geplanten Kandidateninterviews reist er an und trifft am Abend sein russisches Gegenüber für ein Vorbereitungsgespräch, um zu erfahren, dass die Kandidaten zwar für den nächsten Tag eingeladen sind, man sie aber am Abend vorher nochmals anrufen sollte, um zu klären, ob sie am nächsten Tag wirklich kommen.

4.12.1.3 Russland, Brasilien, Indien – ungeahnte Praxisanforderungen für ausländische Unternehmen

Ein weiteres Missverständnis betrifft die Gehälter. Diese sind in Russland nicht immer niedriger als in europäischen Ländern. Für Executives und andere leitende Angestellte können sie sogar höher liegen, sodass manche Firmen Bewerber aus dem Ausland, z. B. aus Polen, bevorzugen. Auch in anderen sogenannten Schwellenländern wie Brasilien und Indien ist das Lohnniveau höher, als viele Unternehmen erwarten, denn es gibt viel weniger gut ausgebildete Fach- und Führungskräfte, wie die schnell wachsende Wirtschaft braucht. In Brasilien, dessen Wirtschaftswachstum auch im Jahre 2011 deutlich höher lag als das führender Industrienationen, besteht weiter ein Mangel an Talenten. Der Markt ist aufgeheizt, die Währung ist stark, die Investitionen erreichen historische Höchststände. Kein Wunder, dass man in der Lebensmittelbranche, im Gesundheitswesen, in der Kosmetik- und in der Elektronikindustrie nicht genug qualifizierte Mitarbeiter findet. Zwei Großereignisse, die Fußballweltmeisterschaft 2014 und die Olympischen Spiele 2016, werden für nachhaltigen Arbeitskräftebedarf – auch im Hotelgewerbe, im Transportwesen und in der Gastronomie – sorgen.

Wer in Brasilien eine erfolgreiche Personalrekrutierung betreiben will, muss sich zudem mit Arbeitsgesetzen und Kompensationen auskennen. Welche Zusatzleistungen werden fällig? Welche Extras sind üblich? Oft können solche Zahlungen noch einmal genauso hoch ausfallen wie das Gehalt. Eine Studie hat kürzlich gezeigt, dass Executives in Brasilien 15 % mehr verdienen als ihre Kollegen in New York und sogar 24 % mehr als ihre Kollegen im Vereinigten Königreich.

Einen ähnlichen Realitätsschock können Firmen erleben, die mit den falschen Gehaltsvorstellungen nach Indien kommen. Viel Zeit, Geld und Nerven verlor dabei ein Unternehmen, das gegen alle Ratschläge an der Vision festhielt, ein Geschäftsführer sei für ein um 50 % geringeres Gehalt zu haben, als im

Durchschnitt gezahlt wurde. Da sich die Suche auf Wunsch des Klienten allein auf solche Kandidaten beschränkte, wurde schließlich auch ein entsprechend geringer qualifizierter Mitarbeiter eingestellt – mit dem „Erfolg", dass das Start-up-Unternehmen nach acht Monaten zu scheitern drohte. Die Rekrutierung musste ganz neu gestartet werden, nicht ohne erheblichen Imageverlust.

Was das Beispiel deutlich macht: Oft versäumen es Investoren aus dem Ausland, ihre Hausaufgaben zu machen, bevor sie nach Indien kommen. Ein Fehler, den sie später mit vielen Schwierigkeiten bezahlen müssen. Dieses Land, mit seinen so unterschiedlichen Kulturen, den 100 verschiedenen Sprachen, dem eklatanten Unterschied zwischen armen und reichen, städtischen und ländlichen, gebildeten und einfachen Bewohnern, ist ein höchst komplizierter Kosmos, der einem unerfahrenen Unternehmen jede Menge Fallen stellen kann. Erfolg und Wachstum hängen davon ab, ob es gelingt, Fehler zu vermeiden und die kulturelle Vielfalt im Wettbewerb zu nutzen. Dazu sind professionelle Personalberater unerlässlich, die mit Land und Leuten vertraut sind, Erfahrungen im Markt mitbringen und die Besonderheiten des Geschäftsumfelds kennen.

Bei aller Verschiedenheit der Länder und Sitten gilt jedoch: Der Schlüssel zum Erfolg ist überall **gegenseitiges Vertrauen**. Der Kunde muss wissen, dass der Berater seine Interessen klug, umsichtig und glaubwürdig vertritt. Der Berater hingegen muss seinen Kunden umfassend informieren und die Kommunikation und Entscheidungswege transparent gestalten.

4.12.2 Der internationale Kontext – Netzwerke als Lösungsmuster

4.12.2.1 Ein Netzwerk bildet sich – der Gründungsimpuls

Die Fallbeispiele aus aller Welt zeigen, dass die Personalauswahl eine internationale Dimension gewonnen hat, die die Unternehmen in aller Regel vor kaum lösbare Probleme stellt. Es ließen sich mühelos weitere Fußangeln und Fallstricke auflisten, die heute zum Alltagsgeschäft international tätiger Personalberater gehören. Wer dabei keinen kühlen Kopf bewahrt und ohne **interkulturelle Kompetenz** antritt, wird bei der Personalsuche scheitern. Der „entscheidende Kick" kommt oft von den Personalberatern vor Ort. Sie kennen ihren Markt und sind mit Kultur, Mentalität, Tradition und Gepflogenheiten ihrer Landsleute ebenso vertraut wie mit dem wirtschaftlichen Umfeld und firmenspezifischen Belangen. Ihre Arbeit ist gerade dann besonders gewinnbringend, wenn es gilt, den schwierigen Spagat zwischen den oftmals hohen Erwartungen oder Idealvorstellungen der deutschen Unternehmen und den Angeboten vor Ort zu bewältigen. Wenn also ein Unternehmen in ein neues Land geht, wollen dort gar nicht alle Kandidaten Managing Director werden, wie die Firma fälschlicherweise annimmt. Schon gar nicht gibt es den erwarteten Pool, aus dem man sich einfach die besten Kandidaten aussuchen kann. Dies ist heute anders: Es gilt, den geeigneten Bewerber für sich und sein Unternehmen zu gewinnen, denn alle Kandidaten haben einen guten Job und sind sicherheitsorientiert. Sollten sie am Markt sein und einen Job suchen, haben sie auch noch andere Angebote.

Dass die Einbindung lokaler Kompetenz ein Schlüsselfaktor für die erfolgreiche Vermittlung des richtigen Kandidaten ist, hat eine kleine Gruppe von Personalberatern bereits 1989 erkannt – als die Globalisierung noch in den Anfängen steckte. Sie beschlossen, sich zu einem **Netzwerk** zusammenzuschließen. In Paris knüpften sie vor über 20 Jahren die ersten Fäden für ein weltweites Netzwerk, das heute 45 Länder umspannt. Beteiligt waren ein Personalberater aus Deutschland, einer aus Frankreich, einer aus Italien, einer aus Schweden und einer aus den USA. Sie kannten sich persönlich bereits seit geraumer Zeit, hatten teilweise in denselben internationalen Gesellschaften gearbeitet, waren nun selbstständig, leiteten ihre eigenen Firmen und hatten die gleiche Ausgangslage: Ihre Klienten wurden internationaler. Wenn die Unternehmen beginnen, über Grenzen hinweg zu denken, dann müssen auch die Personalberater internationale Kontakte knüpfen, um qualifizierte Unterstützung bei der Personalrekrutierung zu bieten und Suchaufträge effizient auszuführen. Das war der Gründungsimpuls. Wo die einzelne Firma überfordert schien, da versprach die grenzüberschreitende Unterstützung den geeigneten Weg. Das Motto des Gründungsquintetts lautete: „Your local gateway to international recruitment." Heute lautet das Motto: **„Think global, act local."**

4.12.2.2 Das Netzwerk wächst – Knotenpunkte rund um den Globus

Aus einem kollegialen, von persönlichen Verbindungen getragenen Netzwerk entwickelte sich ein professioneller Search-Verbund, der weltweit agiert und die Personalsuche internationalisiert hat. Das Netzwerk hat mittlerweile Knotenpunkte rund um den Globus, will sagen: Mehr als 100 Büros in rund 45 Ländern sind eingebunden.

Annähernd 380 Berater sind für dieses Netzwerk tätig. Pro Jahr wickeln sie durchschnittlich 3.900 Beratungsprojekte ab. Das Spektrum der Positionen, die es zu besetzen gilt, reicht dabei von Aufsichtsratsmitgliedern und Geschäftsführern bis zu hoch qualifizierten Spezialisten, wie Werksleitern, Produktionsleitern, Kaufmännischen Direktoren oder Qualitätsleitern. Klienten sind Konzerne ebenso wie mittelständische Unternehmen. Nach der Grundüberzeugung des Netzwerks wird Globalität nur dann zum Erfolgsmoment, wenn lokale Kompetenz genutzt wird – und die beginnt bereits bei der Beherrschung der Landessprache. Dazu kommen zwei weitere Faktoren: **Kooperation und Individualität.** Eine enge, partnerschaftliche Kooperation zwischen dem suchenden Unternehmen hier und dem Personalberater dort ist das Kernelement. Nur sie erlaubt es, jedem Fall den individuellen Stempel aufzudrücken, der dann auch zum Erfolg führt.

4. Arbeitsweise des Personalberaters in der Personalrekrutierung

4.12.2.3 Netzwerk mit Struktur – Ankerpunkte für das Tagesgeschäft

Es gibt unterschiedliche Modelle und Muster für das Funktionieren eines Netzwerks. Die jeweilige Struktur ist eine Voraussetzung für den Erfolg. Vorteilhaft ist es, wenn selbstständige, unabhängige Unternehmen eine Partnerschaft begründen. Das erlaubt eine andere Vorgehensweise, als es z. B. bei einer Tochtergesellschaft möglich ist, die am Gängelband einer zentralen Administration läuft und viel mehr Geld kostet. Der bürokratische Aufwand in einem Netzwerk unabhängiger Partner ist vergleichsweise gering. Die Projekte werden zügig und unkompliziert abgewickelt. Es gibt keine Hierarchien. Die Partner des Netzwerks verstehen sich als Profitcenter ohne administrativen Wasserkopf, der die Überschüsse abschöpft oder zeitverzögernde „Dienstwege" erfordert. Wer etwas in seinem Verantwortungsbereich erwirtschaftet, erntet auch die Früchte. Das wiederum fördert Motivation und Risikobereitschaft.

Gleichwohl braucht ein solches Netzwerk feste Ankerpunkte bzw. institutionelle Rahmen, um nicht auseinanderzuflattern und um – was noch wichtiger ist – im Wachstum die Qualität nicht nur zu halten, sondern möglichst zu steigern. Im Falle des oben erwähnten Netzwerks ist ein solcher Ankerpunkt z. B. das **Board**, das die Aktivitäten im Marketing, die Organisation oder Teile der Abwicklung steuert und Richtlinien formuliert. In diesem Leitungsgremium sitzen mehrere Mitglieder und arbeiten ehrenamtlich. Auch hier geht es nach der Performance: je besser die Leistung, desto gewichtiger die Stimme des Partnerunternehmens. Es überrascht nicht, dass diese schlanke Organisationsform sich positiv auf die Kosten auswirkt.

Darüber hinaus gibt es eine Jahreskonferenz: Einmal im Jahr treffen sich die Gesellschafter, d. h. die Inhaber der Mitgliedsunternehmen, zu einer Tagung, um vor allem strategische und marketingrelevante Themen zu diskutieren. Dieses zentrale Forum gibt wichtige Impulse für die Arbeit in den Unternehmen. Daneben finden regelmäßige, rein kontinentale Meetings statt: So kommen ein- oder zweimal im Jahr jeweils die Gesellschafter und Berater der europäischen, der amerikanischen und der asiatischen Gesellschaften zusammen, um ihr Geschäft voranzutreiben.

4.12.2.4 Netzwerk mit Kultur – externe und interne Qualitätsstandards

Das besondere Instrument eines erfolgreichen Netzwerks ist das Standard Quality Committee (SQC). Es überwacht die Einhaltung der Qualitätsstandards und sucht neue Partnerunternehmen aus. Auch hat es eine gewisse Schiedsgerichtsfunktion: Konfliktfälle werden hier erörtert und gelöst. Die Messlatte, die an die Qualität der Partnerunternehmen angelegt wird, ist in einer solchen Netzwerkkonstruktion naturgemäß sehr hoch. Großes Vertrauen in die Büros vor Ort ist eine Grundbedingung; beim Qualitätsanspruch werden keine Abstriche geduldet. „Trittbrettrepräsentanzen", um die Karte des Netzwerks „bunter" zu machen, sind nicht erwünscht. Gepflegt wird eine

Unternehmerkultur mit einem spezifischen Selbstverständnis: Wer das Risiko trägt, macht den Gewinn und leistet so mehr Input.

Zur Netzwerkkultur gehört auch dies: Der Klient der Partnergesellschaft in Buenos Aires wird wie der eigene Klient in Düsseldorf oder Bremen betrachtet. Diese starke interne Klientenbindung für die Gruppe als Ganzes war von Beginn an eine zentrale Geschäftslinie. Sie hält das gesamte Netzwerk ausgesprochen stabil. Die Partnerfirmen haben vielfach junge, dynamische Mitarbeiter, die entsprechend ambitioniert sind. Sie werden – auch dies ist ein hervorstechendes Charakteristikum – in einer netzwerkeigenen „Academy" besonders geschult. Das Trainingsteam besteht aus drei internationalen Beratern des Netzwerks; sie leisten ihren wertvollen Input ehrenamtlich. Gut ein Dutzend Mitarbeiter werden pro Jahr in einem mehrtägigen Workshop trainiert und für internationale Geschäfte fit gemacht.

Hinzu kommt, dass in der Regel nur ein Personalberatungsunternehmen pro Land Partner im Netzwerk werden kann. Auch diese Exklusivität erleichtert die Zusammenarbeit und befruchtet die Geschäfte. Alle Standards und Regeln, Prozesse und Verfahren sind in einem Manual niedergelegt, das bindend ist. Es führt aus, wie Projekte abgewickelt und abgerechnet werden. Es gibt eine feste Honorarstruktur. Das Honorar verteilt sich wie folgt: 15 bis 20 % des Auftragswerts entfallen auf die Partnerfirma, die den Auftrag akquiriert bzw. eingeführt hat, 5 % werden an das Netzwerk überwiesen und 65 bis 75 % erhält das Partnerunternehmen, das den Auftrag ausführt. Gelegentlich wird ein Projektmanager eingebunden, dessen Honorar wiederum bis zu 15 % betragen kann.

4.12.3 Der internationale Kontext – Verfahren und Prozesse

4.12.3.1 Die „Chemie" muss stimmen

Dreh- und Angelpunkt der Personalarbeit im nationalen wie im internationalen Kontext ist das persönliche Commitment des Beraters in einem ohnehin schon sehr persönlichen Geschäft. Das personalwirtschaftliche Know-how allein reicht nicht mehr aus: Das individuelle Engagement und eine Atmosphäre des Vertrauens sind maßgeblich geworden. Die „Chemie" muss stimmen, erst dann kann die professionelle Kompetenz in der Personalberatung richtig wirken. Akquisition und Abwicklung liegen zudem oft in einer Hand. Wenn der Klient „mit Schmidt" spricht, will er später nicht „mit Schmidtchen" zu tun haben. Das ist auch auf internationaler Ebene ein ehernes Prinzip.

Der steigende Wettbewerbsdruck bleibt natürlich nicht ohne Folgen für die Personalberatung. Die Klienten werden anspruchsvoller, die Zeitachsen für die Projekte werden kürzer. Dies erfordert eine hohe Flexibilität. Einen starken Einfluss übt auch das Internet aus. Es hat die Kommunikation schneller und vor allem effizienter gemacht. Elektronische Klientenanfragen – aus welcher Ecke der Welt auch immer – werden innerhalb von 24 Stunden beantwortet. Ein **modernes Informationssystem** trägt diesem Umstand Rechnung. Alle Partner können zentral und sekundenschnell Daten abrufen und für ihre

Klienten aufbereiten: internationale Gehaltsvergleiche, Kompetenzprofile von Führungspositionen, Klientenübersichten, Länderstrukturvergleiche, spezifische Beraterkompetenzen und dergleichen mehr.

4.12.3.2 Verfahren der grenzüberschreitenden Personalsuche

Wie wird ein internationales Projekt durchgeführt? Will z. B. ein Unternehmen seine Aktivitäten nach Russland ausdehnen und lokale Manager bzw. Mitarbeiter für sich gewinnen, wendet es sich an die deutsche Gesellschaft. Gemeinsam wird ein Anforderungsprofil für die vakante Position erstellt, das dann an den russischen Netzwerkpartner weitergeleitet wird. Dieser bespricht das Profil, die Erwartungen und die Rahmenbedingungen mit den Kunden. Landeskundig wie er ist, durchleuchtet er den Markt, identifiziert potenzielle Kandidaten und fühlt diesen in Vorgesprächen „auf den Zahn". Aus diesen ersten Kontakten wird eine „Shortlist" erstellt, d. h. eine Übersicht der interessantesten Kandidaten. Anschließend entscheiden das suchende Unternehmen und der betreuende Berater auf Basis dieser Vorauswahl, welche Kandidaten persönlich interviewt werden. Diese Auswahlgespräche finden vor Ort und weiterführende Gespräche dann in Deutschland statt. Das Projekt wird, je nach Bedarf, entweder vom Ursprungsland aus oder im Zielland selbst gesteuert.

Eine wichtige Aufgabe des Beraters ist es, die hohen und nicht immer realistischen Erwartungen der Klienten an die Realität des Markts anzupassen. Gerade im Hinblick auf Russland sind schon manche „Blütenträume" deutscher Unternehmer, qualifizierte einheimische Kräfte zu Billiggehältern einkaufen zu können, an der knallharten Wirklichkeit zerstoben.

4.12.4 Die internationale Checkliste: Was muss ich bei der Personalsuche im Ausland beachten?

- Den richtigen Partner finden …
  dabei sollte ich mich fragen:
  – Wie lange ist der Dienstleister schon im Markt?
  – Welche Sprachkenntnisse sind vorhanden? Landessprache, Englisch, Deutsch?
  – Für welche deutschen Kunden hat er schon im Ausland gearbeitet?
  – Sind Branchenkenntnisse in meiner Branche vorhanden?
  – Führt der Berater im Erstkontakt auch das Projekt durch?
  – Berät er mich qualifiziert – auch wenn ich manche Information nicht so gerne höre (Erwartungen/Erfahrungen/Gehälter)?
  – Stimmt die persönliche Chemie zum Berater? Haben wir gleiche Vorstellungen von der Rekrutierung?
- Die Selbstprüfung …
  – Bin ich als Unternehmen auch bereit, den Prozess voranzutreiben, d. h. qualifizierte Kandidaten, die der Berater findet, nicht warten zu lassen?

- Bin ich bereit, wenn ich einen guten Kandidaten gesehen habe, diesen auch einzustellen?
- Erfolgsfaktoren beachten ...
  - Die frühzeitige Information über das Zielland und ein enger Austausch mit dem Berater über landesspezifische Besonderheiten sparen Zeit, Geld und Nerven.
  - Eine offene, ehrliche, klare und direkte Kommunikation sowie Schnelligkeit bei der Entscheidung sind unerlässlich.
- Falsche Erwartungen vermeiden ...
  - Wenn Firmen nach Deutschland kommen oder deutsche Firmen ins Ausland gehen, können sie nicht erwarten, dass alle Kandidaten unbedingt den Job bei diesem Unternehmen haben wollen. Die Realität sieht anders aus.
  - Gute Kandidaten haben meist einen guten Job und sind sicherheitsorientiert; sie verlassen ungern ein großes Unternehmen in Deutschland, um zu einem kleineren ausländischen Unternehmen zu gehen. Das Risiko ist groß: Was ist, wenn es nicht funktioniert?
  - Gute Kandidaten haben mehrere Angebote verschiedener Unternehmen. Eine effiziente Abwicklung des Suchprozesses wird zum entscheidenden Faktor und schafft Vertrauen auf Kandidatenseite.

4.12.5 Fazit

Die grenzüberschreitende Personalsuche verlangt eine gehörige Portion **Realismus** und noch mehr **Gelassenheit**; die Besetzung von Top-Positionen mit Kräften, die ebenso erfahren wie im jeweiligen Land verwurzelt sind, ist oft schwieriger als erwartet. Unterschätzt wird auch der Schulungsbedarf. Ist der geeignete Mitarbeiter aber erst einmal gefunden, besteht eine weitere strategische Aufgabe darin, diesen langfristig an das Unternehmen zu binden, gerade in Märkten, in denen eine hohe Fluktuation herrscht. Dies ist im Allgemeinen in Osteuropa, Russland, Brasilien und Asien der Fall.

Anders dagegen präsentieren sich die boomenden Märkte im Nahen Osten, vor allem Dubai, aber auch Indien. Hier siedeln sich immer mehr deutsche Firmen an und haben entsprechend spezifischen Personalbedarf. In diesen Ländern ist die Personalberatung als Dienstleistung jedoch noch in einem ausgesprochen „unreifen" Zustand. Der Personalberater betritt also Neuland und steht vor spannenden Aufgaben. Gerade dies aber macht die Arbeit im internationalen Kontext zur lohnenden Herausforderung, frei nach dem Motto: „Global Challenges – Local Solutions!"

5. Weitere Beratungsleistungen in der Personalberatung

5.1 Die Suche nach Nachfolgern in Familienunternehmen

von Dr. Hans-Joachim Richter

Geht der Senior-Chef eines Familienunternehmens, so muss mit sicherer Hand eine Führungskraft gefunden werden, deren visionäre Fähigkeiten und deren Führungsqualität an die Qualitäten des scheidenden Unternehmers anknüpfen können. Dazu muss zum einen die Bereitschaft des Unternehmers zu einem echten Loslassen sorgfältig geprüft, zum anderen ein klarer Zeitrahmen für die einzelnen Schritte der Übergabe festgelegt werden. Die Komplexität der Aufgabe macht die erfolgreiche Suche nach einem Nachfolger zur Königsdisziplin in der Personalberatung.

Ein Familienunternehmen wurde in der Regel durch die visionäre Kraft und Energie einer einzelnen Persönlichkeit gegründet und von dieser zum Erfolg getrieben. Die wahre Vision ist dabei nicht durch ein mehr oder weniger intensives „Brainstorming" entstanden, sondern ist ein inhärentes Phänomen jedes Unternehmens. Letztendlich bringt die oberste Führung Mitarbeiter, Kapital und Produktivfaktoren zusammen, so dass Inhaber, Geschäftsführung und Geschäftsleitung die Vision unterschiedlich prägen.

Die Suche nach einem geeigneten Nachfolger setzt bei der **Einzigartigkeit des scheidenden Seniors** an, der in der Regel das Unternehmen in einem gänzlich anderen wirtschaftlichen, gesellschaftlichen und politischen Umfeld gegründet hat. Ein Nachfolger, der das Unternehmen vorausschauend in eine neue Zukunft führen kann, wird deshalb zwangsläufig eine andere Persönlichkeit und andere Zielvorstellungen haben müssen. Der Versuch, den scheidenden Inhaber möglichst identisch zu ersetzen, kann aus diesem Grund immer nur scheitern.

Entscheidend ist vielmehr, dass es dem Berater im ersten Schritt gemeinsam mit dem Unternehmer gelingt, die Werte und Ziele des Unternehmens herauszuarbeiten, die diesem seine einzigartige Identität verleihen, die zu einer starken Wettbewerbsposition führt. Ist diese Unternehmensidentität kraftvoll und für die Zukunft tragfähig, kann der Berater die nächsten Schritte einleiten. Im anderen Fall muss der eigentlichen Suche ein Strategieprozess vorgeschaltet werden, der wesentlichen Einfluss auf das weitere Vorgehen hat.

5. Weitere Beratungsleistungen in der Personalberatung

5.1.1 Die Übergabesituation

Aufgrund der gewachsenen Strukturen können bei der Übergabe eines Familienunternehmens zahlreiche Facetten auftreten, die den Prozess stark komplizieren können. Die gesamte **Familiensituation** des Unternehmers bzw. der Unternehmerin muss genauso in Betracht gezogen werden, wie **steuerrechtliche oder erbschaftsrechtliche Umstände**. Je nach Gesamtsituation sind an die Person des Nachfolgers unterschiedliche Anforderungen zu stellen.

Im Folgenden wollen wir uns mit der geplanten und beeinflussbaren Übergabe eines Unternehmens beschäftigen, bei der ein oder mehrere Familienunternehmer noch aktiv im Unternehmen tätig sind. Dabei muss immer im Auge behalten werden, dass ein geklärter Generationswechsel entscheidend dafür ist, ob für das Unternehmen hoch qualifizierte Mitarbeiter gewonnen und auch gehalten werden können.

An einer Unternehmensübertragung sind immer mehrere Personen mit zum Teil unterschiedlichen Interessen beteiligt: der Nachfolger und seine Familie, der übergebende Unternehmer und seine Familie, die Mitarbeiter, die Kunden, Lieferanten und Vertriebspartner, sowie die finanzierenden Banken. Im Mittelpunkt dieses Beitrags steht die Personal- und Strategieberatung auf der menschlichen und fachlichen Ebene, die in aller Regel die Grundlage für den Erfolg einer Übergabe ist. Mangelnde Sensitivität hinsichtlich der tatsächlichen Motivationsfaktoren der handelnden Personen ist häufig die Hauptursache für eine gescheiterte Übergabe.

5.1.1.1 Die Finanzierung der Nachfolge

Wird das Unternehmen an den Nachfolger veräußert, dann will der Unternehmer dafür bei seinem Ausscheiden einen möglichst hohen Preis erzielen. Gleichzeitig besteht nach Schätzungen verschiedener Industrie- und Handelskammern bei bis zu 75 % dieser Unternehmen ein Kapitalbedarf. Vor allem für den Kauf des Unternehmens und/oder für Folgeinvestitionen benötigt der Nachfolger Kapital. Die Finanzierung ist häufig sein größtes Problem. Jeder zweite externe Nachfolger hat damit Schwierigkeiten. Ursachen dafür sind mangelnde Eigenmittel, die Zugehörigkeit zu einer Problembranche, Planungsfehler und unerwarteter Kapitalbedarf sowie die Besicherung von Krediten.

Finanzierungsprobleme treten häufig zusammen mit anderen Komplikationen vor und nach der Übernahme auf. Wenn das Unternehmen vor der Übernahme bereits Verluste gemacht hat, dann hat auch der Nachfolger häufig Schwierigkeiten mit der Finanzierung. Die auftretenden finanziellen und juristischen Aspekte lassen sich auf die Schlagworte „fairer Preis" und „gegenseitige Akzeptanz" reduzieren und sollen nicht Gegenstand dieser Ausführungen sein. Es sei lediglich angemerkt, dass es natürlich eine wesentliche Rolle spielt, ob die Übertragung des Unternehmens ein wichtiger Baustein für die Altersversorgung des ausscheidenden Unternehmers ist oder nicht.

5.1.1.2 Die Übergabe an die nächste Generation

Die meisten Firmeninhaber wünschen sich ihre Tochter oder ihren Sohn als Nachfolger. Dies ist die schwierigste Form der Nachfolge. Die **emotionale Komponente** macht eine weitgehend objektive Betrachtung der Dinge meist unmöglich. Ist man in dem einen Fall bereit, zugunsten der Familiennachfolge über erkennbare Schwächen der Kinder hinwegzusehen, so erwartet der Senior in einem anderen Fall viel mehr von seinem Sohn oder seiner Tochter, als er dies bei Dritten tun würde. Immer häufiger kommt es deshalb heute dazu, dass die Kinder aufgrund geänderter Wertvorstellungen oder eigenständiger Interessen ganz andere berufliche Ziele verfolgen und auf die Nachfolge verzichten.

Die Idealvorstellung der direkten, kontinuierlichen Übergabe vom Senior auf eines oder mehrere Kinder ist zwar immer wieder erfolgreich möglich, aber bei ca. 25 bis 30 Jahren Altersunterschied auch schwierig. Nach einer guten und langen Ausbildung fehlt dem Nachwuchs die betriebliche Führungspraxis. Dazu ist er sich über seine Stärken und Schwächen nicht im Klaren, denn wer immer nur Sohn oder Tochter des Chefs war, bekommt nur wenig ehrliches Feedback von den Mitarbeitern. Die Fälle, in denen der scheidende Chef vom Junior getroffene Entscheidungen kritisiert oder gar in die Unternehmensführung eingreift, sind nicht selten und führen in aller Regel zu Auseinandersetzungen, in die auch Mitarbeiter hineingezogen werden. So untergraben viele Unternehmer die Autorität ihres Nachfolgers und setzen unter Umständen die Zukunft ihres Betriebs aufs Spiel.

Damit sich der Senior einerseits zügig zurückziehen kann, andererseits aber den Junior nicht überfordert, kann es sinnvoll sein, einen **erfahrenen Fremdmanager als Brücke** zwischen den Generationen einzusetzen. Neben neuem Know-how, das so auf oberster Ebene eingebracht wird, bietet dies vor allem in Wachstumsphasen des Unternehmens die Chance, das Führungspotenzial im Unternehmen zu erhöhen. Der Junior kann so innerhalb eines angemessenen Jahreszeitraums quasi zum Nachfolger (CEO) ausgebildet werden, während der Senior sich auf eine Beiratstätigkeit fokussieren oder ganz aus dem Unternehmen ausscheiden kann.

5.1.1.3 Die Übergabe an Mitarbeiter des Unternehmens (Management Buy Out)

Steht niemand aus der Familie als Nachfolger zur Verfügung, bietet sich dafür vielleicht jemand aus dem **Gesellschafterkreis** oder dem **Kreis der Führungskräfte** an. Derjenige kennt die Besonderheiten des Unternehmens und hat bereits die notwendigen Kenntnisse und Führungsqualitäten unter Beweis gestellt. Darüber hinaus bleibt die Kontinuität im Unternehmen gewahrt. Bei Zweifeln, ob der oder die potenziellen Nachfolger das Format haben, das Unternehmen tatsächlich in die Zukunft zu führen, besteht die Möglichkeit eines **Management-Audits**, in dem erfahrene Berater eine klare Stellungnahme dazu abgeben.

5. Weitere Beratungsleistungen in der Personalberatung

Eine Lösung, die es dem scheidenden Unternehmer ermöglicht, weiterhin tätig zu sein, liegt hier aber – spätestens mit vollständiger Kaufpreiszahlung – im Ermessen der neuen Eigentümer. Sinnvoll für beide Seiten ist sicher die gezielte Überleitung der vorhandenen Kontakte und Erfahrungen, ohne dass der ausscheidende Inhaber direkt führend in das Unternehmensgeschehen eingreift.

5.1.1.4 Die Übergabe an Außenstehende (Management Buy In)

Ist weder in der Familie noch im Unternehmen ein geeigneter Nachfolger in Sicht und soll das Unternehmen auch nicht an einen Finanzinvestor übergeben werden, so steht die herausfordernde Suche nach einem **externen Nachfolger** an. Unabhängig davon, ob sich die Familie von den Unternehmensanteilen trennen will oder nicht, sind viele Aspekte gleichzeitig zu beachten. Vor allem die emotionale Befindlichkeit des Unternehmers steht auf dem Prüfstand.

Beim Verkauf ist die **Sicherstellung der Kaufpreiszahlung** ein wichtiges Element. In der Regel können nur wenige potenzielle Management-Buy-in-Kandidaten die finanziellen Mittel von Anfang an aufbringen, sodass mit den finanzierenden Banken ein Konsens über den Nachfolger gefunden werden muss. Da alle Seiten ein großes Interesse am Erfolg der Transaktion haben, bietet sich neben einem intensiven Hinterfragen der Eignung und der Beweggründe des Erwerbers eine Einbindung des ausscheidenden Unternehmers über einen Beirat an.

5.1.2 Die Form der Übergabe

Das eigentliche Kernproblem des derzeitigen Nachfolgegeschehens besteht darin, dass mittlerweile **jeder zweite Unternehmensnachfolger von extern** kommt, wie das Institut für Mittelstandsforschung der Universität Mannheim ermittelt hat. Die Studie bestätigt, dass sich die externen Nachfolgen schwieriger gestalten können als die familieninternen, insbesondere wenn Übergeber wie Nachfolger um die „perfekte" Lösung kämpfen.

5.1.2.1 Klärung der grundsätzlichen Verhältnisse

Sich der Nachfolgesituation konkret stellen zu müssen, löst in manchen Fällen starke Emotionen aus. Dies gestaltet die Suche nach dem geeigneten Nachfolger höchst unterschiedlich. Soll dieser in dem einen Fall sehr schnell auf Augenhöhe mit dem ausscheidenden Unternehmer agieren, so kann es im Fall des Verkaufs an einen Investor auch darum gehen, einen hervorragenden **Sachwalter** zu finden, der das Unternehmen erfolgreich in eine völlig andersartige Firmenkonstellation führt.

Je nach der Bereitschaft des Unternehmers, sich von seinem Unternehmen zu lösen, entspricht die Übergabe an einen externen Nachfolger, die auch Zug um Zug erfolgen kann, am ehesten dem **klassischen unternehmerischen Ansatz**. Ein guter Berater wird in diesem Fall nicht nur den „echten Unternehmer" finden, sondern unter Umständen durch sein Netzwerk Kontakte für die Kaufpreisfinanzierung herstellen müssen.

Deutlich schwieriger gestaltet sich die Übergabe, wenn Familienmitglieder auf unterschiedlichen Hierarchieebenen im Unternehmen tätig sind. Derartige Fälle sind keine Seltenheit. Solange der nun scheidende Unternehmer klar die Führung innehatte, waren die familiären Umstände zweitrangig. Jetzt aber kann es dazu kommen, dass Familienangehörige in die Spitzenposition drängen oder gedrängt werden und der Handlungsspielraum für einen externen Nachfolger eng wird.

5.1.2.2 Voraussetzungen für die erfolgreiche Übergabe

Schwelende Nachfolgesituationen können eine Firma lähmen und zum Verlust der Marktposition führen. Spätestens jetzt ist es an der Zeit, das Kapital und die familiäre Beteiligung an Führungspositionen eindeutig zu trennen. Unklare Verhältnisse oder Machtkämpfe auf Familienseite kann der beste externe Nachfolger nicht beseitigen. Letztendlich kann nur die qualifizierte Mehrheit des Kapitals die Gesamtausrichtung des Unternehmens festlegen. Der gute Berater wird einen Suchauftrag davon abhängig machen, dass vorab eine klare Geschäftsordnung erarbeitet wird, in der die Kompetenzen aller Seiten eindeutig geregelt sind.

Spätestens wenn die ersten Gespräche mit möglichen Kandidaten geführt werden, muss der Berater gemeinsam mit dem scheidenden Unternehmer alle Grundsätze formuliert haben, auf deren Basis er substanziell hinterfragen kann, ob der jeweilige Kandidat mit seinem **Führungsanspruch** und seinen **Werthaltungen** in das neu gestaltete Unternehmensumfeld passt. Gute Kandidaten für Führungspositionen haben eine genaue Vorstellung davon, wie sie arbeiten möchten, um das Unternehmen in eine erfolgreiche Zukunft zu führen. Ein Abwarten ist hier in keiner Weise angezeigt. Gerade der Spitzenkandidat wird Ungereimtheiten im zukünftigen Machtgefüge des Unternehmens schnell aufdecken und auf Klärung drängen.

Auch wenn ein solches Verhalten möglicherweise fehlende Zukunftsentscheidungen auf unbequeme Art offenlegt, sollte man dies immer als Chance begreifen. Der vordergründig einfachere Kandidat, der entweder die Situation nicht hinterfragt oder aber sehenden Auges akzeptiert, kann unter keinen Umständen der Richtige sein, um mit der gleichen Kraft und visionären Fähigkeit wie der scheidende Unternehmenslenker das Unternehmen auch zukünftig auf einem erfolgreichen Kurs zu halten. In allen Phasen des Prozesses sollte man nie aus den Augen verlieren, dass mit dem Unternehmer – trotz aller eventuell vorhandenen Ecken und Kanten – ein prägendes Element aus dem Unternehmen ausscheidet, das nur durch eine echte Persönlichkeit wirklich ersetzt werden kann.

5. Weitere Beratungsleistungen in der Personalberatung

5.1.3 Der passende Nachfolger

Wichtig ist die Erkenntnis, dass es nach der erfolgreichen Überprüfung aller fachlichen Fähigkeiten und der Stringenz des Lebenswegs nicht einfach gute oder schlechte Nachfolger gibt, sondern im Wesentlichen nur Persönlichkeiten, die zum Unternehmen in seinem Umfeld passen oder nicht.

5.1.3.1 Fortführung des Bestehenden oder Ausrichtung auf die Zukunft

Sorgfältig muss der Berater zusammen mit dem Unternehmer die **Handlungsfelder des Unternehmens** festlegen, damit potenzielle Kandidaten zuerst auf der Sachebene auf Herz und Nieren geprüft werden können. Passen der Erfahrungshintergrund und das Auftreten zum Markt und zu den Klienten? Kann sich der Kandidat mit dem Produktspektrum und seinen Spezifika identifizieren? Versteht er den Markt, seine Einflüsse, die Branchentrends und die Vertriebskanäle? Sieht er – gerade in einer Zeit des rasanten Technologiewandels – die Chancen und Risiken des Unternehmens?

Neben den formal einfach zu prüfenden sachlichen Fähigkeiten kommt es entscheidend auf die Führungsqualitäten des zukünftigen Nachfolgers an. War der Inhaber quasi Kopf und „Spirit" des Unternehmens, so muss der Nachfolger einerseits direkt an die bisherige Leistung anknüpfen, andererseits aber gezielt eigene Wege gehen können. Die visionäre Kraft, verbunden mit der Fähigkeit die Mitarbeiter zu begeistern, ist für den Erfolg des Neuen viel entscheidender als die tiefe fachliche Kompetenz im Einzelfall. Nur ein Kandidat, dem zuzutrauen ist, an die Lebensleistung des scheidenden Seniors anzuschließen und dabei klare eigene Impulse zu setzen, kann infrage kommen.

Hier kommt der mentalen Stärke des ausscheidenden Unternehmers eine neue Qualität zu. Nicht derjenige, der ihm am meisten gleicht, wird das Unternehmen erfolgreich führen, sondern derjenige, der begriffen hat, was das Unternehmen tatsächlich in Zukunft ausmacht. Dass Nachfolger dabei Raum brauchen, um sich bewähren zu können, akzeptiert der ausscheidende Unternehmer immer wieder nur mühsam.

5.1.3.2 Das Auswahlprozedere

Häufig beschränkt sich die Suche nach einem geeigneten Kandidaten auf **vordergründige sachliche und ökonomische Kriterien**. Natürlich ist es richtig und wichtig, eine Führungskraft zu finden, die mit der aktuellen wirtschaftlichen Situation des Unternehmens wie einer Krise, kontinuierlichem Erfolg oder übermäßigem Wachstum aufgrund ihres Erfahrungsschatzes perfekt umgehen kann. Auch der **fachliche Hintergrund** bzgl. Kunden, Markt oder Technologien ist für ein erfolgreiches Lenken des Unternehmens unerlässlich. Betrachtet man jedoch im Wesentlichen nur diese Kriterien, so werden häufig zu beobachtende Fehler gemacht, die den ganzen Nachfolgeprozess zum Scheitern bringen können. Bei allem muss auch die **menschliche, persönliche**

Komponente beachtet werden, damit auf Dauer ein gutes gemeinsames Wirken möglich ist.

In dem Bestreben keine Fehler zu machen, gestaltet sich das Auswahlprozedere aufwendig und manchmal geradezu quälend. Neben mehrfachen Gesprächen, anfangs im Beisein des Personalberaters, geht dieses in der Endphase bis zu einem Besuch im neuen Wirkungskreis des Kandidaten, um die auf dem Papier angegebenen Kompetenzen zu überprüfen. Von der Einholung von Referenzen, über statistisch abgesicherte Verhaltens- und Präferenztests und grafologische Gutachten bis zur Präsentation im Beirat als letzter Instanz, werden manchmal alle denkbaren und verfügbaren Möglichkeiten eingesetzt. Dabei sollte man sich aber bewusst machen, dass extrem aufwendige Prozeduren bei dem Kandidaten zu Zweifeln führen können, ob er als Persönlichkeit im Unternehmen gewollt ist.

5.1.4 Human Resources Diligence – die umfassende Sorgfalt bei der Auswahl und dem Umgang mit den Mitarbeitern

Human Resources Diligence als umfassende Sorgfalt bei der Auswahl neuer Führungskräfte bzw. eines oder mehrerer Nachfolger setzt zu Beginn nicht, wie häufig üblich, an Größen wie der Persönlichkeit oder der Erfahrung eines Kandidaten an, sondern am scheidenden oder übergebenden Inhaber des Unternehmens. Besonders in dieser Phase ist der **Berater als Coach des Unternehmers** gefragt und nicht als „Jäger" des Nachfolgers. Der Mensch, dessen Lebensinhalt in der echten Führung „seines" Unternehmens bestand, sorgt sich auch weiterhin persönlich um dessen Wohlergehen. Er wird in der Regel nicht in der Lage sein, sozusagen seine Lebensleistung kurzfristig an einen fremden Nachfolger zu übergeben. Vielmehr muss ein zeitlich und inhaltlich strukturierter Übergabeprozess stattfinden, der den Charakteren und der Lebenssituation der handelnden Personen entspricht.

5.1.4.1 Unterschiedliche Persönlichkeiten – unterschiedliche Vorstellungen

Im Übergabezeitraum treffen die offenen oder versteckten Bedenken des scheidenden Inhabers auf die mehr oder weniger starke Ungeduld und den Gestaltungsdrang des Nachfolgers. Häufig steht am Beginn des Prozesses ein immens wichtiges gutes persönliches und/oder professionelles, gegenseitiges Verständnis, sodass beide Seiten in bester Absicht von einem guten Übergang der Verantwortung ausgehen.

In der Praxis zeigt sich allerdings nur zu oft, dass die Vorstellungen über den **richtigen Zeitpunkt für den Rückzug des Inhabers** bzw. für die Übernahme der vollen Verantwortung durch den Nachfolger auseinanderdriften. Auch hier ist eine neutrale Unterstützung hilfreich. Moderiert durch den Berater kann die Übergabe der Verantwortung in klaren zeitlichen Schritten definiert und durchgeführt werden. Auch wenn sich beide Seiten bei Vertragsabschluss einig sind, finden sich im Übergabeprozess noch genügend Fallstricke, die eine erfolgreiche Nachfolge verhindern können. Während der Unternehmer in vielen Fällen den Übergabezeitpunkt hinauszögern möchte, wird ein kraftvoller, visionärer Nachfolger im Gegenzug versuchen, schneller in die Verantwortung zu kommen. Ein eindeutiges Mandat zur Begleitung des Prozesses durch den Berater hilft dabei, ein Scheitern zu verhindern.

Im Rahmen der HR-Diligence sind aber auch der **Führungsstil** und die **mentale Situation** im Unternehmen zu hinterfragen. Sind die Mitarbeiter noch auf den Unternehmer fixiert oder erfolgte schon eine Ausrichtung auf Aufgaben und Prozesse, sodass der Nachfolger eine reelle Chance hat, schnell eigene Impulse bei der Führung und der Strategie zu setzen? Gibt es eine Führungsmannschaft, die eigenständig ihren jeweiligen Unternehmensbereich vertritt, oder sind selbst die Führungskräfte die starke Hand des Inhabers gewohnt?

5.1.4.2 Ausscheiden mit Stil und Stärken des Nachfolgers

Der beste Übergabeprozess muss scheitern, wenn der neue Geschäftsführer die Mitarbeiter nicht dort abholt, wo der Vorgänger sie hingeführt hat. Manch ein Neuer hat in bester Absicht versucht, durch teamorientiertes Führen und durch Diskussionen die Mannschaft zu begeistern, während die Mitarbeiter wie beim Vorgänger auf klare Anweisungen ausgerichtet waren. Wenn dann der Vorgänger noch im Unternehmen präsent ist und sich im schlimmsten Fall auch noch öffentlich kritisch zu seinem Nachfolger äußert, stehen dem Unternehmen schwierige Zeiten bevor.

Der „gut gemeinte" Eingriff des Ausscheidenden in das Unternehmensgeschehen ist immer wieder das Gegenteil von „gut", denn dieser übersieht häufig, dass die Vernetzung der neuen Führungsmannschaft schon andere Strukturen hervorgebracht hat, als sie beim Eintritt des Nachfolgers bestanden haben. Das notwendige Ringen um den besten Führungsstil sollte dabei nie vor den Mitarbeitern ausgetragen werden, sondern immer im kleinen Kreis und konsensorientiert. Eine Moderation dieses Prozesses durch einen Berater oder ein erfahrenes Beiratsmitglied ist in einem solchen Fall kein Zeichen von Schwäche, sondern konsequentes Handeln, um starke Persönlichkeiten auf eine kraftvolle Übergabe der Führung einzuschwören.

5.1.4.3 Passen die Kulturen zusammen?

Gelegentlich prallen gänzlich unterschiedliche Führungsstile aufeinander, wenn der Nachfolger für ein Familienunternehmen aus einem großen Konzern rekrutiert wird. Im Einzelfall wünscht sich der Unternehmer bewusst einen Geschäftsführer, der in größeren Strukturen und Prozessen denkt, um seinem Unternehmen mit der Übergabe ein neues Gefüge zu geben. So erstrebenswert diese Strategie im Einzelfall auch sein kann, so wird sie nur erfolgreich sein, wenn ihr ein mehrjähriger Übergabeprozess vorausgeht, in dem sich die Mentalitäten aufeinander zubewegen können. In der Regel wird übersehen, dass in Konzernen der Handlungsspielraum des Einzelnen bewusst beschränkt und durch mehr oder weniger klare Arbeitsanweisungen definiert ist, während das Familienunternehmen sehr stark von der Individualität und dem Pragmatismus der Mitarbeiter lebt.

Die im Familienunternehmen häufig übliche vertrauensbasierte Delegation von Aufgaben und Verantwortung und der damit verbundene, von den Mitarbeitern auch eingeforderte Gestaltungsspielraum sind für einen Menschen, der aus großen und festen Strukturen kommt, irritierend. Ein Geschäftsführer, der den größten Teil seines Berufslebens in einer gänzlich anderen Welt verbracht hat, wird unabhängig von seinen fachlichen Fähigkeiten oder seinem Intellekt nur selten in der Lage sein, den richtigen Führungsstil im Familienunternehmen zu treffen. Meistens führt der Versuch, die Gedankenwelt der konzernorientierten Führung mit derjenigen des Familienunternehmens zu verbinden, sehr schnell zu einer Unruhe im Unternehmen, auf die über kurz oder lang eine Trennung folgt.

5.1.4.4 Gemeinsame Einschätzung der Mitarbeiter

In gewachsenen Unternehmen gibt es vielfältige Beziehungsgeflechte. So schwer es ist, entscheidend ist die Offenheit des übergebenden Unternehmers. Immer wieder finden sich Mitarbeiter, die quasi aus Dankbarkeit für geleistete Dienste wichtige Positionen innehaben, ohne dass sie sich über die Jahre fachlich und persönlich weiterentwickelt hätten. Es gehört zu den positiven Elementen der Kultur von Familienunternehmen, dass man auch solchen Mitarbeitern die Treue hält, solange sie solidarisch am Erfolg des Unternehmens mitwirken. Allerdings wird ein vorwärtsdenkender Nachfolger nicht akzeptieren, dass das Wachstum des Unternehmens durch Fehlbesetzungen auf Dauer behindert wird. Um gemeinsam mit dem scheidenden Unternehmer gute, in der positiven Tradition des Unternehmens stehende Lösungen für beide Seiten zu finden, ist es erforderlich, einen Überblick über die individuellen Fähigkeiten der Mitarbeiter zu haben.

Mancher füllt seinen Platz nicht im Sinne heutiger und zukünftiger Anforderungen aus, sondern lebt von seinem Erfahrungsschatz. So wichtig dieses Kapital auch für das Unternehmen ist, so wenig darf es dazu führen, dass Einzelne sich selbst gravierend überschätzen. Jeder sollte möglichst noch vom scheidenden Inhaber in Abstimmung mit dem Nachfolger über seinen Platz im Unternehmen aufgeklärt werden, damit Intrigen der Nährboden entzogen wird. Häufig hintertreiben Mitarbeiter, die sich selbst Hoffnungen auf eine Nachfolge gemacht haben, das erfolgreiche Wirken des neuen Geschäftsführers, im schlimmsten Fall zum Schaden des Unternehmens. Unklare Verhältnisse auf dieser Ebene sollten bereinigt und kritische Mitarbeiter zumindest bekannt sein.

5.1.5 Der Einstieg des Nachfolgers

Die **Dauer des Such- und Entscheidungsprozesses** für einen geeigneten Nachfolger, der die Chance auf allseitige Akzeptanz hat, wird häufig unterschätzt. Hat man ihn gefunden, dann möchte man den Neuen so schnell wie möglich an Bord holen, denn man hat ja schließlich schon genug „Zeit verloren". So nimmt der Kandidat gelegentlich bereits vor dem offiziellen Dienstantritt an wichtigen strategischen Meetings teil, in denen er der Führungsmannschaft aus aller Welt präsentiert wird.

5.1.5.1 Chancen und Fehler

Der Arbeitsbeginn des Nachfolgers ist eine kritische und teilweise emotional belastende Phase. Bei dessen Präsentation und dem damit offen eingeleiteten Rückzug des Inhabers gilt es Größe zu beweisen und Vertrauen zu demonstrieren. Je umfassender und kompetenter ein Nachfolger eingeführt wird, umso höher ist die Wahrscheinlichkeit für eine gute Zukunft. In einer Zeit der sozialen Netzwerke und der Informationsverfügbarkeit ist zudem jede Heimlichtuerei kontraproduktiv.

Ein Einstieg im Rahmen eines strategischen Treffens vor dem eigentlichen Beginn ist deshalb herausfordernd, aber gleichzeitig interessant und fruchtbar. Nach einem geglückten Start stellt sich jedoch immer wieder Ernüchterung ein – phasenweise bis hin zur Frustration. Stimmt die **Koordination zwischen dem Inhaber und dem Nachfolger** nicht und wurde noch kein neuer Führungsmodus entwickelt, folgt nicht selten ein Meeting auf das nächste. Solange Senior und Nachfolger in einer Findungsphase sind, besteht die Gefahr, dass sich im Unternehmen Lager bilden, die unnötig zwischen Erfahrung und neuem Ansatz polarisieren.

5.1.5.2 Führungscoaching

Hat man einen Nachfolger mit langjähriger Erfahrung, der nicht nur fachlich gut ist, sondern auch erfolgreich in der Geschäftsführung eines mittelständischen Betriebs mit vergleichbaren Aufgaben tätig war, eingestellt, so ist für beide Seiten das richtige Maß von „loslassen" und „ergreifen" wichtig. Bleibt der Unternehmer zu dominant, kommt es immer wieder zu Situationen, in denen auch erfahrene Manager das Gefühl haben, „ihr Geld nicht wert zu sein". Gerade in der Übergangssituation ist häufig ein begleitendes Coaching angebracht, um das richtige Maß zwischen einer Strategie des „Fehlervermeidens" und einer letztlich auf Konfrontation zielenden Profilierung der einen oder anderen Seite zu finden. Je besser dies gelingt, desto zügiger wächst der Erfolg und desto sicherer ist die Unternehmenszukunft.

In der entstehenden Dynamik und Effektivität fühlen sich erfahrungsgemäß Inhaber, Nachfolger und Mitarbeiter gleichermaßen wohl, gerade wenn alle mitgenommen werden und gegenseitiges Vertrauen entstanden ist. So wird auch für den Senior klar, dass diese personelle Neubesetzung kein Fehlgriff war und der Manager gewillt ist, Unternehmenskultur und -struktur anzuerkennen und zu leben – und das Ganze ohne Aufgabe der eigenen Identität, sondern im Gegenteil in Form einer verträglichen und nachvollziehbaren Adaption der Werte.

5.1.6 Der Beirat – Chance zur Kontinuität oder Ursache des Scheiterns eines Nachfolgers

Bei der strategischen Unternehmenssicherung, dem Übergang auf die nächste Generation oder der Weiterführung durch engagierte Manager kommt der fachlich und menschlich passenden, professionellen Begleitung eine erhebliche Bedeutung zu. Kompetente Bei- und Aufsichtsräte bieten dem Unternehmen zusätzliche Kenntnisse über Branchen, Märkte, Techniken und Funktionalitäten im operativen und strategischen Bereich.

5.1.6.1 Die Einsetzung eines Beirats

Spätestens bei einem anstehenden Generationswechsel denken viele Unternehmer an die Schaffung eines Beirats, der den Weg des Unternehmens in die Zukunft begleiten und absichern soll. Wie selbstverständlich beanspruchen die scheidenden Inhaber den Vorsitz in diesem Beirat für sich. Aus individueller Sicht ist dieses Verhalten absolut verständlich, denn wer gibt sein Lebenswerk schon gerne unbeaufsichtigt aus der Hand.

In allen Fällen, in denen ein Inhaber bereits begonnen hat, seinen neuen Lebensinhalt außerhalb der Firma zu gestalten, kann dies eine Formel für den Erfolg des Unternehmens sein. Viele Unternehmer finden tatsächlich die Kraft, dem Neuen im wahrsten Sinne des Wortes von außen beratend zur Seite zu stehen und dadurch den Übergang von einer erfolgreichen Führungspersönlichkeit zur nächsten offensiv zu gestalten. Derartige Konstellationen haben eine hohe Erfolgswahrscheinlichkeit.

Weit häufiger ist allerdings der Fall, dass der in den Beirat wechselnde Unternehmer diese Position nutzt, um mehr oder weniger unverhohlen die Geschicke des Unternehmens weiter mitzubestimmen. Ist diese Einflussnahme zudem mit einer starken bzw. häufigen Präsenz des bisherigen Firmenlenkers vor Ort verbunden, so ist ein Scheitern der Nachfolgeregelung fast unausbleiblich. Wie bereits gesagt, wird ein guter Nachfolger deutlich andere individuelle Fähigkeiten und Verhaltensweisen haben als der Ausscheidende. Dies muss der Unternehmer erst lernen zu akzeptieren. Für eine erfolgreiche Zukunft des Unternehmens braucht der Neue eine echte Chance, sich das Vertrauen sowohl des Unternehmers als auch der Mitarbeiter zu erarbeiten.

Ein guter Start kann nur auf der Basis eines **entsprechenden Vertrauensvorschusses** gelingen. Schon bei der Einstellung des neuen Geschäftsführers muss sich der Unternehmer darüber im Klaren sein und einer offenen Einflussnahme enthalten. Egal wie lange ein Rekrutierungsprozess läuft – am Ende muss die Einstellung eines Nachfolgers stehen, dem ohne Wenn und Aber vertraut wird. Natürlich bleibt es trotzdem die Pflicht eines guten Beirats, gerade am Anfang, in sehr engen Feedbackschleifen die tatsächliche Eignung des Neuen festzustellen. Die Kunst besteht darin, dies ohne den Aufbau einer schädlichen, parallelen Führungskultur, in der viele informelle Wege weiterhin zum Unternehmer laufen, zu bewerkstelligen.

5. Weitere Beratungsleistungen in der Personalberatung

5.1.6.2 Der professionelle Beirat

Die Gründung eines Beirats bietet die Chance, das Know-how des Unternehmens zu vergrößern. Wird die Besetzung nicht aufgrund persönlicher Bekanntschaften vorgenommen, sondern mit der gleichen Ernsthaftigkeit betrieben, wie die anderer Führungspositionen, so kann dem Unternehmen mit vergleichsweise geringem finanziellem Aufwand viel Wissen und Erfahrung zugeführt werden. Idealerweise gibt es im Beirat mindestens eine Persönlichkeit, die auch zeitlich in der Lage ist, dem Nachfolger als „Sparringspartner" zu dienen, ohne den Ehrgeiz, sich persönlich im Unternehmen profilieren zu wollen.

Schon bei der Einstellung des Unternehmensnachfolgers sind daher wesentliche Grundzüge der Kommunikation zwischen Geschäftsführer und Beirat festzulegen. Jede Form der Geheimniskrämerei ist hierbei absolut schädlich. Die Häufigkeit der Kommunikation ist in beiderseitigem Einverständnis so abzustimmen, dass jede Seite gut damit leben kann. Weder darf sich der neue Geschäftsführer bevormundet oder bis ins Kleinste kontrolliert fühlen noch darf der scheidende Unternehmer oder der gesamte Beirat das Gefühl haben, dass ihm wesentliche Entwicklungen des Unternehmens verborgen bleiben. Zusätzlich sollte Klarheit über das Informationsmanagement im Ausnahmefall herrschen. Dass trotz aller Absprachen immer noch genügend Fallstricke lauern, wenn eine Seite sich bevormundet oder zu spät informiert fühlt, sei nur der Vollständigkeit halber erwähnt. So kann beispielsweise eine banale Sache wie die einseitige Auswahl des Architekten für die anstehende Firmenerweiterung starke Befindlichkeiten auslösen.

5.1.7 Bei Zehntausenden Familienunternehmen in Deutschland steht der Generationswechsel an

Die Nachfolge in Familienunternehmen ist seit vielen Jahren ein heftig diskutiertes Thema. Man weiß inzwischen sehr genau über die spezifischen Risiken Bescheid, die den Generationswechsel begleiten. Offenkundig ist die große volkswirtschaftliche Bedeutung, die das Scheitern von Übergabeprozessen besitzt. Dabei gehen jährlich viele Tausend Arbeitsplätze verloren. Eine gelungene Nachfolgeregelung lebt von der Stimmigkeit, menschliche, psychologische und psychodynamische Gesichtspunkte in Einklang zu bringen und zugleich die Gestaltung des Übergangs als eine existenzsichernde Führungsaufgabe zu begreifen.

Für die erfolgreiche Nachfolge im Familienunternehmen ist ein konkreter Fahrplan festzulegen, in dem die beiderseitigen Ziele aufeinander abgestimmt werden. Er sollte das Eintrittsdatum des künftigen Unternehmers und Angaben zur Rolle des Altinhabers sowie dessen Austrittszeitpunkt enthalten. Ferner sollte der Plan Aufgaben, Kompetenzen und Verantwortungsbereiche des Nachfolgers sowie des Seniors exakt abstecken. Die einzelnen Schritte des Übergangs und der notwendigen begleitenden Maßnahmen bis zur endgültigen Übernahme sollten ebenfalls mit Zeitangaben niedergelegt sein.

Es ist vor allem zu überlegen, ob die **Nachfolge sukzessiv oder in einem Schritt** erfolgen soll. Dabei sind die Mitarbeiter des Unternehmens als kritischer Faktor des Übergangs zu berücksichtigen. Nur mit einer offenen Informationspolitik, die die Mitarbeiter einbezieht, wo es möglich ist, wird Vertrauen geschaffen. Zu prüfen ist natürlich auch, wann die Gesellschafter, die Führungskräfte oder Meister und die übrige Belegschaft informiert werden müssen und wann der Nachfolger bei diesen persönlich eingeführt werden soll.

5.1.8 Moderation des Wechsels

Weder sollte der Wechsel „Knall auf Fall" durchgeführt werden noch sollte das Unternehmen zu lange gemeinsam geleitet werden. Ideal ist der aktive Beirat, der leicht zu erreichen, in der Firma selbst aber wenig präsent ist. Wichtig ist, dass keine gemeinsame Unternehmensleitung nach außen demonstriert wird, denn dies führt häufig zu Kompetenzüberschneidungen und Irritationen bei Geschäftspartnern und im Inneren. Das gilt vor allem dann, wenn keine klare Regelung hinsichtlich der Kompetenzen getroffen worden ist.

Um den Wechsel zu erleichtern, bietet es sich an, den Berater, der bereits die Human Resources Diligence durchgeführt hat, für die Gespräche zwischen Unternehmer, Nachfolger, Familie, Führungskräften und Mitarbeitern als Moderator hinzuzuziehen. Dies hilft, Konflikte zu vermeiden bzw. rasch beizulegen. Der dadurch in der Regel erfolgreichere und sauberere Übergang der Führung bringt fast zwangsläufig größeres Vertrauen bei Banken und Kapitalgebern mit sich und schlägt sich auch im Unternehmensrating durch die Banken nieder.

Es liegt in der Natur der Sache, dass diese herausfordernde Aufgabe der Personal- und Strategieberatung nur von **Beratern mit sehr breitem Erfahrungshintergrund und hervorragendem Einfühlungsvermögen** geleistet werden kann. Dazu gehört einerseits ein tiefes Verständnis der Kultur und der Geschichte des Unternehmens, andererseits aber auch der Respekt vor der Lebensleistung des sich zurückziehenden Unternehmers.

Der Berater muss die Strategie, die Stärken und die Schwächen des Unternehmens genau kennen, um letztendlich sowohl den Unternehmer als auch den Nachfolger bestens beraten zu können. Nur wer als Berater die Komplexität der Aufgabe, die Notwendigkeit des persönlichen Einbringens und den Grad der Vorarbeit richtig einschätzen kann, wird das Vertrauen beider Seiten erlangen und den Nachfolgeprozess zu einem erfolgreichen Ergebnis führen können.

5.2 Warum viele Fremdgeschäftsführer in Familienunternehmen scheitern – und wie sich das vermeiden lässt

von Gabriela Jaecker

Im Jahr 2011 hat rund jede fünfte Führungskraft in Deutschland das Unternehmen gewechselt. Eine Zahl, die für sich gesehen nicht außergewöhnlich ist. Viel erstaunlicher ist, was anschließend geschieht. Innerhalb der ersten zwei Jahre nach dem Wechsel scheitern rund 40 % dieser Manager.

In Familienunternehmen stellt sich die Situation noch einmal anders dar. Inoffiziellen Statistiken zufolge scheitert hier jeder zweite Fremdmanager früher oder später. Doch was macht die Führung von Familienunternehmen so besonders? Woran liegt es, dass so viele Fremdmanager scheitern? Und was gilt es bei der erfolgreichen Auswahl von Fremdmanagern für Familienunternehmen zu beachten? Zur Beantwortung dieser Fragen ist ein Blick vor und hinter die Kulissen dieses Unternehmenstypus unerlässlich.

5.2.1 Was Familienunternehmen prägt

Familienunternehmen spielen in der **deutschen Wirtschaft die zentrale Rolle**. Sie stellen über **90 % aller Unternehmen** und bestimmen das wirtschaftliche Schicksal des Landes; sie stehen für Wachstum und Beschäftigung ebenso wie für Qualität, Innovationskraft und eine hervorragende Positionierung in ihren Märkten. Und: Sie lassen sich nicht allein über ihre Unternehmensgröße, ihre Rechtsform oder ihren Standort definieren.

Hinter diesem Erfolg steckt ein klares Geschäftsmodell: Familienunternehmen machen das, was sie können – und das sehr gut. Sie sind im Kern unabhängig, wachsen organisch, halten Kurs, agieren kostenbewusst und minimieren Risiken, eben weil es um das eigene Vermögen und das der Familie geht. Das Geschäft rentiert sich trotzdem oder gerade deswegen.

Ein Denken nur bis zum nächsten Quartalsbericht ist in Familienunternehmen nicht gefragt. Deren **Unternehmensstrategie ist auf Nachhaltigkeit und Langfristigkeit angelegt**. Organisches Wachstum und die langfristige Steigerung des Unternehmenswerts stehen im Vordergrund, nicht die kurzfristige Gewinnmaximierung. Ziel ist es, den Fortbestand des Unternehmens auch über die nächsten Generationen hinaus zu sichern und nachhaltige Vertrauensbeziehungen zu Mitarbeitern, Kunden, Lieferanten und der Gesellschaft aufzubauen.

Dieses Ziel entstammt dem herausragenden Merkmal von Familienunternehmen: ihrer **Unternehmenskultur**. Jedes Familienunternehmen wird geprägt durch das enge Zusammenspiel von Eigentümerfamilie und Unternehmen. Diese Verbindung gibt dem Unternehmen ein unverwechselbares Gesicht, einen eigenen Charakter – und liefert gleichzeitig das Potenzial, erfolgreich

5.2 Warum viele Fremdgeschäftsführer in Familienunternehmen scheitern

im Markt zu agieren. Während Publikumsgesellschaften ihre „Corporate Identity" von Marketingexperten erfinden lassen, leben Familienunternehmen tagtäglich einen **Wertekanon**, der auf den Prinzipien der Familie und des Gründers aufbaut. Die Familienwerte decken sich mit den Unternehmenswerten. Vertrauen, Verantwortung, Integrität, Zusammenhalt und nachhaltige persönliche Beziehungen dienen als Messlatte für jegliches persönliche und unternehmerische Handeln.

Dies beinhaltet einerseits einen **fairen, offenen und loyalen Umgang mit Mitarbeitern, Kunden und Lieferanten**. Anderseits aber auch eine **historische und geografische Verwurzelung** sowie ein ausgeprägtes **gesellschaftliches Engagement**. Die Energie, von der die Familie angetrieben wird, treibt auch das Unternehmen nach vorne. So besitzen Familienunternehmen ein starkes Gespür für Marktchancen sowie eine stetige Bereitschaft zur Innovation. Konstant ist einzig der Wandel. Eine ausgesprochene Kundenorientierung, klare Eigentümerstrukturen sowie eine charismatische Unternehmerpersönlichkeit an der Spitze sorgen für **Kontinuität und Verlässlichkeit**. Wie wichtig das Thema Nachhaltigkeit für Familienunternehmen ist, zeigt sich auch in ihrer Personalentwicklung. Die meisten Familienunternehmen bilden ihre Fach- und Führungskräfte selbst aus und weiter. Entsprechend hoch ist die Loyalität dem Unternehmen gegenüber und die Verbundenheit mit ihm. Der Arbeitseinsatz ist überdurchschnittlich, der Stolz auf die Arbeit spürbar. Die **Fluktuation ist vergleichsweise niedrig**. Das Antriebsmoment sind Begeisterung und Leidenschaft – nicht zuerst Geld.

Generell werden Familienunternehmen immer häufiger als attraktivere Arbeitgeber angesehen als Publikumsgesellschaften. Sowohl Absolventen als auch Fach- oder Führungskräfte suchen Arbeitgeber, mit denen sie sich identifizieren können. Diese sollen spür- und fassbar sein und ihnen eine langfristige Perspektive bieten. Eine spannende Aufgabe, eine gute Unternehmenskultur, Flexibilität, Eigenverantwortung und die richtige Work-Life-Balance sind wichtiger geworden als Spitzengehälter. Das Arbeitsumfeld in Familienunternehmen bietet diese Perspektiven. Es unterscheidet sich spürbar vom Umfeld in Publikumsgesellschaften. Die Hierarchien sind deutlich flacher, die Entscheidungswege kürzer, die Kommunikation ist direkter und es wird früher Verantwortung übernommen.

Was zählt sind Eigeninitiative und Leistungsbereitschaft. Wer Aufgaben engagiert bewältigt, gewinnt das Vertrauen der Familie und erhält die entsprechende Wertschätzung. Die Strukturen sind flexibler und die Möglichkeiten zu gestalten deutlich größer. Man nimmt direkten Einfluss auf das Geschehen und sieht seinen Beitrag zum Unternehmenserfolg. Auch gewinnen internationale Fragen immer mehr an Bedeutung – viele Familienunternehmen sind heute Global Player, die aufgrund ihrer Innovationskraft beständig wachsen. Doch nicht Größe und Kapitalkraft machen sie zu ernst zu nehmenden Wettbewerbern, sondern Einfallsreichtum.

5. Weitere Beratungsleistungen in der Personalberatung

5.2.2 Was Fremdgeschäftsführer mitbringen müssen

Das Anforderungsprofil an Führungskräfte in Familienunternehmen ist vielfältig. Neben der fachlichen Qualifikation ist vor allem eine Eigenschaft entscheidend: die Persönlichkeit der Führungskraft muss mit dem Werte- und Zielsystem des Unternehmens und der Eigentümerfamilie übereinstimmen. Nur wenn die **persönlichen und sozialen Kompetenzen sich mit den Familienwerten decken**, wird der Fremdgeschäftsführer auf Dauer erfolgreich sein. Diese Tatsache wird bei der Besetzung vakanter Positionen oft unterschätzt. Sie ist der mit Abstand häufigste Grund dafür, dass Fremdmanager in Familienunternehmen scheitern. Der beste Kandidat für das Unternehmen muss eben nicht der Beste für die Familie sein. Doch wenn wir einen Blick darauf werfen, welche Eigenschaften für eine erfolgreiche Zusammenarbeit mit Eigentümerfamilien von Bedeutung sind, dann sind es zumeist **klassische Tugenden und Werte** wie Ehrlichkeit, Zuverlässigkeit, Pünktlichkeit und Kontinuität.

Eine Führungskraft passt nur dann in ein Familienunternehmen, wenn sie in der Lage ist, im Sinne der Familie zu führen und zu prägen. Sie muss sich mit dem **Werte- und Zielsystem der Eigentümerfamilie identifizieren** können und Verständnis für die Verknüpfung von Familie und Unternehmen sowie für die daraus entstehende Dynamik und Emotion mitbringen. **Loyalität und Integrität** stehen ebenso im Fokus eines erfolgreichen Wirkens wie langfristiges Denken. Nur wer die Beschäftigung in einem Familienunternehmen nicht zuerst als Sprungbrett zum nächsten Karriereschritt sieht, dem wird es gelingen, die Eigentümerfamilie von seiner Loyalität und Integrität zu überzeugen und erfolgreich mit ihr zusammenzuarbeiten. Diese Zusammenarbeit basiert vor allem auf einer engen Beziehung, die von gegenseitigem Vertrauen geprägt ist. Fremdgeschäftsführer sollten in der Lage sein, eine offene und direkte Kommunikation zu pflegen sowie Sachverhalte transparent darzulegen. Gefragt sind Mut zur Klarheit und Ehrlichkeit, um möglicherweise auch Schwierigkeiten unbeschönigt kommunizieren zu können. Gleichzeitig sollten Informationen mit dem nötigen Respekt und einem hohen Maß an Diskretion gehandhabt werden.

Jede Führungskraft muss sich dessen bewusst sein, dass die **Familie letztlich die endgültige Entscheidungskompetenz** hat, vor allem bei zentralen Fragen und Weichenstellungen. Diesen Entscheidungen gilt es Folge zu leisten und sie auch gegenüber den Mitarbeitern engagiert zu vertreten. Parallel muss es aber gelingen, einen eigenen Freiraum für Entscheidungen zu entwickeln und diesen mit zunehmendem Vertrauen weiter auszubauen. Die Ziele der Eigentümerfamilie stehen über anderen Belangen. Dies gilt auch für die Darstellung des Unternehmens in der Öffentlichkeit. In Familienunternehmen ist für persönliche Selbstdarstellung kein Platz. Starallüren und Rampenlicht widersprechen der eher zurückhaltenden und traditionellen Haltung von Familienunternehmen. Jede Präsentation in der Öffentlichkeit sollte folglich mit dem Inhaber abgestimmt werden.

Da die Unternehmensstrategie nicht auf kurzfristige Gewinnmaximierung angelegt ist, sondern auf **organisches Wachstum** und eine **langfristige Steigerung des Unternehmenswerts**, muss sich jegliches unternehmerische Handeln an dieser Maßgabe orientieren. Sprich, ein Fremdgeschäftsführer muss in der Lage sein, auch dann unternehmerisch zu agieren, wenn es nicht um den reinen Profit geht. Zu dieser Haltung zählt auch und gerade Kostenbewusstsein. Das Kapital des Unternehmens ist das Kapital der Eigentümer. Ein umsichtiger und respektvoller Umgang mit fremdem Eigentum und mit Ressourcen im Sinne der Familie ist unabdingbar. Dies umfasst unter anderem auch den zurückhaltenden Einsatz externer Beratungsunternehmen oder etwa Bescheidenheit und Maßhalten bei Statussymbolen. Ganz gleich, ob es um die Größe des Firmenwagens geht oder die Entscheidung Business oder Economy Class – die Eigentümer geben den Lebensstil vor.

Nicht zuletzt sollten Fremdgeschäftsführer Achtung für das Lebenswerk des Unternehmers mitbringen – gemeinsam mit dem Willen, die Unternehmenskultur und die Mitarbeiterzufriedenheit weiter zu pflegen. Mit dem gleichen Herzblut und Verantwortungsgefühl sollten sie für Kunden und Lieferanten da sein, wie sich zum Standort und zur Marke bekennen. Ein engagiertes und motiviertes Agieren, gepaart mit Begeisterung und einer Portion Humor, sind die besten Voraussetzungen für eine erfolgreiche Bewältigung all dieser Aufgaben.

5.2.3 Wie findet man den Richtigen?

Die Besetzung einer Geschäftsführerposition mit einem Fremdmanager findet meist unter den kritischen Augen der Mitarbeiter und teilweise auch der interessierten Öffentlichkeit statt. Diesen Einfluss gilt es zu berücksichtigen. Noch wichtiger aber ist eine enge Abstimmung mit der Eigentümerfamilie. Das Zusammenspiel zwischen dem Kandidaten und der Eigentümerfamilie muss vollends verstanden sowie ein Gefühl für die individuelle Unternehmenskultur, das Wertesystem der jeweiligen Familie und die zukünftige Unternehmensstrategie entwickelt werden. Nur wer verinnerlicht, was das Unternehmen auszeichnet und welche Werte und Traditionen die Familie verkörpert, kann einschätzen, welcher Typ Führungskraft passen könnte.

Gemeinsam mit der Familie sollten daher ein Persönlichkeitsprofil des Kandidaten sowie seine zukünftige Rolle und die Erwartungen an ihn formuliert werden. Dieses Profil stellt die Basis für die Suche nach einem geeigneten Kandidaten dar. Die Auswahl entsprechender Kandidaten erfordert eine tief gehende Betrachtungsweise und Fingerspitzengefühl. Fachliche Kompetenz, berufliche Kontinuität sowie die Persönlichkeitsmerkmale des Kandidaten müssen berücksichtigt und hinterfragt werden. Ein Blick in den Lebenslauf reicht hier nicht aus, der **Blick hinter die Fassade** ist entscheidend. Auf der Basis eingehender **biografischer Interviews** und **diagnostischer Verfahren** lassen sich die erfolgsrelevanten Merkmale abgleichen und ihre Übereinstimmung mit der zu besetzenden Position prüfen. Für diese Schritte empfiehlt sich die Zusammenarbeit mit einer **professionellen und spezialisierten Personalberatung**, die das Zusammenspiel von Fremdmanagern und Eigentümerfamilien kennt und die Besonderheiten von Familienunternehmen verinnerlicht hat. Sie kann die Auswahl der Kandidaten eingrenzen und besitzt einen besseren Zugang zum Personalmarkt. Mit ihrer Hilfe kann die Effizienz der Suche dauerhaft gesteigert und die Wahrscheinlichkeit des Scheiterns messbar reduziert werden. So lassen sich Fremdgeschäftsführer finden, die wirklich passen und langfristig an das Unternehmen gebunden werden können.

5.2.4 Checkliste

Die folgende Checkliste vermittelt einen schnellen Überblick über die zentralen Punkte für die Suche nach einem Fremdgeschäftsführer, der langfristig zu einem Familienunternehmen und zur Eigentümerfamilie passt.

1. Kennt der Kandidat das Zusammenspiel von Fremdmanager und Eigentümerfamilie? Die Erfolgschancen steigen, wenn der Kandidat in der Vergangenheit bereits bewiesen hat, dass er erfolgreich in Familienunternehmen agieren kann.
2. Zeichnet sich der Kandidat durch berufliche Kontinuität aus? Kandidaten, die alle drei bis sechs Jahre wechseln, passen nicht zu Familienunternehmen.
3. Ist der Kandidat frei von Profilierungssucht? Familienunternehmen suchen keine Selbstdarsteller, die die öffentliche Bühne brauchen.
4. Kann der Kandidat sich zurücknehmen? Er muss akzeptieren können, dass die Eigentümerfamilie das letzte Wort hat.
5. Kann der Kandidat offen und klar kommunizieren? Er sollte in der Lage sein, auch unangenehme Sachverhalte anzusprechen.
6. Wird der Kandidat sorgsam mit den Ressourcen des Unternehmens und der Familie umgehen? Nur wer Maß hält, wird in Familienunternehmen reüssieren.
7. Wie ist der familiäre Hintergrund des Kandidaten? Hier hilft es z. B., den Ehepartner kennenzulernen.
8. Wie ist der Lebensstil des Kandidaten? Wie verbringt er seinen Urlaub? Welche Hobbys hat er? Auch diese Punkte sollten den Werten und Vorstellungen der Familie entsprechen.
9. Werden Sie von einem Personalberater unterstützt, der Familienunternehmen kennt? Nur wer in das Zusammenspiel von Kandidat, Unternehmen und Familie Einblick hat, ist in der Lage, Kandidaten zu finden, die langfristig passen.

5.3 Management-Appraisal – ein Instrument zur differenzierten Beurteilung von First Line Executives

von Christoph Aldering

Die im Folgenden dargestellten Beispiele charakterisieren typische Aufgabenstellungen und Vorgehensweisen im Rahmen von Management-Appraisal-Projekten.

Praxisbeispiel 1

Ein börsennotiertes Unternehmen im Bereich Pharma and Life Science hat einen kleineren, bis dato familiengeführten Wettbewerber gekauft. Im Rahmen des **Post-Merger-Integrationsprozesses (PMI)** geht es nun darum, mit der notwendigen Effizienz einen möglichst differenzierten Überblick über die Kompetenzen und Potenziale der neuen Führungskräfte zur Verfügung zu stellen. Darauf aufbauend sollen schnelle Entscheidungen dahingehend getroffen werden können, wer in der zukünftigen Organisation welche Funktion ausfüllen kann und soll. Die Beurteilung muss der besonderen Herausforderung genügen, die sich in PMI-Prozessen regelmäßig ergibt: eine **balancierte Gestaltung des Beurteilungsprozesses durch wertschätzenden Umgang mit den alten/neuen Führungskräften**. Hierzu werden ca. vierstündige Management-Appraisals durchgeführt, im Rahmen derer die Führungskräfte von zwei Beratern in einem zweigeteilten, teilstrukturierten Interview befragt werden. Zusätzlich erhalten die Teilnehmer die Aufgabe, eine an der Branche orientierte Fallstudie zu bearbeiten, und es werden am Kompetenzmodell orientierte Selbsteinschätzungen durchgeführt. Am Ende erhalten die Teilnehmer ein erstes mündliches Feedback mit Hinweisen zu relativen Stärken und Schwächen. Auf der Basis der Appraisals werden **individuelle Ergebnisgutachten** sowie ein alle individuellen Ergebnisse zusammenfassender Gesamtbericht erstellt. Die Ergebnispräsentation vor dem Vorstand resultiert in ersten Vorschlägen zur Besetzung relevanter Führungsfunktionen in der neuen Zielorganisation. Die Teilnehmer erhalten ebenfalls einen individuellen Ergebnisbericht und im Rahmen eines umsetzungsorientierten zweiten Feedbackgesprächs die Information über ein mögliches Angebot für eine Funktion in der neuen Zielorganisation. Auf jeden Fall werden **konkrete Personalentwicklungsmaßnahmen** vereinbart.

Praxisbeispiel 2

Ein international tätiges Unternehmen der Spezialchemie sieht sich mit einer grundlegenden strategischen Neuausrichtung konfrontiert. Im Sinne der verabschiedeten **„People Strategy"** werden alle (!) Führungskräfte hinsichtlich ihrer Kompetenzen und Potenziale im Abgleich mit den zukünftig besonders relevanten Anforderungen beurteilt. Auf der Ebene der Nachwuchsführungskräfte werden **Assessment-Center in Gruppenform** durchgeführt. Executives werden im Rahmen von eintägigen **Einzel-Assessments** hinsichtlich ihrer Kompetenzen beurteilt. Für die Ebene der Top-Executives werden halbtägige **Management-Appraisals** abgehalten, die ein teilstrukturiertes, zweigeteiltes Interview, die Bearbeitung einer strategischen Fallstudie sowie eine simulierte Übung im Führungsbereich beinhalten. Die Ergebnisse werden im Vorstand diskutiert. Jeder Teilnehmer bekommt ein persönliches Feedback und es werden konkrete, individuelle Personalentwicklungsmaßnahmen vereinbart. Die inhaltliche Schwerpunktsetzung im unternehmensweiten Personalentwicklungs- und Weiterbildungsprogramm orientiert sich im Wesentlichen an den Beurteilungsergebnissen für die unterschiedlichen Zielgruppen.

5. Weitere Beratungsleistungen in der Personalberatung

Praxisbeispiel 3

Ein führendes Unternehmen der Energiewirtschaft sieht sich im Rahmen eines internen Restrukturierungsprozesses mit der Notwendigkeit konfrontiert, schnell geeignete Führungskräfte auf der zweiten Ebene zu identifizieren, die kurzfristig in der neuen Aufbauorganisation erfolgreich sein können. Hierzu werden mit den durch das **interne Human Resource Management** identifizierten Kandidaten **teilstrukturierte Interviews** geführt. Im Rahmen der Gespräche werden unter anderem die gegenseitigen Erwartungen – bezogen auf die neue Aufgabe – diskutiert. Aufgrund zeitlicher Restriktionen reduziert sich jedes Gespräch auf einen zweistündigen Austausch, der es ermöglicht, strukturiert ausgewählte und besonders relevante Kriterien differenziert zu beurteilen. Die Gespräche werden von einem externen Consultant sowie dem verantwortlichen First Line Manager geführt und strukturiert.

Praxisbeispiel 4

Ein international tätiges Logistikunternehmen sieht sich mit der Fragestellung konfrontiert, weshalb bestimmte Ergebnis-, Umsatz- oder auch Umsetzungsziele bis dato nicht erreicht werden konnten. Unter anderem führt man dies auf die fehlende Kompetenz der Top-Führungskräfte und der Manager zurück. Die Einschätzung orientiert sich an der Wahrnehmung, dass es an der notwendigen Durchsetzungsbereitschaft und -fähigkeit, aber auch an wesentlichen Managementfähigkeiten fehlt. Im Rahmen einer **differenzierten Bestandsaufnahme** sollen einerseits individuelle Stärken und Schwächen identifiziert werden. Andererseits wird durch die Beurteilungsmaßnahme und die damit verbundene Feedbackfunktion in Richtung der beteiligten Führungskräfte der Hinweis auf die **Veränderungsnotwendigkeit** unterstützt. So werden die Top-Führungskräfte des Unternehmens im Rahmen von halbtägigen Management-Appraisals (mit teilstrukturiertem Interview, integriertem Business Case und differenzierter Selbsteinschätzung) beurteilt. Die Ergebnisse werden in konsolidierter Form im Vorstand besprochen. Am **Ergebnisportfolio** orientiert werden die Einschätzungen aus dem Appraisal mit vorhandenen Performance-Kennzahlen in Relation gesetzt. Dabei werden insbesondere Unterschiede zwischen der internen und externen Einschätzung diskutiert. Bezogen auf die abschließend identifizierten Top-, aber auch Low-Performer werden konkrete Umsetzungsmaßnahmen vereinbart.

Die oben dargestellten Beispiele charakterisieren typische Aufgabenstellungen und Vorgehensweisen im Rahmen von Management-Appraisal-Projekten. Die unterschiedlichen Vorgehensmodelle und vor allen Dingen die hiermit verbundenen methodischen Fragestellungen werden im Folgenden dargestellt.

5.3.1 Was ist ein Management-Appraisal?

Im deutschen Sprachraum hat sich der Begriff „**Management-Audit**" etabliert, der sich im internationalen Kontext jedoch nicht findet bzw. anders besetzt ist. So wird im Folgenden an dieser Stelle von **Management-Appraisals** gesprochen. Hierunter werden in der Regel strukturierte Bestandsaufnahmen von Management- bzw. Führungskompetenzen und Führungspotenzialen verstanden. Diese orientieren sich üblicherweise an einem allgemeinen Anforderungsprofil. Führungskräfte werden in einem Unternehmen hinsichtlich ihrer Kompetenzausprägung zueinander in Relation gesetzt, im Abgleich mit einem definierten Erwartungswert (d. h. spezifischen oder allgemeinen Anforderungen) beurteilt und/oder zusätzlich – soweit dies möglich und sinnvoll ist – an externen Benchmarks gespiegelt. Zur Abgrenzung sei auf sogenannte „Einzel-Assessments" verwiesen, die als Einzelmaßnahme in der Regel auf konkrete funktionsspezifische Anforderungen ausgerichtet sind und seltener den internen Vergleich zwischen verschiedenen Führungskräften verfolgen.

5.3.2 Welche Ziele sind üblicherweise mit Management-Appraisals verbunden?

In der Regel dienen Management-Appraisals dazu, dem Top-Management (Aufsichtsrat, Vorstand bzw. Geschäftsführung) einen **strukturierten Überblick über vorhandene Managementkompetenzen und -potenziale** zur Verfügung zu stellen und die Frage zu beantworten, inwiefern Führungskräfte in Schlüsselfunktionen den aktuellen und insbesondere den **zukünftigen Anforderungen in einem spezifischen Unternehmenskontext** entsprechen.

Darüber hinaus gilt es im Abgleich mit den Zielen und der Strategie des Unternehmens, teilweise auch im Abgleich mit den konkreten Anforderungen in speziellen Job-Families, eine neutrale Bestandsaufnahme vorzunehmen, die meistens aus externer Perspektive erfolgt. Daran orientiert sollen konkrete Entscheidungen zur Führungsstruktur bzw. zum Personalmanagement oder im Bereich **Management-Development** getroffen werden können. In der Regel geht es im Wesentlichen darum, eine aggregierte Kompetenzbilanz über alle Führungskräfte zu erstellen und diese in Relation zu spezifisch unternehmerischen Leistungserwartungen zu setzen sowie an einem internen oder auch externen Benchmark orientiert zu bewerten.

5.3.3 Ergebnisse von Management-Appraisals

Die Ergebnisse von Management-Appraisals bieten in ihrer Aggregation meistens einen wertvollen Hinweis, inwiefern Führungskräfte dem Anspruch an allgemeine, aktuelle und insbesondere zukünftig relevante Anforderungen entsprechen. Sinnvollerweise werden die Ergebnisse der Management-Appraisals in aggregierter Form, z. B. als **Kompetenzportfolio** zusammengestellt. Die Abbildung 5.3-1 zeigt ein solches Portfolio mit den aggregierten Ergebnissen eines Management-Appraisals:

Weitere Auswertungen bieten im Sinne eines strategischen Human Capital Managements Antworten auf nachfolgende Fragen:
- Inwiefern entsprechen die Top-Führungskräfte mit ihren Kompetenzen den aktuellen und insbesondere den zukünftigen Anforderungen?
- Wo stehen die Führungskräfte im Abgleich mit externen, brancheninternen und branchenübergreifenden Benchmarks?
- Wie werden neben der aktuellen Kompetenz bzw. Performance die (entwickelbaren) Potenziale bewertet?

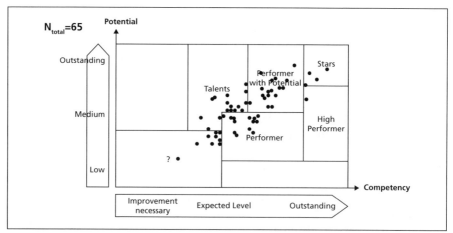

Abbildung 5.3-1: Kompetenz-Potenzial-Portfolio

- Wie gestaltet sich das Kompetenzportfolio der Führungskräfte als wesentliches personalstrategisches Steuerungsinstrument?
- Über wie viele kurzfristig in eine anspruchsvollere Führungs- oder Managementaufgabe entwickelbare „Stars" verfügt das Unternehmen?
- Auf wie viele „Leistungsträger" kann das Unternehmen langfristig bauen?
- Wie viele „Hidden Talents" schlummern unter der Oberfläche (haben z. B. noch nicht ihre volle Kompetenz entwickelt, werden jedoch kurzfristig auch anspruchsvollere Aufgaben ausfüllen können)?
- Wie viele „Fragezeichen" gibt es?
- Welche Qualifizierungs-/Personalentwicklungsbedarfe und -möglichkeiten lassen sich ableiten (individuell wie kumulativ)?
- Wie lassen sich die Ergebnisse einbetten in das unternehmensweite Nachfolge- bzw. Talentmanagement?
- In welcher Relation stehen die Ergebnisse zum Performance-Management-Prozess?

Auch jeder einzelne Teilnehmer erhält am Ende des Prozesses sowohl ein mündliches Feedback als auch eine schriftliche Darstellung der wesentlichen Ergebnisse, üblicherweise nicht nur in textlich qualitativer Form, sondern auch in Form einer **Quantifizierung**, orientiert am Anforderungsprofil bzw. Kompetenzmodell.

5.3.4 Erfolgsfaktoren von Management-Appraisals

Im Folgenden werden wesentliche Anforderungen im Zusammenhang mit der Konzeption, der Durchführung und der Nachbereitung von Management-Appraisals aufgezeigt, die nicht nur aus der praktischen Erfahrung resultieren. Vielmehr soll an dieser Stelle – ohne dass dies als bürokratischer Formalismus verstanden wird – an die Anforderungen, wie sie in der DIN 33430 formuliert sind, erinnert sein, da dort wesentliche, abgestimmte und absolut sinnvolle

Mindestanforderungen an die Durchführung von diagnostischen Prozessen definiert sind. Selbstverständlich müssen sich auch Management-Appraisals – wollen sie diesen Gütekriterien genügen – hieran orientieren.

5.3.4.1 Festlegung des Beurteilungsfokus

In der Praxis finden sich diesbezüglich zwei unterschiedliche Zugänge: Zugang 1 orientiert sich in der Beurteilung an einem **allgemeinen Anforderungsprofil/Kompetenzmodell für Führungskräfte**. Mit diesem Zugang ist das – häufig nur theoretisch – erreichbare Ziel eines externen, ggf. sogar internationalen, Benchmarkings der Führungsqualität verbunden. Hierbei stellt sich allerdings grundsätzlich die Frage, ob es allgemein gültige, d. h. unternehmens- und situationsunabhängige Kompetenzen von Führungskräften gibt, die Führungserfolg vorhersagbar machen. Die theoretische Absicherung dieses Anspruchs ist bisher nicht gegeben.

Zugang 2 orientiert sich bei der **Beurteilung an unternehmens- und levelspezifischen Anforderungen**, womit die Voraussetzung verbunden ist, dass diese im Rahmen einer geeigneten Anforderungsanalyse erarbeitet und abgestimmt werden. Der hiermit verbundene Aufwand wird häufig gescheut bzw. er ist aufgrund der zeitlichen Vorgaben nur eingeschränkt realisierbar.

Dennoch kann dieser Zugang hier ausdrücklich empfohlen werden, da die Ergebnisse aussagekräftiger und für das spezifische Unternehmen relevanter sind als Ergebnisse, die im Abgleich mit einem unspezifischen, allgemeinen Anforderungsprofil generiert wurden.

5.3.4.2 Fokus auf vorhandene Kompetenzen oder entwickelbare Potenziale?

Wesentlich ist die Unterscheidung zwischen vorhandenen Kompetenzen und zugrunde liegenden Potenzialen. Der Begriff der Kompetenz ist sehr verschieden definiert. Eine mögliche Beschreibung von Kompetenz ist die **aktuell vorhandene Befähigung zur Bewältigung einer Aufgabe**. Solcherart Kompetenz kann während eines Beurteilungsverfahrens direkt durch Beobachtung/Erfassung von Verhaltensoperationalisierungen eingeschätzt werden.

Das **Potenzial bezeichnet dagegen Kenntnisse, Fähigkeiten, Fertigkeiten oder auch Eigenschaften, die als noch zu entwickelnde Anlagen** vorhanden sind. Ausschlaggebend sind hier die personalen Voraussetzungen (als Anlage latent vorhandene individuelle Voraussetzungen). Als „noch zu entwickelnde Anlage" ist das Potenzial nicht direkt beobachtbar. Andererseits ist gerade die Einschätzung der vorhandenen Potenziale seiner Führungskräfte für ein Unternehmen ganz besonders relevant, da Stellenbesetzungen, die Nachfolgeplanung und die Entwicklung von Führungskräften von dieser Einschätzung abhängig gemacht werden.

Um zu einer aussagekräftigen Einschätzung des Potenzials zu gelangen, müssen angemessene **Potenzialindikatoren** definiert werden, über die indirekt Rückschlüsse auf das Potenzial gezogen werden können. Bewährte

Potenzialindikatoren sind z. B. die kognitive Leistungsfähigkeit und damit die Analysefähigkeit, die Lernbereitschaft und Lernfähigkeit sowie – zum Teil abhängig von der jeweiligen Positionierung – der individuelle Gestaltungswille und -anspruch und die Fähigkeit der schnellen und flexiblen Adaption an neue bzw. unbekannte Situationen und Herausforderungen.

5.3.4.3 Relevanz der Fachlichkeit

Im Hinblick auf Management-Appraisals stellt sich unter anderem auch die Frage, inwiefern neben den klassischen überfachlichen Kompetenzen (z. B. Kommunikations-, Führungs- und Strategiekompetenz) auch fachliche Kompetenzen zu beurteilen sind. Sie sind natürlich besonders relevant für die erfolgreiche Übernahme und Ausführung einer bestimmten Management- oder Führungsfunktion.

Vor diesem Hintergrund empfiehlt sich die angemessene Berücksichtigung auch von fachnahen Kompetenzen, indem z. B. Beurteiler-/Beraterteams zusammengestellt werden, die sowohl eine **psychologisch-diagnostische Qualifizierung** als auch **funktionale bzw. branchenspezifische Erfahrungen** repräsentieren.

5.3.4.4 Methodischer Zugang

Insgesamt findet sich ein Methodenkontinuum, das sich zwischen den beiden Polen „Reduktion auf ein teilstrukturiertes Interview" und „Durchführung von in der Regel eintägigen Einzel-Assessments" bewegt.

Im Zentrum eines jeden Management-Appraisal-Ansatzes steht das **Gespräch zwischen den Beurteilern und den zu Beurteilenden** (strukturiert, teilstrukturiert oder offen). Mehrheitlich wird dieses Gespräch in teilstrukturierter Form durchgeführt, d. h. Gesprächsgrundlage ist ein Interviewleitfaden mit vorgegebenen Fragen, die aber in verschiedener Reihenfolge verwendet und bei Bedarf durch weiterführende Fragen ergänzt werden können.

Dabei hat es sich bewährt, mit Fragen, die sich auf den biografischen Werdegang der Teilnehmer beziehen, zu beginnen, dann die aktuelle Funktion zu reflektieren, um schließlich einen Ausblick auf die Zukunft zu geben. Im weiteren Verlauf werden oft Fragen bezogen auf spezifische Kompetenzen gestellt. Um das tatsächliche Verhalten einzuschätzen, sollten sich diese Fragen auf bestimmte Situationen, Verhaltensweisen und konkrete Beispiele des Teilnehmers beziehen. Professionelle Appraisal-Interviews werden zu diesem Zweck von erfahrenen und in der Interviewführung geschulten Experten durchgeführt.

Eine sinnvolle Ergänzung zum Interview bildet die **Bearbeitung eines strategischen Business Case**, insbesondere um analytische und strategische Kompetenzen beobachtbar zu machen bzw. um das Ausmaß an Komplexität, das ein Teilnehmer – idealerweise aus einer General-Management-Perspektive heraus – zu bearbeiten in der Lage ist, einschätzen zu können. Der Teilnehmer erhält umfangreiches Datenmaterial über ein fiktives Unternehmen und hat die

Aufgabe, innerhalb einer sehr knappen Zeitspanne die Unterlagen zu analysieren, wesentliche strategische und operative Problem- und Handlungsfelder des Unternehmens zu identifizieren und Lösungsmöglichkeiten aufzuzeigen. Dabei können häufig Bezüge zum realen Unternehmen hergestellt und eigene strategische Herausforderungen diskutiert werden.

Zusätzlich zum Business Case können weitere Übungen eingesetzt werden, die sich auf den zwischenmenschlichen Bereich beziehen und insbesondere die Einschätzung von sozialkommunikativen und Führungskompetenzen ermöglichen. Gute Einblicke in die Führungskompetenzen bietet ein simuliertes Mitarbeitergespräch, das der Teilnehmer gestaltet, in dem er kritische Themen anspricht, Konflikte bearbeitet und Ziele vereinbart. Eine andere Möglichkeit zur Einschätzung von zwischenmenschlichen Kompetenzen bieten **Präsentationsübungen**, in denen der Teilnehmer einem simulierten Publikum ein Konzept präsentiert.

Eher selten werden im Rahmen von Management-Appraisals auch psychometrische Verfahren (Persönlichkeitsfragebögen, psychometrische Leistungstests) eingesetzt.

Häufiger werden im Zusammenhang mit Management-Appraisals sogenannte „360°-Befragungen" durchgeführt, um verschiedene Perspektiven im Hinblick auf die Einschätzung einer Person zu integrieren. Das 360°-Feedback erlaubt – im Unterschied zu „Referenzinterviews" – einen systematischen Überblick über Stärken und Entwicklungsfelder in Bezug auf erfolgs- bzw. strategisch relevante Kompetenzen aus unterschiedlichen Perspektiven: Vorgesetzte, Mitarbeiter, Kollegen (und selten auch Kunden) geben online-basiert ihre Einschätzung der Fokusperson, die sich zusätzlich auch selbst hinsichtlich der Kriterien beurteilt, ab. Der Abgleich von Selbst- und Fremdbild liefert oft interessante Aufschlüsse und Anknüpfungspunkte für die Diskussion im eigentlichen Appraisal-Interview.

5.3.4.5 Die Durchführung

Hinsichtlich der Durchführung stellt sich die Frage, wer an dem Appraisal-Verfahren als Beobachter bzw. Beurteiler teilnimmt. In der Regel wird das Management-Appraisal entweder ausschließlich von externen Beratern durchgeführt oder von einem **„Mixed Team"**, das aus externen Beratern und unternehmensinternen Beobachtern besteht. Unternehmensinterne Beobachter können entweder Human Resources Professionals oder Linienführungskräfte sein.

Welche Kombination angemessen ist, hängt jeweils von der spezifischen Zielsetzung des Verfahrens und letztendlich auch den kulturellen Besonderheiten des Unternehmens ab. Geht es z. B. hauptsächlich darum, im Sinne einer Potenzialanalyse den Teilnehmern in einem „geschützten Raum" eine neutrale Einschätzung und ein Feedback als Mehrwert für ihre persönliche Weiterentwicklung zu ermöglichen oder besteht die Sorge, dass unternehmensinterne Beobachter zu stark voreingenommen sind, dann empfiehlt sich eine Beurteilung ausschließlich durch externe Beobachter. Geht es andererseits darum, unternehmensintern Akzeptanz für das Appraisal-Verfahren und die Ergebnisse herzustellen und einen Change-Prozess zu unterstützen, dann empfiehlt sich die Einbindung interner Beobachter.

Wichtig für eine effektive und für alle Seiten befriedigende Durchführung ist die Schaffung von Transparenz. In der einführenden Phase werden intensiv der Ablauf und die Ziele des Management-Appraisals erläutert. Dabei wird eine partnerschaftliche Beziehung mit den Kandidaten angestrebt, um innerhalb eines Tages gemeinsam den persönlichen Standort mit den Stärken und Schwächen zu bestimmen und dabei den „Spagat" zwischen gemeinsamer Reflexion und angekündigter Beurteilung und den hiermit verbundenen Rollen zu schaffen.

5.3.4.6 Die Auswertung

Zur Bewertung im Appraisal können sowohl Häufigkeitsskalen („Event Sampling" oder „Time Sampling") als auch Ratingskalen herangezogen werden. In der Regel werden klassische Ratingskalen verwendet, mit deren Hilfe die Beobachter die Ausprägung einer Kompetenz auf einer verhaltensverankerten Ratingskala einschätzen. Ratingskalen setzen sinnvollerweise voraus, dass eine qualitativ verankerte Skala verwendet wird. Skalen, die lediglich zwischen den Polen „trifft zu" und „trifft nicht zu" mehrstufig unterscheiden, lassen einen deutlich höheren Interpretationsspielraum zu als Skalen, die die Skalenstufen mit qualifizierenden Begriffen belegen (z.B. „Entwicklungsfeld", „herausragende Stärke"). Aufgrund der Benennung der Skalenstufen lassen sich auch aufseiten des Teilnehmers als Feedbacknehmer sehr viel einfacher Interpretationen über eigene Stärken und Schwächen ableiten.

5.4 Einzelcoaching – Grundlagen und Erfolgsfaktoren in der Praxis

von Stephan Penning

Während vor rund 15 Jahren Coaching im Management noch als etwas Intimes, teilweise sogar als etwas Exotisches galt, von dem man nur unter vorgehaltener Hand sprechen durfte, hat Coaching in jüngster Zeit die Reputation eines magischen Problemlösers erlangt. Im Erfolg des Coachingmarkts, der international ein geschätztes Volumen von mehr als 1 Mrd. € umfasst (*Sherman/Freas*, 2004), drückt sich der **wachsende Bedarf an Methoden, Instrumenten und Tools** zur systematischen Förderung sowie zum individualisierten Ausbau von Führungskompetenzen aus. Die große Relevanz dieser Erfolgsfaktoren für Unternehmen wird daraus deutlich, dass rund 35 bis 40 % der neu eingestellten Führungskräfte innerhalb der ersten 18 Monate scheitern (*Fisher*, 2005). Nicht zuletzt aufgrund der hierdurch entstehenden Kosten, die jährlich pro Manager der mittleren Ebene bis zu 150.000 € und pro Top-Manager der obersten Ebene bis zu 750.000 € betragen können (*Berman/Bradt*, 2006), investieren Unternehmen zunehmend hohe Geldsummen in

5.4 Einzelcoaching – Grundlagen und Erfolgsfaktoren in der Praxis

externe Coaches, mit der Absicht, ihre Führungskräfte zum Erreichen ihrer kurz- und langfristigen strategischen Ziele zu befähigen. Allerdings war das Angebot auf dem Coachingmarkt bis vor wenigen Jahren noch durch eine erhebliche **Intransparenz** gekennzeichnet. Unkritisch wurden alle Methoden, wie Lebensberatung, persönliches Gespräch, Supervision oder auch Führung unter dem Begriff „Coaching" subsumiert. Jeder, der irgendeine beratende Funktion ausübt, bezeichnete sich neuerdings als Coach, ohne hierfür eine Art von Zertifizierung vorweisen zu müssen. Coaching ist im deutschsprachigen Raum zwar nach wie vor **kein geschützter Begriff**. Es gibt jedoch mittlerweile ernstzunehmende Verbände, die den Markt verstärkt strukturieren und mehr Transparenz in Qualität und Umfang der Coachingleistungen schaffen. Es ist dringend erforderlich, den Coachingbegriff einzugrenzen und die Methoden und Techniken zu systematisieren, vor allem im Rahmen des Führungskräftecoachings. Der vorliegende Artikel will den Begriff „Coaching" in seinen verschiedenen Facetten näher beleuchten und die damit verbundenen Chancen für die Personalberatung klar herausstellen.

5.4.1 Die Philosophie hinter dem Begriff „Coaching"

In den folgenden beiden Absätzen wird erläutert, was Coaching im Detail bedeutet und welche Annahmen zugrunde liegen. Darüber hinaus wird die Bedeutung des Coachings für Manager vor dem Hintergrund ihrer spezifischen beruflichen Bedingungen beleuchtet.

5.4.1.1 Begriff und Zielsetzung des Coachings

Der immer noch weit verbreitete mystische Charakter des Coachings wird nicht zuletzt durch die **unüberschaubare Bandbreite von Begriffsdefinitionen** getragen, die unterschiedliche methodische Herangehensweisen – teils sogar kontrastierende theoretische Blickwinkel – oder praktische Zielsetzungen einfließen lassen. So reicht das definitorische Spektrum von einem einseitig auf psychologische Hilfestellung fokussierenden Konzept des Coachings als „Therapie gegen berufliches Leid und [...] Maßnahme zur Förderung eines ausgefüllten beruflichen Daseins" (*Schreyögg*, 2003, 51) bis hin zu einer stärkeren Potenzial- und Wertschöpfungsorientierung in der Begriffseingrenzung des Coachings als „klar an den Unternehmenszielen ausgerichtete" (*Sulzberger*, zit. in *Backhausen/Thommen*, 2003, 5) Maßnahme zur „Förderung der Kompetenz, Leistung und Ressourcenlage" (*Hildenbrand/Jüster/Petzold*, 2002). Trotz dieser ansatzweise polarisierenden Ausrichtungen im Coachingverständnis, lässt sich im Kern aller Coachingbegriffe die zwischenmenschliche Kommunikation ausfindig machen – sowohl in Bezug auf das Verhalten und die Positionierung als Führungskraft im beruflichen Umfeld als auch in Bezug auf die Gestaltung der Interaktion in der Coachingbeziehung (*Böning/Fritschle*, 2005).

Um nicht in den Verruf einer „exklusiven Veranstaltung" zu geraten, die ausschließlich der persönlichen Selbstentfaltung des Klienten dient, soll und muss

Coaching als ein **praktisches Instrument zur Optimierung von Leistungsprozessen** – gestaltet durch Führung und Management – begriffen werden. Effektives Coaching ist in die strategische Ausrichtung des Unternehmens eingebettet und erfüllt den Zweck, die Klienten für ein hohes Leistungsniveau zu befähigen.

Im praktischen Anwendungsfeld existieren jedoch unterschiedliche Auffassungen über die damit verbundene konkrete Funktion des Coachings. Für Coaches selbst steht nach ihrem Verständnis das **Problemlösen im Vordergrund**, wohingegen **Human Resources Manager** verstärkt auf den Aspekt der **Potenzial- und Kompetenzentwicklung** fokussieren (*Böning/Fritschle*, 2005). In nicht wenigen Fällen haben diese vermeintlich gegensätzlichen Auffassungen schon zu folgenreichen Konflikten über den Einsatz von Coaching in Unternehmen geführt. Allerdings wird auf konzeptueller Ebene dabei leicht übersehen, dass beide Zielrichtungen letztlich eng miteinander verknüpft sind und gemeinsam den gesamten Coachingprozess kennzeichnen. Coaching stellt aus der Sicht des einzelnen Klienten in seiner spezifischen Bedarfslage einen Problemlösungsprozess dar, der durch ihn gesteuert und vom Coach unterstützt wird. Aus dieser individuellen Lösungsgestaltung resultieren Lerneffekte, die wiederum Ausgang für die Entfaltung von Potenzialen und Kompetenzen sind. Demzufolge handelt es sich bei beiden Auffassungen lediglich um unterschiedliche Perspektiven auf dieselbe Wirkungskette: Auf operativer Ebene haben Coaches die konkrete Lösung des Klientenproblems im Fokus, während auf strategischer Ebene HR-Manager auf die damit zusammenhängende Ausdifferenzierung von individuellen Potenzialen und Kompetenzen abzielen.

Mangelnde Kenntnisse über die inhaltliche Ausgestaltung des Coachingprozesses sind ein weiterer Grund für die nebulöse Aura des Coachings. Rein praktisch gesehen ist Coaching nichts anderes als verbale und nonverbale Kommunikation. Ihr Ziel besteht im Wesentlichen in der **Anregung eines Perspektivenwechsels bei der Problemanalyse** durch den Klienten sowie in der Bewusstwerdung von möglichst vielfältigen, lösungsorientierten Handlungsalternativen. Durch systematische Rückmeldung und Beratung werden **bedarfsgerechte Lösungskonzepte** gemeinsam mit dem Klienten erarbeitet. Die Beratungsfunktion des Coachs beschränkt sich allerdings ausschließlich darauf, verschiedene Methoden und Instrumente der Lösungsfindung zur Verfügung zu stellen. Das Kernprinzip des Coachings liegt vor allem in der Lösungsgenerierung durch den Klienten selbst und dementsprechend in der selbst geleiteten Professionalisierung des eigenen Kompetenzrepertoires.

5.4.1.2 Nutzen des Coachings für Führungskräfte

Die entscheidende Bedeutung dieser sehr individualisierten Methode liegt vor allem in der **offenen und ehrlichen Rückmeldung** durch den Coach. Die meisten Führungskräfte leiden an dem von Christopher Rauen so bezeichneten „Erich-Honecker-Effekt" (*Rauen*, 2003): Je weiter Manager in der Unternehmenshierarchie aufsteigen, desto weniger erhalten sie eine klare

5.4 Einzelcoaching – Grundlagen und Erfolgsfaktoren in der Praxis

und unverzerrte Rückmeldung über ihr Verhalten und ihre Positionierung im Unternehmen. Entscheidungen werden kaum noch hinterfragt, wichtige Informationen geschönt nach oben weitergegeben und eigene Verhaltensweisen wenig kritisiert. Das hat allzu oft zur Folge, dass Führungskräfte falsche Vorstellungen über ihren tatsächlichen Stand im Unternehmen, über die konkrete Situation des Unternehmens sowie über die Arbeitsabläufe in ihrem Verantwortungsbereich entwickeln. Nicht selten stehen Führungskräfte vor diffusen Problemen, schwer erkennbaren Hindernissen oder wenig greifbaren Widerständen. Erst wenn sich das Schlimmste kaum noch verhindern lässt, erkennen die meisten, dass ihre Vorstellungen sich weit jenseits der realen Tatsachen befinden. Coaching dient vor diesem Hintergrund vor allem der ehrlichen, aber auch zugleich der zielführenden Rückmeldung.

Eine weitere zentrale Bedeutung innerhalb des Coachings haben die **Veränderungsprozesse**, die durch Förderung der Selbstreflexion und Selbstwahrnehmung angeregt werden. Der Klient erwirbt – bezogen auf seine beruflichen Herausforderungen – neue Verhaltens- und Sichtweisen, die es ihm ermöglichen, zielgerichtet und systematisch im Führungs- und Managementprozess zu agieren. Das setzt voraus, dass das Coaching über die rein fachliche Beratung hinausgeht. Im Coachingprozess werden neue Möglichkeiten des Führungsverhaltens konkret in Rollenspielen und anderen situationsbezogenen Simulationen trainiert, wodurch die neu erworbenen Verhaltensweisen effektiv automatisiert und in der konkreten Führungssituation adäquat umgesetzt werden können. Der Coach nimmt vor diesem Hintergrund die Rolle des Sparringpartners ein, der individuell – unter Berücksichtigung der Stärken und Schwächen des Klienten – gezielt Vorschläge macht und interveniert. In diesem geschützten Rahmen kann die Führungskraft neue Techniken ausprobieren, die spezifischen Elemente ihres Anliegens in eine andere Konstellation bringen und **Lösungsalternativen** mithilfe eines professionellen dritten Blickwinkels durchdenken. Im alltäglichen Führungsprozess bieten sich der Führungskraft solche Möglichkeiten – wenn überhaupt – nur sehr selten, weshalb Talente und Problemlösungskompetenzen zu oft ungenutzt bleiben und die Leistungssteigerung durch Entfaltung individueller Potenziale ausbleibt. Darüber hinaus beziehen sich die durch den Coachingprozess angeregten Veränderungen nicht ausschließlich auf das konkrete Anliegen, sondern der Erwerb bzw. der Ausbau von Kompetenzen schafft auch einen Generalisierungseffekt. Während im beruflichen Alltag die Lösungen allzu häufig nur auf spezifische Ereignisse und konkrete Problembedingungen ausgerichtet sind, sind die im Coaching trainierten, geförderten und ausgestalteten Führungs- und Managementkompetenzen auf ein breites Spektrum an möglichen Problemsituationen und kritischen Ereignissen flexibel anwendbar.

Trotz der inzwischen nachgewiesenen herausragenden Wirksamkeit des Coachings stellt diese Maßnahme kein Allheilmittel oder gar eine Wunderwaffe dar. Fehlen beispielsweise der zu coachenden Führungskraft fundamentale Kenntnisse im Bereich Führung und General Management, macht es wenig Sinn hier ein Coaching aufzusetzen. In einem solchen Fall sind Trainings und Workshops wesentlich besser geeignet, da sie mehr auf kognitiver als auf affektiver Ebene die vor diesem Hintergrund zentralen Konzepte vermitteln. Geht es um eine spezifische fachliche Beratung zur Einführung neuer Instrumente oder zur Entwicklung neuer Maßnahmen, ist ein Coaching ebenfalls wenig zielführend. Hier bietet es sich an, einen Unternehmensberater mit einschlägiger Fachqualifikation in Anspruch zu nehmen.

5.4.1.3 Coaching und die Rolle der Führungskraft

Wie bereits eingangs erwähnt, wird häufig auch das Führen als eine Art „Coaching" verstanden. Das Konzept einer Führungskraft in der Rolle des Coachs hat seine Wurzeln im angloamerikanischen Raum, wo Linienmanager – vor dem Hintergrund eines klar umrissenen Personalentwicklungsprogramms – ihre Mitarbeiter ziel- und entwicklungsorientiert führen. Allerdings wird das Coaching durch die Führungskraft seit der Einführung dieser Maßnahme im deutschsprachigen Raum kontrovers diskutiert und sogar teilweise vehement abgelehnt. So wird grundsätzlich an der Übertragbarkeit des angloamerikanischen Konzepts auf deutsche Unternehmenskulturen gezweifelt. Das entscheidende Argument dabei ist, dass das Verhältnis zwischen Führungskraft und Mitarbeiter in Deutschland in wesentlichen Aspekten anders ist als in den USA. Allein schon durch die Gesetzeslage bedingt, reicht die Betreuung durch eine Führungskraft nicht derart weit in die persönlichen Belange hinein, wie es in vielen angloamerikanischen Unternehmen der Fall ist. Ein weiterer Diskussionspunkt ist die **Freiwilligkeit**, die eine grundlegende Voraussetzung für ein Coaching ist: So ist stark anzuzweifeln, ob ein Mitarbeiter ohne Konsequenzen ein Coaching durch seinen Vorgesetzten beenden kann. Darüber hinaus ist zu vermuten, dass die Offenheit im Beratungsprozess durch die Arbeitsbeziehung erheblich eingeschränkt ist. Durch bewusst in engen Grenzen gehaltene Offenheit beugen Mitarbeiter nicht zuletzt der Gefahr vor, einer womöglich bedrohenden Kontrolle durch ihren Vorgesetzten ausgesetzt zu sein. Zudem kann es zu Rollenkonfusionen kommen, die die Neutralität der coachenden Führungskraft stark gefährden – sie ist einerseits den persönlichen Interessen ihres Mitarbeiters verpflichtet und andererseits aber auch den unternehmensstrategischen Zielen.

Nichtsdestotrotz kann eine Führungskraft für ihre Mitarbeiter zumindest zeitweise die Funktion eines Coachs übernehmen und systematisch Methoden des Coachings im Führungsprozess anwenden, um das Leistungspotenzial gezielt auszubauen und Kompetenzen der Mitarbeiter zu professionalisieren. Allerdings ist die Rolle als Coach im Führungskontext sowohl zeitlich als auch inhaltlich stark begrenzt: Die Führungskraft nutzt Coachingmethoden eher punktuell und weniger umfassend, um auf spezifische Defizite der Mitarbeiter vor dem Hintergrund einer konkreten Aufgabenerfüllung einzuwirken. Der Coach hingegen widmet seine ganze Aufmerksamkeit seinem Klienten. Hier steht vor allem die **Befähigung für ein breiteres Spektrum an Aufgaben** im Vordergrund. Dies zeigt, dass es wenig sinnvoll ist, von einer Führungskraft als Coach zu sprechen, sondern eher die kurzfristige Rollenübernahme als „besonders differenzierte Führungshaltung" zu begreifen (*Schreyögg*, 2003).

5.4 Einzelcoaching – Grundlagen und Erfolgsfaktoren in der Praxis

5.4.1.4 Coaching und Psychotherapie

Ein wesentlicher Grund für den schlechten Ruf der Coachingmethode zu Beginn ihrer Einführung im deutschsprachigen Raum war die häufige Verwechslung mit der Psychotherapie. Ein Manager, der preisgab, dass er einen Coach in Anspruch nahm, musste nicht selten befürchten, sein Gesicht zu verlieren oder sogar als psychisch krank angesehen zu werden. Auch heute noch ist in vielen Unternehmen die irreführende Vorstellung verbreitet, dass Coaching eine Art Euphemismus für Psychotherapie darstellt, die Manager brauchen, um den harten Machtkampf und Erfolgsdruck psychisch durchzuhalten und nicht zusammenzubrechen. Trotz der methodischen Nähe beider Verfahren lässt sich das Coaching von der Psychotherapie in einigen wesentlichen Aspekten klar abgrenzen. So ist eine Grundvoraussetzung für die Arbeit eines Coachs die intakte Selbstregulationsfähigkeit des Klienten. Fehlt diese Fähigkeit, ist in der Regel eine Psychotherapie notwendig. Auch in der Zielsetzung unterscheiden sich beide Verfahren erheblich. Das Führungskräftecoaching findet im Kontext rein betriebswirtschaftlicher Leistungsziele statt. Hier geht es darum, das Leistungsvermögen des Klienten zu optimieren, wohingegen durch die Psychotherapie die psychische Gesundheit des Klienten wiederhergestellt werden soll. Im Coachingprozess konzentriert sich der Coach ausschließlich auf die berufliche Rolle des Klienten und die damit zusammenhängenden Anliegen. Der Psychotherapeut betrachtet dagegen tief gehende private und persönliche bzw. psychische Schwierigkeiten des Klienten – unter Berücksichtigung der individuellen Lebensgeschichte.

Ein weiterer Aspekt betrifft den **Umgang mit Problemen**: Der Psychotherapeut betreibt vor allem Ursachenanalyse. Der Coach setzt eine zielorientierte Herangehensweise um. Die Ursachenanalyse nimmt im Coachingprozess nur eine kleine (in den meisten Fällen sogar gar keine) Rolle ein und hat allenfalls funktionalen Charakter, um Probleme transparent zu machen und potenzielle Lösungswege zu erschließen. Die wesentliche Tätigkeit des Coachs ist die gemeinsame Suche nach Möglichkeiten, um einen „Soll"-Zustand zu erreichen. Dennoch gibt es eine Reihe von Überschneidungen, vor allem im Bereich der Methoden. So verwendet der Coach auch Interventionen, deren Wurzeln im psychotherapeutischen Bereich liegen. Hier nehmen vor allem **reflektierende Methoden** eine entscheidende Rolle ein (Gesprächstechniken, kognitive Verfahren, Kreativitätsübungen, Rollenspiele usw.). Die Nutzung dieser Methoden zielt in beiden Verfahren darauf ab, die Verhaltens- und Erlebensweisen des Klienten zu erweitern und zu flexibilisieren. Auch ist die Rolle des Coachs insofern der des Psychotherapeuten ähnlich, als dass beide im Wesentlichen Zuhörer und Gesprächspartner sind.

Insgesamt lässt sich festhalten, dass sich das Coaching und die Psychotherapie grundsätzlich auf verschiedene Felder konzentrieren. Die Psychotherapie hat beim Patienten ausschließlich eine heilende, genesende Funktion, wohingegen das Coaching auf der **Funktionsfähigkeit** des Klienten aufbaut und seine Potenziale optimiert sowie seine Kompetenzen in der Breite ausdifferenziert.

5. Weitere Beratungsleistungen in der Personalberatung

5.4.2 Die Phasen des Coachings anhand eines Fallbeispiels

Im Folgenden wird der typische Ablauf eines Coachings anhand eines Fallbeispiels veranschaulicht, in dem Führungskräfte methodische sowie inhaltliche Beratung und darüber hinaus eine professionelle Unterstützung beim Ausbau ihrer **Change-Management-Kompetenzen** durch **Einzelcoaching** erhalten haben. Die charakteristische Funktion dieses Coachings liegt vor allem in der Sicherstellung der Transferleistung, die weit über die reine Wissensvermittlung über entscheidende Stellgrößen in unternehmerischen Change-Prozessen hinausgeht. Das Coaching liefert hierfür Lernarchitekturen, in denen der Klient die Anwendung spezifischer Kenntnisse auf potenzielle Szenarien innerhalb von Change-Prozessen simulieren und trainieren kann.

Das wesentliche Merkmal unternehmerischer Geschäftsprozesse stellt zugleich die größte Herausforderung für ein Unternehmen dar: die permanente Veränderung von Strukturen und Prozessen. Nicht zuletzt aufgrund der hohen Misserfolgsrate von geplanten Change-Management-Projekten sind Veränderungsprozesse im Unternehmen mit erheblicher Unsicherheit und tiefem Misstrauen verbunden. Schätzungsweise 70 % der geplanten Programme erreichen ihre Ziele nicht (*Cartwright/Hudson*, 2000). Nicht selten findet innerhalb von Change-Prozessen eine verhärtende Polarisierung in Gegner und Befürworter statt, mit der Folge dass die Verantwortung für eine mangelnde Zielerreichung und schlechtes Arbeitsklima einzelnen Personen zugeschrieben wird. Damit im Einklang steht die Beobachtung, dass das größte Risiko für Change-Management-Prozesse nicht in der strategischen Konzeption, sondern vielmehr in der Umsetzungsphase liegt (*Lippmann*, 2006).

In jüngster Zeit wurde der erhebliche Bedarf an fachlicher und emotionaler Veränderungskompetenz realisiert. Coaching wird als **temporär begrenzter, ziel- und ressourcenorientierter Beratungsprozess** zunehmend zur individuellen Unterstützung in unternehmerischen Veränderungsprozessen eingesetzt. So zeigt eine Befragung von HR-Managern, dass Change-Prozesse der häufigste Anlass für Coachings sind (*Böning/Fritschle*, 2005).

5.4.2.1 Kontaktaufnahme und Auftragsklärung

In den meisten Fällen erfolgt die Kontaktaufnahme durch das eigene soziale Netzwerk (Kollegen, Freunde, Bekannte usw.). Auch Broschüren und Veröffentlichungen gewinnen zunehmend an Relevanz.

Bei Change-Prozessen ist der Auftraggeber allerdings häufig die Geschäftsleitung, die Human-Resources-Abteilung oder jener Bereich des Unternehmens, der für die entsprechenden Veränderungsprozesse verantwortlich ist.

Neben den Zielen, den Erwartungen, den Vorgehensweisen und der Dauer ist auch die integrative Einbettung des Coachings in den unternehmerischen Veränderungsprozess ein entscheidender Gegenstand des Auftragsklärungsgesprächs. In diesem Zusammenhang müssen die spezifischen Merkmale der Unternehmenskultur, die potenziellen Ängste und Widerstände sowie

5.4 Einzelcoaching – Grundlagen und Erfolgsfaktoren in der Praxis

Informations- und Kommunikationsprozesse zwischen Klient und Coach geklärt werden.

Fallbeispiel

Ein Finanzdienstleister mit Sitz in Frankfurt engagierte im Rahmen eines Change-Prozesses externe Coaches für die Führungskräfte. Dabei wurde vor allem auf zwei erfolgskritische Aspekte der Coachingmaßnahme geachtet: Erstens wurden die Coaches ausgiebig und wertfrei über die sozialen und hierarchischen Verflechtungen der einzelnen Personen des Steuerungsteams sowie über die vorangegangenen Ereignisse und die strategischen Ziele informiert. Dadurch konnte sichergestellt werden, dass die Coachingmaßnahme an die spezifischen unternehmerischen Rahmenbedingungen anknüpfte und zielgerichtet durchgeführt wurde. Zweitens erfolgte das Coaching der Führungskräfte ausdrücklich auf freiwilliger Basis. Dieser Aspekt ist vor allem deshalb entscheidend, da das Coaching in diesem Fall eine von der Geschäftsführung initiierte Maßnahme war, verbunden mit der Gefahr, dass sie von den Betroffenen nicht akzeptiert wurde.

5.4.2.2 Erstgespräch

Das Erstgespräch zwischen dem Coach und der zu coachenden Führungskraft dient im Wesentlichen dazu, sich **gegenseitig kennenzulernen** und abzuschätzen, ob überhaupt eine gemeinsame Basis zur Zusammenarbeit vorhanden ist. Außerdem werden die Voraussetzungen für eine Coachingbeziehung geklärt. Zu diesen gehören vor allem Freiwilligkeit, Vertraulichkeit und gegenseitige Akzeptanz. In den meisten Fällen wird bereits hier eine **erste Problemsicht** vorgenommen, die diffuse Ausgangssituation analysiert und die wahrgenommenen Bedarfe werden konkretisiert.

Auch ethische Fragen, die mit einem Prozess, der bewusst herbeigeführte Veränderungen beinhaltet, zusammenhängen, werden hier angesprochen. Dabei wird dem zukünftigen Klienten klargemacht, dass die eingesetzten Interventionen nicht zur Manipulation dienen. In der Regel billigt der Klient dem Coach das Recht zu, ihn innerhalb eines zu definierenden Rahmens bewusst zu beeinflussen. Zudem wird das realistische Ausmaß der Veränderungen, die durch ein Coaching bewirkt werden können, konkretisiert, um „Übererwartungen" des potenziellen Klienten frühzeitig abzubauen. Darüber hinaus muss sich der Klient im Klaren sein, dass sich der Ausgang des Coachingprozesses aufgrund der Mannigfaltigkeit individueller Einflüsse nicht eindeutig vorhersagen lässt.

Werden alle genannten Aspekte für beide Seiten zufriedenstellend geklärt, kann der Coachingprozess fortgeführt werden. Ist das nicht der Fall, sollte der Prozess mit einer entsprechenden Begründung beendet werden.

Fallbeispiel

Im Rahmen des bereits genannten Falls stellten sich in den Erstgesprächen mit den Klienten im Wesentlichen zwei Probleme heraus, die in drei von acht Fällen zum vorzeitigen Abbruch des Coachings führten: Zum einen bestand eine sehr diffus artikulierte Angst vor interner Kontrolle durch die Geschäftsleitung. Zum anderen wurde die Coachingmaßnahme als „psychologische Reparaturkur" wahrgenommen und als ein Hinweis auf die eigene Schwäche abgelehnt. Beide

Faktoren sind vor allem bei sehr sensiblen Anlässen wie Change-Management-Prozessen relativ typisch. Hier ist eine intensive kommunikative Auseinandersetzung mit den Klienten erforderlich, die über das Erstgespräch hinausgehen kann, wenn Ängste und Vorbehalte abgebaut werden sollen. Im Folgenden wird das Coaching einer konkreten Führungskraft exemplarisch dargestellt.

5.4.2.3 Psychologischer Vertrag

Neben den formalen Rahmenbedingungen des Coachings werden auch die individuellen Spielregeln zwischen Coach und Klient ausgehandelt, die symbolisch, aber dennoch verbindlich in einem „psychologischen" Vertrag festgehalten werden. Ein Coaching kann nur dann funktionieren, wenn die **Spielregeln** dafür vom Klienten verstanden und als sinnvoll akzeptiert werden. Dies geschieht allerdings unter Ausschluss des Auftraggebers. Der psychologische Vertrag klärt vor Beginn des Coachings die **wesentlichen Aspekte, Themen, Ziele und Voraussetzungen**, die für die Wirksamkeit des Coachingprozesses entscheidend sind. Das Aushandeln folgt keiner Routine, sondern ist immer von der individuellen Ausgangslage des Klienten und den spezifischen Bedingungen der Problemsituation abhängig.

Grundsätzlich muss die Einsicht bei beiden Beteiligten vorhanden sein, dass jeder Mensch die Fähigkeit besitzt, sich und sein Verhalten innerhalb der Bandbreite seiner Potenziale zu verändern. Eine weitere zentrale Voraussetzung für den Erfolg des Coachings ist der ernsthafte **Wille des Klienten, Veränderungs- und Entwicklungsprozesse** in seinem Verhalten und Erleben konsequent umzusetzen. In diesem Zusammenhang ist die Bereitschaft der Führungskraft zum selbstkritischen Hinterfragen der eigenen Werte, des eigenen Verhaltens sowie der eigenen weltanschaulichen Einstellungen von ganz entscheidender Bedeutung. Darüber hinaus muss die zu coachende Führungskraft Verantwortung für den Coachingprozess übernehmen, seine Notwendigkeit einsehen und die Beratung durch den Coach akzeptieren. Die Grenzen des Coachings sind ein weiterer wichtiger Aspekt des psychologischen Vertrags. Der Klient muss eindeutig klarstellen, wie weit das Coaching gehen darf und welche Themen nicht berührt werden sollen („Tabuzonen").

Fallbeispiel

Angesichts der emotionalen Brisanz von Veränderungsprozessen müssen die psychologisch relevanten Parameter des Coachings etwas ausdrücklicher vermittelt werden, als es bei anderen Anwendungsfeldern notwendig ist. So stellten sich bei der zu coachenden Führungskraft als zentraler Grund für das Coaching von ihm wahrgenommene Akzeptanzprobleme in seinem Team heraus. Die Führungskraft hatte ein klares Bild von den „Typen" in seinem Team und von deren „hinderlichen" Einstellungen und Verhaltensweisen. Während er den psychologischen Vertrag abschloss, wurde ihm allerdings schon früh im Coachingprozess bewusst, dass er seine stereotypen Bilder zumindest erst einmal selbstkritisch prüfen und hinterfragen musste, um die Probleme zu lösen und zielgerichtet mit dem Team zusammenzuarbeiten. Dieses Beispiel zeigt, dass allein durch die Definition der psychologischen Rahmenbedingungen Prozesse der Selbstreflexion angeregt werden können, die für den Erfolg von Change-Management-Prozessen zentral sind.

5.4 Einzelcoaching – Grundlagen und Erfolgsfaktoren in der Praxis

5.4.2.4 Analyse der individuellen Ausgangslage

Im ersten wesentlichen Schritt des Coachingprozesses findet eine gemeinsame Klärung der Ausgangssituation statt. Hier werden die wichtigsten Informationen zusammengetragen, in Beziehung gesetzt und potenzielle Problemursachen identifiziert.

Bei dieser Bestandsaufnahme können bereits erste Ziele definiert und Ansätze zur Problemlösung erarbeitet werden.

Zudem wird eine **Stärken-Schwächen-Analyse des Klienten** unter Berücksichtigung der konkreten, situationsspezifischen Bedingungen durchgeführt. Für das unternehmerische Change-Management sind vor allem **emotionale Stabilität, Selbstmanagementkompetenz, Führungsfähigkeit, Kommunikationsqualitäten** sowie bereits vorhandene Change-Management-Kompetenzen und inhaltlich-methodisches Fachwissen von Bedeutung. Da sich die gegenseitige Beziehungsgestaltung hier noch in einem frühen, sensiblen Stadium befindet, wird vor allem darauf geachtet, dass die Rückmeldung des persönlichen Stärken-Schwächen-Profils durch große Wertschätzung gekennzeichnet ist.

Vor dem Hintergrund einer effektiven Abstimmung zwischen dem individualisierten Coachingprozess und dem unternehmerischen Veränderungsprozess werden die Ergebnisse der ersten Bestandsaufnahme, der abgeleiteten Ziele und der Stärken-Schwächen-Analyse schriftlich fixiert. Auf dieser Grundlage lässt sich ein systematischer, an dem konkreten Profil des Klienten sowie an den situationsspezifischen Bedingungen angepasster Arbeitsplan entwerfen und daran anknüpfend eine aussagekräftige Erfolgsevaluation durchführen.

> **Fallbeispiel**
> Im Rahmen des Coachings der Führungskraft wurde im weiteren Verlauf ein Management-Audit durchgeführt, um das Stärken-Schwächen-Profil in Bezug auf das Führungsverhalten differenziert zu analysieren. Kernergebnis des Audits war eine auf die Teamkommunikation bezogene, einseitig stark ausgeprägte Durchsetzungs- und Leistungsorientierung der Führungskraft, verbunden mit einer tendenziell geringen Kooperationsbereitschaft. Durch die einseitig ausgeprägten Steuerungsfacetten im Führungskontext kam es zur Demotivation der Mitarbeiter auch durch fehlende Handlungs- und Gestaltungsspielräume. Allerdings waren ihre analytischen und unternehmerischen Kompetenzen, gekoppelt mit einer zielgerichteten Handlungsorientierung, vergleichsweise stark ausgeprägt.
> Die hier skizzierten Auswertungen dienten zur Konkretisierung der Coachingziele, die in einer Flexibilisierung des Führungsverhaltens, einer Stärkung der Empathiekompetenz sowie einer systematischen Förderung der Selbstständigkeit der Teammitglieder bestanden.

5.4.2.5 Zieldefinition

Eine Kernphase des Coachingprozesses stellt die klare **Zielformulierung** dar. Dabei wird auf die Zeitintensität generell wenig geachtet, da die Ausführlichkeit und die Präzision der Zielfindung für den Erfolg des Coachingprozesses ausschlaggebend sind – zumal die vom Klienten verbalisierten Anliegen aufgrund von Wahrnehmungseinschränkungen nicht selten sehr diffus sind (Widerstände im Führungsprozess, schwächelnde Motivation, allgemeines Unbehagen usw.). Außerdem ist es notwendig, dass das genaue Anliegen gemeinsam herausgefunden wird.

Die Priorisierung der Ziele ist ebenfalls ein wichtiger Bestandteil dieser Kernphase. Oft stehen hinter den Zielen bestimmte Werte und grundlegende Intentionen, die erst bewusst gemacht werden müssen, um die Ziele sinnvoll in eine hierarchische Struktur zu bringen. Ganz entscheidend dabei ist, dass die individuellen Ziele mit denen des Unternehmens – gerade vor dem Hintergrund unternehmerischer Veränderungsprozesse – im Einklang stehen müssen. In diesem Zusammenhang auftretende Divergenzen können die Coachingwirkungen erheblich stören. Individuelle Beratung setzt voraus, dass die gemeinsam mit dem Klienten erarbeiteten Ziele auch verfolgt werden.

Die Zieldefinitionen sowie die ersten Lösungsansätze werden ebenfalls schriftlich dokumentiert. Idealerweise werden die Ziele mithilfe der klassischen **SMART-Formel** festgelegt (**S**pezifisch, **M**essbar, **A**ktivierend – motivierend/herausfordernd, **R**ealistisch, **T**erminiert).

5.4.2.6 Interventionen

Im engeren Sinne ist die Reduktion des Interventionsbegriffs auf eine Teilphase des Coachingprozesses irreführend, da das Coaching mit allen seinen Facetten insgesamt eine Intervention ist. So können die Problemeingrenzung und die Zieldefinition selbst schon intervenierende Schritte sein. Zur eindeutigeren Abgrenzung der einzelnen Coachingphasen werden Interventionen als Vorgehensweisen verstanden, die vor dem Hintergrund expliziter Ziele angewendet werden.

In den Interventionsphasen agiert der Coach als Berater, der Vorschläge unterbreitet und Rückmeldungen gibt, mit dem Ziel, Wahrnehmungsblockaden zu lösen und alternative Perspektiven zu erschließen. Die Rückmeldungen und Vorschläge können vom Klienten angenommen oder – ohne Gefährdung der aufgebauten Beziehung – abgelehnt werden. Wesentliches Ziel eines jeden Coachingprozesses ist, dass sich der Coach durch eine **Optimierung der Selbstregulationskompetenzen und der Rückmeldemechanismen** zunehmend überflüssig macht. Berufliche oder private Herausforderungen sollte der Klient nach dem Coaching aufgrund des erweiterten Verhaltens- und Erlebensrepertoires allein bewältigen können.

Einen wesentlichen Anteil der Interventionen nimmt der gemeinsame Dialog ein, der den Rahmen für weitere Maßnahmen bildet, wobei der Klient über die zum Einsatz kommenden Methoden aufgeklärt werden sollte. Darüber hinaus liefert der verbale Austausch wichtige diagnostische Informationen über den Klienten.

Die Intention hinter jeder Interventionsmaßnahme ist, die Bandbreite an Alternativen im Verhalten und Erleben des Klienten variierbar zu machen. Dadurch wird er befähigt, in konkreten berufsbezogenen Situationen adäquat

5.4 Einzelcoaching – Grundlagen und Erfolgsfaktoren in der Praxis

zu reagieren und die Entfaltung der Leistungsprozesse im Kontext eindeutiger Führungs- und Managementziele zu optimieren.

Coaching im Rahmen des Change-Managements umfasst drei Handlungs- bzw. Interventionsebenen

Vermittlung des notwendigen Fachwissens: Um den hohen Aufwand eines Selbststudiums weitgehend zu vermeiden und Zeitressourcen zu sparen, vermittelt der Coach ganz pragmatisch das in der jeweiligen Situation bzw. das für die zu lösende Aufgabe notwendige Wissen. Durch eine effektive Unterstützung des Klienten wird ein hoher Wirkungsgrad im individuellen Entwicklungsprozess erzielt.

Vermittlung von methodischen Kenntnissen: Die Vermittlung methodischer Kompetenzen, die für ein erfolgreiches Change-Management erforderlich sind, basiert im Wesentlichen auf einem Training durch Rollenspiele. Diese sind auf die Beherrschung von Präsentations-, Rede-, Gesprächs- und Verhandlungstechniken ausgerichtet. Darüber hinaus erhält der Klient auch situationsgerechte Hilfsmittel, wie Checklisten, Ablaufpläne, Übersichten usw.

Interventionen in das Verhalten und in die Persönlichkeit der Führungskraft: Diese Ebene stellt das bedeutsamste Gestaltungsfeld des Change-Management-Coachings dar. Hier begleitet der Coach die Führungskraft in jeder Prozessphase und unterstützt sie in der konsequenten und systematischen Änderung ihres Verhaltens und Erlebens. Dabei werden abhängig von der konkreten Situation, den aufgetretenen Problemen und den kritischen Ereignissen, die im laufenden unternehmerischen Veränderungsprozess entstehen, gezielt Interventionstechniken angewendet, die eine zielführende Anpassung und effektive Flexibilisierung der Verhaltensweisen bei der gecoachten Führungskraft bewirken. Innerhalb des Change-Management-Coachings kommen vor allem Techniken wie das Feedback, die Konfrontation, Rollenspiele, das Reframing (Änderung des Bezugsrahmens) und die Anwendung von Symbolen, Metaphern und Anekdoten zum Einsatz.

> **Fallbeispiel**
> Im Rahmen des weiteren Coaching-Prozesses wurde zur Konfrontation mit der eigenen Wirkung ein Teambuilding-Workshop durchgeführt, in dem der Coach die Führungskraft durch die Aufstellungsmethode unterstützte. Durch diese Visualisierung der Beziehungsgeflechte innerhalb des Teams und ihr gegenüber konnte die Führungskraft ihre Überlegungen für sich und den Coach verdeutlichen. Aufgrund der daraus resultierenden unterschiedlichen Blickwinkel auf die Teamsituation konnten Konfliktlösungen abgeleitet werden, die außerhalb des Coachings vergleichsweise schnell wirksam wurden.

5.4.2.7 Inhalte des Change-Management-Coachings

Die konkrete, zielspezifische Anwendung von Interventionen findet auf unterschiedlichen inhaltlichen Ebenen statt, die für den Change-Prozess eine erfolgskritische Relevanz besitzen. Dabei steht einerseits die Verzahnung der unternehmensstrategischen Ausrichtung im Change-Management-Prozess mit der individuellen Ausgangslage im Hinblick auf **Kompetenzen, Rollenidentität und Emotionsmuster** bzw. **Motivationsstruktur** im Fokus. Andererseits sollen potenzielle Ängste, innere Widerstände oder andere hemmende psychologische Faktoren identifiziert und verhaltenswirksame Strategien der Überwindung oder Auflösung solcher inneren und äußeren Blockaden entwickelt werden. Vor diesem Hintergrund finden vor allem folgende Themenbereiche Beachtung:

Erfolgsfaktoren von Change-Management-Projekten

Durch Reflexion der notwendigen Bedingungen für einen erfolgreichen Beitrag zu Veränderungsprozessen werden das Gestalten von Lernumfeldern sowie das Sicherstellen des eigenverantwortlichen Lernens im Rahmen des Coachings trainiert.

Gestaltung von Change-Management-Prozessen

Hier wird die konkrete Rollenübernahme der Führungskraft – je nach Phase des Change-Management-Prozesses – thematisiert und gleichzeitig eindeutig beschrieben, welche Kompetenzen und Qualifikationen dafür notwendig sind. Daran schließt sich die Frage nach den der Führungskraft zur Verfügung stehenden Instrumenten, Methoden und Interventionen an. Ein Kernthema ist allerdings auch das potenzielle Erlahmen von Veränderungsprozessen sowie der oft notwendig werdende Umgang mit passiven Widerständen, Aggressionen und Streiks. Darüber hinaus werden Zusammenhänge zwischen den Veränderungsprozessen und der Unternehmenskultur diskutiert. Für die Führungskraft steht auch die Frage nach der Einbindung von Mitarbeitern in die verschiedenen Gestaltungsfelder im Vordergrund (Partizipation versus Handlungsfähigkeit).

> **Fallbeispiel**
> Eine nicht selten vernachlässigte Perspektive auf die erfolgsentscheidenden Mechanismen von Veränderungsprozessen enthält die unterschiedlichen emotionalen Phasen, die die Systemleistung und die Produktivität des Change-Managements maßgeblich beeinflussen. Der Coach der bereits erwähnten Führungskraft orientierte sich dabei im Rahmen des Coachingprozesses an dem von *Roth* (2000) und *Kraus et al.* (2004) abgeleiteten emotionalen Phasenverlauf bei Veränderungsprozessen *(siehe Abbildung 5.4-1)*.

In den Phasen des Schocks sowie der Leugnung wurden während des Coachings die inneren Blockaden und hemmenden Ängste der Führungskraft und der Mitarbeiter bewusst thematisiert. Dabei wurden unangenehme Gefühlszustände wie Wut, Angst und Unsicherheit zunächst zugelassen und ausgehalten. Daran anschließend wurde eine Stabilisierung erreicht durch Wiederherstellung der differenzierten Wahrnehmung und der emotionalen Flexibilität, die über eine klare Rollenidentität zu den Phasen der Erkenntnis und der Integration führten. Im Coaching wurde klar, welche Chancen und Risiken auf der persönlichen und sachlichen Ebene für potenzielle neue Funktionen innerhalb der unternehmerischen Veränderungsprozesse erwartet werden konnten. Die Führungskraft reflektierte abschließend, dass die professionelle Unterstützung vor allem in den kritischen Phasen, die durch

5.4 Einzelcoaching – Grundlagen und Erfolgsfaktoren in der Praxis

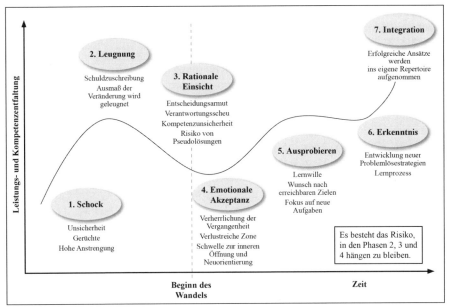

Abbildung 5.4-1: Perspektive der emotionalen Prozesse (Roth, 2000)

den Coach ganz bewusst kommuniziert wurden, durch Rückmeldung und Spiegelung effektiv war.

5.4.2.8 Evaluation und Abschlussgespräch

In der letzten Sitzung des Coachingprozesses rekapitulieren Coach und Klient die vorangegangenen Phasen, machen eine **Bestandsaufnahme der erreichten Veränderungen** und **evaluieren die Interventionswirkungen** des Coachings. Die Evaluation erfolgt anhand der im Arbeitsplan notierten SMART-Ziele (siehe oben) und Erfolgskriterien. Wesentliche Merkmale dabei sind, inwiefern die Führungskraft dazu fähig war oder ist, auch unter strategisch bzw. politisch ungünstigen Bedingungen Veränderungsprozesse selbstständig zu gestalten, mit eigenen Ängsten und Widerständen sowie denen der Mitarbeiter konstruktiv umzugehen, adäquat, fair und offen zu kommunizieren, Betroffene zu beteiligen und mit ihnen die Geschäftsprozesse effektiv und effizient umzusetzen.

Die Evaluationsergebnisse des Coachingprozesses sowie die daraus abgeleiteten Schlussfolgerungen werden dann mit dem Auftraggeber besprochen. Dabei werden eventuell abweichende Beurteilungen geklärt und mögliche Folgemaßnahmen festgelegt. Wurden alle zu Beginn definierten Ziele auch im Sinne des Auftraggebers erreicht, kann das Coaching beendet werden.

5.4.3 Herausforderungen des Führungskräftecoachings

5.4.3.1 Coachinganlässe

Die Klärung der Frage nach den wesentlichen Anlässen für ein Coaching fällt je nach befragter Gruppe (Coaches und Human-Resources-Manager) unterschiedlich aus. Bei den Human-Resources-Managern dominiert vor allem die übergreifende Unternehmensperspektive, wohingegen sich bei den Coaches eine eher individualistische Sichtweise ausdrückt. Dennoch kann aus einer im Jahre 2004 durchgeführten Befragung (*Rauen*, 2005) im Wesentlichen gefolgert werden, dass Coaching als charakteristisches Instrument bei der systematischen Führungskräfteentwicklung sowie als Unterstützung bei Veränderungen im beruflichen und unternehmensbezogenen Umfeld angesehen wird *(siehe Abbildung 5.4-2)*.

Human Ressource Manager (n=70)	Coaches (n=50)
Unternehmerische Veränderungsprozesse	Bearbeitung persönlicher & beruflicher Probleme
Neue Aufgaben, Rollen, Funktionen & Positionen	Karriereplanung, Neuorientierung
Führungskräfteentwicklung	Persönlichkeits- & Potenzialentwicklung
Bewältigung & Regelung von Konflikten	Neue Aufgaben, Rollen, Funktionen & Positionen
Persönlichkeits- & Potenzialentwicklung	Führungskräfteentwicklung

Abbildung 5.4-2: Die fünf häufigsten Anlässe für Coaching – Ergebnisse einer Befragung

5.4.3.2 Coaching im mittleren und Top-Management: eine Frage der Werte

Die Darstellung der unterschiedlichen Coachinganlässe ist durch eine eher vertikale Perspektive auf das Führungskräftecoaching gekennzeichnet, die sich auf die mittlere Hierarchieebene konzentriert. Das erscheint insofern gerechtfertigt, als der Großteil des Coachings auch auf dieser Führungsebene durchgeführt wird und daher das charakteristische Verständnis von „Coaching" in Deutschland prägt. Allerdings können die im mittleren Management vorherrschenden Bedingungen nicht für die obere Führungsebene generalisiert werden, die ganz andere An- und Herausforderungen an den Führungskräftecoach stellt. So bestehen **gravierende Werte- und Normunterschiede zwischen den mittleren und oberen bzw. obersten Führungskräften.** Aufgrund der strukturell notwendigen Zusammenarbeit und

5.4 Einzelcoaching – Grundlagen und Erfolgsfaktoren in der Praxis

der Abhängigkeiten innerhalb einer arbeitsteiligen Welt ist für das mittlere Management eine bürgerlich-liberale Werteorientierung kennzeichnend, die ihren Schwerpunkt auf Merkmale, wie Offenheit, Vertrauen, Respekt, Authentizität, Leistung, Kooperation, Vernetzung, Emotionen, Loyalität und offene Konfrontation legt. Dabei handelt es sich um Werte, die sich in den Führungsprinzipien und Anforderungsprofilen der meisten Firmen ausdrücken. Die gelebte Werteorientierung im Top-Management weist jedoch eine wesentlich komplexere Struktur auf. Hier dominiert vorwiegend ein **Macht-, Ergebnis-, Durchsetzungs- und Konkurrenzdenken**, das aufgrund der generalistischen Perspektive auf Unternehmensprozesse stärker durch strategische und politische Ziele reguliert wird. Im Wesentlichen ist die Werteorientierung des Top-Managements durch Höflichkeit, Status, Intellektualität, taktische Sensibilität, Eigenständigkeit und Souveränität charakterisiert. Die Praxis im Top-Management entspricht einem wenig durchschaubaren, „machiavellistischen" Spiel, das nach ganz spezifischen, durchkalkulierten Regeln funktioniert. Daraus resultieren für das Coaching auf den verschiedenen Ebenen auch unterschiedliche Perspektiven und Herangehensweisen.

Themenschwerpunkt
Im mittleren Management liegt der Fokus des Coachings auf der Entfaltung und Entwicklung der eigenen Persönlichkeit, auf der Autorität der Person sowie auf dem Ausbau der emotionalen Kompetenz und des Führungsverhaltens. Im Top-Management ist mehr die individuelle Ausfüllung der eigenen Rolle in einem gegebenen politischen Rahmen der Ausgangspunkt für Coachingprozesse. Hier geht es vor allem um Selbstvergewisserung und Standortbestimmung.

Positionierung im sozialen Netzwerk
Während auf der mittleren Führungsebene Fairness und Kooperation zwischen Kollegen und Mitarbeitern im Vordergrund stehen, ist die zwischenmenschliche Kommunikation im Top-Management durch subtile Infragestellungen, politische oder diplomatische Verhandlungen und rhetorische Mehrdeutigkeiten gekennzeichnet. Dabei wird weniger die emotionale Lage der Interaktionspartner, sondern vielmehr ihre strategische Position im gesamten Netzwerk der Spiele priorisiert.

Politische und operative Ebene
Im mittleren Management sind die Sachaufgabe und ihre effiziente bzw. effektive Bearbeitung im kooperativen Zusammenspiel mit anderen Personen maßgeblich. Entscheidungen und Handlungen im Top-Management finden unter hoher Unsicherheit statt. Trotz begrenzter Informationssicherheit und Kalkulierbarkeit müssen Entscheidungen mit weitreichenden strategischen Konsequenzen getroffen werden. Nicht selten wird hier der Renaissance-Philosoph Machiavelli zurate gezogen.

Sprache und Kommunikationsstil

Authentisches, emotionales Auftreten sowie Direktheit und Unmittelbarkeit sind für Führungskräfte der mittleren Ebene ausschlaggebend. Diszipliniertes und selbstkontrolliertes Verhalten, das in einer sehr subtilen, feinen Rhetorik seinen Ausdruck findet – ohne allerdings die Härte der Sachlage zu unterminieren – ist für Repräsentanten des Top-Managements charakteristisch. Verbale und nonverbale Geschicklichkeit stellen hier die schlagkräftigsten Waffen im Konflikt mit anderen dar.

5.4.4 Ausblick und Zukunft des Coachings

Seit den 80er-Jahren des 20. Jahrhunderts hat sich das Coaching in allen Bereichen der Wirtschaftswelt verbreitet. Die zunehmende soziale Verflechtung innerhalb aller beruflichen Kontexte sowie ihre Einflussnahme auf die ökonomische Leistungsfähigkeit von Unternehmen lassen den Bedarf an kommunikativen und sozialen Kompetenzen rapide steigen. Inzwischen wird das Coaching für ein weitreichendes Spektrum von berufsbedingten Herausforderungen angewendet, für das Change-Management und Projektmanagement lediglich Beispiele sind. Während bisher ein Coachingboom und eine Coachingpopularisierung beobachtbar waren, sind in Zukunft eine Standardisierung und eine Spezialisierung zu erwarten. Die noch ausstehende staatliche Anerkennung und die notwendige Zertifizierung des Berufs „Coach" ist die nächste Phase, die eine erhebliche Veränderung auf dem Coachingmarkt in Richtung Überschaubarkeit und Seriosität mit sich bringen wird. Damit verbunden ist auch eine weitere Ausdifferenzierung des Methodenrepertoires mit entsprechend geprüften Qualitätsstandards. Auf der anderen Seite findet im Hinblick auf die Komplexität der Coachinganforderungen auch eine Spezialisierung für unterschiedliche Coachinganlässe statt. Bislang hat sich jeder Coach allen Herausforderungen gestellt; in Zukunft werden Coaches je nach ihrem spezifischen Profil für unterschiedliche Aufgaben eingesetzt.

Nicht zuletzt aufgrund des steigenden Anforderungsdrucks auf die Führungskräfte wird das Coaching als Personalentwicklungsinstrument weiterhin und in zunehmendem Ausmaß eine tragende Rolle einnehmen.

5.5 Retention Management – eine kritische Betrachtung

von Thaddäus Rohrer

Die Kündigung des Mitarbeiters liegt auf dem Tisch. Die Reaktion des Vorgesetzten reicht von „Erleichterung" bis „beleidigt sein". Doch wenn der Personalverantwortliche jetzt emotional reagiert und nicht sachlich nach den Gründen sucht, verpasst er die Chance, Verbesserungen in der Mitarbeiterbindung zu erzielen.

5.5 Retention Management – eine kritische Betrachtung

Sehen wir der Realität ins Auge: Noch vor wenigen Jahren gab es für jede Stelle mehrere geeignete Bewerber. Eine gewisse Fluktuation wurde billigend in Kauf genommen und in einigen Fällen war sie selbst bei Leistungsträgern auch gewollt. Mit neuen Leuten kamen neue Ideen. Doch jetzt gibt es nur noch wenige Arbeitnehmer mit einer Qualifikation, die den Anforderungen der Unternehmer entsprechen. Dementsprechend wertvoll ist eine langfristige Bindung qualifizierter Mitarbeiter an das eigene Unternehmen. Der **Wissens- und Leistungsverlust durch abwandernde Mitarbeiter** ist besonders im Mittelstand und in unattraktiven Wohnregionen zum Problem geworden. Gute Mitarbeiter, die nicht gehalten werden können, machen oft die Wettbewerber stark. Der Ersatz birgt zwar immer auch Chancen, doch erst einmal kostet er das eigene Unternehmen viel Zeit und Geld. Schnell gehen durch die Freistellung des kündigenden Mitarbeiters und die Suche nach einem entsprechenden Ersatz mehrere 10.000 € verloren. Schon deshalb sind eine langfristig ausgerichtete Personalentwicklung und Personalbindungskonzepte deutlich wichtiger geworden, um auch morgen noch qualifizierte Mitarbeiter an Bord zu haben.

Personalentwicklung und Personalbindungskonzepte sind in vielen Unternehmen jedoch Fremdwörter. Besonders der Mittelstand, der meist sehr „lean" aufgestellt ist, hat es schwer, Personen für diese Aufgaben abzustellen. Meist leistet er sich keine separaten Mitarbeiter für die Personalentwicklung und arbeitet Ideen zur Bindung von Mitarbeitern in seine Firmengrundsätze ein. Alternativ können mittelständische Unternehmen auch mit externen Personalentwicklern und Coaches zusammenarbeiten.

5.5.1 Warum gute Mitarbeiter gehen

Die im Folgenden dargestellten Gründe werden unserer Erfahrung nach meistens genannt, wenn ein Mitarbeiter das Unternehmen verlässt.

5.5.1.1 Der Mitarbeiter sieht keine Entwicklungschancen

Entwicklungschancen müssen in diesem Zusammenhang aufgeteilt werden in Entfaltungschancen und Karrierechancen. Besonders junge Menschen sind, bis sie sicher geworden sind, an **Entfaltungs- und Lernchancen** interessiert. Die Orientierung an der eigenen Entfaltung und der Freude an einer Aufgabe dominiert deutlich in den Gesprächen mit unseren Bewerbern. So kann man selten künstlerisch ambitionierte Leistungsträger mit Führungsaufgaben locken. Diese wollen lieber erstklassiges Equipment, herausfordernde Aufgaben und Freiheit bei deren persönlicher Interpretation. Führungsaufgaben mit Verantwortung und administrative Tätigkeiten können hier Frust auslösen. Anders verhält es sich bei Menschen, die nach Verantwortung streben und glauben, durch die Übernahme von Führung besser als andere gestalten und wirken zu können.

Wer Mitarbeiter an das Unternehmen binden will, wird dies berücksichtigen und sie hinsichtlich ihrer Interessen und Veranlagungen ausloten. So entwickelt der geschickte Arbeitgeber für jeden ein Entwicklungsprogramm, das allerdings bei Karrierefragen oft Grenzen hat. So kommt es, dass karriereorientierte Menschen öfter und schneller auf dem Personalmarkt zu finden sind.

Fazit

Für die Mitarbeiterbindung ist eine Interessen- und Veranlagungsanalyse unumgänglich. Der Vorgesetzte muss wissen, dass sich bei wechselnden Interessen Veränderungen ergeben werden, und er sollte in der Lage sein, darauf entsprechend zu reagieren.

5.5.1.2 Von Vorgesetzten gegebene Versprechen werden nicht eingehalten

Entsprechen die Leistungen des neuen Mitarbeiters nicht den Erwartungen oder hat sich der Vorgesetzte bei der Einstellung zu weit mit seinen Versprechungen aus dem Fenster gelehnt? Das lässt sich für einen Dritten selten präzise feststellen. Auch kann sich die Konstellation in einer Firma zwischen dem Abschluss des Anstellungsvertrags und dem Arbeitsanfang dramatisch geändert haben. Tatsache ist, dass in Personalgesprächen oft Hoffnungen geschürt werden, die Vorgesetzte später – aus welchen Gründen auch immer – nicht erfüllen. Dies gilt für Neuankömmlinge im Unternehmen ebenso wie für langjährige Mitarbeiter. Besonders vorsichtig müssen Arbeitnehmer sein, wenn sich der Arbeitgeber weigert, Inhalte einer Besprechung nicht protokollarisch oder im Arbeitsvertrag festzuhalten. In einem solchen Fall will dieser sich Türen offen halten, um eventuell Maßstäbe ändern zu können. Für beide Seiten ist es besser, die Entwicklungsmöglichkeiten an Leistungen zu knüpfen und so zu fixieren, dass sie transparent und zu erreichen sind. Getreu nach dem Motto: „Wenn wir uns einig sind, dann können wir es ja auch aufschreiben."

Fazit und Erkenntnis

In einem Gespräch sollte so formuliert werden, dass es keine Missverständnisse gibt. **Vereinbarungen sollten schriftlich fixiert werden.** Wenn es Bedingungen gibt, um etwas zu erreichen (das ist der Standard), muss der Mitarbeiter diese verstanden haben und einverstanden sein. Deshalb sollte er auf jeden Fall gegenzeichnen und nicht nur eine Abschrift des Protokolls erhalten.

Das Motto „Wenn wir uns einig sind, dann können wir es ja auch aufschreiben" gilt besonders bei Nachfolgelösungen. Hier geht es bei Führungspositionen um Macht, Vorstellungen und Philosophien bzgl. der Unternehmenskultur und der Ziele des Unternehmens. Aus dem Vorgesetzten wird ein Pensionär, Beirat oder Aufsichtsrat. Tritt gar der Unternehmer selbst ab, muss unbedingt ein Zeitplan für die Übernahme durch den Nachfolger vereinbart werden. Geschieht dies nicht, werden nicht selten mehrere potenzielle Nachfolger verschlissen, die der Unternehmer nicht in die Verantwortung lässt.

Ist eine stufenweise Übernahme von Verantwortung vereinbart, sollte der Übergeber Selbstdisziplin zeigen und den Zeitplan konsequent einhalten. Er löst damit im Normalfall Leistungsschübe bei seinem Nachfolger aus. Hält sich der Unternehmer nicht an den vereinbarten Übergabeplan, könnte der Nachfolger Konsequenzen daraus ziehen.

5.5.1.3 Die Zukunft des Unternehmens und damit die eigene Zukunft scheinen gefährdet

Die Aufmerksamkeit gilt hier dem Begriff „scheinen", denn wenn wirklich die Zukunft eines Unternehmens gefährdet ist, führen selbst kleine Unzufriedenheiten zu einem Wechselwunsch. Dann halten oftmals nur private Zwänge die Mitarbeiter im Unternehmen. Ich habe jedoch erlebt, dass durch Gerüchte, die im eigenen Unternehmen in Umlauf gebracht wurden, oder durch gezielte Unterstellungen von Mitbewerbern, Mitarbeiter verunsichert wurden. So hatten wir vor einigen Jahren den Fall, dass ein Unternehmen eine Produktionshalle gebaut hat, die nicht nur sinnvoll, sondern auch noch schön war. Sie passte ins **CI (Corporate Identity)** des Unternehmens. Die Mitarbeiter hatten die Möglichkeit, in den Pausen die Sonne zu genießen und an Fischteichen zu sitzen. Im Produktionsgebäude selbst waren Küchen und Schulungsräume verteilt, die auf einem hohen Niveau ausgestattet waren (und heute noch sind!). Doch nach ein paar Monaten hatte das Unternehmen Schwierigkeiten, neues Personal einzustellen. Auch waren die ersten Verkaufsleiter auf der Suche nach neuen Aufgaben.

Was war geschehen? Durch eine etwas zu forsche Automatisierung gab es Anlaufschwierigkeiten. Die Lieferzeiten verlängerten sich. Dies war in Kombination mit dem „Prachtbau" für den Wettbewerb und die „natürlichen Neider" das Signal, dass das Unternehmen sich übernommen hatte. Die Gerüchteküche brodelte erst außerhalb des Unternehmens, dann auch im Unternehmen. Dabei ging es dem Unternehmen in keiner Weise schlecht. Die internen Probleme mit der zu starken Automatisierung wurden von engagierten Mitarbeitern gelöst und die Lieferzeiten entsprachen bald wieder den Anforderungen der Kunden. Diesen Erfolg nutzte die Geschäftsführung, um ein Betriebsfest zu veranstalten, auf dieser Plattform allen Mitarbeitern für ihre Leistung zu danken und über die positive Entwicklung des Unternehmens zu berichten. Aus der Retrospektive betrachtet einer der Inhaber die Situation vor zehn Jahren heute so: „Wir waren selbst ein wenig verunsichert, ob wir alles richtig gemacht hatten. Die Zahlen stimmten zwar, aber wir hatten durchaus Anlaufschwierigkeiten, die uns überraschten. Die Unsicherheit hat bei einigen Mitarbeitern auch Sorgen ausgelöst, andere fühlten sich stark motiviert, die Probleme zu lösen. Wir gehen heute offener mit unseren Problemen um, denn wir wissen, dass wir genügend Mitarbeiter im Betrieb haben, die diese lösen können."

Fazit

Der offene Umgang mit Problemen setzt Kräfte frei und bindet Mitarbeiter mehr als Geheimniskrämerei, die zu Verunsicherungen führt. Unternehmer sollten schnellstmöglich Unsicherheiten bei Arbeitnehmern erkennen. Gerüchte sind zu entkräften oder in sinnvolle Situationsbeschreibungen umzuformulieren, damit sich die Mitarbeiter an Fakten orientieren können.

5. Weitere Beratungsleistungen in der Personalberatung

5.5.1.4 Ein anderes Unternehmen/Eine andere Abteilung bietet eine schnellere Aufstiegsmöglichkeit

Das hört sich immer gut an: Aufstiegsmöglichkeit. Aber es ist nicht ganz so einfach. Wie das folgende Tortendiagramm zeigt, müssen viele Faktoren übereinstimmen, um einen erfolgreichen Wechsel zu vollziehen. Häufig erweist sich der Fokus allein auf Aufstiegsmöglichkeiten als brüchige Stufe und der wechselaffine Bewerber landet dort, von wo er gestartet ist. Allerdings hat er dann eventuell keinen Arbeitgeber mehr.

Bei der geplanten oder tatsächlichen Kündigung eines Arbeitnehmers darf der sorgende Vorgesetzte durchaus für sein Unternehmen werben. Wer die Chance als Chef bekommt, seinen Mitarbeiter bei Wechselabsichten zu beraten, hat zuvor eine erstklassige Führungsarbeit geleistet. In einer solchen Situation ist es hilfreich, eine Brücke zu bauen, die die Rückkehr ermöglicht, egal ob kurzfristig oder in weiterer Zukunft. Alternativangebote aus dem eigenen Unternehmen bergen die Gefahr, dass sie als Versäumnis der Vergangenheit erkannt und deshalb abgelehnt werden. Das heißt aber nicht, dass man sie nicht machen darf. Nur müssen sie erstklassig begründet und nachvollziehbar sein.

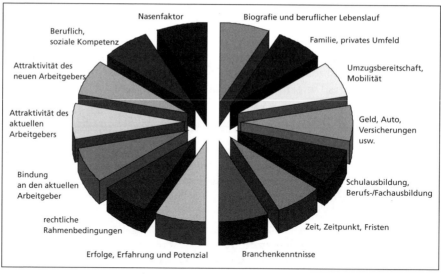

Abbildung 5.5-1: Personalentscheidungskriterien

Fazit

Ein Vorgesetzter sollte kündigende Mitarbeiter um ein Gespräch bitten und dieses nutzen, um eventuelle Schwächen im Unternehmen aufzudecken und in der Folge abzustellen. Liegt ihm an dem Mitarbeiter und will er ihn halten, sollte er mit ihm Punkt für Punkt die oben aufgeführten Wechselgründe durchgehen und gemeinsam mit ihm die Möglichkeiten im eigenen und in anderen Unternehmen abwägen. Die Chancen, „einen Reisenden" aufzuhalten, sind zwar gering, aber wenn es klappt, lohnenswert.

5.5.2 Gute Informationspolitik bindet Mitarbeiter

Am Diagramm der Entscheidungskriterien erkennt man, dass die Motive und Rahmenbedingungen, die beim Wechsel des Arbeitsplatzes eine Rolle spielen, vielfältig sind.

Nicht darin aufgeführt ist die **Informationspolitik**, die in einem Unternehmen herrscht. Sie ist jedoch eines der entscheidenden Kriterien beim Retention Management. Der Anlass für eine Kündigung durch den Mitarbeiter könnte in vielen Fällen durch eine konstruktive Kommunikation zwischen Führungskraft und Mitarbeiter beseitigt werden. Wir stellen immer wieder fest, dass Führungskräfte und Unternehmer in schwierigen Unternehmensphasen eine konstruktive Informationspolitik gegenüber den Mitarbeitern vermissen lassen. Die Mitarbeiter sind häufig durch Gerüchte verunsichert und beginnen zur Sicherung ihrer eigenen Zukunft vorsorglich mit der Suche nach einem neuen Arbeitgeber.

Es gibt auch die Fälle, in denen Unternehmer durch Banken oder andere Geldgeber gezwungen werden, ihr Management im Detail einzuweihen. Häufig sind dann externe Berater im Haus, die eine offene Kommunikation über Zahlen, Probleme und Ziele einführen. Dies weckt bei Mitarbeitern hohes Engagement und Kreativität. Besonders die Mitarbeiter aus der zweiten Reihe bringen sich ein, um die Probleme zu lösen. Befreit vom „Muff" der schlechten Informationspolitik schicken sie sich an, den „Karren aus dem Dreck" zu ziehen. Gelingt dies und die Berater überlassen dieses Unternehmen wieder der eigenen alten Hierarchie, verlassen diese engagierten Mitarbeiter oft das Unternehmen. Sie haben erfahren, was sie leisten können, wenn sie eingebunden sind, und haben dadurch Selbstsicherheit bekommen. Wenn dann wieder der alte Trott im Unternehmen eingeführt wird und die „Ursache der Probleme auf dem Stuhl sitzen bleibt", gibt es für den leistungsstarken Mitarbeiter nur die Konsequenz zu wechseln.

5.5.3 Relevanz des Gehalts

Interessanterweise ist das Thema Gehalt meist nicht der Hauptgrund für eine Kündigung. Es verliert ab einem Einkommen von über 60.000 € stetig an Relevanz. Unterhalb dieser Gehaltsgrenze sind die Fronten bei Verhandlungen häufig härter als darüber. Sowohl Arbeitnehmer als auch Arbeitgeber kämpfen hier manchmal um wenige Euro. Bei den höheren Gehaltsklassen, besonders ab 120.000 €, sind die Gehaltsgespräche auf beiden Seiten wesentlich entspannter (nach meiner Erfahrung bei mittelständischen Unternehmen mit Gruppenumsätzen bis ca. 800 Mio. €).

Als Personalberater stelle ich immer wieder fest, dass mit Geld kaum jemand zu locken ist. Dies ist besonders dann nicht der Fall, wenn aktuelle Vorgesetzte in dem Mitarbeiter einen engen Vertrauten sehen und ihn über Jahre in seiner Entwicklung gefördert haben. Mitarbeiter, die so eingebunden werden, wechseln extrem ungern.

5.5.4 Arbeitgeber im Vergleich

Der aktuelle Arbeitgeber wird immer mit dem potenziellen neuen Arbeitgeber verglichen. So gelten die im ungewichteten Diagramm aufgeführten Faktoren sowohl für den Arbeitnehmer als auch für den Arbeitgeber. Hakt es an einem Punkt, kann das bereits den Ausschlag geben, dass ein Mitarbeiter sich nach einer neuen Aufgabe umsieht bzw. eine neue Aufgabe ablehnt. Kennt der Arbeitgeber die entscheidenden Faktoren seines Mitarbeiters, so kann er einem **Arbeitsplatzwechsel entgegenwirken** (z. B. durch Weiterbildungsangebote oder soziale Leistungen).

Auch Berater können von einem Vergleich des aktuellen Arbeitgebers mit dem potenziellen neuen Arbeitgeber profitieren, wenn der Bewerber diesen Vergleich aus seiner Perspektive schildert. An der Art und Weise, wie Bewerber vergleichen, lässt sich vieles ablesen. Geht der Bewerber systematisch vor? Welche Aspekte gewichtet er stärker, welche schwächer? Hat er gute Quellen, aus denen er sein Wissen bezieht, und wie viel Wissen und Erfahrung dokumentiert er durch geschickte Fragen an den Berater? Holt er sich Ergebniszahlen aus dem Unternehmensregister, um sicherzugehen, nicht bei einer kränkelnden Firma zu landen (diese Vorgehensweise würde so manchen Lebenslauf etwas kürzer halten, denn nicht nur gesunde Firmen akquirieren Mitarbeiter)? Zeigt der Bewerber detailliertes Branchenwissen? Welche Argumente veranlassen ihn zum Schluss, sich für einen neuen Arbeitgeber zu entscheiden? Genau diese Argumente sollte der Berater in Absprache mit dem Bewerber dem neuen Arbeitgeber zur Verfügung stellen. Sie sind die wichtigste Grundlage für eine dauerhafte Beziehung.

5.5.5 Mitarbeiter und der Wettbewerb

Wer gute Mitarbeiter hat, hat meist eine gute Stellung am Markt. Spätestens dann werden Wettbewerber und Personalberater auf ein solches Unternehmen und dessen Mitarbeiter aufmerksam. Gute Mitarbeiter wecken Begehrlichkeiten beim Wettbewerb. Wie schützt man sich dagegen? Dazu sollte man sich ein paar Fakten bewusst machen:

- Die meisten Stellenwechsel erfolgen durch das persönliche Netzwerk der Mitarbeiter. Dies lässt sich auch für eigene Unternehmensinteressen nutzen.
- Einem Personalberater geht es wie einem Liebhaber oder einer Liebhaberin: Er/Sie kann nur dann in eine Beziehung einbrechen, wenn dort etwas nicht stimmt.
- Längst nicht jeder Mitarbeiter, der mit einem Personalberater spricht, will tatsächlich wechseln.
- Kluge Mitarbeiter achten auf eine gesunde Popularität ihrer Person und nutzen diese auch zum Vorteil des aktuellen Arbeitgebers.
- Gut informierte Mitarbeiter nutzen eine Vielzahl von Medien, Messen und Netzwerken, um möglichst einen Wissensvorsprung vor Kollegen und Wettbewerbern zu haben. Dabei treffen Sie auch auf Stellenanzeigen und andere Formen von Stellenangeboten.

Für einen Unternehmer ist der Aufbau einer physischen Hürde gegen Abwerbeversuche – in welcher Form auch immer – nur sehr begrenzt möglich. Er muss also auf die inneren Werte zurückgreifen, um Mitarbeiter zu binden. Gelingt dies nicht, erleben wir mitunter Versuche, die Gründe für gescheiterte Arbeitsbeziehungen Mitarbeitern anzulasten. Dies dokumentiert, dass ein Unternehmen seine eigenen Defizite nicht erkennt und/oder davon ablenken will. Eine derart mangelnde Selbstreflexion verhindert eine Personalarbeit, die keine Regeln für die Abwehr von „Headhuntern" braucht.

Die Barrieren, die einige IT- und Ingenieur-Unternehmen aufgebaut haben, um sich der „Searcher" und „Headhunter" zu erwehren, sind jedoch nachvollziehbar, wenn die Häufigkeit der Anrufe die Arbeit stört. Diese Auswüchse zeigen eine verfehlte Ausbildungspolitik, die ihren Ursprung schon in den Schulen hat. Hier gilt es, die Ursachen zu beheben.

5.5.6 Unternehmer und ihre Wertschätzung der Mitarbeiter

Manche Unternehmer schätzen Ihre Mitarbeiter mehr als ihre Kunden. Ihre Devise lautet: „Nur wenn ich die besten Mitarbeiter habe, kann ich auch die interessantesten Kunden gewinnen." Aber warum ist ein bestimmter Mitarbeiter der „Beste"? Dazu hat jedes Unternehmen seine eigene Philosophie. Zum Glück!

Unternehmer und Führungskräfte, die den Wert ihres Personals hoch einschätzen, hatten in ihrer Karriere häufig Positionen inne, in denen sie selbst nur ein kleines Rädchen im großen Getriebe waren. Sie haben den Mut, nein das Selbstverständnis, Kontakt mit jeder Funktion und Hierarchiestufe im Unternehmen aufzunehmen und sich auszutauschen. Sie geben den Mitarbeitern das Gefühl der Wertschätzung. Dabei vergessen sie nicht, Leistung einzufordern und stets nach Verbesserungsmöglichkeiten zu fragen.

Gehören Sie auch zu diesen Führungskräften? Zeigen Sie Wertschätzung? Oder gehören Sie zu denen, die nicht fordern, nicht fördern, nicht loben, nicht zuhören, ihre Lieblinge haben und es alle anderen spüren lassen, keine Ziele setzen, nicht informieren, keine Freiheiten gewähren, ihren Mitarbeitern nicht vertrauen, keine Verantwortung übertragen, keine Wertschätzung zeigen/die Leistungen der Mitarbeiter nicht anerkennen, keine Mitsprache einräumen, ihre Versprechen/Zusagen nicht einlösen?

Das sind die Gründe, die Menschen veranlassen, keine Leistung zu bringen oder zu kündigen – innerlich oder/und tatsächlich. Hier können Unternehmer direkt handeln. Sie müssen genau das Gegenteil von dem tun, das ich gerade aufgeführt habe. Ein Unternehmer hat die Aufgabe, **Leidenschaft zu wecken und die Lernbereitschaft der Mitarbeiter zu fördern.**

Dazu ist es wichtig, nicht die Mitarbeiter gegeneinander antreten zu lassen, sondern ein Miteinander zu generieren. Ständiger Wettbewerb stört, ja zerstört Motivation und Leistungsfähigkeit. Besser ist es, die innere Überzeugung für eine Sache, ein Ziel oder ein Verhalten zu entwickeln. Kurzum eine

Unternehmenskultur zu schaffen. Aber eine lebendige – ohne Dogmen (oder nur ganz wenige) – innerhalb derer Fragen und Hinterfragen erlaubt sind und gefördert werden. Diese emotionalen Aspekte sind die häufigsten Gründe für Zufriedenheit oder Unzufriedenheit.

5.5.7 Unternehmen und ihre Mitarbeiterbindungsmöglichkeiten

Entscheidend für die Mitarbeiterbindungsmöglichkeiten eines Unternehmens ist der jeweilige Bedarf der Mitarbeiter. Hat das Unternehmen seinen Standort im ländlichen Bereich, sind z. B. bei den Arbeitszeitmodellen Erntezeiten zu berücksichtigen. Ein großstädtischer Standort verlangt nach flexiblen Arbeitszeiten, um den Staus zu entgehen. Die folgende Auflistung dient als Orientierung für Gestaltungsansätze zur Mitarbeiterbindung.

Gestaltungsansätze zur Mitarbeiterbindung

1. **Arbeitsumfeld/Büroeinrichtungen/Leben im Büro**
   - Tageslichtwirkung an jedem Arbeitsplatz
   - Geräuschunterdrückung für bessere Konzentration
   - Ergonomie bei Stuhl, Tisch und allen elektronischen Geräten
   - Ruhezonen, gesundes Essen in der Kantine usw.
2. **Arbeiten im Unternehmen oder von zu Hause aus**
   - Kernarbeitszeiten bei hoher Flexibilität
   - Jahresarbeitszeiten, Sammelmöglichkeiten von Mehrarbeit usw.
3. **Soziale Einrichtungen**
   - Einrichtung eines Kindergartens
   - Unterstützung der Anonymen Alkoholiker und sonstiger Selbsthilfegruppen von Suchtkranken usw.
4. **Führung und Organisation**
   - Mobbing vermeiden – ohne Ausnahmen!
   - Klare Grenzen setzen, die jeder im Unternehmen kennt und die für jeden gelten
5. **Einfache, verständliche Organisation unter Einbeziehung der informellen Führer**
6. **Karrieremanagement und Karrierechancen**
   - Nur die kommen nach vorne, die die neue Position auch wirklich ausfüllen können! Keine Beförderung bis zur sachlichen und persönlichen Inkompetenz!
   - Karrierechancen sind aufzuzeigen und mit zu erreichenden Zielen und Zeitplänen zu untermauern.
   - Weiterbildung intern wie extern meist individuell anbieten: Die Mitarbeiter suchen sich das aus, was für sie wichtig ist, und stimmen dies mit den Vorgesetzten ab.
   - Paten/Coaching/Management-Audits: Neue Mitarbeiter von Paten begleiten zu lassen, ist in großen Teams mit flachen Hierarchien sinnvoll.

5.5 Retention Management – eine kritische Betrachtung

Coaching und Management-Audits verlangen nach spezieller Expertise und werden meist extern zugekauft.

7. **Sicherheit durch Versicherungen**
   - Unfall- und Risikolebensversicherungen, besonders bei Mitarbeitern, die viel auf Reisen sind
   - D&O-Versicherung (für Führungsposition mit persönlicher Haftung)
   - Erfüllen der Fürsorgepflicht bei Auslandseinsätzen und Gespräche mit den Mitarbeitern darüber

8. **Einkommen**
   - Zahlung des Marktwerts und dessen, was der Mitarbeiter tatsächlich bringt
   - Provisionen nur für Dinge, die der Mitarbeiter auch beeinflussen kann
   - Teamprovisionen mit unterschiedlichen Grundgehältern fördern die Leistung und die Zusammenarbeit. (Einige meiner Klienten zahlen 10 bis 20 % des Jahresgewinns an alle Mitarbeiter aus.)
   - Übernahme der Direktversicherung
   - Egal welches System, es wird nicht für jeden Mitarbeiter das richtige sein. Entscheidend ist, dass das System zur Unternehmenskultur passt. Damit muss es im Einklang stehen.

9. **Nutzen des steuerlichen Rahmens – auch im Kleinen**
   Beispiel 400-€-Kräfte (lt. Steuerberater Lothar Scheffler aus Soest), es handelt sich bei den folgenden Zahlen um Monatswerte:
   - 40 € Benzingutschein
   - 110 € Kindergartenzuschuss
   - 50 € Mobiltelefon
   - 50 € Trinkgeld
   - 13 € Urlaubszuschuss
   - 102 € Rabatte

10. **Kleine Aufmerksamkeiten für die Mitarbeiter**

11. **Außerbetriebliches Engagement fördern und unterstützen**

12. **Gesundheitsvorsorge**
    - Arbeitnehmern für persönliche gesundheitliche Vorsorge (siehe Arbeitszeitmodelle) Zeit lassen
    - Fitnessbemühungen der Arbeitnehmer fördern (Zuschuss, Rahmenkonditionen in einem Fitness-Studio vereinbaren)
    - Betriebliche Gesundheitsangebote (Beratungen von externen Fachleuten, Kontrolluntersuchungen, Betriebssportgruppen, Zusammenarbeit mit Physiotherapeuten, Gesprächsangebote von Psychologen usw.)

13. **Ehen/Lebensgemeinschaften und Kinder einbeziehen**
    - Lebenspartner der Mitarbeiter für das Unternehmen gewinnen – nicht als Mitarbeiter, sondern als Rückhalt
    - Firmenbesichtigungen veranstalten und den Mitarbeitern die Gelegenheit geben, stolz auf ihre Arbeit verweisen zu können
    - Kinder der Mitarbeiter willkommen heißen, z. B. als Praktikanten

- Familiäre Sicherheit erhöhen, wenn Kinder dazu kommen, z. B. durch Erhöhung der Unfall- und/oder der Risikolebensversicherung
- Ausbildungspatenschaften übernehmen

14. Eltern der Mitarbeiter berücksichtigen
Mit Mitarbeitern über Pflegefälle in der Familie sprechen und Hilfe anbieten, z. B. durch entsprechende Arbeitszeitmodelle

15. Lebenspläne beachten
- Chancen zur Internationalisierung nutzen
- Ein Sabbatjahr für Bildung, Hobbys usw. ermöglichen
- Ehemalige Mitarbeiter auch ein zweites Mal einstellen

16. Bei Krankheiten/Unfälle beistehen
Wer mit seinen Arbeitnehmern schwere Krankheiten durchsteht, gewinnt oft mit diesen. Wie zu handeln ist, muss im Einzelfall entschieden werden.

Tipps aus der Praxis
1. Keine Kontrollen, wo diese keinen Sinn ergeben!
2. Machen Sie Leistung transparent.
3. Suchen Sie sich Mitarbeiter, die bestimmte Aufgaben besser können als Sie – und sagen Sie es ihnen auch.
4. Versprechen Sie nichts, das Sie nicht halten können oder wollen, auch nicht im Einstellungsgespräch.
5. Wenn Sie neue Mitarbeiter einstellen: Sagen Sie, wie es ist, und versprechen Sie keine heile Welt.
6. Berücksichtigen Sie: Unser Arbeitsleben ändert sich. Hierarchien flachen ab, Netzwerker sind produktiv(er), Wissen ist fast überall vorhanden. Bauen Sie Ihre Hierarchien ab!
7. Seien Sie sich bewusst, dass die „Digital Natives" immer häufiger nur Leistung und Können akzeptieren und dadurch die inzwischen zwar flachen, aber noch in den Köpfen existierenden Hierarchieebenen wegfallen.
8. Wecken Sie Leidenschaft! Bauen Sie nicht nur ein Schiff, sondern wecken Sie in Ihrer Mannschaft die Sehnsucht nach fernen Kontinenten.
9. Führen Sie Mitarbeitergespräche – periodisch und mit Protokoll.
10. Entwickeln und pflegen Sie das Unternehmensimage. Dieses wird für die Neuanwerbung von qualifizierten Mitarbeitern und Auszubildenden immer wichtiger.
    - Der Arbeitnehmer soll stolz sein, in Ihrem Unternehmen arbeiten zu dürfen.
    - Schaffen Sie die Möglichkeit der Identifikation mit dem Unternehmen und seinen Zielen.
    - Stärken Sie das „Wir-Gefühl" der Arbeitnehmer durch gemeinsame Veranstaltungen.
11. Schaffen Sie Voraussetzungen für eine positive Außenwirkung:

5.5 Retention Management – eine kritische Betrachtung

- Fördern Sie zielgerichtete und konstruktive Kommunikation (intern wie extern).
- Sorgen Sie für professionelle PR-Arbeit.
- Machen Sie Sozialleistungen und soziales Engagement öffentlich.
- Würdigen Sie verdiente Mitarbeiter öffentlich.
- Begleiten Sie Projekte und Erfolge von Mitarbeitern mithilfe der Fachpresse.
- Machen Sie Erfolge des Unternehmens in der Presse bekannt.
- Feiern Sie Erfolge im passenden Rahmen.

12. **Erwarten Sie keinen Dank der Mitarbeiter.** Wer Dank erwartet, hat schon verloren. Wer dagegen Leistung ermöglicht und achtet, wird Loyalität ernten – fast immer.

5.5.8 Zusammenfassung

Retention Management ist keine neuartige Erfindung, sondern alter Wein in neuen Schläuchen. Jeder, der seit Schaffung der Menschheit einen, zwei oder mehr Menschen für sich gewinnen wollte, um ein Ziel zu erreichen, war darauf angewiesen, seine Mitstreiter zu begeistern. Alternativ musste er etwas zu bieten haben, das das Überleben möglich machte. Ob *Alfred Krupp* für seine Stahlarbeiter Häuser und Wohnungen baute, die Nutzgärten für den Eigenanbau von Gemüse hatten, oder ob *Wolfgang Grupp* (Trigema) allen Kindern seiner Mitarbeiter einen Ausbildungsplatz verspricht, all dies schuf und schafft Mitarbeiterbindung. Beide Unternehmer forderten und fordern aber auch mehr Leistung und Identifikation mit dem Unternehmen. Dieses spannende Verhältnis zwischen hohen Anforderungen und hohen Gegenleistungen treibt unsere Wirtschaftskultur an.

Retention Management muss Bestandteil eines jeden Unternehmens sein, muss allerdings nicht so heißen. Es sollte in die Unternehmenskultur eingebettet sein und von jedem im Unternehmen gelebt werden. **Retention Management, Diversity Management oder Quality Management (TQM)** sind Begriffe, die sich nicht zum Selbstzweck entwickeln dürfen. Vielmehr sind sie Teil eines Ganzen. Quality Management wurde über viele Jahre in Abteilungen „outgesourct", bis man begriffen hat, dass Qualität Bestandteil eines jeden Arbeitsplatzes und eines jeden Prozesses ist. Heute wird es wieder dort gelebt, wo es hingehört: von jedem einzelnen Mitarbeiter, der positiven Einfluss nehmen soll. Genauso wird der Weg von Retention Management sein. Der derzeitige Hype fußt auf der Angst, nicht genügend Leistungsträger für aktuelle und zukünftige Aufgaben zu haben. Alle Unternehmen, die einen Mangel an Mitarbeitern haben oder befürchten, rüsten bei Mitarbeiter-, Bindungs- oder Gewinnungsprogrammen auf. So behalten wir stets in etwa einen Gleichstand – und dann entscheidet doch wieder die zwölfjährige Tochter, ob Papa oder Mama den Job wechselt. Wetten wir?

5.6 Personalentwicklung

von Maren Ehlert und Daniela Winter

In Zeiten von Kandidatenmärkten, in denen es sowohl für Unternehmen wie auch für Personalberatungen immer schwieriger wird, Positionen qualifiziert zu besetzen, gewinnt das Thema Personalentwicklung zunehmend an Bedeutung. Grund genug für den *Fachverband Personalberatung des BDU*, sich im März 2012 ausführlich mit dem Thema zu beschäftigen und eine Diskussion darüber zu führen, ob eine Erweiterung des Dienstleistungsangebots in Richtung Personalentwicklung eine sinnvolle Ergänzung des Produktportfolios sein könnte. Während die Puristen in der verbandsinternen Diskussion den Begriff Personalberatung allein auf die Beratung im Prozess der Rekrutierung reduziert sehen, wollen die Autorinnen dieses Beitrags ein Plädoyer dafür halten, dass das Thema Personalentwicklung ein wichtiger Baustein der qualifizierten Betreuung und der Vertrauensbildung gegenüber dem Klienten sein kann.

5.6.1 Generalisierung versus Diversifizierung

Betrachtet man die Erwartungen, die vor allem mittelständisch aufgestellte Unternehmen an eine qualifizierte Personalberatung haben, wird klar, dass eine **zunehmende Diversifizierung des Dienstleitungsportfolios** die Folge sein wird. Dass die Suche und Auswahl von Fachspezialisten und Führungskräften dabei nach wie vor den Schwerpunkt bilden werden, bleibt unbenommen.

Allerdings stellen Personalberatungen in der Praxis oftmals einen wachsenden Beratungsbedarf ihrer Klienten fest, der erheblich über die reine Rekrutierung neuer Mitarbeiter hinausgeht. Personalentwicklung kann hier neben Themen wie **Karriereberatung, Assessment-Center, Management-Audits oder Outplacement** eine sinnvolle Ergänzung sein.

Viele Unternehmen – speziell aus dem Mittelstand – sehen sich bei diesem Themenkomplex häufig mit einer gewissen Limitierung im Hinblick auf monetäre sowie kapazitative Mittel konfrontiert und sind zudem inhaltlich überfordert. Ihre Personalabteilungen sind erfahrungsgemäß klein, sodass sie durch die klassischen Aufgaben der Verwaltung und Abrechnung bereits ausgelastet sind. Strategische Themen wie die Personalentwicklung werden oftmals von der kaufmännischen Geschäftsführung bearbeitet, die jedoch in der Regel kein fundiertes Know-how in diesem Bereich vorweisen kann. Hier kann das Angebot für eine Personalentwicklung durch den Dienstleister des Vertrauens sehr wirkungsvoll sein.

Natürlich ist es sinnvoll, durch die Einstellung von externen Kandidaten neue Ideen in das Unternehmen zu bringen, aber genauso sinnvoll kann es sein, interne Mitarbeiter für gewisse Positionen so zu entwickeln, dass auch sie neue Anforderungen erfüllen können.

Dies bringt dem Unternehmen in vielerlei Hinsicht Vorteile: Zum einen ist es kostengünstiger, eigene Mitarbeiter ganz gezielt auf neue Aufgaben mithilfe von **Trainings, Coaching oder Seminaren** vorzubereiten, als eine hoch qualifizierte Stelle von außen zu besetzen. Um dies nachzuvollziehen, muss man sich lediglich die Kosten des Rekrutierungsverfahrens und der Einarbeitungsphase vor Augen führen.

Zum anderen kommt hinzu, dass das Unternehmen auf diese Weise auch ein fabelhaftes Mittel einsetzt, um seine Potenzialträger langfristig an sich zu binden. Wer als Mitarbeiter wahrnimmt, dass sich der Arbeitgeber um ihn kümmert, ihn ausbildet und ihm Karrieremöglichkeiten aufzeigt, wird sich emotional stärker gebunden fühlen, als wenn diese Faktoren fehlen. Die Entwicklung einer solchen Firmenkultur ist gelebtes „**Employer Branding**" nach innen.

Auch in der Außenwirkung ist Personalentwicklung für Unternehmen ein gutes Instrument, um ihren Status als „**Employer of Choice**" auszubauen: Gerade ambitionierte Kandidaten wählen erfahrungsgemäß eher einen Arbeitgeber, von dem sie wissen, dass sie Weiterentwicklungsmöglichkeiten geboten bekommen und bei dem in Form von Personalentwicklung in die Mitarbeiter investiert wird. In einer Zeit, in der wir uns durch eine Fast-Vollbeschäftigung im „**War for Talents**" befinden, müssen gerade mittelständische Unternehmen ein Bewusstsein dafür entwickeln, dass man die guten Leute nicht mehr einfach „vom Baum pflücken" kann, wenn man sie braucht, sondern dass man sich um die besten Köpfe bemühen muss.

Wenn eine Personalberatung auch Unterstützung in diesem Bereich anbieten kann, stellt sie für den Unternehmer nicht mehr nur den professionellen Recruiter dar, sondern wird als kompetenter Ansprechpartner wahrgenommen, der als strategischer Partner das Unternehmen in unterschiedlichen HR-Themen unterstützen kann (siehe Abbildung 5.6-1).

Neben der Tatsache, dass Personalberatungen damit ihre Expertise weiter ausbauen und belegen können, besteht so auch die Möglichkeit, die Klienten noch enger an sich zu binden. Nach dem Motto „alles aus einer Hand" stellt die Personalberatung dem Klienten ein Angebot zur Verfügung, das er gerne annehmen wird, wenn er bereits mit Mandaten zur Personalrekrutierung gute Erfahrungen gemacht hat.

Dabei ist wichtig zu betonen, dass „alles aus einer Hand" nicht das Bauchladenprinzip beschreiben soll. Personalberatungen sollten als seriöser Partner nur die Dienstleistung anbieten, die in ihrem Kompetenzgebiet liegt. Dies sollte auch bedeuten, dass eine Personalberatung bei entsprechender Diversifizierung ihres Angebots die jeweiligen Fachleute für Themen wie Personalentwicklung usw. vorhält und nicht ein Berater gleichzeitig alle Felder bedient. Für die Themen, für die keine eigenen Fachleute vorhanden sind, müssen Kooperationen oder Partnerschaften mit entsprechenden Spezialisten geschlossen werden. Ein weiterer Vorteil der Erweiterung des Dienstleistungsportfolios besteht darin, dass sich die Personalberatung noch mehr von der reinen Personalvermittlung abgrenzen kann: Wer mit fundiertem HR-

5. Weitere Beratungsleistungen in der Personalberatung

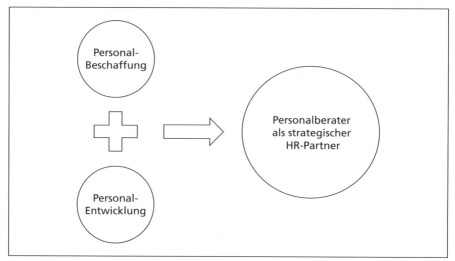

Abbildung 5.6-1: Zusammenspiel von Personalbeschaffung und Personalentwicklung

Wissen eine breitere Angebotspalette vorweisen kann, setzt sich per se von den sogenannten „Personalberatungen" ab, die nur mit Lebensläufen „handeln". Und gerade dieser Qualitätsanspruch wird durch eine Professionalisierung des Beratungsportfolios gewährleistet!

5.6.2 Fallstudien

In diesem Kapitel soll nach einer kurzen Einführung anhand von drei Praxisbeispielen aufgezeigt werden, wie eine Personalberatung Themen der Personalentwicklung erfolgreich in ihr Angebotsportfolio integrieren und bearbeiten kann.

5.6.2.1 Die Durchführung von Personalentwicklungsprojekten

Erfahrungsgemäß bieten wissenschaftlich fundierte **Potenzialanalyseverfahren** die Möglichkeit, Personalentwicklungsprojekte von Beginn an auf einer soliden Basis aufzubauen. Neben der Tatsache, dass der Teilnehmer dazu angeregt wird, über die eigene Person und die Rolle im Unternehmen zu reflektieren, bekommt auch der Vorgesetzte bzw. die Geschäftsführung die Gelegenheit, den Mitarbeiter aus anderer Perspektive wahrzunehmen. Gemeinsam mit den fachlichen und persönlichen Beurteilungen vonseiten des Unternehmens bieten solche Verfahren einen ausführlichen Gesamtüberblick über das Profil des Mitarbeiters. Gespiegelt an den Anforderungen aktueller bzw. zukünftiger Positionen innerhalb des Unternehmens lässt sich so ein **individuelles Weiterentwicklungskonzept** für jeden Mitarbeiter erstellen.

Von zentraler Wichtigkeit ist in diesem Zusammenhang die **Phase der Mitarbeiterinformation**, in der beispielsweise durch eine Mitarbeiter-Informationsveranstaltung sehr transparent dargestellt werden muss, welches Ziel mit dem Projekt im Allgemeinen und dem Einsatz der Potenzialanalyse im Besonderen verfolgt wird. Herrscht eine Unternehmenskultur des Vertrauens, können dem Mitarbeiter dadurch viele Ängste, was beispielsweise mit seinen Ergebnissen geschieht und was die Konsequenzen des gesamten Prozesses sein könnten, im Vorfeld genommen werden. Darüber hinaus wird in dieser Veranstaltung die Beziehung zum Personalberater geknüpft und Gelegenheit gegeben, Fragen zum Projekt und zum Ablauf zu stellen.

Nichtsdestotrotz wird auch bei idealem Verlauf der Informationsphase und gutem persönlichem Kontakt eine gewisse Skepsis gegenüber dem Verfahren und dem Projekt aufseiten der Teilnehmer bestehen bleiben. Hier ist der Effekt der „Mundpropaganda" nicht zu unterschätzen. Berichtet der erste Teilnehmer von einem positiven Verlauf seiner Analyse sowie seines Feedbackgesprächs, wirkt sich dies sehr entspannend auf seine Kollegen aus. Umgekehrtes gilt natürlich ebenso. Darüber hinaus hat es sich als positiv erwiesen, dass der Teilnehmer als Erster von seinen Ergebnissen erfährt. Dies gibt ihm die Gelegenheit, die eigene Sicht der Dinge darzustellen, die natürlich in den Bericht an die Geschäftsführung einfließen muss.

Neben dem Rückmeldegespräch zwischen Teilnehmer und Berater ist auch eines zwischen Geschäftsführung/Vorgesetztem und Mitarbeiter unabdingbar, in dem etwaige Maßnahmen und **mögliche Weiterentwicklungsperspektiven** detailliert dargestellt werden sollten. Begleitende Gespräche, die das Entwicklungsprogramm flankieren, stellen den Praxistransfer sicher und ermöglichen die Anpassung der Maßnahmen bei etwaigen Veränderungen.

Abbildung 5.6-2: Ablauf Mitarbeiterentwicklung

5.6.2.2 Generationenwechsel in der Geschäftsführung

In einem inhabergeführten, mittelständischen Unternehmen des Maschinen- und Anlagenbaus stand die Geschäftsleitung vor der Herausforderung, zwei Schlüsselpositionen aufgrund eines Generationenwechsels perspektivisch nachzubesetzen.

In einer ersten Überlegung sollten die Stellen mithilfe einer Personalberatung durch externe Kandidaten besetzt werden. Da der externe Kandidatenmarkt extrem eng war und die Personalberatung durch langjährige Zusammenarbeit mit dem Klienten wusste, dass gute Fachspezialisten im Unternehmen vorhanden waren, bestand der erste Schritt des Personalentwicklungsprojekts in der Unterstützung der Geschäftsführung bei der Identifikation möglicher Kandidaten in den eigenen Reihen.

Auf der Basis stellenspezifischer Anforderungsprofile sowie fachlicher und persönlicher Beurteilungen durch Geschäftsführung und Vorgesetzte wurden die geeigneten Kandidaten für die zu besetzenden Positionen ermittelt.

Im nächsten Schritt durchliefen diese Mitarbeiter ein Potenzialanalyseverfahren, um eine Prognose über die individuellen Weiterentwicklungsfähigkeiten zu stellen.

Nach Durchführung der Analyse fanden, losgelöst vom täglichen Arbeitsumfeld, **ausführliche Rückmeldegespräche** mit den Mitarbeitern statt. In diesen Gesprächen wurde gemeinsam mit den Kandidaten erarbeitet, wo ihre jeweiligen Schlüsselqualifikationen und Weiterentwicklungsfelder lagen.

Darauf aufbauend wurden im Dialog mit der Geschäftsführung und auf der Basis der individuellen Ergebnisse für die geeigneten Mitarbeiter Entwicklungsprogramme erstellt, die gezielt sowohl **fachliche Aspekte** als auch Themen aus dem **Soft-Skills-Bereich** beinhalteten.

Neben der Festlegung der Trainings wurden gleichzeitig Empfehlungen ausgesprochen, welche Trainer die entsprechenden Maßnahmen umsetzen sollten. Durch die bisherige Zusammenarbeit konnte die Personalberatung sehr genau abschätzen, welche Trainer – nicht nur vom Konzept, sondern auch von der Persönlichkeit her – zu dem Unternehmen passten.

Alle Trainings wurden von **kontinuierlichen Coachinggesprächen** begleitet, in denen abgefragt wurde, welche Inhalte die Kandidaten im Arbeitsalltag anwenden konnten, welche nicht und welche Gründe es für die Nichtumsetzung gab. Dadurch sollte gewährleistet werden, dass die Trainingsmaßnahmen griffen und die Kandidaten sich gut begleitet fühlten.

Für die betroffenen Mitarbeiter kristallisierte sich während des Prozesses eine klare Karriereperspektive heraus, der Sprung ins sprichwörtliche „kalte Wasser" konnte vermieden werden. Trainings und Coaching bereiteten sie intensiv und individuell auf die neuen Aufgaben vor.

Zudem übernahmen die scheidenden Stelleninhaber eine Mentorenfunktion und erhielten die Möglichkeit, ihre Aufgabenbereiche in gut vorbereitete Hände zu übergeben.

Dieser Fall aus der Praxis ist ein gutes Bespiel dafür, wie unternehmerische Herausforderungen durch externe professionelle Begleitung effizient und zukunftsfähig gelöst werden können.

5.6.2.3 Einsatz von Potenzialanalysen zur Teambildung

Das mittlere Management eines technisch orientierten Mittelständlers zeichnete sich durch überdurchschnittliches Engagement aus, geriet jedoch im täglichen Miteinander regelmäßig in Konflikte.

Diese entstanden einerseits vor dem Hintergrund der systemimmanenten Spannungsbereiche der verschiedenen Abteilungen (Vertrieb versus Produktion usw.), andererseits aufgrund der unterschiedlichen Persönlichkeitstypen. Auch einem der Geschäftsführer kam eine Schlüsselfunktion zu: Seine sehr dominante Art verleitete ihn immer wieder dazu, in Verantwortungsbereiche der mittleren Führungsebene einzugreifen. Diese fühlte sich durch die „kurze Leine" ausgebremst und gegeneinander ausgespielt. Im Laufe der Zeit hatte sich in der wöchentlich stattfindenden Besprechung des Managements eine Kultur der Verantwortungsabwehr etabliert, die eine effiziente und sachorientierte Lösung von Problemen stark behinderte.

Das Ziel des Projekts war, durch den Einsatz eines persönlichkeitsorientierten Potenzialanalyseverfahrens mit Schwerpunkt Kommunikation ein Bewusstsein für die eigenen Stärken, aber auch Entwicklungsfelder, zu schaffen.

In einem zweiten Schritt sollte der Blick von der Einzelperson auf die Gruppe gelenkt werden, um einen Überblick zu erhalten, welcher Kommunikationsstil insgesamt das Klima prägte. Die Stärken der Gruppe sollten hierbei herausgearbeitet, jedoch auch konkrete Verbesserungsmaßnahmen für die als am gravierendsten empfundenen Probleme entwickelt werden.

Das gesamte Projekt war vonseiten der Inhaber auch ein eindeutiges Signal an den genannten Geschäftsführer. Als ganz normalem Teilnehmer sollte ihm sein oftmals destruktiver Führungsstil vor Augen geführt und gleichzeitig indirekt verdeutlicht werden, dass dringender Veränderungsbedarf bestand.

Nachdem alle Teilnehmer die Potenzialanalyse durchlaufen hatten, kristallisierte sich die Beziehungsstruktur innerhalb des Teams schnell heraus. Ziel der Rückmeldegespräche war, die Mitarbeiter anzuregen, sich in die Rolle des Gegenübers hineinzuversetzen: Wie werde ich von anderen wahrgenommen und wie kommen meine von mir selbst als Stärken empfundenen Eigenarten beim anderen an?

In einer Besprechung der einzelnen Potenzialanalyseergebnisse mit den Inhabern des Unternehmens konnten für die Mitarbeiter auch individuelle Maßnahmen zur **Weiterentwicklung der Soft-Skills** empfohlen werden.

In dem sich anschließenden Workshop mit der gesamten Gruppe gab es den sprichwörtlichen „Aha-Effekt": Der Kommunikationsstil der meisten Teilnehmer ließ sich als dominant beschreiben und förderte den hitzigen Umgang miteinander. So konnten Konfliktpunkte oft nicht zu einem Kompromiss geführt werden, sondern eskalierten. Neben dem Beitrag der einzelnen Kommunikationstypen zum Unternehmenserfolg wurden für die gravierendsten Spannungsfelder konkrete Lösungsvorschläge herausgearbeitet, sodass die Situation mittelfristig entspannt werden konnte. Im Hinblick auf die Führungsrolle des Geschäftsführers zeigte sich in der Zeit nach Potenzialanalyse und Workshop eine gewisse Verhaltensänderung, die im Anschluss durch ein begleitendes Coaching noch weiter ausgebaut und stabilisiert werden konnte.

5.6.2.4 Entwicklung der „dritten Reihe"

Ein mittelständisches Unternehmen aus dem Bereich Maschinenbau wollte nach Jahren des starken Wachstums, in denen die Rekrutierung neuer Mitarbeiter die Kernaufgabe der Personalabteilung war, nun das Augenmerk auf die Personalentwicklung legen. Diese war bisher nicht strategisch ausgerichtet gewesen, sondern bestand aus der Organisation von Einzelseminaren, je nach Bedarf.

5. Weitere Beratungsleistungen in der Personalberatung

Im Fokus stand die sogenannte „dritte Reihe" des nicht hierarchisch organisierten Unternehmens. Die Gruppe umfasste besonders engagierte Mitarbeiter in Schlüsselpositionen wie Controlling, Vertrieb oder Entwicklung.

Das Projekt sollte einerseits die Wertschätzung der Projektteilnehmer vonseiten der Geschäftsführung dokumentieren und andererseits die gezielte Weiterentwicklung der relevanten fachlichen und persönlichen Fähigkeiten ermöglichen. Dadurch sollte insgesamt die Bindung der Mitarbeiter an ihr Unternehmen gestärkt werden.

Auch in diesem Fall bestand die erste Aufgabe der beauftragten Personalberatung in der Erstellung ausführlicher Kompetenzprofile durch eine Potenzialanalyse und Vorgesetztengespräche. Im Rahmen der Feedbackgespräche wurde auch nach der aktuellen beruflichen Zufriedenheit, Wünschen/Anregungen und Weiterentwicklungszielen gefragt.

Es stellte sich heraus, dass die Rückmeldung, aktuell „am richtigen Platz zu sein", für einzelne Teilnehmer eine sehr entspannende Information war, da beruflicher Erfolg in ihren Köpfen mit einem „Schneller-Höher-Weiter"-Prinzip gleichgesetzt worden war. Dass es legitim ist, sich als Fachspezialist zu verstehen und nicht unbedingt nach personeller Verantwortung streben zu müssen, um als beruflich engagiert zu gelten, war für diese Mitarbeiter die wichtigste Erkenntnis aus dem Projekt.

Im Rahmen der auf die Einzelgespräche folgenden Besprechung mit der Geschäftsführung wurden die bisherigen Erkenntnisse mit den Vorstellungen und Möglichkeiten aus Unternehmenssicht abgeglichen. Für einen Teil der Projektteilnehmer endete in der Folge das Projekt mit einem wertschätzenden Mitarbeitergespräch. Für die Kandidaten, für die im Hinblick auf die weiteren beruflichen Perspektiven Personalentwicklung als sinnvoll bzw. notwendig beurteilt worden war, wurde im zweiten Schritt ein individuelles Weiterbildungskonzept erarbeitet und durchgeführt.

5.6.3 Personalentwicklung als sinnvolles „Add-on"

Fazit: Für Personalberatungen, deren Klienten vornehmlich im Mittelstand angesiedelt sind, bietet sich das Feld der Personalentwicklung als sinnvolles **„Add-on" zur reinen Personalrekrutierung** an. „Die richtige Person am richtigen Platz" – das ist doch die Kernbotschaft, die eine Personalberatung ihren Klienten übermitteln möchte. Dieses Ziel kann durch externe Besetzung oder durch interne Entwicklung erreicht werden.

Diese Erweiterung des Dienstleistungsangebots bringt Vorteile mit sich: Zum Beispiel dient sie der Schaffung einer engeren Klientenbindung. Für Personalberatungen sind persönliche Beziehungen die grundlegende Essenz für eine erfolgreiche Zusammenarbeit. Diese werden mit wachsender Anzahl von Projekten – vorausgesetzt, sie werden erfolgreich bearbeitet – stetig vertieft. Hinzu kommt, dass die Berater durch ein breiteres Feld an gemeinsamen Themen noch enger an den Klienten angebunden sind und so auch laufend mehr über das Unternehmen erfahren. Dies wiederum hilft ihnen, bei der

Rekrutierung nicht nur den fachlich, sondern auch den menschlich passenden Kandidaten zu platzieren. Ein gewisses Risiko liegt sicherlich darin, dass intern gecoachte Kandidaten möglicherweise so viel Vertrauen und Nähe zu ihrem Coach aufbauen, dass durch eine zu intensive Diskussion unternehmensinterner Probleme Kommunikationshemmnisse gegenüber dem Klienten auftreten. Dieser mögliche Konflikt lässt sich jedoch durch sorgfältige Trennung der Geschäftsbereiche des Beratungsunternehmens sowie durch hohe Kompetenz des Coach und eines professionellen Ansprechpartners auf Klientenseite abmildern.

Ein weiterer Vorteil liegt in der besseren Bewältigung der aktuellen Anforderungen des Kandidatenmarkts: Es ist keine neue Erkenntnis, dass sich – bedingt durch die demografische Situation – der Arbeitsmarkt in den kommenden Jahren immer weiter hin zu einem Nachfragemarkt nach qualifizierten Mitarbeitern entwickeln wird. Die Unternehmen müssen sich dem Wettbewerb um die besten Köpfe stellen und geeignete Maßnahmen ergreifen. Gerade im Mittelstand kommt dieses Bewusstsein aktuell bei den Unternehmensführungen an und die Bereitschaft, vermehrt in **„Humankapital"** zu investieren, wächst.

Das Ziel ist nicht dann erreicht, wenn gute Mitarbeiter gefunden worden sind, sondern wenn es gelungen ist, diese langfristig an das Unternehmen zu binden. Dies erreicht man zum einen dadurch, dass man die ambitionierten Mitarbeiter fördert und fordert, zum anderen gehört dazu, dass das gesamte Umfeld entsprechend agiert und die Unternehmenskultur ansprechend ist. Somit reicht es nicht aus, nur die Potenzialträger zu entwickeln, sondern das gesamte Managementteam muss hinsichtlich der Soft-Skills „State of the Art" sein. Eine von Wertschätzung und gegenseitigem Respekt geprägte Unternehmenskultur entsteht in der Regel nicht von selbst, sondern muss sorgsam bei den Schlüsselpersonen etabliert werden. Auch diesen Hinweis dürfen Unternehmen von ihrem Personalberater erwarten. Optimal ist es dann, wenn der Berater Unterstützung bei der Lösung des Problems durch das eigene Haus anbieten kann.

Seriosität wird durch Qualität vermittelt, die gute Personalberatungen gerade in den Augen des eher konservativen Mittelstands, der häufig noch Vorbehalte gegenüber der schwer zu greifenden Thematik „Personalberatung" hat, gegen „Wildwuchs" abgrenzt.

Dieser Qualitätsanspruch wird durch das ergänzende Angebot Personalentwicklung manifestiert, wobei hier die strategische Personalentwicklung gemeint ist, die einen hohen konzeptionellen Anteil mit sich bringt und nicht das reine Trainingsgeschäft, das nur von entsprechend ausgebildeten Themenspezialisten durchgeführt werden sollte. Eine Empfehlung für einen guten Trainer auszusprechen, ist sicherlich eine gute Abrundung des Angebots der professionellen und zukunftsorientierten Personalberatung.

6. Zukünftige Tendenzen in der Personalberatung

6.1 Ein Human-Resources-basierter Blick auf Unternehmensstrategien und seine Bedeutung für die Personalberatung

von Dr. Josef Pschorr

Die Konsumgüterwirtschaft, die im Fokus dieser Betrachtung steht, leidet unter **stagnierender Nachfrage, Überkapazitäten** und dem daraus resultierenden **Verdrängungs- und Preiswettbewerb**. Diese Markt- und Wettbewerbssituation erfordert integrative, komplexe Marktbearbeitungs- und Unternehmensstrategien, die den Unternehmen ein klares Profil verschaffen. Dabei sind die Wettbewerber und Absatzmittler als marktrelevante Treiber, die Verbraucherzielgruppe und Absatzmittler als markenrelevante Faktoren und schließlich die internen wie externen Ressourcen als wesentliche Ausstattung zur Entstehung und Weiterentwicklung anhaltender Wettbewerbsvorteile zu berücksichtigen.

6.1.1 Ansätze zur Entwicklung einer Unternehmensstrategie

Die für die Entwicklung einer Unternehmensstrategie relevanten Blickweisen können als **markt-, marken- und ressourcenbasiert** bezeichnet werden.
Der eher **marktbasierte Blick** verfolgt bei der Konzeption einer Unternehmensstrategie das Ziel, den Kräften des Verdrängungswettbewerbs mithilfe eines passenden Wettbewerbsvorteils aktiv entgegenzutreten.
Dieser Wettbewerbsvorteil entsteht durch die Beachtung der Nutzenerwartungen der Verbraucher und unter Berücksichtigung der relevanten Wettbewerber und Absatzmittler, wobei hier in erster Linie die Handelspartner eine maßgebliche Rolle spielen. Wenn entweder eine umfassende oder segmentspezifische Qualitätsführerschaft oder eine umfassende oder segmentspezifische, kostenorientierte Niedrigpreisstrategie verfolgt wird, kann daraus ein klarer Wettbewerbsvorteil resultieren.
Der mehr **markenorientierte Blick** berücksichtigt bei der Strategie die Zielgruppe des Unternehmens, die eigene Markenpositionierung und die der Wettbewerbsmarken. Dabei kommen Markenpositionierungen vor, die vor dem Hintergrund einer bestimmten Markenidee (z. B. à la Hans Domizlaff) entwickelt werden oder die herkunfts- oder hinkunftsorientiert sind. In ihrer Kombination können die beiden Ansätze interessante und erfolgreiche Marktbearbeitungsstrategien ergeben (*Pschorr*, 1992).

6. Zukünftige Tendenzen in der Personalberatung

Neben dieser nach außen gerichteten Betrachtung der Unternehmensstrategie findet der eher nach innen gerichtete Blick wieder mehr Anklang in der Literatur und in der Lehre. Dieser **„Resource-Based View"** wurde bereits 1959 von *Edith Penrose* entwickelt und in den 80er- und 90er-Jahren wieder aufgegriffen. Er wird heute für strategische Absatzmarktprogramme (*Ivens*, 2007, 50) und Personalmanagementstrategien (*Weller*, 2010) weiterentwickelt.

6.1.2 Ressourcenbasierter Ansatz zur Entwicklung einer Unternehmensstrategie

Charakteristisch für den „Resource-Based View" ist, dass er im Gegensatz zum markt- und markenbasierten Blick das Besondere einer **Unternehmung** und der **Stakeholder**, die mit dieser Unternehmung in enger Beziehung stehen, betrachtet.

In die Ressourcen können **spezifische Produktionsanlagen** oder **Herstellmethoden** ebenso einbezogen werden wie **Patente, Know-how**, die **Unternehmenskultur** oder das **Image** einer Firma. Auch hier kann nach ihrer Herkunft zwischen interner bzw. externer Ressource oder hinsichtlich ihrer Beschaffenheit zwischen immaterieller und materieller Ressource oder ihrer technologischen finanziellen oder humanen Art unterschieden werden (*Bachschmidt*, 2005/2006).

Eine der wesentlichen Grundannahmen des „Resource-Based View" ist, dass die Einzigartigkeit unternehmenseigener Ressourcen die Ursache für den wirtschaftlichen Erfolg darstellt. Diese Einzigartigkeit muss dauerhaft sein, z. B. geschützt durch Patente oder durch eine erfolgreiche Markenidentität, und sie muss

- wertvoll,
- selten,
- nur schwer imitierbar und
- nicht substituierbar sein.

Die Durchsetzung eines Wettbewerbsvorteils gelingt erst dann, wenn die Grundeigenschaften der Ressourcen, **Heterogenität bzw. Verschiedenartigkeit** und **Immobilität**, gegeben sind (siehe Abbildung 6.1-1). Eine Unternehmung kann sich nur dann im Wettbewerb durchsetzen, wenn sie sich von anderen abgrenzen kann. Wären Ressourcen mobil oder homogen und damit für andere Unternehmen zugänglich, könnten andere Wirtschaftsbetriebe die gleiche Unternehmensstrategie verfolgen und z. B. aufgrund größerer finanzieller Möglichkeiten erfolgreicher sein.

Der Wert einer Ressource kann aber in einer sich laufend verändernden Umwelt verlieren. Aus diesem Grund ist es immer Aufgabe der Unternehmensführung, einmal erkannte, wertvolle Ressourcen weiter zu pflegen und den sich ständig verändernden Markt- und Unternehmensgegebenheiten anzupassen.

6.1 Ein Human-Resources-basierter Blick auf Unternehmensstrategien

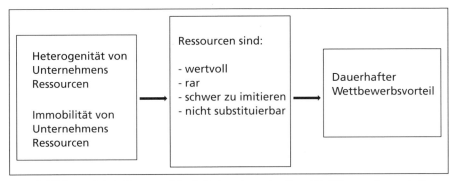

Abbildung 6.1-1: Barneys Modell des dauerhaften Wettbewerbsvorteils basiert auf Ressourcen (*Barney*, 1991, S. 112)

Der „Market-" und der „Resource-Based View" stehen in enger Beziehung, sind aber nicht, wie *Wernerfelt* (1984, 171) schrieb, die „two sides of the same coin". Vielmehr hat in der Markenartikelwelt der Konsumgüterbranche die Marke des Unternehmens eine wesentliche Bedeutung bei der Entwicklung der Unternehmensstrategie. Abbildung 6.1-2 stellt diese Zusammenhänge dar. Es ist die maßgebliche Aufgabe des Managements, diese Blickwinkel so zu kombinieren, dass sich das Unternehmen damit im Wettbewerb gut durchsetzen kann.

Ein mit **„Resource"** eng in Beziehung stehender Begriff sind **„Capabilities"**. Während man unter „Resource" die Grundlagen des strategischen Managements versteht, handelt es sich bei den „Capabilities" um die Fähigkeit, diese koordiniert und sinnvoll einzusetzen.

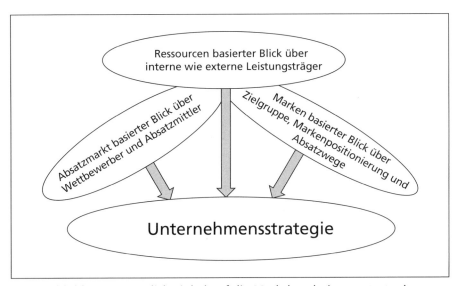

Abbildung 6.1-2: Blickwinkel auf die Marktbearbeitungsstrategie

Zu den internen „Capabilities" zählt man **Dienstleistungsqualität, Teamarbeit, Organisationsstrukturen und -intelligenz** sowie das **gegenseitige Vertrauen** zwischen Mitarbeitern und Vorgesetzten.

Zu den externen „Capabilities" gehört die **Beziehungsintelligenz** im Verhältnis zu den Lieferanten und zu den Kunden, die nicht nur im Rahmen des Service, sondern auch im Marketing und Verbtrieb eine wichtige Komponente darstellt (*Rosier*, 2008, 54 ff.). Im Lichte aktueller betriebswirtschaftlicher Forschung kann man auch die Pflege des gesamten organisationalen Umfelds und die Fähigkeit zu einer erfolgreichen Institutionalisierungsarbeit dazurechnen, d. h. die Beeinflussbarkeit von Regelsystemen in der institutionellen Umwelt von Unternehmen (*Möllering*, 2011, 459). Gemeint sind Veranstaltungen wie Messen und Kongresse, die ein organisationales Feld prägen und an denen viele relevante Unternehmen teilnehmen, um sich Klarheit über die zukünftige Marktentwicklung, Technologien und deren Konsequenzen für Märkte, Supply Chains und Unternehmen zu verschaffen. Diese Veranstaltungen können zumindest potenziell feldkonfigurierende Veranstaltungen sein und Unternehmen die Gelegenheit zur strategischen Beeinflussung des Markt- und Technologiefelds geben, wenn durch das vorhandene „Sinnsystem" gleiche Wertvorstellungen usw. verfolgt werden (*Möllering*, 2011, 459).

Die Aufgabe des Managements ist es, wie ein Katalysator die Ressourcen und „Capabilities" der Unternehmung in besondere Fähigkeiten umzuwandeln, die dann in neue oder verbesserte Wettbewerbsvorteile einfließen.

6.1.3 Zur Rolle der Human Resources als maßgeblicher Bestandteil eines Wettbewerbsvorteils am Beispiel der Getränkewirtschaft

Die Getränkebranche ist in ihren einzelnen Segmenten durch ihre technologisch vergleichbaren Produktions- und Abfüllmethoden in hohem Maße austauschbar. Nahezu alle Firmen bemühen sich um die für sie gleich hohe Produktionseffizienz. Im Wettbewerb kann sich das einzelne Unternehmen nur durch die Marke und durch die Menschen, die die Marke prägen und den Markt bearbeiten, von anderen unterscheiden. Angesichts austauschbarer Marken, kritischer Wettbewerbssituation und der Verhandlungsmacht der Kunden, wird deshalb die Betrachtung der **Ressourceneffizienz** an Bedeutung gewinnen.

Um den Stellenwert und den Einfluss des Human-Resources-basierten Blicks auf die Unternehmensstrategie zu prüfen, wurden mit 20 namhaften Unternehmern, Geschäftsführern und HR-Managern der Getränkebranche ausführliche Gespräche geführt (*Pschorr*, 2011, 1048 ff.). Auch wenn es sich dabei nicht um eine statistisch repräsentative Grundgesamtheit handelt, haben die Gespräche mit den befragten Personen aus dem Mittelstand und von Großbetrieben aussagefähige Erkenntnisse gebracht. Dies nicht zuletzt deshalb, weil die Befragten bereits aus eigener Erfahrung für dieses Thema sensibilisiert

6.1 Ein Human-Resources-basierter Blick auf Unternehmensstrategien

waren und sich seit einiger Zeit mit Fragen auseinandersetzen, die sich aus dem „Resource-Based View" ergeben.
Dies betrifft besonders
- das HR-Management für die eigenen Leistungsträger,
- die Organisationsentwicklung und
- die Unternehmenskultur des Hauses.

Alle befragten Unternehmen sind sich bewusst, dass sie sich nur mit **qualifizierten Menschen als Human Resources** gegenüber dem Wettbewerb erfolgreich durchsetzen können! Die Gesprächspartner haben bestätigt, dass die Anforderungen an die Menschen vor diesem Hintergrund immer mehr zunehmen und die Anforderungsprofile an neue Leistungsträger nicht mehr nur an fachlichen und menschlichen, sondern auch an strategischen Gesichtspunkten ausgerichtet werden. Auch fragen sie sich vermehrt, ob die Schlüsselpositionen im Unternehmen richtig besetzt sind.

Die Definition der talentierten Leistungsträger mit Potenzial für mehr Verantwortung, ihre Förderung, Motivation und Bindung an das Unternehmen werden vor diesem Hintergrund immer wichtiger.

Neben Führungskräften und High Potentials gilt es, auch die **Leistungsträger zu motivieren**, die als Eckpfeiler das Team stabilisieren. Dies ist eine große Aufgabe für die Führungskräfte, da man ihnen oft nicht einen nächsten Karriereschritt versprechen kann und sie durch empathisches Führungsverhalten pflegen muss (*Aulinger/Schmid*, 2009, 296 ff.). Dies zu vernachlässigen, kann zur Folge haben, dass sie sich bei der gemeinsamen Arbeit nicht mehr wohlfühlen und ihre Loyalität gegenüber dem Unternehmen beenden (*Marr/Fliaster*, 2003, 277 ff.). Man denkt in diesem Zusammenhang aber auch aktiv darüber nach, sich von Mitarbeitern zu trennen, wenn sie den gesetzten Anforderungen und Werten nicht mehr entsprechen oder sich nach einer Zeitspanne trotz Förderung und Forderung nicht mehr weiterentwickeln. Dies gilt auch für solche Mitarbeiter, die durch fehlende soziale Anpassung negativ auffallen und damit dem gelebten Teamgeist zuwiderlaufen.

Angesichts der demografischen Situation in Deutschland gilt es schließlich, vermehrt weibliche Leistungsträger auch für technische Positionen anzusprechen und ältere Mitarbeiter fit zu halten. Richtiges **Gesundheitsmanagement, passende Arbeitsplätze, das Angebot von Kinderkrippenplätzen** sowie die Beachtung der **Work-Life-Balance** und vieles andere mehr stehen hier im Fokus.

Die befragten Firmen setzen sich auch häufig mit der Frage auseinander, ob sie mit ihrer Organisation den Markterfordernissen gerecht werden und wie sie nötige „Capabilities" schaffen können. So praktiziert z. B. ein großes Unternehmen der Getränkebranche im Rahmen der Organisationsentwicklung nach dem Kriterium der „Weisheit der Vielen" die **Steigerung der Organisationsintelligenz** im Haus und fördert seine Leistungsträger nach dem Prinzip „Können und Wollen". Es lädt alle paar Jahre bis zu 40 Personen zu **Workshops** ein, bei denen diverse Marktszenarien besprochen, offen eine

SWOT-Analyse durchgeführt und darauf aufbauend **gemeinsam** eine **Strategie** für die nächsten fünf Jahre festgelegt wird. Da nicht nur Führungskräfte der ersten zwei Hierarchiestufen, sondern auch Leistungsträger aus anderen Ebenen anwesend sind, wird die Strategie von vielen verstanden, gemeinsam getragen und mit anderen ausgetauscht.

Dieses Haus hat auch die „jungen Wilden" als Innovationseinheit eingeführt. Zu den „jungen Wilden" werden junge Talente berufen, die zusammen mit einer Führungskraft offen und kreativ an **innovativen Vermarktungslösungen** usw. arbeiten. Da ihre Antworten auf bestimmte Fragen von der Geschäftsleitung ernst genommen werden und sie ihre eigene Meinung offen äußern können, hat diese Unternehmung hier nicht nur eine Maßnahme zur Motivation ihrer Mitarbeiter, sondern auch einen wesentlichen HR-basierten, strategischen Wettbewerbsvorteil geschaffen.

Die im Haus gelebte Unternehmenskultur und die hinter ihr stehenden Werte werden als weitere wichtige Ressource für eine mögliche Zusammenarbeit mit und zwischen den Mitarbeitern herangezogen. Eine gute Unternehmenskultur fängt mit einer guten Zukunft und Grundzuversicht für das Unternehmen an. Sie sollte auch aus der Sicht eines sehr innovativen Getränkeunternehmens die Facetten **Sicherheit und Risiko** umfassen, denn Mitarbeiter werden nur dann innovative Ideen einbringen oder berufliche Risiken eingehen, wenn sie eine entsprechende Rückendeckung ihrer Firma als verlässlicher Arbeitgeber und damit Sicherheit im Arbeitsverhältnis erfahren. Eine gute Unternehmenskultur beinhaltet eine sinnvolle, zielgerichtete Aufgabe für die Organisation und bietet Raum für den Einfluss der Mitarbeiter. Nur dann können die aufgeführten „Capabilities" geschaffen und das gewünschte koordinierte Verhalten als Ausdruck kollektiver Intelligenz erreicht werden. So manifestiert sich **Organisations- und Beziehungsintelligenz**. Gelingt dies, sind die Mitarbeiter auf ihren Arbeitgeber stolz und haben Freude an der Arbeit. Das Unternehmen kann die Mitarbeiter auf Dauer halten und sich auch in schlechten Zeiten auf sie verlassen. Schließlich darf ein Unternehmen, das seine Zukunft sichern will, bei aller Messbarkeit und Bewertung des Menschen als menschliche Ressource nicht vergessen, dass es unter anderem diesem Menschen seine Existenz verdankt und dass es daher eine große soziale Verantwortung trägt (*Pschorr/Pschorr*, 2006, 1506).

Damit die Unternehmenskultur auch als Programm umgesetzt werden kann, muss im Top-Management zusammen mit dem HR-Management ein **Leitbild** entwickelt werden, das den Markterfordernissen genügt und der möglichen Arbeitgebermarke als Positionierung dient. Da die hinter der Unternehmenskultur stehenden Werte von großer Bedeutung sind, hebt z. B. eine Brauerei in Süddeutschland die Werte „Mensch, Nachhaltigkeit und Qualität" zusätzlich auf ihrer Website hervor. Im Detail zeigt sich die Unternehmenskultur gegenüber den neuen Mitarbeitern schon beim Einstellungsprozess z. B. daran, wie sie am ersten Tag begrüßt und in ein Team eingebunden werden. Dann kommt es auf den weiteren Einarbeitungsprozess an, weshalb auf das Feedbackgespräch am Ende der Probezeit verwiesen wird. In dieser wichtigen Phase des gemeinsamen Kennenlernens wird die Basis für eine gute, langfristige Zusammenarbeit gelegt. Unsicherheiten können so überbrückt und die emotionale Verankerung bereits begonnen werden. Selbstverständlich ist auch das Betriebsklima, der Umgang der Menschen untereinander, für den internen wie externen Ruf eines Getränkeunternehmens von großer Bedeutung.

6.1.4 Aspekte erfolgreicher Arbeitgeber im Wettbewerb

Wenn sich Unternehmen nur mit qualifizierten Menschen als Human Resources gegenüber dem Wettbewerb erfolgreich durchsetzen können, stellt sich die Frage, was Unternehmen als Arbeitgeber bieten sollten, um hier erfolgreich zu sein. Um dies beantworten zu können, werden sieben Kriterien zur Beurteilung erfolgreicher Arbeitgeber in Abbildung 6.1-3 dargestellt (*Pfeffer*, 1998, 65 ff.; *Jackson*, 2011) und vor dem Hintergrund der Diskussion mit den Gesprächspartnern aus der Praxis um weitere Aspekte ergänzt.

> **Sieben Aspekte erfolgreicher Unternehmen:**
> 1. Sicherheit des Arbeitsplatzes
> 2. gezieltes Einstellen neuer Mitarbeiter
> 3. eigenverantwortliche Teams/dezentrale Entscheidungsfindung
> 4. leistungsorientierte Bezahlung
> 5. umfassende Schulungen
> 6. geringe Statusunterscheidung
> 7. umfassender Informationsaustausch

Abbildung 6.1-3: Kriterien zur Beurteilung erfolgreicher Arbeitgeber (*Pfeffer*, 1998, 65 ff.)

1. Da es eine absolute Arbeitsplatzsicherheit bekanntlich nicht gibt, ist die **relative Arbeitsplatzsicherheit** als wichtiges Element der Arbeitszufriedenheit und als attraktives Element der Ansprache neuer Mitarbeiter maßgebend.
2. Die **selektive Auswahl von Leistungsträgern** gewinnt immer mehr an Bedeutung. Die Unternehmen stellen sich aktiv dem „War for Talents" (*Scholz*, 2008, 92 f.). Unternehmen mit klarer Marktbearbeitungs- und Business-Development-Strategie, mit gutem Standort, Perspektiven für die Mitarbeiter, ausgeprägtem HR-Management und bekannter Marke haben es hier leichter als Unternehmen, bei denen manche dieser Punkte nicht zutreffen. Die Unternehmen stehen zusätzlich mit Firmen aus anderen Branchen im Wettbewerb, da es sich Top-Kandidaten aussuchen können, ob sie zu regional bzw. national geprägten oder zu internationalen Konsumgüterherstellern gehen. Die selektive Auswahl betrifft nicht nur Leistungsträger der ersten Führungsebene, sondern auch die Mitarbeiter, die in der zweiten Ebene als mögliche Nachfolger aufgebaut werden. Im Rahmen der Selektion und Förderung wird dann auf „Können und Wollen" sehr viel Wert gelegt.

3. Teams mit **hoher Eigenverantwortung** und **dezentralem Entscheidungsprozess** können den Erfolg nur erzielen, wenn dies auch mit entsprechender Freiheit zur Zielerreichung verbunden ist. Verfügen die Teams über eine hohe Eigenverantwortung, ergibt sich hier eine wettbewerbsrelevante Ressource, wenn z. B. der Vertrieb schneller als der Wettbewerb über Kundenanfragen entscheiden kann oder wenn die kreativen Vorschläge der Mitarbeiter im Lichte systemischer Führung bis zur Geschäftsleitung gelangen.

4. Eine **faire Vergütung** der Mitarbeiter ist ein wichtiger „Hygienefaktor" im Unternehmen, aber doch nur ein Element der Arbeitszufriedenheit. Sozial orientierte Familienunternehmen verfahren hier anders als vom Management geführte Betriebe. Eine leistungsorientierte Bezahlung erfolgt sowohl bei mittleren als auch großen Unternehmen, die nach Grundgehalt und Bonus unterscheiden und den Bonus abhängig von individueller und unternehmensspezifischer Performance zahlen. Interessant ist z. B. die Bonusgestaltung eines mittelständischen Unternehmens, das einen Teil des individuellen Bonus in die Weiterbildung des Mitarbeiters investiert, wobei der Mitarbeiter selbst über die Art der Weiterbildung entscheiden kann.

5. **Umfangreiches Training** der Mitarbeiter unter Einschaltung eines externen Trainers findet selten statt. Ein solches Training erfolgt immer dann, wenn durch die Einführung neuer Techniken oder Geräte z. B. die Schulung der entsprechenden Software nötig wird. Leistungsträger werden jedoch unter Berücksichtigung der entsprechenden Aufgabe und des Karrierepfads individuell gefördert und durch den Vorgesetzten, einen Mentor oder die HR-Abteilung gecoacht.

6. Die Diskussion über die **Statusunterscheidung** umfasst ein weites Meinungsspektrum. Eine geringere Statusunterscheidung gelingt immer dann, wenn der Chef den Mitarbeitern durch sein kompetentes Vorbild und seine Authentizität zeigt, wie das Unternehmensziel konsequent erreicht werden kann, wenn alle mit ihm an einem Strang ziehen. Ein Familienunternehmen, das seine Mitarbeiter als Familienmitglieder betrachtet, lässt keine besondere Statusunterscheidung zu. Es erkennt nur die Leistung als Unterscheidungsmerkmal an und unterbindet größere Statusunterscheidungen, da sie zulasten des Gesamtwohls und des sozialen Gefüges des Hauses gehen. In anderen Unternehmen will man dagegen dem sozialen Anspruch der Mitarbeiter gerecht werden, indem man kleine sichtbare Unterschiede zulässt, um die Motivation zu erhalten, wie z. B. den direkten Zugang zum Chef oder den eigenen Parkplatz in der Nähe der Geschäftsführung.

7. Ein **umfassender Informationsaustausch** enthält neben der klassischen Informationsvermittlung auch den informellen sowie interdisziplinären Austausch zwischen den unterschiedlichen Abteilungen oder in bestimmten Gesprächskreisen innerhalb des Managements, in denen Themen außerhalb der Tagesarbeit besprochen werden. Schließlich ist noch das Bedürfnis nach Involvierung zu nennen, das manchmal wichtiger ist als die alltägliche Informationsvermittlung. Werden die Mitarbeiter schließlich mithilfe einer

interner Social-Media-Plattform zum aktiven Informationsaustausch animiert, können neue Ideen für das Geschäft initiiert und durch den internen Austausch weiterentwickelt werden. Dies geht aber nur, wenn man im Haus von der Qualität der Mitarbeiter überzeugt ist und die entsprechenden „Capabilities" aufbaut.

6.1.5 Konsequenzen für die Personalberatung

Will eine Personalberatung dem „Human Resource-Based View" folgen, sind vor allem drei Bereiche wesentlich.

6.1.5.1 Die Suche und Ansprache neuer Leistungsträger

Wird eine Personalberatung hinzugezogen, um die Durchsetzung einer ressourcenbasierten Unternehmensstrategie zu unterstützen, und mit der Suche nach passenden Leistungsträgern beauftragt, reicht es nicht mehr aus, nach dem Best-Practice-Prinzip den nächstbesten „Superkandidaten" vorzustellen. Eine strategisch versierte, empathisch arbeitende Personalberatung muss mit der Unternehmensstrategie, der Unternehmenskultur und dem Wertesystem des Mandanten vertraut sein, was vonseiten des Unternehmens eine gewisse Offenheit erfordert. Erst wenn sie vertraulich über die Unternehmensstrategie informiert wurde und mit der Geschäftsleitung und dem HR-Management die Werte und Kriterien (siehe Abbildung 6.1-3) erfasst hat, kann sie diese als Grundlage für die Ansprache und Auswahl von Führungskräften nutzen und passende Leistungsträger präsentieren. Schließlich müssen die Leistungsträger neben ihren fachlichen sowie menschlichen Qualitäten vermehrt auf ihre Eignung unter Berücksichtigung der strategischen Anforderungen des Unternehmens geprüft werden. Nur Menschen mit konkreten, passenden Begabungen, Talenten und Schlüsselkompetenzen können im Rahmen ihrer Aufgabe und Funktion einen wichtigen Beitrag für einen **nicht kopierbaren, strategischen Wettbewerbsvorteil** leisten.

6.1.5.2 Die Unterstützung der Kunden bei der Analyse ihrer unverwechselbaren Arbeitgeberpositionierung

Die zentrale Aufgabe des Personalberaters ist natürlich die **Gewinnung neuer Leistungsträger.** Vor dem Hintergrund des Fachkräftemangels und der damit zunehmenden Kandidatenmacht wird die Positionierung als interessanter Arbeitgeber mit einzigartiger Besonderheit immer wichtiger. Deshalb hat der Mandant immer häufiger die Frage zu beantworten, was ihn als möglichen Arbeitgeber wertvoll macht und warum Top-Kandidaten zu ihm und zu keinem anderen Arbeitgeber gehen sollen. Die Antwort erleichtert es dem Berater, die passenden Kandidaten anzusprechen und für den Prozess und damit für den Mandanten zu gewinnen. Verfügt der Berater über eine breite Branchen- und Unternehmenserfahrung, kann er vor diesem Hintergrund die unterschiedlichen Qualitäten der Unternehmen und Kandidaten besser beurteilen und für beide Parteien die richtigen Entscheidungsgrundlagen herausarbeiten. Schließlich haben viele gute Kandidaten die Möglichkeit, sich zwischen mehreren Angeboten zu entscheiden.

Angesichts der Bedeutung der **Arbeitgeberattraktivität** wird auch die Frage nach der organisationalen Energie des Arbeitgebers (*Bruch*, 2008) immer wichtiger, wie Abbildung 6.1-4 zeigt.

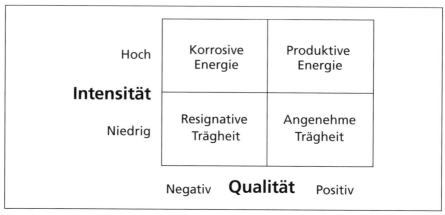

Abbildung 6.1-4: Organisationale Energie als zentrale Unternehmensressource (*Bruch/Vogel*, 2005)

Organisationale Energie ist die Kraft, mit der Unternehmen arbeiten und Dinge bewegen. Die Stärke organisationaler Energie zeigt an, in welchem Ausmaß Unternehmen ihr Potenzial zur Verfolgung zentraler Unternehmensziele aktiviert haben. Die Intensität und Qualität der organisationalen Energie im Unternehmen oder in der betreffenden Abteilung mit dem Kunden zu klären, ist für die Beschreibung der besonderen Attraktivität des Arbeitgebers wichtig. Engagierte Leistungsträger lassen sich nun mal besser gewinnen, wenn auch der Kunde Energie ausstrahlt. Das gilt vor allem dann, wenn die Mitglieder des Teams entschlossen handeln, um Probleme zu lösen, sich durch ihre Arbeit inspiriert fühlen und ihnen die Entwicklung der Firma wichtig ist (*Bruch*, 2008).

6.1.5.3 Die Positionierung als Branchenexperte

Will sich der Personalberater als Branchenexperte positionieren, kann es nützlich sein, wenn er auch selbst das aufgezeigte **Konzept der Institutionalisierungsarbeit** verfolgt und regelmäßig feldkonfigurierende, branchenrelevante Veranstaltungen besucht. Vor diesem Hintergrund kann er das nötige Netzwerk aufbauen und pflegen sowie dem Kunden als Experte, der die Sprache der Branche spricht, zur Seite stehen.

6.1.6 Zusammenfassung

Zusammenfassend kann man sagen, dass sich diejenigen Unternehmen als erfolgreiche Arbeitgeber positionieren und daraus einen Wettbewerbsvorteil gewinnen können, die eine hohe Übereinstimmung mit den in Abbildung 6.2-3 dargestellten Punkten aufzeigen, deren Personalabteilung sich mit dem Human-Resources-orientierten Blick strategisch wie operativ auseinandergesetzt, die richtigen Weichen gestellt und ihr Vorhaben mit der nötigen Durchsetzungskraft innerhalb der Firma verwirklicht hat. Das HR-Management bringt sich in diesen Unternehmen als Institution und als Treiber ein und erstellt Leitlinien für die Personalarbeit sowie Ansätze für die Definition der Leistungsträger zur Durchsetzung der Wettbewerbsstrategie im Unternehmen, deren Besetzung, Förderung und Weiterentwicklung. Je mehr das HR-Management als Business-Partner der Geschäftsleitung in strategische Fragen involviert ist und als strategisch relevante Institution wahrgenommen wird, umso erfolgreicher ist das Unternehmen. Es ist für den Aufbau und die Weiterentwicklung einer passenden Unternehmensorganisation und deren Vernetzung zuständig, damit die aufgeführten „Capabilities" zum Tragen und das gewünschte koordinierte Verhalten als Ausdruck kollektiver Organisations- und Beziehungsintelligenz zur Geltung kommen können.

Personalberater schließlich, die sich dieser strategisch orientierten Herausforderung stellen, können durch den „Resource-Based View" weitere wertsteigernde Aspekte für ihre Beratungsleistung entwickeln und sich im organisationalen Feld der Kunden als Brancheninsider positionieren.

6.2 Quo vadis Personalberatung?

von Dr. Regina Ruppert

6.2.1 Einführung

Die Dienstleistung der Personalberatung bewegt sich im Spannungsfeld zwischen unternehmensbezogenen Anforderungen und individuellen Arbeitsorientierungen und Verhaltensweisen. Die Frage nach der Zukunft der Personalberatung impliziert die Frage nach der Arbeitswelt von morgen, nach den langfristig(en) vorhersehbaren und unvorhersehbaren Trends und Rahmenbedingungen, die das **Zukunftsszenario der Arbeit** bestimmen werden. Aus diesem Trendspektrum scheinen für das vorliegende Thema vor allem wirtschaftliche und technologische Megatrends sowie demografische und gesellschaftliche Entwicklungsstränge unmittelbar bedeutend zu sein. Deshalb skizziere ich im ersten Kapitel die zu erwartenden Veränderungen auf der Unternehmens- sowie auf der Mitarbeiterseite und zeige im zweiten Kapitel die sich daraus ergebenden Herausforderungen und Gestaltungsimplikationen für eine zukunftsgerechte, erfolgreiche Personalberatung auf.

6.2.2 Die Arbeitswelt von morgen

6.2.2.1 Zukünftige Herausforderungen aus unternehmensbezogener Sicht

Angesichts der immer volatiler werdenden Märkte und der immer schnelleren Innovationszyklen erblicken Unternehmen einen wesentlichen Schlüssel zu ihrer Zukunftsfähigkeit im **aktiven Innovationsmanagement**, in der frühzeitigen Trendidentifizierung, in der Beurteilung der strategischen Relevanz solcher Entwicklungen und ihrer erfolgreichen Umsetzung bzw. Realisierung am Markt (*Trendbuch*, 2008). Weniger die Größe oder das Festhalten am Bestehenden wird zukünftig als Erfolg versprechend betrachtet, sondern die Fähigkeit, sich permanenten und immer schnelleren Anpassungsprozessen zu unterziehen. Sie werden dafür von den Mitarbeitern in immer stärkerem Maße Querdenken, Kreativität und Interdisziplinarität einfordern.

In Anbetracht der Tatsache, dass sich bereits heute der Wissensstand der Menschheit alle sieben Monate verdoppelt (*Trendbuch*, 2008, 22), prognostizieren Trendforscher den **Weg von der Industriegesellschaft in die Wissensgesellschaft**; Bildung wird als entscheidende Ressource westlicher Industriestaaten noch stärker an Bedeutung gewinnen (*Keeley/OECD*, 2007). Unternehmen werden umfassende betriebliche Weiterbildungsangebote für alle Altersklassen und alle Lebensphasen des Menschen in der Wissensgesellschaft anbieten müssen und von den Mitarbeitern die Bereitschaft zum lebenslangen Lernen und zu physischer und geistiger Mobilität auch im Alter erwarten.

Unterstützt durch technologische Innovationen und die zunehmende Etablierung neuer Kommunikationsmedien werden Erwerbstätige einer neuen Art der Arbeit nachgehen. Trendforschern zufolge werden sie „[...] zu ungewöhnlichen Zeiten an unterschiedlichen Orten in neuartigen Netzwerken mit anspruchsvollen Aufgaben" (*Trendbuch*, 2008, 22) beschäftigt sein. Die Flexibilisierung der Arbeitsorte, -inhalte, -zeiten und -methoden wird zu einem Nebeneinander von **mobilen, virtuellen und fixen Arbeitsplätzen** führen, zu mehreren Jobs für einen Mitarbeiter und zu ständiger Verfügbarkeit im Beruf. Unternehmen stoßen damit **Individualisierungsprozesse ganz neuer Dimensionen** an. Der Arbeitsmarkt mit der von ihm in Gang gesetzten Mobilität (Berufs-, Orts- Betriebs-, Arbeitsplatzmobilität, Auf- und Abstiege) wird immer mehr zum Motor der Individualisierung (von Lebensläufen) (*Beck*, 2008, 303 ff.).

Moderne Unternehmen werden zukünftig Individualisierungsprozesse auch aufgrund der fortschreitenden Internationalisierung fördern, die in ihrem gegenwärtigen Erscheinungsbild, der Globalisierung, bereits einen weithin spürbaren Einfluss auf die moderne Arbeitswelt hat. Unterstützt durch **intelligente Informationstechnik** und **vernetzte Kommunikationssysteme** werden sich Arbeitsprozesse über verschiedene Kulturen, Kontinente und Zeitzonen hinweg grenzüberschreitend erstrecken. Die Flexibilisierung der Arbeitsbeziehungen der globalen Belegschaften wird einhergehen mit steigender räumlicher und sozialer Mobilität. Bisher gewohnte Arbeits- und Sozialstrukturen werden sich verändern, Menschen werden wechselbereiter und ungebundener hinsichtlich Herkunft, Beruf und Alter werden (*Beck*, 1994, 43 ff.). Bereits heute ist von den Führungskräften als den modernen Nomaden unserer Industriegesellschaft die Rede (*Steinbuch*, 2011).

Technologische Megatrends verweisen auf die zunehmende Verschmelzung bisher eigenständiger wissenschaftlicher und technischer Disziplinen. Menschen werden interdisziplinärer forschen und arbeiten, es entstehen neue Berufsfelder, neue Produkte und Systeme mit verbesserten Eigenschaften (z. B. digitale Fabriken und smarte Technologien). „Im Jahr 2030 unterhalten sich Menschen mit Menschen und mit Dingen. Aber auch Dinge mit Dingen [...]" (*Trendbuch*, 2008, 58; z. B. die aktuelle Spracherkennungssoftware *Siri* für das *iPhone 4S* von *Apple*). Moderne Informations- und Kommunikationstechniken werden im Enterprise 2.0 die Publikation und das Teilen von Wissen in Unternehmen befördern, Transparenz und Verantwortung der Mitarbeiter erhöhen, Wissensunterschiede verringern und somit auch gewohnte Machtinstrumente und Hierarchiegefälle aufweichen.

Demografische Entwicklungstrends zeigen einen **erheblichen Fach- und Führungskräftemangel** in den kommenden Jahrzehnten auf. Laut einer aktuellen branchenübergreifenden Längsschnittstudie des *Harvard Business Managers* (*HBM*, 2011, 20 ff.) glauben weniger als 30 % der befragten europäischen Unternehmen, die heute bereits Entwicklungsprogramme für Top-Talente anbieten, ausreichend qualifizierte interne Talente als Nachfolger für Schlüsselqualifikationen zu besitzen. Der Faktor Personal wird zunehmend knapper. Unternehmen werden sich im sich verschärfenden Wettbewerb um Arbeitskräfte sehr viel **stärker mitarbeiterorientiert** aufstellen, um erfolgreich Fach- und Führungskräfte zu rekrutieren und dauerhaft zu binden. Die Hinwendung zum Individuum wird durch „familienfreundliche" bzw. „lebensphasenorientierte" Personalpolitik (*BMFSFJ*, 2012; *Rump*, 2012, 13 f.), durch die Individualisierung personalwirtschaftlicher Aufgabenfelder, vollzogen werden können. Für Mitarbeiter bedeutet dies, aktiv aus einem breit gefächerten Kanon betrieblicher Möglichkeiten die für ihre jeweilige Bedürfnislage und Lebenssituation am besten passende selektieren zu können (*Ruppert*, 1995).

Der Pool betrieblicher Fach- und Führungskräfte wird dabei zukünftig hinsichtlich Geschlecht, Alter und Herkunft wesentlich heterogener aufgestellt sein als bisher. Folglich empfiehlt nicht nur die *Bundesagentur für Arbeit* in ihrer Broschüre „Perspektive 2025 – Fachkräfte für Deutschland" der Industrie, Rekrutierungsaktivitäten auf Berufsrückkehrerinnen, Ältere, Menschen mit Migrationshintergrund und Erwerbstätige im Ausland zu richten (*BAG*, 2011).

6.2.2.2 Zukünftige Herausforderungen aus kandidatenbezogener Sicht

Viele demografische Entwicklungstrends suggerieren einen massiven Anstieg des Bevölkerungswachstums, vor allem in den südostasiatischen Ländern. Arbeitskräfte aus diesen und weiteren aufstrebenden Regionen werden im Zuge der Globalisierung auf die weniger übervölkerten europäischen Arbeitsmärkte drängen, neue Orientierungen und andere Verhaltensmuster in unsere Arbeitswelt einbringen und damit auch neue Anforderungen an die **interkulturelle Zusammenarbeit** und **Integrationsbereitschaft** der Beschäftigten stellen: Mehrsprachigkeit, Toleranz, Respekt und professioneller Umgang mit Diversität (*Diversity als Chance – Charta der Vielfalt der Unternehmen in Deutschland,* 2011) werden zunehmend zu Schlüsselkompetenzen der Akteure wirtschaftlichen Handelns werden.

Demografische Entwicklungsprognosen (*Lohmann/Lorson/Frank/PWC AG,* 2011) verweisen außerdem auf das **Altern als globalem Trend**, der sich besonders in Europa dramatisch auswirken wird. So soll sich das einheimische Arbeitskräftepotenzial in Deutschland bis 2030 auf 43,5 Millionen Personen reduzieren (*Lohmann/Lorson/Frank/PWC AG,* 2011, 17 ff.). Die Rente mit 70 und der **steigende Bedarf in der Seniorenpflege** durch Familienangehörige und professionelle Kräfte werden für die individuellen Lebenswelten eine ebenso wichtige Rolle spielen wie **veränderte Sozial- und Arbeitsstrukturen** (Singelisierung, Leben im Mehrgenerationenhaus, intergenerationelle Zusammenarbeit). Dies wird zu steigenden Anforderungen im sozialen Miteinander führen. Toleranz, Rücksichtnahme und der Ausgleich altersdifferierender Interessen wird im Kompetenzportfolio der Mitarbeiter von erheblicher Bedeutung sein. Die steigende Lebenserwartung älterer Arbeitskräfte wird zugleich neue Wege der Selbstverwirklichung eröffnen; ein zweiter oder dritter „Karriereabschnitt" kann möglich sein, einmal gewählte Berufs- und Lebenswege können obsolet werden. Ständige Weiterbildungen fördern zugleich die Fähigkeit und die Bereitschaft, neue berufliche Ziele (auch im Alter) zu realisieren. Es ist davon auszugehen, dass der sogenannte „Patchworklebenslauf", der sich in mehrere Phasen und Übergänge gliedert, für den modernen Menschen in der Wissensgesellschaft zur Realität werden wird (*Trendbuch,* 2008).

Haben die Menschen in den vergangenen Jahrzehnten auf die Frage nach ihren Lebenszielen vorwiegend **konventionelle Erfolgssymbole** (Karriere, Status, Einkommen) genannt, sind sie heute zunehmend auf der Suche nach der **eigenen Individualität und Identität**. Der Bedeutungswandel, so der Soziologe Beck (*Beck,* 2008, 303 f.; 1983, 35 ff.), sei primär ein Produkt der jüngeren Generation, der besseren Ausbildung und des höheren Einkommens, jedoch nicht zu verwechseln mit Narzissmus und Egoismus. Vielmehr richte er sich auf Selbstbefreiung, Selbstaufklärung und die Wahrnehmung von (Selbst-)Gestaltungsmöglichkeiten und schließe die Suche nach neuen Rollenbildern und neuen Sozialbindungen in Familie, Arbeit und Politik ein (*Beck,* 1994; *Schwan,* 2012).

Die **Feminisierung der Wirtschaft**, die sich tendenziell bereits in die verschiedenen Entscheidungszentralen zu erstrecken beginnt (*Commission of the European Communities*, 2009; *OECD*, 2009, 31) hat maßgeblichen Anteil am gesellschaftlichen Individualisierungsschub. Letzterer entwickele sich laut *Beck* (*Beck*, 2008; 1994) in allen westlichen, wohlhabenden Industrieländern mit bislang unbekannter Reichweite und Dynamik. Das Resultat sei ein sozialer Bedeutungs- und Gestaltungswandel zentraler lebensweltlicher Gebilde wie Familie, Geschlechterrollen, Gemeindebeziehungen, Arbeitsbeziehungen usw. Tendenziell entstehen individualisierte Existenzformen und -lagen, die die Menschen dazu zwingen, sich selbst immer mehr zum Zentrum der eigenen Lebensplanung und -führung zu machen, zum Organisator ihres eigenen Lebenswegs.

6.2.3 Die Personalberatung von morgen – Thesen und Gestaltungsimplikationen

6.2.3.1 Zielgruppenorientierte Personalberatung

Durch die zunehmende quantitative und qualitative Verknappung von Fach- und Führungskräften wird sich am Arbeitsmarkt ein Paradigmenwechsel einstellen, der die Erwerbstätigen als Anbieter von Arbeitskraft „in die Poleposition" rückt. Qualifizierte Kandidaten/innen werden sich ihrer besonderen Marktattraktivität stärker bewusst werden. Es ist davon auszugehen, dass sie durch ihre kontinuierliche Identitätsfindung und Selbstverwirklichung einerseits und die zunehmende Transparenz industriellen Geschehens infolge moderner Informations- und Kommunikationstechnologien andererseits, kritischer und gründlicher mit Joboferten umgehen werden als bisher. Die Informations- bzw. Beratungsintensität und -qualität im Prozess der Rekrutierung zukünftiger Mitarbeiter wird somit deutlich wachsen.

Dies bedeutet für Personalberatungen, die Direktansprache und Einzelberatung sowieso schon pflegen, einen qualitativ und quantitativ **steigenden Informations- und Beratungsaufwand** für Kandidaten/innen. Dies wiederum hat Folgen für die **Qualitätspolitik** der Personalberatungen, für deren **Preispolitik**, aber auch für die **Akquisitionspolitik**. Suchprozesse werden intelligenter werden, Projektlaufzeiten sich eher verlängern. Vermutlich werden die Dienstleistungen der Personalberatungen zukünftig noch mehr als bisher vor allem von kleinen und mittelständischen Unternehmen nachgefragt werden. Im Unterschied zu Großkonzernen, die teilweise schon heute eigene Recruiting-Center unterhalten, werden sie aufgrund begrenzter finanzieller und zeitlicher Ressourcen der Informations- und Beratungsintensität aufseiten der Kandidaten voraussichtlich nicht in vollem Umfang begegnen können und daher Recruiting verstärkt professionell outsourcen. Das Auftragsvolumen, das Personalberatungen bisher mit Großkonzernen erzielten, dürfte sich also eher reduzieren und auf ausgewählte Einzelfälle beschränken.

Die demografischen und gesellschaftlichen Megatrends legen somit nahe, dass sich die **Zielgruppe der Personalberatungen ausdehnt**. Neben den

6. Zukünftige Tendenzen in der Personalberatung

Führungskräften, die als traditionelle Zielgruppe der Berater gelten, rückt die immer knapper werdende Zahl qualifizierter Fachkräfte zunehmend in den Fokus der suchenden Unternehmen. Es erscheint plausibel – und der aktuell verschärfte Wettbewerb um die Rekrutierung qualifizierter technischer Fachkräfte deutet es bereits an (*BAG*, 2011, 7 ff.) –, dass diese Unternehmen ihren Bedarf mittelfristig durch den zusätzlichen Rekrutierungskanal der Personalberatungen decken werden, um auf deren bewährte, individuelle Ansprache- und Beratungsmethoden zurückzugreifen. (Diese Entwicklung dürfte sich, nebenbei bemerkt, zulasten der Personalvermittlungen auswirken.) Die Personalberater werden ihre Selektions- und Beurteilungsinstrumente auf diese noch relativ beratungsunerfahrene Kandidatengruppe und deren Kompetenz- und Bedürfnisprofil abstimmen.

Diese skizzierten Entwicklungstrends legen den Schluss nahe, dass der **zukünftige Kandidatenpool von Personalberatungen** bzgl. Geschlecht, Alter, Herkunft, Berufserfahrung, Arbeitseinstellung und Arbeitsfähigkeit sowie -motivation wesentlich **heterogener** sein wird als bisher. Die vielfältigen und tendenziell individualisierten Existenzformen und -lagen der Erwerbstätigen werden damit zu steigenden Anforderungen an Executive Search Consultants im gesamten Beratungsprozess führen.

Personalberatungen müssen also mehr als bisher geschlechtsspezifische Unterschiede in der Auffindung, der Ansprache und der Beratung von Kandidaten/innen berücksichtigen. Dies bezieht sich z. B. auf die umfassende Kenntnis und sichere Beherrschung sozialer (Frauen-/Familien-)Netzwerke, auf die Berücksichtigung geschlechtsspezifisch unterschiedlichen Kommunikationsverhaltens, auf die Befriedigung positionsübergreifender Informationsbedürfnisse hinsichtlich einer betrieblichen „Sozial- und Weiterbildungscharta" und auf moderne Formen der Arbeitsorganisation.

Der heterogene Kandidatenpool der Personalberatungen wird außerdem aus einem **hohen Anteil älterer Erwerbstätiger** bestehen. Demzufolge müssen Auswahl- und Beurteilungsinstrumente ebenso wie Karriereoptionen abgestimmt sein auf längere Erwerbsbiografien, auf Patchworklebensläufe und gewandelte Arbeitseinstellungen älterer und „reifer" Kandidaten/innen, die ihren dritten oder vierten Karriereabschnitt verwirklichen möchten (*Lohmann/Lorson/Frank/PWC AG*, 2011).

Da nationale Arbeitskräfte als Folge der Globalisierung verstärkt grenzüberschreitend arbeiten und internationale Erwerbstätige (beispielsweise aus den südostasiatischen Ländern) vermehrt auf dem europäischen Arbeitsmarkt Fuß fassen werden (*Rump*, 2008), müssen sich Personalberatungen intensiv mit interkulturellen Einflüssen befassen. Mehr denn je müssen sie die Mehrsprachigkeit sowie vielfältige, kulturgeprägte Arbeitsorientierungen im Beratungsangebot und im Rekrutierungsprozess beachten. Dies hat sowohl Folgen für den Einsatz und die Auswahl geeigneter Beurteilungsinstrumente als auch für die eigene Organisation und die Anwerbung der Personalberater.

Die Bedeutung internationaler Netzwerke und Kooperationen in der Personalberatung wird wachsen. Ein wichtiges Argument in der Auftragsvergabe wird für Unternehmen zukünftig die **internationale Präsenz der Personalberatung** sein. Befördert durch verstärkte räumliche und soziale Mobilität der potenziellen Kandidaten werden nationale Personalberatungen auf der Suche nach Führungskräften „**cross-border**" aktiv sein müssen. Größere Personalberatungen bringen diesen Vorteil bereits durch Auslandsniederlassungen mit, kleinere werden sich diese Kompetenz durch die Zusammenarbeit mit festen internationalen Kooperationspartnern erarbeiten können. Neben der **Mehrsprachigkeit im Beraterteam** wird zugleich die Bedeutung der **Methodenkompetenz** wachsen. Die Entwicklungen auf der Arbeitsnachfrage- sowie auf der Arbeitsangebotsseite deuten auf eine Abkehr von Standardisierungsprozessen und auf Spezialisierungsvorteile zugunsten einer immer stärkeren Individualisierung hin. Die Ausrichtung von Personalberatern auf mehrere artverwandte Branchen (im Sinne der Interdisziplinarität) oder Unternehmensgrößen (KMU, Großkonzern) scheint weiterhin sinnvoll, eine primäre Spezialisierung von Personalberatern auf Fachfunktionen sollte jedoch hinsichtlich der dramatisch steigenden Bedeutung von Methodenwissen und Sozialkompetenzen eher in den Hintergrund rücken – auch wenn parallel „konservative" Selektierungen zur akuten Deckung von Vakanzen beauftragt werden.

6.2.3.2 Individualisierte Personalberatung

Korrespondierend zur Individualisierung der Arbeits- und Lebenswelten wird sich die Personalberatung in der Auswahl, Beurteilung und Beratung von Kandidaten primär auf noch **mehr Vielfalt und zugleich Einzigartigkeit** einzustellen haben, auf sehr heterogene Arbeitskräfte aus der modernen Wissensgesellschaft mit ihren jeweils spezifischen Bedürfnissen, Erwartungen, Fähigkeiten, Erfahrungen und Potenzialen. Die hohen **interpersonellen Varianzen** und starken **intrapersonellen Veränderungen** im Laufe einer langen Erwerbstätigkeit führen zukünftig zu einer stärker individualisierten Personalberatung. Sie schließt die Reduzierung von Standardisierungen ein und die Abkehr von uniformen Zielgruppen, von „typischen" Lebensläufen, von gewohnten Denk- und Frageschemata, von monokausalen Beurteilungsmethoden und -instrumenten. Der Kandidat von morgen bedarf der sehr individuellen Rekrutierung und möglicherweise auch lebensbegleitenden Beratung, die seinen besonderen und einzigartigen Lebens- und Arbeitssituationen gerecht wird. Die Selektionsmethoden und -instrumente der Personalberatung sind darauf abzustimmen. Die Anwendung eines professionellen Methodenmix durch speziell zertifizierte, hoch qualifizierte Personalberater erscheint dafür unumgänglich. Personalberatungen, die Vielfalt statt Einbahnstraßen offerieren, die lebensbegleitend beraten, statt einmalig zu platzieren, besitzen ein anderes Selbstverständnis. Der Personalberater von morgen versteht sich als Karrierecoach und „Transformationsmanager", der aktiv und professionell die sich verändernden Lebensentwürfe der Kandidaten/innen entlang des „**Employee Lifecycle**" begleitet.

Zugleich erfordert eine solche Beratung ein breites, umfängliches Wissen über Strategien und Inhalte der Geschäftstätigkeit der Mandanten. Sie bedeutet auch einen engen und vertrauensvollen Austausch mit der Innovationsabteilung, der strategischen Personalabteilung, der Personalentwicklung, dem Personalmarketing und dem Kommunikationsmanagement – über die bisher übliche Zusammenarbeit mit der Geschäftsführung und den Entscheidungsträgern der Fachabteilungen hinaus. Den Executive Search Consultants als echten Sparringspartnern der Auftraggeber eröffnen sich dadurch profunde Einblicke in diverse potenzielle Karriereverläufe in den Mandantenunternehmen und in zukünftige Fachanforderungen und Kompetenzportfolios der Mitarbeiter aus strategischer Sicht. Mit diesem Wissen als Grundlage zeigen sie Auswahlmöglichkeiten bzw. prinzipielle Karriereoptionen auf und unterstützen den Mitarbeiter von morgen in der Organisation seines individuellen Lebenswegs.

6.2.3.3 Multimodale Personalberatung

Der Fokus der Personalberatung wird in Zukunft immer weniger auf dem statusorientierten Abgleich zwischen dem Profil einer akuten Vakanz und dem aktuell dazu passenden Kandidatenprofil liegen, sondern vielmehr auf der **Beurteilung der grundsätzlichen Eignung** eines Kandidaten für ein Unternehmen und der **Evaluierung seiner kognitiven und motivatorischen Potenziale** sowie seiner **Ego-Resilienz** (*Kersting*, 2008; 2010, 20 ff.). Gesellschaftliche, wirtschaftliche und technologische Megatrends lassen die Beherrschung von Sozialkompetenzen sehr viel bedeutungsvoller werden. Angesichts der Wissens- und Innovationsdynamik wird aktuelles Fachwissen schnell veralten, der Besitz und die dauerhafte Förderung überfachlicher Kompetenzen werden dagegen langfristig zukunftsfähig sein. Die Personalberatung von morgen beschäftigt sich zwar mit der Überprüfung aktueller Fachkompetenzen, jedoch stehen die **Identifizierung und Evaluierung zukunftskritischer Sozialkompetenzen** im Vordergrund. Anforderungsanalysen werden folglich zeitlich und inhaltlich umfangreicher erhoben werden als in der Vergangenheit. Schlüsselkompetenzen wie Methoden- und Problemlösungskompetenz, Empowerment, unternehmerisches Agieren, kommunikative Kompetenz, Team- und Prozessdenken, lebenslange Lernbereitschaft, geistige Mobilität, Querdenkertum, Kreativität etc. sind in aufwendigeren Beurteilungsverfahren zu ermitteln.

Dies impliziert für Personalberatungen die Hinwendung zur **prozess- und kriteriumsorientierten Diagnostik**. Eine ganzheitliche Evaluierung von Kandidaten/innen erfordert ein **multimodales Vorgehen der Personalberatungen**, das eine Kombination verschiedener Instrumente der Selbst- und Fremdeinschätzung umfasst. Personalberater können dadurch zielsicher und letztlich ökonomisch agieren. Sie können beispielsweise die individuelle Fähigkeit und die Bereitschaft zur intergenerationellen Zusammenarbeit im Arbeitsprozess durch besondere Fragen im **strukturierten Interview**, durch den Einsatz von **Rollenspielen**, durch **Referenzauskünfte**, durch eine **biografische Analyse** und durch die Verwendung **persönlichkeitsorientierter Fragebogenverfahren** bewerten. Zukunftsvisionen aus dem Innovationsmanagement der Mandanten könnten als „spielerische" Grundlage in sogenannten „Simulationsfällen" zusätzlich Hilfe leisten bei der Beurteilung der Kreativität von Kandidaten/innen. Der Einsatz von **Leistungstests** unterstützt die Feststellung kognitiver Kompetenzen (*Kersting*, 2010). Die Personalentwicklungsabteilung bzw. das unternehmensinterne Talentmanagement kann der Personalberatung aufzeigen, welche Stärken des zukünftigen Mitarbeiters im Laufe der Unternehmenszugehörigkeit strategisch bedeutsamer werden und wie sie für beide Seiten erfolgreich auszuschöpfen sind. Auch vor diesem Hintergrund ist die frühzeitige und interdisziplinäre Abstimmung der Personalberatung mit den verschiedenen Fachabteilungen der Auftraggeber ein Gebot der Zukunft.

Neben den Instrumenten zur Selbsteinschätzung der Kandidaten/innen wird der Personalberater von morgen das persönliche Gespräch, das sogenannte **„strukturierte Interview"** zwingend im Methodenmix einsetzen, jedoch mit veränderten Themen. Im vertiefenden Gespräch werden die punktuellen Abweichungen zwischen Selbst- und Fremdeinschätzungen, die beispielsweise aus der Durchführung bestimmter eignungsdiagnostischer Verfahren resultieren können, offengelegt und detailliert hinterfragt. Da der Blickwinkel des strukturierten Interviews vor allem auf der Identifikation der überfachlichen Kompetenzen sowie auf dem langfristigen „Lebens- und Familienkonzept" des Interviewpartners liegt, werden unter anderem vertiefende Fragen zur Werte- und Familienorientierung gestellt, die mit angepassten gesetzlichen bzw. arbeitsrechtlichen Rahmenbedingungen zu flankieren sind.

Für eine professionelle, systematische Potenzialermittlung werden Personalberatungen multimodal vorgehen und dabei auch auf Leistungs- und Persönlichkeitstests zurückgreifen (*Kersting*, 2008). Deren Einsatz erfordert allerdings vom Anwender einen professionellen Umgang mit entsprechendem Wissens- und Erfahrungshintergrund. Der Personalberater der Zukunft wird daher psychologische Kompetenzen im Berufsprofil mitbringen müssen und Personalberatungen werden mehr psychologisch fundiert arbeiten. Qualifizierungsmaßnahmen und Zertifizierungen werden für Personalberater zwingend werden, um den Anforderungen der Unternehmen, den Erwartungen der Kandidaten und den strategischen Herausforderungen zu entsprechen. Bisherige Qualitätsoffensiven (GoPB- und CERC-Initiativen des *BDU*, hier die DIN-33430-Aktivitäten; *Westhoff*, 2006; *Kersting*, 2008) werden sich somit verstetigen und zu einer Qualitätsverankerung im Beratungsprozess und im Berufsbild des Personalberaters führen. Um den geschilderten Anforderungen nachhaltig gerecht zu werden, wird der Personalberater von morgen ein fest umrissenes Berufsbild mit **fixierten Zugangsvoraussetzungen** besitzen, das neben einer akademischen Ausbildung vor allem mehrjährige Berufserfahrung und profunde Kenntnisse in der Eignungsdiagnostik vorsieht. Zugleich trägt ein fixiertes Berufsbild maßgeblich dazu bei, die internationale Vergleichbarkeit von Personalberatern zu gewährleisten.

6.3 Der Einfluss von Social Media auf die Dienstleistung Personalberatung

von Jan Kirchner

6.3.1 Einführung

Das **Social Web** hat in den vergangenen Jahren einen beispiellosen Aufstieg erlebt und eine nachhaltige Veränderung in Wirtschaft und Gesellschaft in Gang gesetzt. Seine interaktiven und kollaborativen Strukturen wandeln die Regeln für die Entstehung, Verfügbarkeit und Verbreitung medialer Inhalte und Informationen und verändern unsere Kommunikationswege und unser Kommunikationsverhalten.

Wie aber wirkt sich dieser durch die Social Media angestoßene Wandel auf die Personalberatung aus? Welche konkreten Veränderungen bringt er für die Branche und in welchen Unternehmensbereichen entsteht kurzfristig Handlungsbedarf?

Diese beiden Fragen will ich beantworten, mögliche Handlungsfelder aufzeigen und Handlungsempfehlungen für den bevorstehenden **Change-Prozess** anbieten.

6.3.2 Die Auswirkungen des Social Web auf das Marktumfeld der Personalberatung

So wie der Buchdruck den Zugang zu Wissen vereinfacht hat, erleichtert und beschleunigt das Social Web, neben der Wissens- und Informationsverbreitung, den Zugang der Menschen zueinander und ihre Kommunikation miteinander.

Vor wenigen Jahren noch schwer vorstellbar, sind alte und verloren geglaubte Freunde, Verwandte oder Arbeitskollegen heute dank sozialer Netzwerke wie *Facebook*, *Xing*, *LinkedIn* und anderer nur noch einen Klick weit entfernt.

Neben diesen privat motivierten Kontakten zu Personen des persönlichen Netzwerks erleichtert das Social Web auch die **Identifikation und den Zugang zu unbekannten Menschen**, mit denen wir themenbezogene und berufliche Interessen teilen. Im Falle der Personalberatung ist dies vor allem der Zugang zu Führungskräften und Spezialisten aus allen Berufsbereichen (aber auch zu potenziellen Kunden).

Diese Vereinfachung der Identifikation und Ansprache von Kandidaten im Social Web hat inzwischen ein Ausmaß erreicht, das sich nicht nur auf das Verhältnis von Personalberatern und Kundenunternehmen einerseits sowie Personalberatern und Kandidaten andererseits erstreckt, sondern es bewirkt auch eine Kräfteverschiebung in der Beziehung aller drei Gruppen zueinander. Durch die Vereinfachung der Direktansprache mithilfe von sozialen Netzwerken wird ein bisher nicht existierender Markt zwischen Kandidaten

6.3 Der Einfluss von Social Media auf die Dienstleistung Personalberatung

und Unternehmen jenseits der klassischen Ausschreibungsverfahren des Personalmarketings geschaffen. Mit anderen Worten: Durch das Social Web entsteht ein direkter Wettbewerb zwischen Personalberatern und ihren Kunden! Parallel dazu entwickelt sich auf der Marketingseite (durch die Verlagerung der Dienstleistersuche und -bewertung ins Web) ein intensiverer Wettbewerb um die Aufmerksamkeit der Zielgruppen des eigenen Unternehmens. Personalberater sind von diesem Wettbewerb doppelt betroffen, da sie nicht nur eine Zielgruppe ansprechen, sondern zwei: die Unternehmenskunden, die ihre Dienstleister immer häufiger im Web suchen, und die Kandidaten, die sich dort über konkrete Stellenangebote, potenzielle Arbeitgeber und Karrierehelfer informieren.

Im Wettbewerb um Letztere sehen sich die Personalberater zukünftig nicht nur mit ihren Branchenkollegen, sondern auch mit den **Employer-Branding- und Personalmarketing-Abteilungen** ihrer Kernklientel. Diese arbeiten in Abstimmung mit hausinternen Sourcern und unter Ausschöpfung aller Methoden des modernen Online-Marketings gezielt daran, das eigene Unternehmen im Social Web als attraktiven Arbeitgeber für wechselwillige Kandidaten zu positionieren.

Folglich konfrontiert das Social Web die Personalberatungen mit drei zentralen Herausforderungen:

1. mit einer neuen bzw. sich stark verändernden Researchumgebung, die das Berufsbild des Researchers nachhaltig verändert und einen grundlegenden Methodenwandel im Ident erforderlich macht;
2. mit dem Aufkommen des Corporate Sourcing und der Entstehung eines direkten Wettbewerbs zwischen ihnen und den eigenen Kunden auf dem Kerngebiet der Direktsuche, der das Brot-und-Butter-Geschäft der Personalberatung gefährdet. Die besondere Herausforderung an dieser Entwicklung liegt darin, dass der Methodenwandel im Research den bisher vorhandenen Wissensvorsprung der Branche gegenüber ihren Kunden in weiten Teilen nivelliert und sie dazu zwingt, ihr eigenes Handwerk zeitgleich mit ihren Kunden neu zu erlernen;
3. mit dem Entstehen einer neuen Marketingfront im Social Web, in der Personalberatungen nur dann bestehen werden, wenn sie sich über die Verschiebung finanzieller Ressourcen hinaus darauf einlassen, neue Marketingkenntnisse zu erwerben.

6.3.3 Die Veränderung der Direktsuche

6.3.3.1 Der digitale Fußabdruck und der Wandel vom Telefon- zum Online-Ident

Durch die zunehmende Virtualisierung weiter Teile unseres Berufs- und Soziallebens hinterlassen wir immer zahlreichere Spuren im Netz. In der Summe entsteht ein **digitaler Fußabdruck**, der nahezu täglich wächst und unseren Lebenslauf immer öffentlicher macht. Lebenslauf meint dabei nicht

6. Zukünftige Tendenzen in der Personalberatung

nur den formalen „CV", der bisher Dreh- und Angelpunkt unserer beruflichen Identität war (und den immer mehr Menschen online publizieren), sondern einen dezentralen, ganzheitlichen Lebenslauf, der neben den wichtigsten beruflichen und privaten Charakteristika eine unermessliche Fülle von Detailinformationen aus allen Lebensbereichen und Lebensabschnitten abbildet. Besonders anschaulich verdeutlicht diese Entwicklung ein Blick auf das von *Facebook* eingeführte, zeitstrahlartige Nutzerprofil, das nicht zufällig den Namen „Timeline" oder auf Deutsch „Chronik" trägt.

Bedingt durch die Vielzahl unserer Interaktionen im Social Web, entsteht durch den digitalen Fußabdruck jedoch nicht nur ein facettenreiches Abbild unseres privaten und beruflichen Werdegangs, sondern auch unseres persönlichen Einflussnetzwerks, unseres **„Social Graph"**, und gestattet somit weitreichende Rückschlüsse auf die einzelne Person in privater wie beruflicher Hinsicht.

Durch diese Veränderungen entwickelte sich von 2007 an, ausgehend von den USA, ein weltweiter Trend zur Direktsuche im Internet, der kurz darauf auch Deutschland erreichte. Zwei Punkte spielen bei der Ausbreitung der Online-Direktsuche eine zentrale Rolle:

1. **Die stetig wachsende Menge an Online-Profilen und ihre steigende Informationsdichte:**

   Während im Jahr 2008 rund drei Millionen Deutsche in den sozialen Netzwerken *Facebook*, *Xing* und *LinkedIn* aktiv waren, hat sich deren Zahl in nur drei Jahren verzehnfacht und lag im Herbst 2011 bei 30 Millionen. Dieser Wachstumstrend ist bisher ungebrochen und wird sich bei gleichzeitiger Steigerung der Informationsdichte der Personenprofile mit hoher Wahrscheinlichkeit noch Jahre fortsetzen.

   Mit Blick auf das Online-Verhalten der häufig als „Digital Natives" bezeichneten „Millenials" („Generation Y", Altersjahrgänge nach 1980) wird mittelfristig nahezu jedes Mitglied der arbeitenden Bevölkerung ein (oder mehrere) Online-Profil(e) unterhalten. So lag die *Facebook*-Altersgruppenabdeckung der 18- bis 24-Jährigen in Deutschland bereits Anfang 2011 bei mehr als 70 % und die der 16- bis 17-Jährigen sogar bei mehr als 80 % der Gesamtgruppe.

   Wenn diese Jahrgänge als Folge der bis 2020 anstehenden Massenpensionierung der Baby-Boomer-Generation in die Führungspositionen der Wirtschaft drängen, wird sich der Personalmarkt endgültig ins Social Web verlagern. Diese Entwicklung hat sich bereits 2012 manifestiert, seitdem die auf Business Networking fokussierten sozialen Netzwerke *LinkedIn* und *Xing* die Möglichkeit bieten, sich statt mit dem klassischen Lebenslauf mit dem persönlichen Netzwerkprofil zu bewerben.

2. **Gezielte Such- und Filterungsmechanismen von Suchmaschinen:**

   In der Konsequenz entwickelt sich das Internet zu einer Kandidatendatenbank immensen Ausmaßes. Eine große Chance für die Direktsuche liegt hier vor allem in der Identifizierung von Kandidaten mit seltenen oder speziellen beruflichen Profilen, dem Kerngeschäft der Personalberatungsbranche.

Auf dem Weg der herkömmlichen Direktsuche (Offline- und Telefonresearch) sind solche Nischenprofile nur schwer und mit einem hohen Zeitaufwand zu identifizieren. Die systematische Direktsuche im Social Web mithilfe von Suchmaschinen hilft, den Zeitaufwand zu minimieren. Gleichzeitig führt diese Vorgehensweise aufgrund der Vielzahl der in Suchmaschinen indexierten Profildaten zu einer Steigerung der Zahl potenzieller Kandidaten für die gesuchte Position. Folglich heißt es im Praxishandbuch „Online-Personalsuche", dem bisher einzigen deutschsprachigen Fachbuch für Direktsuche im Web: „Soziale Netzwerke, Suchmaschinen und Microblogging [...] sind die Waffen, um den War for Talents zu gewinnen" (Fedossov/Kirchner, 2009, 12).

6.3.3.2 Research und Direktansprache – der Wandel des Researcher-Berufsbilds

Die großen Chancen, die das Social Web im Research birgt, haben allerdings auch ihren Preis. Um sie ausschöpfen zu können, sind eine **genaue Kenntnis des Social Web** und seiner Architektur sowie das **Erlernen neuer Researchmethoden** erforderlich. Dies stößt einen abrupten Wandel des Researcher-Berufsbilds an.

In der eigenen Datenbank zu suchen und Firmenlisten aus Branchenbüchern, Verbandsmitgliederlisten usw. abzutelefonieren, stellte in der Praxis überschaubare Ansprüche an die Researchfähigkeiten. Die Direktsuche im Social Web erfordert ein neues Denken – ein **vernetztes Denken**, ein Denken in Social-Media-Plattformen, Kanälen, Suchmaschinen und Suchoperatoren. Researcher müssen zukünftig bereit und flexibel genug sein, sich dem **dynamischen Innovationstempo des Social Web** anzupassen und Veränderungen anzunehmen, anstatt immer wieder nach den gleichen bewährten Mustern zu agieren.

Erfolgreiche Online-Sourcer zeichnen sich durch mehrere Eigenschaften aus:

Grundlegend sind **intuitive Anwenderfähigkeiten** im Social Web, ausgeprägte Kenntnisse über **Research- und Hilfstools**, ein solides Verständnis für **Webarchitektur** und die Beherrschung des für den Online-Ident notwendigen **Skillset an digitalen Recherchetechniken**. Mit einiger Praxiserfahrung verfügen sie auch über eine innere „webtopografische Landkarte" der sozialen Netzwerke, Online-Communitys, Webforen, Blogs und anderer Social-Web-Dienste, in denen sich Fachleute untereinander austauschen.

Neben diesen technischen Anforderungen haben sie außerdem ausgeprägte soziale und kommunikative Fähigkeiten, die es ihnen erlauben, sich im Social Web ein Kontaktnetzwerk aufzubauen, das sie zur Verbreitung von Vakanzen und zur Generierung von Empfehlungen in den verschiedenen Communitys nutzen können.

6.3.3.3 Change-Management – den eigenen Research erfolgreich modernisieren

Da zum Zeitpunkt des Erscheinens dieses Buchs kein institutionelles Ausbildungsangebot existiert, das der Branche einen geordneten Weiterbildungsprozess ihrer Researcher ermöglicht, lässt sich die Fortbildung eines eigenen Research nur schwer systematisch planen. Interessierte sind von vereinzelten Workshopangeboten abgesehen in erster Linie auf autodidaktische Weiterbildung angewiesen. Die gelingt allerdings nur Researchern, die bereits über eine ausgeprägte Webaffinität verfügen und in der Lage sind, sich im deutsch- und englischsprachigen Web das erforderliche Wissen zusammenzusuchen, ohne vorher zu wissen, welche Kenntnisse sie genau erwerben wollen.

An diesem Punkt zeigt sich, welche Mitarbeiter die nötigen Voraussetzungen mitbringen, um das Web-Sourcing zu erlernen und trotz der damit verbundenen Herausforderungen weiterhin Spaß an ihrem Beruf zu haben. Da die Erfahrung zeigt, dass ein „Nine-to-five-Enthusiasmus" für das Internet nicht existiert, sind Mitarbeiter, die Computer privat ablehnen und sie im Beruf aus reiner Notwendigkeit akzeptieren, zukünftig nicht mehr als Researcher geeignet. Als Folge davon, wird es in den kommenden Jahren, teils freiwillig, teils erzwungen, in vielen Personalberatungen zu einem Wechsel der Ident-Mitarbeiter kommen.

Neue Researchmitarbeiter sollten aufgrund des fehlenden Angebots an erfahrenen Online-Sourcern nach dem Motto „Hire for talent, train for skills" ausgewählt werden. Talent steht in diesem Fall für **Webaffinität, Enthusiasmus bei der Social-Media-Nutzung** und Interesse **an der Recherchearbeit**. Darauf aufbauend müssen Lernressourcen zur Vermittlung von Methodenwissen zusammengetragen werden, die systematisch durchgearbeitet und in der Praxis erprobt und verfeinert werden können.

Um dem interessierten Leser für diese Aufgabe einige Anhaltspunkte anzubieten, sei vorbehaltlich der dynamischen Natur des Web auf folgende (Online-)Publikationen verwiesen:

www.googleguide.com – allgemeine Anleitung zur Verwendung von Suchoperatoren für Google

www.wollmilchsau.de – deutschsprachiges Blog über Recruiting und Marketing im Social Web, in dem sich unter anderem Anleitungen zum Social Web Sourcing finden (Disclaimer: Der Autor ist Mitherausgeber dieses Blogs.)

www.recruitingblogs.de – umfassende Übersicht deutschsprachiger Recruiting-Blogs, deren Mehrheit auf Employer Branding und Personalmarketing fokussiert ist

www.booleanblackbelt – englischsprachiges Blog, das sich mit Sourcing-Techniken und dem Einsatz von Datenbanken für die Direktsuche befasst

http://booleanstrings.ning.com/ – englischsprachiges Special-Interest-Netzwerk für die Web-Sourcing-Community

Welche Kenntnisse und Fähigkeiten aus dem Telefon-Ident lassen sich jedoch auf das Kandidaten-Sourcing im Web übertragen? Zu nennen sind hier vor

6.3 Der Einfluss von Social Media auf die Dienstleistung Personalberatung

allem Fachwissen in der Datenbankrecherche und das Geschick guter Researcher durch Querdenken auf der Grundlage ihres Branchenüberblicks neue Ansätze für die Identifizierung geeigneter Kandidaten zu ersinnen. Aber auch erprobte Researchansätze wie die Identifikation potenzieller Kandidaten über Unternehmensorganigramme und Teilnehmerlisten von Fachkongressen werden Researchern im Social Web weiterhin zugute kommen. Wenn sie sich für das Social Web begeistern können!

6.3.4 Branding und Personalmarketing – Im Social Web die Aufmerksamkeit von Kandidaten und Kunden erlangen

Neben den Anpassungen, die das Social Web für einen Research mit sich bringt, stellt es Personalberatungen auch vonseiten des Marketings vor neue Herausforderungen. Durch die Verlagerung der Dienstleistersuche und -bewertung ins Web und die stetige Vervielfachung des Informationsangebots ist ein intensiver Wettbewerb um die Aufmerksamkeit von Kunden und Kandidaten entstanden. Ähnlich wie im Research konkurrieren Personalberatungen hier mit anderen Teilnehmern des Recruiting- und Karrieremarkts. Dabei handelt es sich neben den Online-Karriereressorts der einschlägigen Presseorgane, Jobbörsen, Ratgeberseiten und Dienstleister-Websites in zunehmendem Maße auch um Unternehmen, die sich mithilfe von Blogs, *Facebook*-Pages und weiterer Social-Web-Präsenzen als Arbeitgebermarken positionieren, individuelle Talent-Communitys aufbauen und auf diese Weise Anlaufpunkte für Bewerber und latent wechselwillige Kandidaten schaffen.

6.3.4.1 Vorteile von Social-Media-Marketing für Personalberatungen

Viele Personalberatungen stehen dem Aufbau solcher Online-Angebote noch immer sehr skeptisch gegenüber. Die Gründe für diese Haltung sind vielfältig und reichen von der Ausrichtung der Geschäftstätigkeit auf die Direktsuche über einen gefühlten Widerspruch zur Diskretion der Branche bis hin zur Scheu vor dem finanziellen und zeitlichen Aufwand.

Auf der anderen Seite bietet das Social Web Personalberatungen viele Möglichkeiten, sich bei Kandidaten und Kunden als Ansprechpartner zu positionieren und Vertrauen aufzubauen, die das Betreiben von Blogs, *Facebook*-Pages und Ähnliches attraktiv machen.

So können sich Personalberater durch entsprechende Beiträge in einem Blog nicht nur als **kompetente Partner in Recruiting- und Personalfragen** positionieren, sondern öffentlich **ethische Standpunkte und Werte** vertreten, um sich vom Wettbewerb abzuheben. Indem sie die thematische Ausrichtung am eigenen Beratungs- und Angebotsportfolio orientieren – angereichert um angrenzende und aktuell kontroverse Themen – haben sie anders als auf der Unternehmens-Website regelmäßig die Gelegenheit, auf das eigene Angebot aufmerksam zu machen, ohne sich anzubiedern oder die Zielgruppe zu langweilen.

Eine *Facebook*-Page ermöglicht es, durch die allgemeine Beliebtheit dieses Netzwerks, ein **Kandidatenempfehlungsprogramm** aufzubauen. Da sie weniger Anforderungen an die publizistischen Fähigkeiten stellt und das Schreiben der Beiträge weniger Zeit erfordert als von Blogposts, versetzt sie auch kleine Beratungen und Einzelkämpfer in die Lage, ihren digitalen Fußabdruck zu vergrößern und die Sichtbarkeit des eigenen Unternehmens am Markt zu erhöhen.

Darüber hinaus bietet das Marketing im Social Web eine interessante Möglichkeit der Kundenbindung, die durch die langen Zeitspannen zwischen den Aufträgen der Kunden in einem dynamischen Marktumfeld immer wichtiger wird (eine Strategie, die manche Personalberater bereits über die Herausgabe eigener Printprodukte, Studien und E-Mail-Newsletter verfolgen).

Ein weiterer Vorteil eines Social-Media-Engagements besteht darin, dass Personalberatungen so ihre Aufgeschlossenheit gegenüber Innovationen dokumentieren, was in Zeiten des Umbruchs eine wichtige Maßnahme zur Zukunftssicherung des eigenen Unternehmens darstellt.

6.3.4.2 Vorgehensweise und Herausforderungen beim Aufbau von Social-Media-Marketing

Die Einführung eines Social-Media-Marketings gliedert sich in zwei Schritte: Zum einen wird der technische Aufbau der Infrastruktur benötigt, z. B. des Blogs, der *Facebook*-Page oder eines *YouTube*-Channel. Hier empfiehlt es sich, einen spezialisierten Dienstleister einzubeziehen, der über die entsprechenden **Kompetenzen in Technik und Gestaltung** verfügt und die Personalberatung in der Planungsphase beratend unterstützt.

Zum anderen erfordert ein erfolgreiches Social-Media-Marketing strategische Vorüberlegungen im Hinblick auf die Zielgruppe des zu gestaltenden Angebots, den Mehrwert, den dieses der Zielgruppe bieten soll, und die Inhalte, die diesen Mehrwert im laufenden Betrieb in Form von Texten, Bildern oder Videos transportieren sollen.

Doch welchen Mehrwert können Personalberatungen ihren Zielgruppen bieten? Da es sich bei ihnen normalerweise um Kandidaten und Kunden handelt, besteht der Mehrwert in den **Informationen an der Schnittstelle** zwischen der Personalberatung und den Kandidaten bzw. den Kunden. Für Kandidaten können die Ratschläge in Karriere- oder Gehaltsfragen sein, die bei branchenfokussierten Personalberatungen durch wichtige und interessante Branchennews ergänzt werden. Für Kunden kann sich der Mehrwert dagegen aus Anregungen und Tipps zur Unternehmens- und Personalführung oder zur Verbesserung von Recruiting-Prozessen ergeben; weitere Möglichkeiten sind das Aufbereiten und Teilen des eigenen Branchen-, Search- und Prozess-Know-hows oder das Aufwerfen aktueller Fragen mit Bezug zur eigenen Arbeit.

An diesem Punkt erfolgt häufig der Einwand, dass die Dokumentation und Weitergabe des eigenen, teuer aufgebauten Know-hows im Social Web mittelfristig den eigenen Wettbewerbsvorteil schmälert und damit die Geschäftsgrundlage gefährdet. Dem ist aus der Perspektive des Social Web jedoch nur zu entgegnen, dass die eigene Unternehmung im Regelfall über kein Know-how verfügt, das an anderer Stelle nicht schon im Internet dokumentiert ist. Die eigentliche Stärke von Dienstleistern, und damit auch von Personalberatungen, besteht aber in der Verknüpfung von Wissen und seiner kontextbezogenen Adaption an konkrete Probleme.

Einen schwerer zu entkräftenden Einwand stellen dagegen folgende Herausforderungen des Social-Media-Marketings dar:
- die regelmäßige Identifikation branchenrelevanter Themen (Storyidentification);
- die Umwandlung identifizierter Themen in Content, wie Texten, Bildern, Videos, Podcasts (Storytelling);
- die erfolgreiche Umsetzung des Change-Prozesses, der in den meisten Unternehmen mit der Implementierung von Social-Media-Marketing verbunden ist (Mitarbeitermotivation).

Diese Gründe stellen in der Praxis, auf dem Weg ins Social Web, die größten Hindernisse für Unternehmen dar und lassen sich nur dann erfolgreich überwinden, wenn das Management die **strategische Bedeutung von Social Media** verinnerlicht hat und den Mut aufbringt, sich trotz aller Widrigkeiten auf dieses neue, aufregende Terrain zu begeben. Belohnt wird dieser Mut häufig mit der nachträglichen Erkenntnis, das Social Media sich in der Praxis deutlich einfacher gestaltet, als es nach dem Lesen theoretischer Artikel wie diesem den Anschein hat!

6.4 Personalberater – Partner for Human Capital Development

von Lothar Harings

Die nachstehenden Thesen und Gedanken sind aus der Sicht eines Klienten, dem Personalverantwortlichen eines international agierenden Technologieunternehmens, formuliert. Teilweise habe ich sehr bewusst eine eher pointierte/polarisierende Darstellung gewählt, um auf einzelne Punkte hinzuweisen bzw. zum Diskurs anzuregen. Ich hoffe, dass es mir durch meine jahrelange Zusammenarbeit und meine intensiven Gespräche mit Personalberatern gelungen ist, auch deren Ansichten einfließen zu lassen.

6.4.1 Strategischer Kontext und aktueller Markt

Der strategische Kontext für die oben gestellte Frage lässt sich meines Erachtens kurz mit drei Schlagworten beschreiben: Globalisierung, Professionalisierung und „Return on Investment".

Ich würde nicht nur von einer Renaissance des in den 90er-Jahren geprägten **„War for Talents"** sprechen, vielmehr belegen zahlreiche Umfragen, dass das

6. Zukünftige Tendenzen in der Personalberatung

„Management of Talents" mittlerweile auch bei den CEOs ganz oben auf der Prioritätenliste steht.

Die Globalisierung der Wirtschaft und damit auch des Kandidatenmarkts sowie die Einsicht, dass der richtige Mann, die richtige Frau, in einer Fach- oder Führungsposition eine Vielzahl von Erfolgsfaktoren eines Unternehmens entscheidend beeinflusst, unterstreichen die Bedeutung eines professionellen Talentmanagements.

Abbildung 6.4-1: Soll man sich auf den „War for Talents" einlassen?

Ein weiterer Trend ist die **Erweiterung des Dienstleistungssektors** in der globalen Wertschöpfungskette. Immer mehr neue Unternehmen und „Einzelkämpfer" drängen in diesen Markt. Die damit verbundene Zunahme des Angebots führt zu einem erhöhten Wettbewerbsdruck. Daraus wiederum wird mittelfristig eine Professionalisierung der Personalberater, aber auch der unternehmensinternen HR-Bereiche – im Sinne höherer Servicestandards – resultieren, die sich am Markt durchsetzen wird.

Auch der **„Return on Investment"-Gedanke** hält in den HR-Abteilungen Einzug. Der Kostendruck erfordert auch von der HR-Organisation in Business Cases zu denken, also nachvollziehbar zu machen, welchen positiven Beitrag Investitionen in Human Resources oder in People Management für das Unternehmen haben.

6.4.2 Eingangsthesen

Ich will zum Auftakt einige Hypothesen bzw. Statements formulieren, die ich dann im Einzelnen erläutern werde:

- Der Gesamtbedarf an **ganzheitlicher Unterstützung durch Externe**, d.h. unternehmensfremde Personalberater, wird eher zunehmen. Deren Aufgaben umfassen neben der Suche und Auswahl von Fach- und Führungskräften z.B. auch Entwicklungs- und Beurteilungsmethoden sowie Maßnahmen zur Organisationsentfaltung. Die Erwartungen des Klienten an die Qualität des Projektmanagements, die inhaltlichen Lösungen sowie die Mitverantwortung des Beraters werden ansteigen.
- Es wird weiterhin die Form der „**Transaktionszusammenarbeit**", d.h. der auftragsgesteuerten Personalsuche, geben, wobei ein wachsender Anteil der „normalen" Funktionen zunehmend direkt über das Internet und über Stellenbörsen abgewickelt werden wird.
- Wettbewerb und Kostendruck bergen die Chance für **Innovationen**, sei es durch die Art der definierten Serviceleistung (Inhalt oder Rahmenbedingungen) oder durch neue Formen der Zusammenarbeit zwischen Personalberatern und Klienten.
- Auf der Anbieterseite ergibt sich eine **Differenzierung in drei Dimensionen** (Inhalt/Umfang der Serviceleistung; lokal/regional/global; Ebene/Funktionsbereich), wobei die interessante und relevante Veränderung bei der Serviceleistung stattfinden wird.
- „**Global companies require global partners**" – der bloße Zusammenschluss lokaler Anbieter wird den zukünftigen Bedürfnissen einer homogenen Personalauswahl nicht mehr gerecht werden.
- Die „**Partner for Human Capital Development**" setzen sich zum Ziel, das „Human Capital" des Klienten langfristig zu sichern und zu stärken. Sie zeichnen sich dadurch aus, dass sie das jeweilige Klientenunternehmen sehr genau kennen – Kultur und interne Erfolgsfaktoren – und in der Regel eine umfassende Serviceleistung anbieten.
- Der **globale Servicepartner** als „ausgelagerte Personalentwicklung" wird auch das Bild und die Aufgabenstellung der internen Personalabteilung verändern.

6.4.2.1 Steigende Nachfrage nach ganzheitlicher, fundierter und verantwortlicher Personalberatung (These 1 und 2)

Die bisher überwiegende Form der Personalberatung war die „**Transaktionszusammenarbeit**", d.h. die auftragsgesteuerte Personalsuche. Während in der Vergangenheit ein Großteil aller Funktionen (mit Ausnahme der Board- oder Vorstandsfunktionen) in Form der klassischen, oft anzeigengestützten Personalsuche erfolgte, sind hier heute die Einflüsse des Internets klar erkennbar. Eine zunehmende **weltweite Transparenz der offenen Stellen** durch die Stellen-/Internetplattformen sowie die Homepages der großen Unternehmen und die wachsende Bereitschaft der Kandidaten, sich selbst aktiv am Markt über diese oder andere Plattformen „anzubieten", verändern die Landschaft. Sie erlauben es den Fachleuten, gefahrlos (da sie die Ausschreibung natürlich mit einem Codenamen versehen) ihren Marktwert zu testen und sich gleichzeitig sehr effizient und tagesaktuell selbst einen Überblick zu verschaffen, welche Alternativen sie ggf. haben. Dies erhöht auch den Druck auf die Personalberater, wenn es darum geht, einen Kandidaten davon zu überzeugen, dass der angebotene Job die „beste Karrierechance" darstellt.

All dies heißt, dass die Transparenz des Stellenmarkts auf jeder Senioritätsebene – für den potenziellen Arbeitgeber und für den potenziellen Kandidaten – massiv gewachsen ist und weiter wachsen wird. Es bedeutet gleichzeitig auch, dass die **Informationsüberflutung** auf beiden Seiten zunimmt und damit die Informationsverarbeitung erschwert bzw. nahezu unmöglich gemacht wird. Nur durch Selektion bzw. Komprimierung der Inhalte kann diese Informationsflut noch bewältigt werden, was eine weitere Aufgabe für einen externen Personalberater sein wird. Für die Glaubwürdigkeit des Beraters wird es in Zukunft entscheidend sein, dem Klienten gegenüber nachzuweisen, dass und wie er dies bewältigt (umfassende Informationsbasis und effiziente Komprimierung im Sinne der konkreten Klienteninteressen).

Das entscheidende Leistungselement dieser „Transaktionszusammenarbeit" war in der Vergangenheit eine effiziente Selektion der Kandidaten inklusive einer validen Persönlichkeitseinschätzung. Aus Klienten- sprich Unternehmenssicht wurde damit auch eine Prognose „Glauben Sie, dass er/sie zu uns passt?", erwartet. Hier endete für beide Beteiligten die „Transaktionszusammenarbeit". Um es bewusst ein wenig provokativ zu formulieren: Die Integration des Kandidaten in sein neues Umfeld lag in der alleinigen Verantwortung des Klienten. Einzig die übliche Verpflichtung zur Neubesetzung bei nicht erfolgreicher Probezeit oder die „verbilligte" Nachbesetzung reflektierten eine gewisse Nachhaltigkeit. Hier sind Veränderungen hinsichtlich des Inhalts und der Zeitdauer der Zusammenarbeit erkennbar. Zunehmend wird die erfolgreiche Integration des Kandidaten – auch über die Probezeit hinaus – als gemeinsame Aufgabe des Personalberaters und des Klienten verstanden. Dem Personalberater kann hier eine wichtige Mediatorenrolle zukommen. Er selbst sieht das Projekt erst dann als beendet an, wenn die Integration sowohl aus der Sicht des Kandidaten als auch aus der des Klienten erfolgreich abgeschlossen ist. Dieser Zeitpunkt liegt erfahrungsgemäß deutlich nach der Probezeit.

These 2 muss und will ich noch in gewisser Weise relativieren bzw. einschränken.

Zunächst will ich an dieser Stelle dazu noch einige Fakten aus aktuellen Studien anführen: **Mehr als 70 %** aller offenen Stellen in europäischen Großunternehmen werden mittlerweile **über das Internet ausgeschrieben** und die Hälfte aller Stellenanzeigen auf Online-Stellenbörsen. Davon werden 88,8 % auf Unternehmenswebseiten und 66,9 % in Internetstellenbörsen veröffentlicht (*König/Weitzel/Eckhardt* 2007).

Mit 72,3 % wurden erstmals mehr als zwei Drittel aller Einstellungen in den befragten Unternehmen aus den beiden Internetkanälen Unternehmenswebseiten und Internetstellenbörsen generiert (*Weitzel/König/Eckhardt/Laumer* 2008).

6.4 Personalberater – Partner for Human Capital Development

Trotz ihrer hohen Affinität zur Online-Personalbeschaffung zeigen deutsche Großunternehmen der Studie zufolge dennoch ein mangelndes Bewusstsein für die zunehmende Bedeutung internationaler Rekrutierungsmaßnahmen: Während 45 % aller großen Unternehmen in Europa der internationalen Rekrutierung in den kommenden Jahren eine hohe Bedeutung zumessen, sind es in Deutschland lediglich 27 %. Dabei nutzt schon jetzt ein Drittel der befragten europäischen Unternehmen ausländische Jobportale, weitere 20 % wollen dies in Zukunft zu tun (*IBM*, 2008).

In diesem Zusammenhang erlaube ich mir eine Randbemerkung: Ist die Tatsache, dass deutsche Unternehmen so wenig in internationalen Stellenbörsen annoncieren, nicht der nüchternen Einsicht geschuldet, dass Deutschland für internationale Spitzenkräfte nicht mehr „ ganz oben auf der Liste" steht?

Bei alldem ist jedoch zu bedenken, dass auch bei den „normalen" Funktionen in vielen Bereichen bereits heute ein **ausgeprägter Mangel an guten Kandidaten** herrscht – und das mit zunehmender Tendenz. Ich denke hier beispielsweise an Registrierungsspezialisten in der Pharmaindustrie, gute Controller in den unterschiedlichen Industriebereichen, an Produktionsleiter in Stahlwerken oder an qualifizierte Lohn- und Gehaltsabrechner im Personalbereich. Diese in der Regel nicht einmal allzu hoch bezahlten Fachkräfte haben es heutzutage nicht nötig, sich aktiv als Jobsucher zu „outen" oder sich ihrerseits auf Anzeigen zu bewerben.

Die Erfahrungen der letzten zwei Jahre am Kandidatenmarkt sowie Erkenntnisse aus anderen Internetcommunitys zeigen, dass mit großer Wahrscheinlichkeit für potenzielle Kandidaten zusätzliche Anreize geschaffen werden müssen, um diese zum Besuch der entsprechenden Internetseiten zu verleiten. Dies könnten z. B. **spezifische Informationen, interaktive Funktionen oder Serviceangebote** sein. Hier besteht sicherlich auch für auf Internetsuchen spezialisierte Personalberater ein interessantes Feld.

Solche Internetforen können zunächst als Chatroom-Blogs oder Knowledge-Exchange-Seiten dieser Spezialisten entstehen. Hier kann und muss ein Personalberater versuchen, Teil dieser Community zu werden.

6.4.2.2 Innovationschancen und neue Formen der Zusammenarbeit (These 3)

Die Chance der „Transaktionszusammenarbeit", d. h. der auftragsgesteuerten Personalsuche, liegt in der Qualität der Persönlichkeitsanalyse.

Ich bin der festen Überzeugung, dass dieser Bereich nur dann Wachstumspotenzial hat, wenn es gelingt, den klaren **Qualitätsvorsprung** gegenüber allen anderen Verfahren nachzuweisen. Diesen Nachweis erbringt für mich ganz klar die Antwort auf die Frage, ob der Klient langfristig mit dem Kandidaten zufrieden ist, oder vereinfacht formuliert, ob die „Kandidatenqualität" stimmt. Dies setzt jedoch voraus, dass Klient und Berater systematisch und über einen längeren Zeitraum hinweg analysieren, wie die Zusammenarbeit und der Erfolg der vermittelten Kandidaten nach angemessener Zeit zu bewerten ist.

Dann kann der Klient beurteilen, ob er beispielsweise über „**Zurufkandidaten**" oder Kandidaten von Stellenbörsen bessere Ergebnisse bekommt. Und als Nebeneffekt ergibt sich eine differenzierte Beurteilung der Marktanbieter; d. h. implizit, dass nur dann die **auftragsgesteuerte Personalsuche** – die zumindest langwieriger, aber auch in vielen Fällen teurer ist als die Zurufpersonalsuche – eine Daseinsberechtigung hat, wenn die Ergebnisse tatsächlich besser sind. Ist dies der Fall, wird sich auch der zusätzliche Aufwand lohnen und die „Transaktionszusammenarbeit" wird sich zulasten anderer Formen der Personalsuche langfristig behaupten.

Dies korrespondiert mit der Differenzierung zwischen dem Service im Sinne des High-End und der sogenannten „Massenprozesse" (hier wird die oben genannte Substitution stattfinden).

Eine weitere Erwartungshaltung des Klienten besteht hinsichtlich der Hilfestellung sowohl bei der Personalbesetzung als auch ggf. beim Outplacement. Aus berufsethischen Gründen scheuen seriöse Personalberater nicht zu Unrecht davor zurück, beide Leistungen anzubieten, aber der Bedarf ist da.

Das Problem dabei ist: Wie findet man eine faire und berufsethisch vertretbare Lösung für die Honorierung dieser Dienstleistung?

Kann man von dem einen Klienten ein Honorar dafür verlangen, dass man ihm dabei hilft, jemanden beim gewollten Ausstieg aus dem Unternehmen zu unterstützen, und von dem anderen Klienten ein Honorar dafür bekommen, dass man diesen „Jemand" als Kandidaten dort platziert? Auch hier gibt es durchaus pragmatische Lösungen, die den ethischen Ansprüchen gerecht werden.

Eine weitere Triebkraft für neue Dienstleistungen ist die Differenzierung als Arbeitgeber und die **Vermeidung von Betriebsblindheit**: Um dieser Gefahr speziell im Personalentwicklungsbereich, aber auch im Recruiting zu entgehen, sind wiederkehrende „externe Checks" und ein Benchmarking, wie z. B. durch Management-Audits, eine sinnvolle und notwendige Ergänzung. Nur dies ermöglicht auch die richtige Einschätzung der Antwort auf die immer wichtiger werdende Frage: „Haben wir auch in Bezug auf unsere Leute einen Wettbewerbsvorteil, sprich die bessere Mannschaft?"

6.4.2.3 Differenzierung des Personalberatermarkts (These 4)

Meines Erachtens wird es eine stärkere Segmentierung des Markts geben. Es ist Aufgabe und Erfolgskriterium eines Personalberaters, eine sehr klare Positionierung in diesem Spektrum einzunehmen und diese dann auch konsequent weiterzuverfolgen. Die Segmentierung kann in folgenden Teildimensionen geschehen:

- **Dimension 1:** Aktionsradius lokal, regional, global.
- **Dimension 2:** Sie unterscheidet nach dem jeweiligen Funktionsbereich bzw. der Funktionsebene.
- **Dimension 3:** Die Art des Service ist entscheidend (Finance Recruiting/Placement/Diagnose Decision/Coaching/Full Service).

Zwischen den einzelnen Komponenten sind durchaus interessante und Erfolg versprechende Kombinationen möglich, die es auch den „Einzelkämpfern" unter den Personalberatern erlauben, eine gute Positionierung zu erreichen.

Auch zu dieser These möchte ich bewusst die Gegenposition erwähnen: Wie viele lokale oder regionale Suchen gibt es denn? Natürlich kann man vordergründig sagen, dass die Suche nach einem Vertriebsleiter Deutschland eine klassische nationale Suche ist. Aber kann es nicht sein, dass ein Mitarbeiter eine Vertriebskarriere bei einem Großkonzern in Deutschland macht und nun, zur Vorbereitung auf eine größere Aufgabe, für drei Jahre in die USA geschickt wird, um dort eine Business Unit zu übernehmen? Und dann wird er – was bei Großkonzernen durchaus passieren kann – schlicht und einfach übersehen. Er könnte ein hervorragender Kandidat für die Position eines Vertriebsleiters Deutschland sein. Die Suche ist dann global, obwohl die Stelle vordergründig wirklich national orientiert ist.

Was die Funktionsebene und den Funktionsbereich betrifft, lässt sich nicht leugnen, dass eine starke Spezialisierung gewisse Vorteile hat, was das Beurteilen und Finden eines Kandidaten angeht. Das Beurteilen deshalb, weil man, wenn man den hundertsten Personalentwickler gesehen hat, nun wirklich einschätzen kann, wie dieser im Konkurrenzumfeld zu bewerten ist. Allerdings ist dabei eines zu bedenken: Wer immer nur Äpfel mit Äpfeln vergleicht, kann nie die nächste Erkenntnisstufe, in diesem Beispiel die Birne, entdecken. Und der zweite Aspekt, das schnelle Finden? Natürlich habe ich einen leichteren und schnelleren Zugang zu einem Markt, wenn ich nur Personalentwickler kenne. Allerdings bin ich nach wie vor der festen Überzeugung, dass das bloße Finden von Menschen immer einfacher wird, nicht zuletzt durch das Internet und die genannten Effekte. Gleichzeitig muss man sich immer wieder eine Grundüberlegung vor Augen führen: Jede Spezialisierung erfolgt, zumindest wenn man ein erfolgreicher Berater ist, auf der Basis aktueller Projekte. Die mögliche Folge: Je mehr Projekte in einer kleinen Nische, umso mehr Off Limits, also Einengung der Handlungsfreiheit des Personalberaters.

In diesem Sinne birgt eine Spezialisierung auch die Gefahr einer neuen Form der Beschränkung: Man weiß alles, kennt „den Richtigen", kann aber nichts machen. Die Gegenbeispiele sind die sehr innovativen Funktionsbereiche, speziell in der Kommunikations- und Medienbranche. Diese definieren sich gewissermaßen permanent neu und generieren damit auch neue Funktionen und Aufgaben für die Berater.

6.4.2.4 Global companies require global partners (These 5)

Wer kann denn heute – auch wenn er auf der halben Welt Büros unterhält – globale Dienstleistungen anbieten? Global bedeutet für mich, international „aus einer Hand" und nicht international im Sinne eines Patchworks, in dem z. B. fünf oder sechs Partner nebeneinander arbeiten. Dies betrifft im Ergebnis eher die Methodik und die Intensität der Kandidatenauswahl, sprich, der **Persönlichkeitsanalyse durch die handelnden Berater**. Haben diese wirklich ein gemeinsames Verständnis für diese Methodik? Und wird das Ziel, für den globalen Klienten die beste Lösung zu liefern, nicht konterkariert durch die internen Vergütungsregelungen sowie die aus einem globalen Search resultierenden limitierten Klientenzugänge für den lokalen Berater?

Übersetzt bedeutet dies aus Klientensicht: Die Rechtsform (sprich, eine „globale Search-Firma") ist zwar ein Indiz, aber kein Garant für einen globalen Partner im genannten Sinne.

Für den Klienten wird es deshalb immer empfehlenswert sein, zwei globale Partner und daneben als „Auffrischung und Marktkontrolle" noch weitere Spezialisten zu haben.

Durch diese Kombination wird gewährleistet, dass die sogenannte „**Off-Limit-Problematik**" nicht zu einer Verkürzung des jeweiligen zur Verfügung stehenden Talentpools wird.

Aus Klientensicht kann eine marktbeherrschende Rolle des beauftragten Personalberaters durchaus problematisch sein. Wenn ein solches Unternehmen eine Vielzahl der führenden Unternehmen im jeweiligen Markt auditiert oder/und gleichzeitig Suchen durchführt, dann ist das Off-Limit-Thema für beide Seiten ein Problem. Aufseiten des Personalberaters ergibt sich ein praktisches oder berufsethisches Problem. Kann er wirklich einen vollständigen Überblick über die in Betracht kommenden Kandidaten liefern, ohne gegen seine Off-Limit-Richtlinien zu verstoßen? Ich bin der Überzeugung, dass die Klienten in dieser Hinsicht viel sensitiver und anspruchsvoller werden. Die Personalberater sind daher gut beraten, diese Punkte aktiv offenzulegen und mit den Klienten zu besprechen.

Man kann und sollte sich jedoch auch Gedanken über die Off-Limit-Regelung machen. Wenn man die von mir in diesem Beitrag ausgeführten Ansätze zur „**Human-Capital-Partnerschaft**" zu Ende denkt, wäre es nur folgerichtig, dass solche Off-Limit-Beschränkungen nur im Rahmen einer solchen Partnerschaft gelten bzw. vereinbart werden. Falls sich auch die Zahlungsstrukturen in dem von mir skizzierten Sinne verändern – d.h. vollständige Bezahlung einer Suche erst nach der vollständigen Integration der Kandidaten (nach mehr als einem Jahr) – wäre es eher vorstellbar, dass solche Kandidaten nach zwei bis drei Jahren auch wieder aktiv angesprochen werden können. Dies mag aus meiner, der Klientensicht, schockierend klingen, spiegelt jedoch die Realität wider. Nach zwei bis drei Jahren in einer Funktion werden die meisten Kandidaten sich Gedanken über ihren nächsten beruflichen Schritt machen, innerhalb oder außerhalb des Klientenunternehmens. Ein Personalberater, der auch an der langfristigen Entwicklung von Kandidaten interessiert ist, kann und wird eine Ansprache auch erst nach diesem Zeitraum in Erwägung ziehen, weil nur dann diese Funktion auch einen sinnvollen Karrierebaustein darstellt. Klar, ein solches Vorgehen widerspricht den momentan üblichen Gepflogenheiten und geltenden Regelungen, aber vielleicht müssen wir auch hier umdenken.

6.4.2.5 Partner for Human Capital Development (These 6)

Wie kann man als Berater einen Beitrag zur langfristigen Sicherung des „Human Capital" des Klienten leisten? Gibt es wirklich Instrumente, um das „Human Capital" zu bewerten? Alles sehr berechtigte Fragen, auf die es keine einfachen Antworten gibt.

Die Lösung könnte z. B. in einem **fortwährenden Benchmarking-Prozess** bestehen, bei dem die Schlüsselfunktionen im Klientenunternehmen mit denen des Mitbewerbs in einem sich halbjährlich wiederholenden Prozess verglichen werden.

Eine solche Partnerschaft unterscheidet sich auch durch völlig neue Formen der Zusammenarbeit, wie z. B. die aktive Suche nach Menschen. Dabei wird auf der Basis eines sehr detaillierten Kulturprofils am Markt nach Kandidaten gesucht, die zum jeweiligen Klienten passen.

Einzelne Anbieter sind dabei, dies in neuartige Serviceleistungen umzusetzen, wie z. B. das sogenannte **„Talent-Pooling"**. Dies bedeutet, dass der Markt aktiv nach geeigneten Talenten gescannt wird, auf der Basis eines sehr genauen **Cultural-Fit-Profils** des Klienten.

Darauf aufbauend bieten sich neue Formen der Interaktion zwischen Klienten und diesem Pool von Kandidaten an, wie z. B. das zwanglose Kennenlernen im Rahmen von Kamingesprächen. Der Personalberater kann und soll hier die **Mediatorenrolle** wahrnehmen.

Hieraus resultieren auch andere Formen der Vertragsgestaltung zwischen dem Personalberater und dem Klienten, wie z. B. bei der aktiven Suche nach für den Klienten passenden Kandidaten außerhalb der üblichen transaktionsorientierten Personalberatung.

Dies betrifft den klassischen Fall, dass ein Kandidat, den ein Berater wirklich gut kennt – da er ihn bereits seit einem längeren Zeitraum „begleitet" – aktiv, also ohne Auftrag, ins Gespräch gebracht wird. Der Unterschied zu den bekannten und von allen Personalverantwortlichen gehassten „Quereinwürfen" besteht hier in der nachgewiesenen Qualität der Cultural-Fit-Analyse.

Auch in Zukunft wird ein Großteil der Serviceleistungen nach den bekannten/ etablierten Regelungen in Form von Tagessätzen für Berater bei Organisationsmaßnahmen (z. B. Audit/Assessment/Placement) und des **personenbezogenen „Pricing"** bei einer konkreten Dienstleistung (z. B. Search) abgerechnet werden.

Andererseits sind auch hier einige neue Ansätze erkennbar und bieten aus Klientensicht ein Differenzierungsmerkmal. Lassen Sie mich dies am Beispiel der Personalsuche bzw. des Recruiting erläutern:

Nach wie vor werden die klassische Drittelregelung (z. B. Auftrag/Präsentation/Vertragsunterzeichnung) oder die drei bis vier Monatsraten von einer Vielzahl der Personalberater angeboten und von den Klienten akzeptiert werden.

Der Kostendruck aufseiten der Klienten wird jedoch in mehrerer Hinsicht spürbar werden:

6. Zukünftige Tendenzen in der Personalberatung

- Es wird häufiger ein Festhonorar vereinbart werden, unabhängig vom späteren Zieleinkommen des Kandidaten: „Honi soit qui mal y pense." Aus meiner Sicht erleichtert dies auch die aus Klientensicht gewünschte Mediatorenrolle des Personalberaters bei der Verhandlung der Konditionen – er kann gegenüber beiden Parteien glaubwürdig vermitteln, da er kein Eigeninteresse hat.
- Die „sonstigen Kosten" werden begrenzt und zurückgefahren werden müssen. Administrationspauschalen werden mit Sicherheit deutlicher hinterfragt werden, dasselbe gilt für Reisekosten.
- Der interessanteste Aspekt hier sind jedoch die ersten zaghaften Versuche in Richtung „Shared Risk – Shared Gain". Bei ihnen geht es darum, gewisse Teile des Honorars erfolgsabhängig zu machen.

Ich halte diesen Aspekt – vor allem bei einer dauerhaften Partnerschaft im beschriebenen Sinne – für das zentrale Element eines innovativen und damit zukunftsträchtigen Modells. Es verlangt vonseiten des Personalberaters teilweise ein **Upfront-Investment** bzw. den Verzicht auf unmittelbaren Cashflow; vonseiten des Klienten verlangt es die Bereitschaft, den Wertbeitrag einzelner Mitarbeiter zu erfassen und den Personalberater in gewisser Weise an diesem Wertbeitrag partizipieren zu lassen.

Ein konkretes, mir kürzlich berichtetes Beispiel, betrifft die Suche nach einem Investmentbanker, die vollständig auf „Erfolgsbasis" ablief, d. h., es wurde ein gewisser Prozentsatz der von diesem Banker erwirtschafteten Wertsteigerung des ersten Jahres als Honorar vereinbart. Hier spiegelt sich nicht nur der Erfolgsgedanke, sondern auch die Nachhaltigkeit im Sinne der erfolgreichen Integration wider. Nun ist dies mit Sicherheit ein sehr spezielles Beispiel – wobei mir einige „Einzelfälle" bekannt sind –, aber was spricht dagegen, neben einem Festhonorar einen wie oben dargestellten Erfolgsbonus zu vereinbaren.

Ich bin mir darüber im Klaren, dass ein solches Modell eine starke Veränderung gegenüber dem Status quo bedeutet und insofern wohl nur in einem sehr limitierten Umfang überhaupt möglich ist (Top-Positionen, wie z. B. Werksleitung oder Vertrieb, bzw. sehr spezielle Situationen, wie z. B. Turnaround oder Produkteinführungen).

Für viele Personalberater dürfte und sollte diese Veränderung kein Problem sein. Grundsätzlich haben sie relativ geringe Fixkosten und im Vergleich zu großen Firmen wenig strukturelle (Prozess-)Hindernisse, ihre internen Rahmenbedingungen umzustellen.

Die größere Herausforderung sehe ich auf der Klientenseite: Inwieweit ist ein Klient bereit, so sensible Daten wie den Erfolg von Schlüsselpositionen transparent zu machen? Andererseits haben die veränderten und verschärften Publizitätspflichten und die Regeln des internationalen Accounting für gelistete Unternehmen sowieso eine große öffentliche Transparenz bzgl. wirtschaftlicher Kennzahlen geschaffen.

6.4.2.6 Aufgabenänderung der Personalabteilung (These 7)

Ein Personalberater, der diesen Ansatz einer „Human-Capital-Partnerschaft" umsetzen will, ähnelt vom Profil her einem **outgesourcten Personalentwickler**:

- Es setzt eine intime Kenntnis der Firmenkultur voraus.
- Er versteht sich als Coach der von ihm platzierten Kandidaten.
- Bei einer guten und offenen Zusammenarbeit mit dem Personalbereich kann er eine wichtige Mediatorenrolle spielen.

Dies rüttelt natürlich an den Grundpfeilern des Personalwesens. Im Gegensatz zu Themenbereichen wie Gehaltsabrechnung, Shared Service oder Recruiting-Center, die auch zunehmend outgesourct werden, stellte und stellt die Personalentwicklung das Core Business von Human Resources dar. Es wird daher nur ein sehr behutsames „Aufeinanderzugehen" bei diesem Thema geben. Im Ergebnis werden sich jedoch überzeugende Symbioselösungen durchsetzen.

6.4.3 Schlussbemerkungen

Auch wenn die Implementierung des „Human-Capital-Ansatzes" noch in den Kinderschuhen steckt, wird der zu Beginn dieses Artikels beschriebene Gedanke des **„Return on Investment"** diese Entwicklung fördern.

Dabei wünsche ich mir, dass die Diskussion nicht von der mathematisch und teilweise sehr theoretisch anmutenden Suche nach *der* magischen Formel zur Berechnung des „Human Capital" beherrscht wird, sondern von vielen kleinen pragmatischen Lösungen, die jede für sich einen Beweis für den durch uns Menschen geschaffenen Mehrwert im Unternehmen liefern.

6.5 Personalberatung aus Sicht des Kandidaten

von Dr. Dagmar Schimansky-Geier

Bislang wurde die Arbeit des Personalberaters im Wesentlichen aus der Sicht des Klienten betrachtet und dargestellt. Dieser Beitrag kehrt die Sichtweise um und sieht die Arbeit des Personalberaters **mit den Augen des Kandidaten** an. Außerdem setzt er sie in Zusammenhang mit den Gegebenheiten des Arbeitsmarkts. Warum tut ein erfolgreicher Personalberater gut daran, die Wünsche und Anforderungen der potenziellen Kandidaten sorgfältig zu erfassen und im weiteren Prozess nicht aus den Augen zu verlieren? Dies hat folgende Gründe: Zum einen ist ein Kandidat keine Schachfigur auf dem Brett des Fach- oder Führungskräftemarkts, sondern eine eigenständige Persönlichkeit mit klaren Vorstellungen, Wünschen und Visionen. Diese Wünsche und Visionen des Kandidaten gilt es mit den Anforderungen und Wünschen des Klienten abzugleichen. Als aktiver Teil spielt der Kandidat damit neben dem Klienten die zweite Hauptrolle im Besetzungsprozess und nicht lediglich die

Nebenrolle. Zum anderen sind die Kandidaten in sehr vielen Bereichen die eigentlich knappe Ressource und sollten daher mit größter Aufmerksamkeit behandelt werden. Um eine Position wirklich nachhaltig und zum Gewinn aller beteiligten Parteien – des Klienten, des Kandidaten und des Personalberaters – besetzen zu können, ist eine ganzheitliche Herangehensweise kein Luxus, sondern eine Notwendigkeit.

6.5.1 Unternehmen im Wettbewerb um die besten Talente

Der Arbeitsmarkt in der Bundesrepublik Deutschland und in Europa hat sich in den vergangenen Jahren stark verändert und verändert sich weiter; die Nachfrage nach „Human Capital" ist in vielen Bereichen größer denn je, insgesamt spricht man von mehr als einer Million unbesetzter Stellen (*Institut für Arbeitsmarkt und Berufsforschung*, 16.2.2012). Aufgrund der demografischen Entwicklung verstärkt sich die Nachfrage nach hoch qualifizierten Spezialisten weiter. Wer den Kampf um die besten Köpfe verliert, büßt Umsatz ein. Das Thema **„Employer Branding"** gehört daher ganz oben auf die Agenda eines jeden Unternehmens und in diesem Zusammenhang spielt der Personalberater eine wichtige Rolle.

Personalberater werden nicht mehr nur für die Besetzung der oberen Führungspositionen herangezogen, sondern auch für die des mittleren Managements, für Spezialisten, Sachbearbeiter, Berater und Inhouseconsultants. Dies ist vor allem der bereits genannten prekären Situation auf dem Fachkräftemarkt geschuldet. Die Unternehmen müssen ihre offenen Stellen besetzen, finden jedoch kaum adäquat qualifizierte Mitarbeiter.

In der IT-Branche fehlen in Deutschland derzeit rund 43.000 Spezialisten. Laut Branchenverband *BITKOM* verliert die deutsche IT-Wirtschaft wegen des Fachkräftemangels 1 % Wachstum pro Jahr (*CIO*, 21.9.2011).

Die Bundesregierung rechnet damit, dass bis in drei Jahren insgesamt 330.000 Akademiker auf dem deutschen Arbeitsmarkt fehlen werden – darunter 70.000 Naturwissenschaftler und 85.000 Ingenieure. Einer Studie zufolge, die das Bundeswirtschaftsministerium beauftragte, kostet der Mangel an qualifiziertem Personal die deutsche Wirtschaft jedes Jahr bis zu 20 Mrd. €. Engpässe gibt es vor allem in Schlüsselbranchen wie dem Maschinenbau, der Metall- und Elektroindustrie sowie dem Fahrzeugbau (*Financial Times Deutschland*, 4.8.2010).

Der durchschnittliche Recruiting-Erfolg sieht dagegen mager aus und verdeutlicht die beschriebene Situation: Von zehn ausgesprochenen Arbeitsvertragsangeboten werden weniger als vier von den Kandidaten angenommen, so die Erfahrung unserer Klienten. Diese erschreckende Korrelation gilt sicher nicht für alle Branchen und Positionen und kann durch sorgfältige Vorauswahl verbessert werden, doch sie ist ein Zeichen für dringenden Handlungsbedarf.

6.5.2 Fachkräfte als Engpass

Mittelfristig wird der Fachkräftemangel noch eklatanter werden, denn der Bedarf an hoch qualifizierten Mitarbeitern steigt und aufgrund der demografischen Entwicklung in der Gesellschaft nimmt die Zahl der Menschen im erwerbsfähigen Alter ab. Erkennbar ist die Mangelsituation daran, dass auf eine Stellenausschreibung zwar Bewerbungen eingehen, die Kandidaten jedoch oft ungeeignet oder nicht ausreichend qualifiziert sind. Die Unternehmen stehen im Wettbewerb um fähige Mitarbeiter und können diese alleine durch die Platzierung von Anzeigen schon lange nicht mehr finden. Ohne Personalberater, die sowohl den Markt als auch ihre Klienten sehr gut kennen, sind vakante Positionen daher oftmals nicht zu besetzen.

Personalberater sind deshalb die Helfer der Wahl, um die geeigneten Mitarbeiter für ihre Klienten zu finden. Bleibt eine vakante Stelle zu lange unbesetzt, hemmt dies das mögliche Unternehmenswachstum – ganz **direkt durch entgangenen Umsatz, indirekt durch langwierige und kostspielige Recruiting-Maßnahmen**. Mit seinem Angebot leistet der Personalberater so einen wichtigen und messbaren Beitrag zum Erfolg eines Unternehmens.

Für Kandidaten mit gesuchten Qualifikationen stellt dies eine luxuriöse Situation dar – sie haben freie Wahl unter den offerierten Positionen. Diese Situation verkehrt auch das klassische Rollenverständnis: Realistisch betrachtet sind die Unternehmen die Kandidaten – als Arbeitgeber bewerben sie sich um die besten Talente. Es kommt hinzu, dass die gesuchten Talente in der Regel so sehr in ihre Aufgaben eingespannt sind, dass sie nicht auch noch den Stellenmarkt im Auge behalten können. Darüber hinaus werden längst nicht alle vakanten Positionen in Stellenbörsen oder Zeitungsanzeigen veröffentlicht. Es lohnt sich daher für einen Kandidaten immer, der Anfrage eines seriösen Personalberaters offen gegenüberzustehen.

6.5.3 Anforderungen des Kandidaten an den Klienten

Der Kandidat ist die „knappe Ressource" bei der Besetzung einer offenen Position. Diese Ressource hat jedoch die Eigenart, selbst zu agieren, als Individuum eine ganze Reihe persönlicher und fachlicher Ansprüche mitzubringen, die sich auf der Grundlage der eigenen privaten Situation, der Karrieresituation und der persönlich motivierten Vorstellungen entwickelt haben. Der Markt erfordert nun die Berücksichtigung dieser Ansprüche in einem viel höheren Maße als noch vor einigen Jahren. Es kann nicht oft genug betont werden: Da der Kandidat keine Schachfigur, sondern ein eigenständiger Mensch mit persönlich motivierten Vorstellungen ist, spielt er als aktiver Teil im Platzierungsprozess die zweite Hauptrolle.

6. Zukünftige Tendenzen in der Personalberatung

6.5.4 Flexibilität auch auf Klientenseite erforderlich

Trotz des offensichtlichen Mangels an Human Resources sind die Unternehmen selten zu Kompromissen bereit: Im Gegenteil, sie haben sehr hohe Anforderungen an die fachlichen und persönlichen Eigenschaften der potenziellen Mitarbeiter. Flexibilität auf Klientenseite ist interessanterweise noch am ehesten bei den kleineren Unternehmen zu finden, die bereit sind, auch Mitarbeiter einzustellen, die sie (wenigstens zum Teil) noch ausbilden müssen. Andere Unternehmen lassen Stellen so lange unbesetzt, bis der „ideale Kandidat" sich vorstellt oder durch den Personalberater gefunden wird und behelfen sich in der Zwischenzeit mit Freiberuflern. Das Beispiel einer Stellenbeschreibung (der Teil persönliche Anforderungen) gibt einen kleinen Eindruck davon *(siehe Abbildung 6.5-1)*.

- Ausgezeichnete Kommunikationsfähigkeiten, sehr gute Präsentations-Skills sowie Verhandlungsgeschick zählen Sie zu Ihren Stärken.
- Sie zeichnen sich durch Kundenorientierung, Eigenständigkeit und Flexibilität aus.
- Dank Ihrer sehr guten analytischen und konzeptionellen Fähigkeiten sind Sie in der Lage, Problemstellungen systematisch zu analysieren und Lösungen zu entwickeln.
- Als Teamplayer mit hoher Sozialkompetenz sind Sie es gewohnt, in einem erfolgreichen Team zu bestehen.
- Verhandlungssichere Sprachkenntnisse in Deutsch und Englisch sind für Sie selbstverständlich, weitere Sprachkenntnisse sind erwünscht.
- Sie bringen eine hohe Reisebereitschaft mit.

Abbildung 6.5-1: Beispiele einer Stellenbeschreibung/Teil persönliche Anforderungen.

Für den Personalberater bedeutet dies, dass er sowohl auf der Seite des Klienten als auch auf der Seite des Kandidaten höchste Ansprüche zu erfüllen hat. Es gilt, beide Sichten gleichzeitig im Blick zu haben und die Anforderungen von Klienten und Kandidaten bestmöglich zur Deckung zu bringen. Allgemein gilt, dass potenzielle Mitarbeiter auf gute Arbeitsbedingungen ebenso viel Wert legen wie auf die Attraktivität des Unternehmens, auf Weiterbildungsangebote sowie eine mitarbeiterorientierte Unternehmenskultur. Doch das ist nur die eine Seite des Anforderungsbuketts, auf weitere werde ich im nächsten Abschnitt eingehen.

Anmerken will ich an dieser Stelle noch, dass Stellenbesetzungen durch einen Personalberater – aufgrund der geschilderten komplexen Anforderungen – in der Regel nicht „im Handumdrehen" erledigt werden, sondern ihre Zeit brauchen. Passende Kandidaten sind zu identifizieren und anzusprechen, Position und Kandidat müssen abgeglichen und dem Kandidaten die Stelle oft auch erst „schmackhaft" gemacht werden. So kann sich ein Besetzungsprozess unter Umständen zwischen einem Viertel- und einem ganzen Jahr hinziehen, wobei Letzteres die absolute Ausnahme sein muss. Aus diesem Grund sollten die suchenden Unternehmen gemeinsam mit dem beauftragten Personalberater vorausschauend planen und angemessene Suchzeiten ansetzen.

6.5.5 Bewertung der Vakanzen aus der Sicht der Kandidaten

Hat der Personalberater einen passenden Kandidaten für eine offene Position gefunden und ist der Klient bereit, ihn in die engere Wahl zu nehmen, dann sollte der Blick sehr intensiv auf die Motivationslage des Kandidaten gerichtet werden. Schließlich kommt der „Deal" nicht zustande ohne seine wirkliche und nachhaltige **Wechselbereitschaft** und letztendlich ohne seine Unterschrift unter den Vertrag.

Im Einzelnen gilt es zu berücksichtigen,

- ob es die **fachlich richtige Position** für den Kandidaten ist – dazu gehört der Abgleich der Fähigkeiten und Kompetenzen des Kandidaten mit dem Anforderungsprofil des Klienten;
- ob diese Stelle für ihn einen logischen und weiterführenden **Karriereschritt** darstellt – dazu gehört die Bewertung des Werdegangs des Kandidaten bzgl. seiner Ziele und Visionen, die Betrachtung der möglichen Entwicklungspotenziale der Position und der Vergleich mit den angestrebten Karrierezielen des Kandidaten;
- ob die **Unternehmenskultur** zum Kandidaten passt – dies beinhaltet die Bewertung der Persönlichkeit des Kandidaten;
- ob die Besetzung in den **Gehaltsrahmen** des Kandidaten passt;
- ob sich die Stelle am richtigen **Standort** befindet (oder der Kandidat mobil ist) und
- ob die neue Stelle für den Kandidaten **insgesamt ein Gewinn** ist.

In der Praxis zeigt sich, dass der Klient für gewöhnlich einen Kandidaten bevorzugt, der „größer" als die zu besetzende Stelle ist, der also über sehr viel Erfahrung in dem gesuchten Bereich verfügt und in der Lage scheint, alle gestellten Anforderungen direkt zu erfüllen. Für das Unternehmen hat dies den Vorteil, dass der Kandidat nach kürzester Einarbeitungszeit die volle Leistung erbringen kann. Für den Kandidaten jedoch ist die umgekehrte Situation wesentlich attraktiver: Ist die Stelle „größer" als das, was er dafür mitbringt, dann bestehen für ihn Entwicklungsmöglichkeiten, kann er dazulernen, seinen Erfahrungsschatz erweitern und in seiner Karriere vorankommen.

Ein Beispiel soll das verdeutlichen: Ein mittelständisches Unternehmen im Maschinenbau sucht einen neuen Marketingleiter. Der „ideale Kandidat" arbeitet seit mehreren Jahren erfolgreich beim Wettbewerber, kennt Branche, Markt und Umfeld sehr gut, beherrscht die gängigen Marketinginstrumente bestens, ist kreativ und flexibel. Es fragt sich, ob eine solche Option für den „idealen Kandidaten" reizvoll ist: Er soll eine sehr ähnliche Aufgabe in einem ähnlichen Umfeld ausüben und dafür das Risiko des Wechsels auf sich nehmen? – Ich meine nein. Es sei denn, das neue Unternehmen bietet andere Vorteile, wie ein viel besseres Gehalt für die gleiche Aufgabe, eine große Nähe zum Wohnort oder Ähnliches. Doch aus fachlicher Sicht ist der Wechsel für den Kandidaten nicht sinnvoll, denn er macht damit keinen Schritt nach vorn. Für den Kandidaten sind Dinge wie mittelfristige Aufstiegsmöglichkeiten, realistische Perspektiven oder ein weiterer Schritt auf der Karriereleiter Grundbedingungen für seine Bereitschaft zum Wechsel.

Auf der anderen Seite erwartet der Klient zu Recht, dass der Personalberater den Kandidaten findet, der das Maximum an Wissen und Erfahrungen für die zu besetzende Vakanz mitbringt und für den die neue Position Anreiz, Herausforderung und weitere Entwicklung bietet.

Dies gleicht nicht selten der Quadratur des Kreises. Die Kunst der Besetzung liegt letztendlich darin, einen allseits akzeptierten, **guten Kompromiss** und vor allem den **persönlich/menschlich am besten passenden Kandidaten** zu präsentieren – und diesen vom Sinn des Wechsels zu überzeugen.

Mit diesen Kriterien – auch als „weiche Faktoren des psychologischen Vertrags" bezeichnet – beschäftigt sich das **Human-Relations-Barometer** (*Schweizer Human-Relations-Barometer*, 2007), das ein Schweizer Professorenteam entwickelt hat. In einer jährlich im Verlag der *Neuen Züricher Zeitung* (*NZZ*) publizierten Untersuchung fühlen die Forscher den Puls der Arbeitnehmer. Dazu führen die *Eidgenössische Technische Hochschule* (*ETH*) und die *Universität Zürich* gemeinsam eine jährliche Bestandsaufnahme zum psychologischen Vertrag und zu den allgemeinen Human-Resources-Management-Praktiken in der Schweiz durch. Mittels Telefoninterview befragen sie jährlich eine repräsentative Stichprobe von 1.000 Schweizer Erwerbstätigen. Dabei geht es z. B. um folgende Fragen: Wie gehen die Angestellten mit Veränderungen auf dem Arbeitsmarkt um? Wie reagieren sie auf Restrukturierungen und Flexibilisierung? Welchen Einfluss auf die Zufriedenheit, die es ja auch bei einer Stellenbesetzung zu berücksichtigen gilt, hat die Personalentwicklung?

6.5.6 Vier Karrieretypen

Was das Veränderungsverhalten von Arbeitnehmern betrifft, haben sich für die Professoren *Staffelbach* und *Grote* von der Fakultät Psychologie an der *Universität Zürich* in dieser Studie folgende vier Karrieretypen herauskristallisiert:

Rund **ein Drittel** der Befragten (33 %) zählt zu den **traditionell aufstiegsorientierten Typen**. Ihr Ziel ist eine möglichst rasche Karriere. Kandidaten dieses Karrieretyps sind sehr gute Partner für den Personalberater, da sie genau wissen, was sie wollen, Stellenofferten in der Regel sehr gut einschätzen können, ihre Wünsche und Vorstellungen genau formulieren und bei passenden Angeboten keine Scheu haben, schnell zu handeln und zu entscheiden.

Gut **ein Viertel** (28 %) gehört zu den **traditionell sicherheitsorientierten Typen**. Sie arbeiten lange in einer Firma, fühlen sich dem Unternehmen verpflichtet und erwarten in erster Linie hohe Sicherheit. Kandidaten dieses Karrieretyps stellen die Geduld des Personalberaters oft auf eine harte Probe, da sie sich schwer entscheiden, Überlegungsfristen verlängern, erst zu-, dann wieder absagen und ein vom Klienten gemachtes Vertragsangebot am Ende doch nicht annehmen. Sie sehen einen Wechsel in erster Linie als Risiko. Da helfen meist auch keine Argumente oder gar Überredungskünste.

Es folgen mit 19 % die **eigenverantwortlichen und alternativ orientierten Typen**. Sie nehmen die Verantwortung für ihre Arbeit und Laufbahn selbst in die Hände. Kandidaten dieses Karrieretyps arbeiten sehr gut mit dem Personalberater zusammen, wenn sie erst einmal verstanden haben, welchen Mehrwert er ihnen bietet. Dieser besteht vor allem in wertvollen Informationen über den Klienten und seine Ansprechpartner, auf die er im Bewerbungsprozess trifft, über die Position und die möglichen Perspektiven, über die Historie und über die gesetzten Schwerpunkte. Der Prozess ist für den Kandidaten viel transparenter und daher besser einschätzbar, was die Erfolgsaussichten erhöht.

Für den **alternativ Orientierten** schließlich hat die **Work-Life-Balance absolute Priorität** vor Fragen der Karriere. Die Arbeit selbst ist für ihn Nebensache. Ein Kandidat dieses Karrieretyps ist für den Personalberater wenig interessant und es wird selten zu einem Kontakt kommen, da der Job für ihn dem Broterwerb und nicht der persönlichen Entfaltung dient.

6.5.7 Was der Kandidat für die Zusammenarbeit mit dem Personalberater wissen und beachten sollte

Für viele Kandidaten stellt sich die Frage: Wie sieht die Dienstleistung eines Personalberaters für ihn konkret aus?

Betont werden muss an erster Stelle: Die Arbeit des Personalberaters erschöpft sich nicht darin, Lebensläufe zu versenden und Vorstellungstermine zu organisieren. Der Kandidat hat durch die Zusammenarbeit mit dem Personalberater zahlreiche Vorteile im Bewerbungsverfahren. So erfährt er bereits im Vorfeld viel über das Unternehmen und die Position und kann beurteilen, ob die angebotene Stelle tatsächlich für ihn passt und zur richtigen Zeit kommt. Da ein guter Berater die Erwartungen seines Klienten sehr gut kennt, kann er dem Kandidaten vorab wertvolle Hinweise geben und damit dessen Chancen entweder stark verbessern oder ihn dazu veranlassen, von einer Bewerbung Abstand zu nehmen. Er hilft ihm bei der Erstellung seiner Unterlagen – und hier nicht nur bei der äußeren Gestaltung. Auf jeden Fall ist gewährleistet, dass die Bewerbung überhaupt zur Kenntnis genommen wird, was bei einer Eigenbewerbung nicht unbedingt gegeben ist.

Der Berater unterstützt den Kandidaten bei der **Vorbereitung der Vorstellungsgespräche** und moderiert falls gewünscht bei den **Vertragsverhandlungen**. Er berät ihn in **Gehaltsfragen** und wird bei **Missverständnissen vermitteln**. Diese Leistungen sind für den Kandidaten mit keinerlei Kosten verbunden. Erfährt er bei einer Direktbewerbung in der Regel nicht den Grund für seine Ablehnung, so erhält er über den Personalberater ein **qualifiziertes Feedback**, das ihm in der Zukunft von Nutzen ist. Bei der nächsten Stellenbesetzung steigen damit seine Chancen. Insofern ist die Rolle des Personalberaters gegenüber dem Kandidaten nicht die eines Vermittlers, sondern eher die eines **Mentors**, der ihn berät, unterstützt und in seiner Karriere fördert.

Sollte es zu keiner Platzierung kommen, da vielleicht ein anderer Kandidat besser passte und damit bevorzugt wurde, bindet der Berater den Kandidaten in spätere Besetzungsverfahren ein, sofern dieser das wünscht. Der Personalberater fungiert somit auch als **Karriereberater**.

Alles in allem ist die optimale Besetzung einer Position für den Personalberater eine komplexe Aufgabe. Er muss dafür viel wissen und können. Bei der Suche nach dem richtigen Mitarbeiter für den Klienten oder die richtige Position für einen qualifizierten Kandidaten sind Ausdauer, Hartnäckigkeit und Kreativität seitens des Personalberaters gefordert. Er muss sich mit gewissen Unsicherheiten bei seinen Tätigkeiten abfinden: Zu Beginn eines Auftragsprozesses ist nicht klar, wie sich das Vorhaben entwickeln und wie es ausgehen wird. Findet sich der gesuchte Kandidat rechtzeitig und ist der Auftrag damit erledigt? Rückschläge und Frustrationen sind regelmäßige Begleiter in diesem Beruf. Damit sollte der Personalberater souverän umgehen können. Wenn Klient und Kandidat am Ende zufrieden sind und mit Elan an neue Aufgaben herangehen, ist dies eine sehr schöne Bestätigung für ihn.

6.6 Personalberater-Initiative für mehr Frauen in Fach- und Führungspositionen

von Klaus Reiners

6.6.1 Frauen in der Führungsebene deutscher Unternehmen

Die Diskussion läuft seit Längerem quer durch alle gesellschaftlichen, sozialen und politischen Schichten: Braucht Deutschland eine **Frauenquote**? Auf der einen Seite fordern die Befürworter klare Vorgaben für eine Erhöhung des weiblichen Anteils in den Belegschaften durch den Gesetzgeber und erachten eine politische Entscheidung als zwingende Voraussetzung für spürbare Veränderungen. Auf der anderen Seite befürchten viele Kritiker einen massiven Eingriff in die unternehmerische Entscheidungsfreiheit. Die Bedenken gehen bis hin zu großen verfassungsrechtlichen sowie *AGG*-rechtlichen Aspekten (*Allgemeines Gleichbehandlungsgesetz – AGG*).

Doch egal, von welcher Seite auch argumentiert wird, in einem sind sich alle weitgehend einig: Das Potenzial von Frauen in Industrie, Wirtschaft und Verwaltungen – speziell in Fach- und Führungskräftepositionen – wird bislang nicht ausreichend ausgeschöpft. Und: Der Anteil von Frauen in den Top-Etagen muss erhöht werden, zumal sie bestens ausgebildet sind. Doch die Umsetzung fällt offensichtlich mehr als schwer. Der **Frauenanteil in Vorständen und Aufsichtsräten** deutscher Unternehmen ist im Vergleich der Jahre 2011 und 2012 **nur wenig gewachsen**. Im Jahr 2012 arbeiteten insgesamt 970 Führungskräfte in den Managementetagen der 200 umsatzstärksten Firmen (ohne Finanzinstitute). Davon bekleideten 931 Männer und lediglich 39 Frauen eine

Führungsposition. Dies entspricht einem Frauenanteil von 4 %. Im Jahr zuvor waren es 914 Männer und 28 Frauen gewesen. 2011 lag der prozentuale Anteil daher nur bei 3 %. Zumindest in den 30 *DAX*-Konzernen hat sich aber etwas getan: Dort stieg der Anteil von Frauen in den Vorstandsetagen von 3,7 % auf 7,8 % und damit auf das Doppelte. Nicht eine einzige Chefin schaffte es allerdings bislang in einem *DAX*-Unternehmen ganz bis an die Spitze. In Aufsichts- und Verwaltungsräten wirkt das Bild erfreulicher. 2012 lag der Anteil von Frauen in den 200 größten Unternehmen mit steigender Tendenz bei 12,9 %, in den *DAX*-Konzernen bei 19,4 %. Mit diesen Zahlen bewegt sich Deutschland europaweit eher im Mittelfeld. Weit enteilt ist beispielsweise Norwegen, wo fast dreimal so viele Frauen in Managementpositionen anzutreffen sind (*DIW*, 2013, 3 ff.).

6.6.2 Gründe für den geringen Frauenanteil im Management

Warum fällt es vielen deutschen Unternehmen aber offensichtlich schwer, mehr weibliche Fach- und Führungskräfte zu finden und zu binden? Der *Bundesverband Deutscher Unternehmensberater (BDU)* hat im Sommer 2012 rund 530 Personalberatungen aus der Gesamtbranche hierzu befragt. Als wichtigstes Hemmnis nannten die Spezialisten für Personalsuche und -auswahl den **Mangel an geeigneten Bewerberinnen**. Für Vorstands- und Aufsichtsratsposten werden besonders berufs- und führungserfahrene Kandidaten 45 + gesucht. Genau in dieser Alterskohorte sind aber aktuell noch zu wenig qualifizierte Frauen mit der beschriebenen Voraussetzung zu finden. Da der Aufstieg ins Management für Berufseinsteiger in der Regel zwischen acht und zehn Jahren dauert, muss der notwendige Unterbau erst nach und nach geschaffen werden. Außerdem verhindern die oft im Management anzutreffenden **männlich geprägten Hierarchien**, dass Frauen Führungsverantwortung übertragen bekommen (Rang 2). Den dritten wichtigen Hinderungsgrund sehen die Personalberater darin, dass weibliche Führungskräfte noch zu selten belastbare **Netzwerke** – bislang weitestgehend eine Domäne der Männer – aufbauen, die ihnen auf dem Karriereweg Rückhalt und neue berufliche Chancen bieten. Auch der deutlich geringere Anteil weiblicher Absolventinnen in den MINT-Fächern – Mathematik, Informatik, Naturwissenschaft und Technik – trägt maßgeblich dazu bei, dass Frauen in Führungspositionen unterrepräsentiert sind (Rang 4). Eine deutlich geringere Bedeutung messen die befragten Experten dem Thema Förderung von Frauen durch Zielboni der Führungskräfte in den Unternehmen bei (Rang 10). Das Argument, dass die geringere Zahl von Frauen mit MBA-Abschluss im Vergleich zu den Männern den Zugang zu Führungspositionen verhindert, erhielt ebenfalls deutlich weniger Zustimmung (Rang 9).

Den **höchsten Anteil an Kandidatinnen** konnten die Personalberater 2011 in Positionen in den Funktionsbereichen **Personalwesen** (30,2 %), **Marketing/Vertrieb** (20,0 %) und **Finanzen/Controlling** (16,8 %) platzieren. In einigen Branchen- und Funktionsbereichen weicht der Anteil der präsentierten und dann tatsächlich eingestellten Frauen stark voneinander ab. So wird beispielsweise im Fahrzeug- und Maschinenbau für den Funktionsbereich Technik/Produktion nur mit rund der Hälfte letztlich ein Arbeitsvertrag abgeschlossen.

Um den Anteil weiblicher Führungspositionen zu steigern und die Rahmenbedingungen hierfür zu verbessern, befürworten die Personalberater eine Reihe von Maßnahmen in den Unternehmen. Die **gleiche Bezahlung** des Führungspersonals steht dabei ganz oben auf der To-do-Liste, da Frauen immer noch Gehaltseinbußen im Vergleich zu ihren männlichen Kollegen zu verzeichnen haben. Eine besonders hohe Bedeutung kommt daneben den Themen Arbeitszeitsouveränität (Rang 2) und Führen in Teilzeit (Rang 3) zu. Auch die auf Rang 4 gewählte Anforderung an Industrie und Wirtschaft, für mehr Kinderkrippen zu sorgen, zeigt die zentrale Bedeutung von Maßnahmen, die Frauen dabei helfen, Familie und Karriere besser miteinander vereinbaren zu können. Am unteren Ende geeigneter Maßnahmen für eine größere Attraktivität von Führungspositionen für Frauen finden sich zwei wieder, die von den Unternehmen bislang sehr regelmäßig angeboten werden: Geschlechtsspezifische Förderprogramme sowie Coaching- und Mentoringprogramme schaffen es bei der Bewertung durch die Personalberater nur auf Rang 9 bzw. Rang 10 und gehören in deren Augen damit nicht zur ersten Wahl, wenn es darum geht, den Anteil von Frauen im Management zu erhöhen (*BDU e.V., Personalberater-Panel*, 2012, 2ff.).

6.6.3 Schalthebel: Mit Personalberatern für eine bessere Frauenquote

Ein Großteil der Stellenbesetzungen in den oberen, aber auch in den mittleren Managementebenen erfolgt durch die Unterstützung der Personalberater. 2011 waren es insgesamt rund 49.000 besetzte Positionen. Dies entspricht einem Plus von 9 % im Vergleich zum Vorjahr (*BDU e.V.*, 2012, 3). Damit üben Personalberater eine wichtige, oftmals entscheidende Funktion aus, wenn es um die gezielte strategische und personelle Weiterentwicklung von Unternehmen und Organisationen in Industrie, Wirtschaft und Verwaltung geht. Dieser Berufsgruppe kommt daher eine hohe Verantwortung bei den Anstrengungen der Klienten zu, die gewünschte Diversität – und gerade auch den Anteil von weiblichen Führungskräften – in den Belegschaften gezielt zu erhöhen. Der *BDU* hat vor diesem Hintergrund im Herbst 2012 Bundesfamilienministerin Dr. *Kristina Schröder* eine politische Erklärung überreicht, die das besondere Engagement der im Verband organisierten Personalberater zum Ausdruck bringt. Die **„Erklärung zur Erhöhung des Anteils weiblicher Führungskräfte in Wirtschaft und Verwaltung"** macht deutlich, dass Personalberater schon bei der Aufnahme eines Beratungsmandats – wie bei der Erstellung eines Anforderungsprofils für die gesuchte Position – über die Empfehlung flexibler Arbeitszeitmodelle im Gespräch mit dem Auftraggeber und die professionelle Ansprache von Kandidatinnen bis hin zum Vorschlag interessanter Quereinsteigerinnen ihren Beitrag leisten können.

7. Nationale und internationale Branchenvertretungen

7.1 Der Bundesverband Deutscher Unternehmensberater BDU e.V. – die Branchenvertretung für Unternehmens- und Personalberater in Deutschland

von Jörg Murmann

Der *Bundesverband Deutscher Unternehmensberater BDU e.V.* ist der Wirtschafts- und Berufsverband der Management- und Personalberater in Deutschland. Er ist der **größte Unternehmensberaterverband in Europa**. International vertritt der *BDU* die Interessen seiner Mitgliedsunternehmen durch eine aktive Rolle im europäischen Personalberaterdachverband *European Confederation of Search & Selection Associations* (*ECSSA*) mit Sitz in Brüssel und im *International Council of Management Consulting Institutes* (*ICMCI*), der weltweiten Vereinigung zur Qualitätssicherung in der Unternehmensberatung mit Sitz in den USA.

Über 500 Mitgliedsunternehmen mit rund 10.000 Beratern sind im *BDU* seit vielen Jahrzehnten organisiert und haben ihn zu einer Marke gemacht, die vor allem bei politischen Institutionen und bei Klienten für ein hohes Qualitätsniveau steht. Die Mitgliedsunternehmen im *BDU* besitzen einen Marktanteil von ca. 10 % gemessen am Gesamtbranchenumsatz.

7.1.1 Ziele und Aktivitäten des BDU

Die satzungsmäßige Zielsetzung des *BDU* besteht darin,
- die wirtschaftlichen und rechtlichen Rahmenbedingungen der Branche im Sinne der Mitgliedsunternehmen zu beeinflussen,
- die Inanspruchnahme externer Beratung zu fördern und
- Qualitätsmaßstäbe in der Unternehmens- und Personalberatung zu etablieren.

Dies wird nicht zuletzt durch **intensive Lobby- und Öffentlichkeitsarbeit**, durch **Seminare und Kongresse** sowie durch die Arbeit von über 250 Delegierten der Mitgliedsunternehmen in den derzeit 14 *BDU*-Expertenkreisen erreicht.

Im Jahre 2009 hat die *European Confederation of Search & Selection Associations* (*ECSSA*) dem *BDU* das alleinige Recht übertragen, für Deutschland nach bestimmten Kriterien den international anerkannten Titel „Personalberater CERC/BDU" zu verleihen. Durch die Vergabe der nationalen Zertifizierung an den *BDU* unterstreicht der europäische Dachverband dessen Anspruch, als einzige relevante Institution die Interessen der Personalberaterbranche in Deutschland zu vertreten.

Darüber hinaus bietet der Verband eine Fülle praktischer Hilfestellungen: Der Informationsaustausch unter den Mitgliedern, die Formulierung von Berufsbildern und das große Service- und Dienstleistungsangebot kommen jedem *BDU*-Mitglied unmittelbar im Tagesgeschäft zugute.

7.1.2 Die Struktur des Verbands

Der *BDU* ist ein Bundesverband, der von einem **ehrenamtlichen Präsidium** geführt wird. Er ist zurzeit entsprechend seiner Mitgliederstruktur in 14 nach Beratungsschwerpunkten und Klientenbranchen gegliederte Expertenkreise unterteilt. Allen Gruppen gemeinsam sind die Zielsetzungen: Informationsaustausch über das jeweilige Beratungsfeld bzw. über die Klientenbranche, Wissensvermittlung zu anderen aktuellen, beratungsrelevanten Themen sowie Information über Fragen der Eigenorganisation und Qualitätsentwicklung. Jeder *BDU*-Fachverband entsendet seine(n) Vorsitzende(n) in die Verbandskonferenz, die gemeinsam mit dem *BDU*-Präsidium tagt. Dadurch wird eine unmittelbare Interessenvertretung der Mitglieder gewährleistet.

Für die Umsetzung der Verbandsaufgaben ist die Geschäftsstelle in Bonn mit zurzeit 15 Mitarbeitern verantwortlich. Der wirtschaftliche Geschäftsbetrieb des Verbands wird über die *BDU-Servicegesellschaft für Unternehmensberater mbH* abgewickelt. Diese Gesellschaft unterstützt alle Unternehmens- und Personalberater, die aufgrund der strengen Aufnahmebedingungen noch nicht Mitglied im *BDU* werden können, jedoch vor einer Vollmitgliedschaft vor allem an den umfangreichen Serviceleistungen partizipieren möchten.

Weiterführende Informationen und Kontakt:
Bundesverband Deutscher Unternehmensberater BDU e.V.
Jörg Murmann (Mitglied der *BDU*-Geschäftsleitung)
Zitelmannstr. 22
53113 Bonn
Tel.: +49 228 9161-11
Fax: +49 228 9161-61
E-Mail: mu@bdu.de

7.2 Der *BDU*-Fachverband Personalberatung – der größte Expertenkreis innerhalb des Verbands

von Jörg Murmann

Einer der ältesten Expertenkreise innerhalb des *BDU* ist der **Fachverband Personalberatung**, der bereits in den 70er-Jahren gegründet wurde und Ende 2013 knapp 70 Mitgliedsunternehmen umfasst. Im Fachverband sind sowohl

Einzelberater als auch mittlere und große Beratungsgesellschaften vertreten. Obwohl zahlenmäßig eine kleine Gruppe repräsentieren die Mitglieder im Personalberatungsmarkt im Hinblick auf den Branchenumsatz von insgesamt ca. 1,6 Mrd. € – hier liegt der Anteil bei rund 15 % – sowie das vertretene Fach- und Branchenwissen eine überzeugende Größe.

Über viele Jahre, ja fast Jahrzehnte, konzentrierte sich die Arbeit des Fachverbands in Zusammenarbeit mit der *Zentralstelle für Arbeitsvermittlung* (*ZAV*) darauf, eine **gesetzliche Legitimierung der „Dienstleistung Personalberatung"** zu erhalten. Eine Ergänzung im *Arbeitsförderungsgesetz* (*AFG*) im Jahre 1994 führte für alle Personalberater zunächst einmal das Ende eines untragbaren Zustands herbei und beseitigte alle rechtlichen Unsicherheiten. Dennoch musste sich der Fachverband im Zuge der Reformierung des *AFG* noch einmal mit der Thematik auseinandersetzen. Auch dieses Mal gelang es dem *BDU* und dem Fachverband, durch ständigen Kontakt zu den federführenden Stellen im *Bundesarbeitsministerium* (*BMA*), eine für die Branche zufriedenstellende Lösung herbeizuführen.

Nach einem für die Branche ungünstigen Rechtsurteil im Zusammenhang mit der Direktansprache von Mitarbeitern am Arbeitsplatz aus dem Jahr 1999 erreichte der *BDU* durch verschiedene Aktivitäten (unter anderem die Einholung eines Rechtsgutachtens und die aktive Unterstützung weiterer Verfahren), dass die aktuelle Rechtsprechung fast ausnahmslos im Sinne der betroffenen Personalberater ausfällt. Ein mittlerweile vorliegendes BGH-Urteil bestätigt diese Position des *BDU*.

Nach den Änderungen im SGB III und dem damit verbundenen Wegfall der rechtlichen Abgrenzung zur Personalvermittlung im Jahr 2004 hat der Fachverband Personalberatung in mehreren Gesprächen mit Vertretern der *Bundesanstalt für Arbeit* (*BA*) noch einmal das Berufsbild des Personalberaters dargestellt und angeregt, die eindeutige Abgrenzung zur Arbeitsvermittlung erneut gesetzlich im SGB III zu regeln.

In den Jahren 2006 bis 2008 lag die Aufgabe des *BDU* im Fachbereich Personalberatung im Wesentlichen darin, die **rechtlichen Rahmenbedingungen** im Zusammenhang mit dem im August 2006 in Kraft getretenen *Allgemeinen Gleichbehandlungsgesetz* (*AGG*) mitzugestalten und seine Mitglieder auf dem aktuellen Informationsstand zu halten.

Die Anforderungen der EU-Dienstleistungsrichtlinie an die Verbände in Europa, sich Verhaltenskodizes zu geben oder bestehende Regeln weiterzuentwickeln, haben auch beim *BDU* zu Anpassungen in den Berufsgrundsätzen geführt. Dabei wurden die früher getrennten Regelwerke für Unternehmens- und Personalberater zu einer gemeinsamen Fassung zusammengeführt und die wesentlichen Pflichten eines *BDU*-Beraters noch stärker als zuvor in den Mittelpunkt gerückt. Die Personalberater im *BDU* haben 2011 **darüber hinausgehende Qualitätskriterien** formuliert. In den **Grundsätzen ordnungsgemäßer und qualifizierter Personalberatung (GoPB)** sind klare Richtlinien für die Tätigkeit von *BDU*-Personalberatern enthalten, die die fachgerechte und professionelle Durchführung von Personalberatungsprojekten sicherstellen. Klienten und Kandidaten erhalten so eine transparente und verlässliche Orientierung für die Zusammenarbeit mit Personalberatern. Der Leitfaden beschreibt den Idealablauf vom Beginn der Vertragsverhandlungen bis zum Ende des Projekts. Wie die *BDU*-Berufsgrundsätze haben die GoPB nicht nur eine unmittelbare rechtliche Wirkung für die *BDU*-Personalberater, sondern deren Einhaltung ist Voraussetzung für die Mitgliedschaft im Fachverband Personalberatung.

Aktuell verfolgen der *BDU* und sein Fachverband Personalberatung das Ziel, durch die Etablierung zeitgemäßer Qualitätsstandards einen Beitrag für mehr Transparenz zu leisten. Es sind vor allem zwei Bausteine, die bei den Klienten als Qualitätsmerkmale wahrgenommen werden: Im Jahr 2009 hat der *BDU* in Zusammenarbeit mit dem europäischen Dachverband *ECSSA* für Personalberater die internationale Zertifizierung zum Certified Executive Recruitment Consultant CERC eingeführt. Außerdem wurden die *BDU*-Grundsätze ordnungsgemäßer und qualitativer Personalberatung (GoPB) definiert – strenge Qualitätsrichtlinien, die von allen Personalberatern im *BDU* verbindlich eingehalten werden. Somit gewinnt der Klient, wenn er sich für ein Verbandsmitglied entscheidet, ein hohes Maß an Sicherheit, einen qualifizierten Partner für seine Personalsuche gefunden zu haben.

Um auch nicht dem Verband angeschlossenen Personalberatern die Möglichkeit zu bieten, sich z. B. über **aktuelle Marktentwicklungen auszutauschen** und **aktives Networking** zu betreiben, hat der *BDU*-Fachverband Personalberatung im Jahr 1999 mit dem jährlich stattfindenden Deutschen Personalberatertag einen mittlerweile etablierten Branchenkongress ins Leben gerufen, an dem regelmäßig um die 150 Personalberater und HR-Experten aus Klientenunternehmen teilnehmen.

Der Fachverband betreibt eine **konsequente Presse- und Öffentlichkeitsarbeit**, um die Bedeutung der Dienstleistung Personalberatung nach außen hin herauszustellen. Um diesem hohen Ziel gerecht zu werden, können die Mitglieder des *BDU*-Fachverbands Personalberatung auf ein umfangreiches Kontaktnetz des Verbands zu Journalisten, Redakteuren und Medienvertretern zurückgreifen.

Mit **regelmäßigen Studien** – wie z.B. der jährlich erscheinenden Studie „Personalberatung in Deutschland" – verfolgt der Fachverband das Ziel, den Personalberatungsmarkt transparenter zu machen, Einblicke in die Struktur und Arbeitsweise der Beratungsunternehmen zu geben und ein umfassendes Bild der Kandidaten zu zeichnen.

Organisatorisch und inhaltlich wird der *BDU*-Fachverband Personalberatung in der *BDU*-Geschäftsstelle von dem stellvertretenden *BDU*-Geschäftsführer Jörg Murmann betreut.

Weiterführende Informationen und Kontakt:
Bundesverband Deutscher Unternehmensberater BDU e.V.
Jörg Murmann (Mitglied der *BDU*-Geschäftsleitung)
Zitelmannstr. 22
53113 Bonn
Tel.: +49 228 9161-11
Fax: +49 228 9161-61
E-Mail: mu@bdu.de

7.3 Die ECSSA

von Dr. Joachim Staude

Die *ECSSA* (*European Confederation of Search & Selection Associations*) ist der europäische Dachverband der Personalberatungsverbände. Personalberatung ist hierbei in einem „engeren Sinne", nämlich als Personalsuche, zu verstehen und schließt inhaltlich nicht die konzeptionelle Beratung in allgemeinen Personalfragen ein. Personalberatung ist insofern Synonym für „**Recruitment Consulting**" oder „**Search & Selection**".

Mitglieder in der *ECSSA* sind entweder die nationalen Beraterverbände, soweit sich diese mit professioneller Personalberatung befassen (z. B. der *BDU* in Deutschland) oder nationale, auf Personalberatung spezialisierte Fachverbände (z. B. *BYS* in Spanien).

7.3.1 Ziele

Im Zuge des Zusammenwachsens der Länder in der europäischen Union, vor allem durch Schaffung des gemeinsamen Binnenmarktes und einer europäischen Gesetzgebung, blieb es nicht aus, dass sich zahlreiche **Industrie- und Wirtschaftsverbände auf europäischer Ebene organisierten**. Für den Bereich der allgemeinen Unternehmensberatung nimmt diese Rolle seit 1960 die *FEACO* (*Fédération Européenne des Associations de Conseils en Organisation*) wahr, die als Dachorganisation der nationalen europäischen Beraterverbände fungiert.

Obwohl in den Fachsektionen einiger nationaler Beraterverbände auch Themen der Personalberatung aufgegriffen wurden, fehlte eine spezifische Interessenvertretung der Personalberater über die nationalen Landesgrenzen hinaus. An diesem Gedanken knüpft die *ECSSA* an und sieht sich als „**Stimme der europäischen Personalberatungsbranche**". Auf Initiative der Beraterverbände in Frankreich (*Syntec*), Deutschland (*BDU*) und Italien (*Assores*) wurde die *ECSSA* schließlich im Jahr 2004 gegründet und in Brüssel als Verein nach belgischem Recht in das Vereinsregister eingetragen.

Die Ziele der *ECSSA* bestehen darin,

1. die Personalberatungsbranche in Europa auf der Grundlage gemeinsam geteilter verbindlicher **ethischer und professioneller Grundsätze** weiter zu entwickeln,
2. ein **dynamisches Forum** zu schaffen, das den Gedanken- und Informationsaustausch zwischen den nationalen Verbänden in Fragen der Personalberatung fördert und
3. die **Interessen** der Personalberatungsbranche auf **europäischer Ebene** gegenüber den verschiedenen europäischen Institutionen zu vertreten.

Beim erstgenannten Ziel steht der Gedanke im Vordergrund, gewisse **Minimumstandards** für die Arbeit der Personalberater zu definieren und als verbindlich anzuerkennen. Damit soll sichergestellt werden, dass die in den jeweiligen Landesverbänden vertretenen Einzelmitglieder, also die Personalberatungsfirmen und deren Mitarbeiter, gewisse **Leitlinien** einhalten. Hierzu gehören Aspekte wie **Unabhängigkeit, Fachkompetenz, ethische Standards, professionelle Mindesterfahrungen** sowie eine **Beurteilung des Personalberatungsunternehmens** vor dessen Aufnahme in den nationalen Verband. Auftraggeber und Kandidaten erhalten durch die Festlegung dieser Mindestanforderungen die Sicherheit, mit seriös arbeitenden Personalberatern zusammen zu arbeiten.

Themen wie **Vorgehensweise bei der Suche, Honorarfragen, Antidiskriminierungsregelungen, Suchverhalten** von Unternehmen oder Kandidaten, in der Personalberatungsbranche in einem Land Europas beeinflussen oft die Entwicklung in Nachbarländern. Durch regelmäßigen Gedankenaustausch zwischen den in der *ECSSA* zusammengeschlossenen Verbänden werden diese Entwicklungen analysiert, aufgegriffen und bei kritischen Themen Handlungshilfen für den Umgang damit entwickelt. Unternehmen gehen in den globalen Märkten immer häufiger dazu über, Personal auch außerhalb des eigenen Landes in den europäischen Nachbarländern zu suchen. Hierbei gelten nach wie vor landesspezifische rechtliche Regelungen, die vielen Entscheidern nicht bekannt sind. Die *ECSSA* hat sich die Aufgabe gestellt, auf ihrer Webseite entsprechende Informationen zur Verfügung zu stellen.

Ferner geht es darum, die Interessen der Personalberatungsbranche gegenüber den europäischen Institutionen wahrzunehmen. Hierzu gehört die Information politischer Mandatsträger, um Gesetzesinitiativen in Europa zu fördern bzw. zu verhindern, die die Arbeit der Personalberater beeinflussen.

7.3.2 Mitglieder

Mitglieder in der *ECSSA* sind nationale Verbände, also keine Firmen oder Einzelpersonen. Pro Land darf gemäß Satzung der *ECSSA* nur ein Verband in der *ECSSA* vertreten sein. Hierbei kann es sich um einen speziellen Personalberaterverband handeln oder um den nationalen Verband für Unternehmensberatung, soweit dieser Personalberatungsfirmen vertritt. Hinsichtlich der Mitgliedschaft in der *ECSSA* gibt es eine Vollmitgliedschaft („Full Membership") und eine sogenannte Teilmitgliedschaft („Associate Membership"). Ende 2013 sind sieben nationale europäische Landesverbände Vollmitglieder der *ECSSA*:

- **AER** (*Association of Executive Recruiters*), London
- **ASSOCONSULT** (*Associazione Federativa Imprese di Consulenza*), Rom
- **BDU e. V.** (*Bundesverband Deutscher Unternehmensberater*), Bonn
- **BYS** (*Asociación Espanola de Empresas de Búsqueda y Selección de Personal*), Barcelona
- **Federgon** (*Fédération des Partenaires de l'Emploi*), Brüssel
- **Syntec** (*Syndicat du Conseil en Recrutement*), Paris
- **LPRA** (*Luxemburg Professional Recruiters Association and Human Resources Providers*), Luxemburg

Um auch solchen Mitgliedern eine Partizipation in der *ECSSA* zu ermöglichen, die geographisch außerhalb Europas angesiedelt sind, wurde die Möglichkeit der **„Associate Membership"** geschaffen. Die *ECSSA* steht mit einigen außereuropäischen Personalberaterverbänden in Kontakt, die Interesse an dieser Form der Zusammenarbeit geäußert haben. Längerfristig erscheint es denkbar, aus dem europäischen Dachverband einen internationalen Dachverband für die Personalberatungsbranche zu entwickeln.

Die Mitglieder der *ECSSA* haben **Rechte und Pflichten**. Zu ersteren gehören die Teilnahme an den Mitgliederversammlungen und sonstigen Treffen der *ECSSA*, das Einbringen von Fragen in diese Versammlungen, der Erwerb von Publikationen zu Vorzugspreisen und die Verwendung des *ECSSA*-Logos auf Schriftstücken des jeweiligen Landesverbandes. Die aktive Teilnahme an den *ECSSA*-Aktivitäten, die Unterstützung der Zielsetzungen der Organisation, die Zahlung der Jahresgebühren und die Beachtung der *ECSSA*-Grundsätze sind Pflichten, denen sich die Mitglieder verschrieben haben.

7.3.3 Organisationsstruktur und Organe

Die Organisation der *ECSSA* wird durch das Zusammenwirken der gemäß Satzung vorgesehenen Organe bestimmt.

1. Die Mitgliederversammlung („The General Assembly")

Die Mitgliederversammlung bestimmt die Politik der *ECSSA*, handhabt die Wahlen und übt die Kontrolle über die weiteren Organe des Verbandes aus. Sie tritt mindestens einmal pro Jahr zusammen. Ihre Entscheidungen werden mit einfacher Stimmenmehrheit gefasst. Bei Stimmengleichheit gibt die Stimme des Präsidenten den Ausschlag, der auch die Sitzungen der Mitgliederversammlung leitet. Die Mitgliederversammlung entscheidet u. a. über

- die Wahl des Präsidenten
- die Wahl der Mitglieder des Exekutivkomitees
- die Wahl der Prüfer
- die Aufnahme neuer Mitglieder
- die Terminierung der Sitzungen
- Rechnungsabschluss und Budgets
- mögliche Änderungen der Statuten
- die Auflösung des Verbandes

2. Der Präsident („The Chairman")

Der Präsident vertritt den Verband nach außen und leitet die Mitgliederversammlungen sowie die Sitzungen des Exekutivkomitees. Er wird für einen Zeitraum von drei Jahren aus dem Kreis der Mitglieder des Exekutivkomitees durch die Mitgliederversammlung gewählt. Der Präsident sollte Mitglied im jeweiligen nationalen Führungsgremium seines Verbandes sein.

3. Der Generalsekretär („The Secretary General")

Der Generalsekretär ist zuständig für die Verwaltung des Verbandes. Er ist weniger „Sekretär" als vielmehr „Operations Manager". Zu seinen Aufgaben gehören die Organisation der Mitgliederversammlungen, die Protokollführung der Sitzungen der Mitgliederversammlung und des Exekutivkomitees, der Versand der Protokolle an die Mitglieder sowie die Pflege der Website der *ECSSA* (www.ecssa.org). Der Generalsekretär arbeitet unter dem Mandat des Exekutivkomitees und im Übrigen eng mit dem Präsidenten zusammen.

4. Das Exekutivkomitee („The Executive Committee")

Das Exekutivkomitee besteht aus dem Präsidenten, dem Generalsekretär und mindestens zwei weiteren, höchstens aber vier weiteren Mitgliedern, die von der Mitgliederversammlung bestimmt werden. Die Mitglieder des Exekutivkomitees werden als „Direktoren" bezeichnet und sind entweder Mitglieder ihres nationalen Verbandspräsidiums oder spezifisch für die *ECSSA* bestimmte Delegierte des nationalen Verbandes. Jedes Mitglied im Exekutivkomitee – mit Ausnahme des Generalsekretärs – hat eine Stimme. Das Exekutivkomitee tritt zwei Mal im Jahr unter der Leitung des Präsidenten zusammen und fasst seine Beschlüsse über Belange des Verbandes mit einfacher Stimmenmehrheit.

5. Spezielle Komitees („Special Committees")

Der Präsident kann nach Konsultationen mit dem Exekutivkomitee spezielle Komitees begründen, die vorübergehend oder dauerhaft bestehen. Ein erstes Komitee dieser Art, das Ende 2007 ins Leben gerufen wurde, ist *ECSSA*-CERC. CERC steht hierbei für „Certified Executive Recruitment Consultant". Ähnlich wie die *ECSSA* selbst, hat diese Art von Komitee eigene Statuten und Organe. Gegenstand des *ECSSA*-CERC ist die Vergabe einer Zertifizierung für Personalberater an die nationalen Berufsverbände, um die Akzeptanz der Personalberatung als anerkannte Beratungsdisziplin zu unterstützen und zu fördern.

7.3.4 Finanzen

Die *ECSSA* finanziert sich über Beiträge der Mitgliedsverbände, die nach Größe der Mitgliedsverbände gestaffelt sind. Ein einmaliger Beitrag wird für die Aufnahme in die *ECSSA* erhoben. Regelmäßig erhobene Jahresbeiträge stellen sicher, dass die *ECSSA* bestimmte Kosten für Kommunikation, Veranstaltungen, Druckerzeugnisse sowie das Betreiben des eigenen Internetportals finanzieren kann. Jeweils zum Jahresende erfolgt durch ein Mitglied des Exekutivkomitees die Berichterstattung über die Verwendung der Finanzmittel des laufenden Jahres sowie eine Vorschau auf die geplanten Aktivitäten des Folgejahres in Form eines Budgets.

7.3.5 Aktivitäten der ECSSA und bisherige Ergebnisse

Die *ECSSA* ist ein noch relativ junger Dachverband für die Personalberatungsbranche. Seit Gründung wurden einige Ideen und Initiativen entwickelt, die für die Branche wichtig sind. Teilweise sind diese bereits auch umgesetzt, einige Themen stehen vor der Verwirklichung oder sind angedacht und bedürfen noch der Umsetzung. Hierzu gehören die im Folgenden stichwortartig beschriebenen Aktivitäten:

1. Die **Schaffung einer Website** (www.ecssa.org) mit Informationen, auf die nationalen Verbände aber auch Firmen und Kandidaten zugreifen können. Die Inhalte des Webportals befassen sich mit Themen wie Personalberatungsmarkt, rechtliche Rahmenbedingungen für Personalberater oder Fragestellungen zum Arbeitsmarkt. Für den speziellen Informationsbedarf in einzelnen Ländern ist es dem Interessierten auch möglich, mit den nationalen Verbänden direkt Kontakt aufzunehmen. Darüber hinaus bietet ein gesicherter Bereich des Internetportals die Möglichkeit verbandsinterne Dokumente zu hinterlegen.

2. Die **Schaffung einer Zertifizierung für Personalberater**, CERC (Certified Executive Recruitment Consultant), die ähnlich wie der CMC (Certified Management Consultant) für die allgemeine Unternehmensberatung, gewisse Qualitätsstandards und Prinzipien für die Arbeit des Personalberaters - gegenüber Klienten, Kandidaten und Berufskollegen - definiert. Die Umsetzung dieser Zertifizierung erfolgte durch die jeweiligen Landesverbände auf der Grundlage vereinbarter Minimumstandards, die landesübergreifend gelten. Diese beinhalten beispielsweise Anforderungen an eine zeitliche Mindesttätigkeit als hauptberuflicher Personalberater, die regelmäßige Weiterbildung im Beruf, die Einhaltung qualitaiver Kriterien bei der Projektabwicklung sowie die regelmäßige Überprüfung der Projektarbeit durch den jeweiligen Landesverband. Der auf diese Weise von seinem nationalen Verband zertifizierte Personalberater kann den Titel CERC als Namenszusatz verwenden und damit dokumentieren, dass er sich dem Evaluierungsprozess seines Landesverbandes unterzogen hat. Die Zertifizierung muss, um gültig zu bleiben, regelmäßig (in der Regel alle zwei Jahre) wiederholt werden. Mittlerweile ist die CERC-Zertifizierung in fünf Mitgliedsverbänden verwirklicht, wobei ca. 300 Personalberater (Stand Ende 2013) in diesen Ländern einen CERC-Status erlangt haben.

3. Die **Organisation und die Durchführung von Seminaren und Konferenzen**, die der Weiterbildung der Personalberater dienen und das positive Bild des Personalberaters in der Öffentlichkeit unterstützen. Hierbei stehen vor allem länderübergreifende Themen der Personalberatung im Mittelpunkt.

4. Der **Aufbau und die Pflege einer Informationsdatenbank** zu Themen, die für den professionellen Betrieb der Personalberatung, auch über Landesgrenzen hinweg, wichtig und nutzbringend sind.

5. Die **Planung und Realisation von Umfragen** im Zusammenhang mit Themen der Personalberatungsbranche wie beispielsweise die Entwicklung des

7. Nationale und internationale Branchenvertretungen

Personal- und Personalberatungsmarktes in quantitativer und qualitativer Sicht, der Nutzung des Internets bei Bewerbungen, Veränderungen im Kandidatenverhalten u.ä. Beispielsweise wurden seit Anfang 2011 regelmäßig Umfragen zur Entwicklung des Personalberatungsmarktes in den Mitgliedsländern bei den Personalberatern durchgeführt.

Personenregister

Aldering, Christoph (1964): Diplom-Psychologe, Studiengang Arbeits- und Organisationspsychologie, 1991 Einstieg bei *Kienbaum*, von 1999 bis 2012 Mitglied der Geschäftsleitung und Partner bei *Kienbaum Management Consultants GmbH*, verantwortlich für das Geschäftsgebiet „Management Diagnostic & Development", seit Ende 2012 geschäftsführender Gesellschafter der *aestimamus GmbH & Co. KG*, www.aestimamus.com

Domke, Regine (1962): M.A., Organisation und Betreuung von internationalen Fortbildungsmaßnahmen, *Carl Duisberg Gesellschaft*, Juniorberaterin bei der Personalberatung *Porges, Siklossy & Partner (PSP)*, Bonn, Personalberaterin bei der Personalberatung *dr. gawlitta (BDU)*, Bonn.

Dötter, Jörg (1961): Diplom-Kaufmann, 5 Jahre Berufserfahrung in Industrie und Unternehmensberatung, seit 16 Jahren in der Personalberatung und seit 1998 Gesellschafter der *InterSearch Deutschland GmbH* (vormals *MR Pers beratung GmbH*) mit fünf Standorten in Deutschland, acht Gesellschaftern und 45 Mitarbeitern. *InterSearch* Deutschland ist Gründungsmitglied des Netzwerks *InterSearch worldwide* (gegründet 1989) mit Partnern in über 40 Ländern der Welt. (www.mr-intersearch.de)

Ehlert, Maren (1979): kaufmännische Berufsausbildung, Studium der Soziologie, Germanistik und Philosophie mit dem Schwerpunkt Arbeits- und Organisationssoziologie an der *TU Braunschweig*, einige Jahre Tätigkeit in einer internationalen Unternehmensberatung, Rückkehr in ihre Heimat und seitdem Arbeit als Personalberaterin bei der *Dr. Schwerdtfeger Personalberatung*. Hier betreut sie Mandate in der Region Oldenburg/Bremen auf Fachspezialisten- sowie Führungskräfteebene und verantwortet den Geschäftsbereich Personalentwicklung.

Frank, Sergey (1955): Jurist, seit 2010 selbstständiger Personal- und Unternehmensberater mit Schwerpunkt auf Mittel- und Osteuropa, einschließlich Russland, vorher 12 Jahre Partner bei *Kienbaum Executive Consultants GmbH* sowie Executive Director bei *Continental AG* und *Pipetronix GmbH*, einer Tochtergesellschaft der *Preussag AG*, daneben Beratungsaufträge für die *George Soros Foundation* in Osteuropa und GUS. Zahlreiche Veröffentlichungen und Seminare zu internationalen Themen. Autor des 2010 im *Haufe Verlag* erschienen Buches „Weltspitze: Erfolgs-Knowhow für internationale Geschäfte" sowie Mitautor des „Investmentguide Russland – Personal, Recht, Steuern und Kommunikation in der Praxis" (2009, *Schäffer Poeschel*). (www.sergey-frank.com)

Dr. Gawlitta, Wolfgang (1951): Dr. rer. nat., 1980 wissenschaftlicher Mitarbeiter *Max-Planck-Institut für biophysikalische Chemie*, 1982 *Leybold-Heraeus GmbH*, Projekt- und Gesamtentwicklungsleiter, 1985 *Personalberatung*

PSP, Mitglied der Geschäftsleitung und Mitgesellschafter, 1989 *Lucas-Nülle GmbH*, Entwicklungs- und Marketingleiter, 1992 *Personalberatung PSP*, Mitglied der Geschäftsleitung und Mitgesellschafter, 1994 Personalberatung *Dr. Gawlitta & Partner GmbH*, Geschäftsführender Gesellschafter, 2003 Personalberatung *dr. gawlitta (BDU)*, Geschäftsführender Gesellschafter.

Haake, Kai (1970): ist Rechtsanwalt. Er studierte Rechts- und Staatswissenschaften an der *Universität Bonn* und war wissenschaftlicher Mitarbeiter und Büroleiter bei Abgeordneten des Deutschen Bundestags. Er ist Mitglied der Geschäftsführung des *Bundesverbands Deutscher Unternehmensberater BDU e.V.* (www.bdu.de)

Harings, Lothar A. (1960): Rechtswissenschaftler (Assessor Jur.) an den *Universitäten Trier* und *München* und MBA mit Schwerpunkt Personalwesen, seit 25 Jahren unterschiedliche Führungspositionen im Bereich Human Resources bei großen internationalen Unternehmen wie *Siemens, Siemens Nixdorf* und *T-Mobile International*. Nach sieben Jahren als Personalvorstand bei *T-Mobile International* übernahm er 2009 die Aufgabe als Personalvorstand und CHRO bei der *Kühne+Nagel Management AG*, weltweit führende Supply Chain Company mit ca. 72000 Mitarbeitern in 100 Ländern. www.kn-portal.com

Heidelberger, Michael (1958): Diplom-Kaufmann *Universität Mannheim*, langjährige Führungserfahrung im Personalwesen im internationalen Konzern und Mittelstand, 1997 Einstieg in die Personalberatung bei *Baumgartner & Partner*, danach Niederlassungsleiter und Geschäftsführer in renommierten Personalberatungen, 2008 Gründung der *Dr. Richter Heidelberger GmbH & Co. KG* in Stuttgart, die sich auf die Suche von Führungskräften und Spezialisten für den Mittelstand spezialisiert hat, seit 2007 Mitglied und seit 2011 Vorstandsvorsitzender des *Fachverbands Personalberatung im BDU e.V.* (www.hrpartners.de)

Hirn, Karlheinz (1963): ausgebildeter Bankkaufmann und Diplom-Betriebswirt (FH) mit den Schwerpunkten Personalwirtschaft und Organisationsentwicklung an der *Fachhochschule München*, Berufseinstieg in das Personalberatungsgeschäft bereits während des Studiums, danach in HR-Funktion im Vorstandsbereich eines internationalen IT-Unternehmens; seit 1992 Personalberater, Geschäftsführer und Senior Partner bei *Kornherr Associates GmbH*; Mitbegründer des Geschäftsbereiches „Recruiting Chain Management" mit den Schwerpunkten Vertrieb und Marketing.

Dr. Hossiep, Rüdiger (1959): Diplom-Psychologe, seit 1990 an der Fakultät für Psychologie der *Ruhr-Universität Bochum*, lehrt und forscht im Fach Psychologische Diagnostik, seit 1994 Leitung des „Projektteams Testentwicklung", zuvor fünf Jahre als Betriebspsychologie bei der *Deutsche Bank AG* in Frankfurt, weitere Stationen waren die Unternehmensberatungsgesellschaft *Schröder & Partner* in Düsseldorf sowie nach dem Studium der Psychologie, Wirtschafts- und Sozialwissenschaften für anderthalb Jahre die Universität Bochum. *Rüdiger Hossiep* ist Management-Diagnostiker und Autor von einschlägigen Fachbüchern sowie von wissenschaftlichen Testverfahren für den Fach- und Führungskräftebereich.

Jaecker, Gabriela (1970) Diplom-Kauffrau (*Universitäten Mannheim* und *Autònoma de Barcelona*), vier Jahre operativer Erfahrung bei *KPMG* Mannheim, New York und Düsseldorf auf dem Gebiet Steuern und Wirtschaftsprüfung, zehn Jahre in verschiedenen Führungspositionen in den Bereichen Finanzen und Vertrieb bei *BMW*, heute geschäftsführende Gesellschafterin der *Gabriela Jaecker GmbH* Personal- und Nachfolgeberatung für Familienunternehmen, Frankfurt am Main, zertifizierte MBTI®-(Personal- und Teamentwicklung, Kommunikation) und 16PF®-Trainerin (Personalauswahl und Diagnostik).

Kirchner, Jan ist Geschäftsführer bei *atenta*, einem Hamburger Unternehmen für Recruiting-Software und Personalmarketing-Lösungen für den Einsatz im Social Web. Gemeinsam mit seinem Geschäftspartner *Alexander Fedossov* betreibt er den Blog „Wollmilchsau " und ist Koautor des Buches „Online-Personalsuche – Praxishandbuch für aktive Personalbeschaffung im Internet". (E-Mail: kirchner@atenta.de)

Kornherr, Lothar (1955): Diplom-Betriebswirt FH mit Schwerpunkt Personal, zehn Jahre Erfahrung in leitenden HR-Positionen bei renommierten internationalen Großunternehmen, mehrere Jahre Dozent für Personalmanagement am Fachbereich Betriebswirtschaft der *Fachhochschule Landshut*, 1990 Gründung der heutigen *Kornherr Associates GmbH* (Stand 2013: drei Senior-Partner, elf Mitarbeiter, Standorte München und Hamburg), die primär innovative Klienten aus den Segmenten IT, Elektronik, Medien und Automotive betreut. Seit 20 Jahren Mitglied im *BDU Fachverband Personalberatung*. (www.kornherr.de)

Maisel, Ursula (1959): Diplom-Kauffrau an der *Universität Erlangen-Nürnberg*, sechs Jahre Erfahrung in verschiedenen HR-Funktionen eines renommierten Großunternehmens. 1991 Wechsel in die klassische Unternehmensberatung mit Schwerpunkt Organisationsentwicklung, Change-Prozesse, Unternehmenskulturanalysen und Mitarbeiterentwicklung, davon drei Jahre als Geschäftsführerin und Mitgesellschafterin. 1998 Gründung der heutigen *MAISEL CONSULTING GmbH & Co. KG* (Stand 2012: vier Berater und vier Mitarbeiter im Backoffice/Research) mit dem Fokus Personalberatung und Organisationsberatung. (www.maisel-consulting.de)

Murmann, Jörg (1968): Diplom-Volkswirt, gelernter Bankkaufmann, seit 1996 beim *Bundesverband Deutscher Unternehmensberater BDU e.V.* tätig, aktuell in der Funktion des stellvertretenden Geschäftsführers; seit 2006 außerdem Generalsekretär des europäischen Personalberaterdachverbands *ECSSA*. (www.bdu.de)

Penning, Stephan (1969): Diplom-Psychologe mit dem Schwerpunkt Arbeits- und Organisationspsychologie, elf Jahre Erfahrung in führenden deutschen Personalberatungen mit Schwerpunkten in der Durchführung von Management-Audits und Assessments, Coachings sowie strategischer Personalentwicklung. Aktuell Geschäftsführer der *Penning Consulting GmbH* in Düsseldorf, die Unternehmen bei der Beurteilung von Kompetenzen und Potenzialen, bei der Konzeption, Implementierung und Evaluation professioneller Instrumente und Entwicklungsprogramme im Bereich des Personalmanagements sowie der Rekrutierung von Führungskräften unterstützt.

Dr. Pschorr, Josef hat Betriebswirtschaft studiert und promovierte über Marketing von Markenbieren. Er verfügt über eine 20 jährige Berufserfahrung in leitender Funktion im Marketing und Vertrieb von Markenartikelunternehmen und ist seit 2002 Personalberater. Gemeinsam zwei Kollegen leitet er die Personalberatung *MPW EXECUTIVE SEARCH®* in München. Er ist als zertifizierter Personalberater CERC/BDU Mitglied im *BDU* und auf die Gewinnung von Führungs- und Fachkräften in der Getränke- und Nahrungsmittelbranche spezialisiert. Er besetzt in diesem Bereich strategisch relevante Positionen mit Leistungsträgern. (www.mpwmuc.de)

Rabl, Bernhard (1985): Diplom-Politikwissenschaftler, seit 2011 Personalberater bei der *Kornherr Associates GmbH* und dort für Rekrutierungsprojekte in verschiedenen Branchen mit Technologieschwerpunkt zuständig, außerdem gemeinsame Arbeit mit den Senior-Partnern des Unternehmens an strategischen Projekten der Personalberatung.

Rauth, Stefan (1967): Diplom Verwaltungswissenschaftler, seit 20 Jahren in verschiedenen leitenden Personalfunktionen internationaler Konzerne tätig – zuletzt *BMW Group AG, aktuell GEA Group AG*. Breite Erfahrung im operativen Personalmanagement, Recruiting und Personalaufbau, Projektleitung von HR-Projekten, M&A und Personalabbau. Verantwortung und Expertise im Global Mobility Bereich, Compensation & Benefits, betriebliche Altersversorgung sowie Aufsichtsrat- und Vorstandsvergütung. Auslandseinsatz und Aufbau eines Fahrzeug- und eines Motorenwerkes in China. Beirats- und Lehrtätigkeiten.

Reiners, Klaus (1959): seit 1998 beim *Bundesverband Deutscher Unternehmensberater* als Mitglied der Geschäftsführung verantwortlich für die Abteilung Presse und Kommunikation; vorher in gleicher Funktion für den *Bundesverband Zeitarbeit* tätig.

Dr. Richter, Hans-Joachim (1954): seit 2003 Personal- und Strategieberater mit europäischer Zertifizierung CERC, Executive Search, Spezialität Unternehmensnachfolge im Mittelstand, Coaching von Übergabeprozessen, Beiratstätigkeit in einem internationalen BioTech-Unternehmen und Dozent für Controlling und Marketing innerhalb des MBA „Management + Information Systems" der Hochschule Albstadt. Von 1986 bis 1996 Direktor der Schweizer *Contelec AG* in der *Furtwanger Siedle-Gruppe*, ab 1997 Geschäftsführer der *Münchner Rodenstock Präzisionsoptik*, nach dem Verkauf von *Rodenstock* an die *Göttinger Linos AG* im Jahr 2000 Vorstand des neu fusionierten Unternehmens und nachhaltig beim erfolgreichen Börsengang engagiert.

Michael, Rohrbach (1956): Bankkaufmann, mit langjähriger Berufserfahrung in leitenden Positionen deutscher Großbanken in den Bereichen Organisation und Personal, seit 1996 Personal- und Unternehmensberater, schwerpunktmäßig Suche und Auswahl von Fach- und Führungskräften für den Mittelstand (Audio, Automobil, Energie, Finanzdienstleister, IT, Konsumelektronik, Maschinenbau, Telekommunikation). www.rohrbach-personalberatung.de

Rohrer, Thaddäus (1958): Ausbildung zum Einzelhandelskaufmann und zum staatlich geprüften Betriebswirt in der Möbelbranche, schon in jungen Jahren Personal- und Ergebnisverantwortung als Prokurist und Geschäftsführer, 1992 Gründung einer eigenen Unternehmensberatung, um sein international geprägtes Netzwerk ausgesuchten Klienten zur Verfügung zu stellen. 2012 feierte er das 20-jährige Bestehen seiner Selbstständigkeit, davon 15 Jahre als Personalberater.

Rumohr, Joachim von (1950): Diplom-Betriebswirt, High School Abschluss/ USA, kaufmännische Lehre, Studium Wirtschaftswissenschaften in Deutschland, England und Frankreich an der *European Business School*, 1979-1984 Account Director in der Kommunikationsberatung bei den US-Gesellschaften *Grey* und *Troost Campbell-Ewald*, Düsseldorf, 1984-1987 Leiter Internationales Marketing *adidas*, Herzogenaurach, 1987 Gründung *Rumohr Management Consulting*, Düsseldorf heute Berlin, 2002-2010 Mitglied des Vorstands Fachverband Personalberatung im *BDU*.

Dr. Ruppert, Regina (1963): ist seit 2007 geschäftsführende Gesellschafterin der *selaestus personal Management GmbH* in Berlin, einer kleinen, exklusiven Personalberatung im Bereich der Direktansprache von Führungskräften und Experten für den Mittelstand. Sie verfügt über 15 Jahre Berufserfahrung im Executive Search, erworben in namhaften international und national agierenden Personalberatungen. Sie hat Betriebswirtschaftslehre studiert und über die „Individualisierung von Unternehmen" promoviert. Neben der wissenschaftlichen Arbeit an verschiedenen Universitäten ist sie Vorstandsmitglied im Fachverband Personalberatung im *BDU*.

Schimansky-Geier, Dr. Dagmar, Studium der Wirtschaftsinformatik, zunächst in den Bereichen Informationstechnik (IT) und Organisation tätig, Beraterin für IT-Anwendungen in der öffentlichen Verwaltung, Lehre an der Verwaltungsakademie des Senats von Berlin und anderen Bildungseinrichtungen, mehrere Jahre Geschäftsführerin und stv. Vorsitzende des *AWI Anwenderverbands für Wirtschaftsinformatik in Europa e.V.*, 1999 Gründung der Personalberatung *1a Zukunft* in Köln, die heute mit zehn Mitarbeitern Industrie-, Kommunikations- und Beratungsunternehmen berät. (www.1a-zukunft.com)

Schröder, Ulrich (1959): Bankkaufmann, Diplom-Ökonom und Business Coach, seit 2002 selbstständiger Personalberater und Inhaber von *niceConsult Managementberatung BDU*, unterstützt Banken und mittelständische Unternehmen in der Suche nach Fach- und Führungskräften in Finanzpositionen und im kaufmännischen Bereich, vorher Partner bei *Dr. Heimeier & Partner*, als Bereichsleiter Rekrutierung Banken bei *Kienbaum Executive Consultants* sowie in Führungspositionen bei verschiedenen Banken. Er verfügt über 15 Jahre Erfahrung in den Bereichen Rekrutierung, Assessment und Coaching. (www.niceconsult.de)

Spies, Stefan ist Dozent an der *Universität St. Gallen*, er trainierte für den *DFB* die Schiedsrichter der ersten und zweiten Bundesliga und unterstützt Professoren, *DAX* Vorstände und Politiker bei ihren Auftritten. In 14 Jahren

Management Training entwickelte er seine eigene Lehre DER GEDANKE LENKT DEN KÖRPER: Indem die eigene innere Haltung neu gedacht und dieser neue Gedanke in der Improvisation konsequent umgesetzt wird, lernen die Teilnehmer ihr eigenes Auftreten zu gestalten und das ihres Gegenübers zu verstehen. Das Ergebnis ist zielgerichtet, nachhaltig und glaubwürdig. Offene Seminare mit *Stefan Spies* unter www.spies-regie.de.

Dr. Staude, Joachim (1949): Diplom-Kaufmann, Studium an den *Universitäten Stuttgart* und *Mannheim*, Promotion zum Dr. rer. pol. *Universität Mannheim*, Assistent am Lehrstuhl für allgemeine BWL und Personalwesen, mehr als 17 Jahre im Management-Consulting der *KPMG*, davon elf Jahre als Partner, zeitweilig als gewählter Senior-Consulting-Partner mit der Verantwortung für nationale und internationale Beratungsprojekte, 1995 Management Buy-out der Personalberatung *PMM Management Consultants GmbH* aus der *KPMG*, Anfang 1989 Übernahme der *PMM* durch *TMP Worldwide Inc.*, New York, als Country Manager Germany. 2003 Gründung der *PMC International AG*, hier Vorstand und Personalberater für die Suche und Auswahl von Führungskräften und Spezialisten, von Anfang 2001 bis Ende 2008 Präsidiumsmitglied des *BDU*, zwischen 2004 und 2008 zusätzlich auch Präsident des *europäischen Personalberaterverbands ECSS*. (www.pmci.de)

Staufenbiel, Joerg E. (1943): Diplom-Kaufmann, studierte an der *Universität zu Köln*. Er war langjähriger Verleger von Publikationen zur Berufsplanung sowie Seminarveranstalter mit Preisverleihung „In Search of Talents". Gleichzeitig war er seit 1976 als internationaler Personalberater mit Schwerpunkt Asien tätig. 2004 verkaufte er das *Staufenbiel-Institut* und fokussierte sich auf Executive Search und Talentmanagement. Seit 1982 ist er Mitglied des Fachverbands Personalberatung im *BDU*. 2009 machte er die Zertifizierung zum „Personalberater CERC/BDU". (www.staufenbiel-personalberatung.de)

Tröger, Wolfram war nach seinem Ingenieurstudium als Projektleiter und später Niederlassungsleiter einer Ingenieursgesellschaft tätig. Seit 1995 ist er Partner/Gesellschafter der *Baumann Unternehmensberatung*, seit 2003 zusätzlich für den Ausbau der Direktansprache-Aktivitäten der *Baumann-Gruppe* verantwortlich sowie Mitglied des Aufsichtsrats der *Baumann Unternehmensberatung Beteiligungs- und Verwaltungs AG*. Er vertritt die Interessen des Unternehmens im *BDU* und ist im Vorstand des Fachverbands Personalberatung.

Winter, Daniela (1977): nach dem Abitur und einer kaufmännischen Berufsausbildung Studium der Psychologie mit dem Schwerpunkt Arbeits- und Organisationspsychologie in Münster, erste Berufserfahrungen bei einer Unternehmensberatung im Bereich Potenzialanalyse und seit 2004 Tätigkeit bei der *Dr. Schwerdtfeger Personalberatung*. Hier betreut sie die Themen Personalentwicklung, Potenzialanalyse sowie Bewerbungs- und Karriereberatung.

Literaturverzeichnis

Anger, C./Demary, V./Koppel, O./Plünnecke, A.: MINT-Frühjahrsreport 2013 – Innovationskraft, Aufstiegschance und demografische Herausforderung, Köln, 2013.
Aulinger, A./Schmid, T.: Empathisches Führungsverhalten, in: zfo, 06/2009, S. 296 ff.
Bachschmidt, C.: Resource- vs. Market-Based-View im Strategischen Management – Darstellung und kritischer Vergleich beider Perspektiven, Seminararbeit an der Friedrich-Alexander-Universität Erlangen-Nürnberg, Wintersemester 2005/2006, S. 2 ff.
Backhausen, W./Thommen, J.-P.: Coaching. Durch systematisches Denken zu innovativer Personalentwicklung, Wiesbaden, 2003.
Barney, J.B.: Firm Resources and Sustained Competitive Advantage, in: Journal of Management, Vol. 17, Nr. 1, 1991, S. 112.
BDU-Marktstudie „Personalberatung in Deutschland 2010/2011", Bonn, 2011.
BDU-Marktstudie „Personalberatung in Deutschland 2011/2012", Bonn, 2012.
Bechtel, M., Internationale Personalsuche wird immer wichtiger. Siehe: http://www.academics.de/wissenschaft/internationale_personalsuche_wird_immer_wichtiger_50348.html (zuletzt aufgerufen am 20.8.2012).
Beck, U.: Jenseits von Klasse und Nation. Individualisierung und Transnationalisierung sozialer Ungleichheiten, in: Soziale Welt 59 (4), Göttingen, 2008. S. 301–325.
Beck, U.: Jenseits von Stand und Klasse?, in: Beck, U./Beck-Gernsheim, E. (Hrsg.): Riskante Freiheiten, Frankfurt, 1994.
Beckers, W.: Die Headhunter Connection, Bergisch Gladbach, 2003.
Bermann, W.H./Bradt, G.: Executive Coaching and Consulting: Different Strokes for Different Folks, in: Professional Psychology: Research and Practise, 37, 2006, S. 244–253.
Böning, U./Fritschle, B.: Coaching fürs Business, Manager Seminare, Bonn, 2005.
Borkenau, P./Ostendorf, F.: NEO-Fünf-Faktoren-Inventar – NEO-FFI (2. Aufl.), Göttingen, 2008.
Bruch, H./Vogel, B., Organisationale Energie – Wie Sie das Potenzial Ihres Unternehmens ausschöpfen, Wiesbaden, 2005.
Bruch, H.: 17. Bodensee-Forum Personalmanagement, Bregenz, 10.–11.4.2008.
Bruhn, M.: Qualitätsmanagement für Dienstleistungen – Grundlagen, Konzepte und Methoden, Berlin, 2003.
Bundeministerium für Familie, Senioren, Frauen und Jugend (Hrsg.): Familienbewußte Arbeitszeiten – Unternehmensnetzwerk „Erfolgsfaktor Familie", Berlin, 2012.
Bundesagentur für Arbeit: Perspektive 2025 – Fachkräfte für Deutschland, Nürnberg, 2011.
Bundesverband Deutscher Unternehmensberater BDU e.V. (Hrsg.): Grundsätze ordnungsgemäßer und qualifizierter Personalberatung (GoPB), Bonn, 2011.
Bundesverband Deutscher Unternehmensberater BDU e.V. (Hrsg.): Klientenbefragung, Bonn, 2011.
Bundesverband Deutscher Unternehmensberater BDU e.V. (Hrsg.): Personalberatung in Deutschland, Bonn, 2010/2011.
Bundesverband Deutscher Unternehmensberater BDU e.V.: Personalberatung in Deutschland 2012/2013.
Bundesverband Deutscher Unternehmensberater e.V.: Personalberater-Panel-Befragung „Karriere von Frauen in Fach- und Führungskräftepositionen", Bonn, 2012.
Bundesverband Deutscher Unternehmensberater e.V.: Personalberatung in Deutschland 2011/2012, Bonn, 2012.
Cartwright, S./Hudson, S.-L., Coping with mergers and acquisitions, in: Burke, R.J./Cooper, C.L. (Hrsg.): The organization in crisis. Downsizing, restructuring and privatization, Oxford, 2000.

Literaturverzeichnis

Centre of Human Resources Information Systems (CHRIS) der Universitäten Bamberg und Frankfurt: recruiting trends 2011.

Charta der Vielfalt: Diversity als Chance – Die Charta der Vielfalt der Unternehmen in Deutschland, Berlin, 2011. Siehe: http://www.charta-der-vielfalt.de (zuletzt aufgerufen am 15.5.2012).

Commission of the European Communities: Gender Balance in Decision-Making. European Commission, Employment, Social Affairs, and Equal Opportunities, 2009. Siehe: http://ec.europa.eu/social/main.jsp?catId=762&langId=en.

Crosby, P.B.: Qualität bringt Gewinn, Hamburg, 1986.

Crosswater Web Services Ltd.: Die aktuelle Lage der Jobbörsen in Deutschland, 2010.

Dehner, U.: Erfolgsfaktor Coaching, Hamburg, 2004.

Der Brockhaus, Band 6, Gütersloh, 2001.

Deutsches Institut für Wirtschaftsforschung: Managerinnen-Barometer Unternehmen, DIW-Wochenbericht Nr. 3/2013, Berlin, 2013, S. 3 ff.

Dincher, R./Gaugler, E.: Personalberatung bei der Beschaffung von Fach- und Führungskräften. Schriftenreihe der Forschungsstelle für Betriebswirtschaft und Sozialpraxis, Band 58, Mannheim, 2002.

Domdey, W.: Qualitätsmanagement in der Personalberatung, Präsentation Weider AG – Qualitätsmanagement, 2007.

Fedossov, A./Kirchner, J.: Online-Personalsuche – Praxishandbuch für aktive Personalbeschaffung im Internet, Hamburg, 2009.

Fisher, A.: Starting a new job? Don't blow it, in: Fortune, 151, 2005, S. 48–51.

Fitzsimmons, J.A./Fitzsimmons, M.: Service Management: Operations, Strategy and Information Technology, New York, 1998.

Fließ, S.: Prozessorganisation in Dienstleistungsunternehmen, Stuttgart, 2006.

Föhr, S.: Personalberatung, in: Gaugler, E./Oechsler, W.A./Weber, W. (Hrsg.): Handwörterbuch des Personalwesens, Stuttgart, 2004, S. 1394–1403.

Fudickar, R.: Kompetenz und Expertise oder warum der Berater Partner der Klienten ist, in: Lambeck, A.: Führungspositionen optimal besetzen – Handbuch des Executive Search, Frankfurt/Wien, 2003, S. 51–60.

Gaugler, E./Lay, G./Mallach, A./Schilling, W.: Die Praxis der Personalberatung. Dienstleistungen bei der Suche betrieblicher Führungskräfte. Ergebnisse einer empirischen Untersuchung. Forschungsstelle für Betriebswirtschaft und Sozialpraxis e.V., Mannheim, 1979.

Gaugler, E./Weber, B.: Funktionen und Arbeitsweisen der Personalberatung. Forschungsstelle für Betriebswirtschaft und Sozialpraxis e.V., Mannheim, 1987.

Gembrys, S./Herrmann, J.: Qualitätsmanagement, 2006.

Geyer, G.: Emotionale Akzeptanz – Der Wendepunkt bei Change-Prozessen, in: Trigon Entwicklungsberatung, S. 1–4.

Haake, K.: Personalberatung versus private Arbeitsvermittlung – rechtliche Grundlagen, in: Staufenbiel, J.E.: Personalbeschaffung, Köln, 2005.

Hage, S./Syre, R.: TÜV für Headhunter, in: Manager Magazin Online, 200. Siehe: http://www.manager-magazin.de/unternehmen/karriere/0,2828,436978,00.html (zuletzt aufgerufen am 4.5.2012).

Harvard Business Manager (HBM): High Potentials richtig fördern, Heft 12, 2011, S. 20-29.

Heuskel, D.: Wahrheiten und Torheiten, in: Harvard Businessmanager, 2005, S. 30–34.

Hildenbrand, C.D./Jüster, M./Petzold, H.G.: Coaching aus der Sicht von Führungskräften, in: Rauen, C. (Hrsg.): Handbuch Coaching, Göttingen, 2002.

Hossiep, R./Collatz, A.: Bochumer Inventar zur berufsbezogenen Persönlichkeitsbeschreibung (BIP), in: Rauen, C. (Hrsg.): Coaching-Tools II. Bonn, 2007, S. 94-98.

Hossiep, R./Krüger, C.: Bochumer Inventar zur berufsbezogenen Persönlichkeitsbeschreibung – 6 Faktoren (BIP-6F), Göttingen, 2012.

Hossiep, R./Mühlhaus, O.: Personalauswahl und -entwicklung mit Persönlichkeitstests, Göttingen, 2005.

Hossiep, R./Paschen, M./Mühlhaus, O.: Persönlichkeitstests im Personalmanagement. Grundlagen, Instrumente und Anwendungen, Göttingen, 2000.

Hossiep, R./Paschen, M.: Bochumer Inventar zur berufsbezogenen Persönlichkeitsbeschreibung – BIP (2. vollständig überarbeitete Aufl.), Göttingen, 2003.
Hossiep, R./Paschen, M.: Psychologische Testverfahren zur Unterstützung von Personalentscheidung, in: Sattelberger, T. (Hrsg.): Handbuch der Personalberatung, München, 1999, S. 266–281.
Hossiep, R./Turck, D./Hasella, M.: BOMAT – advanced – Bochumer Matrizentest, Göttingen, 1999.
Hossiep, R.: Explizite Maße, in Sarges, W. (Hrsg.): Management-Diagnostik (4. Aufl.), Göttingen, im Druck.
Hossiep, R.: Manager im Test – Sichern die Diagnostiksysteme den Managementerfolg ab?, in: Friedrichs, P./Althauser, U. (Hrsg.): Personalentwicklung in der Globalisierung – Strategien der Insider, Neuwied, 2001b, S. 53–68.
Hossiep, R.: Messung von Persönlichkeitsmerkmalen, in: Schuler, H./Sonntag, K. (Hrsg.): Handbuch der Arbeits- und Organisationspsychologie, Göttingen, 2007, S. 450–458.
Hossiep, R.: Psychologische Tests – die vernachlässigte Dimension in Assessment Centern, in: Sarges, W. (Hrsg.): Weiterentwicklungen der Assessment Center-Methode (2. Aufl.), Göttingen, 2001a, S. 170–196.
Institut der Unternehmensberater IdU im BDU: Leitfaden Grundsätze ordnungsgemäßer und qualifizierter Personalberatung (GoPB), 2011.
Institut der Unternehmensberater IdU im Bundesverband Deutscher Unternehmensberater BDU e.V.: Grundsätze ordnungsgemäßer und qualifizierter Personalberatung, Bonn, 2010.
Ivens, B.: Welche Marketingressourcen schaffen Wettbewerbsvorteile?, in: absatzwirtschaft – Zeitschrift für Marketing, 2/2007, S. 50.
Jackson, E.: Top ten reasons why large companies fail to keep their best talents, in: Forbes, 14.12.2011.
Jones, G./Spooner, K.: Coaching High Achievers, in: Consulting Psychology Journal, 58(1), 2006, S. 40–50.
Kaminske, G.F./Brauer, J.-P.: ABC des Qualitätsmanagements, München, 1995.
Keeley, B./OECD Insights (Hrsg.): Humankapital. Wie Wissen unser Leben bestimmt, 2008.
Kersting, M./Hossiep, R.: Intelligenztests: Treffsicher, aber tabuisiert. – Ein Plädoyer für methodische Vielfalt im AC, in: Arbeitskreis Assessment Center e. V. (Hrsg.): Diagnostische Kompetenz: Entwickeln und Anwenden. Dokumentation zum 7. Deutschen Assessment-Center-Kongress 2008, Lengerich, 2008, S. 125–135.
Kersting, M.: Qualität in der Diagnostik und Personalauswahl – Der DIN-Ansatz, Göttingen, 2008.
Kersting, M.: Tests und Persönlichkeitsfragebogen in der Personalarbeit, in: Personalführung, Heft 10, 2010, S. 20–31.
Kienbaum, J.: Kundenorientierung und Spitzenqualität, in: Jochmann, W.: Personalberatung intern – Philosophie, Methoden und Resultate führender Beratungsunternehmen, Göttingen, 1995, S. 103–119.
Kraft, T.: Personalberatung in Deutschland und in der Schweiz. Konzeptionelle Grundlagen und empirische Untersuchungen zur effizienten Gestaltung der Berater-Klienten-Beziehung, Bern/Stuttgart/Wien, 2002.
Kraus, G./Becker-Kolle, C./Fischer, T.: Handbuch Change-Management, Berlin, 2004.
Lichius, W: Anzeigengestützte Suche, in: Sattelberger, T.: Handbuch der Personalberatung, München, 1999.
Lippmann, E.: Coaching, Heidelberg, 2006.
Lohmann, T./Lorson, H./Frank, G./PWC AG Wirtschaftsprüfungsgesellschaft (Hrsg.): Demografiemanagement 2011, Berlin, 2011.
Marr, R./Fliaster, A.: Bröckelt das Loyalitätsgefüge in deutschen Unternehmen?, in: Ringlstetter, M./Henzler, H./Mirow, M. (Hrsg.): Perspektiven der Strategischen Unternehmensführung. Theorien, Konzepte, Anwendungen, Wiesbaden, 2003, S. 277 ff.
Meidinger, T.: Bozener Managementgespräche – Interkulturelles Management, Europäische Akademie Bozen, 2002.

Möllering, G.: Umweltbeeinflussung durch Events? – Institualisierungsarbeit und feldkonfigurierende Veranstaltungen in organisationalen Feldern, in: zfbf 63, 8/2011, S. 459.
Monjau, G./Schirmer, U./Schlichter, J./Wiesler, G.: Demografie Exzellenz – Herausforderungen im Personalmanagement 2012, Bonn, 2012.
Mutzek, W.: Kooperative Beratung, Weinheim, 1997.
Neudeck, E./Pranzas, D.: Research-Direktansprache in der Personalberatung, Ratingen, 1995.
o.V. TÜV Rheinland 2011: Was ist ein zertifiziertes Unternehmen? Siehe: http://www.tuvdotcom.com/what_is_a_certified_organisation?locale=de (zuletzt aufgerufen am 4.5.2012).
o.V.: AESC 2007. Siehe: http://www.aesc.org (zuletzt aufgerufen am 7.11.2007).
o.V.: Bundesverband Deutscher Unternehmensberater BDU e.V. Siehe: http://www.bdu.de (zuletzt aufgerufen am 9.11.2007).
o.V.: EFQM „Excellence einführen". Siehe: http://www.deutsche-efqm.de/download/Excellence_einfuehren_2003(9).pdf (zuletzt aufgerufen am 9.11.2007).
o.V.: Grundsätze des Bundesverbands Deutscher Unternehmensberater BDU e.V. für den Beruf Personalberater 2007. Siehe: http://www.bdu.de/sn_klie_quali_grund.html#Berufs_PB (zuletzt aufgerufen am 9.11.2007).
o.V.: Informations- und Fortbildungsprogramm für Qualitätsmanagement in der ambulanten Versorgung. Siehe: http://www.q-m-a.de/q-m-a (zuletzt aufgerufen am 15.11.2007).
OECD, Gender and sustainable development: Maximising the economic, social, and environmental role of women, 2009. Siehe: http://www.oecd.org/dataoecd/58/1/40881538.pdf (zuletzt aufgerufen am 16.5.2012).
Okech, J.: Markteintritts- und Marktbearbeitungsformen kleiner und mittlerer Personalberatungen im Ausland. Eine empirische Analyse unter besonderer Berücksichtigung internationaler Netzwerke, ESCP-EAP, Working Paper Nr. 31, Berlin, November 2007.
Orenstein, R.L.: Measuring Executive Coaching Efficacy? The Answer Was Right Here All The Time, in: Consulting Psychology Journal, 58(2), 2006, S. 106–116.
Ostendorf, F./Angleitner, A: NEO-Persönlichkeitsinventar nach Costa und McCrae, Revidierte Fassung (NEO-PI-R), Göttingen, 2004.
Passmore, J.: An Integrative Model for Executive Coaching, in: Consulting Psychology Journal, 59(1), 2007, S. 68–78.
Pfeffer, J.: The Human Equation, Harvard University Business School Press, Boston, 1998, S. 65 ff.
Pschorr, J./Pschorr, K.: Neue Herausforderungen für das Personalmanagement, in: BRAUWELT, Nr. 48–49, 2006, S. 1506.
Pschorr, J.: Marketing von Markenbieren unter besonderer Berücksichtigung wettbewerbsorientierter und markentechnischer Gesichtspunkte, in: Lück, W. (Hrsg.): Schriftenreihe für die Brauwirtschaft, Band 3, Krefeld, 1992.
Pschorr, J.: Unternehmensstrategien im Getränkemarkt, in: BRAUWELT, Nr. 34–35, 2011, S. 1048 ff.
Rauen, C.: Handbuch Coaching, Göttingen, 2005.
Rosier, M.: Beziehungsintelligenz in Marketing, Vertrieb und Service, München, 2008, S. 54 ff.
Roth, S.: Emotionen im Visier: Neue Wege des Change-Managements, in: Organisationsentwicklung, 2, 2000, S. 4–21.
Rump, J./ibe (Institut für Beschäftigung und Employability) (Hrsg.): Was haben Unternehmen von partnerschaftlichen Familien?, Konferenzvortrag an der Humboldt-Viadrina School of Governance, Berlin, 2012.
Rump, J.: Internationale Rekrutierung – Realität oder Rhetorik?, Mannheim, 2008.
Ruppert, R.: Individualisierung von Unternehmen. Konzeption und Realisierung, Wiesbaden, 1995.
Sattelberger, T.: Handbuch der Personalberatung, München, 1999.
Sauermann, R.A.: Führungspositionen optimal besetzen, in: Vereinigung Deutscher Executive Search Berater (Hrsg.): Führungspositionen optimal besetzen, Frankfurt, 2003, S. 217–224.

Schaeffler Technologies GmbH & Co. KG/Frauenhofer IAO: Trendbuch, Auf dem Weg in die Zukunft, Herzogenaurach/Stuttgart, 2008.

Schenk, H./Koop, B.: Dienstleistungsqualität in Personalberatungsprozessen, in: Mannheimer Beiträge zur Wirtschafts- und Organisationspsychologie, Heft 01, 2001, S. 53–65.

Schmidt, F. L./Hunter, J. E.: The validity and utility of selection methods in personnel psychology: Practical and theoretical implications of 85 years of research findings, in: Psychological Bulletin, 1998, S. 262–274.

Schneider, H.: Staufenbiel Trendletter Nr. 8, Köln, 2012.

Scholz, Ch.: War for Talents, Wer ihn führt, ihn stets verliert!, in: zfo, 2/2008, S. 92–93.

Schreyögg, A.: Coaching. Eine Einführung für Praxis und Ausbildung, Frankfurt am Main, 2003.

Schuler, H./Höft, S.: Konstruktorientierte Verfahren der Personalauswahl, in: Schuler, H. (Hrsg.): Lehrbuch der Personalpsychologie (2. Auflage), Göttingen, 2006, S. 101–144.

Schuler, H.: Personalauswahl im europäischen Vergleich, in: Regnet, E./Hofmann, M. (Hrsg): Personalmanagement in Europa, Göttingen, 2000, S. 129–139.

Schwan, G.: Partnerschaftliche Familie als öffentliches Gut – eine Utopie?, Konferenzprogramm der Humboldt-Viadrina School of Governance, Berlin, 2012.

Seewer, G.E.: Research in der Personalberatung-Schlüsselfaktor einer erfolgreichen Direktsuche, in: Neue Züricher Zeitung, 2002, S. 2.

Sherman, S./Freas, A.: The wild west of executive coaching, in: Harvard Business Review, 82, 2004, S. 82–90.

Simon, W.: Persönlichkeitsmodelle und Persönlichkeitstests, Offenbach, 2006.

Statistisches Bundesamt: Bevölkerung und Erwerbstätigkeit, Wiesbaden, 2013.

Statistisches Bundesamt: Frauen und Männer auf dem Arbeitsmarkt, Wiesbaden, 2012.

Statistisches Bundesamt: Pressemitteilung 174/12, 2010 – 39 % aller Hochschulabschlüsse in der Regelstudienzeit erworben, Wiesbaden, 2012.

Stauber-Klein, B.: Bald belasten die Babyboomer die Rentenkasse, in: Westdeutsche Allgemeine Zeitung, Essen, 2013.

Staufenbiel, J.E.: Personalbeschaffung, in: Steuerberater Handbuch Unternehmensberatung, Bonn, 2005.

Staufenbiel, J.E.: Quo vadis, Personalberatung, in: Sattelberger, T. (Hrsg.): Handbuch der Personalberatung. Realität und Mythos einer Profession, München, 1999.

Steinbuch, A.: Job-Nomaden aus Überzeugung, in: Der Tagesspiegel-Online, 27.3.2011.

Stern, L.R.: Executive Coaching: A Working Definition, in: Consulting Psychology Journal, 56(3), 2004, S. 154–162.

Thom, N./Kraft, T.: Die Zusammenarbeit zwischen Personalberatern und Klienten bei der Suche und Auswahl von Fach- und Führungskräften. Ergebnisse einer empirischen

Weller, I.: Institut für Personalwirtschaft – Messung und Bewertung der Personalarbeit, LMU Management-Alumni-Dialog, 13.7.2010.

Wernerfelt, B.: A Resource-based View on the Firm, in: Strategic Management Journal, Vol. 5, Heft 2, 1984, S. 171.

Westhoff, K. (Hrsg.): Nutzen der DIN 33430 – Praxisbeispiele und Checklisten, Lengerich, 2006.

Wottawa, H.: DIN 33430 und ihre Konsequenzen für die Bewerberauswahl in Unternehmen – was nützt die neue Norm in der Praxis. Siehe: http://www.competence-site.de/personalmanagement.nsf/5899DB170109C563C1256BF7004523C1/$File/din-33430.pdf (zuletzt aufgerufen am 15.11.2007).

Stichwortverzeichnis

360°-Befragungen 265

A

Abschlussquote 50
Abwerbeversuche 289
AIDA 109
Akquisition 109
Akquisitionsmedium 111
Akquisitionsprozess 111
Alleinauftrag 17
Allgemeines Gleichbehandlungsgesetz (AGG) 10, 96, 232, 346, 351
– gerechtfertigte Ungleichbehandlung 98
Altersdiskriminierung 99
Alumni-Netzwerke 83
Anforderungsprofil 29, 119, 186
Anschreiben 146, 150
Ansprache 127
anzeigengestützte Suche 2, 123
Arbeitgeber 309
Arbeitgeberattraktivität 312
Arbeitgeber im Vergleich 288
Arbeitgeberpositionierung 311
Arbeitnehmerüberlassungsgesetz 32
Arbeitnehmer, Unsicherheiten 285
Arbeitsförderungsgesetz AFG 351
Arbeitsmarkttransparenz 84
Arbeitsumfeld 290
Arbeitsvermittlung 15
Arbeitsvermittlungsmonopols 5
Arbeitsvertrag 120
Assessment-Center 34, 85, 259
Aufbauorganisation 81
Aufstiegsmöglichkeit 286
Auftrag 109
aufwandsbezogenes Honorar 103
Austrittsinterviews 47
Auswahlinstrumente 179
Auswahlverfahren 38, 180, 262

B

Babyboomer 69, 369
BDU 109
BDU-Fachverband Personalberatung 350
Berater 206 ff., 210 f., 238 f.
Beratungsprozess 270
Beratungsqualität 13

Berufsbild des Personalberaters 4
Berufsbilder 128
Berufsbild Personalberater 321
Berufsverband 39
Bewerberattraktion 48
Bewerbermanagement 50
Bewerbungsformate 78
Bewerbungsstil 79
Bewerbungsunterlagen
– Analyse 145
Beziehungsqualität 79
Bezugsgröße des Honorars 105
Bindung, langfristige 283
Blog 80
Branchenfokussierung 28, 35
Branchenwissen 110
Briefing 117
Bundesverband Deutscher Unternehmensberater BDU e.V. 349
BVMW 112

C

Capabilities 305
Certified Executive Recruitment Consultant CERC 43
Change-Management 272, 326
Chat 80
Coaching 34, 128, 266, 295, 298
– Intervention 276
– psychologischer Vertrag 274
– Selbstmanagementkompetenz 275
Collaborative Recruiting 88
Competence Center 35
Compliance 51
Contingency Search 9
Controllingkonzept 45
Corporate Governance 21
Corporate Sourcing 323
Cost-per-Hire-Wert 44
Council of Management Consulting Institutes ICMCI 349
Cultural Due Dilligence 34

D

Datenbanken 117
Demografie 69 f., 74, 368
Demografiemanagement 74

demografische Entwicklung 12, 124
„Deutschen Personalberatertag" 21
Diagnostik
- prozessorientiert 320
Dienstleistungsqualität 26
Dienstvertrag 16, 94
digitalen Reputation 83
DIN 33430 321
Direktansprache 123, 132, 204
Direktsuche 19, 83, 323
- Ansprache 29
- Methodenmix 35
Diskretion 128
Diversifizierung 294 f.
Diversität 348
Diversity Management 293
Drittelregelung 94, 106

E

Eignungsdiagnostik 34
Eignungsprofil 57
Einarbeitungsphase 30
Einkaufsbereich 107
Einkommen 291
Employer Branding 52, 295, 340
Entgeltniveau 212
Entwicklungschancen 283
Entwicklungstrends
- demografische 315
Ergebnisportfolio 260
Erich-Honecker-Effekt 268
Erstgespräch 116, 183, 202
Erwerbspotenzial 70
ethische Fragen 273
„EU Blue Card" 24
European Confederation of Search & Selection Associations ECSSA 43
Executive Search 1 f., 123, 132
Executive Search Consultant 14
Expatriate 203
Experteer 20

F

Fachkräftemangel 71 f., 74, 77
fachliche Kompetenzen 264
Fachverband Personalberatung des BDU 19
Familienunternehmen 249, 254, 256, 258
- Beirat 251
- Finanzierung 242
- Kaufpreisfinanzierung 95
- Kaufpreisfinanzierung 245
- Nachfolge 241
- Nachfolger 246
- Übergabe 242

- Zielvorstellungen 241
Fehlentscheidungen 33
Festhonorar 15, 105
Fixhonorar 103
Fluktuation 47, 209
Foren 83, 215
Fragetechniken 193
Frauenerwerbsquote 76
Frauen in Fach- und Führungspositionen 346
Frauenquote 12, 346
Freiberuflichkeit 90
Fremdgeschäftsführer 256
- Checkliste 258
Fremdmanager 256 f.
Führungskräfte 231 ff., 307

G

Garantieregelung 31
Gehalt 287
Gehaltssysteme 35
Generalisierung 294
Generationenwechsel 297
Geschäftsmodell 81, 87
Geschäftsordnung 245
Gesprächsführung 191
Gesprächsleitfaden 186
Gesprächsvorbereitung 182
Gesundheitsvorsorge 291
Gewerbesteuer 89
Globalisierung 78, 231, 318, 335
Grundsätze ordnungsgemäßer und qualifizierter Personalberatung (GoPB) 16, 41, 106, 351

H

Headhunter 289
Headhunting 123, 132
Hidden Talents 262
Hierarchie 201, 203, 206 f.
High Potentials 307
Homepage 126
Honorar 101
Honorargestaltung 5, 9, 104
Honorarhöhe 106
Human Capital 24
Human Capital Development 337
Human-Capital-Partnerschaft 336
Human Resource Management 260
Human Resources 306
Human Resources Diligence 247

I

Identifikation 82
Identifizierung 127
Individualisierung 319
Individualität 178
Informationspolitik 287
Institut für Mittelstandsforschung (ifm) 244
Interimsmanagement 32
internationalen Honorarsysteme 15
internationale Personalarbeit 222
Internationale Personalberatung 199
internationale Personalgewinnung 224
internationale Projektfähigkeit 87
Internationales Netzwerk 36, 231, 234
Internationale Suchaufträge 199 ff., 211
internationale Unternehmensstandorte 224
Internationalisierung 77
Internet 7, 78, 123
– Agenturgeschäft 88
– Karriereportal 79
– Web 2.0 80
Internetauftritt 81
Internetmedien 79
Internetplattformen 125
Interview strukturiert 321
Interviewtechniken 180
Intuition 155
Irrungen 80

J

Jobmessen 215
Jobtweet.de 23

K

Kaltakquisition 112
Kandidatenauswahl 179
Kandidatenbericht 30
Kandidatendatenbank 324
Kandidatenempfehlungsportal 83
Kandidatengespräche 179
Kandidatenpotenzial 82
Kandidatenpräsentation 208
Kandidatensicht 339
Kandidatenvorauswahl 79, 82, 85
Karriere 289
Karriereberatung 34, 128, 171
Karriereentwicklung 47
Karrieremanagement 290
Karrieretypen 344
Key Performance Indicators 44, 52 ff.
Klientenbetreuung 208
Klientensicht 38, 329

Kommunikationsverantwortlicher 203
Kompetenzmodell 178, 259
Kompetenzzentren 22
Konsumgüterwirtschaft 303
Kontaktanbahnung 82
Kontaktrekrutierung 83
Kontaktvolumen 84
Körpersprache 155
– Begrüßung 158
– Blickkontakt 161
– nonverbale Signale 161
Kundenzufriedenheit 46

L

Lebenslauf 146, 148
Lebenspläne 292
Leistungsfähigkeit 289
Leistungstests 321
Leistungsträger 262, 307
Lerneffekte 268
Lichtbild 152
LinkedIn 20
Loyalität 202, 206, 293

M

Make or Buy 25
Management Appraisal 259
Management-Audit 9, 34
Management-Development 261
Managementkompetenzen 261
Mangel an gut ausgebildeten Fach- und Führungskräften 1
Markttransparenz 79
Mash-up 81
Matching-Systeme 79
Mediatorenrolle 332
Medienformate 81
Megatrends
– gesellschaftliche 320
– technologische 320
– wirtschaftliche 320
Methodenkompetenz 22, 26, 36
Methodenwandel 323
Mindesthonorare 110
Mindestqualifikation von Kandidaten 95
MINT 71 ff., 365
Mitarbeiterbindung 209 f., 221, 290
Mitarbeiter, engagierte 287
Mittelstand 37, 294
Mobilität 218
Mobiltelefonie 86
Moderator 128
Motivation 289
Mythos der beliebigen Entwickelbarkeit 178

N

Nachfolger, Übernahme 284
Nachhaltigkeit 56
Nachwuchsmangel 78
Negativbotschaften 82
Netzwerk 128, 288
New Economy 6

O

Online-Ident 323
Online-Marketing 323
Online-Medien 123
Online-Personalsuche 325
Online-Profile 324
Online-Stellenbörsen 7, 125
Organisationale Energie 312
Organisation Personalberatung 318
Organisationsentwicklung 128
Organisationsintelligenz 307
Osteuropa 199f., 209, 232, 239

P

Pauschalhonorare 103
Personalarbeit
– internationale 222
Personalberater 288
Personalberater CERC/BDU (Certified Executive Recruitment Consultant) 16, 43
Personalberatung 24, 231, 237, 239, 294ff., 300f., 311
– Geschichte 1
– individualisiert 319
– Mehrwert 26, 28
– multimodal 320
Personalberatung in Deutschland 2
Personalbindungskonzepte 283
Personaldienstleistung 31
Personalentscheidungskriterien 286
Personalentwicklung 34, 259, 270, 294ff., 299ff.
Personalentwicklungsprojekte 296
Personalgewinnung
– internationale 224
Personalmanagement 219
Personalmanagementstrategien 304
Personalmarketing 82
Personalpolitik
– familienfreundlich 315
– lebensphasenorientiert 315
Personalrekrutierung 33, 200
Personalstrategie 128
Personalvermittlung 8, 295
Personalwerbung 78

Personenorientierung 203, 206
Persönlichkeitsstruktur 165
Persönlichkeitstests 321
Placement24 20
Podcast 81
Positionsanalyse 27
Positionsprofil 133
Post-Merger-Integrationsprozess 259
Potenzialanalyse 296, 298, 300
Potenziale 263
Potenzialträger 295, 301
Potenzial- und Kompetenzentwicklung 268
Practice Groups 35
Printanzeigen 215
Print-Medien 123
Probezeit 114
Produktportfolios 294
Professionalisierung 268, 329
Projektabwicklung 81
Projektorganisation 82
Psychologische Tests 207
psychologische Testverfahren 178
– Gütekriterien 167
– kognitive Fähigkeiten 166
– Leistungstests 168
– Normierung 168
– Objektivität 167
– Persönlichkeitsstrukturtest 170
– Reliabilität 167
– Selbstbild und Fremdbild 173
– subjektive Verzerrung 165
– Validität 167
– Verfälschbarkeit 171
– Vergleichbarkeit 168
psychometrische Verfahren 265
Psychotherapie 271
Public Relations 83

Q

Qualifikationen 205f.
Qualität der Beobachter 178
Qualitativer Rekrutierungserfolg 46
Qualitätsmanagement
– DIN EN ISO 62
Qualitätssicherung 59, 79
Quality Management 293
Quantitativer Rekrutierungserfolg 45

R

Rahmenvertrag 24, 103
Ratingskalen 266
rechtlichen Rahmenbedingungen 2
Rechtsfragen 89
Recruiting Chain Management 86

Referenzen 30
Regionale Unterschiede 201
Reintegrationsproblem 214
Rekrutierung 33, 200, 208
– international 317
Rekrutierungsergebnis 46
Rekrutierungsprozess 46
Research 132, 204
Researchfirmen 138
Resource-Based View 304
Ressourceneffizienz 306
Retained Search 9
Retention Management 293
Return on Investment 329f.
Risikominimierung 85
Russland 199ff., 203ff., 232f., 238f., 359

S

Scheinselbständigkeit 142
Schlüsselkompetenzen 320
Schlüsselqualifikationen 21
Schutzvorschriften des SGB III 16
Searcher 289
Selbsteinschätzung 259
Selbsterfassung 79
Selektionsverfahren 49
Seminare 295
Service-Level-Agreements 51
Servicestandards 330
SGB III 351
Shared Service Centers 88
Shortlist 232
SMART-Formel 276
Social-Media 12, 322
Social-Media-Kanäle 123
Social-Media-Plattformen 104
Social Web 322
Soft Skills 299
Sourcingmix 82
sozialen Netzwerke 23
Sozialisation 79
Spezifikation 133
Spielregeln 121
Sprachkenntnisse 202, 206f., 210
Sprach- und Kommunikationsbarrieren 201
Stärken-Schwächen-Analyse 275
Stellenanzeige 29, 35, 124, 204
Stellenausschreibung 83
Stellenbeschreibung 342
Strategieberatung 253
Studienabsolventenquote 73
Suchintensität 84
Suchmaschinen 81
Suchmethoden 119
Suchstrategie 27, 204

T

Talent Management 330
„Talentscout" 22
Time-to-Fill-Indikator 44, 54
Top-Positionen 128
Total Quality Management 57, 61
Trainer 298, 301
Training 295, 298
Transaktionszusammenarbeit 331
Twitter 23

U

Unique Selling Proposition 82
Unternehmensimage 292
Unternehmenskultur 118, 290, 308
Unternehmensstandorte
– internationale 224
Unternehmensstrategie 303

V

Veränderungsprozesse 274
verdeckte Gewinnausschüttung 93
Vergütungsberatung 35
Versicherungen 291
Vertragsabschluss 208
Vertrauensbasis 121
Videokonferenz 85
Virtualisierung 78

W

War for Talents 212, 295
Webanalyst 86
Web-Sourcing 326
Wechselabsichten 286, 343
Wechselgründe 286
weibliche Leistungsträger 307
Weiterentwicklungskonzept 296
Wertschätzung 289
Wertschöpfungskette 78, 87
Wiederbesetzungsgarantien 56
Wiki 80
Workflow-System 51, 86
Work-Life-Balance 345

X

Xing 20

Y

YouTube 23

Z

Zahlungszeitpunkte des Honorars 106
Zeitarbeit 216
Zeitarbeitsagentur 32
Zeitfaktor 201
Zeitungsverlage 125
Zentralstelle für Arbeitsvermittlung ZAV 351
Zertifizierungen 321
Zertifizierungsdienstleistung 88
Zeugnis 146, 151
Zieleinkommen 105
Zielerreichungsgrad 47
Zielfirmen 21, 127
Zielgruppenanalyse 86
Zielsegment 83
Zielvorgabepolitik 47
Zuwanderung von Fachkräften 15
Zweitgespräch 183